岡 山 県

〈収録内容〉

■ 平成30年度は、弊社ホームページで公開しております。
本ページの下方に掲載しておりますQRコードよりアクセスし、データをダウンロードしてご利用ください。

2023 年度 ………………… 特別（数・英・国）
一般（数・英・理・社・国）

2022 年度 ………………… 特別（数・英・国）
一般（数・英・理・社・国）

2021 年度 ………………… 特別（数・英・国）
一般（数・英・理・社・国）

2020 年度 ………………… 特別（数・英・国）
一般（数・英・理・社・国）

2019 年度 ………………… 特別（数・英・国）
一般（数・英・理・社・国）

平成 30 年度 ………………… 特別（数・英）
一般（数・英・理・社）

解答用紙・音声データ配信ページへスマホでアクセス! ⇒

※データのダウンロードは 2024 年 3 月末日まで。
※データへのアクセスには、右記のパスワードの入力が必要となります。 ⇒ 683572
※リスニング問題については最終ページをご覧ください。

本書の特長

POINT 1　解答は全問を掲載、解説は全問に対応！

POINT 2　英語の長文は全訳を掲載！

POINT 3　リスニング音声の台本、英文の和訳を完全掲載！

POINT 4　出題傾向が一目でわかる「年度別出題分類表」は、約 10 年分を掲載！

実戦力がつく入試過去問題集

- ▶ 問題 …………… 実際の入試問題を見やすく再編集。
- ▶ 解答用紙 …… 実戦対応仕様で収録。
- ▶ 解答解説 …… 重要事項が太字で示された、詳しくわかりやすい解説。
  ※採点に便利な配点も掲載。

合格への対策、実力錬成のための内容が充実

- ▶ 各科目の出題傾向の分析、最新年度の出題状況の確認で、入試対策を強化！
- ▶ その他、志願状況、公立高校難易度一覧など、学習意欲を高める要素が満載！

解答用紙ダウンロード　解答用紙はプリントアウトしてご利用いただけます。弊社ＨＰの商品詳細ページよりダウンロードしてください。トビラのＱＲコードからアクセス可。

リスニング音声ダウンロード　英語のリスニング問題については、弊社オリジナル作成により音声を再現。弊社ＨＰの商品詳細ページで全収録年度分を配信対応しております。トビラのＱＲコードからアクセス可。

famima PRINT　原本とほぼ同じサイズの解答用紙は、全国のファミリーマートに設置しているマルチコピー機のファミマプリントで購入いただけます。※一部の店舗で取り扱いがない場合がございます。詳細はファミマプリント（http://fp.famima.com/）をご確認ください。

UD FONT　見やすく読みまちがえにくいユニバーサルデザインフォントを採用しています。

岡山県公立高校難易度一覧

目安となる偏差値	公立高校名
75 ～ 73	
72 ～ 70	
69 ～ 67	岡山朝日
66 ～ 64	岡山城東（国際教養） 岡山城東，岡山操山，岡山芳泉，倉敷青陵
63 ～ 61	岡山一宮（普／理数）
60 ～ 58	倉敷南，津山（普／理数） 笠岡
57 ～ 55	倉敷天城（理数） 倉敷天城 倉敷古城池，西大寺，瀬戸
54 ～ 51	岡山城東（音楽），岡山南（商業／国際経済／情報処理），倉敷中央（看護），西大寺（国際情報） 岡山南（生活創造／服飾デザイン），西大寺（商業），玉野光南 総社南（国際），玉野光南（情報） 岡山工業（機械／電気／情報技術／化学工学／土木／建築／デザイン），玉島（普／理数），津山東
50 ～ 47	井原，総社，総社南（普／美術工芸），高梁，新見 笠岡商業（ビジネス情報），勝山，倉敷商業（商業／国際経済／情報処理） 岡山東商業（ビジネス創造／情報ビジネス），津山東（看護）
46 ～ 43	倉敷中央（普／子ども／健康スポーツ／家政），興陽（被服デザイン），総社（家政），玉野，津山商業（地域ビジネス／情報ビジネス） 興陽（家政），林野，東岡山工業（機械・電子機械・電気／設備システム／工業化学） 市岡山後楽館（総合），倉敷工業（機械／電子機械／電気／工業化学／テキスタイル工学），倉敷中央（福祉），玉野光南（体育） 井原（ヒューマンライフ），高梁城南（電気／デザイン／環境科学），玉島商業（ビジネス情報），津山工業（機械／ロボット電気／工業化学／土木／建築／デザイン），津山東（食物調理），備前緑陽（総合），水島工業（機械／電気／情報技術／工業化学／建築）
42 ～ 38	笠岡工業（電子機械／電気情報／環境土木），倉敷鷲羽（普／ビジネス），高梁（家政），市玉野商工（ビジネス情報／機械），新見（工業技術），真庭（経営ビジネス／看護），矢掛（普／地域ビジネス） 井原（グリーンライフ），邑久（普／生活ビジネス），勝間田（総合），興陽（農業／農業機械／造園デザイン），高松農業（農業科学／園芸科学／畜産科学／農業土木／食品科学） 鴨方（総合），瀬戸南（生物生産／園芸科学／生活デザイン） 岡山御津（キャリアデザイン），和気閑谷（普／キャリア探求） 新見（生物生産）
37 ～	真庭（食農生産） 勝山［蒜山校地］

＊（　）内は学科・コースを示します。特に示していないものは普通科（普通・一般コース），または全学科（全コース）を表します。市は市立を表します。

＊データが不足している高校，または学科・コースなどにつきましては掲載していない場合があります。

＊公立高校の入学者は，「学力検査の得点」のほかに，「調査書点」や「面接点」などが大きく加味されて選抜されます。上記の内容は想定した目安ですので，ご注意ください。

＊公立高校入学者の選抜方法や制度は変更される場合があります。また，統廃合による閉校や学校名の変更，学科の変更などが行われる場合もあります。教育委員会などの関係機関が発表する最新の情報を確認してください。

2023年度/岡山県公立高校特別入学者選抜志願状況

〈県立全日制〉

学校名・科名		募集定員	募集人員	志願者数	倍率
岡山一宮	理数	80	40	126	3.15
岡山城東	[国際教養]	320	30	70	2.33
	[音楽]		25	30	1.20
西大寺	国際情報	40	20	35	1.75
	商業	80	64	142	2.22
高松農業	農業科学	40	32	29	0.91
	園芸科学	40	32	40	1.25
	畜産科学	40	32	42	1.31
	農業土木	40	32	34	1.06
	食品科学	40	32	40	1.25
興陽	農業	40	32	50	1.56
	農業機械	40	32	64	2.00
	造園デザイン	40	32	38	1.19
	家政	40	32	70	2.19
	被服デザイン	40	32	36	1.13
瀬戸南	生物生産	40	32	39	1.22
	園芸科学	80	64	68	1.06
	生活デザイン	40	32	40	1.25
岡山工業	機械	80	64	100	1.56
	電気	40	32	60	1.88
	情報技術	40	32	85	2.66
	化学工学	40	32	42	1.31
	土木	40	32	60	1.88
	建築	40	32	53	1.66
	デザイン	40	32	83	2.59
東岡山工業	機械	80	64	65	1.02
	電子機械	80	64	72	1.13
	電気	40	32	32	1.00
	設備システム	40	32	40	1.25
	工業化学	40	32	26	0.81
岡山東商業	ビジネス創造	240	192	303	1.58
	情報ビジネス	80	64	72	1.13
岡山南	商業	80	64	105	1.64
	国際経済	40	32	43	1.34
	情報処理	80	64	113	1.77
	生活創造	80	64	118	1.84
	服飾デザイン	40	32	42	1.31
岡山御津	キャリアデザイン	120	96	94	0.98

学校名・科名		募集定員	募集人員	志願者数	倍率
倉敷天城	理数	40	15	40	2.67
倉敷中央	(子ども)	40	20	44	2.20
	(健康スポーツ)	40	20	33	1.65
	家政	40	32	67	2.09
	看護	40	32	50	1.56
	福祉	40	32	31	0.97
玉島	理数	40	20	52	2.60
倉敷鷲羽	普通	120	36	91	2.53
	ビジネス	80	64	60	0.94
倉敷工業	機械	80	64	90	1.41
	電子機械	80	64	82	1.28
	電気	80	64	90	1.41
	工業化学	40	32	39	1.22
	テキスタイル工学	40	32	45	1.41
水島工業	機械	80	64	92	1.44
	電気	80	64	76	1.19
	情報技術	40	32	66	2.06
	工業化学	40	32	26	0.81
	建築	40	32	47	1.47
倉敷商業	商業	200	150	238	1.59
	国際経済	40	30	41	1.37
	情報処理	80	60	77	1.28
玉島商業	ビジネス情報	160	128	186	1.45
津山	理数	40	21	30	1.43
津山東	食物調理	40	30	54	1.80
	看護	40	30	42	1.40
津山工業	機械	40	28	38	1.36
	ロボット電気	40	28	40	1.43
	工業化学	40	28	34	1.21
	土木	40	28	35	1.25
	建築	40	28	40	1.43
	デザイン	40	28	52	1.86
津山商業	地域ビジネス	80	64	102	1.59
	情報ビジネス	80	64	88	1.38
玉野光南	情報	40	20	52	2.60
	体育	80	80	112	1.40

学校名・科名		募集定員	募集人員	志願者数	倍率
笠岡工業	電子機械	40	32	37	1.16
	電気情報	40	32	27	0.84
	環境土木	40	32	36	1.13
笠岡商業	ビジネス情報	120	96	130	1.35
井原	普通	120	36	94	2.61
	（グリーンライフ）	20	20	27	1.35
	（ヒューマンライフ）	20	20	22	1.10
総社	家政	40	32	37	1.16
総社南	〔国際〕	240	20	38	1.90
	〔美術工芸〕		20	38	1.90
高梁	普通	120	36	108	3.00
	家政	40	32	33	1.03
高梁城南	電気	40	30	38	1.27
	デザイン	35	28	35	1.25
	環境科学	40	32	47	1.47
新見	普通	105	31	59	1.90
	生物生産	30	15	14	0.93
	工業技術	35	17	28	1.65
備前緑陽	総合	160	96	125	1.30
邑久	普通	40	12	57	4.75
	生活ビジネス	80	64	87	1.36
勝山	普通	160	48	110	2.29
蒜山校地	普通	40	12	12	1.00
真庭	食農生産	40	30	39	1.30
	経営ビジネス	40	30	26	0.87
	看護	40	30	19	0.63
林野	普通	120	36	79	2.19
鴨方	総合	120	60	123	2.05
和気閑谷	普通	80	24	50	2.08
	キャリア探求	40	32	48	1.50
矢掛	普通	80	24	53	2.21
	地域ビジネス	40	32	47	1.47
勝間田	総合	120	60	102	1.70

〈市立全日制〉

学校名・科名		募集定員	募集人員	志願者数	倍率
岡山後楽館	総合	160	40	117	2.93
玉野商工	ビジネス情報	120	96	54	0.56
	機械	40	32	24	0.75

※「募集人員」は特別入学募集人員。

※「倍率」は募集人員に対する比率。

※「学校名・科名」欄の（　）はコース，〔　〕は類型，［　］は分野をあらわす。

2023年度/岡山県公立高校一般入学者選抜[第Ⅰ期]志願状況

〈県立全日制〉

学校名	科名(コース)	募集定員	募集人員	志願者数	倍率
岡山朝日	普通	320	320	345	1.08
岡山操山	普通	280	163	168	1.03
岡山芳泉	普通	320	320	365	1.14
岡山一宮	普通	240	280	380	1.36
	理数	80			
岡山城東	普通	320	265	390	1.47
西大寺	普通	160	180	253	1.41
	国際情報	40			
	商業	80	16	42	2.63
瀬戸	普通	160	160	202	1.26
高松農業	農業科学	40	15	2	0.13
	園芸科学	40	8	6	0.75
	畜産科学	40	8	7	0.88
	農業土木	40	8	4	0.50
	食品科学	40	8	6	0.75
興陽	農業	40	8	18	2.25
	農業機械	40	8	22	2.75
	造園デザイン	40	8	12	1.50
	家政	40	8	23	2.88
	被服デザイン	40	9	3	0.33
瀬戸南	生物生産	40	8	7	0.88
	園芸科学	80	16	0	0.00
	生活デザイン	40	8	4	0.50
岡山工業	機械	80	16	27	1.69
	電気	40	8	19	2.38
	情報技術	40	8	43	5.38
	化学工学	40	8	20	2.50
	土木	40	8	22	2.75
	建築	40	8	18	2.25
	デザイン	40	8	39	4.88
東岡山工業	機械	200	44	22	0.50
	電子機械				
	電気				
	設備システム	40	8	9	1.13
	工業化学	40	14	3	0.21
岡山東商業	ビジネス創造	320	64	115	1.80
	情報ビジネス				
岡山南	商業	80	16	32	2.00
	国際経済	40	8	15	1.88
	情報処理	80	16	38	2.38
	生活創造	80	16	41	2.56
	服飾デザイン	40	8	7	0.88
岡山御津	キャリアデザイン	120	42	20	0.48
倉敷青陵	普通	320	320	373	1.17
倉敷天城	普通	200	107	159	1.49
	理数	40	0	−	−
倉敷南	普通	320	320	338	1.06
倉敷古城池	普通	280	280	327	1.17
倉敷中央	普通	80	120	97	0.81
	(子ども)	40			
	(健康スポーツ)	40			
	家政	40	8	17	2.13
	看護	40	8	12	1.50
	福祉	40	11	2	0.18
玉島	普通	200	220	239	1.09
	理数	40			
倉敷鷲羽	普通	120	84	49	0.58
	ビジネス	80	25	7	0.28
倉敷工業	機械	80	16	21	1.31
	電子機械	80	16	14	0.88
	電気	80	16	20	1.25
	工業化学	40	8	5	0.63
	テキスタイル工学	40	8	9	1.13
水島工業	機械	80	16	12	0.75
	電気	80	16	15	0.94
	情報技術	40	8	31	3.88
	工業化学	40	15	3	0.20
	建築	40	8	10	1.25
倉敷商業	商業	320	80	96	1.20
	国際経済				
	情報処理				
玉島商業	ビジネス情報	160	32	47	1.47
津山	普通	200	141	176	1.25
	理数	40	0	−	−

学校名・科名（コース）		募集定員	募集人員	志願者数	倍率
津山東	普通	120	120	162	1.35
	食物調理	40	10	17	1.70
	看護	40	10	12	1.20
津山工業	機械	40	12	10	0.83
	ロボット電気	40	12	17	1.42
	工業化学	40	12	9	0.75
	土木	40	12	7	0.58
	建築	40	12	14	1.17
	デザイン	40	12	20	1.67
津山商業	地域ビジネス 情報ビジネス	160	32	55	1.72
玉野	普通	160	160	147	0.92
玉野光南	普通	120	120	157	1.31
	情報	40	20	24	1.20
	体育	80	0	–	–
笠岡	普通	160	160	144	0.90
笠岡工業	電子機械	40	8	3	0.38
	電気情報	40	15	0	0.00
	環境土木	40	8	3	0.38
笠岡商業	ビジネス情報	120	24	27	1.13
井原	普通	120	84	59	0.70
	（グリーンライフ）	20	0	–	–
	（ヒューマンライフ）	20	1	0	0.00
総社	普通	200	200	207	1.04
	家政	40	8	4	0.50
総社南	普通	240	200	303	1.52
高梁	普通	120	84	77	0.92
	家政	40	8	2	0.25
高梁城南	電気	40	10	5	0.50
	デザイン	35	7	5	0.71
	環境科学	40	8	11	1.38

学校名・科名（コース）		募集定員	募集人員	志願者数	倍率
新見	普通	105	74	29	0.39
	生物生産	30	16	2	0.13
	工業技術	35	18	12	0.67
備前緑陽	総合	160	64	39	0.61
邑久	普通	40	28	46	1.64
	生活ビジネス	80	16	18	1.13
勝山	普通	160	112	67	0.60
蒜山校地	普通	40	17	6	0.35
真庭	食農生産	40	10	6	0.60
	経営ビジネス	40	15	0	0.00
	看護	40	21	2	0.10
林野	普通	120	84	55	0.65
鴨方	総合	120	60	66	1.10
和気閑谷	普通	80	56	31	0.55
	キャリア探求	40	8	13	1.63
矢掛	普通	80	56	29	0.52
	地域ビジネス	40	8	9	1.13
勝間田	総合	120	60	51	0.85

〈市立全日制〉

学校名・科名（コース）		募集定員	募集人員	志願者数	倍率
岡山後楽館	総合	160	24	42	1.75
玉野商業	ビジネス情報	120	69	11	0.16
	機械	40	18	2	0.11

※「募集人員」は一般入学募集人員。

※「倍率」は募集人員に対する比率。

数学　出題傾向の分析と合格への対策

出題傾向とその内容

〈最新年度の出題状況〉

今年度の出題数は，特別入学者選抜(A)が大問で6題，小問数にして28問，一般(B)は大問で5題，小問数にして26問であった。A，Bとも，基本問題と応用問題がバランスよく組み合わされている。

出題内容は，Aが，大問1は数・式，平方根に関する基本的計算問題4問と，因数分解，2次方程式の計算問題のあわせて6問の小問群，大問2は文字を使った式，立方体の展開図，関数$y=ax^2$，比例関数，確率，作図で，大問1よりも少し応用力を必要とする小問群が5問，大問3は関数とグラフ，回転体の体積，大問4は資料の散らばり・代表値，大問5は規則性，式による説明，大問6は円の性質を用いる平面図形の問題で，相似の証明，角度，線分の長さ，円の半径，面積比の計量問題であった。Bは，大問1が数・式の計算，平方根に関する基本的計算問題5問と，方程式の応用，比例関数，確率，数の性質，面積の計量のあわせて10問の小問群，大問2は資料の散らばり・代表値，大問3は方程式の応用問題，大問4は図形と関数・グラフの融合問題，大問5は平面図形の総合問題で，平行線と面積の関係を問う問題と図形の証明問題であった。

〈出題傾向〉

問題の出題数は，26年度からスタートしたAが大問で6～7題，小問で22問前後，Bはここ数年，大問で5題，小問で21問前後が定着している。

出題傾向に関して，Aでは大問1，大問2が，Bでは大問1が小問構成になっている。4～5問の数・式，平方根に関する基本的計算問題を含み，中学数学全領域からまんべんなく出題されている。これらの小問群は，日頃の授業に対する予習・復習をしっかり行い，確実に得点できるようにしよう。Aの大問3，Bの大問2以降では，方程式の応用，図形と関数・グラフの融合問題，平面図形・空間図形の総合問題など，方程式，関数，図形，資料の活用に関する総合的な数学能力を問う問題が，大問として4～5題出題されている。

来年度の予想と対策

まず，Aの大問1，大問2，Bの大問1で出題される基本問題はスラスラこなせるように，十分な基礎力を固めておくこと。そうすると後半の問題に十分な時間を割くことが可能となる。また後半の対策としては，方程式の応用，文字式の利用，関数と図形の融合問題を中心に練習問題を繰り返しておくこと。図形はややひねった問題や計算が多少厄介なものもあるが，図形の性質をしっかりと押さえた上で論理展開力を磨いておくと，必ず解答できるものである。過去問を使って，相似・合同の証明や利用，三平方の定理，円の性質の活用を中心に復習して，確実に力をつけておくことが大事である。さらに，求める過程を書く記述問題にも十分対応できるよう練習しておこう。

出題率の少ない空間図形の問題に関しても，いつ出題されても大丈夫なように，準備はしっかりやっておこう。

⇨学習のポイント

- 過去問や問題集を使って図形と関数・グラフの融合問題や図形の計量問題への対策を立てよう。
- 基本的な小問群は確実に得点できるよう，基礎的な練習問題はまんべんなくこなしておこう。

年度別出題内容の分析表　数学

※Aは特別，Bは一般

出題内容			26年	27年	28年	29年	30年	2019年	2020年	2021年	2022年	2023年
数と式		数の性質	A	A	A	A		B		B		B
		数・式の計算	AB	AB	AB	AB	AB	AB	AB	AB	AB	AB
		因数分解			A	B			A	A	B	A
		平方根	AB	AB	AB	AB	AB	AB	AB	AB	AB	AB
方程式・不等式		一次方程式	AB	AB	AB	AB	AB	B	AB	AB	AB	B
		二次方程式	AB	AB	AB	AB	AB	AB	AB	AB	AB	AB
		不等式					A				B	
		方程式の応用	AB	AB	AB	AB	AB	AB	AB	AB	AB	B
関数		一次関数	AB	AB	A	A	AB	AB	AB	AB	AB	AB
		関数 $y = ax^2$	AB	B	B	AB	AB	AB	AB	AB	B	AB
		比例関数	AB	A	AB	AB	B		A	B		AB
		関数とグラフ	AB	AB	AB	A	AB	AB	AB	AB	AB	AB
		グラフの作成	AB		B							
図形	平面図形	角度	AB	AB	AB	AB	B	A	AB	A	AB	A
		合同・相似	AB	AB	AB	AB	B	B	AB	AB	AB	AB
		三平方の定理	AB	B	AB	AB	AB	AB	AB	AB	AB	AB
		円の性質	AB	A	AB	AB	A		AB	B	A	AB
	空間図形	合同・相似	B					A				
		三平方の定理	B									
		切断										
	計量	長さ	A	AB	AB	A	AB	AB	AB	B	AB	AB
		面積	B	B	B	A	AB	AB	AB	A	AB	AB
		体積	B	AB	A	AB	AB	AB	B	AB	AB	A
		証明	AB	AB	AB	AB	B	B	B	B	AB	AB
		作図	AB	AB	AB	AB	AB	AB	AB	AB	AB	A
		動点					A					
データの活用		場合の数	A	A	A		A	B				
		確率	B	B	AB	AB	AB	AB	AB	AB	AB	AB
		資料の散らばり・代表値(箱ひげ図を含む)	B	A	AB	A	AB	A	AB	AB	AB	A
		標本調査		B		B		B	B			
融合問題		図形と関数・グラフ				A	B	A	B	A	AB	B
		図形と確率										
		関数・グラフと確率										
		その他										
その他			A	A		B	B	A	A		A	

英語　出題傾向の分析と合格への対策

出題傾向とその内容

〈最新年度の出題状況〉

本年度の大問構成は，大問1はともに聞き取り検査で（内容は異なる），特別では大問2が会話文やメモを使った文法・語句問題，大問3は英語のスピーチ原稿を用いた読解問題とグラフを用いた会話文問題，大問4が新聞を含む会話文問題，大問5は，長文読解問題であった。一般では大問2がウェブサイトの画面を用いた会話文問題，大問3が自由・条件英作文問題，大問4が動画の制作についての会話文問題，大問5が長文読解問題であった。

聞き取り検査は，特別／一般で出題形式が異なるが，いずれも標準的なレベルである。

特別の文法・語句問題は，基礎的な語い及び文法の知識を問うものであった。読解問題は資料と会話文を読みとり，内容について答える問題であった。ある工房のカスタネット作りについての長文読解が出た。内容理解に関わる設問がほとんどを占めた。記号選択，記述問題ともに出題された。

一般の読解問題は，大問にして3題出題された。英文とともに資料の読み取りも求められるもの，話し合いの場面を想定した文で，内容理解を問うもの，スピーチ文の長文読解の3種類であった。長文読解問題は，さまざまな小問で内容理解を問うものがほとんどであった。

〈出題傾向〉

多彩な問題形式で総合的な英語力をみる傾向に変化はない。昨年度と比較して出題形式も同様の傾向だ。

聞き取り検査には例年，英文の内容に合う絵や表・メモ等を選ぶ問題，会話文に続く応答文を選ぶ問題，英文を聞いてメモを完成させる・内容真偽・英作文の問題が出題されている。英文の分量・難度は標準的である。

語句・文法問題は，教科書レベルの基本的なものである。

読解問題においては，英文とともにさまざまな資料の読み取りが要求される傾向にある。また話の細かい内容を問うなど，英文全体の内容を理解する必要がある小問もある。特別，一般ともに出題される文章量が多く，全体的に読解中心の問題構成と言えるだろう。出題形式が多様な傾向があることにも注意が必要だ。

しかし全体として難問奇問の類いはなく，中学校で学習する内容の理解度を総合的にみる出題と言える。

来年度の予想と対策

特別／一般の出題形式の違いなどはあるが，英語を聞き，読み，書くことをバランスよく学習し，総合的な学力をつけておけば対応できると思われる。

はじめの聞き取り問題については，ふだんからCDや音声データなどを利用しリスニングの力をつけておくようにしたい。その上で本書を利用し，出題形式に慣れておくこと。

筆記問題に関しては，まず中学校で習う英単語，熟語，文法，重要構文，会話表現などをしっかり習得しよう。これらは読解問題を解く際の土台にもなる。比較的量が多く，いろいろな種類の読解問題が出題されるので，読みこなすスピードと正確さ，そしてさまざまな出題形式に対応する力が求められる。練習問題に数多く取り組み，実力をつけておこう。ニュースや新聞等にも目を通し，幅広い知識をつけておくこと。出題形式に大きな変化がないので，過去問に必ず取り組もう。

⇨学習のポイント

・教科書で学習する語句や文法をしっかり復習しておこう。あらゆる問題を解く基礎になる。
・問題集などを利用し，読解問題を中心として，さまざまな形式の問題に取り組もう。

年度別出題内容の分析表 英語

※Aは特別，Bは一般

出題内容			26年	27年	28年	29年	30年	2019年	2020年	2021年	2022年	2023年
設問形式	リスニング	絵・図・表・グラフなどを用いた問題	A	AB	AB	AB	AB	A	AB	AB	AB	AB
		適文の挿入	A				A	B			A	A
		英語の質問に答える問題	B	AB	AB	AB	A	A	AB	AB	AB	AB
		英語によるメモ・要約文の完成	B	AB	AB	AB	AB	AB	AB	AB	B	AB
		日本語で答える問題	AB	B	AB	A	A	A		A		
		書き取り	B									
	語い	単語の発音										
		文の区切り・強勢										
		語句の問題	A	A	AB	AB	AB	AB	AB	AB	AB	AB
	読解	語句補充・選択（読解）	AB	AB	AB	AB	AB	AB	AB	AB	AB	AB
		文の挿入・文の並べ換え	A	AB	A	AB	A		A	AB	A	B
		語句の解釈・指示語	AB	AB	AB	A	AB	AB	B		B	AB
		英問英答（選択・記述）					A					
		日本語で答える問題	AB	AB	AB	AB	AB	AB	AB	AB	AB	AB
		内容真偽	AB	AB	AB	AB	AB	AB	AB	AB	AB	AB
		絵・図・表・グラフなどを用いた問題	AB	AB	AB	AB	AB	AB	AB	AB	AB	AB
		メモ・手紙・要約文などを用いた問題	B	AB	B	AB	AB	AB	AB	AB	AB	AB
	文法	語句補充・選択（文法）	AB	AB	A	AB	A	A	A	A	AB	AB
		語形変化	A	AB	AB	B	AB	AB	A	AB	AB	AB
		語句の並べ換え	A	AB	B		B	AB	B	B	B	AB
		言い換え・書き換え	A		A							
		英文和訳										
		和文英訳										
		自由・条件英作文	AB	AB	AB	AB	AB	AB	AB	AB	AB	AB
文法事項		現在・過去・未来と進行形	AB	A	A	AB	AB	AB	AB	AB	AB	AB
		助動詞		B	A	B	AB	AB		B	A	B
		名詞・冠詞・代名詞	A	A	AB	A	A	B	AB	AB	AB	AB
		形容詞・副詞	AB	A	AB	A	AB	AB	AB	AB	AB	AB
		不定詞	AB	B	AB	AB	AB	B	AB	AB	AB	AB
		動名詞	B	AB	A	B		B	B	AB	AB	
		文の構造（目的語と補語）	A	B	B	AB	AB	AB	AB		B	B
		比較	AB	AB	B	AB	AB	A	B	AB	B	B
		受け身	B	AB	AB	AB	A	A	AB	AB	B	A
		現在完了	A	A	AB	AB	A	AB	B	A	A	
		付加疑問文										
		間接疑問文	B		AB	B					AB	
		前置詞	A		B							A
		接続詞	A		B		B	B	AB	B	AB	AB
		分詞の形容詞的用法					B	AB	A		A	A
		関係代名詞	AB			AB	A	A		A	B	AB
		感嘆文										
		仮定法										

理科 出題傾向の分析と合格への対策

出題傾向とその内容

〈最新年度の出題状況〉

1は各分野の基本問題で，凸レンズを通る光，水の沸点，ヒトのアミノ酸の分解と排出，日本の冬の気象であった。2物理は，電圧と電流と抵抗・電力・熱量，フレミングの左手の法則，エネルギーの変換効率の計算と考察であった。3地学は，堆積岩の特徴と化学反応式・示準化石の条件と動物の特徴と分類・環境の変化と地層のでき方で，他領域との総合問題であった。4生物は，対照実験による水質浄化実験・単細胞生物の顕微鏡観察・微生物の細胞呼吸・下水処理場の必要性の文章記述があった。5化学は，金属のイオン化傾向・イオン化傾向が異なる金属が電極の電池での電子の流れと電流の向き・金属イオンから金属原子への化学変化のモデル・ダニエル電池のしくみや発展実験へと探究する設問であった。各分野で科学的思考力や判断力，表現力が試され，探究の過程重視であった。

〈出題傾向〉

近年，物理・化学・生物・地学の各分野から大問が1題ずつ出題される。科学技術の発展や自然環境の調査と環境保全に関連した出題があり，日常生活や身近に発生した現象の話題と中学校理科を結びつけた自由研究形式が多く，探究の道筋を重視した複数単元からの出題である。実験・観察の操作・計画，実験・観察データや資料について考察する問題が多い。出題形式は，記号選択，語句の記述・文章記述，化学反応式・イオン式の記述，作図や図解，モデル化，グラフ化，計算問題など多岐にわたる。

物理的領域　大問の中心は，5年は電圧と電流と抵抗・電力・熱量，フレミングの左手の法則，エネルギーの変換効率，4年は一定の力で引く台車にかかる力・仕事・時間と速さの変化の関係，3年は直方体が水に浮かぶ場合と沈むときの浮力，2年は電磁誘導，電圧と電流・電力・電力量であった。

化学的領域　大問の中心は，5年は金属のイオン化傾向，電極が2種の金属の電池の＋極，金属イオンから原子へのモデル，ダニエル電池，4年は物質の区別・燃焼・熱分解，3年は中和に伴うH^+の数とpH・グラフ化・計算・温室効果，2年は状態変化と粒子モデル，水の電気分解，水の合成であった。

生物的領域　大問の中心は，水質浄化の対照実験・単細胞生物の顕微鏡観察・微生物の細胞呼吸・下水処理場，4年は光合成と呼吸の対照実験，生態系の生産者，3年は自然界のつり合い，コケ植物，無セキツイ動物，レポートのかき方，2年は消化酵素の働きの対照実験，発展実験，課題研究であった。

地学的領域　大問の中心は，5年は地層のでき方・堆積岩・示準化石，4年は地球の自転・公転と星の動きや太陽の南中高度，金星の見え方，3年は作図による震央の位置，地震発生時刻，緊急速報から主要動までの時間，2年は岩石の模式図・火成岩，柱状図，地震発生のしくみ，示準化石であった。

来年度の予想と対策

例年通り，自由研究形式による探究活動重視の複数単元からの出題で，内容は教科書レベルであるが，応用問題の出題があり，基礎・基本の理解，判断力，科学的思考力，表現力が試されると考える。

教科書を丁寧に復習し，日頃の授業では，実験や観察に積極的に参加し，実験装置は図を描き，結果は図や表，グラフ化，モデル化など分かり易く表現しよう。考察は結果に基づいて自分で文章を書く習慣を身につけよう。資料からの情報を正しく読み取り，日常生活や社会との関連，新科学技術，環境などへも視野を広げ，身近に発生している現象と重ねあわせて考察しよう。

⇨学習のポイント

・過去問題を多く解き，「何を問われるのか，どんな答え方をすればよいのか」を把握しておこう。
・教科書の図，表，応用発展，資料が全てテスト範囲。中学理科の全体を総合的に理解しよう。

年度別出題内容の分析表　理科

※★印は大問の中心となった単元

分野	学年	出題内容	26年	27年	28年	29年	30年	2019年	2020年	2021年	2022年	2023年
第一分野	第1学年	身のまわりの物質とその性質		○	○		○	○	○	○	★	
		気体の発生とその性質	○	○		○	○		○	○	○	○
		水溶液	○		○				○	○	○	
		状態変化			★		○		○	○		○
		力のはたらき（2力のつり合いを含む）		○		○				○	○	
		光と音	○				○	★				○
	第2学年	物質の成り立ち				○		○	○		○	
		化学変化，酸化と還元，発熱・吸熱反応		★	○	○	○	○		○		○
		化学変化と物質の質量				★		★	★	○		
		電流（電力，熱量，静電気，放電，放射線を含む）	★		○		★		○	○	○	★
		電流と磁界			★				★		○	○
	第3学年	水溶液とイオン，原子の成り立ちとイオン	○	○	○		○		○		○	○
		酸・アルカリとイオン，中和と塩	★				★			★	○	
		化学変化と電池，金属イオン			○		○		○		○	★
		力のつり合いと合成・分解（水圧，浮力を含む）		★		○		○		★		
		力と物体の運動（慣性の法則を含む）		○		★			○		★	
		力学的エネルギー，仕事とエネルギー	○		○	○			○	○	○	
		エネルギーとその変換，エネルギー資源	○		○	○		○			○	○
第二分野	第1学年	生物の観察と分類のしかた			○		○			○		
		植物の特徴と分類		○			○	○	○	○		
		動物の特徴と分類	○			○	○			○		○
		身近な地形や地層，岩石の観察										○
		火山活動と火成岩				○			★			
		地震と地球内部のはたらき	○		○				○	★		
		地層の重なりと過去の様子	★			★			○			★
	第2学年	生物と細胞（顕微鏡観察のしかたを含む）	○	○	○		○	○			○	○
		植物の体のつくりとはたらき	○				○				★	
		動物の体のつくりとはたらき	★		○	○	○	○	★	○	○	○
		気象要素の観測，大気圧と圧力								○	○	
		天気の変化			○	○	○			○	○	
		日本の気象			★			○	○			○
	第3学年	生物の成長と生殖	○	○	★			★		○		
		遺伝の規則性と遺伝子		★								
		生物の種類の多様性と進化				★					○	
		天体の動きと地球の自転・公転			○			★			★	
		太陽系と恒星，月や金星の運動と見え方		★			★		○	○	○	
		自然界のつり合い					○	○	○	★	○	
自然の環境調査と環境保全，自然災害					○	○	★			○		★
科学技術の発展，様々な物質とその利用				○		★		○	○			
探究の過程を重視した出題			○	○	○	○	○	○	○	○	○	○

―岡山県公立高校―

社会 ●●●• 出題傾向の分析と合格への対策 •●●●

出題傾向とその内容

〈最新年度の出題状況〉

本年度の出題数は，大問5題，小問31問である。解答形式は語句記入9問であり，記号選択は14問であった。短文の記述問題が8問出題されている。大問数は，日本・世界地理2題，歴史2題，公民1題となっており，小問数は，公民がやや少なめで，歴史がやや多めである。

設問は基礎的事項を中心に出題されているが，総合的理解力を試す問題もある。地図・図表・絵・写真・グラフなどの資料を多く用いている。

地理的分野では，生徒のつくった資料などを題材に，各種の地図・雨温図・グラフ・表などを用いて，世界と日本の地形や気候・産業などを幅広く問う出題となっている。

歴史的分野では，生徒のつくった表などを題材に，略年表や写真やグラフなどが用いられ，政治史・経済史・文化史・外交史などに関して，幅広く基礎事項を問う出題となっている。

公民的分野では，生徒のつくった資料などを題材に，グラフ・模式図などを用いて，政治・経済一般などについて，基礎的な知識を問う出題となっている。

〈出題傾向〉

地理的分野では，様々な地図や統計資料などの読み取りを通して，日本や世界の諸地域の特色・地形・気候や産業などを問う問題が出題されている。

歴史的分野では，略年表や写真などを用いて，各時代の政治・社会の様子・経済の変化・文化などについてテーマ史として幅広く問う出題となっている。

公民的分野では，資料やグラフなどの読み取りを通して，憲法・政治の仕組み・税制・裁判・環境問題・国際社会との関わりなど，基礎的事項の確認をする出題となっている。

来年度の予想と対策

来年度も例年通りの出題が予想される。出題数に大きな変動はないと思われ，内容も基礎的なものが中心となるであろう。各分野の基本をしっかり理解しておけば，応用問題にも対応できるであろう。しかし，記述の問題も出るので，普段から文章で要点をまとめる練習もしておこう。

対策としては，まず教科書を確実にマスターすることが必要である。その際に，本文の内容だけでなく，グラフ・写真・表・統計資料なども合わせて理解することが大切である。資料の読み取りはもちろん，他のパターンも，問題集を利用して過去の問題を繰り返し解いて，実戦力を養っていけば，高得点が期待できるであろう。また，新聞・テレビなどで時事的な問題にも目を向けておくことが大切である。

⇨学習のポイント

・地理では，各種の地図・統計資料から，諸地域の特色を読みとり，分析する力をつけよう！
・歴史では，教科書の基礎的事項を整理し，テーマ別形式の問題に慣れておこう！
・公民では，政治・経済・地方自治・国際社会の基礎を整理し，ニュースにも注目しておこう！

年度別出題内容の分析表　社会

		出題内容	26年	27年	28年	29年	30年	2019年	2020年	2021年	2022年	2023年
地理的分野	日本	地形図の見方		○		○				○		
		日本の国土・地形・気候	○	○	○	○	○	○	○	○	○	○
		人口・都市	○	○		○	○		○	○		
		農林水産業	○		○	○	○	○	○		○	○
		工業	○		○	○			○		○	
		交通・通信				○			○	○		
		資源・エネルギー			○		○					○
		貿易										
	世界	人々のくらし		○	○	○		○	○		○	
		地形・気候	○	○	○	○	○	○	○	○	○	○
		人口・都市				○			○			
		産業		○	○	○	○			○	○	○
		交通・貿易	○		○		○	○		○		
		資源・エネルギー					○		○		○	
	地理総合											
歴史的分野	日本史—時代別	旧石器時代から弥生時代	○			○		○		○		
		古墳時代から平安時代	○	○	○	○	○	○	○	○	○	○
		鎌倉・室町時代	○	○	○	○	○	○	○	○	○	○
		安土桃山・江戸時代	○	○	○	○	○	○	○	○	○	○
		明治時代から現代	○	○	○	○	○	○	○	○	○	○
	日本史—テーマ別	政治・法律	○	○	○	○	○	○	○	○	○	○
		経済・社会・技術	○	○	○	○	○	○	○	○	○	○
		文化・宗教・教育	○	○	○	○	○	○	○	○	○	○
		外交	○					○	○	○	○	○
	世界史	政治・社会・経済史		○		○		○	○	○	○	○
		文化史										
		世界史総合										
	歴史総合											
公民的分野		憲法・基本的人権	○		○	○		○		○		○
		国の政治の仕組み・裁判	○		○	○		○			○	○
		民主主義										
		地方自治	○				○	○			○	
		国民生活・社会保障	○		○	○	○	○		○		
		経済一般	○	○	○			○	○	○	○	
		財政・消費生活	○	○	○			○	○	○	○	○
		公害・環境問題		○			○			○		○
		国際社会との関わり	○	○		○		○	○	○	○	○
時事問題												
その他						○						

—岡山県公立高校—

国語　出題傾向の分析と合格への対策

出題傾向とその内容

〈最新年度の出題状況〉

特別(A)と一般(B)の最も大きな違いは，記述量である。

Aは4大問構成。1は漢字の読み書きや文法などの知識問題であった。2は古文とその解説文を読み取る問題。3は小説文読解で，登場人物の心情に関する問いが出題された。4の論説文読解は，内容吟味を中心に問われた。現代文読解には，短めの記述問題が含まれる。

Bも4大問だが順番が異なる。1は小説文読解で，心情理解を中心に出題された。2は古文と解説文で，『枕草子』の特徴について考える問題であった。3は論説文読解で，内容吟味を中心に出題された。読解問題には，漢字などの知識も組み込まれている。また，現代文読解には，30字以内・40字以内の記述問題が出題された。4は，著作権と図書室の本の貸し出し関する資料や会話が示され，自分の考えを80~100字で書く問題が出題された。

〈出題傾向〉

現代文の読解問題は，論説文と小説文が出題されている。論説文は，内容に関するものが中心。細部の読み取りや接続語，脱文・脱語補充などの問いが見られる。小説文では，登場人物の心情読解や表現に関する出題が多い。

古文・漢文・韻文は，現代文の解説文などとともに出題される。基礎知識とともに解説文や対話の中で古文や和歌・俳句などがどのように解釈されているかを把握する力が試される。

一般(B)では作文が出題される。どのような形で出題されるとしても，条件を正しく読み取り，それに合った書き方をすることが求められる。

知識問題は，漢字の読みと書き取りが必出で，それ以外にも文法や語句の出題が見られる。文法は，読点，品詞の識別，敬語など，様々な分野が扱われる。語句も，熟語，ことわざ・慣用句などの力が試される。

来年度の予想と対策

大問の出題順などに変化はあるが，出題内容には共通するところが多い。今年度までの問題を解いて，出題傾向をつかんでおこう。

小説では登場人物それぞれの心情の変化を丁寧に追う練習をしておく必要がある。また，論説文では，筆者の主張を理解する練習を積んでおこう。ともに，記述問題にも積極的に取り組んでおきたい。

古典は，解釈を補う現代文とともに出題されている。仮名遣いなどの基本知識はもちろん必要だが，解説文を参照しながら内容を読み解くことにも慣れておきたい。

会話文や発表原稿などを用いた出題も予想される。発言の工夫や特徴などを意識して，内容を読み取ったり，適切な表現を考えたりする練習をしよう。

記述問題や作文の対策として，日ごろから要点や自分の考えをまとめる練習も積んでおこう。

知識問題は，漢字の読みと書き取りが必出。文法，語句の出題も予想される。問題集などを使って，幅広く復習しておくとよいだろう。

⇨学習のポイント

- さまざまな文章の読解問題にふれよう。
- 漢字や文法，語句に関する問題に数多く取り組もう。
- 段落ごとの要点をまとめるなど，記述の練習をしよう。

年度別出題内容の分析表　国語

※Aは特別，Bは一般

		出題内容	26年	27年	28年	29年	30年	2019年	2020年	2021年	2022年	2023年
内容の分類	読解	主題・表題		B	A	B						
		大意・要旨										
		情景・心情	AB	AB	AB	AB	AB	AB	AB	AB	AB	AB
		内容吟味	AB	AB	AB	AB	AB	AB	AB	AB	AB	AB
		文脈把握	B		AB	AB	AB	AB	AB	AB	AB	AB
		段落・文章構成						B				
		指示語の問題			B							
		接続語の問題	A		A	A				A	A	A
		脱文・脱語補充	A	AB	AB	AB	AB	A	AB	AB	AB	AB
	漢字・語句	漢字の読み書き	AB	AB	AB	AB	AB	AB	AB	AB	AB	AB
		筆順・画数・部首		A	A			A				
		語句の意味		A	A	B	B	AB	B	B	A	A
		同義語・対義語		A								
		熟語	A	AB	A	AB	A			B	A	
		ことわざ・慣用句	AB	A	AB		A		A			
		仮名遣い	A	B	B		A	B	B	AB	A	AB
	表現	短文作成	A	A								
		作文(自由・課題)	AB	B	B	B	B	B	B	B	B	B
		その他				AB		AB				
	文法	文と文節		A	A			A				A
		品詞・用法	AB	AB	B	AB	AB	B	AB	A	B	A
		敬語・その他	AB	A	AB		A	A	A	A	A	A
	古文の口語訳		AB			A		A				
	表現技法・形式		AB	A		B	A		B	B	B	B
	文学史				B	A					B	
	書写		B		A			B				
問題文の種類	散文	論説文・説明文	AB	AB	AB	AB	AB	AB	AB	AB	AB	AB
		記録文・報告文										
		小説・物語・伝記	AB	AB	AB	AB	AB	AB	AB	AB	AB	AB
		随筆・紀行・日記										
	韻文	詩										
		和歌(短歌)		A			B		AB			
		俳句・川柳								B		A
	古文		AB	B	B	A	A	B		A	A	AB
	漢文・漢詩				A	B		A			B	
	会話・議論・発表		AB	AB	B	B	B	B	AB	B	AB	AB
	聞き取り											

―岡山県公立高校―

不安という人なつっこい怪物。

曽我部恵一｜ミュージシャン

曽我部恵一

'90年代初頭よりサニーデイ・サービスのヴォーカリスト／ギタリストとして活動を始める。2004年，自主レーベルROSE RECORDSを設立し，インディペンデント／DIYを基軸とした活動を開始する。以後，サニーデイ・サービス／ソロと並行し，プロデュース・楽曲提供・映画音楽・CM音楽・執筆・俳優など，形態にとらわれない表現を続ける。

受験を前に不安を抱えている人も多いのではないでしょうか。今回はミュージシャンであり，3人の子どもたちを育てるシングルファーザーでもある曽我部恵一さんにご自身のお子さんに対して思うことをまじえながら，“不安”について思うことを聞いた。

── 子どもの人生を途中まで一緒に生きてやろうっていうのが，何だかおこがましいような気がしてしまう。

子どもが志望校に受かったらそれは喜ばしいことだし，落ちたら落ちたで仕方がない。基本的に僕は子どもにこの学校に行ってほしいとか調べたことがない。長女が高校や大学を受験した時は，彼女自身が行きたい学校を選んで，自分で申し込んで，受かったからそこに通った。子どもに「こういう生き方が幸せなんだよ」っていうのを教えようとは全く思わないし，勝手につかむっていうか，勝手に探すだろうなと思っているかな。

僕は子どもより自分の方が大事。子どもに興味が無いんじゃないかと言われたら，本当に無いのかもしれない。子どもと仲良いし，好きだけど，やっぱり自分の幸せの方が大事。自分の方が大事っていうのは，あなたの人生の面倒は見られないですよって意味でね。あなたの人生はあなたにしか生きられない。自分の人生って，設計して実際動かせるのは自分しかいないから，自分のことを責任持ってやるのがみんなにとっての幸せなんだと思う。

うちの子にはこの学校に入ってもらわないと困るんですって言っても，だいたい親は途中で死ぬから子どもの将来って最後まで見られないでしょう。顔を合わせている時，あのご飯がうまかったとか，風呂入るねとか，こんなテレビやってたよ，とかっていう表面的な会話はしても，子どもの性格とか一緒にいない時の子どもの表情とか本当はちゃんとは知らないんじゃないかな。子どもの人生を途中まで一緒に生きてやろうっていうのが，何だかおこがましいような気がしてしまう。

── 不安も自分の能力の一部だって思う。

一生懸命何かをやってる人，僕らみたいな芸能をやっている人もそうだけど，みんな常に不安を抱えて生きていると思う。僕も自分のコンサートの前はすごく不安だし，それが解消されることはない。もっと自分に自信を持てるように練習して不安を軽減させようとするけど，無くなるということは絶対にない。アマチュアの時はなんとなくライブをやって，なんとなく人前で歌っていたから，不安はなかったけど，今はすごく不安。それは，お金をもらっているからというプロフェッショナルな気持ちや，お客さんを満足させないとというエンターテイナーとしての意地なのだろうけど，本質的な部分は“このステージに立つほど自分の能力があるのだろうか”っていう不安だから，そこは受験をする中学生と同じかもしれない。これは不安を抱えながらぶつかるしかない。それで，ぶつかってみた結果，ライブがイマイチだった時は，僕は今でも人生終わったなって気持ちになる。だから，不安を抱えている人に対して不安を解消するための言葉を僕はかけることができない。受験生の中には高校受験に失敗したら人生終わると思ってる人もいるだろうし，僕は一つのステージを失敗したら人生終わると思ってる。物理的に終わらなくても，その人の中では終わる。それに対して「人生終わらないよ」っていうのは勝手すぎる意見。僕たちの中では一回の失敗でそれは終わっちゃうんだ。でも，失敗しても相変わらずまた明日はあるし，明後日もある。生きていかなきゃいけない。失敗を繰り返していくことで，人生は続くってことがわかってくる。子どもたちの中には，そこで人生を本当に終わらそうっていう人が出てくるかもしれないけど，それは大間違い。同じような失敗は生きてるうちに何度もあって，大人になっている人は失敗を忘れたり，見ないようにしたりするのをただ単に繰り返して生きてるだけなんだと思う。失敗したからこそできるものがあるから，僕は失敗するっていうことは良いことだと思う。挫折が多い方が絶対良い。若い頃に挫折とか苦い経験っていうのはもう財産だから。

例えば，「雨が降ってきたから，カフェに入った。そしたら偶然友達と会って嬉しかった」。これって，雨が降る，晴れるとか，天気みたいなもうどうしようもないことに身を委ねて，自然に乗っかっていったら，結局はいい出来事があったということ。僕は，無理せずにそういう風に生きていきたいなと思う。失敗しても，それが何かにつながっていくから，失敗したことをねじ曲げて成功に持っていく必要はないんじゃないかな。

不安を感じてそれに打ち勝つ自信がないのなら，逃げたらいい。無理して努力することが一番すごいとも思わない。人間，普通に生きると70年とか80年とか生きるわけで，逃げてもどこかで絶対勝負しなきゃいけない瞬間っていうのがあるから，その時にちゃんと勝負すればいいんじゃないかな。受験がどうなるか，受かるだろうか，落ちるだろうか，その不安を抱えている人は，少なからず，勝負に立ち向かっていってるから不安を抱えているわけで。それは素晴らしいこと。不安っていうのは自分の中の形のない何かで自分の中の一つの要素だから，不安も自分の能力の一部だって思う。不安を抱えたまま勝負に挑むのもいいし，努力して不安を軽減させて挑むのもいい。または，不安が大きいから勝負をやめてもいいし，あくまでも全部自分の中のものだから。そう思えば，わけのわからない不安に押しつぶされるってことはないんじゃないかな。

MEMO

大切なことはメモしておこうネ！

ダウンロードコンテンツのご利用方法

※弊社 HP 内の各書籍ページより，解答用紙などのデータダウンロードが可能です。

※巻頭「収録内容」ページの下部 QR コードを読み取ると，書籍ページにアクセスが出来ます。（ Step 4 からスタート）

Step 1 東京学参 HP（https://www.gakusan.co.jp/）にアクセス

Step 2 下へスクロール『フリーワード検索』に書籍名を入力

Step 3 検索結果から購入された書籍の表紙画像をクリックし，書籍ページにアクセス

Step 4 書籍ページ内の表紙画像下にある『ダウンロードページ』を

クリックし，ダウンロードページにアクセス

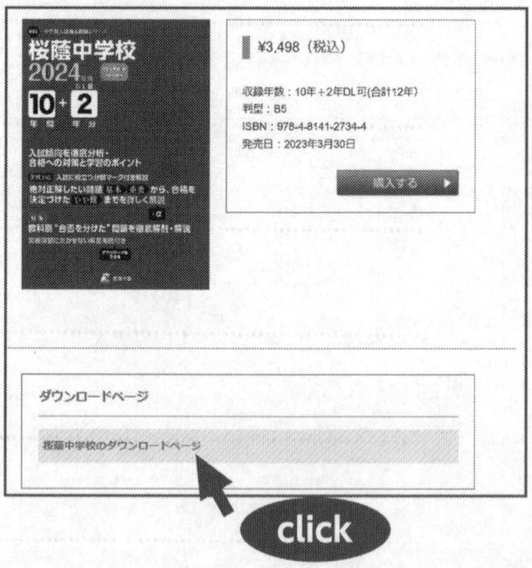

Step 5 巻頭「収録内容」ページの下部に記載されている

パスワードを入力し，『送信』をクリック

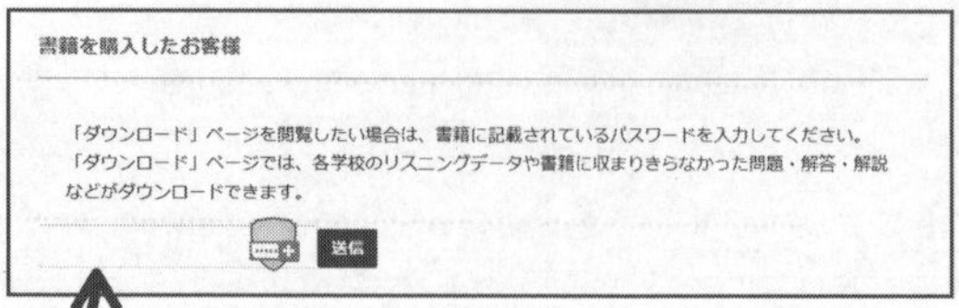

解答用紙・+αデータ配信ページへスマホでアクセス！ ⇒

※データのダウンロードは 2024 年 3 月末日まで。

※データへのアクセスには，右記のパスワードの入力が必要となります。 ⇒ ●●●●●●

Step 6 使用したいコンテンツをクリック

※ PC ではマウス操作で保存が可能です。

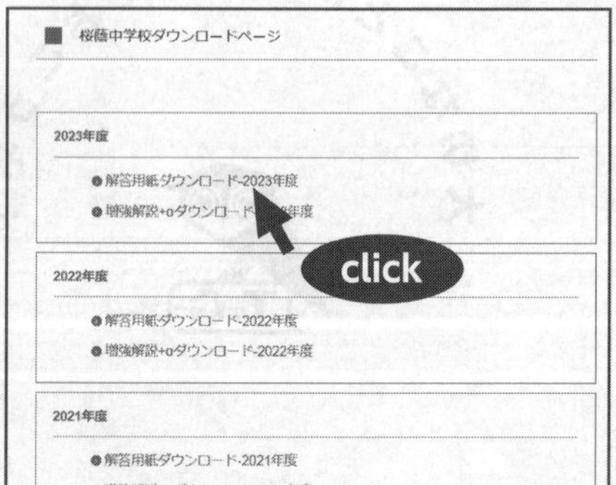

岡山県公立高等学校（特別）

2023年度

★★★★★★★★★★★★★★★★★★★★★★★★

入　試　問　題

2023
年
度

●くわしい解説 …… 27ページ

＜数学＞

時間　45分　　満点　70点

1 次の(1)～(4)の計算をしなさい。(5)，(6)は指示に従って答えなさい。

(1) $9-(-2)$

(2) $\left(-\frac{5}{3}\right)\times\frac{9}{10}$

(3) $6ab^3\times 2a\div 3ab^2$

(4) $\sqrt{54}-\sqrt{6}$

(5) x^2-49 を因数分解しなさい。

(6) 方程式 $x^2-3x+1=0$ を解きなさい。

2 次の(1)～(5)に答えなさい。

(1) 次の文の □ に当てはまる式として最も適当なのは，**ア**～**エ**のうちではどれですか。一つ答えなさい。ただし，消費税は考えないものとします。

> 定価が a 円の品物を１割引きで買ったときの代金は，□ 円である。

ア $\frac{1}{10}a$　**イ** $\frac{1}{100}a$　**ウ** $\frac{9}{10}a$　**エ** $\frac{9}{100}a$

(2) 右の図は，立方体の展開図です。これを組み立ててできる立方体において，面Xと平行になる面は，**ア**～**オ**のうちではどれですか。一つ答えなさい。

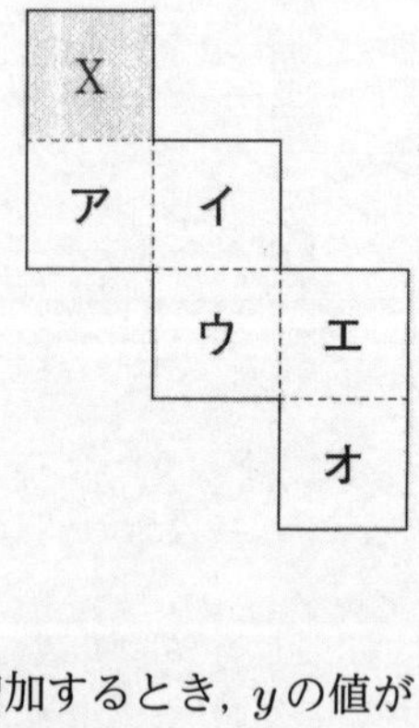

(3) 次の**ア**～**エ**は関数を表しています。$x>0$ の範囲において，x の値が増加するとき，y の値が増加するのは，**ア**～**エ**のうちではどれですか。当てはまるものをすべて答えなさい。

ア $y=2x^2$　**イ** $y=-2x^2$　**ウ** $y=\frac{2}{x}$　**エ** $y=-\frac{2}{x}$

(4)　大小２つのさいころを同時に投げるとき，出た目の数の積が20以上となる確率を求めなさい。ただし，さいころの１から６までの目の出方は，同様に確からしいものとします。

(5)　図のような，∠ＡＢＣ＝140°のひし形ＡＢＣＤがあります。次の【条件】を満たす点Ｐを，定規とコンパスを使って作図しなさい。作図に使った線は残しておきなさい。

【条件】
点Ｐは辺ＣＤ上にあり，∠ＰＢＣ＝35°である。

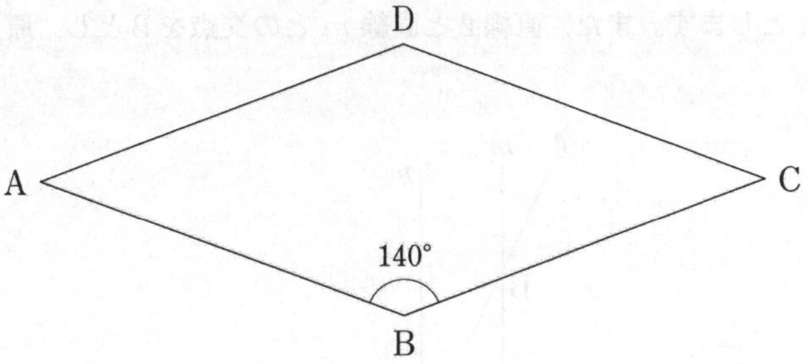

3　問題Ⅰ，問題Ⅱに答えなさい。

問題Ⅰ

次の表は，ある一次関数について，x の値とそれに対応する y の値を表しています。(1)，(2)に答えなさい。

x	…	1	3	5	7	…
y	…	−2	□	6	10	…

(1)　□ に適当な数を書きなさい。

(2)　この一次関数のグラフとして最も適当なのは，後の**ア**～**エ**のうちではどれですか。一つ答えなさい。ただし，原点をＯとします。

ア

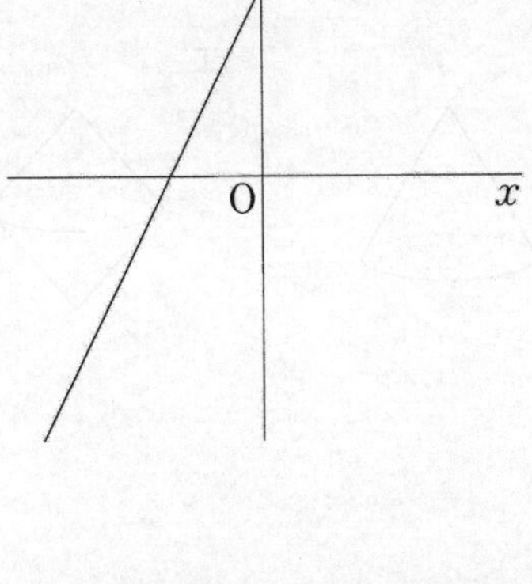

イ

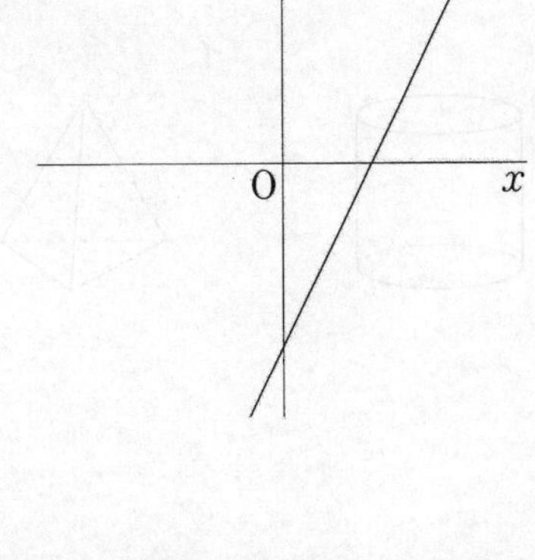

ウ

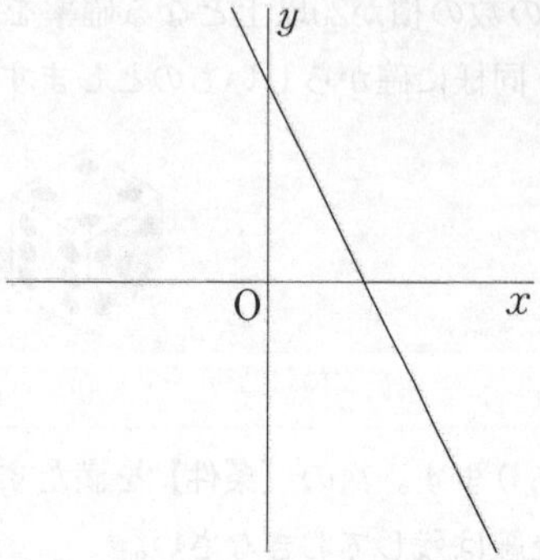

エ

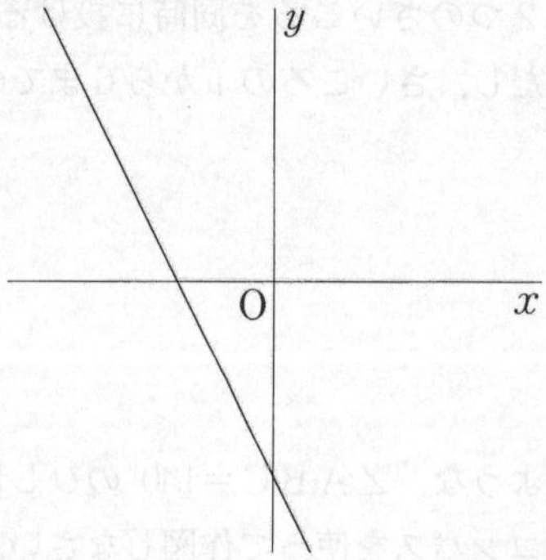

問題Ⅱ

図のように，一次関数 $y=-2x+1$ のグラフを直線 ℓ とし，点A（－1，0）を通り，y 軸に平行な直線を m とします。また，直線 ℓ と直線 m との交点をBとし，原点をOとします。⑴～⑶に答えなさい。

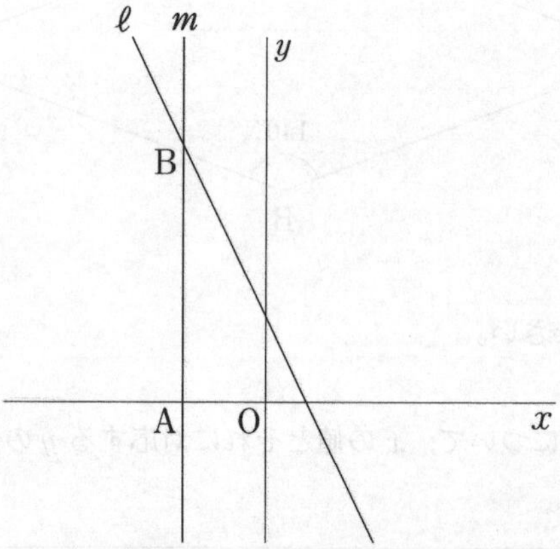

⑴　直線 m の式として最も適当なのは，**ア**～**エ**のうちではどれですか。一つ答えなさい。

ア　$y=1$　　**イ**　$y=-1$　　**ウ**　$x=1$　　**エ**　$x=-1$

⑵　点Bの座標を求めなさい。

⑶　直線 ℓ と x 軸との交点をCとします。△ABCを直線 m を軸として1回転させてできる立体について，後の①，②に答えなさい。

①　この立体の見取図として最も適当なのは，**ア**～**エ**のうちではどれですか。一つ答えなさい。

ア

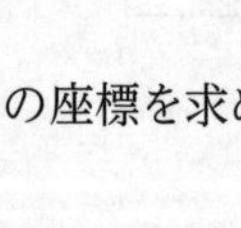

イ

ウ

エ

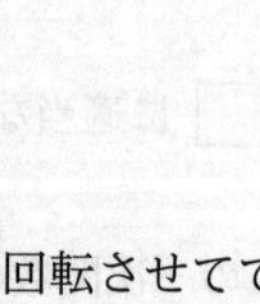

② この立体の体積を求めなさい。ただし，原点Oから点（1，0）までの距離，原点Oから点（0，1）までの距離をそれぞれ1㎝とします。

4 ある県で，水泳の県大会に向けた地区予選会が行われました。A地区の予選会で50m自由形に出場した桃子さんは，出場した20人の50m自由形の記録をノートにまとめました。(1)，(2)に答えなさい。

＜桃子さんのノート＞

・自分の記録は33.8秒だった。

・20人の記録を階級の幅の異なるヒストグラム（図1，図2）に表した。

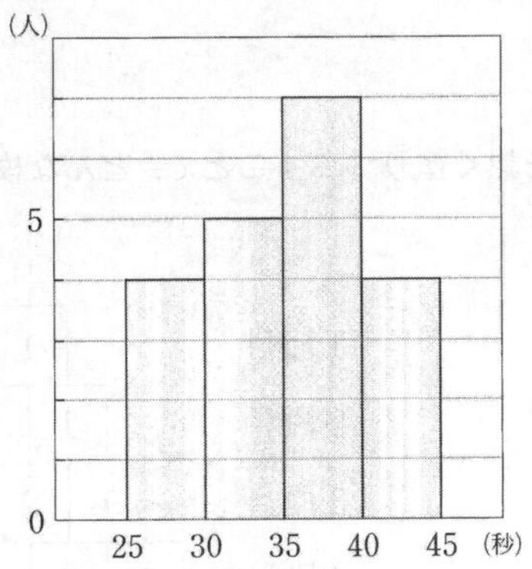

図1

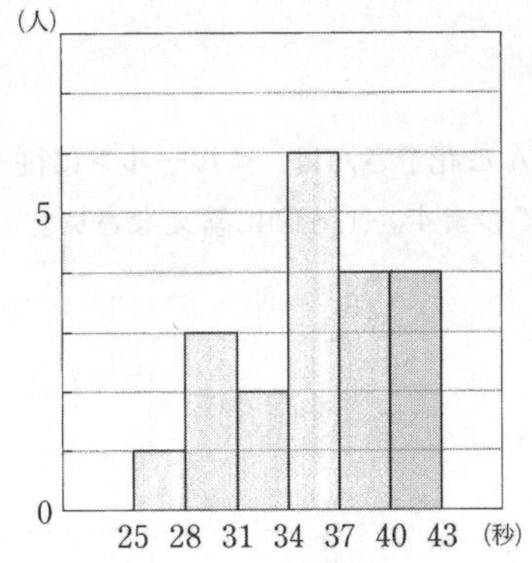

図2

・図1では，自分の記録が入っている階級の度数は [(あ)] 人だった。

・図2では，階級の幅を [(い)] 秒にした。

・階級の幅を変えると，読み取れる傾向が異なると思った。

※例えば，図1の25～30の区間は，25秒以上30秒未満の階級を表す。

(1) [(あ)]，[(い)] に適する数を書きなさい。

(2) 桃子さんは，B地区の予選会で50m自由形に出場した60人の記録も調べ，右のような度数分布表に整理しました。次のページの①，②に答えなさい。

記録（秒）			A地区	B地区
			度数（人）	度数（人）
以上		未満		
25	～	28	1	1
28	～	31	3	9
31	～	34	2	5
34	～	37	6	19
37	～	40	4	16
40	～	43	4	10
合計			20	60

① 桃子さんは，Ａ地区とＢ地区を比較し，次のように考えました。度数分布表から読み取れることとして必ず正しいといえるのは，**ア**～**エ**のうちではどれですか。一つ答えなさい。

ア　記録の範囲は，Ａ地区よりもＢ地区の方が大きい。
イ　記録の最頻値は，Ａ地区よりもＢ地区の方が大きい。
ウ　記録の最小値は，Ａ地区もＢ地区も同じ値である。
エ　記録の中央値は，Ａ地区もＢ地区も同じ階級に入っている。

② 予選会の記録が34秒未満の人が全員，県大会へ出場できることになりました。桃子さんは，Ａ地区とＢ地区のうち，県大会へ出場できる人数の割合が大きいのはＡ地区であると判断しました。桃子さんがこのように判断した理由を，累積相対度数の値を用いて説明しなさい。

5　太郎さんと花子さんは，**<ルール>**に従って□を黒く塗りつぶすことで，どんな模様ができるかを考えています。⑴～⑶に答えなさい。

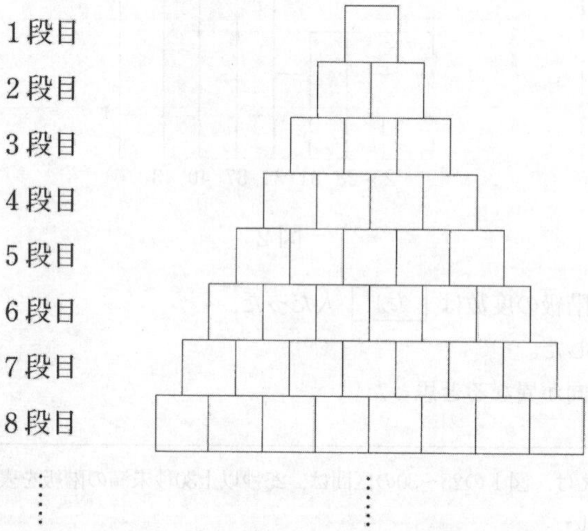

図1

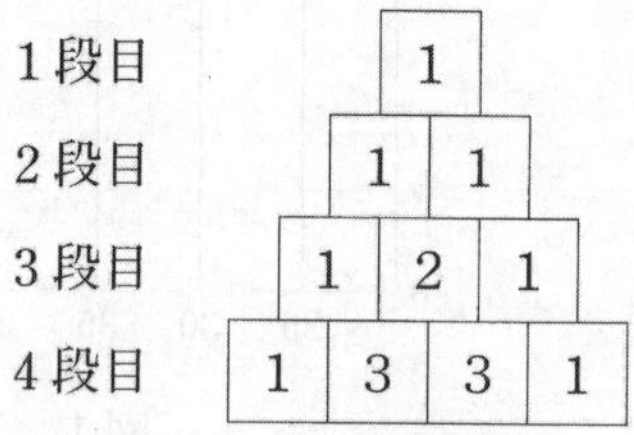

図2

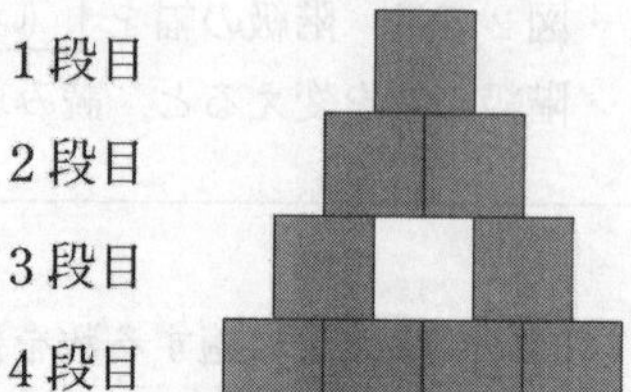

(□に入る数は省略している。)

図3

<ルール>

・図1のように，上から順に1段目に1個，2段目に2個，3段目に3個，……と，同じ大きさの□を規則正しく並べる。

・図2のように，□には自然数が入る。まず，1段目と2段目の□に1が入る。3段目以降は両端の□に1が入り，両端以外の□は，その□と接している上段の2つの□に入る数の和が入る。

・図3のように，□に入る数が奇数の場合，その□を黒く塗りつぶして模様をつくる。

花子：4段目まで数を入れたから，次は5段目に数を入れると，左から1，4，6，4，1となるよ。

太郎：次は６段目だね。両端は黒く塗りつぶすことがすぐにわかるけれど，それ以外は□に数を入れないとわからないのかな。ちょっと大変そう。

花子：黒く塗りつぶす□は，その□に入る数が奇数だとわかればよいのだから，もっと効率的に見つけられないかな。

太郎：そういえば，［　①　］と偶数の和は偶数になって，奇数と奇数の和も偶数になるよね。ここでは，和が奇数になるときを考えればいいね。

花子：なるほど。そうすると，両端以外で黒く塗りつぶす□は，その□と接している上段の２つの□に入る数が［　②　］の場合だね。

太郎：この性質を使えば，効率的に黒く塗りつぶすところがわかるね。

(1) ［①］，［②］に当てはまることばの組み合わせとして最も適当なのは，**ア**～**エ**のうちではどれですか。一つ答えなさい。

ア　①偶数　②一方が奇数でもう一方が偶数　　**イ**　①偶数　②両方とも奇数

ウ　①奇数　②一方が奇数でもう一方が偶数　　**エ**　①奇数　②両方とも奇数

(2) 下線部について，太郎さんは，文字を使って次のように説明しました。［　　］に説明の続きを書き，説明を完成させなさい。

＜太郎さんの説明＞

m，nを整数とすると，奇数は$2m+1$，$2n+1$と表される。

このとき，奇数と奇数の和は，

［　　　　　　　　　　　　　　　　　　］

したがって，奇数と奇数の和は偶数になる。

(3) **＜ルール＞**に従って，１段目から16段目までの□を黒く塗りつぶしたときの模様として最も適当なのは，後の**ア**～**エ**のうちではどれですか。一つ答えなさい。

ア

イ

ウ

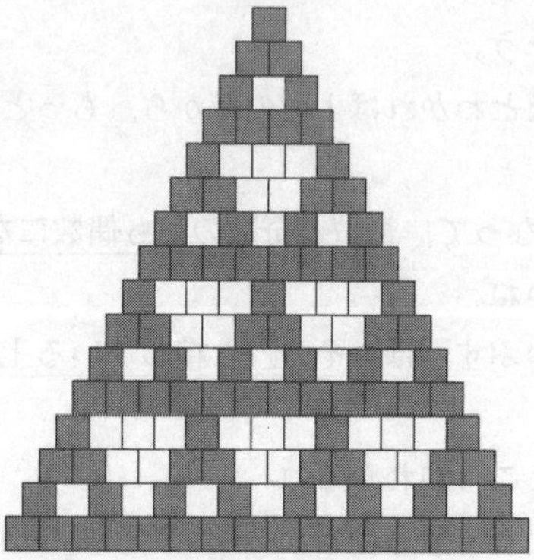

エ

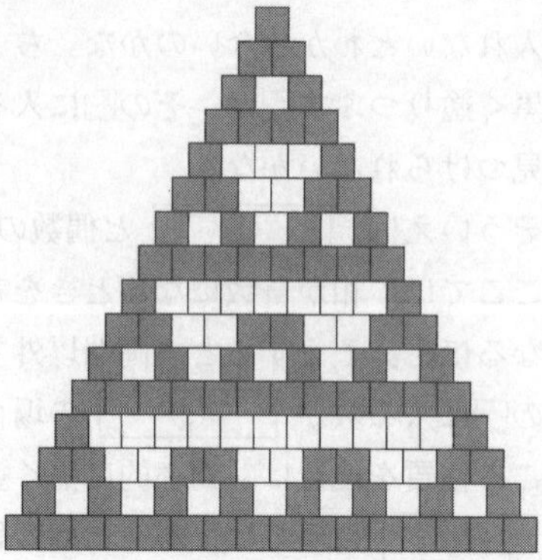

6　図のように，線分ＡＤを直径とする円Ｏがあります。２点Ｂ，Ｃは円Ｏの周上の点で，△ＡＢＣは鋭角三角形です。頂点Ａから辺ＢＣにひいた垂線と辺ＢＣとの交点をＨとし，点Ｃと点Ｄを結びます。⑴，⑵に答えなさい。

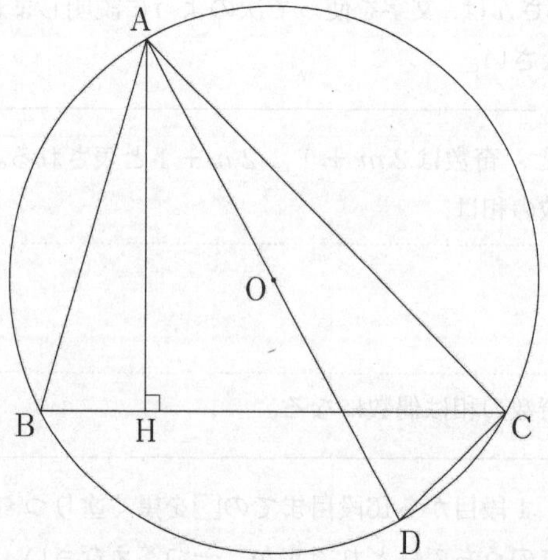

⑴　△ＡＢＨ∽△ＡＤＣであることは，次のように証明することができます。㋐，㋑に当てはまるものとして最も適当なのは，次のページのア～カのうちではどれですか。それぞれ一つ答えなさい。

＜証明＞
△ＡＢＨと△ＡＤＣにおいて，
仮定から，
　∠ＡＨＢ＝90°　　　……①
半円の弧に対する円周角は直角だから，
　㋐＝90°　　　……②
①，②から，
　∠ＡＨＢ＝㋐　　　……③
また，㋑に対する円周角は等しいから，
　∠ＡＢＨ＝∠ＡＤＣ　　　……④
③，④から，２組の角がそれぞれ等しいので，
　△ＡＢＨ∽△ＡＤＣ

ア　∠ＡＢＨ　　**イ**　∠ＡＣＤ　　**ウ**　∠ＡＤＣ
エ　$\overset{\frown}{AB}$　　**オ**　$\overset{\frown}{BD}$　　**カ**　$\overset{\frown}{AC}$

⑵　ＢＣ＝８㎝，ＡＨ＝ＣＨ＝６㎝のとき，①～④に答えなさい。
①　∠ＡＣＨの大きさを求めなさい。

②　線分ＡＢの長さを求めなさい。

③　円Ｏの半径を求めなさい。

④　線分ＡＤと線分ＢＣとの交点をＥとします。また，点Ｂと点Ｄを結びます。このとき，四角形ＡＢＤＣと△ＣＥＤの面積の比を最も簡単な整数の比で表しなさい。

＜英語＞

時間　45分　　満点　70点

1　この問題は聞き取り検査です。**問題Ａ～問題Ｃ**に答えなさい。すべての問題で英語は２回ずつ読まれます。途中でメモをとってもかまいません。

問題Ａ　⑴～⑶のそれぞれの英文で説明されている内容として最も適当なのは，**ア～エ**のうちではどれですか。一つ答えなさい。

⑴

ア

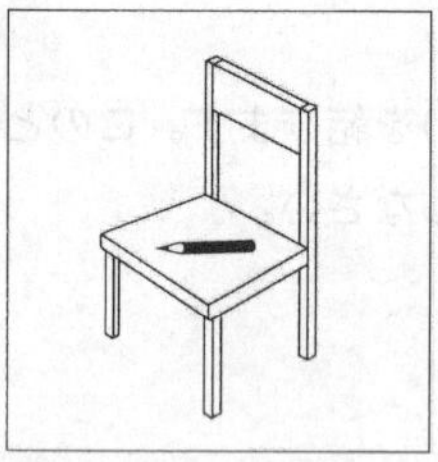

イ

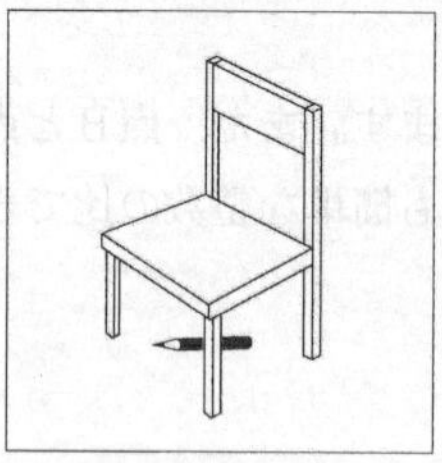

ウ

エ

⑵

ア

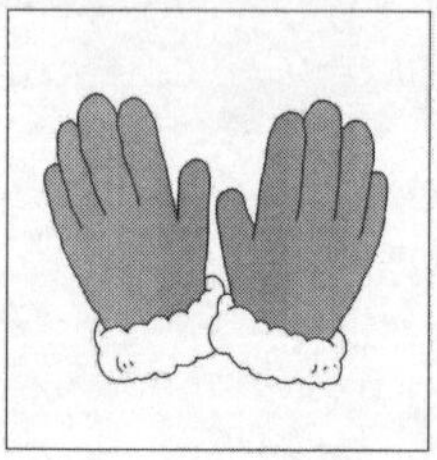

イ

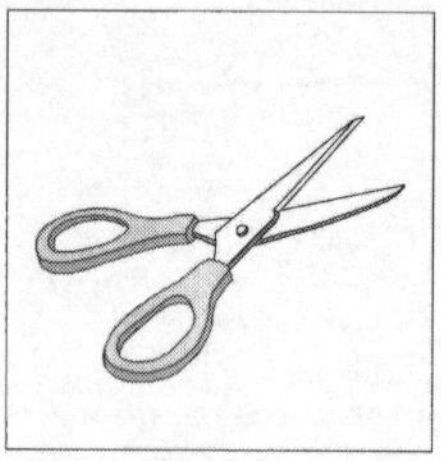

ウ

エ

⑶

ア

スケジュール	
月	
火	
水	図書館
木	
金	
土	
日	

イ

スケジュール	
月	
火	
水	
木	図書館
金	
土	
日	

ウ

スケジュール	
月	
火	
水	書店
木	
金	
土	
日	

エ

スケジュール	
月	
火	
水	
木	書店
金	
土	
日	

問題Ｂ　⑴，⑵のそれぞれの会話の最後の文に対する応答部分でチャイムが鳴ります。そのチャイムの部分に入れるのに最も適当なのは，**ア～エ**のうちではどれですか。一つ答えなさい。

⑴
ア　Nice to meet you, too.　　**イ**　How was it?
ウ　You’re welcome.　　**エ**　That will be nice.

(2)
ア　Really? I visited the hot spring, too.
イ　Well, he is thirty years old.
ウ　Then, let's buy some juice.
エ　Yes. He is called Sam by his friends.

問題C　中学生のGenはメモを取りながら，野球選手として活躍しているMarc選手の講演を聞いています。⑴～⑶に答えなさい。

［Genのメモの一部］

みんなにしてもらいたいこと
1つ目　しっかりと［　(あ)　］ ── Marc選手は［　(い)　］時間

⑴　［(あ)］，［(い)］に入れる内容の組み合わせとして最も適当なのは，ア～エのうちではどれですか。一つ答えなさい。

ア　(あ)　練習をする　(い)　6　　イ　(あ)　睡眠をとる　(い)　6
ウ　(あ)　練習をする　(い)　8　　エ　(あ)　睡眠をとる　(い)　8

⑵　講演の中で，コミュニケーションについてMarc選手が述べた内容として，当てはまらないものは，ア～エのうちではどれですか。一つ答えなさい。

ア　仲間とのコミュニケーションは，頻繁にとるようにする。
イ　仲間とのコミュニケーションでは，端的に情報を伝えるようにする。
ウ　コミュニケーションのおかげで，チームとしてうまくやっていける。
エ　コミュニケーションのおかげで，仲間の考えを理解できる。

⑶　講演の最後にMarc選手がした質問に対して，どのように答えますか。あなたがGenになったつもりで，書き出しに続けて，［　］に3語以上の英語を書き，英文を完成させなさい。

I can［　　　　］.

2　Ryo，Mina，Eriは英語クラブに所属しており，原先生（Mr. Hara）がそのクラブを担当しています。クラブの活動日に学校で，近くの大学に留学しているDarshaとの交流会（exchange meeting）が行われました。⑴～⑹に答えなさい。

⑴　交流会の準備中に，原先生が生徒と話をしました。［(あ)］，［(い)］に入れるのに最も適当なのは，ア～エのうちではどれですか。それぞれ一つ答えなさい。

Mr. Hara : What is your presentation about?
Ryo　　: It is about［　(あ)　］from our town, such as carrots and onions. They are delicious. Has Darsha eaten them yet?

(あ)　ア　rooms　　イ　magazines　　ウ　shoes　　エ　vegetables

Mina　　: How long will Darsha be with us on the day of the exchange meeting?
Mr. Hara : ［　(い)　］ an hour.

(い)　ア　For　　イ　Until　　ウ　During　　エ　By

⑵　交流会でDarshaに話してもらいたいことについて日本語で作成したメモを，Eriが英語に

しました。日本語のメモの内容に合うように，(う)，(え) に最も適当な英語１語をそれぞれ入れ，メモを完成させなさい。ただし，[　] 内の _ には記入例にならい，１文字ずつ書くものとします。

記入例 [c a p]

日本語のメモ	Eri が英語にしたメモ
・好きな食べ物，歌，動物	・your favorite food, song and [(う)______]
・将来の夢	・your future [(え)_____]

⑶ Ryo が，交流会で自分たちの町を Darsha に紹介しました。必要があれば（　）内の語を適当な形に変えたり，不足している語を補ったりなどして，それぞれ意味が通るように英文を完成させなさい。

① If you like paper cranes, you should visit the Origami Museum. You can learn how (make) them there.

② Momiji Bridge is beautiful. The bridge (build) about 100 years ago.

⑷ Mina と Ryo が，交流会で Darsha と話をしました。(お)，(か) に入れるのに最も適当な英語１語をそれぞれ書きなさい。

Mina　: In this photo, you're holding a little girl. Darsha, [(お)] is this girl?
Darsha : Oh, she is my sister's daughter.
Ryo　: I like this singer very much.
Darsha : Really? I'm a big [(か)] of the singer, too.

⑸ Darsha と Eri が交流会の後に話をしました。下線部の語をすべて用いて，意味が通るように並べ替えなさい。

Darsha : Thank you (for / to / me / inviting) the exchange meeting today. I enjoyed the meeting.
Eri　: I'm glad to hear that.

⑹ 交流会を終えて，Mina は振り返りをノートに書きました。Mina が考えている振り返りの内容に合うように，書き出しに続けて，[　] に５語以上の英語を書き，Mina のノートの英文を完成させなさい。

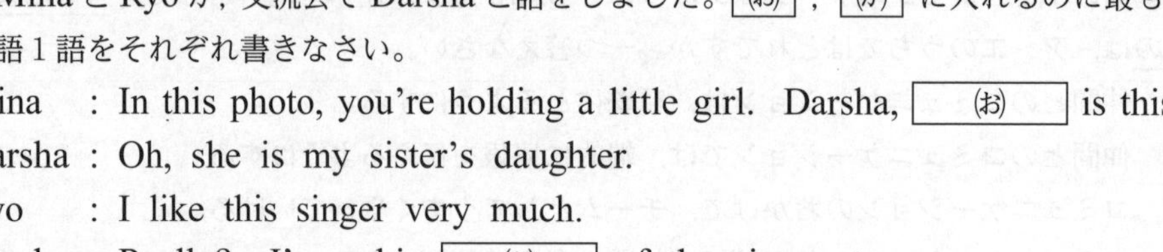
Darsha がクラブに来てくれた。
交流会では，英語で彼女と話をした。
いい会だったな。
[Mina]

Mina のノート

Darsha came to our club.
At the exchange meeting, I [　　　　].
It was a nice meeting.

3 問題Ａ，問題Ｂに答えなさい。

問題Ａ　Toshi が英語の授業でスピーチをしました。次の英文は，そのスピーチです。⑴，⑵に答えなさい。

I went to Momiji River with my father yesterday. First, we had lunch. After lunch, we watched wild birds. They were swimming in the river. Then, we enjoyed fishing. We caught a lot of fish. In the evening, we cooked the fish for dinner. We wanted to watch fireflies, so we walked along the river. Soon it started raining, and we ran back to the car. I'm sad that we didn't find any, so I want to try that again. I hope that I will see some next time.

〔注〕 wild　野生の　　firefly　ほたる

⑴　Toshi がスピーチで述べた内容として，当てはまらないものは，ア～エのうちではどれですか。一つ答えなさい。

ア

イ

ウ

エ

⑵　下線部の内容として最も適当なのは，ア～エのうちではどれですか。一つ答えなさい。

ア　eat lunch by the river　　イ　walk along the river to see flowers

ウ　catch a lot of fish in the river　　エ　go to the river to watch fireflies

問題Ｂ　Ayu の留学先の学校で実施した，運動（exercise）に関するアンケート調査（survey）の結果を見ながら，Ted と Ayu が話し合いをしています。次は，そのアンケート調査の結果と話し合いの英文です。⑴～⑶に答えなさい。

Ted : Look at this. About [(あ)] students say that they usually don't get exercise.

Ayu : However, about 180 students think that exercise is good for their health. What were your answers to these two questions?

Ted : I answered "yes" to those two questions.

Ayu : What exercise do you do for your health? I want to get some exercise.

Ted : I often join a "plogging" team. Plogging is an interesting way of jogging. While you are jogging, you pick up trash on the street. Our team usually spends more than an hour on plogging, but you can

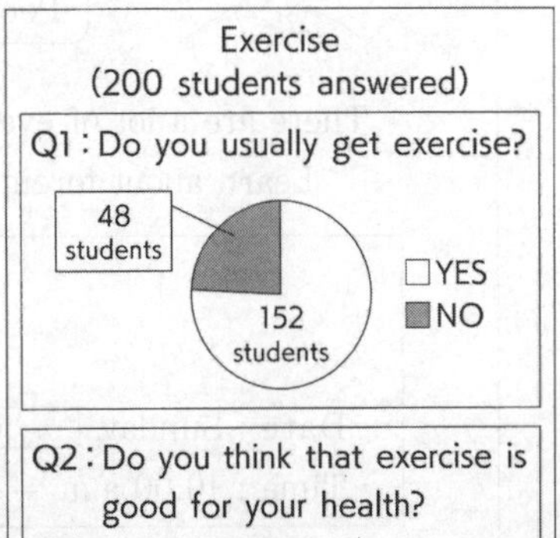

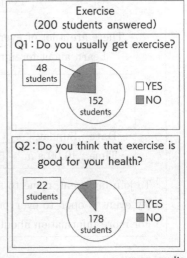

survey results

decide how long you want to spend. We collected a lot of trash last week. I felt good to see the [(い)] town after plogging.

Ayu : That's interesting. We can [(う)] our town by plogging. I've never done plogging. I want to try it.

〔注〕plogging　プロギング　jog　ジョギングする　trash　ごみ　spend ~ on…　~を…に費やす

(1) [(あ)] に入れるのに最も適当なのは，ア～エのうちではどれですか。一つ答えなさい。

ア　20　イ　50　ウ　150　エ　180

(2) [(い)]，[(う)] に共通して入る同じつづりの英語１語を書きなさい。

(3) 話し合いおよびアンケート調査の結果からわかる内容として最も適当なのは，ア～エのうちではどれですか。一つ答えなさい。

ア　Ted often gets exercise for his health.

イ　Ted and Ayu must not spend over 60 minutes on plogging.

ウ　Ayu usually does plogging for her health.

エ　About 35% of the 200 students answered "no" to Question 2.

4　Kaori と留学生の Diego は，学校で配付された，ALT（外国語指導助手）の Alex 先生が書いた新聞（newsletter）について話をしています。次は，その新聞と会話の英文です。(1)～(4)に答えなさい。

新聞

Alex's Newsletter No. 13 / Monday, September 25

Let's [(あ)] with Alex !

Momiji City is going to have a world festival next month.

Let's make a "lamington" together at the festival.
A lamington is a kind of cake from Australia.
People in Australia love it.

There are a lot of events at this festival, and my event is one of them.
Learn about foreign countries and their cultures at this festival.

Momiji City World Festival
at Momiji Park

・Date : Sunday, [(い)] 8
・Time : 10:00 a.m. – 5:00 p.m.

Alex's event
10:30 a.m. – 11:50 a.m.

・To join my event, come to the information center in Momiji Park before 10:20 a.m.
・My event is open to everyone for free. You don't need to buy a ticket.
・For more information about the festival, visit Momiji City's website.

Kaori : Did you read the newsletter? Why don't we join Alex's event?

Diego : Sure. We can take a bus from Sakura Station to Momiji Park, right? Let's check the bus timetable.

Kaori : The bus takes fifteen minutes to go from Sakura Station to the Momiji Park bus stop. Also, we need five minutes to walk from the bus stop to the information center.

Diego : Then, if we take (う)this bus, we'll arrive at the bus stop at 10:05 a.m.

Kaori : Right, and we'll be at the information center at 10:10 a.m. How about meeting at Sakura Station?

Diego : OK.

［注］ lamington ラミントン　for free 無料で　timetable 時刻表　bus stop バス停

(1) (あ) に入れるのに最も適当なのは，ア～エのうちではどれですか。一つ答えなさい。

ア design a garden　イ design a website

ウ make a cake　エ make a bag

(2) (い) に入るのは何月ですか。最も適当な月を英語１語で書きなさい。

(3) 新聞からわかる内容として最も適当なのは，ア～エのうちではどれですか。一つ答えなさい。

ア The world festival has only one event.

イ Alex's event is going to start in the afternoon.

ウ It is necessary to buy a ticket for Alex's event.

エ Information about the world festival is given on the Internet.

(4) 次の時刻表で，下線部(う)の出発時刻として最も適当なのは，ア～エのうちではどれですか。一つ答えなさい。

Kaori と Diego が見ている時刻表の一部

さくら駅 発

行き先	もみじ公園 行き			
	平日		土・日・祝日	
	時	分	時	分
午前	9	10 30 45 55	9	15 50
	10	10 25 45	**10**	05 45

ア 午前９時45分　イ 午前９時50分

ウ 午前９時55分　エ 午前10時５分

5　Hanaがカスタネット（castanets）の写真を見せながら，英語の授業でスピーチをしました。次は，そのスピーチとHanaが見せた写真です。(1)～(6)に答えなさい。

picture

Look at this picture. It shows castanets made of wood. How do you play them? It is easy. Tap the disks together, and you can make a [(あ)]. Small children often play these instruments in music classes in Japan. The castanets shown here were invented and born in Japan, and a man makes them at a workshop in a mountain area in Japan.

Many years ago, the man's father had the workshop, and made wooden products there. Around 1947, a music teacher visited the father. The teacher wanted to create an instrument that small children could easily play. The teacher explained (い)his idea to the father and asked him for help. The father and the teacher worked together, and the castanets were born. The castanets became popular, and they were used at many schools in Japan.

Later, the man took over the workshop from his father, and kept making the castanets. However, the situation was slowly changing. The man could not get wood for the castanets, and he closed the workshop in the spring of 2013. Several months later, he started making the castanets again. What helped him (う)do so? The answer was a project working in the mountains near the workshop.

The project started in 2003 to create rich forests and to develop the communities around them. The condition of the forests was bad, so the project team [(え)] their condition. The team had to cut down trees to make rich forests, but the team did not waste those trees. In the summer of 2013, the team asked the man to make the castanets with the wood made of those trees. He [(お)] the idea, and opened his workshop to make the castanets again. He has used the wood provided by the project since then.

Actually, it is hard for him to make disks from such wood, but he uses it. He has (か)some reasons for that. First, he wants to do something for his town. He believes that using the wood for his castanets can help the project, the forests and the town. The forests will be a special gift for the town. Second, he wants to do something for children. He thinks that his castanets can teach children about trees in the forests. When children visit his workshop, he says, "Each disk has its own natural color. I don't paint disks. Let's find the color differences in them." He hopes that children will be interested in trees and learn about them.

Tap the disks together. You can hear the voice of the trees.

［注］ tap ～ together　～を軽くたたき合わせる　disk　円盤　instrument　楽器
invent ～　～を考案する　be born　誕生する　workshop　工房，工場　wooden　木製の
around 1947　1947年頃　take over ～　～を引き継ぐ　project　プロジェクト，計画

rich　豊かな　develop ～　～をつくる　condition　状態　cut down ～　～を切り倒す
make ～ from…　～を…から作る　paint ～　～に色を塗る

(1) (あ) に入れるのに最も適当なのは，ア～エのうちではどれですか。一つ答えなさい。
ア diary　イ wall　ウ sound　エ hole

(2) 下線部(い)の具体的内容を説明する次の文の [　　] に適当な日本語を入れなさい。
小さな子どもが，[　　　] ことができる楽器をつくりたいということ。

(3) 下線部(う)の内容として最も適当なのは，ア～エのうちではどれですか。一つ答えなさい。
ア invent the castanets
イ close the workshop again
ウ visit the teacher
エ make the castanets again

(4) (え) ，(お) に入れる英語の組み合わせとして最も適当なのは，ア～エのうちではどれですか。一つ答えなさい。
ア (え) wanted to improve　(お) agreed with
イ (え) wanted to improve　(お) did not accept
ウ (え) did not change　(お) agreed with
エ (え) did not change　(お) did not accept

(5) 下線部(か)について，当てはまらないものは，ア～エのうちではどれですか。一つ答えなさい。
ア The man wants the project to create rich forests.
イ The man wants the project team to stop cutting down trees in the forests.
ウ The man wants the town to receive a gift from the forests.
エ The man wants children to learn about trees in the forests.

(6) 本文の内容と合っているのは，ア～オのうちではどれですか。当てはまるものをすべて答えなさい。
ア The castanets shown in the picture were created in Japan.
イ The music teacher had a music class for his child at the workshop.
ウ The project decided to open a new workshop, and closed the man's workshop.
エ The man easily makes disks from the wood provided by the project.
オ Natural colors of the wood appear on wooden disks which are not painted.

(1) ⓐ「人間がコンピューターに勝てない時代」とありますが、「人間がAIに勝てない」とはどういうことかを説明したものとして最も適当なのは、ア～エのうちではどれですか。一つ答えなさい。

ア 人間は、その時の感情で判断基準が変わるため、AIのように事実を客観的に捉えるのが苦手だということ。

イ 人間は、膨大なデータを迅速に処理し、効率的に答えを求める能力においてAIには及ばないということ。

ウ 人間は、常に深い思考力を発揮するように努めなければ、AIを上手に活用することはできないということ。

エ 人間は、様々な経験を積むことで、はじめてAIと同じく一歩先を見据えた選択が可能になるということ。

(2) ⓑ、ⓔ に共通して入れることばとして最も適当なのは、ア～エのうちではどれですか。一つ答えなさい。

ア しかし　イ つまり　ウ あるいは　エ なぜなら

(3) ⓒ「人間の……なり得ません」とありますが、筆者がこのように述べる理由を説明した次の文の □ に入れるのに適当なことばを、文章中から十三字で抜き出して書きなさい。

AIが、課題解決のために □ 方法の中から最適解を導き出すのに対して、人間は、創造的思考によりまったく新しい方法を生み出して、新たな困難にも対処することができるから。

(4) ⓓ「プロ野球の大谷翔平選手」とありますが、この例が果たしている役割を説明したものとして最も適当なのは、ア～エのうちではどれですか。一つ答えなさい。

ア 創造的思考による直感があらゆる選択の場面において有効であることを証明する役割。

イ 自己の創造的思考の結果を尊重してくれる協力者が必要であることを説明する役割。

ウ 論理的思考のみにとらわれず創造的思考を働かせることによる効果を明確にする役割。

エ 時と場に応じて創造的思考と論理的思考とを使い分けることの意義を強調する役割。

(5) ⓕ「クリエイティブな生き方」とありますが、筆者の考える「クリエイティブな生き方」について説明した次の文の □ に入れるのに適当なことばを、十五字以内で書きなさい。

興味・関心を原動力として決断し、□ ことにより、理想とする姿の実現に向け、自分を信じて努力を続ける生き方。

では、どうすれば創造的思考を身につけることができるのでしょうか。

「これはできそうだ」「こうすればうまくいく」という成功・失敗を基準に、論理的に〝成功する確率が高められる方法〟を求めているだけでは、創造的思考を身につけることなどできません。

創造的思考へのアプローチは「おもしろそう！」「楽しそう！」という素直な気持ちに従うことから始まるのです。

ⓓプロ野球の大谷翔平《おおたにしょうへい》選手はピッチャーとバッターの「二刀流」でメジャーリーグ（ＭＬＢ）でも目覚ましい活躍を見せ、数々の賞を総なめにしました。

今でこそ大谷選手の二刀流は称賛されていますが、二〇一三年に日本ハム・ファイターズで栗山英樹《くりやまひでき》監督（当時）が大谷選手の意向を汲《く》んでピッチャーとバッターの両方での起用を発表したとき、一部のプロ野球の業界関係者やスポーツ関連の評論家などからは「そんな非常識なことをさせて、逸材である大谷選手の将来を潰す気か！」という内容の激しい批判や非難の声がたくさん上がりました。（中略）

常識の範囲で考えたときに「正しい」とされる「解」にできるかぎり確実かつ最短で到達しようとする論理的思考に従えば「ピッチングに専念して将来の大投手を目指す」か「バッティングだけに集中して大打者になる」のいずれかを選ぶ方が、「ピッチングにもバッティングにも全力を尽くしてチャレンジする」という茨の道を選ぶよりも、成功する可能性が高くなるでしょう。

［ⓔ］、大谷選手はあえて「成功する可能性の高い選択肢」を選びませんでした。

大谷選手は自分が「やりたい！」と思ったこと、「なりたい！」と願った姿を目指して、決断し、挑戦したのです。かつては「常識はずれ」や「無謀」などと揶揄《やゆ》され、誰も成功するとは想像すらできなかった大谷選手のチャレンジがなければ、今の素晴らしい活躍を私たちが目にすることはなかったでしょう。そんな大谷選手こそⓕ「クリエイティブな生き方」を実践している若者だと私は思うのです。

スポーツにかぎらず、あらゆる「創造的（クリエイティブ）な偉業」を達成したひとたちは、世間では「絶対に変えられないもの」と考えられていた「常識」の壁を突破した者たちです。そして、当時の常識では無謀とも考えられた挑戦に彼らを駆り立てたものは、純粋に「おもしろそう！」「楽しそう！」という想《おも》いであり、その想いこそが最も大きな原動力になったのだろうと私は推測します。

たとえ前例のないモノやコトであったとしても、「そっちの方がなんだかおもしろそう！」とか「ふつうはこんなことやらないのだろうけど、でも、やりたいからやってみよう！」とひらめいたとき、その「ひらめき（アイデア）」を実現するために、自分自身を信じて、一生懸命に努力を続けることが何より大切なのです。

（出典　畑村洋太郎「やらかした時にどうするか」）

㈱ 棋譜――将棋の対局の手順を示した記録。
ノイマン型――現在の、ほとんどの一般的なコンピューターにおける基本システム。
スパコン――スーパーコンピューターの省略形。
機械学習――データからコンピューターが自動的に何らかの規則や判断基準を学習し、それに基づき解決策を予測・判断する技術。
ディープラーニング――深層学習。機械学習の分析手法を拡張し、高精度の分析や活用を可能にした手法。
揶揄――皮肉を言ってからかうこと。

オ　物事が思い通りに進まなくてもただ耐えるのではなく、自分なりにできることに取り組む姿。

⑹　この文章の表現と内容について説明したものとして最も適当なのは、**ア**～**エ**のうちではどれですか。一つ答えなさい。

ア　「一ミリだって使っていない、色。」という体言止めを用いた表現は、黒色への僕の強い憧れを浮き彫りにしている。

イ　「黒く、黒く。全部、全部、黒く。」という反復を用いた表現は、集中して絵を塗りつぶす僕の姿をきわ立たせている。

ウ　「蜂蜜のようにまろやかな」という比喩を用いた表現は、穏やかな日々の到来を信じる僕の内心を印象づけている。

エ　「ガリガリと薄く削られ」という擬態語を用いた表現は、初めての技法で絵を描く僕の技術の未熟さを強調している。

4　次の文章を読んで、⑴～⑸に答えなさい。

ＡＩを搭載したコンピューター将棋のプログラム「Ponanza（ポナンザ）」が、二〇一七年の第二期将棋電王戦で、将棋のプロ棋士で二十代目名人の佐《さ》藤《とう》天《あま》彦《ひこ》九段に勝利したとき、世間は「ついにⓐ〝人間がコンピューターに勝てない時代〟が到来した」と騒然となりました。

いまの将棋のプロの対戦をテレビやネットで観戦すると、棋士が一手さすごとに、画面の端にＡＩが計算（予測）したそれぞれの棋士の「勝率（その局面での優勢度合い）」が瞬時に表示されます。実際に対戦している棋士自身が分からなかったとしても、その一手でどれほど勝利（または敗北）に近づいたのか、ＡＩは即座に勝率を割り出して、具体的な数値で表示するのです。（中略）

ポナンザが勝てたのも、プロ棋士たちが残してきた過去の膨大な棋譜（データ）をもとにして、対局中に対戦相手から一手指されるごとに、一致する局面を検索・照合して、そこから先の勝ちパターンへの組み合わせを検討し、「この局面になったら次はこう指して、その次はこう指せば優勢になる（最後は王手にたどり着く）」という指し筋をものすごい速さで計算し読み切ったからです。

「優れたプロ棋士は一手を指すとき、その何十手先までも読んでいる」と言われますが、ＡＩは、これまでに棋士たちによって残された何万という棋譜のデータを参考にしながら、棋士のはるか先まで瞬時に指し手（正解）を計算しているのです。そのような「蓄積されたデータ数と計算速度」を競わなければならないとしたら、人間が将棋でＡＩに勝つのはほぼ不可能と言えるでしょう。

［ⓑ］、だからと言って「何かを思考するとき、もう人間はＡＩに勝てない」などと嘆き悲しむ必要はありません。（中略）

ＡＩが超高速で求めることができるのは、あくまでも「勝つためにすでに実践されたことのある『解』への最短距離」であって、決して「誰もがまだ成し遂げたことのない創造的（クリエイティブ）な偉業」ではないのです。

それゆえに、ＡＩが飛躍的な進歩を遂げた現在に至っても、弱冠一九歳で五冠を達成した藤《ふじ》井《い》聡《そう》太《た》竜王（王位・叡《えい》王《おう》・王将・棋聖）のような一流のプロ棋士たちは、ＡＩによってかなりの劣勢と判断された窮地も一気にひっくり返してしまう起死回生の一手を指せるのです。だからこそ、ひととひとが死力を尽くして戦う将棋の人気が衰えることはないのです。

ノイマン型のコンピューターが論理的思考を究極まで進歩させてスパコンに発展しようとも、機械学習やディープラーニングという新たな手法で飛躍的に進化したＡＩが登場しようとも、ⓒ人間の創造的思考の代わりにはなり得ません。

(注) アクリルガッシュ――絵の具の一種。速乾性や耐水性に優れている。
『暗闇の牛』――物の判別がつかないこと、また、動作の鈍いことのたとえ。
ネイビーブルー――濃紺色。
イーゼル――絵を描くときにカンバスや画板を立てかけ固定する台。
パレットナイフ――パレット上で絵の具を練る小刀。いったん塗られた絵の具のそぎ落としなどにも用いられる。

(1) ⓐ「不思議な……いった」とありますが、このときの「僕」の様子について説明した次の文の [X] 、 [Y] に入れるのに適当なことばを、 [X] は七字、 [Y] は五字で、それぞれ文章中から抜き出して書きなさい。

自分の描いた絵を黒く塗りつぶしていくうち、今の運動部員たちの姿を、 [X] を詰め込んだあざやかな絵で表現する必要はないことに思い至り、以前から、自分の描く絵を [Y] と感じていたことに合点《がてん》のいった様子。

(2) ⓑ「急に凍りついたような顔になった」とありますが、このときの「鈴音」の心情を説明したものとして最も適当なのは、**ア**～**エ**のうちではどれですか。一つ答えなさい。

ア 自分への当て付けに絵を台無しにしたと考え、憎らしく思っている。
イ 自分の失敗を厳しく追及されることを警戒し、不安を募らせている。
ウ 自分自身がモデルとなった絵を二度と見られず、怒りを覚えている。
エ 自分が深刻な事態を引き起こしたと思い込み、罪悪感を抱いている。

(3) ⓒ「……いける！」とありますが、このときの「僕」の心情を説明したものとして最も適当なのは、**ア**～**エ**のうちではどれですか。一つ答えなさい。

ア 感情の発露の美しさに感動するとともに、絵を仕上げる方策を見いだして興奮を覚えている。
イ 黒く塗りつぶしてしまった絵に心を奪われ、このままにしておくほうがよいと納得している。
ウ 日常の風景を描くことの素晴らしさを再確認し、早く絵を元に戻そうと焦燥に駆られている。
エ にぎやかな様子に心を弾ませながら、自分も人を楽しませる絵を描こうと決意を固めている。

(4) ⓓ「これは……生け捕れ」とありますが、この表現が何をたとえているのかを説明した次の文の [　] に入れるのに適当なことばを、二十字以内で書きなさい。

僕の、 [　] とする積極的な姿勢。

(5) A「今の僕ら」、B「今の僕ら」が象徴しているものとして最も適当なのは、それぞれ後の**ア**～**オ**のうちではどれですか。それぞれ一つずつ答えなさい。

ア かつての栄光にこだわり、自分の力で新たな道を切り開くこともできない未練がましい姿。
イ 押しつけられたものをおとなしく受け入れ、目標を見失ってやる気をなくしてしまった姿。
ウ 周囲に認められなくても地道に努力を重ね、いつか躍動できる機会を辛抱強く待ち続ける姿。
エ 苦境に立たされても臨機応変に対応し、周囲の人々と協力しながら乗り越えようとする姿。

有の、蜂蜜のようにまろやかな光が、薄汚れたシンクに差しこんでいる。

がたん、と部室のドアが開いた。部活が終わったばかりなんだろう。バレー部のネイビーブルーのユニフォームを着たままの鈴音がひどく青ざめた顔をして僕を見た。マスクを持ったこぶしを固く握りしめて、真夏なのに少し震えているようにも見えた。そして大股で、一直線に僕に近づいてきて、何かを言いかけて、ⓑ急に凍りついたような顔になった。視線の先には真っ黒なキャンバス。

「……!!」

息を吸いこむ音と同時に、鈴音は、破裂したように大声で泣き出した。

うわぁあああああああ（中略）

「絵っ、……絵、汚して、だか、……だからそんなっ、」

まっくろぉおおおお!!

と、また鈴音が激しく泣き出した。

まっくろ……真っ黒? いや。いやいやいや、違う。そうじゃない。確かにきっかけはあの汚れだけど。そうじゃない。

僕は自分の意志で、この絵を黒く塗った。そしてそれは、僕を少し救いもしたんだ。

どう説明すればいい? 僕は困って頭をかいた。それからふと、大声で泣いている鈴音の涙や鼻水が、西日できらきらしていることに気づいた。わんわん泣いている姿が、きれいだと思った。思ってしまった。悲しみや衝撃に無になるんじゃない。もうまっすぐに、感情を爆発させている姿だ。

「……ちょっとここに立って」

僕は鈴音の腕を引いて、イーゼルの後ろに立たせた。鈴音は言われるままに立って、泣き続けた。

僕は絵の具セットから、パレットナイフを取り出す。黒のキャンバスに手を置く。もう乾いている。大丈夫。

僕の毛穴がぶわっと一気に開いたような感覚になった。

ⓒ……いける!

そっと慎重に、それから静かに力をこめて、僕は黒を削り出していく。パレットナイフを短く持った指先に伝わる、下絵の凹凸に少しずつ引っかかる感覚。足元にガリガリと薄く削られて落ちる黒のアクリルガッシュの細い破片。

――スクラッチ技法。

黒い絵の具の中から、僕が描いていたあざやかな色合いが、虹色が、細く細く顔をのぞかせる。

削れ。削れ。削りだせ。

これが僕だ。B今の僕らだ。

塗りつぶされて、憤《いきどお》って、うまくいかなくて、失敗して、大声で泣いてわめいて、かすかな抵抗をする。

僕の心臓ほどきどきしてくる。体温が上がる。いいぞ。慎重につかみ取れ。決して逃《にが》すな。対象を捉えろ、この鈴音の爆発を捉えろ、削り出し、描け。描け描け描け描け描け!!!

ⓓこれは狩猟だ。獲物を捕まえろ。生け捕れ。

こんな好戦的な気持ちで絵を描いたのは生まれて初めてだ。

何が変わるわけじゃないけれど、うそをつくよりか、全力で泣いている鈴音のほうが、よっぽど生きている感じがする。

ああ、これだ。

僕は。

僕はこれが描きたい。

（出典　歌代朔《うたしろさく》「スクラッチ」）

ウ　文学作品は、読者の自由な想像をもとに、幅広い読みを許容する豊かな可能性をもつものだから。

エ　文学作品は、一つ一つの表現やことばに注目しつつ、作品の世界観を丁寧に味わうべきものだから。

3　次の文章は、美術部に所属する「僕」が、自分の描いた絵をじっと見つめている場面です。「僕」は、感染症対策として対外試合が取りやめになる中、「鈴音」たち運動部員の練習する姿を描きましたが、その絵が「鈴音」の不注意により墨で汚されてしまった上に、出品を予定していた市郡展での審査や体育祭での展示も中止になってしまいました。これを読んで、(1)～(6)に答えなさい。

黒。

僕がめったに使うことのない、黒だ。この絵を描くにあたっては、一度も、一ミリだって使っていない、色。

あざやかで躍動感あふれる選手たち。

……実際のところ彼らは、大会がなくなって、ふてくされて練習に身が入らなくなっている。

僕だってそうだ。市郡展の審査がないっていうことが、思いのほか響いていて、うまく絵が描けなくなっていた。

なんだかイライラして、それをモデルのせいにして、体育館で鈴音に言いがかりをつけた。無様でかっこ悪くて。

……この墨で汚されたのは、A今の僕らそのものじゃないか。

僕はもう一度、練りこまれた墨をなぞる。

……あぁ、そうか。

僕の頭に詰まっていた、垂れこめたもやのようなものの中に、色あざやかな何かが差しこんだ。

それは細い細い線のようで、かぼそくて、……それでも。

僕は黒のアクリルガッシュを取り出した。箱入りのセットとは別の、一度も使っていなかった特大の黒チューブを金属製のトレーに乗せて、版画で使うローラーにべったりとつけた。はじから慎重に、しっかりと。あざやかだった絵の上に転がしていく。黒く、黒く、黒く。全部、全部、黒く。

ⓐ不思議なことに、少しずつ、少しずつ、僕の気持ちは落ち着いていった。

そうだよな。

と、僕は思った。

そうだ、なんかこの絵はうそっぽいって心のどこかでずっと思っていたんだ。

だったらいっそ真っ黒に塗りつぶせ。そんなうそなんて。うその塊なんて。

『暗闇の牛』ならぬ、暗闇の運動部員たち。

審査も体育祭での展示もないんなら、誰にも遠慮することはないだろう。うそをついてきれいな絵を描く必要だってないはずだ。

考えてみたら、僕はもう何年もその絵ばかり描いていた気がする。（中略）

ああ。

鈴音に汚されたこの絵を全部黒く塗ったとき、僕は満ち足りていた。

アクリルガッシュが乾くまで、しばらくこの黒さを眺めていたい。

これは真っ黒じゃない。僕は知っている。この黒の下にたくさんの色彩が詰まっている。

どのくらいそうしていただろう。窓からの日差しは傾いて、西日特

と答えたのです。芭蕉は、去来の意図になかった、あるいはそれを超えた解釈を示したわけです。（中略）

私たちは「文学作品」に接する場合、非常にしばしば、作者の意図はどのようであったのか、ということに関心を持ちます。また、近代以降の作者であれば、いろいろな機会に自作解説を試みていますから、それを読むことによってなるほどと納得し、それでわかった気になることが多いと思います。

しかし、この例が示唆しているのは、作者の意図が作品のすべてではないということです。作者をも納得させてしまう、作者の意図になかった解釈を提示することは可能であるし、ときにはそれを作者自身が納得し受け容《い》れる場合もある、ということです。（中略）

そうして、このことは我々のような、ⓓ実作をしない、読むことだけに従事しているものに、大きな勇気を与えてくれます。作者の意図は絶対ではない。軽んじていいわけではないが、その意図を超えた読みは追求可能だし、そこにこそ文学作品の豊かな解釈は存している、という可能性を教えてくれているからです。

（出典　木越治《きごしおさむ》「読まなければなにもはじまらない　いまから古典を〈読む〉ために」）

(注)『笈の小文』――ここでは芭蕉の自選の句集のこと。
狂者――風雅を強く求める人。後の「風狂の人」も同意。

(1)　「ⓐ岩鼻やここにもひとり月の客」について、この句がよまれた季節を書きなさい。

(2)　「ⓑおもひ」の読みを、現代かなづかいを用いてひらがなで書きなさい。

(3)　「ⓒここで……解釈です」とありますが、「月の客」という表現について、「洒堂」、「去来」、「芭蕉（先師）」の考えをノートにまとめました。次の【ノートの一部】を読んで、①、②に答えなさい。

【ノートの一部】

○「月の客」について
・洒堂の考え……「月の猿」に改めるほうがよい。
　理由　月と猿という X の組み合わせを踏まえたもの。
・去来の考え……「月の客」のままでよい。
　理由　月をめでる Y がいてうれしくなった。
・芭蕉（先師）の考え……「月の客」のほうがよい。
　理由　「月の客」は Z を指し、自称の句と考えるのがおもしろい。

①　「洒堂の考え」について、X に入れるのに適当なことばを、文章中から六字で抜き出して書きなさい。

②　Y 、Z に入れる人物の組み合わせとして最も適当なのは、ア～エのうちではどれですか。一つ答えなさい。

ア　Y 去来　Z 風流人　　イ　Y 風流人　Z 去来
ウ　Y 芭蕉　Z 風流人　　エ　Y 風流人　Z 芭蕉

(4)　「ⓓ実作を……くれます」とありますが、筆者がこのように考える理由を説明したものとして最も適当なのは、後のア～エのうちではどれですか。一つ答えなさい。

ア　文学作品は、作者の意に沿った読み方をすることで、テーマの正確な理解が可能になるものだから。

イ　文学作品は、作品世界に没入することで、新たな視点で作品を捉え直すことができるものだから。

～エのうちではどれですか。一つ答えなさい。

ア　文節　イ　単語　ウ　体言　エ　自立語

③　「読点を……する」とありますが、健太さんが書いた次の文について、「弟が自転車に乗っている」ことが明確になるように読点を打つとき、その位置として最も適当なのは、ア～オのうちではどれですか。一つ答えなさい。

姉がア　自転車でイ　図書館にウ　出かけたエ　弟をオ　追いかけた。

④　【班での話し合い】における発言の特徴を説明したものとして最も適当なのは、ア～エのうちではどれですか。一つ答えなさい。

ア　健太は、亜紀と伸一の発言の共通点を見いだし、自分なりの結論を導き出している。

イ　亜紀は、自らの経験を具体例として提示し、発言の内容に説得力をもたせている。

ウ　伸一は、健太と亜紀の発言から、問題点を明確にして修正の方針を打ち出している。

エ　三人は、お互いの発言内容を復唱して、議論に偏りが生じないよう注意している。

2　次の文章は、江戸時代の俳人で松尾芭蕉《まつおばしょう》の門人である向井去来《むかいきょらい》の俳論『去来抄』の一節について、原文を引用しつつ書かれた解説文です。これを読んで、(1)～(4)に答えなさい。

ⓐ岩鼻やここにもひとり月の客　　去来

先師上洛《じゃうらく》の時、去来曰《いは》く「洒堂《しゃだう》はこの句を『月の猿』と申し侍《はべ》れど、予は『客』勝りなんと申す。いかが侍るや」。先師曰く「猿とは何事ぞ。汝《なんぢ》、この句をいかにⓑおもひて作せるや」。去来曰く「明月に乗じ山野吟歩し侍るに、岩頭また一人の騒客を見付けたる」と申す。先師曰く「『ここにもひとり月の客』と、己と名乗り出《い》でたらんこそ、いくばくの風流ならん。ただ自称の句となすべし。この句は我も珍重して、『笈《おひ》の小文』に書き入れける」となん。予が趣向は、なほ二三等もくだり侍りなん。先師の意を以《もつ》て見れば、少し狂者の感もあるにや。（中略）

ⓒここで問題になっているのは、去来の岩鼻やここにもひとり月の客という句の解釈です。去来は、同じ芭蕉の門人である洒堂に、下の句を「月の猿」にした方がいいのではないかと言われました。猿と月という取り合わせ、あるいは名月をながめる猿という組み合わせは、中国絵画や漢詩などによく出て来る伝統的な素材です。洒堂は去来の句がそういう伝統を踏まえてよまれたものだと理解し、それだったら、「月の猿」と言った方がいいのではないかという意見を述べたわけです。去来は、たぶんそこに一理あると感じつつも、しかし「月の客」でいいと思って、芭蕉が京都に来たときに質問したのでした。

芭蕉は、まず、この句でどういう光景を表現しようとしたのかを去来に聞いています。去来の返事は、中秋の名月に誘われて山野を歩いていると、岩の突端に、やはり月をめでている風流人がいた、それで嬉《うれ》しくなって作った、というものでした。しかし芭蕉は、

いや、そうではない。「月の客」というのは、自分自身のことなのだ。自分が月に向《むか》って、ここにひとりあなたを愛《め》でている風狂の人がいるよ、と名乗り出た句と解するからおもしろくなるのだよ。私も気に入って手控えに記しておいたくらいなのだから。

＜国語＞

時間　四五分　満点　七〇点

1 次の(1)～(5)に答えなさい。

(1) ①～④の――の部分について、①、②は漢字の読みを書きなさい。また、③、④は漢字に直して楷書で書きなさい。

① この遺跡は文化財に指定されている。

② 成功の暁にはみんなでお祝いしよう。

③ 直射日光を避け、涼しい場所でホカンする。

④ 海鮮料理にシタつづみを打つ。

(2) 次の文章の――の部分について、品詞の種類が他の三つと異なるのは、**ア**～**エ**のうちではどれですか。一つ答えなさい。

ア静かな山中を歩いていると、一本のイ大きな木を見つけた。私はその木陰で、ウ大好きなお菓子を食べながら、しばらく休憩をとった。ふと耳を澄ませば、小鳥のさえずりが聞こえてきた。それはエすてきな歌声のようであった。

(3) 次の文の［　］に入れることばとして最も適当なのは、**ア**～**エ**のうちではどれですか。一つ答えなさい。

彼は、図書館なら［　］読みたい本も見つかるだろうと教えてくれた。

ア まるで　**イ** よもや　**ウ** どうか　**エ** きっと

(4) 次の（例）と同じ関係になるように、［　］に入れるのに適当な敬語を、一単語で書きなさい。

（例）来る――いらっしゃる　　言う――［　］

(5) 国語の授業で家族のことを作文に書いた健太さんは、同じ班のメンバーから作文の一部について助言をもらっています。次の【班での話し合い】を読んで、①～④に答えなさい。

【班での話し合い】

健太　私の作文を読んで、気になるところがあれば教えてください。

亜紀　この「姉が自転車で図書館に出かけた弟を追いかけた。」というところが気になります。どことなく読みづらいし、自転車に乗っているのが誰なのかがわかりにくいと思います。

伸一　確かに二通りの解釈が可能ですね。「自転車で」という［　］が、「出かけた」にかかる場合は弟が自転車に乗っていることになり、「追いかけた」にかかる場合は姉が自転車に乗っていることになります。

健太　読みやすく、しかも、内容をわかりやすくするためには、どうすればいいでしょうか。

伸一　読点を付けて、意味のまとまりを明確にするといいと思います。

亜紀　なるほど、読点を付けるだけでも、わかりやすくなりますね。私も、内容が正しく伝わるような文を書くよう気をつけたいと思います。

① 【班での話し合い】のように、表現を練り直してよりよいものに仕上げることを表すことばは、**ア**～**エ**のうちではどれですか。一つ答えなさい。

ア 矛盾　**イ** 杞憂《きゆう》　**ウ** 蛇足　**エ** 推敲《すいこう》

② ［　］に入れることばとして最も適当なのは、次のページの**ア**

2023年度

解答と解説

《2023年度の配点は解答用紙集に掲載してあります。》

＜数学解答＞

1　(1)　11　(2)　$-\frac{3}{2}$　(3)　$4ab$　(4)　$2\sqrt{6}$　(5)　$(x+7)(x-7)$

(6)　$x=\frac{3\pm\sqrt{5}}{2}$

2　(1)　ウ　(2)　ウ　(3)　ア，エ

(4)　$\frac{2}{9}$　(5)　右図

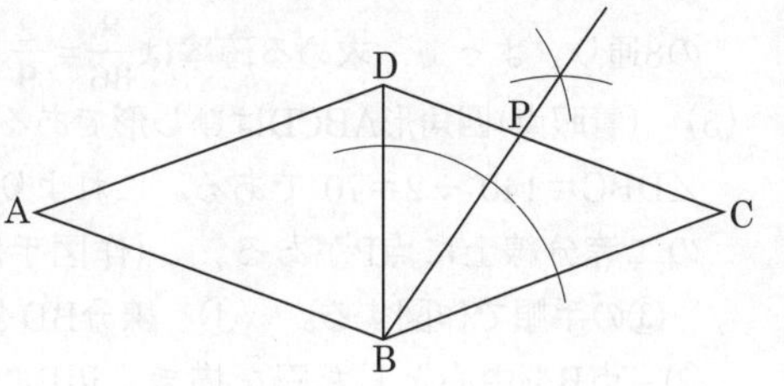

3　Ⅰ　(1)　2　(2)　イ　Ⅱ　(1)　エ

(2)　(−1，3)　(3)　①　ウ

②　$\frac{9}{4}\pi$ (cm³)

4　(1)　(あ)　5(人)　(い)　3(秒)　(2)　①　エ　②　解説参照

5　(1)　ア　(2)　解説参照　(3)　イ

6　(1)　(あ)　イ　(い)　カ　(2)　①　45(°)　②　$2\sqrt{10}$(cm)　③　$2\sqrt{5}$ (cm)

④　32：3

＜数学解説＞

1　(数・式の計算，平方根，因数分解，2次方程式)

(1)　正の数・負の数をひくには，符号を変えた数をたせばよい。$9-(-2)=9+(+2)=9+2=11$

(2)　異符号の2数の積の符号は負で，絶対値は2数の絶対値の積だから，$\left(-\frac{5}{3}\right)\times\frac{9}{10}=-\left(\frac{5}{3}\times\frac{9}{10}\right)$ $=-\frac{3}{2}$

(3)　$6ab^3\times2a\div3ab^2=6ab^3\times2a\times\frac{1}{3ab^2}=\frac{6ab^3\times2a}{3ab^2}=4ab$

(4)　$\sqrt{54}=\sqrt{3^2\times6}=3\sqrt{6}$ だから，$\sqrt{54}-\sqrt{6}=3\sqrt{6}-\sqrt{6}=(3-1)\sqrt{6}=2\sqrt{6}$

(5)　**乗法公式$(a+b)(a-b)=a^2-b^2$**より，$x^2-49=x^2-7^2=(x+7)(x-7)$

(6)　**2次方程式$ax^2+bx+c=0$の解は，$x=\frac{-b\pm\sqrt{b^2-4ac}}{2a}$**で求められる。問題の2次方程式は，$a=1$，$b=-3$，$c=1$の場合だから，$x=\frac{-(-3)\pm\sqrt{(-3)^2-4\times1\times1}}{2\times1}=\frac{3\pm\sqrt{9-4}}{2}=\frac{3\pm\sqrt{5}}{2}$

2　(文字を使った式，立方体の展開図，関数$y=ax^2$，比例関数，確率，作図)

(1)　a円の1割$\left(=\frac{1}{10}\right)$引きの代金は，$1-\frac{1}{10}=\frac{9}{10}$より，$a$円の$\frac{9}{10}$(＝9割)の代金だから，定価が$a$円の品物を1割引きで買ったときの代金は，$a\times\frac{9}{10}=\frac{9}{10}a$(円)である。

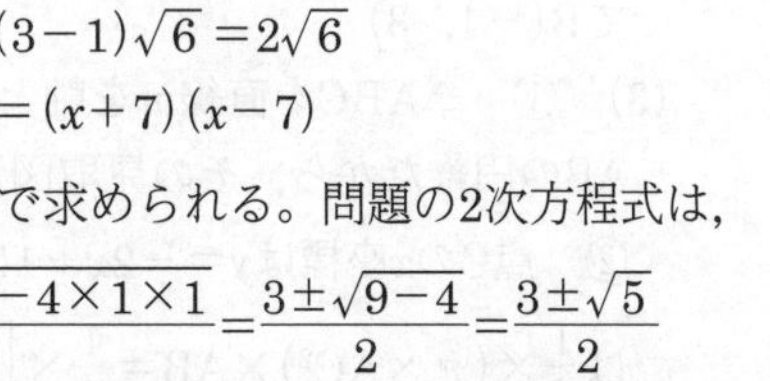

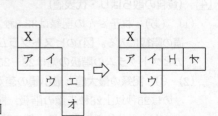

(2)　展開図を組み立てたときに重なる辺を目安に，問題の立方体の展開図の面エと面オの位置を変えると，右図

のような展開図になるから，面Xと平行になる面はウである。

(3)　関数$y=ax^2$の値の変化は，$a>0$なら，$x<0$の範囲では，xの値が増加するときyの値は減少し，$x>0$の範囲では，xの値が増加するときyの値は増加する。また，$a<0$なら，$x<0$の範囲では，xの値が増加するときyの値は増加し，$x>0$の範囲では，xの値が増加するときyの値は減少する。また，関数$y=\frac{a}{x}$の値の変化は，$a>0$なら，xの値が増加するときyの値は減少し，$a<0$なら，xの値が増加するときyの値も増加する。

(4)　大小2つのさいころを同時に投げるとき，全ての目の出方は$6\times6=36$(通り)。このうち，出た目の数の積が20以上となるのは，大きいさいころの出た目の数をa，小さいさいころの出た目の数をbとしたとき，$(a,\ b)=(4,\ 5)$，$(4,\ 6)$，$(5,\ 4)$，$(5,\ 5)$，$(5,\ 6)$，$(6,\ 4)$，$(6,\ 5)$，$(6,\ 6)$の8通り。よって，求める確率は$\frac{8}{36}=\frac{2}{9}$

(5)　(着眼点)四角形ABCDはひし形であることから，∠DBC＝140°÷2＝70°である。これより，∠DBCの二等分線上に点Pがある。　(作図手順)次の①～③の手順で作図する。　①　線分BDを引く。　②　点Bを中心とした円を描き，辺BC，線分BD上に交点をつくる。　③　②でつくったそれぞれの交点を中心として，交わるように半径の等しい円を描き，その交点と点Bを通る直線(∠DBCの二等分線)を引き，辺CDとの交点をPとする。

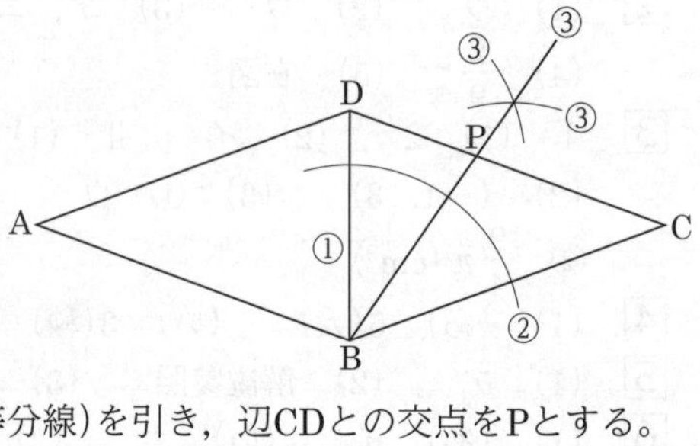

3 (関数とグラフ，回転体の体積)

問題Ⅰ　(1)　問題の一次関数は2点(5，6)，(7，10)を通る直線であり，傾き$=\frac{10-6}{7-5}=2$だから，その式は$y=2x+b$とおける。これに点(5，6)の座標を代入して，$6=2\times5+b$　$b=-4$　よって，直線の式は$y=2x-4$…①である。$x=3$に対応するyの値は，①より$y=2\times3-4=2$である。

(2)　前問(1)①より，この一次関数は傾きが2，切片が-4のグラフだから，イのグラフが最も適当である。

問題Ⅱ　(1)　直線m上にある点のx座標はすべて，点Aのx座標と等しく-1だから，直線mの式として最も適当なのは$x=-1$である。

(2)　点Bは$y=-2x+1$上にあり，x座標は-1だから，そのy座標は$y=-2\times(-1)+1=3$　よってB$(-1,\ 3)$

(3)　①　△ABCを直線mを軸として1回転させてできる立体は，底面の円の半径がAC，高さがABの円錐だから，その見取図として最も適当なのはウである。

②　点Cのx座標は$y=-2x+1$に$y=0$を代入して$0=-2x+1$　$x=\frac{1}{2}$　よって，この円錐の体積は$\frac{1}{3}\times(\pi\times \mathrm{AC}^2)\times \mathrm{AB}=\frac{1}{3}\times\left[\pi\times\left\{\frac{1}{2}-(-1)\right\}^2\right]\times(3-0)=\frac{9}{4}\pi\ (\mathrm{cm}^3)$である。

4 (資料の散らばり・代表値)

(1)　(あ)　桃子さんの記録は33.8秒であり，この記録は図1のヒストグラムでは30秒以上35秒未満の**階級**に入る。図1の**ヒストグラム**の30秒以上35秒未満の階級の**度数**は5人である。　(い)　図2のヒストグラムの**階級の幅**は$28-25=3$(秒)である。

(2)　①　記録の**最大値**と**最小値**の差が**記録の範囲**。A地区もB地区も，記録の最小値が入っているのは25秒以上28秒未満の階級，記録の最大値が入っているのは40秒以上43秒未満の階級であるが，具体的な記録の最小値，最大値がわからないから，選択肢アとウはわからない。**度数分**

布表の中で度数の最も多い階級の**階級値**が**最頻値**。A地区の最頻値は$\frac{34+37}{2}=35.5$(秒)，B地区の最頻値は$\frac{34+37}{2}=35.5$(秒)で，A地区とB地区の最頻値は等しい。選択肢イは正しくない。**中央値**は資料の値を大きさの順に並べたときの中央の値。A地区の出場人数は20人で偶数だから，記録の小さい方から10番目と11番目が入っている階級が，中央値の入っている階級。31秒以上34秒未満の階級の**累積度数**は$1+3+2=6$(人)，34秒以上37秒未満の階級の累積度数は$6+6=12$(人)だから，A地区の記録の中央値は34秒以上37秒未満の階級に入っている。また，B地区の出場人数は60人で偶数だから，記録の小さい方から30番目と31番目が入っている階級が，中央値の入っている階級。31秒以上34秒未満の階級の累積度数は$1+9+5=15$(人)，34秒以上37秒未満の階級の累積度数は$15+19=34$(人)だから，B地区の記録の中央値も34秒以上37秒未満の階級に入っている。選択肢エは正しい。

② (理由) (例)記録が31秒以上34秒未満の階級の**累積相対度数**をそれぞれ求めると，A地区は$\frac{6}{20}=0.30$　B地区は$\frac{15}{60}=0.25$　となり，A地区の値の方が大きいから。

5 **(規則性，式による説明)**

(1) ① m，nを整数とすると，偶数は$2m$，$2n$と表される。このとき，偶数と偶数の和は，$2m+2n=2m+2n=2(m+n)$　$m+n$は整数だから，$2(m+n)$は偶数である。したがって，偶数と偶数の和は偶数になる。　② m，nを整数とすると，偶数と奇数はそれぞれ$2m$，$2n+1$と表される。このとき，偶数と奇数の和は，$2m+(2n+1)=2m+2n+1=2(m+n)+1$　$m+n$は整数だから，$2(m+n)+1$は奇数である。したがって，偶数と奇数の和は奇数になる。これより，両端以外で黒く塗りつぶす□は，その□と接している上段の2つの□に入る数が一方が奇数でもう一方が偶数の場合である。

(2) (説明) (例)$(2m+1)+(2n+1)=2m+2n+2=2(m+n+1)$　$m+n+1$は整数だから，$2(m+n+1)$は偶数である。

(3) ア　5段目の左から3番目の□が黒く塗りつぶされていて，適当ではない。　ウ　9段目の左から5番目の□が黒く塗りつぶされていて，適当ではない。　エ　10段目の左から5番目と6番目の□が黒く塗りつぶされていて，適当ではない。

6 **(平面図形，円の性質，相似の証明，角度，線分の長さ，円の半径，面積比)**

(1) 2つの三角形の相似は，「3組の辺の比がそれぞれ等しい」か，「2組の辺の比とその間の角がそれぞれ等しい」か，「2組の角がそれぞれ等しい」ときにいえる。本証明は，「2組の角がそれぞれ等しい」をいうことで証明する。1組目の等しい角は，仮定から，$\angle AHB=90°$…①　**半円の弧に対する円周角は直角である**ことから，$\angle ACD$(あ)$=90°$…②　①，②から，$\angle AHB=\angle ACD$…③　2組目の等しい角は，$\overset{\frown}{AC}$(い)に対する**円周角**は等しいことから，$\angle ABH=\angle ADC$…④　よって，③，④から，2組の角がそれぞれ等しいことがいえる。

(2) ① $\triangle ACH$は$AH=CH$の二等辺三角形だから，$\angle ACH=(180°-\angle AHC)\div2=(180°-90°)\div2=45°$

② $\triangle ABH$に**三平方の定理**を用いると，$AB=\sqrt{AH^2+BH^2}=\sqrt{AH^2+(BC-CH)^2}=\sqrt{6^2+(8-6)^2}=2\sqrt{10}$(cm)

③ $\triangle ACH$は**直角二等辺三角形**で，**3辺の比は$1:1:\sqrt{2}$**だから，$AC=AH\times\sqrt{2}=6\times\sqrt{2}=6\sqrt{2}$(cm)　また，$\triangle ABH$と$\triangle ADC$の**相似比**は$AH:AC=1:\sqrt{2}$だから，$AD=AB\times\frac{\sqrt{2}}{1}=$

$2\sqrt{10}\times\frac{\sqrt{2}}{1}=4\sqrt{5}$ (cm)　DC＝BH$\times\frac{\sqrt{2}}{1}=2\times\frac{\sqrt{2}}{1}=2\sqrt{2}$ (cm)　よって，円Oの半径は$\frac{AD}{2}=\frac{4\sqrt{5}}{2}=2\sqrt{5}$ (cm)

④ △ABDにおいて，半円の弧に対する円周角は直角であることから，∠ABD＝90°　$\overset{\frown}{AB}$に対する円周角は等しいことから，∠ADB＝∠ACB＝45°　よって，△ABDは直角二等辺三角形で，BD＝AB＝$2\sqrt{10}$(cm)　△BDCと△AECにおいて，$\overset{\frown}{CD}$に対する円周角は等しいことから，∠CBD＝∠CAE　$\overset{\frown}{BD}$と$\overset{\frown}{AB}$に対する円周角に着目すると，∠BCD＝∠BAD＝∠ADB＝∠ACE　2組の角がそれぞれ等しいので，△BDC∽△AEC　その相似比はBC：AC＝8：$6\sqrt{2}$＝4：$3\sqrt{2}$　よって，AE＝BD$\times\frac{3\sqrt{2}}{4}=2\sqrt{10}\times\frac{3\sqrt{2}}{4}=3\sqrt{5}$ (cm)　EC＝DC$\times\frac{3\sqrt{2}}{4}=2\sqrt{2}\times\frac{3\sqrt{2}}{4}=3$(cm)　△CED＝Sとおく。△AECと△CEDで，高さが等しい三角形の面積比は，底辺の長さの比に等しいから，△AEC：△CED＝AE：ED＝AE：(AD－AE)＝$3\sqrt{5}$：$(4\sqrt{5}-3\sqrt{5})$＝3：1　△AEC＝△CED×3＝S×3＝3S　同様にして，△ABE：△AEC＝BE：EC＝(BC－EC)：EC＝(8－3)：3＝5：3　△ABE＝△AEC$\times\frac{5}{3}$＝3S$\times\frac{5}{3}$＝5S　△BDE：△CED＝BE：EC＝5：3　△BDE＝△CED$\times\frac{5}{3}$＝S$\times\frac{5}{3}=\frac{5}{3}$S　これより，四角形ABDC＝△CED＋△AEC＋△ABE＋△BDE＝S＋3S＋5S＋$\frac{5}{3}$S＝$\frac{32}{3}$S　以上より，四角形ABDCと△CEDの面積の比は$\frac{32}{3}$S：S＝32：3

＜英語解答＞

1　A (1) エ　(2) ア　(3) ウ　B (1) エ　(2) ウ　C (1) エ
(2) イ　(3) (例)wash my face

2　(1) (あ) エ　(い) ア　(2) (う) animal　(え) dream
(3) ① to make　② was built　(4) (お) who　(か) fan
(5) for inviting me to　(6) (例)talked with her in English

3　A (1) ウ　(2) エ　B (1) イ　(2) clean　(3) ア

4　(1) ウ　(2) October　(3) エ　(4) イ

5　(1) ウ　(2) (例)容易に演奏する　(3) エ　(4) ア　(5) イ　(6) ア，オ

＜英語解説＞

1　(リスニング)

放送台本の和訳は，34ページに掲載。

2　(会話文問題：語句補充・選択)

(1) 原先生：あなたの発表は何についてですか？／リョウ：私たちの町で生産されるニンジンや玉ねぎなどの(あ)野菜についてです。それらはおいしいです。ダーシャはもう食べましたか？
room＝部屋　magazine＝雑誌　shoes＝靴　vegetable＝野菜
ミナ：ダーシャは交流会の日にどのくらい私たちと一緒にいられますか？／原先生：約1時(い)間です。　for＝(期間の長さを表して)～の間　until＝～までずっと　during＝～の間中ずっと…　by＝～までに(は)

(2)　動物＝animal　　夢＝dream

(3)　①　折り鶴が好きなら，折り紙博物館に行くといいです。そこではそれらの作り方を学ぶことができます。**＜how to ＋動詞の原形～＞＝～のやり方，どのように～すべきか**　②　もみじ橋は美しいです。その橋は約100年前に建てられました。**＜be動詞＋過去分詞～＞＝～される(受け身)**

(4)　ミナ：この写真の中で，あなたは小さな女の子を抱いていますね。ダーシャ，この女の子は(お)誰ですか？／ダーシャ：ああ，彼女は私の姉の娘です。
リョウ：僕はこの歌手がとても好きです。／ダーシャ：本当ですか？　私もその歌手の大(か)ファンです。

(5)　ダーシャ：今日は交流会に私を招待してくれて，ありがとうございました。会はとても楽しかったです。／エリ：それを聞いて嬉しいです。

(6)　ミナの日本語の振り返りの中の「英語で彼女と話をした」を英語で表現すればよい。　talked to her in English も可能。　talk with ～＝～と話をする　　in English ＝英語で

3　(エッセイ・会話文問題：内容真偽，グラフなどを用いた問題，語句補充)

問題A　(全訳)　僕は昨日父ともみじ川に行きました。まず，僕たちは昼食をとりました。昼食後，野生の鳥を観察しました。鳥たちは川を泳いでいました。それから，釣りをして楽しみました。たくさん魚を釣りました。夕方には，夕食にその魚を料理しました。ホタルを見たいと思い，川沿いを歩きました。まもなく雨が降ってきて，車に走って戻りました。ホタルが1匹も見つからなくて残念でした，またそれをやってみたいと思います。次回は見られることを祈っています。

(1)　全訳の～～線部分参照。選択肢の絵のうち，トシがやらなかったことは「花火」なのでウが適当。

(2)　全訳参照。8文目以降の内容に注目。「ホタルを見たかったが，雨が降って車に戻り，ホタルを見ることができなかった」という内容がある。

問題B　テッド：これを見て。約(あ)50人の生徒たちが，普段運動をしないと言っているよ。

アユ　：でも，約180人の生徒たちが，運動は健康に良いと考えているわ。この2つの質問に対するあなたの回答はどう？

テッド：僕は2つの質問に対しては「はい」だよ。

アユ　：健康のために何の運動をしているの？　私は何か運動をしたいの。

テッド：僕はよく“プロギング”チームに参加するよ。プロギングはおもしろいジョギングの方法なんだ。ジョギングをしている間に，道のごみを拾うんだよ。僕たちのチームはたいてい1時間以上をかけてプロギングをするけど，どのくらいそれに費やしたいかは自分で決められるんだ。先週はたくさんゴミを集めたよ。プロギングの後で(い)きれいな街を見るのは気持ちがいいよ。

アユ　：おもしろいわね。プロギングで町を(う)掃除できるのね。私はプロギングをしたことがないわ。やってみたいな。

調査結果

運動
(200人の生徒が回答)

質問1：普段運動はしていますか？	はい：152人の生徒	いいえ：48人の生徒
質問2：運動は健康に良いと思いますか？	はい：178人の生徒	いいえ：22人の生徒

(1)　全訳及び調査結果参照。　質問1に「いいえ」と回答したのは48人なのでイ(50人)が適当。

(2)　全訳参照。clean＝(形容詞)清潔な，汚れていない，きれいな，(動詞)～をきれいにする，掃除する　(い)は形容詞，(う)は動詞としてそれぞれ clean という語が入る。

(3)　ア　テッドは健康のためにしばしば運動をしている。(○)　テッドの2番目の発言参照。　イ　テッドとアユはプロギングに60分以上費やしてはいけない。　ウ　アユは普段健康のためにプロギングをしている。　エ　200人の生徒の約35％が質問2に「いいえ」と答えた。

4　(会話文問題：資料を用いた問題，語句補充，表を用いた問題)

(全訳)

新聞

アレックス新聞13号／9月25日(月)

アレックスと(あ)ケーキを作ろう！

もみじ市は来月ワールドフェスティバルを行います。

フェスティバルで一緒に“ラミントン”を作りましょう。
ラミントンはオーストラリアのケーキの一種です。
オーストラリアの人たちはそれが大好きです。

このフェスティバルではたくさんのイベントが行われます，私のイベントはそのうちのひとつです。このフェスティバルで外国と外国の文化について学びましょう。

もみじ市ワールドフェスティバル　もみじ公園にて

・月日：(い)10月8日 日曜日　　アレックスのイベントは午前10時30分～午前11時50分
・時間：午前10時から午後5時
・私のイベントに参加するためには，午前10時20分より前にもみじ公園のインフォメーションセンターに来てください。
・私のイベントは誰でも無料です。チケットを買う必要はありません。
・フェスティバルについての更なる情報は，もみじ市のウェブサイトにアクセスしてください。

カオリ　：新聞を読んだ？　アレックスのイベントに行かない？

ディエゴ：もちろんだよ。さくら駅からもみじ公園までバスで行くことができるよね？　バスの時刻表を確認しよう。

カオリ　：バスは，さくら駅からもみじ公園のバス停まで15分かかるのよ。あと，バス停からインフォメーションセンターまで歩いて5分必要ね。

ディエゴ：それなら，(う)このバスに乗れば，バス停に午前10時5分に着くね。

カオリ　：そうね，そしてインフォメーションセンターに午前10時10分に着くわ。さくら駅で待ち合わせをしない？

ディエゴ：分かった。

(1)　新聞内のアレックスの吹き出し内の発言参照。

(2)　全訳参照。新聞の1行目に発行日9月25日月曜日とある。また，タイトルの次の文に「もみじ市は来月ワールドフェスティバルを行います」とあるので，10月＝October が適当。

(3)　ア　ワールドフェスティバルは1つだけイベントを行う。　イ　アレックスのイベントは午後に始まる。　ウ　アレックスのイベントにはチケットを買う必要がある。　エ　ワールドフェスティバルについての情報はインターネットに載せられている。(○)　新聞内の最後にある記述に注目。

(4)　全訳参照。カオリの2番目の発言とその直後のディエゴの発言に注目。さくら駅からもみじ公園まではバスで15分とあるので，午前10時10分にバス停に到着するには，午前9時50分のバスに乗ると考えるのが適当。

5　**(長文読解問題・エッセイ：語句補充・選択，日本語で答える問題，要旨把握，内容真偽)**

(全訳)　この写真を見てください。これは木製のカスタネットを写したものです。皆さんはこれをどのように演奏しますか？　それは簡単です。円盤を軽くたたき合わせると，(あ)音を鳴らすことができます。日本では，小さい子どもたちが音楽の授業でこの楽器をよく演奏します。ここに写っているカスタネットは日本で考案され，誕生しました，そしてある男性が日本の山間部にある工房でそれらを制作しています。

ずっと昔，その男性の父が工房を持っていて，そこで木製の製品を作っていました。1947年頃，音楽の教師が彼の父を訪ねました。その教師は小さい子どもたちが簡単に演奏できる楽器を創りたいと思っていました。その教師は(い)彼の考えをその父に説明し，力を貸してくれるように頼みました。父とその教師は一緒に作業をし，カスタネットが誕生しました。カスタネットはよく知られるようになり，日本の多くの学校で使われました。

その後，その男性は父から工房を引き継ぎ，カスタネットを作り続けました。しかし，状況はゆっくりと変化していきました。カスタネット用の木を手に入れられなくなったのです，そして彼は2013年の春に工房を閉めました。数か月後，彼は再びカスタネットを作り始めました。何が彼が(う)そうするのを手助けしたのでしょう？　その答えは工房の近くの山間部で活動していたあるプロジェクトでした。

そのプロジェクトは2003年に豊かな森をつくり，その周りに地域社会を作るために始まりました。森の状態は悪かったので，プロジェクトチームはその状態を(え)改良したいと考えました。チームは豊かな森を作るために木を切り倒す必要がありましたが，それらの木々を廃棄しませんでした。2013年の夏，チームはその男性にそれらの木で作られた木材でカスタネットを作ってくれるよう依頼しました。彼はその考え(お)に賛成し，カスタネットを再び作るために工房を開けました。彼はその時からそのプロジェクトから提供された木材を使ってきました。

実際のところ，そのような木材から円盤を作るのは彼にとって大変なことです，しかし彼はそれを使っているのです。(か)その理由はいくつかあります。ひとつ目は，彼が町のために何かしたいということです。彼は，カスタネットにその木材を使うことはプロジェクト，森，そして町の力になると信じているのです。森は町にとって特別な贈り物になるでしょう。2つ目は，彼が子どもたちのために何かしたいと思っていることです。彼は，彼のカスタネットは子どもたちに森の木々について教えることができると思っています。子どもたちが彼の工房を訪れると，彼はこう言います，「ひとつひとつの円盤には独特な自然の色合いがあるのです。私は円盤に色を塗りません。その色の違いを見つけましょう。」彼は子どもたちが木に興味をもち，それらについて学んでくれるといいと願っています。

円盤をたたき合わせてみましょう。木々の声を聞くことができます。

(1)　全訳参照。diary ＝日記　wall ＝壁　sound ＝音　hole ＝穴

(2)　全訳参照。第2段落3文目に注目。

(3)　全訳参照。第3段落最後から3文目に注目。「そうする」とは「再びカスタネットを作る」ことを指す。

(4)　全訳参照。 (え)　そのプロジェクトは豊かな森を作ることを目指していたので improve

＝改良する，が適当。 (お) 空所(お)に続く文の内容に注目。agree with ～＝～に賛成する

(5) 全訳参照。 ア その男性はプロジェクトに豊かな森をつくってほしいと思っている。 イ その男性はプロジェクトチームに森の木々を切ることをやめてほしいと思っている。(×) 第4段落の内容に注目。森を改良するには木を切る必要があった。 ウ その男性は町に森からの贈り物を受け取ってほしいと思っている。 エ その男性は子どもたちに森の木々について学んでほしいと思っている。

(6) 全訳参照。 ア 写真に写っているカスタネットは日本でつくられた。(○) 第1段落最後の一文参照。 イ 音楽の教師は工房で彼の子どものために音楽の授業をしていた。 ウ そのプロジェクトは新しい工房を開くことに決め，その男性の工房を閉めた。 エ その男性はプロジェクトによって提供された木材から簡単に円盤を作る。 オ 木の自然な色合いが，塗装されていない木製の円盤に現れる。(○) 第5段落最後から2文目参照。

2023年度英語 聞き取り検査

〔放送台本〕

問題A 次の英文が2回読まれるのを聞いて，問題用紙の指示に従って答えなさい。

(1) I found my pencil under the desk.
(2) You can wear these to keep your hands warm.
(3) It is Thursday today. I went to a bookstore to buy some books yesterday.

〔英文の訳〕

(1) 私は机の下で鉛筆を見つけました。
(2) それらは手をあたたかく保つために身につけることができます。
(3) 今日は木曜日です。私は昨日，本を何冊か買うために本屋さんへ行きました。

〔放送台本〕

問題B 次の会話が2回読まれるのを聞いて，問題用紙の指示に従って答えなさい。

(1) A：What is your plan for tomorrow?
B：I am going to see a movie with my brother.
A：(チャイム)
(2) A：It is very hot today, and I am thirsty.
B：Me, too. I want to drink something cold.
A：(チャイム)

〔英文の訳〕

(1) A：明日のあなたの予定は何ですか？
B：私は兄(弟)と映画を見に行くつもりです。
A：エ それはいいですね。

(2) A：今日はとても暑いですね，私はのどが渇いています。
B：私もです。何か冷たい物が飲みたいです。
A：ウ　それなら，何かジュースを買いましょう。

〔放送台本〕
問題C　次の英文が2回読まれるのを聞いて，問題用紙の指示に従って答える。

I want you to do three things. First, sleep well at night. I usually sleep from ten p.m. to six a.m. It is important to sleep well at night to practice hard. Second, communicate with your team members often. By doing so, all the members can work well as a team. You can also understand what they think. Third, start your day with a nice morning. For example, you can open a window and feel good when fresh air comes in. What else can you do in the morning to start a good day?

〔英文の訳〕
私は皆さんに3つの事をしてほしいと思います。1つ目，夜はよく眠ってください。私は普段午後10時から午前6時まで眠ります。夜よく眠ることは一生懸命練習するために重要です。2つ目，チームのメンバーとよくコミュニケーションをとってください。そうすることで，メンバー全員がチームとしてよく動くことができます。また，彼らが考えていることを理解することができるのです。3つ目，気持ちの良い朝から一日を始めてください。例えば，窓を開けると，新鮮な空気が入って来て気持ちがいいのです。他に良い一日を始めるためにできることはありますか？
(1) 全訳の下線部参照。
(2) 全訳参照。　　下線部に注目。
(3) (問題文・解答例訳)　(私は)顔を洗うことが(できる)。

＜国語解答＞

1 (1) ① いせき　② あかつき　③ 保管　④ 舌　(2) イ　(3) エ
(4) おっしゃる　(5) ① エ　② ア　③ ア　④ ウ
2 (1) 秋　(2) おもい　(3) ① 伝統的な素材　② イ　(4) ウ
3 (1) X たくさんの色彩　Y うそっぽい　(2) エ　(3) ア　(4) (例)感情を爆発させる鈴音の姿をそのまま描こう　(5) A イ　B オ　(6) イ
4 (1) イ　(2) ア　(3) すでに実践されたことのある　(4) ウ
(5) (例)常識にとらわれないで挑戦する

＜国語解説＞

1 (知識―脱文・脱語補充，漢字の読み書き，品詞・用法，敬語／会話・議論・発表―内容吟味，脱文・脱語補充，語句の意味，文と文節)
(1) ①「遺跡」は，歴史的に大きな事件や重要な建物があった場所。②この場合の「暁」

は，物事が実現したときという意味。　③「**保管**」の「管」を，形が似ている「官」「菅」などと書き間違えないように注意する。　④「**舌つづみ**」は，おいしさのあまり舌を鳴らすこと。

(2)　ア「静かな」は**形容動詞**「静かだ」の連体形，イ「大きな」は**連体詞**，ウ「大好きな」は**形容動詞**「大好きだ」の連体形，エ「すてきな」は**形容動詞**「すてきだ」の連体形。

(3)　後の「見つかる**だろう**」と呼応するエの「**きっと**」が正解。ア「まるで」は「……のようだ」「……みたいだ」，イ「よもや」は「……まい」，ウ「どうか」は「……してください」などと呼応する。

(4)「いらっしゃる」は「来る」の敬語。「言う」の敬語は「**おっしゃる**」である。

(5)　①　ア「矛盾」はつじつまが合わないこと，イ「杞憂」は無用の心配，ウ「蛇足」は余計なもの，エ「**推敲**」は表現を練り直してよりよいものに仕上げること。　②「自転車」は単語であり，体言(名詞)で自立語であるが，「自転車で」は**文節**である。　③「**姉が**」と「**自転車で**」**の間に読点を打つ**ことで自転車に乗っているのが姉ではなく，弟であることが明確になるので，アが正解。イに読点を打つと，自転車に乗っているのは姉ということになる。　④　伸一は，前の発言で「姉が……」の文の**問題点**を明確にし，後の発言で具体的な**修正の方針**を述べているので，ウが正解。

2　(古文と解説文―内容吟味，文脈把握，脱文・脱語補充，仮名遣い)

(1)「月」は，**秋**の季語である。

(2)　語頭にない「**ひ**」は「**い**」と読むので，「**おもい**」となる。

(3)　①　傍線ⓒの後に「猿と月……という組み合わせは，中国絵画や漢詩などによく出て来る**伝統的な素材**です。洒堂は去来の句がそういう伝統を踏まえてよまれたものだと理解し」とあるので，ここから抜き出す。　②　去来は，俳句の光景について「月をめでている風流人がいた。それで嬉しくなって作った」と説明しているので，空欄Yには「**風流人**」が入る。芭蕉はそれに対し，「『月の客』というのは，自分自身のことなのだ。」と言っているが，この場合の「自分自身」は俳句を詠んだ去来を指しているので，空欄Zには「**去来**」が入る。したがって，両方を満たすイが正解となる。

(4)　筆者は，傍線ⓓの前後で「作者の意図が作品のすべてではない。」とし，**作者の意図を超えた読みにこそ**「**文学作品の豊かな解釈**」があるという可能性を指摘している。この内容と合致するウが正解。アは「作者に意に沿った読み方」に限定する内容なので誤り。イの作品世界への「没入」が「新たな視点」につながるというのは本文にない内容。エは，同じことばでも解釈によって異なる世界観を味わうことができるという本文の説明に合わないので，不適当である。

3　(小説―情景・心情，内容吟味，文脈把握)

(1)　X　真っ黒に塗りつぶす前の絵について書いてある部分を探し，「この黒の下に**たくさんの色彩**が詰まっている」という表現から抜き出す。　Y「僕」が以前から感じていたことについては，「なんかこの絵は**うそっぽい**って心のどこかでずっと思っていたんだ」と書かれている。

(2)「鈴音」は，自分は少し絵を汚しただけだから大したことはないと思っていた。しかし，「僕」が絵を真っ黒に塗りつぶしている様子を見て，とんでもないことをしてしまったと思い，**罪悪感**からパニック状態になったのである。正解はエ。「鈴音」は「僕」に対して憎しみや警戒，怒りを抱いているのではないので，他の選択肢は不適当である。

(3)　傍線ⓒの直前の「毛穴がぶわっと一気に開いたような感覚」という表現から，「僕」の**興奮**を読み取る。「鈴音」に絵を汚されたことをきっかけにその絵を真っ黒に塗りつぶした「僕」は，

感情を爆発させている「鈴音」を見て，その姿を**描こう**と思ったのである。このことを説明したアが正解。イの「このままにしておくほうがよい」，ウの「早く絵を元に戻そう」は，「僕」の行動と合わない。エの「人を楽しませる絵を描こう」という決意は，本文から読み取ることができない。

(4)　傍線部ⓓの直前の「この**鈴音の爆発**を捉えろ，削り出し，**描け**。」に着目する。「鈴音の爆発」が鈴音が「**感情を爆発させている姿**」であることをふまえ，空欄の後の「とする」に続くように「感情を爆発させる鈴音の姿をそのまま描こう」などと書く。

(5)　Aの「今の僕ら」は，**目標**にしてきた対外試合や展示が**中止**になり，**不満を募らせながらも受け入れざるを得ない**「鈴音」や「僕」を指しているので，イが適当である。Bの「今の僕ら」は，やりたいことができない中で，**感情を爆発させる「鈴音」**や，その姿を**描こうとする「僕」**を指しているので，オが適当である。アの「かつての栄光」，ウの「辛抱強く待ち続ける姿」，エの周囲の人々との「協力」は本文の内容と合わないので，不適当である。

(6)　アの表現は，黒色への僕の強い嫌悪を表しているので，誤り。イの表現は，**僕が集中して色あざやかな絵に黒を塗り重ねている様子**を表しているので，適当な説明である。ウは，僕が絵を黒く塗りつぶすことで気持ちが落ち着いたことを表現したものであり，「穏やかな日々の到来」を信じることを示すものではないので，不適当。エの「ガリガリ」は，アクリルガッシュの技法を音で表現したものであり，「僕の技術の未熟さ」を示すものではないので，誤りである。

4　**(論説文－内容吟味，文脈把握，接続語の問題)**

(1)　AIがプロ棋士に勝てたのは，「過去の**膨大な棋譜(データ)**」をもとに「勝ちパターンへの組み合わせ」を検討し，優勢になる「指し筋を**ものすごい速さで計算**し読み切った」ためである。この内容と合致するイが正解。AIが優れているのは単なる客観性ではなく，処理の量とスピードなので，アは不適当。ここでは人間の「思考力」や「経験」を問題にしていないので，ウとエは誤りである。

(2)　空欄ⓑは，前に「人間が将棋でAIに勝つのはほぼ不可能」という残念な内容を述べ，後に「嘆き悲しむ必要はありません」と述べている。空欄ⓔは，前に「ピッチングとバッティングのどちらかを選ぶ方が成功する可能性が高い」ことを述べ，後に「大谷選手はピッチングとバッティングの両方を選んで成功した」ことを述べている。いずれも前の内容から予想されることとは逆の内容が後に続くので，アの「**しかし**」を入れるのが適当である。

(3)　空欄ⓑの次の段落に，AIが求めることができるのは「勝つために**すでに実践されたことのある『解』**への最短距離」であることが説明されているので，ここから抜き出す。

(4)　大谷選手の例は，「ピッチングとバッティングのどちらかを選ぶ」という**論理的思考のみにとらわれず**，ピッチングとバッティングの両方を選ぶという**創造的思考を働かせる**ことによって成功した例なので，ウが正解。アは，論理的思考が有効な場面もあるので誤り。イの「協力者」の存在は，この文章の論点から外れている。エの「使い分け」の意義は，大谷選手の例からは読み取れないので不適当である。

(5)　最後から二つ目の段落に「あらゆる『創造的(クリエイティブ)な偉業』を達成したひとたちは，……**『常識』の壁を突破した**者たちです。」とある。この内容をふまえ，「こと」に続くように15字以内で書く。「非常識と思われることをする」(13字)，「ふつうはやらないことをやる」(13字)など，同様の内容が書いてあればよい。

MEMO

大切なことはメモしておこうネ！

岡山県公立高等学校（一般）

2023年度

入　試　問　題

2023年度

●くわしい解説……49ページ

＜数学＞

時間　45分　　満点　70点

1　次の⑴～⑸の計算をしなさい。⑹～⑽は指示に従って答えなさい。

⑴　$-1+7$

⑵　$(-8)\times(-2)-(-4)$

⑶　$(-3a-5)-(5-3a)$

⑷　$4a^2b\div\frac{3}{2}b$

⑸　$(\sqrt{3}+2)(\sqrt{3}-5)$

⑹　ある正の整数から3をひいて，これを2乗すると64になります。この正の整数を求めなさい。ただし，解答欄の書き出しに続けて，答えを求めるまでの過程も書きなさい。

⑺　yはxに反比例し，$x=-3$のとき$y=1$です。このとき，yをxの式で表しなさい。

⑻　ことがらAの起こる確率をpとするとき，ことがらAの起こらない確率をpを使って表しなさい。

⑼　次のことがらが正しいかどうかを調べて，正しい場合には解答欄に「正しい」と書き，正しくない場合には反例を一つ書きなさい。

aが3の倍数ならば，aは6の倍数である。

⑽　図のように，線分ABを直径とする半円Oの弧AB上に点Cがあります。3点A，B，Cを結んでできる△ABCについて，AB＝8㎝，∠ABC＝30°のとき，弧BCと線分BCで囲まれた色のついた部分の面積を求めなさい。

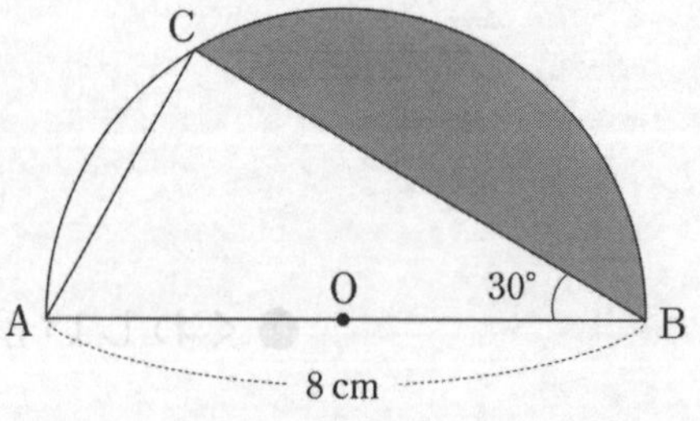

2 太郎さんと花子さんは，中学生の体力について調べています。＜**会話**＞を読んで，(1)～(3)に答えなさい。

＜**会話**＞

太郎：私たちの中学校で実施している２年生の体力テストの結果を，5年ごとに比較してみよう。

花子：(あ)2010年，2015年，2020年の50m走のデータをもとに，箱ひげ図を作ってみたよ。

太郎：箱ひげ図の箱で示された区間には，すべてのデータのうち，真ん中に集まる約 (い) %のデータが含まれていたよね。箱ひげ図は，複数のデータの分布を比較しやすいね。

花子：(う)2010年，2015年，2020年の50m走のデータをもとに，ヒストグラムも作ってみたよ。

太郎：箱ひげ図とヒストグラムを並べると，データの分布をより詳しく比較できるね。次は，反復横とびのデータを比較してみようよ。

花子さんが作った箱ひげ図

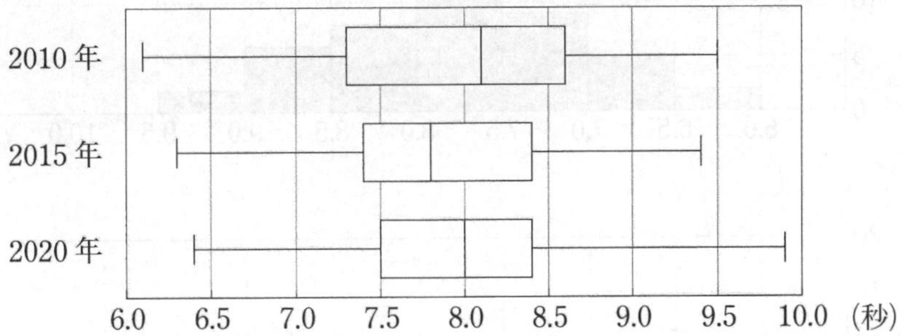

(1) 下線部(あ)について，花子さんが作った箱ひげ図から読み取れることとして，次の①，②のことがらは，それぞれ正しいといえますか。**[選択肢]** の**ア**～**ウ**の中から最も適当なものをそれぞれ一つ答えなさい。

① 2015年の第３四分位数は，2010年の第３四分位数よりも小さい。

② 2020年の平均値は8.0秒である。

[選択肢]

ア 正しい　　**イ** 正しくない

ウ 花子さんが作った箱ひげ図からはわからない

(2) (い) に当てはまる数として最も適当なのは，**ア**～**エ**のうちではどれですか。一つ答えなさい。

ア 25　**イ** 50　**ウ** 75　**エ** 100

(3) 下線部(う)について，次のページの３つのヒストグラムは，花子さんが作った箱ひげ図の2010年，2015年，2020年のいずれかに対応しています。各年の箱ひげ図に対応するヒストグラムを，**ア**～**ウ**の中からそれぞれ一つ答えなさい。

ア

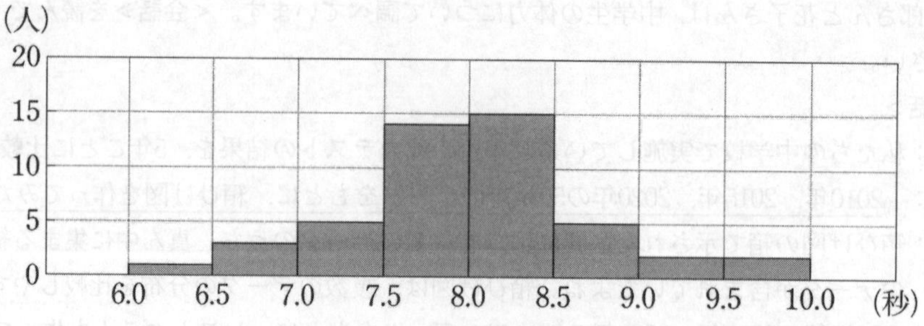

イ

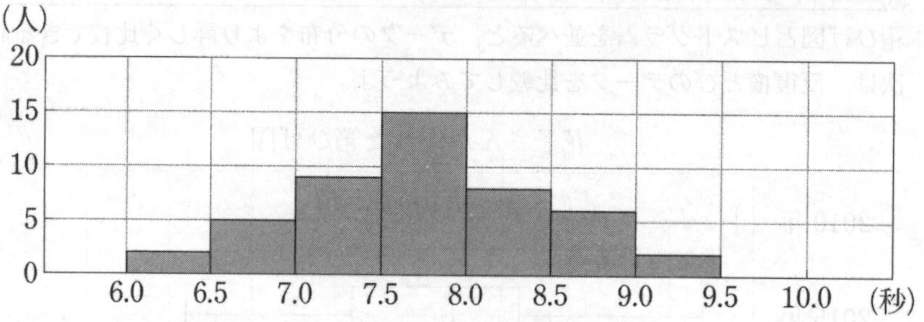

ウ

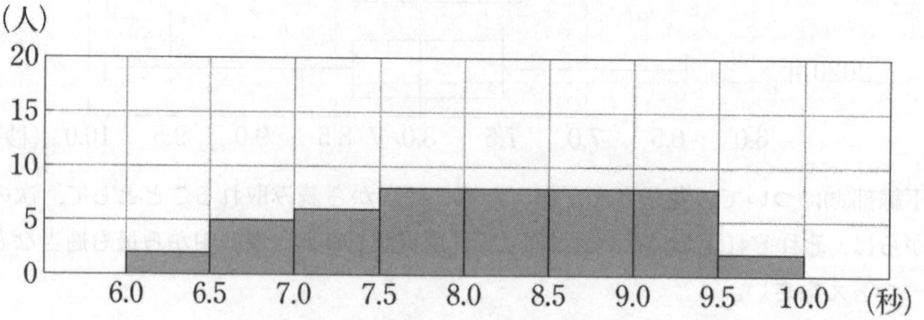

※ヒストグラムについて，例えば，6.0 ～ 6.5 の区間は，6.0 秒以上 6.5 秒未満の階級を表す。

3　太郎さんは，ある洋菓子店で1500円分の洋菓子を買おうと考えています。次のページの⑴，⑵に答えなさい。ただし，消費税は考えないものとします。

(1)　洋菓子店では，1500円すべてを使い切ると，1個180円のプリンと1個120円のシュークリームを合わせて9個買うことができます。①，②に答えなさい。

①　次の数量の間の関係を等式で表しなさい。

1個180円のプリンを x 個と1個120円のシュークリームを y 個買うときの代金の合計が1500円である。

②　プリンとシュークリームをそれぞれ何個買うことができるかを求めなさい。

(2)　太郎さんが洋菓子店に行くと，プリンが売り切れていたので，代わりに1個120円のシュークリームと1個90円のドーナツを，1500円すべてを使い切って買うことにしました。①，②に答えなさい。

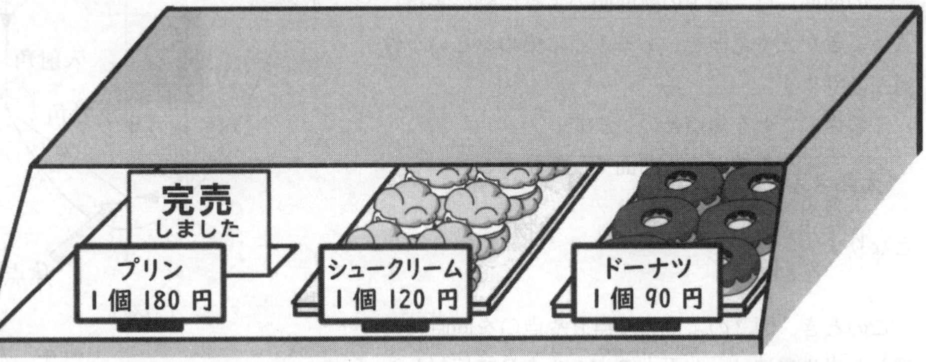

①　太郎さんは，シュークリームとドーナツをそれぞれ何個か買い，代金の合計が1500円になる買い方について，次のように考えました。［　］には同じ数が入ります。［　］に適当な数を書きなさい。

＜太郎さんの考え＞

まず，次の数量の間の関係を等式で表します。

1個120円のシュークリームを a 個と1個90円のドーナツを b 個買うときの代金の合計が1500円である。

次に，この等式を満たす a，b がどちらも0以上の整数である場合を考えます。そのような a，b の組は，全部で［　］組あります。

よって，シュークリームとドーナツをそれぞれ何個か買い，代金の合計が1500円になるような買い方は，全部で［　］通りあります。

②　シュークリームとドーナツがどちらも8個ずつ残っているとき，それぞれ何個買うことができるかを求めなさい。

4　太郎さんは，パラボラアンテナに放物線の性質が利用されていることを知り，放物線について考えています。

パラボラアンテナの写真

＜太郎さんが興味を持った性質＞

パラボラアンテナの形は，放物線を，その軸を回転の軸として回転させてできる曲面です。

この曲面には，図１の断面図のように軸に平行に入ってきた光や電波を，ある１点に集めるという性質があります。

この点のことを焦点といいます。

また，光や電波がこの曲面で反射するとき，

　入射角＝反射角

となります。

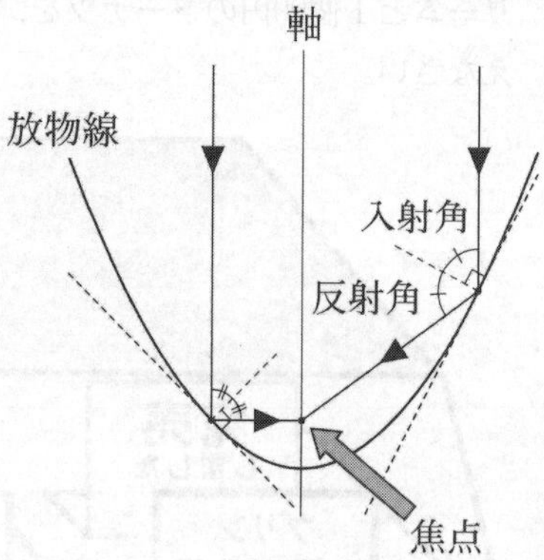

図１

このとき，図２のように，点Ｐや点Ｑを同時に通過した光や電波は，曲面上の点Ａや点Ｂで反射し，同時に焦点Ｆに到達します。光や電波の進む速さは一定なので，

　ＰＡ＋ＡＦ＝ＱＢ＋ＢＦ

が成り立ちます。このことは，光や電波が，図２の破線上のどの位置を通過しても成り立ちます。

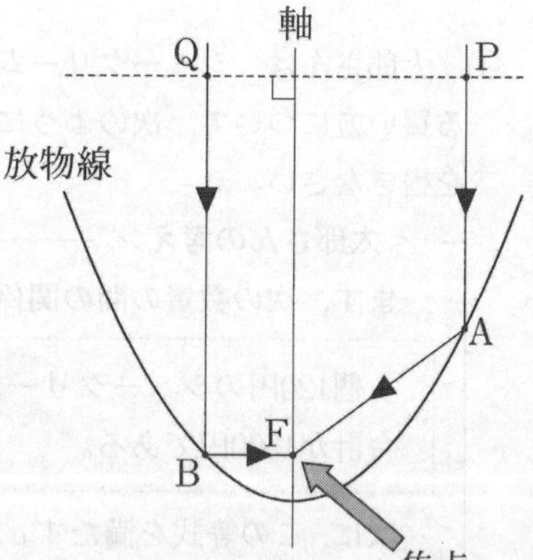

図２

図３（次のページ）は，＜太郎さんが興味を持った性質＞を座標平面上に表したものです。図３と**【図３の説明】**をもとに，⑴～⑶に答えなさい。

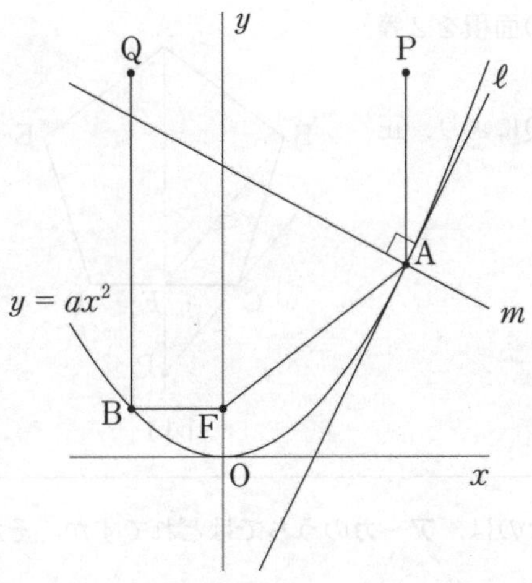

図３

【図３の説明】
- ２点Ａ，Ｂは関数 $y = ax^2$（a は定数）のグラフ上の点
- 点Ａの座標は（4，4）
- 点Ｂの x 座標は－２
- 点Ｆの座標は（0，1）
- 点Ｐの座標は（4，8）
- 点Ｑの座標は（－2，8）
- 直線 m は∠ＰＡＦの二等分線
- 直線 ℓ は点Ａを通り，直線 m と垂直に交わる直線
- 点Ｏは原点

⑴　関数 $y = ax^2$ について，①，②に答えなさい。

①　a の値を求めなさい。

②　x の変域が $-2 \leqq x \leqq 4$ のとき，y の変域を求めなさい。

⑵　次の □ には８より小さい同じ数が入ります。□ に適当な数を書きなさい。

> ＰＡ＋ＡＦの値は，点Ｐと点（４，□）の間の距離と等しい。
> ＱＢ＋ＢＦの値は，点Ｑと点（－２，□）の間の距離と等しい。

⑶　直線 ℓ の方程式を求めなさい。

5　太郎さんは，正五角柱の形をしたケーキを４等分したいと考えています。＜太郎さんの考え＞を読み，⑴～⑶に答えなさい。

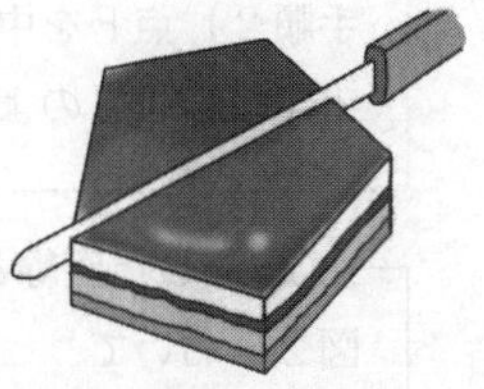

＜太郎さんの考え＞

図１（次のページ）の正五角形ＡＢＣＤＥは，ケーキを真上から見たときの模式図です。

ケーキを４等分するために，正五角形ＡＢＣＤＥの面積を４等分する線分を考えます。

はじめに，点Ａから辺ＣＤに垂線ＡＦをひくと，線分ＡＦは正五角形ＡＢＣＤＥの面積を２等分します。

次に，点Ｂを通り，四角形ＡＢＣＦの面積を２等分する直線を考えます。点Ｃを通り，直線ＢＦに平行な直線と，直線ＡＦとの交点をＰとします。このとき，△ＢＣＦの面積と （あ） の面積が等しいから，四角形ＡＢＣＦの面積は （い） の面積と等しくなります。したがって，（う） を点Ｑとすると，線分ＢＱは四角形ＡＢＣＦの面積を２等分します。

同じように考えて，線分ＥＱは四角形ＡＥＤＦの面積を２等分します。

以上のことから，線分ＡＦ，線分ＢＱ，線分ＥＱにより，正五角形ＡＢＣＤＥの面積は４等分されます。

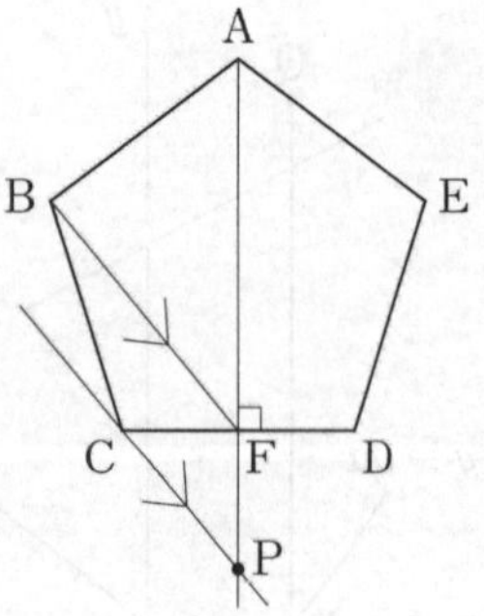

図１

(1)　(あ)，(い) に当てはまるものとして最も適当なのは，**ア**～**カ**のうちではどれですか。それぞれ一つ答えなさい。

ア　△ＣＰＦ　　**イ**　△ＢＰＦ　　**ウ**　△ＢＣＰ
エ　△ＡＣＰ　　**オ**　△ＡＢＰ　　**カ**　四角形ＢＣＰＦ

(2)　(う) に当てはまるものとして最も適当なのは，**ア**～**エ**のうちではどれですか。一つ答えなさい。

ア　直線ＢＥと直線ＡＦとの交点　　**イ**　線分ＡＦの中点
ウ　線分ＡＰの中点　　**エ**　直線ＢＤと直線ＡＦとの交点

(3)　太郎さんは，下線部について，点Ｃを通り，直線ＢＦに平行な直線を＜作図の手順＞に従って作図し，作図した直線と直線ＢＦは平行であることを次のように説明しました。①，②に答えなさい。

＜作図の手順＞

手順１）点Ｃを中心として，線分ＢＦの長さと等しい半径の円Ｍをかく。
手順２）点Ｆを中心として，線分ＢＣの長さと等しい半径の円Ｎをかく。
手順３）図２のように，２つの円の交点の１つをＧとし，直線ＣＧをひく。

＜作図した直線と直線ＢＦは平行であることの説明＞

図２において，

△ＢＣＦ≡△ＧＦＣ

となり，
対応する角は等しいから，

∠ＢＦＣ＝∠ＧＣＦ

よって，(え) が等しいので，

ＢＦ// ＣＧ

となります。

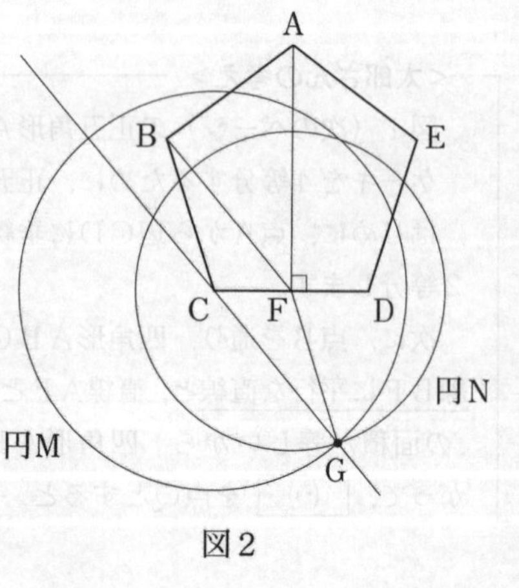

図２

①　△ＢＣＦ≡△ＧＦＣを証明しなさい。

②　(え) に当てはまるものとして最も適当なのは，**ア**～**エ**のうちではどれですか。一つ答えなさい。

ア　対頂角　　**イ**　同位角　　**ウ**　錯角　　**エ**　円周角

＜英語＞

時間　45分　　満点　70点

1　この問題は聞き取り検査です。**問題A**～**問題D**に答えなさい。すべての問題で英語は2回ずつ読まれます。途中でメモをとってもかまいません。

問題A　(1)，(2)のそれぞれの英文で説明されている内容として最も適当なのは，**ア**～**エ**のうちではどれですか。一つ答えなさい。

(1)

ア

Tetsu　Nana

イ

Tetsu　Nana

ウ

Tetsu　Nana

エ

Tetsu　Nana

(2)

ア

イ

ウ

エ

問題B　海外旅行中のKazuakiが，ツアーガイドによるアナウンスを聞いてメモをとっています。メモの (あ) ～ (う) にそれぞれ適当な英語1語を入れなさい。

［Kazuakiのメモ］

	Places to visit	Things to do
1	a lake	eat (あ)
2	a large (い)	see beautiful mountains
3	a market	buy a lot of (う)

問題C　⑴，⑵のそれぞれの会話についての質問の答えとして最も適当なのは，ア～エのうちではどれですか。一つ答えなさい。

⑴
ア　Under the bed.
イ　On the sofa.
ウ　Under the books.
エ　On the desk.

⑵
ア　She will bring a cake.
イ　She will make lunch with Jiro's father.
ウ　She will invite Jiro to her house.
エ　She will buy a pizza.

問題D　留学中のKumiに，クラスメイトのMikeが学校の図書館を案内しています。Mikeの説明を聞いて，⑴，⑵に答えなさい。

⑴　Mikeが説明した順に，ア～ウを並べ替えなさい。

ア　日本語で書かれた本の有無　　イ　休館日　　ウ　貸出日数

⑵　Mikeの最後の発言に対して，どのような質問をしますか。あなたがKumiになったつもりで，[　　]にその質問を英語で書きなさい。ただし，主語と動詞を含む6語以上の1文とすること。

Yes, I have a question. [　　　　]?

2　Toshiと留学生のBenが，あるウェブサイトを見ながら，サイクリング（cycling）の計画を立てています。次は，そのウェブサイトの画面と会話です。⑴～⑸に答えなさい。

ウェブサイトの画面

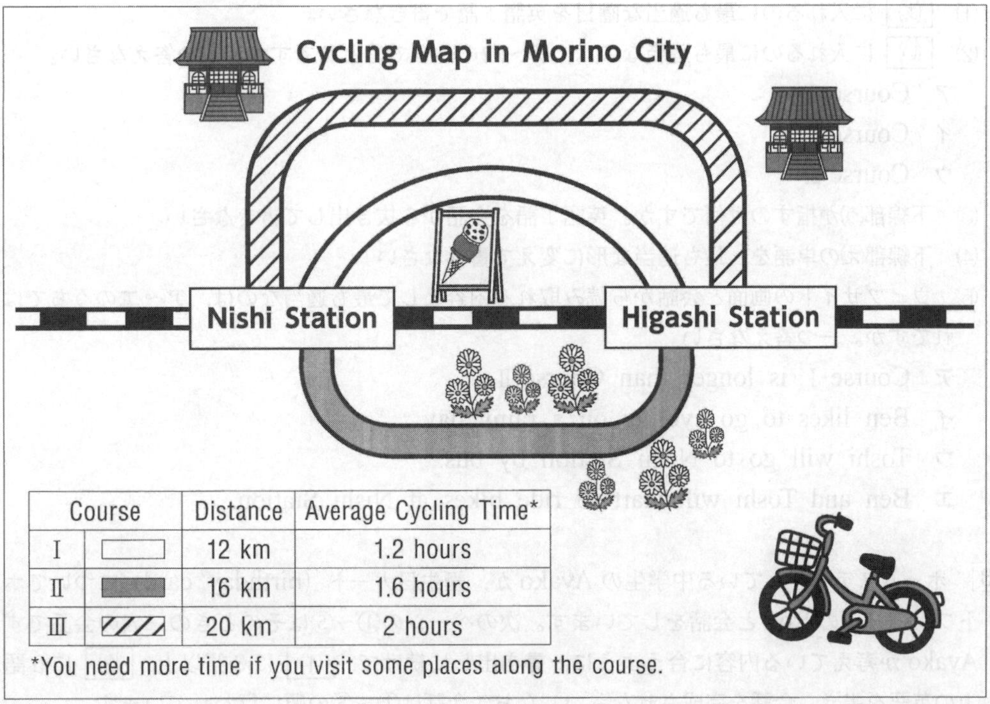

Course		Distance	Average Cycling Time*
Ⅰ	（白）	12 km	1.2 hours
Ⅱ	（灰色）	16 km	1.6 hours
Ⅲ	（斜線）	20 km	2 hours

*You need more time if you visit some places along the course.

Toshi : In Japan, spring is a good season for cycling. I'm going to visit Morino City to ride a bike this weekend, on April 15 or 16. Let's go cycling together.

Ben　: Sure. I want to go, but I don't like to ride a bike when it rains. I hear that it'll rain this Sunday. How about this [　(あ)　], April 15?

Toshi : OK. Look at this website. There are three cycling courses in Morino City. We'll take a train to go to Nishi Station, and rent bikes there.

Ben　: So, we'll start at Nishi Station.

Toshi : Yes. We'll end and return our bikes at Higashi Station. Now, which course do you want to choose? I think we can stay in the city for about two hours.

Ben　: I want to eat ice cream, but this course is the shortest.

Toshi : Then, why don't we choose [　(い)　]? It's the longest one and we can visit temples.

Ben　: If we choose this course, we can't spend enough time at these temples.

Toshi : Well, how about this one? Morino City is famous for flowers. They are really beautiful. Along this course, we can take pictures of (う)them.

Ben　: That sounds great. Let's choose this course. I'll bring my camera that I (え)buy last month.

〔注〕 course コース　distance 距離　average 平均の　rent ～ ～を有料で借りる
return ～ ～を返す　spend ～ ～を費やす　camera カメラ

(1) [(あ)] に入れるのに最も適当な曜日を英語１語で書きなさい。

(2) [(い)] に入れるのに最も適当なのは，ア～ウのうちではどれですか。一つ答えなさい。

ア　Course Ⅰ

イ　Course Ⅱ

ウ　Course Ⅲ

(3) 下線部(う)が指すのは何ですか。英語１語を会話から抜き出して書きなさい。

(4) 下線部(え)の単語を，最も適当な形に変えて書きなさい。

(5) ウェブサイトの画面と会話から読み取れる内容として最も適当なのは，ア～エのうちではどれですか。一つ答えなさい。

ア　Course Ⅰ is longer than Course Ⅱ.

イ　Ben likes to go cycling on a rainy day.

ウ　Toshi will go to Nishi Station by bus.

エ　Ben and Toshi will start to ride bikes at Nishi Station.

3　ホームステイをしている中学生のAyakoが，誕生日カード（birthday card）についてホストファミリーのRoyと会話をしています。次のページの①～⑤はそのときの二人の会話です。Ayakoが考えている内容に合うように，書き出しに続けて，[(1)] に３語以上，[(2)] に５語以上の英語を書き，会話を完成させなさい。なお，会話は①～⑤の順に行われています。

会話

① What's that ?
② It's a birthday card.
[Ayako]
[Roy]
日本のおばあちゃんに
これを送りたいの。
③ I want to (1) my grandmother in Japan.
④ That's a good idea.
[Ayako]
[Roy]
これを読んで，喜んで
くれるといいな。
[Ayako's grandmother]
⑤ I hope that she will (2) .
[Ayako]

4　ALT（外国語指導助手）の Lee 先生の英語の授業で，Tomoki，Suzu，Kanako が，姉妹校（sister school）の生徒に向けて制作する動画について，グラフを見ながら話し合いをしています。次のページの英文は，話し合いと，それを聞いて Suzu が授業で書いたノートの一部です。⑴～⑸に答えなさい。

■話し合い

Ms. Lee : Last class, I asked you to make a short video for the students at our sister school in Australia. Do you have any ideas about the topic?

Tomoki : Yes, of course. Look at (あ)this graph. It shows what they want to know about our town or school. About forty percent of the students are interested in food. Let's make a video about delicious Japanese food restaurants in our town.

Suzu : That's a nice idea. However, I think that it ((い)them / is / to / for / difficult) come to Japan. Also, they only see the food in our video, and they can't eat it. If I were them, I would be sad.

Kanako : Then, why don't we choose a different topic? In the same graph, more than thirty percent of the students want to know about fashion. Our school has different uniforms for summer and winter. I really want to show them. They don't have uniforms, right?

Tomoki : Wait. Ms. Lee, is that true? We have never met them, but I hear that schools in Australia usually have uniforms.

Ms. Lee : In April, a teacher at our school showed me pictures that were taken at our sister school. In them, the students at our sister school wore uniforms like you.

Suzu : Oh, no. [(う)]

Kanako : I don't think so. Though they wear school uniforms, I want to show them our uniforms.

Suzu : Well, please think about the students who will watch our video. If our topic is not unique to them, it will not be interesting.

Kanako : I see. Then, how about our sports festival ?

Tomoki : Good. Twenty-five percent of the students are interested in sports. Also, this is the best chance to make a video about it, because we'll have the event next month. Ms. Lee, do they have a school event like our sports festival?

Ms. Lee : No, they don't. I think that our sports festival is unique, and they will be surprised. A teacher at our sister school says that they have an event called "Sports Day." [ア] However, in our school, every student joins the sports festival and dances to music. Last year I saw your great dance performance. That was my first time. [イ] It was really exciting. Will you dance at the sports festival this year again? [ウ]

Kanako : Yes. We started to practice yesterday.

Tomoki : Ms. Lee, thank you for telling us the big difference. Why don't we show them our unique event?

Suzu : OK. Let's make a video about it.

■Suzu が授業で書いたノートの一部

Today, we chose a topic for the short video. We will introduce our sports festival to the students at our sister school, because [(え)]. I will practice hard to make our dance performance wonderful.

〔注〕 fashion ファッション　chance 機会　to music 音楽に合わせて

(1) 下線部(あ)の graph として最も適当なのは，ア～エのうちではどれですか。一つ答えなさい。

ア
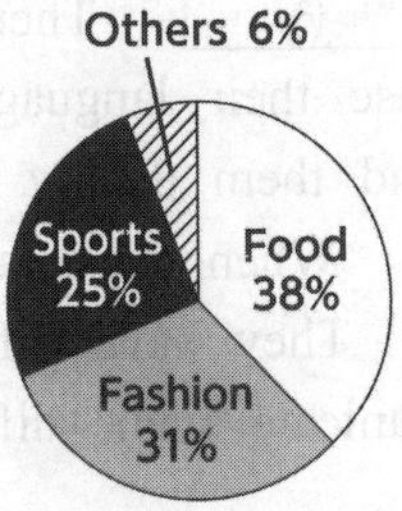

イ
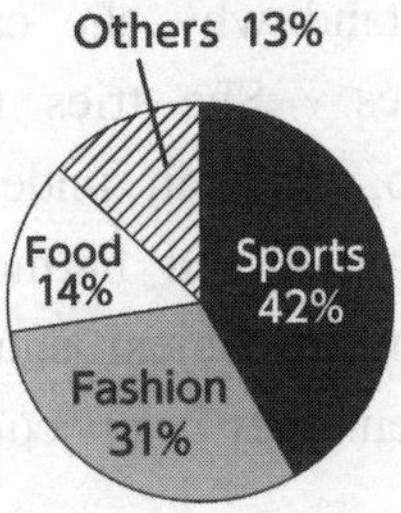

ウ
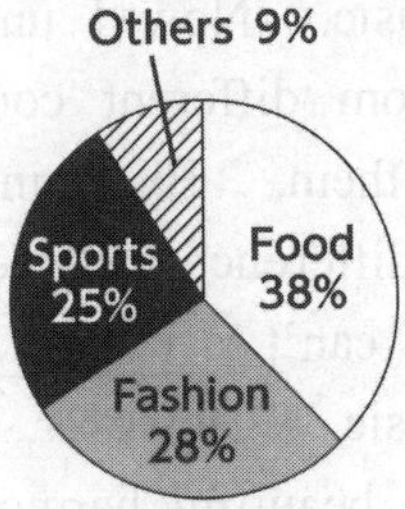

エ
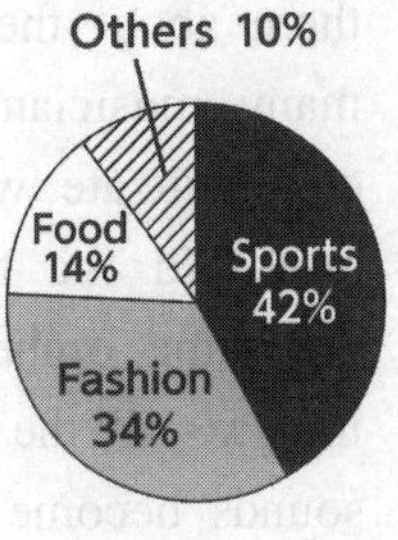

(2) 下線部(い)の語をすべて用いて，意味が通るように並べ替えなさい。

(3) [(う)] に入れるのに最も適当なのは，ア～エのうちではどれですか。一つ答えなさい。

ア Australia has four seasons like Japan.　イ We should change the topic.

ウ Ms. Lee has seen their pictures.　エ Our school has uniforms.

(4) 次の英文を入れるのに最も適当なのは，話し合いの中のア～ウのうちではどれですか。一つ答えなさい。

On that day, only the students who want to join the event come to school.

(5) [(え)] に入れるのに最も適当なのは，ア～エのうちではどれですか。一つ答えなさい。

ア their school does not have "Sports Day"

イ they joined the event with us last year

ウ we want to show them something unique

エ our sports festival has just finished

[5] 次の英文は，Akari が英語の授業で発表したスピーチ原稿です。(1)～(6)に答えなさい。

Today I want to tell you what I learned from my aunt, (あ)Fuyumi Yamaoka. She is a professional pianist. When she was twelve years old, her family started to live in Germany because of her father's job. Now, she goes to many places in the world for concerts and she can speak four languages. She knows a lot of things about many different countries.

When she comes to Japan, she sometimes visits my parents and me. Though I can't play the piano, I like to talk with her. One day, when we were listening to her CD, she talked about the music and its composer. She said, "The composer lived near a large river. When he was worried about something, he always looked at it. His music expresses how the beautiful river runs through the mountains in his country.” She showed me some photos of the river on the Internet, and talked more about his country. She said, “To understand things that composers want to express in their music, I learn about the culture and history of their country. In (い)this way, I communicate with composers when I play the piano.”

My aunt also communicates with other musicians through music and words when she plays the piano with an orchestra. To share the same image of the music, she listens to the sound of other musicians carefully and talks a lot with them about the music. Now I understand why she can [(う)]. There are many musicians from different countries. She tries to use their languages to communicate with them. By doing so, she can understand them deeply. She also told me the difference between sound and harmony. When musicians in the same orchestra can’t [(え)], music is just sound. They have different images of the music. However, when they can communicate well, different sounds become one beautiful harmony.

My aunt needed some time to make her performance great. When she was young, she practiced the piano hard every day. Though she improved her skills, she still thought that something was missing from her performance. [(お)] The teacher wanted her to realize its meaning by herself. She said, “I thought about the meaning of the advice a lot. Now I understand that listening to others means communicating with composers and other musicians. That helps me improve my performance and myself. I can’t imagine my life without the piano. It makes my life full of happiness.”

I realize why my aunt’s performance is beautiful. Her piano shows how she lives. Through music, she is interested in a lot of things and she communicates well with others. She found her way to open a door to meet many wonderful things and people. That way was playing the piano. You may think, “She is special because she is a professional pianist.” However, I don’t think so. All of us can also [(か)] to a new world in our own ways. I believe that we can find something, just like my aunt.

［注］ professional　プロの，本職の　pianist　ピアニスト　Germany　ドイツ（国名）
composer　作曲家　run　流れる　orchestra　オーケストラ　image　イメージ
deeply　深く　harmony　ハーモニー，調和　missing　欠けている
by herself　彼女自身で

(1) 下線部(あ)について，同じ段落で紹介されている内容として，当てはまらないものは，ア～エのうちではどれですか。一つ答えなさい。

ア　Akariのおばである。　イ　12歳の時にひとりでドイツに留学した。

ウ　演奏会で世界中を訪れている。　エ　様々な国について多くのことを知っている。

(2) 下線部(い)の具体的内容を説明する次のページの文の [①]，[②] にそれぞれ適当な日本語を

入れなさい。

作曲家が［　①　］ことを理解するために，作曲家の国の［　②　］を学ぶということ。

(3) ［(う)］，［(え)］に入れる英語の組み合わせとして最も適当なのは，ア～エのうちではどれですか。一つ答えなさい。

ア (う) teach children the piano well　(え) have concerts in foreign countries
イ (う) teach children the piano well　(え) understand each other
ウ (う) speak four languages　(え) have concerts in foreign countries
エ (う) speak four languages　(え) understand each other

(4) ［(お)］に次の三つの英文を入れるとき，本文の流れが最も適当になるように**ア～ウ**を並べ替えなさい。

ア At first, she didn’t understand the meaning of the advice, so she asked the teacher a question about it.
イ However, the teacher didn’t answer the question.
ウ Then, one of her teachers said to her, “You can listen to others more.”

(5) ［(か)］に入れるのに最も適当な英語３語を，同じ段落から抜き出して書きなさい。

(6) 本文の内容と合っているのは，**ア～オ**のうちではどれですか。当てはまるものをすべて答えなさい。

ア When Akari’s aunt comes to Japan, she always meets Akari.
イ Akari saw photos of a large river with her aunt.
ウ When Akari’s aunt was young, she felt that her performance needed something more.
エ Akari’s aunt does not understand the meaning of her teacher’s advice.
オ Akari thinks that playing the piano is the only way to be special.

＜理科＞

時間　45分　満点　70点

1　次の⑴～⑷に答えなさい。

⑴　次の文章は，動物の排出のしくみについて説明したものです。①，②に答えなさい。

ヒトなどの動物の細胞でアミノ酸が分解されると，二酸化炭素や水の他に，有害な (a) が生じる。 (a) は血液に取り込まれて (b) に運ばれ，そこで害の少ない尿素に変えられる。尿素は，再び血液によって運ばれ， (c) で余分な水や塩分などとともに血液中からこし出され，尿として体外へ排出される。

①　(a) に当てはまる物質の名称を答えなさい。

②　(b) と (c) に当てはまる語の組み合わせとして最も適当なのは，ア～エのうちではどれですか。一つ答えなさい。

ア　(b)　心臓　(c)　腎臓　　イ　(b)　腎臓　(c)　肝臓

ウ　(b)　肝臓　(c)　腎臓　　エ　(b)　肝臓　(c)　心臓

⑵　凸レンズに関して，①，②に答えなさい。

①　図１のように，凸レンズの焦点距離の２倍の位置に，物体とスクリーンを置くと，スクリーン上には物体と同じ大きさの上下左右逆の実像ができます。物体を図１のAの位置に移動させたときの，実像ができる位置と実像の大きさについて述べたものとして最も適当なのは，ア～ウのうちではどれですか。一つ答えなさい。

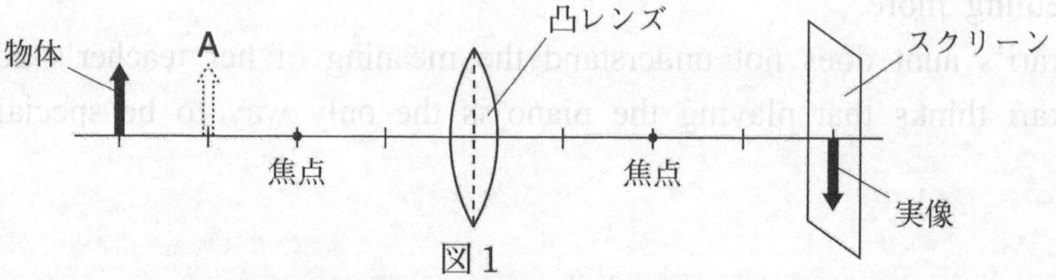

図１

ア　実像ができる位置は凸レンズから遠くなり，実像の大きさは大きくなる。

イ　実像ができる位置も実像の大きさも変わらない。

ウ　実像ができる位置は凸レンズから近くなり，実像の大きさは小さくなる。

②　図２のように，焦点の位置から矢印の２方向に進んだ光が，凸レンズで屈折して進むときの光の道筋を，解答欄の図にかきなさい。ただし道筋は，光が凸レンズの中心線で１回だけ屈折しているようにかくこととします。

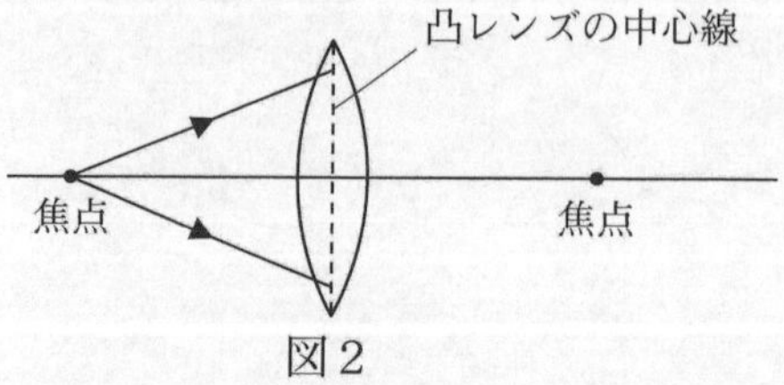

図２

(3)　次の表は，25℃の水を加熱しながら，５分ごとに温度を測定して記録したものです。①，②に答えなさい。

表

水を加熱した時間〔分〕	0	5	10	15	20	25
水の温度〔℃〕	25	50	75	100	100	100

①　表をもとに，水を加熱した時間と水の温度の関係を表したグラフをかきなさい。

②　表の，水を加熱した時間が20分のときに起きている現象と，関係が深い現象として最も適当なのは，**ア**～**エ**のうちではどれですか。一つ答えなさい。

ア　氷水を入れたコップをしばらく置くと，コップの表面に水滴ができた。
イ　温水が入ったコップに冷水を加えると，温水は上昇し，冷水は下降した。
ウ　紙でできた鍋に水を入れて下から加熱すると，紙の鍋は燃えずに水が沸騰した。
エ　熱い味噌《みそ》汁を入れた汁椀《わん》にふたをして冷ますと，ふたが開かなくなった。

(4)　次の文章は，日本の天気の特徴について説明したものです。①，②に答えなさい。

冬になると(d)ある高気圧が発達して，(e)の冬型の気圧配置になり，冷たく乾燥した季節風がふく。乾燥していた大気は，温度の比較的高い海水からの水蒸気を含んで湿る。湿った大気が，日本の中央部の山脈などにぶつかって上昇気流を生じ，(f)側に大雪をもたらす。

①　下線部(d)の発達によって形成される気団は，図３の**X**～**Z**のうちではどれですか。一つ答えなさい。

②　(e)と(f)に当てはまる語の組み合わせとして最も適当なのは，**ア**～**エ**のうちではどれですか。一つ答えなさい。

ア　(e)　南高北低　　(f)　太平洋
イ　(e)　南高北低　　(f)　日本海
ウ　(e)　西高東低　　(f)　太平洋
エ　(e)　西高東低　　(f)　日本海

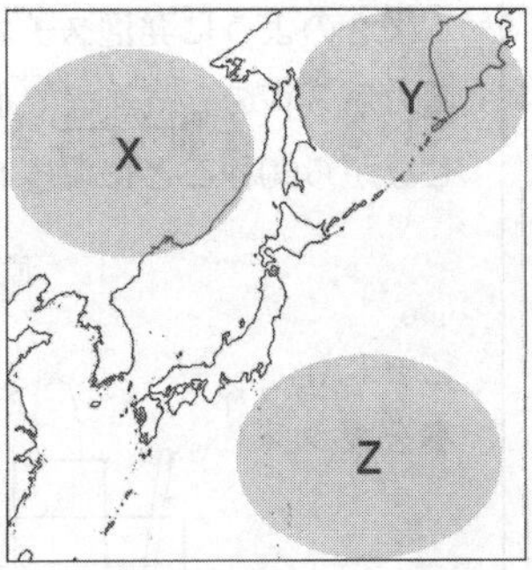

図３

2　次は，自動車の原動機について興味をもった栄一さんの実験レポートの一部です。(1)～(6)に答えなさい。

近年，電気自動車や燃料電池車といった自動車が開発されている。それらの原動機は，エンジンではなくモーターである。モーターのエネルギーの変換効率を確認するために【実験１】を行った。

【実験１】

図１（次のページ）のように，直流電源装置に取り付けたプーリー（滑車）付きモーターで，重さ0.50Nのおもりを一定の速さで1.0m引き上げる。

(a)このときのモーターに加わる電圧と流れる電流，おもりを引き上げるのにかかった時間を５回測定し，その平均値を〈表〉に示した。

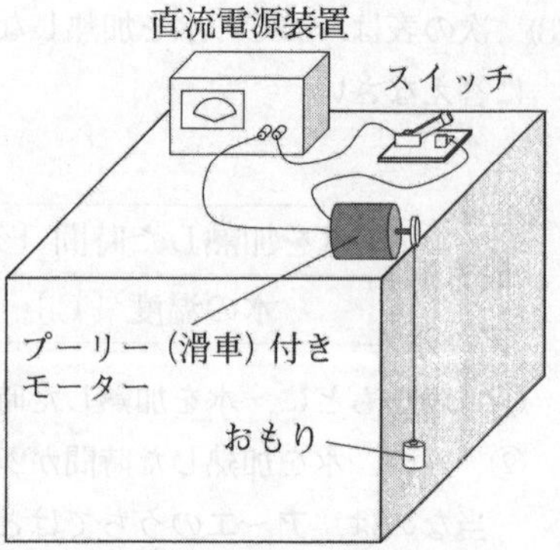

図１

〈表〉

電圧〔V〕	電流〔A〕	時間〔秒〕
1.5	0.10	10

モーターのエネルギーの変換効率〔%〕は，次の［式］で求めることができる。

［式］　$$\frac{\text{おもりが得た位置エネルギー（モーターがした仕事）}}{\text{モーターが消費した電気エネルギー}}\times 100$$

エネルギーの変換時に，モーターが消費した電気エネルギーすべてが，おもりが得た位置エネルギー（モーターがした仕事）に変換されるわけではないことが分かった。

電気エネルギーの一部が熱エネルギーに変換されることにより，モーターが高温になり，故障につながるため，自動車では水などを使ってモーターの温度変化を抑えている。熱を加えたときの，水の温度変化を確認するために【実験２】を行った。

【実験２】

図２のように発泡スチロール製のカップに水100 gを入れ，6 Vの電圧を加えたときに消費電力が３Wの(b)電熱線で水を加熱する。電熱線に６Vの電圧を加え，水をガラス棒でかき混ぜながら60秒ごとに温度を測定し，〈グラフ〉を作成した。

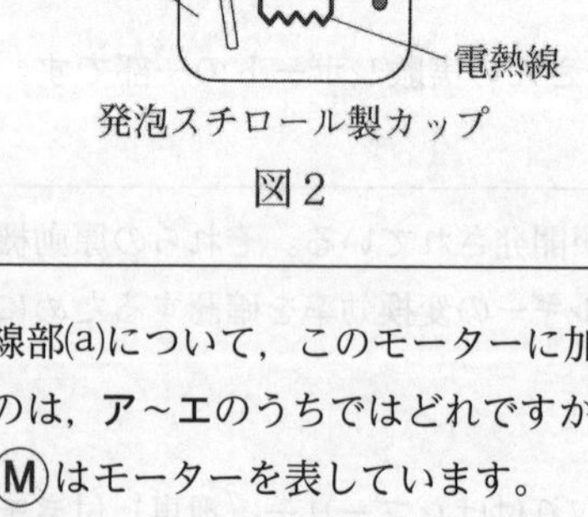

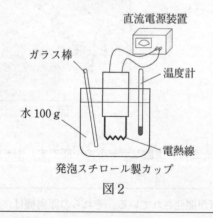

図２

〈グラフ〉

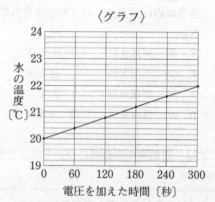

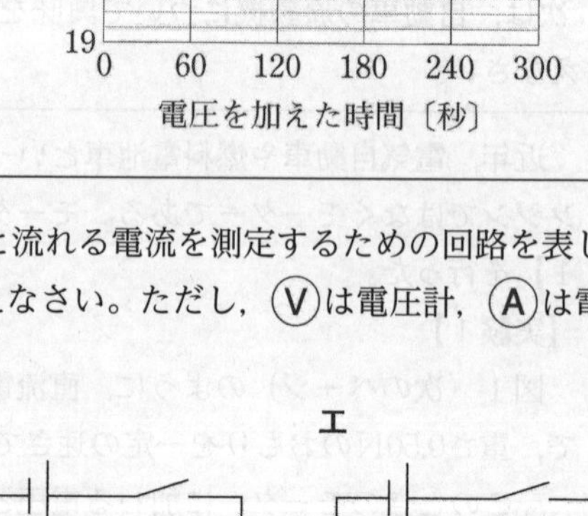

⑴　下線部(a)について，このモーターに加わる電圧と流れる電流を測定するための回路を表しているのは，ア～エのうちではどれですか。一つ答えなさい。ただし，Ⓥは電圧計，Ⓐは電流計，Ⓜはモーターを表しています。

ア

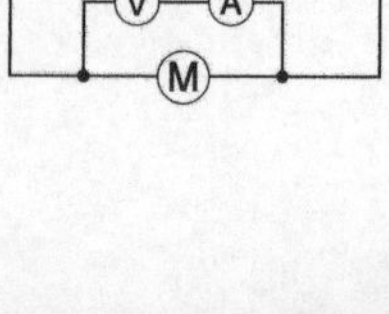

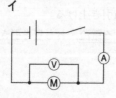

イ

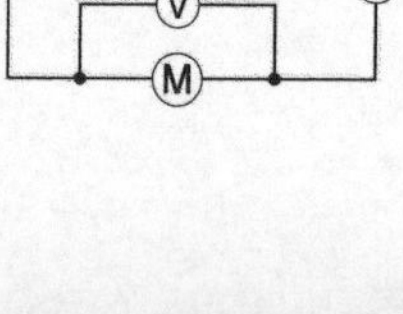

ウ

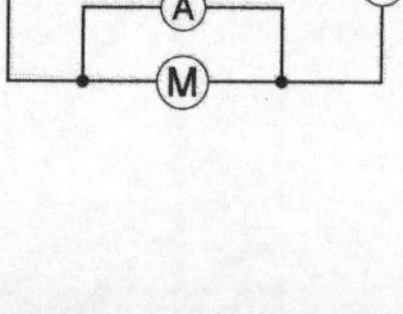

エ

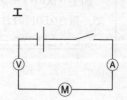

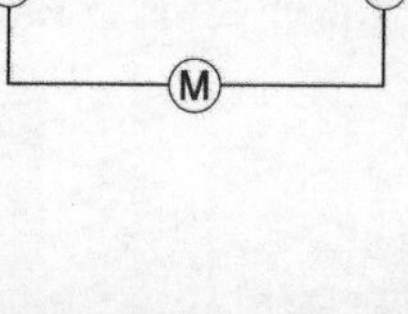

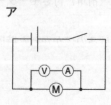

⑵　【実験１】について，〈表〉をもとに計算すると，モーターの電力は何Wですか。

⑶　【実験１】において，［式］を使って求められるモーターのエネルギーの変換効率は何％ですか。小数第１位を四捨五入して，整数で答えなさい。

⑷　図３は，モーターの構造を模式的に表しています。図３のように，コイルが時計まわりに動き出すのは，ア～エのうちではどれですか。当てはまるものをすべて答えなさい。
（⇄は流れている電流の向きを表す。）

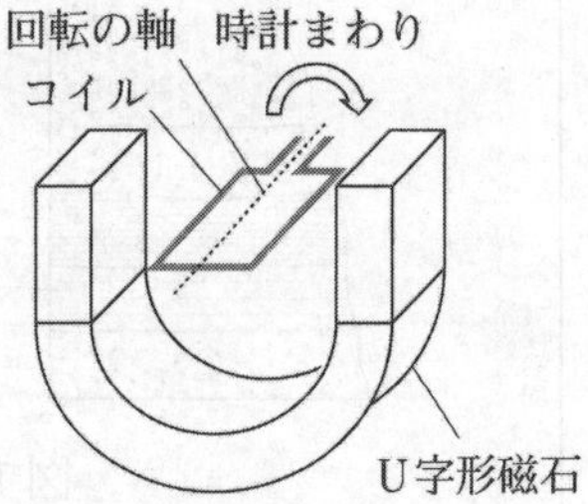

図３

ア
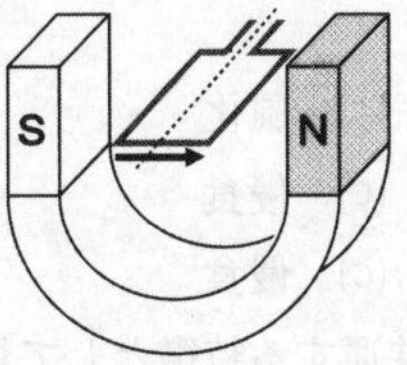

イ
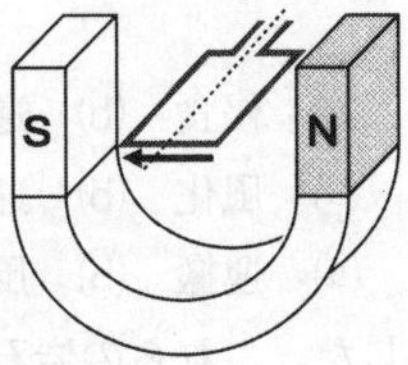

ウ
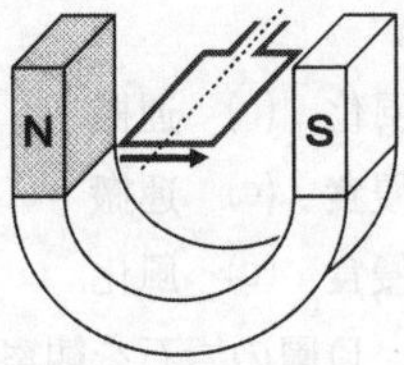

エ
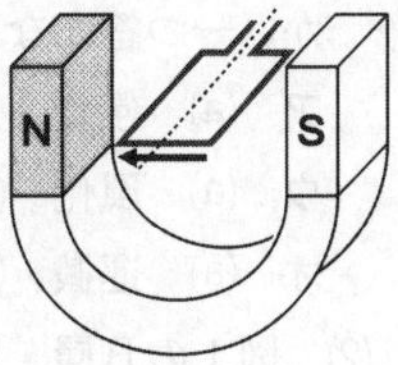

⑸　下線部(b)について，電熱線に加える電圧と電熱線を流れる電流は比例の関係にあります。この法則を何といいますか。

⑹　【実験２】について，①，②に答えなさい。

① 〈グラフ〉をもとに計算すると，水1.0ｇの温度を1.0℃上げるのに必要な熱量は何Ｊですか。

②　①の値は，実際に水1.0ｇの温度を1.0℃上げるのに必要な熱量の値よりも大きな値になります。値が異なる理由を答えなさい。ただし，電熱線が消費した電気エネルギーはすべて熱エネルギーに変換されるものとします。

3　有香さんは自由研究で，地層のでき方について調べてまとめました。次は，そのノートの一部です。⑴～⑺に答えなさい。　（図１，図２は次のページにあります。）

○学校の近くでは，図１のような地層の積み重なりが観察できた。
・地表の岩石は，(a)気温の変化や風雨などのはたらきによって，長い年月をかけてもろくなり，これらが(b)流水のはたらきによってけずられて土砂になる。
・土砂は，河川などの(c)水の流れによって下流に流される。この土砂は，平野や海などの流れがゆるやかになったところでたまり，やがて地層をつくる。
○化石発掘体験に参加し，図２のようなビカリアの化石を見つけることができた。
・ビカリアは浅い海などに生息していた巻き貝であるが，化石は山間地の地層で見つかった。フズリナやビカリアは(d)示準化石としても知られている。
・海底でできた地層が，地表で見られることもある。これは，(e)プレートの動きにともなって大地が変動して地表に現れたものである。

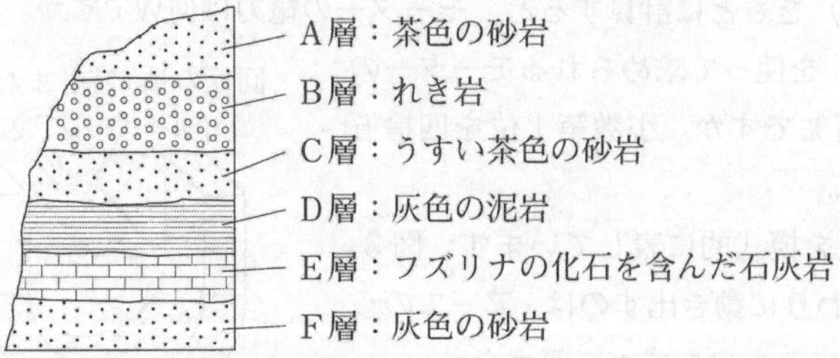

図1

図2

(1) 下線部(a)～(c)を表した語の組み合わせとして最も適当なのは，**ア～カ**のうちではどれですか。一つ答えなさい。

ア (a) 侵食 (b) 風化 (c) 運搬　　**イ** (a) 侵食 (b) 運搬 (c) 風化
ウ (a) 風化 (b) 侵食 (c) 運搬　　**エ** (a) 風化 (b) 運搬 (c) 侵食
オ (a) 運搬 (b) 侵食 (c) 風化　　**カ** (a) 運搬 (b) 風化 (c) 侵食

(2) 図1のB層，C層，D層の岩石を観察しました。これらの岩石に共通する特徴として最も適当なのは，**ア～エ**のうちではどれですか。一つ答えなさい。

ア 角ばっている粒が多い。　　**イ** 丸みを帯びている粒が多い。
ウ 火山灰が含まれているものが多い。　　**エ** 生物の死がいを含むものが多い。

(3) 図1のE層から石灰岩（主成分は$CaCO_3$）を採取して持ち帰り，塩酸をかけると塩化カルシウム（$CaCl_2$）と水とある気体が発生しました。この化学変化について，解答欄の □ をそれぞれうめて，化学反応式を完成させなさい。

(4) 図2のビカリアは，イカやアサリなどのなかまです。ビカリアのように背骨や節がなく，外とう膜をもつ動物を何といいますか。

(5) 下線部(d)に関して，示準化石の条件を表したものとして最も適当なのは，**ア～エ**のうちではどれですか。一つ答えなさい。ただし， ▒ は生息していた分布地域や時代（年代）を表しています。

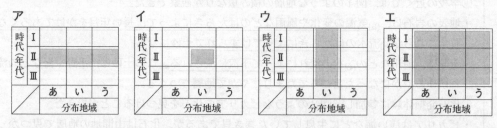

ア
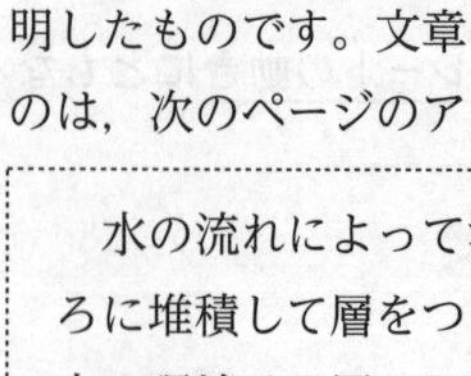

イ
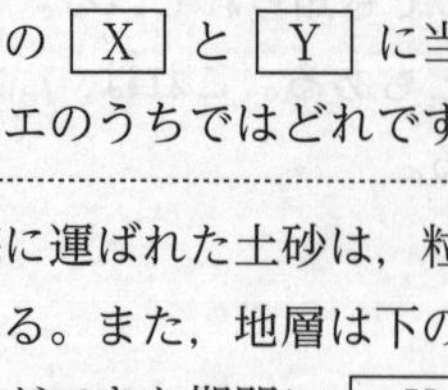

ウ
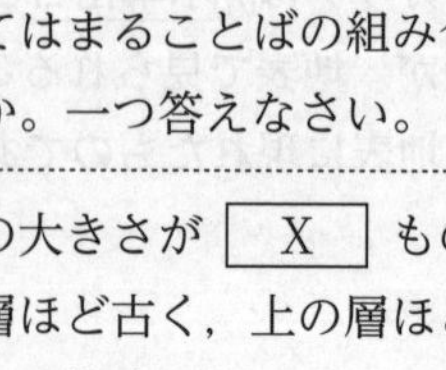

エ
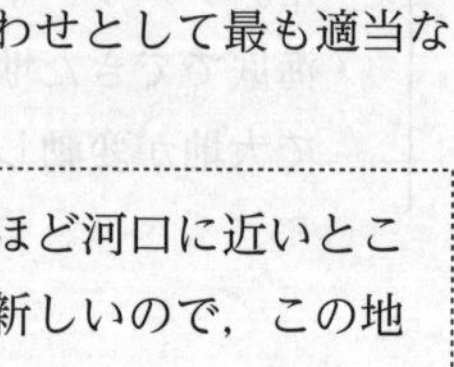

(6) 次の文章は，図1のB層～D層ができた期間に，この地点で起こった環境の変化について説明したものです。文章中の X と Y に当てはまることばの組み合わせとして最も適当なのは，次のページのア～エのうちではどれですか。一つ答えなさい。

> 水の流れによって海に運ばれた土砂は，粒の大きさが X ものほど河口に近いところに堆積して層をつくる。また，地層は下の層ほど古く，上の層ほど新しいので，この地点の環境はB層～D層ができた期間に Y と推定される。

ア　X：小さい　Y：河口から遠く深い海から，近く浅い海に変化した
イ　X：小さい　Y：河口に近く浅い海から，遠く深い海に変化した
ウ　X：大きい　Y：河口から遠く深い海から，近く浅い海に変化した
エ　X：大きい　Y：河口に近く浅い海から，遠く深い海に変化した

(7)　下線部(e)について述べたものとして誤っているのは，ア～エのうちではどれですか。一つ答えなさい。

ア　日本列島付近の海底でつくられた地層は，プレートの動きによって，長い年月をかけて変形し，隆起して山地をつくる。
イ　日本列島付近のプレート境界では，プレートどうしが押し合い，地下の岩石が破壊されて地震が起こる。
ウ　プレートが沈みこむと，岩石の一部がとけてマグマができ，マグマが地表まで上昇して火山が噴火する。
エ　プレートによる大きな力を受けて，水平に堆積した地層が，波打つように曲げられて断層ができたり，ずれてしゅう曲ができたりする。

4　花子さんは，下水処理場についてレポートを作成し，実験を行いました。次は，そのレポートと実験の一部です。(1)～(4)に答えなさい。

〈レポートの一部〉
○下水処理場では，微生物のはたらきを利用して，生活排水などの下水に含まれるよごれ（有機物など）を浄化している。
・大きなゴミや沈みやすいよごれを取り除いた下水を反応槽に入れ，活性汚泥を混ぜてポンプで空気を送り込む。
・活性汚泥中には，多くの細菌類や菌類，単細胞生物や多細胞生物などの微生物が存在しており，おもに細菌類や菌類が下水中の有機物を分解する。
活性汚泥中と同様の微生物は，河川などの自然環境中にも存在しているので，川底から採取した微生物を含む泥水を使い，【実験１】と【実験２】を行った。

(1)　川底の泥水を顕微鏡で観察すると，図１のような単細胞生物が観察できました。この生物の名称を答えなさい。

(2)　顕微鏡で観察を行ったとき，図２の視野の★の位置に観察対象が見えました。観察対象が視野の中央にくるように，ステージ上にあるプレパラートを動かす向きは，図２のア～エのうちではどれですか。一つ答えなさい。

図１

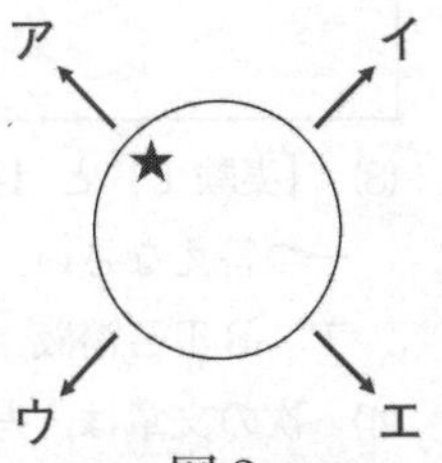

図２

【実験１】
1．下水に含まれる有機物の代わりとしてデンプンを水に溶かし，３つの容器（容器X，Y，

Z）に同量ずつ，十分に空気が残るように入れた。
2．図3のように，容器Xには水，容器Yには未処理の泥水，容器Zには100℃で十分に加熱した泥水を加え，密閉して暗所で数日放置した。
3．5日目に各容器の中の気体と液体をそれぞれ取り出し，気体は石灰水に通し，液体には［ P ］を加え，変化を表1に記録した。

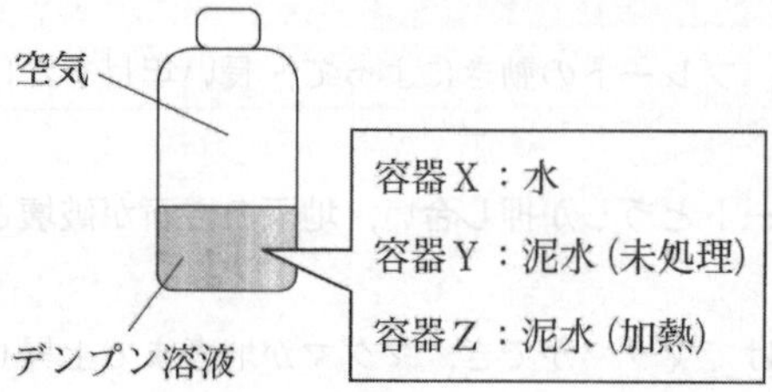

図3

表1

	石灰水	［ P ］
容器X	ほとんど変化なし	青紫色に変化した
容器Y	白く濁った	変化なし
容器Z	ほとんど変化なし	青紫色に変化した

【実験2】
1．【実験1】と同様に，デンプン溶液の入った容器A，B，C，Dをつくった。
2．図4のように，容器AとBには水を加え，容器CとDには未処理の泥水を加えて，容器BとDにはエアーポンプで空気を送り込みながら，すべて暗所に置いた。
3．一定時間ごとに容器内の液体を少量取って［ P ］を加え，色の変化を表2に記録した。

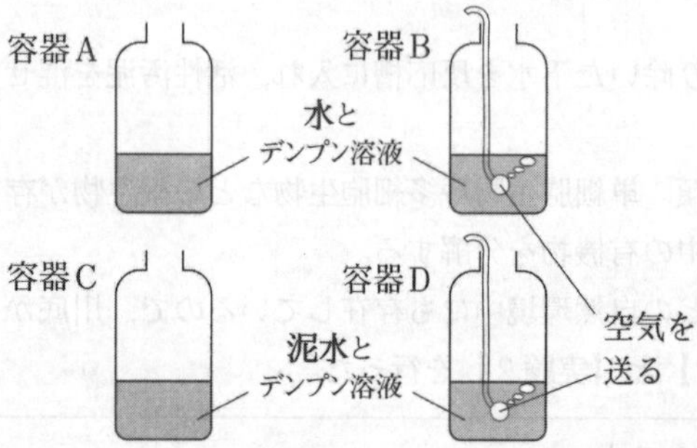

図4

表2

	1日目	2日目	3日目	4日目	5日目
容器A	○	○	○	○	○
容器B	○	○	○	○	○
容器C	○	○	○	○	×
容器D	○	○	×	×	×

○：青紫色に変化した　×：変化なし

(3) 【実験1】と【実験2】の［ P ］に当てはまる適当な薬品は，ア～エのうちではどれですか。一つ答えなさい。

ア　BTB溶液　　イ　酢酸オルセイン溶液　　ウ　ベネジクト液　　エ　ヨウ素液

(4) 次の文章は，考察とまとめの一部です。①，②に答えなさい。

【実験1】から，微生物によりデンプンが分解され，［ (a) ］が発生したと考えられる。また，【実験2】から，微生物によるデンプンの分解は，空気を送り込むことで促進されていることがわかる。微生物は，［ (b) ］によりデンプンなどの有機物を分解していると考えられ，空気を送り込むことで微生物に［ (c) ］を供給し，活発に［ (b) ］を行わせて，効率よく有機物を分解させることができる。

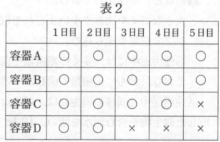

河川などに存在する微生物も有機物を分解しており，河川にも浄化作用があることがわかった。しかし，生活排水に含まれる有機物の量は多いので，そのまま河川に排出すると，［(d)］ため，水質汚濁などを引き起こす場合があり，下水処理場などで浄化する必要がある。

① ［(a)］～［(c)］に当てはまる最も適当な語は，ア～オのうちではどれですか。それぞれ一つ答えなさい。

ア　有機物　　イ　酸素　　ウ　二酸化炭素　　エ　呼吸　　オ　光合成

② ［(d)］に適当な内容を書いて，まとめを完成させなさい。

5　次は，サイエンス部に所属する太郎さんと先生の会話と，電池に関する実験です。⑴～⑹に答えなさい。

〈会話〉

先生：太郎さん，前回の実験を覚えていますか。

太郎：はい，３種類の金属について，陽イオンへのなりやすさを確認しました。

【前回の実験】

図１のように，銅，マグネシウム，亜鉛の金属板を水溶液に入れたときの，金属板の表面の様子を表にまとめた。

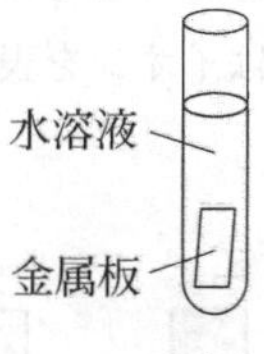

図１

表

	硫酸銅水溶液	硫酸マグネシウム水溶液	硫酸亜鉛水溶液
銅		変化しなかった	変化しなかった
マグネシウム	銅が付着した		亜鉛が付着した
亜鉛	銅が付着した	変化しなかった	

先生：【前回の実験】をもとにして，図２のような電池Ａをつくることができますよ。

太郎：すごい。プロペラが回りました。こんなに簡単に電池をつくることができるんですね。

先生：電池のしくみには金属の陽イオンへのなりやすさが関係しているので，２種類の金属と電解質を組み合わせることで電池をつくることができます。

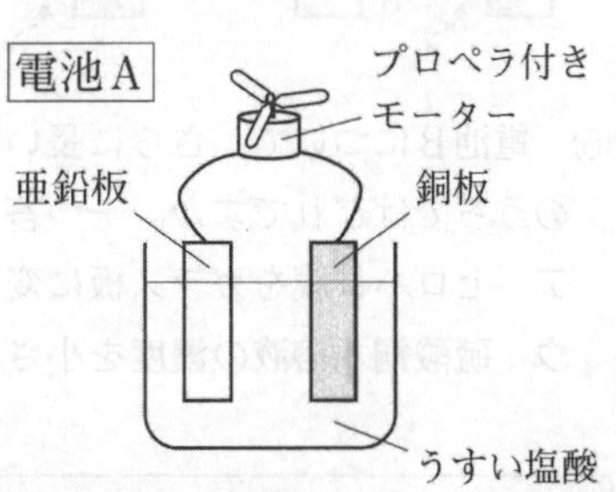

図２

⑴　【前回の実験】について，３種類の金属のうちで，最も陽イオンになりやすい金属の名称を答えなさい。

⑵　電池Ａにおいて，銅板は＋極と－極のどちらになるかを答えなさい。

⑶　電池Ａについて，プロペラ付きモーターが回っているときの，水溶液中に含まれる金属イオ

ンの数の変化として最も適当なのは，ア～ウのうちではどれですか。一つ答えなさい。

ア　増加する　　イ　変わらない　　ウ　減少する

〈会話〉

太郎：あれ，プロペラが回らなくなってしまいました。

先生：長い時間，電気エネルギーを取り出すための工夫が必要ですね。

太郎：先生，インターネットで調べると，改良された電池が見つかったので，実験してみます。

【実験１】

図３のような電池Ｂをつくり，プロペラ付きモーターをつなげて，電池Ａとプロペラの回転を比較した。

電池Ａと電池Ｂで，回転の勢いに大きな違いは確認できなかったが，電池Ａよりも電池Ｂの方が，長い時間プロペラが回転した。

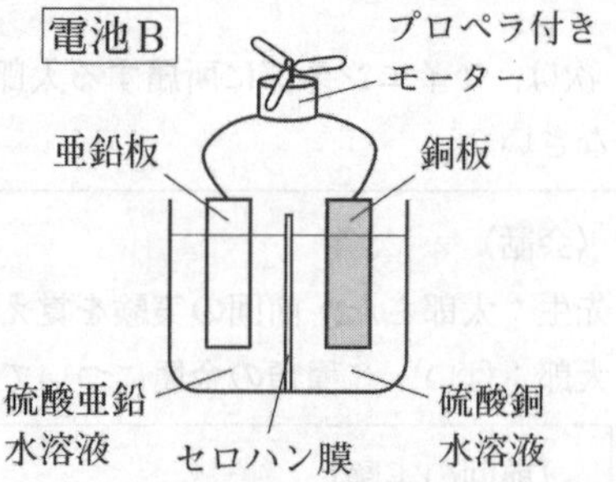

図３

(4)　電池Ｂの銅板付近の様子を表したモデルとして最も適当なのは，ア～エのうちではどれですか。一つ答えなさい。ただし，⊖は電子を，は原子を，とはイオンを表しています。

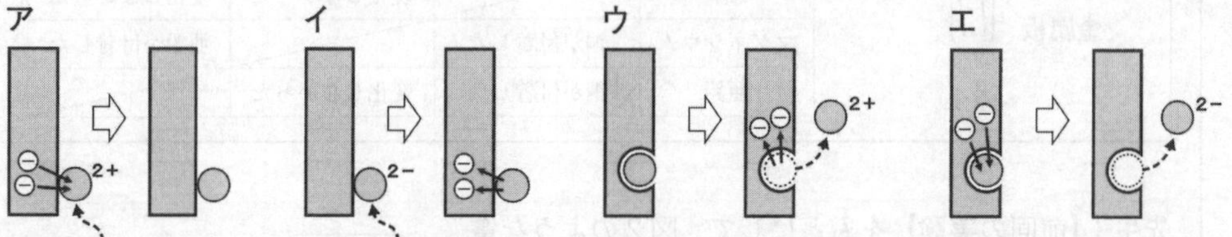

(5)　電池Ｂについて，さらに長い時間プロペラを回転させる方法として最も適当なのは，ア～エのうちではどれですか。一つ答えなさい。

ア　セロハン膜をガラス板に変える。　　イ　亜鉛板を銅板に変える。

ウ　硫酸銅水溶液の濃度を小さくする。　エ　硫酸銅水溶液の濃度を大きくする。

〈会話〉

太郎：プロペラをもっと勢いよく回転させることはできますか。

先生：それなら，電圧を大きくしたいですね。電池では，使用する２種類の金属の陽イオンへのなりやすさの差が大きい方が，電圧が大きくなります。

太郎：電池に用いる金属の組み合わせを変えれば，電圧が変わるということですね。【前回の実験】を生かして実験してみます。

先生：実際に使われている電池でも，＋極と－極に使用する物質や使用する電解質を工夫しています。組み合わせを工夫してみてください。

【実験２】

図４のような電池Ｃと電池Ｄをつくり，電池Ｂ，電池Ｃ，電池Ｄのそれぞれに電圧計をつなげて電圧を測定した。

電圧は，電池Ｂが1.1Ｖ，電池Ｃが1.6Ｖ，電池Ｄが1.8Ｖであった。

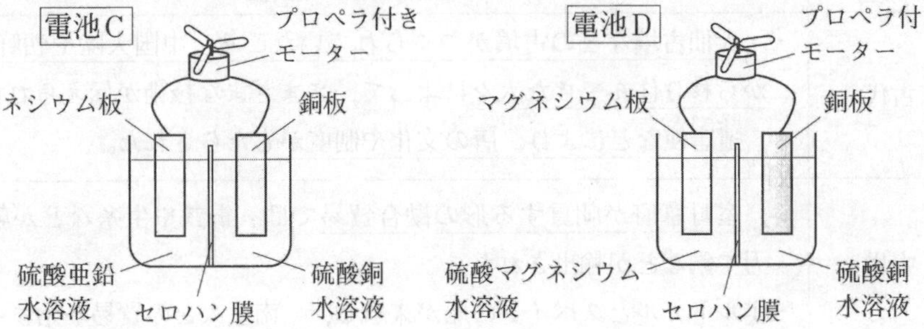

図４

⑹　次の文は，電池Ｄに比べて，電池Ｃの電圧が小さかった理由を説明したものです。(a)～(c)に当てはまる最も適当なことばは，**ア**～**ク**のうちではどれですか。それぞれ一つ答えなさい。

電池Ｃのマグネシウム板の表面で，(a)が放出した電子を(b)が受け取るため，銅板側に電子が(c)なり，電池Ｃの電圧が電池Ｄよりも小さくなった。

ア　マグネシウム原子　　**イ**　亜鉛原子　　**ウ**　銅原子
エ　マグネシウムイオン　　**オ**　亜鉛イオン　　**カ**　銅イオン
キ　移動しやすく　　**ク**　移動しにくく

＜社会＞　時間　45分　満点　70点

1　太郎さんは，「我が国と諸外国との交流」に着目して近世までの歴史的分野の学習をふり返り，次の表を作成しました。⑴～⑹に答えなさい。

表

時代区分	諸外国との交流
古代	・(a)大仙古墳などの古墳がつくられていたころ，中国大陸や朝鮮半島などから移り住んできた人々によって，さまざまな技術が伝えられた。 ・(b)遣唐使《けんとうし》などにより，唐の文化や制度がもたらされた。
中世	・(c)室町幕府が朝貢する形の勘合貿易では，銅銭や生糸などが輸入され，刀や銅などが輸出された。 ・ポルトガルとスペインの船が来航し，(d)南蛮人との貿易が始まった。
近世	・江戸幕府は初め，ヨーロッパとの貿易を認めていたが，(e)キリスト教が広まっていくと，貿易統制を強化するようになった。日本人商人などの海外への渡航や海外からの帰国は禁止され，(f)諸外国との交流は制限された。

⑴　下線部(a)を何といいますか。

⑵　資料1は，下線部(b)のころに定められた我が国における律令《りつりょう》国家の政治のしくみの一部を示しています。X，Y に当てはまることばの組み合わせとして最も適当なのは，ア～エのうちではどれですか。一つ答えなさい。

資料1

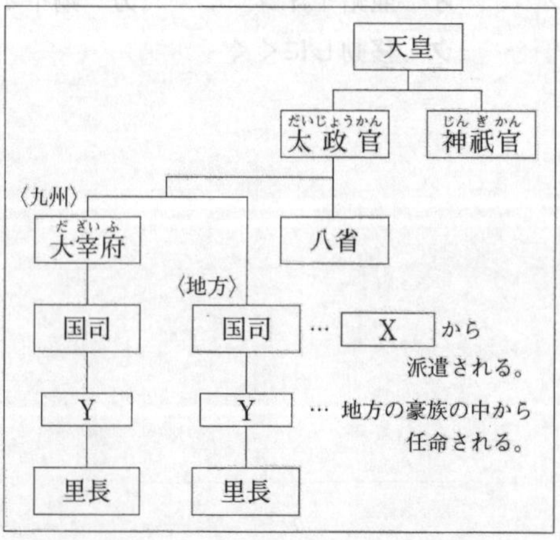

ア　X：都（中央）　Y：県令　　イ　X：東国《とうごく》　Y：県令
ウ　X：都（中央）　Y：郡司《ぐんじ》　　エ　X：東国　Y：郡司

(3)　下線部(c)の相手となった王朝として最も適当なのは，ア～エのうちではどれですか。一つ答えなさい。

ア　宋《そう》　イ　隋《ずい》　ウ　元《げん》　エ　明《みん》

(4)　下線部(d)が行われていた安土《あづち》桃山時代の文化について述べた文として最も適当なのは，ア～エのうちではどれですか。一つ答えなさい。

ア　千利休《せんのりきゅう》は中国大陸伝来の茶を飲む習慣において，わび茶を完成させた。
イ　杉田玄白《すぎたげんぱく》らが翻訳したヨーロッパの解剖書は，『解体新書』として出版された。
ウ　雪舟《せっしゅう》は中国大陸で水墨画の技法を高め，日本の風景などをえがいた。
エ　中国大陸にわたった栄西《えいさい》と道元《どうげん》は，日本に禅宗を伝えた。

(5)　下線部(e)に関して，太郎さんは，江戸幕府の対応について説明する文を，資料２をもとに作成しました。次の文の[　　]に当てはまる適当な内容を書きなさい。

資料２

江戸幕府は，人々に資料２を踏ませて[　　　　　]ことにより，禁教を徹底していった。

(6)　下線部(f)に関して，太郎さんは，制限下での江戸幕府の方針に着目して資料を探したところ，資料３を見つけて，次のようにまとめました。[P]に当てはまる適当なことばを書きなさい。また，[Q]に当てはまる適当な内容を書きなさい。

資料３

徳川家の御治世《ごじせい》がはじまって以来，外国貿易はオランダだけにし，他の諸国には許可しないという，鎖国の御政道《ごせいどう》なので，とてもイギリスに貿易を許可するなど，思いもよりません。とにかく外国船が日本に近付いては厄介だというので，打払《うちはら》いの制度をお定めになったのですから，今回も当然打払いになるのでしょう。その場合，イギリス側ではどのような反応を示すでしょうか。

（奥州市立高野長英記念館Webページから「夢物語」を抜粋して作成）

資料３は，来航した外国船に対して江戸幕府が1825年に定めた，[P]という法令で示した方針を批判した書物の一部だとわかった。江戸幕府は，アヘン戦争で[Q]という隣国に関する情報が伝えられると，[P]を撤廃し，外国船に対して必要な薪《まき》や水などを与えるという方針へ変更した。

2　次のページの図１は，緯線と経線が直角に交わる世界地図であり，緯線は赤道から，経線は本初子午線からいずれも20度間隔です。次のページの図２は，Aを中心とする，中心からの距離と方位が正しい地図です。(1)～(5)に答えなさい。

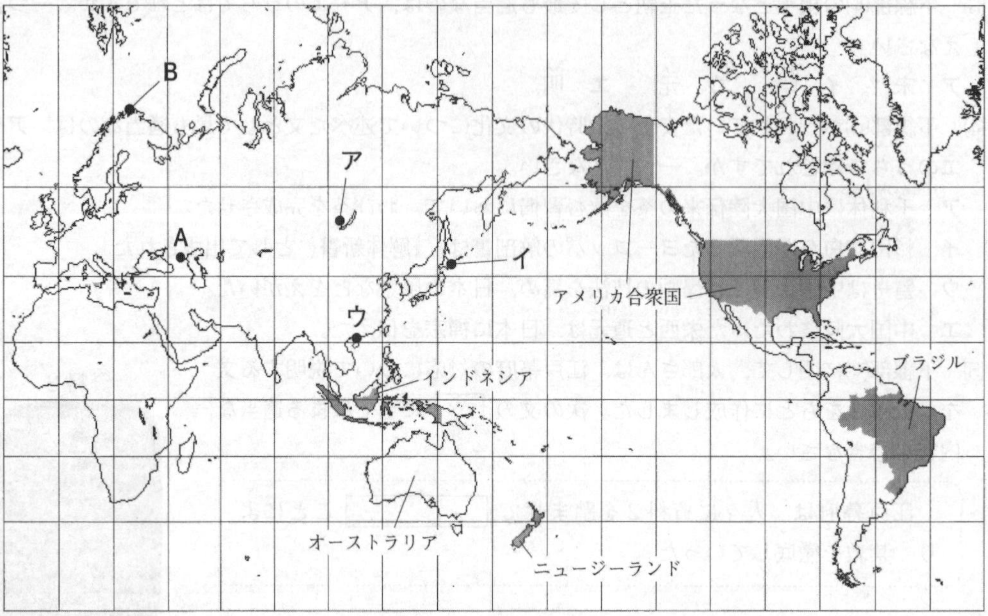

図1

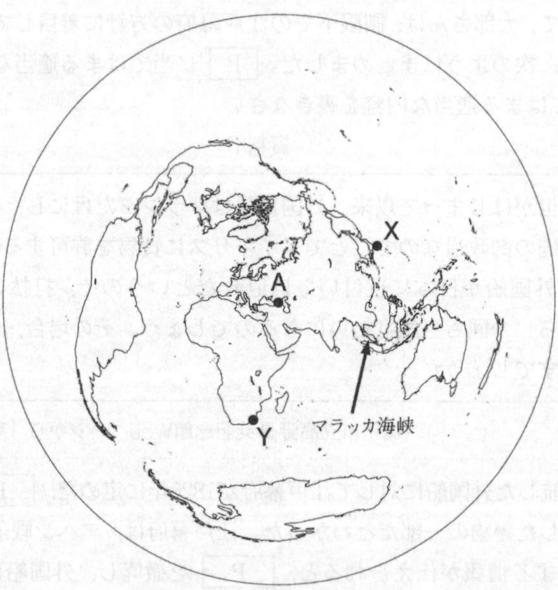

図2

⑴　図1と図2のAは，それぞれ地球上の同じ地点を示しています。地点Aから見て，16方位で東にあたる地点は，図1のア～ウのうちではどれですか。一つ答えなさい。

⑵　図1の地点Bでは，夏になると，太陽が沈まないことや太陽が沈んでも空が暗くならないことがあります。このような現象を何といいますか。

⑶　三大洋のうち，図2のXからYへ船で向かった場合，マラッカ海峡を通過した後に通る大洋の名称を何といいますか。

⑷　下の表は，５か国（日本，インドネシア，ニュージーランド，アメリカ合衆国，ブラジル）の，領海と排他的経済水域を合わせた面積，およびその面積と国土面積との面積比を示しています。ニュージーランドが当てはまるのは，表のア～エのうちではどれですか。一つ答えなさい。

表

国名	領海と排他的経済水域を合わせた面積（万km²）	面積比（%）
日本	447	1 182
ア	762	77
イ	541	283
ウ	483	1 802
エ	317	37

（注）面積比とは，国土面積を100としたときの領海と排他的経済水域を合わせた面積との比率を示す。
（「2022 データブックオブ・ザ・ワールド」，「海洋白書2009」から作成）

⑸　資料は，東京都中央卸売市場におけるアメリカ合衆国産とオーストラリア産のかんきつ類の取扱数量を示しています。取扱数量の多い時期が二つの国で異なる理由を，解答欄の書き出しに続けて，それぞれの国の位置関係と季節にふれながら書きなさい。

資料

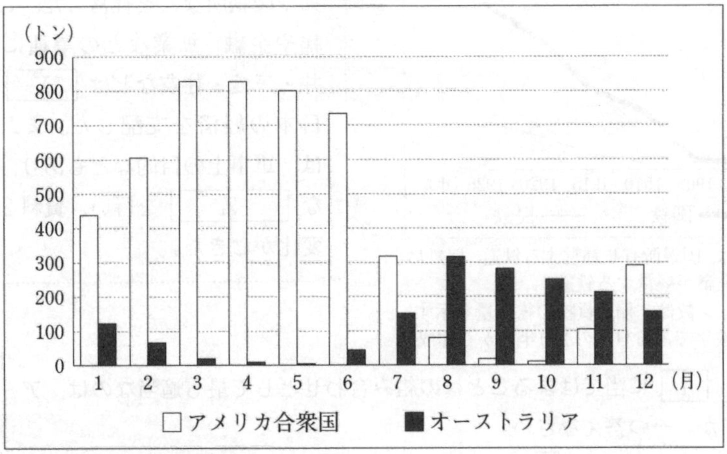

（注）統計年次は2020年。
かんきつ類は，東京都中央卸売市場の分類に基づく，みかんを除くレモンやグレープフルーツなどを示す。
（「東京都中央卸売市場統計情報」から作成）

3　さやかさんは，鉄道開業150年展へ訪れたことをきっかけに，「我が国の鉄道と経済成長」について調べ，収集した情報から次のページの資料１を作成しました。⑴～⑸に答えなさい。

資料1

鉄道に関するおもなできごと	我が国の経済成長の様子
1872年 新橋・横浜間に鉄道開通	富国強兵を実現するため，欧米の進んだ技術などを取り入れ，(a)産業をそだてる殖産興業が進められた。
1906年 (b)南満州鉄道株式会社の設立	1880年代以降，軽工業を中心に産業革命が進み，重工業では官営の八幡《やはた》製鉄所が設立された。
1914年 (c)東京駅の完成	第一次世界大戦により好景気となり，新聞・雑誌が多く発行され，映画鑑賞などが人気を集めた。
1964年 東海道新幹線の開通	(d)第二次世界大戦後，1950年代から高度経済成長となり，東京オリンピック・パラリンピックが開かれた。

⑴ 下線部(a)に関して，1872年に操業が開始された群馬県の官営模範工場の名称を何といいますか。

⑵ さやかさんは，下線部(b)が設立されたころの我が国の鉄道や経済の状況について，資料2を収集し説明文を作成しました。①，②に答えなさい。

資料2

我が国の国鉄と民鉄における貨物輸送トン数の推移

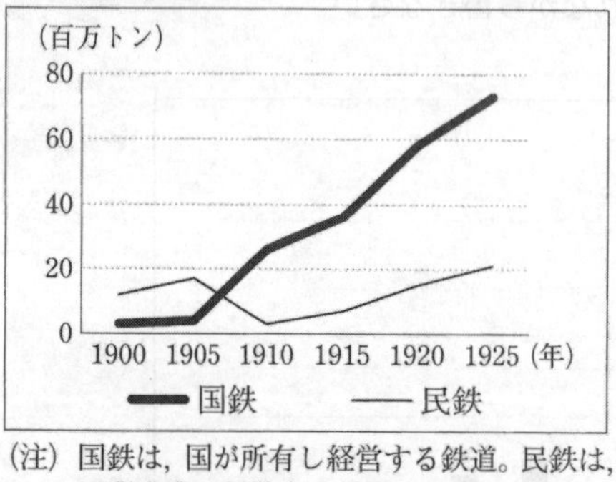

(注) 国鉄は，国が所有し経営する鉄道。民鉄は，民間企業が経営する鉄道。
輸送トン数は，輸送貨物の総重量を示す。
(「数字でみる日本の100年」から作成)

南満州鉄道株式会社は，日露戦争の講和会議で結ばれた [X] 条約により得た権利をもとに設立され，鉄道経営とともに炭鉱や製鉄所などを経営した。このころ，運輸や金融，鉱業などの業種に進出した三井・三菱《みつびし》・住友などは [Y] と呼ばれ，日本の経済を支配した。また，1906年には，軍事上の目的などもあり，政府は主要な [Z] を行い，資料2でみられる変化がおきた。

① [X]，[Y] に当てはまることばの組み合わせとして最も適当なのは，ア～エのうちではどれですか。一つ答えなさい。

ア [X]：下関　[Y]：財閥
イ [X]：ポーツマス　[Y]：財閥
ウ [X]：下関　[Y]：藩閥
エ [X]：ポーツマス　[Y]：藩閥

② [Z] に当てはまる適当な内容を書きなさい。

⑶ 下線部(c)が完成した大正時代のできごととして最も適当なのは，次のページのア～エのうちではどれですか。一つ答えなさい。

ア　福沢諭吉《ふくざわゆきち》と中江兆民《なかえちょうみん》は，新聞や雑誌で欧米の思想を紹介した。

イ　東京に放送局が設立され，日本で初めてラジオ放送が行われた。

ウ　れんが造りの建物が東京の銀座に登場したり，牛なべが流行したりした。

エ　公害問題が深刻化し，水俣《みなまた》病やイタイイタイ病などの被害が発生した。

⑷　下線部(d)の後の世界のできごとに関して述べたア～エを，年代の古いものから順に並ぶように記号で答えなさい。

ア　インドネシアのバンドンで，アジア・アフリカ会議が開催された。

イ　日本と中国との国交が正常化した後，日中平和友好条約が結ばれた。

ウ　資本主義の国々が北大西洋条約機構（ＮＡＴＯ）を結成した。

エ　ヨーロッパ連合（ＥＵ）が発足し，共通通貨のユーロが導入された。

⑸　さやかさんは，国土交通省が進める鉄道などの貨物輸送に関する取り組みについて，資料３と資料４を収集し，次のようにまとめました。□ に当てはまる適当な内容を，資料３と資料４から読み取れる情報にふれながら，「転換」ということばを用いて書きなさい。

資料３

我が国の輸送機関別の貨物輸送分担率

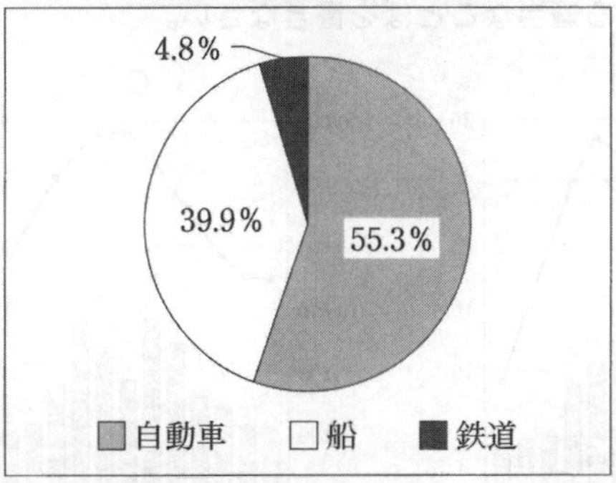

（注）統計年度は2020年。
（総務省統計局「日本の統計2022」から作成）

資料４

我が国の貨物輸送量あたりの二酸化炭素排出量

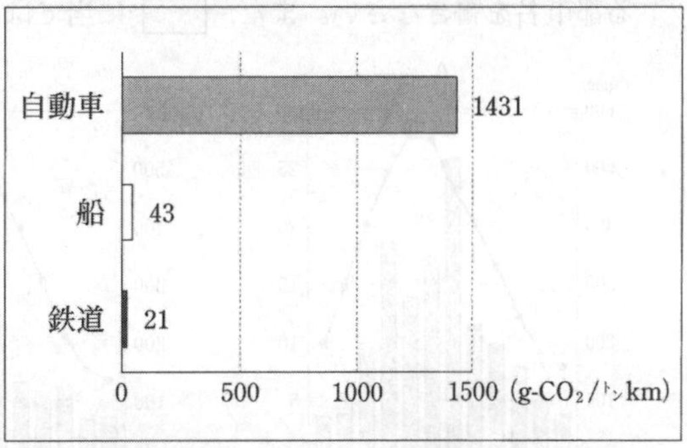

（注）統計年度は2020年。
貨物輸送量あたりの二酸化炭素排出量は，１トンの貨物を１km輸送した際の二酸化炭素排出量を示す。
（国土交通省Webページから作成）

現在，国土交通省は，国内の貨物の輸送分担を見直し，環境負荷の低減に向けた取り組みを進めている。資料３と資料４からわかるように，この取り組みは，□ という効果があるとされている。環境保全意識の高まりによる今後の輸送手段にも注目していきたい。

4　かずおさんは，姉妹校のある福岡県に関心を持ち，九州地方の地域的特色について調べました。次のページの図は，かずおさんが作成した略地図です。⑴～⑸に答えなさい。

⑴　図に矢印で表している海流の名称を何といいますか。

⑵　日本列島の海岸線に沿うように広がり，特に東シナ海に広範囲にみられる，ゆるやかに傾斜しながら続く海底として最も適当なのは，ア～エのうちではどれですか。一つ答えなさい。

ア　フィヨルド　　イ　海溝　　ウ　トラフ　　エ　大陸棚

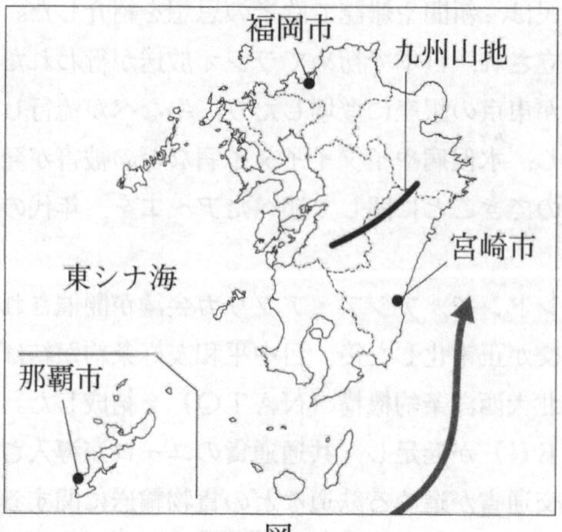

図

⑶　かずおさんは，九州地方に位置する三つの市の雨温図を収集し，気候の違いに関する文章を作成しました。次のＡ～Ｃは福岡市，宮崎市，那覇市のいずれかの雨温図を示し，文章中の［Ｘ］～［Ｚ］にはそれぞれ福岡市，宮崎市，那覇市のいずれかが入ります。［Ｙ］に当てはまる都市名を書きなさい。また，［　　］に当てはまる適当なことばを書きなさい。

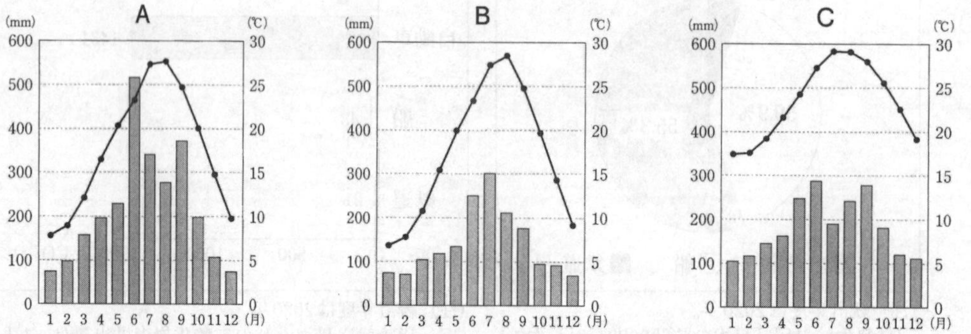

（注）統計は，1991年から2020年までの月別平均値。

（「理科年表2022」から作成）

［Ｘ］は，他の都市と比べて最も南に位置しているため，一年を通して気温が高いことがわかる。［Ｙ］は，夏に季節風が九州山地に吹きつけることにより降水量が多くなり，［Ｘ］・［Ｙ］ともに，［Ｚ］と比べ，９月の降水量が多くなっているのは，［　　］が通過することも要因として考えられる。

⑷　かずおさんは，九州地方の農業について，次のページの資料１を作成しました。資料１のア～エは，佐賀県，熊本県，宮崎県，鹿児島県のいずれかです。鹿児島県が当てはまるのは，ア～エのうちではどれですか。一つ答えなさい。

資料１

県	農業産出額全国ランキング				耕地における田の割合（%）
	総額	畜産	果物	野菜	
ア	27位	27位	12位	21位	82.4
イ	2位	2位	20位	15位	31.6
ウ	6位	8位	7位	4位	61.5
エ	5位	3位	17位	12位	53.6

(注) 統計年次は2019年。

（国土交通省「九州地方 新広域道路交通ビジョン 令和３年７月」，「2021データブックオブ・ザ・ワールド」から作成）

⑸　かずおさんは，福岡県における交通の状況を調べている際，資料２と資料３を収集し，考察した内容を次のようにまとめました。資料２は，福岡県における，今後の道路整備計画のイメージ図を示しており，資料３は，福岡県の人口上位５市の県内における人口割合と面積割合を示しています。□に当てはまる適当な内容を，資料３から読み取れる情報にふれながら書きなさい。

資料２

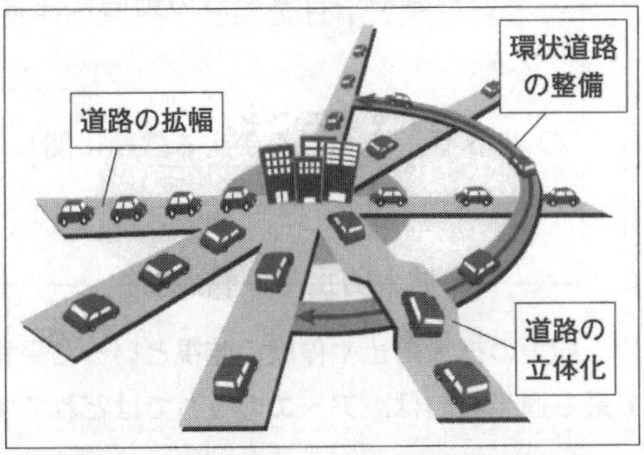

（国土交通省「九州地方 新広域道路交通ビジョン 令和３年７月」から一部改変して作成）

資料３

市名	人口割合（%）	面積割合（%）
福岡市	31.4	6.9
北九州市	18.3	9.9
久留米市	5.9	4.7
飯塚《いいづか》市	2.5	4.3
大牟田《おおむた》市	2.2	1.7

(注) 統計年次は，人口割合，面積割合ともに2020年。

（「令和２年国勢調査」，「令和２年全国都道府県市区町村別面積調」から作成）

　資料２は，福岡県の都市部における交通面での問題を解決するための計画を表している。この計画の背景の一つには，資料３の人口割合と面積割合を比較すると，福岡市のような都市部は，□という現状があるとがわかった。次は，私の身近な地域ではどのような問題があるか，その問題を解決するためにどのような取り組みが行われているかを調べたい。そして，何が背景として考えられるかを探っていきたい。

5　かなこさんは，2023年に広島で開催される予定のＧ７サミットについて調べ，「国際社会の中の日本」というテーマで，発表するためのスライドを作成しています。⑴～⑺に答えなさい。

（スライドは次のページにあります。）

スライド１

Ｇ７サミットとは

○ フランス，アメリカ合衆国，イギリス，ドイツ，日本，イタリア，カナダおよびヨーロッパ連合（EU）と，(a)国際連合，招待国などが参加する国際会議

○ Ｇ７は，Group of Sevenの略

スライド２

Ｇ７サミットとは

○ 自由，民主主義，(b)人権など基本的価値を共有するＧ７各国の首脳らが意見交換を行い，成果文書をまとめる

○ 毎年開催され，2022年６月には，ドイツで，Ｇ７エルマウ・サミットを開催

スライド３

Ｇ７エルマウ・サミット

○ 議題は，外交・安全保障，気候・エネルギーなど(c)さまざまな地球規模の課題

○ 成果文書に，石炭火力発電の段階的な廃止や，平和と繁栄のための(d)国際的な連携などがまとめられた

スライド４

Ｇ７広島サミット

〈2023年５月開催予定〉

○ Ｇ７広島サミット後の(e)日本の政治への影響や(f)日本経済の動向に注目したい

○ 世界や(g)日本がかかえる課題に関して，私たちにもできること

⑴　下線部(a)は，紛争を平和的に解決するため，紛争の拡大防止や停戦の監視といった平和維持活動を行っています。この活動の略称として最も適当なのは，ア～エのうちではどれですか。一つ答えなさい。

ア　UNESCO　　イ　NPO　　ウ　WHO　　エ　PKO

⑵　下線部(b)に関して，次の文の［　　］に共通して当てはまる適当なことばを書きなさい。

> 日本国憲法で保障されている自由権，平等権，社会権などの基本的人権について，日本国憲法第12条には，「国民は，これを濫用してはならないのであつて，常に［　　］のためにこれを利用する責任を負ふ」とあり，［　　］は，人権相互の矛盾や衝突を調整する原理としている。

⑶　下線部(c)について述べた文として適当でないのは，後のア～エのうちではどれですか。一つ答えなさい。

ア　世界の国々のうち，先進国の多くが北半球，発展途上国の多くが南半球にあり，南北問題とよばれる経済格差が生じている。

イ　1968年に核拡散防止条約（核兵器不拡散条約）が採択されたが，新たに核兵器を保有する国も存在している。

ウ　京都議定書では，先進国と発展途上国に温室効果ガスの排出量の削減を義務付けたが，アメリカ合衆国の離脱など不十分な点もある。

エ　一人ひとりの人間の生活を守る「人間の安全保障」という考え方が掲げられているが，世界には貧困や飢餓の状態にある人が多くいる。

(4)　下線部(d)に関して，1967年に地域の平和と安定などを目的とし設立され，東南アジアの国々が加盟する，経済や政治などで国家間の協力を進める地域協力機構を何といいますか。

(5)　下線部(e)に関して，①，②に答えなさい。

資料1

	衆議院	参議院
定数	465人	248人
任期	4年	6年
選挙権	18歳以上	18歳以上
被選挙権	25歳以上	30歳以上
解散	あり	なし

衆議院は，任期が短く解散もあることから，国民の多様な X と考えられているため，優越が認められている。

資料2

弾劾裁判所の設置は， A の権限，役割である。弾劾裁判における「被訴追者」とは，不適任であるとして，訴えられた B のことをいう。

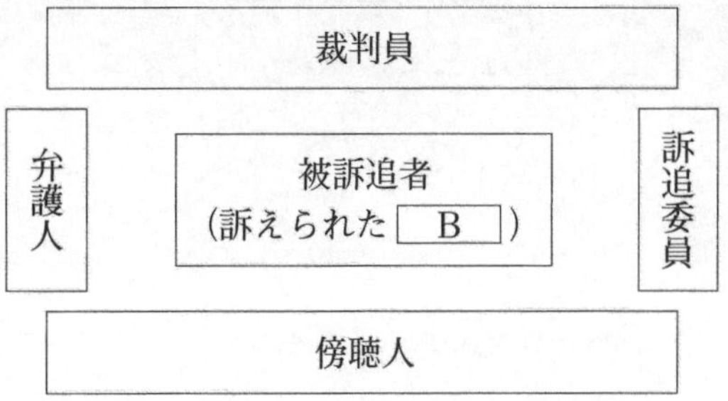

①　資料1の X に当てはまる適当な内容を書きなさい。

②　資料2は，弾劾裁判所に関する説明文と略図です。 A ， B に当てはまることばの組み合わせとして最も適当なのは，ア～エのうちではどれですか。一つ答えなさい。

ア　 A ：国会　 B ：裁判官
イ　 A ：内閣　 B ：裁判官
ウ　 A ：国会　 B ：検察官
エ　 A ：内閣　 B ：検察官

(6)　下線部(f)に関して述べた次のXとYの文について，内容の正誤を表したものとして最も適当なのは，ア～エのうちではどれですか。一つ答えなさい。

X　日本の税金のうち，間接税は国税としてすべて国に納めることになっている。
Y　独占禁止法は，企業の公正で自由な競争を保つために制定されている。

ア　X，Yのどちらも正しい。
イ　Xのみ正しい。
ウ　Yのみ正しい。
エ　X，Yのどちらも誤っている。

(7)　かなこさんは，下線部(g)に関して，次のページ資料3をスライドに加え，発表用の原稿メモを作成しました。　 に当てはまる適当な内容を，資料3から読み取れる情報にふれながら書きなさい。

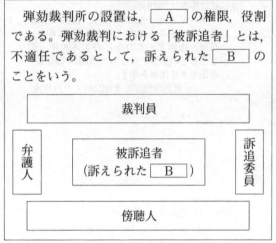

資料３
各国の一次エネルギー自給率

国名	一次エネルギー自給率（％）
日本	12.0
カナダ	175.3
アメリカ合衆国	104.4
イギリス	71.3

（注）統計年次は2019年。
一次エネルギー自給率とは，国内で供給される一次エネルギー（石油・天然ガス・石炭・太陽光・水力などのエネルギーのもともとの形態）のうち，自国内で産出・確保できる比率を示す。
（「世界国勢図会 2022/23」から作成）

Ｇ７エルマウ・サミットで議題となったエネルギーは，日本がかかえる課題の一つです。現在の日本は，[　　　　]ことで国内の電力やガスなどを供給しているため，紛争などの国際情勢の変化が，物価などに影響をおよぼすことがあります。

私たちにできることは，エネルギーの無駄遣いがないように節電をしたり，再生可能エネルギーの利用を促進する取り組みに関心を持ったりすることだと考えました。

【資料Ⅲ】先生が著作権法についてまとめた資料

著作権法について

第１条（目的）

著作物並びに実演、レコード、放送及び有線放送に関し著作者の権利及びこれに隣接する権利を定め、これらの文化的所産の公正な利用に留意しつつ、著作者等の権利の保護を図り、もつて文化の発展に寄与することを目的とする。

つまり、著作権法は「文化の発展に貢献する」ことを目的としており、その達成のために著作者の財産的利益や精神的利益に関する権利を保護したり、著作者以外にはルールの範囲内で著作物を利用できる権利を与えたりしているということです。

ここでいう「文化の発展」とは、「著作物が豊富化・多様化すること」（中山信弘《なかやまのぶひろ》『著作権法　第３版』有斐《ゆうひ》閣《かく》、2020年、26ページ）を指しています。

第２条（定義）

一　思想又は感情を創作的に表現したものであつて、文芸、学術、美術又は音楽の範囲に属するものをいう。

この定義から、著作物とは

①「思想又は感情」に関するもの

②「創作的」なもの

③「表現した」もの

④「文芸、学術、美術又は音楽の範囲」に属するもの

という４つの要件すべてを満たすものだといえます。

（文化庁「著作権テキスト－令和４年度版－」、中山信弘『著作権法　第３版』から作成）

(1) 「ⓐ引用の仕方について指摘したこと」とありますが、先生が花子さんに指摘したこととして最も適当なのは、**ア**～**エ**のうちではどれですか。一つ答えなさい。

ア 文章の半分以上を引用が占めており、引用した内容と主張は関連していないこと。

イ 引用部分にかぎかっこがなく、引用した内容を自分の考えに生かしていないこと。

ウ 出典について明確に示しておらず、文章の半分以上が引用になっていること。

エ 出典が何かを書いておらず、引用部分にかぎかっこが付けられていないこと。

(2) 「ⓑ著作物」とありますが次のページの【資料Ⅲ】からわかる著作物として**適当でない**のは、**ア**～**エ**のうちではどれですか。一つ答えなさい。

ア 友達が描いたイラスト　**イ** 日本の総面積のデータ

ウ 環境問題についてのレポート　**エ** 授業で作った楽曲

(3) 「ⓒ図書室が……つながっている」とありますが、これについて、あなたの考えを**条件**に従って八十字以上百字以内で書きなさい。

条件

1 二文で書き、一文目には、「図書室が無償で本を貸し出すこと」について、著作者または利用者にどのようなメリットがあると考えられるかを、解答欄の書き出しに続けて書くこと。

2 二文目には、一文目で書いたことが、【資料Ⅲ】にあるように著作権法の目的の達成にどのようにつながるか、わかるように書くこと。

4 図書委員の花子さんは、「図書室だより」に掲載する記事を先生に見てもらっています。次の【会話】を読んで、⑴～⑶に答えなさい。

【会話】

先生　前回作成した記事（【資料Ⅰ】）と比べて、今回作成した記事（【資料Ⅱ】）はずいぶんよくなりましたね。ⓐ引用の仕方について指摘したこともすべて修正されていますよ。

花子　本当ですか。一生懸命書き直したのでうれしいです。

先生　引用については、著作権法でも規定されていますからね。そのため、ⓑ著作物を使用する際には気をつける必要があります。

花子　著作権法は著作者の権利を守るためにあるんですよね？　それなのに、どうして図書室では無償で本を貸し出すことができるんですか？

先生　いい質問ですね。実は、著作権法の目的は、文化を発展させることにあるんです。

花子　つまり、ⓒ図書室が無償で本を貸し出すことはその目的の達成につながっている、ということですか？

先生　そのとおりです。著作権法についてまとめた資料（【資料Ⅲ】）があるので、これを見ながら一緒に考えてみましょう。

花子　はい。お願いします。

【資料Ⅰ】花子さんが前回作成した記事

図書室だより　１月号

今年はうさぎ年ですね。スポーツ選手の井沢冬子さんは、その著書で「私の人生には、数多くの困難が待ち構えていた。何度もくじけそうになったが、いつも私に力をくれたのは、大きく高く跳躍するうさぎの姿だった。大好きなうさぎの跳ねる姿をイメージして挑戦すれば、どんな困難も乗り越えられた」と書いていました。みなさんも目標を立てて挑戦し、跳躍の１年にしませんか。

【資料Ⅱ】花子さんが今回作成した記事

図書室だより　１月号

今年はうさぎ年ですね。うさぎはただかわいいだけでなく、跳躍力が優れていて、「大好きなうさぎの跳ねる姿をイメージして挑戦すれば、どんな困難も乗り越えられた」（井沢冬子『私とテニス』桜木出版、2022年、37ページ）というスポーツ選手もいます。

今年、私は本を100冊読むことに挑戦しようと思っています。みなさんも目標を立てて挑戦し、跳躍の１年にしませんか。

イ ⓐ そのうえ ⓔ むしろ
ウ ⓐ また ⓔ 実際に
エ ⓐ しかし ⓔ つまり

(2) ⓑ「洗濯物を干すかのようだ」とありますが、この部分で使われている表現技法として最も適当なのは、ア～エのうちではどれですか。一つ答えなさい。

ア 対句法
イ 倒置法
ウ 直喩法
エ 隠喩法

(3) ⓒ「なんだか……思ってしまう」とありますが、ペンギンとウの仲間の羽の違いについて整理した次の表の X 、 Y に入れるのに適当なことばを、文章中からそれぞれ四字で抜き出して書きなさい。

	撥水能力	X	潜水の代償
ペンギンの羽	高い	空気を含む層が多いので高い	
ウの仲間の羽	低い	空気を含む層が少ないので低い	Y のが難しくなる

(4) ⓓ「コミカルに……気がしてくる」とありますが、筆者がこのように感じる理由を説明したものとして最も適当なのは、ア～エのうちではどれですか。一つ答えなさい。

ア 羽を乾かすことは潜水性の鳥類としての理想的な進化を遂げた代償だとわかり、ウは退化したという誤った認識を改めたから。
イ 水を吸いやすい羽にはデメリットだけでなくメリットもあるとわかり、ウの立ち姿を別の視点から見られるようになったから。
ウ 潜水しやすくなる代償として羽を乾燥させることが必要であるとわかり、何度も見ているうちにウの格好良さに気づいたから。
エ ウの羽の性能はペンギンのものよりも優れているのだとわかり、ウの立ち姿が自分の羽を誇示しているかのように見えたから。

(5) この文章で述べられた、筆者の考える「進化」について説明した次の文の □ に入れるのに適当なことばを、四十字以内で書きなさい。

進化は、世代を超えて起きた身体構造の変化であり、生物が □ ことによって起こるものである。

(6) この文章の構成と内容の特徴について説明したものとして最も適当なのは、ア～エのうちではどれですか。一つ答えなさい。

ア 進化について、近年の研究論文の内容を示しながら論を展開しているため、筆者の主観や感想を排除した客観的な説明になっている。
イ 生物の進化と退化について対比的に説明することにより、両者の違いを明確にして、進化によって得られるメリットを強調している。
ウ 生物の進化の仕組みについて段階的に説明することで、高度な進化を遂げた生物にどのような特徴が見られるかを明らかにしている。
エ 論を補強するために複数の具体例を効果的に用いて、進化に対する一般的なイメージとは異なる筆者の主張に説得力をもたせている。

になるのではなく、ほんのわずかに濡れない部分があることが報告されている。羽は、「瞬時に濡れる外側部分」と「防水性の高い内側部分」の2層構造になっていて、どうやら最低限の空気の層は確保しているようなのだ。

つまりウの仲間の羽は、潜りやすく、かつある程度は体温を維持できるような〝いいとこ取り〟の構造になっているらしい。潜水後、羽を広げて乾かすことは、その代償なのだ。そう思うと、ⓓコミカルに見えていた「乾燥のポーズ」が、堂々と胸を張った立派な立ち姿に見えるような気がしてくる。それでもやっぱり、どこか滑稽でかわいらしくも感じてしまうけれど。

ちなみに、このことを示した研究論文の中では、「ウの羽は撥水性がない」というネガティブな表現ではなく、「ウの羽は水との親和性が高い（水が付着しやすい）」というポジティブな書き方になっている。世の真理は多面的で、見ようによっては真逆のとらえ方になるということをつくづく痛感する。ビショビショになってしまうウの羽は、けっしてペンギンの羽に劣っているわけではないのだ。

進化という言葉は、一般的には、「強くなること」「洗練されること」「進歩すること」といったニュアンスで使われることが多い。一方、退化という言葉は、進化の対義語として扱われ、劣化に近いネガティブな意味合いで使われている。

ところが生物学では、進化と退化は反対の概念ではなく、退化も〝進化の一部〟として扱われる。

たとえばウマの仲間は、進化の過程で中指以外の指が退化して小さくなり、いまでは中指が変化してできた1本のひづめだけになってしまった。指の減少は「退化」と呼ばれるが、こうした変化は、走行に適した「進化」でもある。生物学において、進化とは世代を超えて起きた「変化」のことで、変化の方向がプラスかマイナスかは関係ないのだ。

ⓔ、生物の身体構造の変化にプラスやマイナスという概念は存在するのだろうか。一本指のウマは、安定して力強く地面を蹴って走ることができる代わりに、物をつかむことはできない。水に濡れるウの羽は、潜りやすい代わりに、潜水後は羽を乾かさなくてはならない。生息する環境や行動が変われば、「適応的な構造」も変化する。優先事項が異なるもの同士を比較して、どちらが良いのかジャッジすることなど不可能だ。

このような「あちらを立てればこちらが立たぬ」という状況は、生物の進化において頻繁に生じている。ある面では生存に有利な良い構造であっても、別の側面ではむしろ悪い効果をもたらす、というケースは意外に多いのだ。（中略）

さまざまな生き物の体の構造を見比べていくと、メリットのみの進化なんてごくごく一部の例外なのではないだろうかと思わされる。さまざまな制約があるなかで、デメリットを受け入れたうえで、「それでもなんとかうまくやっていける」という妥協点を探る過程が、進化の本質なのかもしれない。（出典　郡司《ぐんじ》芽久《めぐ》「キリンのひづめ、ヒトの指」）

(注)　コミカル――滑稽なさま。
　ネガティブ――否定的。対義語の「ポジティブ」は肯定的という意味。
　ニュアンス――語句・表現などの微妙な意味合い。
　ジャッジする――判定する。
　メリット――利点。対義語の「デメリット」は欠点という意味。

(1)　ⓐ、ⓔにそれぞれ入れることばの組み合わせとして最も適当なのは、後のア～エのうちではどれですか。一つ答えなさい。

ア　ⓐ　ところが　ⓔ　そもそも

えわかれば、現代でも読者は清少納言たちの宮中での生活を理解できるから。

イ　清少納言が仲間と協力して作り上げた作品であり、述語を補足すれば、現代でも読者は清少納言の心情に寄り添って読むことができるから。

ウ　清少納言が仲間に支えられて完成させた作品で、省略された主題を補えば、現代の読者も清少納言やその仲間たちと感情を共有できるから。

エ　清少納言が仲間を読者とみなして執筆した作品で、主題を理解できれば、現代の読者も清少納言たちと同様に余韻に浸ることができるから。

3　次の文章を読んで、(1)～(6)に答えなさい。

私のなかの「非合理的に見える進化を遂げた動物ランキング」で堂々の第1位に輝くのは、「ウ」である。川や海に生息し、黒光りした美しい羽をもつ、比較的身近な水鳥だ。（中略）

ペンギンをはじめとする潜水性の鳥類は、羽に〝撥水《はっすい》加工〟をほどこすことを紹介した。尾羽の近くから分泌される皮脂を全身に塗り、水をはじくようにする、いわゆる「羽づくろい」のことだ。これにより、長時間潜水したあとでも、上陸して体をぶるぶると震わせれば、羽の表面についた水滴をはじきとばし、あっというまに乾かすことができる。雨の日にレインコートを着て外出するのと似たようなものだ。帰宅後にバサバサと振れば、付着した雨粒は飛んでいって、レインコートはすぐに乾く。

このような撥水加工の利点のひとつは、断熱効果が高まることだ。潜った際に羽が濡《ぬ》れてしまうと、周囲の冷たい水が皮膚に直接触れ、どんどん体温を奪われてしまう。羽が濡れないようにすることで、体のまわりに「空気を含む羽の層」を作り、空気の断熱効果によって体温の低下を防止することができるのだ。入浴後のドライヤーが面倒臭くて、つい放置して湯冷めしてしまう私からすると、なんともうらやましい仕組みだ。

［ⓐ］、だ。ウの仲間は、潜水性の鳥類でありながら、羽の撥水能力が非常に低く、潜ったあとはびっしょりと濡れてしまう。皮脂を分泌する器官（尾脂腺）は存在しているし、ほかの種と同じように羽づくろいもするのだけれど、羽の構造が水を吸いやすいようになっているのだ。

前述したとおり、羽が濡れていると体が冷えてしまう。水を吸った羽は重くて、空を飛ぶのも難しくなる。そのためウは、潜水後、翼を左右に大きく広げ、乾くまでじっと待ちつづける。日あたりや風の強さによって翼を広げる時間が変化するらしく、ⓑ洗濯物を干すかのようだ。（中略）

ほかの潜水性鳥類があっというまに体を乾かす様子と比べると、ⓒなんだかとっても非合理的で、「これはさすがに劣化なのでは……」なんて思ってしまう。

では、彼らはなぜそんな進化を遂げてしまったのだろうか？　まだわかっていない部分もあるようだが、濡れてしまう羽にはひとつだけ確実なメリットが存在している。水をはじいて空気の層を作ることができないため、圧倒的に潜りやすいのだ。空気の層が増えれば増えるほど浮力は増し、潜水することは難しくなる。撥水加工をした羽で潜るというのは、ライフジャケットを着たまま潜るようなものなのだ。

しかも、近年の研究により、ウの羽は完全に水没してビショビショの陽に対して[ⓐ]、と言うことと、持続的な情緒、と言うことと は同じことを指すものであろう。だから「あはれ」に対して陽と評される「をかし」は、非持続的な感情だと評してよいはずである。笑うことで解放されるような感情を基調とする文学は、しんみりと、余韻となって漂うものを見つづけようとするような作品ではない。ⓑ『枕草子』が、『源氏物語』のごとき長編でなくて、短小な章段を集めた随筆の形で作品となったのも、理由のあることであったと諒解《りょうかい》される。

（中略）

宮仕え女房《にょうぼう》集団のリーダー格として振《ふる》舞ったのが清少納言であって、その述作は、散文作者の孤独な文章行為の軌跡と見るべきではなくて、仲間のみんなに支えられた文章行為の軌跡と見るべきものだと思われる。『枕草子』開巻第一段の、その書き出しの、

春は曙。

という文からして、そもそも仲間の支えを奥に読みとるべき文だと思われる。この文は、

春は曙をかし。

という文の、述語「をかし」を省略した文、と説かれて来た。清少納言がこの文で表そうとした内容を理解するだけでよいのなら、この見解は正当であろう。けれども、このような構造の文が、いきなり生み出された、その事情までを理解しようとする時は、これはむしろ、

をかしきもの　春は曙。

という、主題の省略と見なおす方がよいように思われる。どちらにしても結果としては同じようなものであるけれども、主題省略文の方は、そういう主題を目下の共通の話題にしている、ということを諒解しあった、仲間の間で成り立つ構造の文なのである。（中略）

ⓒみんなの文学への参加の要領をつかんだ時、清少納言から千年隔《へだた》っている現代のわれわれに、『枕草子』の世界が開放され、千年の時間差が解消するのだと思われる。（出典　渡辺《わたなべ》　実《みのる》「新日本古典文学大系25　枕草子」）

(注)　基調——作品の根底に流れる基本的な考え方や傾向。
諒解——「了解」に同じ。
宮仕え女房——宮中や貴族の屋敷に仕えた女性。
述作——本などを書きあらわすこと。また、その本。

(1)　——の部分A～Eのうち、歴史的かなづかいを含むものはどれですか。当てはまるものをすべて答えなさい。

(2)　[ⓐ]に入れることばとして最も適当なのは、**ア**～**エ**のうちではどれですか。一つ答えなさい。

ア　除　**イ**　隠　**ウ**　隅　**エ**　陰

(3)　ⓑ「『枕草子』が……となった」とありますが、筆者の考える『枕草子』と『源氏物語』の違いについて整理した次の表の[X]、[Y]に入れるのに適当なことばを、文章中からそれぞれ二字で抜き出して書きなさい。

『枕草子』	「をかし」の文学。自分の内にとどめず[X]するような、非[Y]的な感情を基調とする。
『源氏物語』	「あはれ」の文学。自分の中でしみじみと味わうような、[Y]的な情緒を基調とする。

(4)　ⓒ「みんなの文学」とありますが、ここで筆者が『枕草子』を「みんなの文学」と表現した理由を説明したものとして最も適当なのは、後の**ア**～**エ**のうちではどれですか。一つ答えなさい。

ア　清少納言が仲間の助言を受けて書き記した作品であり、述語さ

ウ　間宮さんの読んでいる本がカバーで隠されているので、タイトルを知って自分も読んでみたいと望んでいる。

エ　間宮さんが当番だったのに、彼女は読書に夢中なので、早く図書委員の仕事に戻ってほしいとあせっている。

(3) ⓒ「思わず呟いてしまう」とありますが、その理由を説明した次の文の［　］に入れるのに適当なことばを、十字以内で書きなさい。

三崎さんが手にしているものは［　］だと気づき、動揺したから。

(4) ［ⓓ］に入れることばとして最も適当なのは、ア～エのうちではどれですか。一つ答えなさい。

ア　眉間に皺《しわ》を寄せて　　イ　耳を澄まして

ウ　眼《め》に物言わせて　　エ　鼻を明かして

(5) ⓗ「どきどき、していた」とありますが、この場面の「あたし」の心情を説明した次の文の［　］に入れるのに適当なことばを、三十字以内で書きなさい。

勇気を出して話しかけたことに緊張を覚えつつも、三崎さんがほほえんでくれたように見えたため、［　］ことへの期待が膨らんでいる。

(6) この文章の表現の特徴について説明したものとして最も適当なのは、ア～エのうちではどれですか。一つ答えなさい。

ア「ブッカーがけの作業を手伝っていた」という表現は、あたしから見た他の図書委員の様子を描くことで、図書委員同士が互いを思いやっていることを浮き彫りにしている。

イ「こういうときに限って、しおり先生の姿はまだ見えない」という表現は、先生の行動を強調することばを使うことで、あたしが常に抱いている先生への不満を示している。

ウ「不思議そうな顔をした」、「恥ずかしかったのかもしれない」という表現は、あたしだけではなく三崎さんの視点からも様子や心情を描くことで、物語を重層的にしている。

エ「えっと、その、あれ」、「えっと、うん」という表現は、指示語や短い応答のことばを連続して使用することで、あたしと三崎さんの会話や関係のぎこちなさを表している。

2 次の文章Ⅰは清少納言《せいしょうなごん》の随筆『枕草子《まくらのそうし》』の冒頭であり、文章Ⅱは文章Ⅰに触れながら『枕草子』について解説したものです。これを読んで、(1)～(4)に答えなさい。

Ⅰ

春は曙《あけぼの》。Aやうやう白くなりゆくB山ぎは、すこしCあかりて、紫だDちたる雲のほそくEたなびきたる。

Ⅱ

『源氏物語』の登場人物がよく「泣く」のに対して、『枕草子』の人物はよく笑う。使用度数は、数をかぞえて見ればすぐわかることで、「泣く」に対して「笑ふ」が十倍を越す優位を占める。（中略）

『枕草子』の好んだ「笑ふ」が、必ず仲間を伴うものであることは、この際注意しておいてよい。ひとり笑いという、傍《はた》には気味の悪い笑いも世にはあるが、『枕草子』における笑いは、そのような無気味なものでなく、すべて仲間と顔を見合わせての笑いである。『源氏物語』は「あはれ」の文学、『枕草子』は「をかし」の文学、と評されて来たが、それは言い換えれば、「ひとりの文学」と「みんなの文学」でもあるであろう。「あはれ」は一つのことに感じて、そこから思いが他へひろがり、一段深々と感じる時の、持続的な情緒である。「をかし」

彼女は［ⓓ］、少し難しい表情をする。
「えっと、その、あれ」
あたしは、カウンターに置かれているノートを指し示した。すると、気がついたのか彼女は少し驚いたふうに眼を開いて、それから俯《うつむ》いた。
「えっと、うん」
もしかしたら、恥ずかしかったのかもしれない。せっかくⓔ匿名で書いたのに、こうしてバレてしまったら、たぶん気まずくなる。
「あ、ごめん、えっと、これ、勧めたの、あたしで」
「そうなんだ」
彼女は俯いたまま、顔を上げない。会話終了。気まずい沈黙がやってきて、あたしは必死になって続ける言葉を探す。結局、黙ったまま貸し出し手続きをした。本の上に彼女の生徒証を載せて、それを差し出す。
「はい。期限、二週間だから」
三崎さんは黙ったまま頷《うなず》いた。彼女が本を受け取って、あたしの指先からその質量が去っていく瞬間、ⓕ慌てて付け足した。
「よかったら、感想、聞かせて」
振り絞るみたいにこの喉から出てきた声は、ここが教室だったら、たちまち騒々しさでかき消えてしまうほど弱々しいものだった。
けれど、言葉は奇跡的にⓖトドいたみたい。
「うん」
三崎さんは、手にした本を胸に押し当てるようにして頷く。
心なしか、その口元が笑っているように見えた。
あたしは、本を渡すために立ち上がった姿勢のまま、図書室を去って行く彼女の背中を黙って見送っていた。緊張のせいか、それとも別の原因があるのか、心臓の鼓動がうるさく音を立てて、耳の奥にまで響いている。ⓗどきどき、していた。久しぶりの感覚だった。掌《てのひら》に汗が湧き出て、胸が苦しくなり、頬が熱くなる。夢中になって、物語のページを捲《めく》るときのよう。心躍る冒険に、主人公と共に旅立つときみたいな、そういう不思議な感じがした。
気に入ってくれると嬉《うれ》しいな、と思った。
「だって、自分が好きな本を、好きになってくれるかもしれないんだよ」
しおり先生の言葉の意味が、ほんの少しだけ理解できた気がした。

（出典　相沢沙呼「教室に並んだ背表紙」）

(注)　ブッカーがけ――本に透明な保護フィルムを貼る作業。
ラノベ――ライトノベル（小説のジャンルの一つ）の略称。
『おすすめおしえてノート』――「あたし」が通う学校の図書室に置いてあるノート。読みたい本の条件を書いてリクエストすると、それを読んだ先生や生徒が、条件に合った本について書き込んでくれる。
装幀――本の表紙やデザイン。

(1)　――の部分ⓑ、ⓖを漢字に直して楷書で書きなさい。また、――の部分ⓔ、ⓕの漢字の読みを書きなさい。

(2)　ⓐ「ちらちらと……向けていた」とありますが、このときの「あたし」の心情を説明したものとして最も適当なのは、後の**ア**～**エ**のうちではどれですか。一つ答えなさい。

ア　間宮さんは仲が良い図書委員の友人の一人なので、いつもどおり本について語り合うのを楽しみにしている。

イ　間宮さんに話しかけたいが、彼女の読んでいる本の内容がわからないので、行動に移すのをためらっている。

＜国語＞

時間　四五分　満点　七〇点

1 次の文章は、中学校二年生で図書委員の「あたし」が、放課後、学校の図書室のカウンターにいる場面です。一年生の時に同じクラスで、図書室では見かけたことのなかった「三崎さん」が、休み時間のたびに図書室に来るようになったので、意外に思った「あたし」は、最近「三崎さん」の様子をよく観察していました。これを読んで、⑴～⑹に答えなさい。

今日は図書委員の当番ではなかったから、こうして放課後にカウンターに居座る必要もなかったのだけれど、なにか面白い本でもないかなぁって本を借りに来たついでに、先生に留守番を任されてしまった。さっきまでブッカーがけの作業を手伝っていた図書委員の女子が、カウンターの少し離れたところで読書をしている。書店のカバーがかかっていたので、私物だ。あの紙の質感は、ラノベに間違いない。どんなのを読んでいるのか、ちょっと気になる。同じ二年生の間宮さんで、司書室でしおり先生とご飯を食べるときに一緒になったりもするけれど、あんまり話をしたことがない子だった。趣味が合うのなら、仲良くなりたいなって思うけれど、でも違ったら困っちゃうから、話しかけることができない。

ⓐちらちらと、間宮さんに眼《め》を向けていたせいで、気がつくのが遅れてしまった。

「あの」

顔を上げると、すぐ目の前に、ここのところよく観察していた人間が立っている。

三崎さんだった。

ぎょっとして、心臓が跳ね上がる。なんなの、いったいなんの用事？（中略）

「本を借りたいんだけれど、どうしたらいいの」

「え、あ、えっと」

ⓑコンラン気味に、カウンターを振り返る。こういうときに限って、しおり先生の姿はまだ見えない。間宮さんは読書に夢中で、こっちに気づかないふりでもしているみたいだった。他の一年生も、奥で掲示物を作る作業をして、背中を向けている。

「それじゃ、その、本と生徒証を――」

彼女が持っている本に眼をやって、言葉を途切れさせた。ⓒ思わず呟《つぶや》いてしまう。

「それ」

あたしの言葉に、三崎さんは不思議そうな顔をした。

「借りられない？」

「えと……。そうじゃなくて」

彼女が持っていた本は、あたしがリクエストに応えて、『おすすめおしえてノート』に記した作品の一つだった。地味なタイトル、地味な装幀《そうてい》、地味なあらすじと三拍子揃《そろ》っていて、この本を自分から手に取ろうと思う人間なんて、まずいないだろうと思える本だった。著者の名前だって『さ行』なのかと思ったら『た行』を探さないとダメだったりして、とにかく探し出すのは難しい。それなら、三崎さんがこの本を手にしている理由は、一つしかない。

「あれ、三崎さんだったの」

「あれ？」

2023年度

解答と解説

《2023年度の配点は解答用紙集に掲載してあります。》

＜数学解答＞

1　(1)　6　(2)　20　(3)　-10　(4)　$\frac{8}{3}a^2$　(5)　$-7-3\sqrt{3}$

(6)　11(求めるまでの過程は解説参照)　(7)　$y=-\frac{3}{x}$　(8)　$1-p$　(9)　$a=3$

(10)　$\frac{16}{3}\pi-4\sqrt{3}\,(\mathrm{cm}^2)$

2　(1)　①　ア　②　ウ　(2)　イ　(3)　2010年　ウ　2015年　イ　2020年　ア

3　(1)　①　$180x+120y=1500$　②　プリン　7(個)　シュークリーム　2(個)

(2)　①　4　②　シュークリーム　8(個)　ドーナツ　6(個)

4　(1)　①　$a=\frac{1}{4}$　②　$0\leqq y\leqq 4$　(2)　-1　(3)　$y=2x-4$

5　(1)　(あ)　イ　(い)　オ　(2)　ウ　(3)　①　解説参照　②　ウ

＜数学解説＞

1　(数・式の計算，平方根，方程式の応用，比例関数，確率，数の性質，面積)

(1)　異符号の2数の和の符号は絶対値の大きい方の符号で，絶対値は2数の絶対値の大きい方から小さい方をひいた差だから，$-1+7=(-1)+(+7)=+(7-1)=6$

(2)　四則をふくむ式の計算の順序は，乗法・除法→加法・減法となる。$(-8)\times(-2)-(-4)=(+16)-(-4)=(+16)+(+4)=16+4=20$

(3)　多項式の減法は，ひくほうの多項式の各項の符号を変えて加えればよい。$(-3a-5)-(5-3a)=(-3a-5)+(-5+3a)=-3a-5-5+3a=-3a+3a-5-5=-10$

(4)　分数で割る割り算は，割る数を逆数に変えて掛け算にする。$4a^2b\div\frac{3}{2}b=\frac{4a^2b}{1}\div\frac{3b}{2}=\frac{4a^2b}{1}\times\frac{2}{3b}=\frac{4a^2b\times 2}{1\times 3b}=\frac{8}{3}a^2$

(5)　乗法公式$\boldsymbol{(x+a)(x+b)=x^2+(a+b)x+ab}$より，$(\sqrt{3}+2)(\sqrt{3}-5)=(\sqrt{3}+2)\{\sqrt{3}+(-5)\}=(\sqrt{3})^2+\{2+(-5)\}\sqrt{3}+2\times(-5)=3-3\sqrt{3}-10=-7-3\sqrt{3}$

(6)　(求めるまでの過程)　(例)ある正の整数をxとすると，ある正の整数から3をひいた数は$x-3$と表される。これを2乗すると64であるから，$(x-3)^2=64$　$x-3=\pm 8$　$x-3=8$のとき$x=11$　$x-3=-8$のとき$x=-5$　よって，$x=11$，-5　xは正の整数だから，$x=-5$は問題にあわない。$x=11$は問題にあっている。

(7)　yはxに反比例するから，xとyの関係は$y=\frac{a}{x}$と表せる。$x=-3$のとき$y=1$だから，$1=\frac{a}{-3}$　$a=1\times(-3)=-3$　よって，xとyの関係は$y=\frac{-3}{x}$

(8)　一般に，ことがらAについて，(ことがらAの起こる確率)＋(ことがらAの起こらない確率)＝1が成り立つ。したがって，このことより，(ことがらAの起こらない確率)＝1－(ことがらAの起こる確率)＝$1-p$が成り立つ。

(9)　3の倍数を小さい順に並べると$\underline{3}$，6，$\underline{9}$，12，$\underline{\underline{15}}$，…　このうち，$\underline{\quad}$を付けた3の倍数は，6の

倍数ではないから**反例**となる。

(10) $\overset{\frown}{\mathrm{AC}}$に対する**中心角と円周角の関係**から，$\angle\mathrm{AOC}=2\angle\mathrm{ABC}=2\times30°=60°$ これより，$\angle\mathrm{BOC}=180°-\angle\mathrm{AOC}=180°-60°=120°$ 点Cから線分ABへ垂線CHを引くと，△COHは**30°，60°，90°の直角三角形**で，**3辺の比は2：1：$\sqrt{3}$** だから，$\mathrm{CH}=\mathrm{OC}\times\frac{\sqrt{3}}{2}=4\times\frac{\sqrt{3}}{2}=2\sqrt{3}$ (cm) 以上より，求める面積は，(おうぎ形OBCの面積)$-\triangle\mathrm{OBC}=\pi\times\mathrm{OA}^2\times\frac{\angle\mathrm{BOC}}{360°}-\frac{1}{2}\times\mathrm{OB}\times\mathrm{CH}=\pi\times4^2\times\frac{120°}{360°}-\frac{1}{2}\times4\times2\sqrt{3}=\frac{16}{3}\pi-4\sqrt{3}$ (cm^2)

[2] (資料の散らばり・代表値)

(1) ① **箱ひげ図**において，**第3四分位数**は箱の右端にあたるから，2015年の第3四分位数は，明らかに2010年の第3四分位数よりも小さい。よって，正しい。

② 箱ひげ図からは，**平均値**はわからないから，2020年の平均値が8.0秒であるかどうかは，花子さんが作った箱ひげ図からはわからない。

(2) 箱ひげ図の箱で示された区間に，すべてのデータのうち，真ん中に集まる約半数(約50%)のデータが含まれる。この箱の横の長さを**四分位範囲**といい，第3四分位数から**第1四分位数**を引いた値で求められる。

(3) 2015年の箱ひげ図とイの**ヒストグラム**の**最大値**が，どちらも9.0秒以上9.5秒未満の**階級**に含まれることより，2015年の箱ひげ図とイのヒストグラムが対応する。アとウのヒストグラムを比較すると，アのヒストグラムは7.5秒以上8.5秒未満に多くのデータが集中しているのに対して，ウのヒストグラムは8.0秒以上8.5秒未満の階級を中心に全体的に広く分布している。これより，アのヒストグラムに対応するのは，箱の横の長さが短い2020年の箱ひげ図であり，ウのヒストグラムには2010年の箱ひげ図が対応する。

[3] (方程式の応用)

(1) ① 1個180円のプリンをx個と1個120円のシュークリームをy個買うときの代金の合計は，180(円)$\times x$(個)$+120$(円)$\times y$(個)$=180x+120y$(円) これが1500円に等しいから，これらの数量の関係は$180x+120y=1500$

② プリンとシュークリームを合わせて9個買うから，$x+y=9$ よって，連立方程式
$\begin{cases}180x+120y=1500\cdots㋐\\x+y=9\cdots㋑\end{cases}$ が成り立つ。㋐を整理して，$3x+2y=25\cdots$㋒ ㋒$-$㋑$\times2$より，$x=7$ これを㋑に代入して，$7+y=9$ $y=2$ 以上より，プリンとシュークリームはそれぞれ7個と2個買うことができる。

(2) ① (1)と同様に考えて，「1個120円のシュークリームをa個と1個90円のドーナツをb個買うときの代金の合計が1500円である。」の数量の間の関係を等式で表すと，$120a+90b=1500$ これをbについて解くと，$b=\frac{50-4a}{3}=\frac{2}{3}(25-2a)$ これより，bが0以上の整数となるためには，$25-2a$が0以上の整数となればよく，そのようなa，bの組は，$(a, b)=(2, 14)$，$(5, 10)$，$(8, 6)$，$(11, 2)$の4組ある。よって，シュークリームとドーナツを何個か買い，代金の合計が1500円になるような買い方は，全部で4通りある。

② シュークリームとドーナツがどちらも8個ずつ残っているとき，前問①より，$(a, b)=(8, 6)$の買い方が可能であり，シュークリーム8個とドーナツ6個を買うことができる。

4 **(図形と関数・グラフ)**

(1) ① $y=ax^2$は点A(4, 4)を通るから，$4=a\times 4^2=16a$　$a=\frac{1}{4}$

② **xの変域**に0が含まれているから，yの**最小値**は0。$x=-2$のとき，$y=\frac{1}{4}\times(-2)^2=1$　$x=4$のとき，$y=\frac{1}{4}\times 4^2=4$　よって，yの最大値は4　yの変域は，$0\leqq y\leqq 4$

(2) PA=8−4=4　**三平方の定理**より，AF=(2点A, F間の距離)$=\sqrt{(4-0)^2+(4-1)^2}=5$　よって，PA+AF=4+5=9　□に当てはまる数をt($t<8$)とすると，点P(4, 8)と点(4, t)の間の距離は$8-t$　これが，PA+AFの値，すなわち9と等しいから，$8-t=9$より，$t=-1$　また，点Bのy座標は，前問(1)②より1だから，B(−2, 1)であり，QB=8−1=7　BF=0−(−2)=2　QB+BF=7+2=9　よって，QB+BFの値は，点Q(−2, 8)と点(−2, −1)の間の距離8−(−1)=9に等しい。

(3) 前問(2)で求めた点(4, −1)をCとすると，前問(2)から，PA+AF=PC=PA+ACより，AF=AC…㋐　直線ℓと線分FCの交点をDとし，直線ℓ上で点Aに関して，点Dと反対側に点Eをとる。仮定より，直線mが∠PAFの二等分線であることと，直線$\ell\perp$直線mより，∠PAE=∠FAD…㋑　**対頂角は等しい**から，∠PAE=∠CAD…㋒　㋑，㋒より，∠FAD=∠CAD…㋓　㋐，㋓より，△AFCはAF=ACの二等辺三角形であり，直線ℓは頂角∠FACの二等分線である。**二等辺三角形の頂角の二等分線は，底辺を垂直に二等分する**から，点Dは線分FCの中点である。**2点(x_1, y_1)，(x_2, y_2)の中点の座標は，$\left(\frac{x_1+x_2}{2}, \frac{y_1+y_2}{2}\right)$で求められる**ので，点Dの座標は$\left(\frac{0+4}{2}, \frac{1+(-1)}{2}\right)=(2, 0)$　2点A(4, 4)，D(2, 0)を通る直線ℓの式は，傾きが$\frac{4-0}{4-2}=2$なので，$y=2x+b$とおいて点Dの座標を代入すると，$0=2\times 2+b$　$b=-4$　直線ℓの式は$y=2x-4$である。

5 **(平行線と面積の関係，図形の証明)**

(1) △BCFと△BPF(あ)の底辺を，共通の辺のBFと考えると，BF//CPより，高さも等しくなり，△BCFの面積と△BPFの面積は等しい。これより，(四角形ABCFの面積)=△ABF+△BCF=△ABF+△BPF=△ABP(い)である。

(2) 線分AP上の点をQとして，△ABQと△BPQの底辺をそれぞれ線分AQ，PQとすると，高さが等しい。**高さが等しい三角形の面積比は，底辺の長さの比に等しい**から，点Qを，線分APの中点(う)とすると，△ABQ：△BPQ=AQ：PQ=1：1より，線分BQは△ABPの面積を2等分する。つまり，四角形ABCFの面積を2等分する。

(3) ① (証明) (例)△BCFと△GFCにおいて，円Mの半径は線分BFの長さと等しいから，BF=GC…①　円Nの半径は線分BCの長さと等しいから，BC=GF…②　また，共通な辺だから，CF=FC…③　①，②，③から，3組の辺がそれぞれ等しいので，△BCF≡△GFC

② ∠BFCと∠GCFは**錯角**(え)の関係にある。

＜英語解答＞

1　問題A (1) イ　(2) ウ　問題B (あ) breakfast　(い) park
(う) apples　問題C (1) ア　(2) イ　問題D (1) イ→ウ→ア
(2) (例)Can I study in this library

2	(1) Saturday (2) ウ (3) flowers (4) bought (5) エ
3	(1) (例)send this to (2) (例)be glad to read this
4	(1) ア (2) is difficult for them to (3) イ (4) ア (5) ウ
5	(1) イ (2) ① (例)音楽で表現したい ② (例)文化と歴史 (3) エ (4) ウ→ア→イ (5) open a door (6) イ，ウ

＜英語解説＞

1 (リスニング)

放送台本の和訳は，56ページに掲載。

2 (会話文問題・資料読解：絵・図などを用いた問題，語句補充・選択，語句の解釈・指示語，語形変化，内容真偽)

(全訳)

(ウェブサイトの画面内の表)

コース	距離	サイクリングの平均時間*
Ⅰ	12km	1.2時間
Ⅱ	16km	1.6時間
Ⅲ	20km	2時間

*コース沿いの場所をいくつか訪れるなら，さらに長い時間がかかります。

トシ：日本では，春がサイクリングに良い季節なんだ。僕は，今週末，4月15日か16日にモリノ市に行って自転車に乗るつもりだよ。一緒にサイクリングに行こう。

ベン：もちろんいいよ。僕は行きたいけど，雨の時に自転車に乗りたくないな。この日曜日は雨が降るそうだよ。4月15日，今週の(あ)土曜日はどうかな？

トシ：いいよ。このウェブサイトを見て。モリノ市には3つのサイクリングコースがあるよ。西駅まで電車で行って，そこで自転車(レンタサイクル)を借りよう。

ベン：それじゃあ，西駅でスタートだね。

トシ：そうだね。サイクリングを終えて自転車を返すのは東駅だね。さて，どのコースを選びたい？ 2時間くらいその町にいられると思うよ。

ベン：僕はアイスクリームが食べたいな，でもこのコースは一番短いね。

トシ：それなら，(い)コースⅢを選ばない？ このコースは一番長くて，お寺に行けるよ。

ベン：このコースを選んだら，それらのお寺で十分な時間をとれない(費やせない)よ。

トシ：うーん，これはどう？ モリノ市は花が有名なんだ。すごくきれいだよ。このコース沿いで，(う)それらの写真を撮ることができるよ。

ベン：それはすごく良さそうだね。このコースを選ぼう。僕は先月(え)買ったカメラを持って行くよ。

(1) 全訳参照。トシの最初の発言で，今週末は4月15日と16日だと言っている。15日は「土曜日」。

(2) 全訳及び資料内の表を参照。空所(い)直後のトシの発言に注目。「このコースは一番長くて，お寺に行けるよ」と言っているので，空所(い)に入るのはコースⅢが適当。

(3) 下線部(う)を含む文の直前のトシの発言に注目。下線部(う)の them は flowers を指す。

(4) ベンはここで先月のことを言っているので，buy の過去形 bought が適当。

(5)　ア　コースⅠはコースⅡよりも長い。　イ　ベンは雨の日にサイクリングをするのが好きだ。
ウ　トシは西駅までバスで行くつもりだ。　エ　ベンとトシは西駅で自転車に乗り始める。(○)
ベンの2番目の発言参照。

3　(会話文問題：語句補充，自由・条件英作文)

(会話・解答例訳)　①　それは何かな？　②　誕生日カードです。　③　私は(1)これを日本のおばあちゃんに送りたいのです。　④　それはいい考えだね。　⑤　彼女(おばあちゃん)が(2)これを読んで喜んでくれるといいと思っています。

(1)　送る＝ send **<send ＋名詞～＋ to …>＝～を…に送る**

(2)　**be glad to ～＝喜んで～する**　be happy to read this も可。

4　(会話文問題：グラフを用いた問題，語句補充)

(全訳)　■話し合い

リー先生：前回の授業で，私は皆さんに，オーストラリアの姉妹校の生徒たちに向けた短い映像を作るようにお願いしました。そのテーマについて何か意見はありますか？

トモキ　：はい，もちろんあります。(あ)このグラフを見てください。これは，彼ら(姉妹校の生徒たち)が僕たちの町や学校について知りたいと思っていることを示しています。生徒の約40％が食べ物に興味をもっています。僕たちの町のおいしい日本食のレストランについての映像を作りましょう。

スズ　　：それは良いアイデアですね。でも，(い)彼らが日本に来ることは難しいと思います。それに，彼らは映像で食べ物を見るだけで，食べることはできないのです。私が彼らだったら，残念だと思います。

カナコ　：それなら，違う話題を選びませんか？　同じグラフでは，生徒の30％以上がファッションについて知りたいと思っています。私たちの学校には夏と冬で違う制服があります。私はそれを彼らにぜひ見せたいです。彼らには制服がないのですよね？

トモキ　：ちょっと待ってください。リー先生，それは間違いないですか？　僕たちは彼らに会ったことがありませんが，オーストラリアの学校にはたいてい制服があるそうです。

リー先生：4月に，私たちの学校の先生が姉妹校で撮られた写真を見せてくれました。その中では，姉妹校の生徒たちは皆さんのように制服を着ていましたよ。

スズ　　：まあ，それはいけませんね。(う)テーマを変えた方がいいですね。

カナコ　：私はそうは思いません。彼らが制服を着ていても，私は彼らに私たちの制服を見せたいです。

スズ　　：うーん，私たちの映像を見る生徒たちのことを考えてください。私たちのテーマが彼らにとって珍しいものでなければ，おもしろくないでしょう。

カナコ　：分かりました。それでは，私たちの体育祭はどうですか？

トモキ　：いいですね。生徒たちの25％がスポーツに興味をもっています。それに，今回はそれ(スポーツ)についての映像を作る最も良い機会です，僕たちには来月行事があるのですから。リー先生，彼らには僕たちの学校の体育祭のような学校行事はあるのですか？

リー先生：ありません。私たちの学校の体育祭は珍しいと思うので，彼らは驚くでしょうね。姉妹校の先生が言うには，彼らには“スポーツデー”というイベントがあります。ア　(4)その日には，そのイベントに参加したい生徒だけが学校に来るのです。でも，私たちの学校では，すべての生徒が体育祭に参加して音楽に合わせて踊ります。去年，私はすばらしいダンスの演技を見ました。あれは私にとって初めてでした。イ　とても心が躍りました。今年もまた体育祭でダンスをするのですか？　ウ

カナコ　：はい。私たちは昨日練習を始めました。

トモキ　：リー先生，僕たちに大きな違いを教えてくださってありがとうございます。彼らに僕たちの学校独自の行事を見せるのはどうですか？

スズ　：分かりました。それについて映像を作りましょう。

■スズが授業で書いたノートの一部

> 今日は，短い映像のテーマを選んだ。私たちは姉妹校の生徒たちに，私たちの学校の体育祭を紹介するつもりだ，なぜなら(え)私たちは何か独自のものを彼らに見せたいと思っているからだ。私はダンスの演技が素晴らしいものになるように一生懸命練習するつもりだ。

(1)　全訳参照。トモキの最初の発言4文目，3番目の発言2文目，及びカナコの最初の発言2文目に注目。

(2)　全訳参照。(However, I think that it) is difficult for them to (come to Japan.)
<it is … for ＋人＋to ＋動詞の原形～>で「(人)にとって～することは…だ」

(3)　全訳参照。空所(う)直前のリー先生の発言，及び直後のカナコの発言に注目。

(4)　全訳参照。空所ア直後のリー先生の発言に注目。問題文の内容に対して，「しかし，私たちの学校では，すべての生徒たちが体育祭に参加する」という内容の発言をしている。オーストラリアの生徒たちのスポーツデーと対比して日本のこの学校での体育祭について話していると考えるのが自然。

(5)　全訳参照。スズの3番目の発言，及びその後の話し合いの内容に注目。「私たちのテーマが彼らにとって珍しいものでなければ，おもしろくないでしょう。」と言っている。スズは自分たちの学校独自のもので，姉妹校の生徒たちが珍しいと思うものを紹介したいという意見を出した。

5　(長文読解問題・エッセイ：内容真偽，日本語で答える問題，語句補充・選択，文の挿入・文の並べ換え)

(全訳)　今日は，私のおば，(あ)ヤマオカフユミから私が学んだことについてお話したいです。彼女はプロのピアニストです。彼女は12歳の時，父親の仕事のために家族でドイツに暮らし始めました。今では，彼女はコンサートのために世界のたくさんの場所に行っています，そして彼女は4か国語を話すことができます。彼女は多くのさまざまな国についてたくさんのことを知っています。

彼女が日本に来ると，時々私の両親と私を訪ねます。私はピアノを弾くことはできませんが，彼女と話をするのが好きです。ある日，私たちが彼女のCDを聴いていた時，彼女はその音楽と作曲家について話をしました。彼女は言いました，「この作曲家は大きな川の近くで暮らしていたのよ。彼は何か心配事があると，いつもそれ(川)を見ていたの。彼の音楽は，その美しい川がどのように彼の国の山々を通って流れているかを表現しているのよ。」彼女は私にインターネットでその川の写真を何枚か見せてくれました，そして彼の国についてさらに話してくれました。彼女は言いました，「作曲家が音楽の中で表現したいことを理解するために，私は彼らの国の文化や歴史について学ぶのよ。(い)このやり方で，私はピアノを弾く時に作曲家とコミュニケーションをとるの。」

私のおばはまた，オーケストラと共にピアノを弾く時には，音楽と言葉を通して他の音楽家たちとコミュニケーションをとっています。その音楽について同じイメージを共有するために，彼女は他の音楽家たちの音を注意深く聴き，音楽について彼らとたくさん話をします。それで，私はなぜ

彼女が(う)4か国語を話すことができるのかがよく分かるのです。さまざまな国のたくさんの音楽家がいます。彼女は彼らとコミュニケーションをとるために彼らの言葉を使おうと努力しているのです。そうすることで，彼女は彼らを深く理解することができるのです。彼女は私に音とハーモニーの違いも教えてくれました。同じオーケストラの音楽家たちが(え)理解し合うことができなければ，音楽はただの音です。彼らはその音楽について異なるイメージをもっているのです。しかし，コミュニケーションを上手にとることができれば，いろいろな音がひとつの美しいハーモニーになります。

私のおばが彼女の演奏を素晴らしいものにするためには時間が必要でした。彼女は若い時，毎日熱心にピアノを練習しました。彼女の技術は上達しましたが，彼女はなお自分の演奏には何かが欠けていると思っていました。(お)その時，彼女の先生方のうちの1人が彼女にこう言いました，「あなたは他の人の話をもっとよく聞くことができますよ」。はじめ，彼女はそのアドバイスの意味を理解していなかったので，その先生にそれについて質問をしました。しかし，その先生はその質問に答えませんでした。その先生は彼女に自分でその意味に気づいてほしいと思ったのでした。彼女は言いました，「私はそのアドバイスの意味をたくさん考えたわ。今では，他の人の話を聞くということが作曲家と他の音楽家たちとコミュニケーションをとるという意味だということを理解しているのよ。そのことは私の演奏と私自身を向上させる力になっているわ。ピアノなしの人生は想像ができないわ。ピアノは私の人生を幸せでいっぱいにしてくれるのよ。」

私はなぜ私のおばの演奏が美しいのか気づいています。彼女のピアノは彼女の生きかたを表しているのです。音楽を通して，彼女はたくさんのことに興味をもち，他の人たちとよくコミュニケーションをとっています。彼女はたくさんの素晴らしいものと人に出会うための扉を開く方法を見つけたのです。その方法はピアノを弾くことでした。皆さんは「彼女はプロのピアニストだから特別だ」と思うかもしれません。でも私はそう思いません。私たちも皆，自分自身のやり方で新しい世界への(か)扉を開くことができるのです。私は，私たちは何かを見つけることができると信じています，私のおばのように。

(1)　全訳参照。3文目に「彼女が12歳の時，父親の仕事のために家族でドイツに暮らし始めました」とあるのでイが本文の内容に当てはまらない。

(2)　全訳参照。アカリのおばの言葉の中の，下線部(い)直前の一文に注目。

(3)　全訳参照。(う)第1段落最後から2文目，及び空所(う)直後の文に注目。　(え)第3段落最後の1文に注目。However で始まるこの一文は「コミュニケーションをうまくとることができれば」とあり，その前の文脈との対比であるから，空所(え)「理解し合うことができなければ」が入るのが適当。

(4)　全訳参照。

(5)　全訳参照。第5段落4文目に注目。「彼女はたくさんの素晴らしいものと人に出会うためのドアを開く方法を見つけた」とある。空所(か)は「私たち皆も自分自身のやり方で［(か)］できる」と言っているので，アカリのおばがしたのと同じように open a door という表現が入るのが適当。

(6)　全訳参照。　ア　アカリのおばが日本に来る時，彼女はいつもアカリに会う。　イ　アカリは彼女のおばと一緒に大きな川の写真を見た。(○)　第2段落最後から2文目に注目。　ウ　アカリのおばは若かった時，彼女は自分の演奏には何かがもっと必要だと感じていた。(○)　第4段落2文目3文目に注目。　エ　アカリのおばは彼女の先生のアドバイスの意味を理解していない。　オ　アカリはピアノを弾くことは特別な人になる唯一の方法だと思っている。

2023年度英語　聞き取り検査

〔放送台本〕

問題A　次の英文が2回読まれるのを聞いて，問題用紙の指示に従って答えなさい。

(1)　My family has two dogs.　Tetsu is white and Nana is black.　Nana is bigger than Tetsu.

(2)　My father's birthday is July 13.

〔英文の訳〕

(1)　私の家族は2匹の犬を飼っています。テツは白でナナは黒です。ナナはテツよりも大きいです。

(2)　私の父の誕生日は7月13日です。

〔放送台本〕

問題B　次の英文が2回読まれるのを聞いて，問題用紙の指示に従って答えなさい。

Tomorrow we will visit three places.　First, we will go to a lake.　There is a good restaurant to eat breakfast.　Next, we will visit a large park.　It is a very popular place, because we can see beautiful mountains from there.　Then, we will go to a market.　You can buy a lot of apples.　Please come here at eight in the morning.

〔英文の訳〕

明日，私たちは3つの場所に行きます。はじめに，湖に行きます。朝食を食べる良いレストランがあります。次に，大きな公園に行きます。その公園はとても人気のある場所です，なぜならそこから美しい山々を見ることができるからです。それから，市場へ行きます。たくさんのリンゴを買うことができます。午前8時にここに来てください。

［カズキのメモ］

	訪れる場所	すること
1	湖	(あ)朝食を食べる
2	大きな(い)公園	美しい山々を見る
3	市場	たくさんの(う)リンゴを買う

〔放送台本〕

問題C　次の会話と質問が2回読まれるのを聞いて，問題用紙の指示に従って答えなさい。

(1)　A：Mom, I'm looking for my watch.　Yesterday, I thought that I put it on the desk, but it was not there.

B：John, did you check under the books or on the sofa?

A：Yes, I did, but I could not find it.

B：Look. I found it. It is under the bed.
Question： Where did John's mother find his watch?

(2) A：Hi, Emily. Tomorrow, my family will make pizza for lunch at my house. Can you join us?
B：Of course, Jiro. I will visit your house. Do you know how to make it? I have never made it.
A：Don't worry. My father will teach us how to make it.
B：Wow. I want to make it with your father. Also, I will bring something to drink.
Question： What will Emily do tomorrow?

〔英文の訳〕

(1) A：お母さん，僕の時計を探しているんだ。昨日，机の上に置いたと思ったんだけど，そこにないんだよ。
B：ジョン，本の下やソファーの上は確認した？
A：うん，したよ，でも見つけられなかった。
B：見て。見つけたわよ。ベッドの下にあるわ。
質問：ジョンの母はどこで彼の時計を見つけましたか？　ア　ベッドの下

(2) A：ハイ，エミリー。明日，僕の家族は家で昼食にピザを作るつもりなんだ。君も一緒にやらない？
B：もちろんよ，ジロウ。私はあなたの家に行くわ。その作り方は知っているの？ 私は作ったことがないのよ。
A：心配しないで。僕の父が作り方を僕たちに教えてくれるよ。
B：わあ。あなたのお父さんと一緒に作りたいわ。あと，何か飲み物を持って行くわね。
質問：エミリーは明日何をしますか？　イ　彼女はジロウのお父さんと昼食を作ります。

〔放送台本〕

問題D　次の英文が2回読まれるのを聞いて，問題用紙の指示に従って答えなさい。

This is our school library. From Monday to Friday, it is open from 9:00 a.m. to 4:30 p.m. It is not open on weekends. You can borrow books for two weeks. This library does not have any books written in Japanese. Kumi, if you want to know more about this library, please ask me.

〔英文の訳〕

これが僕たちの学校の図書館です。月曜日から金曜日まで，午前9時から午後4時30分まで開館しています。イ週末は開館していません。ウ本は2週間借りることができます。アこの図書館には日本語で書かれた本は1冊もありません。クミ，この図書館についてもっと知りたければ，僕に聞いてください。

(1)　下線部参照。

(2)　(解答例訳)　(はい，質問があります。)この図書館で勉強はできますか？

＜理科解答＞

1　(1)　①　アンモニア　　②　ウ　　(2)　①　ア
②　右図1　　(3)　①　右図2　　②　ウ
(4)　①　X　　②　エ

2　(1)　イ　　(2)　0.15(W)　　(3)　33(％)
(4)　イ，ウ　　(5)　オームの法則　　(6)　①　4.5(J)
②　発生した熱の一部が，空気中に放出したため。

3　(1)　ウ　　(2)　イ
(3)　$CaCO_3 + 2HCl \rightarrow CaCl_2 + H_2O + CO_2$
(4)　軟体動物　　(5)　ア　　(6)　ウ　　(7)　エ

4　(1)　ゾウリムシ　　(2)　ア　　(3)　エ
(4)　①　(a)　ウ　　(b)　エ　　(c)　イ
②　微生物の分解能力が追いつかず，有機物が分解されずに多く残る

5　(1)　マグネシウム　　(2)　＋極　　(3)　ア
(4)　ア　　(5)　エ　　(6)　(a)　ア　　(b)　オ
(c)　ク

図1

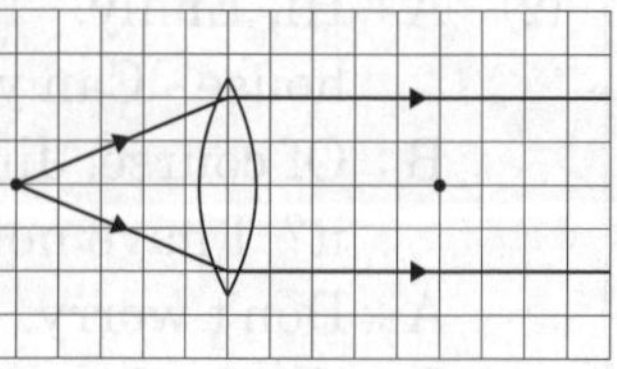

図2

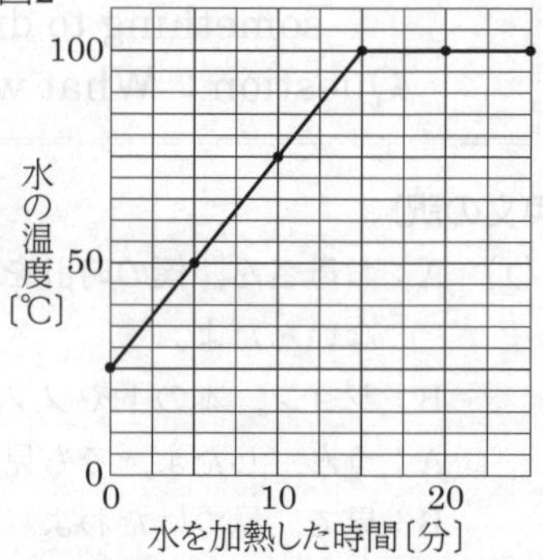

＜理科解説＞

1　(動物の体のつくりとはたらき：ヒトのアミノ酸の分解と排出，光と音：凸レンズを通る光，状態変化：水，日本の気象：冬)

(1)　①　ヒトなどの動物の細胞でアミノ酸が分解されると，二酸化炭素や水の他に，有害なアンモニアが生じる。　②　アンモニアは血液に取り込まれて肝臓に運ばれ，そこで害の少ない尿素に変えられる。尿素は，再び血液によって運ばれ，腎臓で余分な水や塩分などとともに血液中からこし出され，尿として体外へ排出される。

(2)　①　物体を図1のAの位置に移動させたときは，物体が焦点距離の2倍の位置と焦点の間であるため，焦点距離の2倍よりも遠い位置に，物体と上下・左右が逆向きの物体より大きな実像ができる。　②　焦点を通る光は，凸レンズを通ると光軸に平行に進むため，光が凸レンズの中心線で屈折して光軸に平行に進むようにかく。

(3)　①　水を加熱した時間〔分〕をx，水の温度〔℃〕をyとすると，グラフの座標(x，y)は，表より，(0，25)，(5，50)，(10，75)，(15，100)，(20，100)，(25，100)となる。グラフに座標を点(・)で記入する。水を加熱した時間の0分から15分までは各座標の最も近くを通る原点からの比例の直線を引く。15分から25分は，増減なしのx軸に平行な直線になる。　②　水を加熱した時間が20分のときに起きている現象は，水が沸点に達し液体が気体に状態変化している。温度は100℃より上昇しないため，紙でできた鍋に水を入れて下から加熱すると，紙の鍋は燃えずに水が沸騰する。

(4)　①　冬になると，シベリア高気圧が発達して，冷たくて乾燥した大気のかたまりであるXのシベリア気団ができる。　②　冬になるとシベリア気団ができるため，西高東低の冬型の気圧配置になり，冷たく乾燥した季節風がふく。乾燥していた大気は，温度の比較的高い海水からの水蒸気を含んで湿る。湿った大気が，日本の中央部の山脈などにぶつかって上昇気流を生じ，日本

海側に大雪をもたらす。

2 (電流：電圧と電流と抵抗・電力・熱量，電流と磁界：フレミングの左手の法則，エネルギーとその変換：エネルギーの変換効率)

(1) 電圧計は回路に並列につなぐ。電流計は回路に直列につなぐ。よって，モーターに加わる電圧と流れる電流を測定するための回路を表しているのは，イである。

(2) モーターの電力〔W〕＝1.5〔V〕×0.10〔I〕＝0.15〔W〕である。

(3) モーターが消費した電気エネルギー〔J〕＝0.15〔W〕×10〔s〕＝1.5〔J〕である。おもりが得た位置エネルギー(モーターがした仕事)〔J〕＝0.50〔N〕×1.0〔m〕＝0.5〔J〕である。よって，モーターのエネルギーの変換効率〔%〕＝$\frac{\text{おもりが得た位置エネルギー(モーターがした仕事)〔J〕}}{\text{モーターが消費した電気エネルギー〔J〕}}$×100〔%〕＝$\frac{0.5\text{〔J〕}}{1.5\text{〔J〕}}$×100〔%〕≒33.3〔%〕である。小数第1位を四捨五入して33〔%〕である。

(4) フレミングの左手の法則により，親指のさす向きが，電流が磁界から受ける力になる。コイルが時計回りに動き出すように，力がはたらくのはイとウである。

(5) 電熱線に加わる電圧と電熱線を流れる電流が比例の関係にある法則をオームの法則という。

(6) ① 実験2の結果のグラフをもとに計算すると，消費電力が3Wの電熱線に電圧を加えた時間が300秒のときの100gの水の温度上昇は2℃であるため，水1.0gの温度を1.0℃上げるのに必要な熱量〔J〕＝$\frac{3\text{〔W〕}\times 300\text{〔s〕}\times 1\text{〔℃〕}}{2\text{〔℃〕}\times 1\text{〔g〕}}$÷100〔g〕＝4.5〔J〕である。② ①の実験2からもとめた値が，エネルギーの変換効率100%の条件でもとめた水1.0gの温度を1.0℃上げるのに必要な熱量(1cal≒4.2J)の値よりも大きくなるのは，発生した熱の一部が，空気中に放出したためである。

3 (地層の重なりと過去の様子：地層のでき方・堆積岩・示準化石の条件，身近な地形や地層・岩石の観察，化学変化：化学反応式，気体の発生とその性質，動物の特徴と分類)

(1) 地表の岩石は，風化により，気温の変化や風雨などのはたらきによって，長い年月をかけてもろくなり，これらが流水のはたらきによって侵食され，けずられて土砂になる。土砂は，河川などの水の流れによって運搬され，下流に流される。

(2) B層の岩石はれき岩，C層の岩石はうすい茶色の砂岩，D層は灰色の泥岩である。これらの岩石に共通する特徴は，流水のはたらきにともなって角がけずられたため，丸みを帯びている粒が多い。

(3) E層から持ち帰った，フズリナの化石を含んだ石灰岩(主成分が$CaCO_3$)と塩酸との反応の化学反応式は，$CaCO_3+2HCl \rightarrow CaCl_2+H_2O+CO_2$，であり，二酸化炭素が発生する。

(4) ビカリアは，イカやアサリなどのなかまである。ビカリアのように背骨や節がなく，外とう膜をもつ動物を軟体動物という。

(5) 示準化石は，ある時期にだけ栄え，広い範囲にすんでいた生物の化石で，地層が堆積した年代(地質時代)を知ることができる。示準化石の条件を表した図は，アである。

(6) 水の流れによって海に運ばれた土砂は，粒の大きさが大きいものほど河口に近いところに堆積して層をつくる。また，地層は下の層ほど古く，上の層ほど新しい。よって，図1のB層～D層ができた期間に，この地点で起こった環境の変化は，D層からB層へと粒の大きさが大きくなっているため，河口から遠く深い海から，近く浅い海に変化したと推定される。

(7) プレートによる大きな力を受けて，水平に堆積した地層が，波打つように曲げられてしゅう曲(⇒問題文の断層は誤り)ができたり，ずれて断層(⇒問題文のしゅう曲は誤り)ができたりする。

4　(自然の環境調査と環境保全：対照実験による水質浄化実験・下水処理場の役割，生物と細胞：細胞呼吸・単細胞生物・顕微鏡操作)

(1)　図1の単細胞生物は，ゾウリムシである。

(2)　観察したいものを視野のすみから視野の中心にもってきたい場合，プレパラートを逆方向に動かす。よって，図2の左上にある★を視野の中央にもってきたい場合は，プレパラートをアの方向に動かす。

(3)　【実験1】では，容器Yと対照実験である容器XとZが青紫色に反応したことからPの液体はヨウ素液であると考えられる。容器Yは，デンプンを水に溶かしたものと，川底から採取した微生物を含む泥水(未処理)が入っており，微生物が呼吸できるように，十分に空気が入っている。放置後，石灰水が白く濁ったことから，微生物が，デンプンを分解して細胞呼吸を行った結果，二酸化炭素が発生したことが石灰水の反応からわかる。容器YにPを加えた結果反応しなかったことからも，Pはヨウ素液であることがわかる。

(4)　①　【実験1】から，微生物によりデンプンが分解され，二酸化炭素が発生したと考えられる。また，【実験2】の対照実験である容器Cと容器Dの実験結果から，微生物によるデンプンの分解は，空気を送り込むことで促進されていることがわかる。微生物は呼吸によりデンプンなどの有機物を分解していると考えられ，空気を送り込むことで微生物に酸素を供給し，活発に呼吸を行わせて，効率よく有機物を分解させることができる。河川などに存在する微生物も有機物を分解しており，河川にも浄化作用があることがわかった。　②　しかし，生活排水に含まれる有機物の量は多いので，そのまま河川に排出すると，微生物の分解能力が追いつかず，有機物が分解されずに多く残るため，水質汚濁などを引き起こす場合があり，下水処理場などで浄化する必要がある。

5　(化学変化と電池：ダニエル電池のしくみと発展実験・イオン化傾向・金属イオンから金属原子への化学変化のモデル，水溶液とイオン，原子の成り立ちとイオン)

(1)　表から，硫酸亜鉛水溶液に銅板を入れたときは変化しなかったことから，イオン化傾向は，亜鉛＞銅，である。また，硫酸亜鉛水溶液にマグネシウム板を入れたとき，マグネシウム板に亜鉛が付着したことから，イオン化傾向は，マグネシウム＞亜鉛，である。以上からイオンになりやすさが大きい順は，マグネシウム＞亜鉛＞銅，であり，最もイオンになりやすい金属の名称はマグネシウムである。

(2)　イオン化傾向が大きい亜鉛原子Znが電子を失って，亜鉛イオンZn^{2+}になってとけ出す。亜鉛版に残った電子は導線を通って銅板へ移動する。よって，電子が流れる向きは亜鉛版から銅板であり，電流が流れる向きは銅板から亜鉛版であるため，銅板は電池の＋極である。

(3)　(2)のように，亜鉛原子がイオンとなってとけ出すため，水溶液中に含まれる金属イオンの数は増加する。

(4)　図3はダニエル電池である。電池Bの銅板付近では，銅イオンが銅に変化する反応が起こり，その化学反応式は，$Cu^{2+}+2e^{-}\rightarrow Cu$，である。よって，モデルの図は，アである。

(5)　長時間プロペラを回転させる方法は，ダニエル電池では，電気的なかたよりを防ぐため，陽イオンや陰イオンが少しずつ移動できる小さな穴があいているセロハン膜や素焼きの容器を用いる。ガラス板はイオンが通過できないため，セロハン膜や素焼きの容器の代用はできない。そこで，電気的なかたよりを解消するためには，硫酸銅水溶液の濃度を大きくして，陽イオンである銅イオンを増やす。

(6)　電池Cは，－極側は硫酸亜鉛水溶液中にマグネシウム板，＋極側は硫酸銅水溶液中に銅板をセット，電池Dは－極側は硫酸マグネシウム水溶液中にマグネシウム板をセットし，＋極側は電池Cと同様にセットした。その結果電圧が，電池C＜電池Dとなった理由は，イオン化傾向の大きさが，マグネシウム＞亜鉛，であるため，電池Cの－極側では，マグネシウム板の表面で，マグネシウム原子が，$Mg \rightarrow Mg^{2+} + 2e^-$，により放出した電子を亜鉛イオンが受け取るため，銅板側に電子が移動しにくくなったことによる。

＜社会解答＞

1　(1)　渡来人　(2)　ウ　(3)　エ　(4)　ア　(5)　キリスト教徒ではないと証明させる　(6)　P　異国船打払令　Q　清がイギリスに敗北した

2　(1)　ウ　(2)　白夜　(3)　インド洋　(4)　ウ　(5)　アメリカ合衆国は，北半球に位置しており，オーストラリアは，南半球に位置しているため，季節が逆になるから。

3　(1)　富岡製糸場　(2)　①　イ　②　民鉄の国有化　(3)　イ
(4)　ウ→ア→イ→エ　(5)　貨物輸送分担の半数以上を占める自動車から，鉄道と船へ輸送手段を転換することで，二酸化炭素の排出を削減できる

4　(1)　黒潮　(2)　エ　(3)（都市名）　宮崎（市）　台風　(4)　イ　(5)　面積割合に対する人口割合の比が大きく，人口密度が高い

5　(1)　エ　(2)　公共の福祉　(3)　ウ　(4)　東南アジア諸国連合　(5)　①　意見を反映しやすい　②　ア　(6)　ウ　(7)　他国と比べて，一次エネルギー自給率が低く，資源を輸入に頼る

＜社会解説＞

1　(歴史的分野―日本史時代別－古墳時代から平安時代・鎌倉時代から室町時代・安土桃山時代から江戸時代，―日本史テーマ別－社会史・政治史・外交史・文化史・宗教史，世界史―政治史)

(1)　4世紀から7世紀頃に朝鮮半島・中国大陸から日本に移住してきた人々を**渡来人**という。**漢字**・**仏教**・**儒教**の他に武具製作・機織り・農業などの先進技術を伝え，**大和政権**の軍事・政治・文化面に大きな影響力を持った。

(2)　**律令国家**では，中央の都から**国司**が**各国**に派遣され，6年任期(のち4年)で任に当たった。9世紀までの国司は，4年任期の地方官として，各地を管轄する役目を任されていた。国司の下に置かれたのが，**地方の豪族**から任命される**郡司**である。

(3)　**明**の皇帝に対して**朝貢貿易**を行い，明の皇帝から**日本国王**として認められたのが，**室町幕府**の**3代将軍足利義満**である。当時，朝鮮半島・中国大陸沿岸を襲い猛威を振るっていた海賊が**倭寇**である。日明貿易に際しては，この倭寇を取り締まることが求められた。そのため，正式な貿易船であることを証明するために**勘合符**が使われた。勘合符が用いられたので，**勘合貿易**といわれる。

(4)　イ　**杉田玄白**らが**『解体新書』**を出版したのは，江戸後期の1774年のことである。　ウ　**雪舟**が**明**にわたって**水墨画**の技法を極め，帰国して日本の風景などを描いたのは，室町後期のことである。　エ　**栄西**と**道元**が宋に渡って帰国し，日本に**禅宗**を伝えたのは，鎌倉時代のことである。イ・ウ・エのどれも別の時代の文化についての説明である。アが，**安土桃山時代**の文化の説明として正しい。　ア　安土桃山時代の茶人で，千家流茶道の創始者であるのが千利休である。堺の出身で，幼少の頃から**茶の湯**に親しみ，武野紹鷗に師事して茶の湯を学び，**わび茶**を大成さ

せた。

(5)　幕府は，キリスト教で崇拝されるイエスやマリアが浮彫にされた踏絵を踏ませることによって，キリスト教徒ではないと証明させることにより，禁教を徹底していった。上記のような趣旨を簡潔にまとめて解答すればよい。

(6)　P　幕府は，異国船の来航への対応を迫られ，1825年に11代将軍徳川家斉は異国船打払令を出した。各藩はそれに従った異国船への対応策をとった。1825年の異国船打払令では，異国船を見かけたら，二念なく(迷わず)打ち払うよう記されていた。　Q　清国のアヘン禁輸を発端とするイギリスと清国との戦争が，アヘン戦争である。この戦争で清国はイギリスに敗北を喫し，1842年南京条約が締結され，中国の半植民地化の起点となった。

2　(地理的分野―世界地理－地形・気候・産業)

(1)　図2は正距方位図なので，中心のアゼルバイジャンの首都バクーからの距離と方角が正しく示されている。上が北，右が東，下が南，左が西である。バクーから見て，図2では，東の方角は中国南部の海南省付近の方角である。図1はメルカトル図法の地図であり，方角が正しくは描かれていない。バクーから見て東の方角は，ウである。

(2)　北半球では夏になると，太陽が北回帰線に近づくため，ノルウェイ・スウェーデン・フィンランドなど，北欧の国々のような高緯度のところでは，太陽が沈まない白夜が起きる。一方，冬には太陽が南回帰線に近づくため，太陽が昇らない極夜が起こる。

(3)　世界の三大洋とは，太平洋・大西洋・インド洋である。マラッカ海峡を通過する船は，太平洋からインド洋へと抜ける。

(4)　排他的経済水域の世界ランキングは，1位アメリカ，2位オーストラリア，3位インドネシア，4位ニュージーランド，5位カナダ，6位日本である。表の中では，アはアメリカ，イはインドネシア，ウはニュージーランドである。

(5)　アメリカ合衆国は，北半球に位置しており，6月から8月が夏である。オーストラリアは，南半球に位置しているため，12月から2月が夏となり，柑橘類の収穫時期が逆になるからであることを指摘し，簡潔にまとめるとよい。

3　(歴史的分野―日本史時代別－明治時代から現代，―日本史テーマ別―経済史・外交史・社会史・文化史，―世界史－政治史)

(1)　1872年，明治政府の殖産興業政策による，日本初の官営模範工場として，群馬県に設立された器械製糸工場が，富岡製糸場である。フランス人技師を招き，各地から工女を集めて開業された。

(2)　①　日露戦争の講和条約であるポーツマス条約は，アメリカ合衆国のセオドア・ルーズベルト大統領の仲介で，日本全権大使小村寿太郎，ロシア全権大使セルゲイ・ウィッテの間で締結された。本社を中核に，持株などによって，多数の子会社群を支配する独占企業集団の一形態を財閥という。第二次世界大戦まで，日本経済を動かす推進力となっていたのが，財閥である。特に，三菱・三井・住友・安田の四大財閥の力が顕著であった。正しい組み合わせは，イである。
②　政府は，日露戦争後に主要な民鉄を国有化し，これにより鉄道の国有率が一気に進んだ。

(3)　ア　福沢諭吉と中江兆民らが，新聞や雑誌で欧米の思想を紹介したのは，明治初期である。
ウ　文明開化が進み，れんが造りの建物が登場し，牛鍋が流行したのは，明治前期のことである。エ　水俣病などの公害問題が深刻化したのは，1950年代のことである。ア・ウ・エのどれも大正時代のことではない。イが，大正時代のこととして正しい。　イ　初めてラジオ放送が行われたのは，大正末期の1924年のことである。

(4) ア 主として第二次世界大戦後に独立したアジア・アフリカの国々と，日本を含む29か国の代表が，1955年にインドネシアのバンドンで開催した国際会議が，**アジア・アフリカ会議**である。 イ 1972年に**日中共同声明**を発表して，国交を正常化した日本国と中華人民共和国は，1978年に**日中平和友好条約**を結んだ。 ウ **NATO(北大西洋条約機構)**は，1949年に当初12か国で創設された。 エ **EU(ヨーロッパ連合)**が設立されたのは1993年のことである。したがって，年代の古い順に並べると，ウ→ア→イ→エとなる。

(5) 資料3から，貨物輸送分担の半数以上を**自動車**が占めていることを読み取る。資料4から，貨物輸送量あたりの**二酸化炭素排出量**は自動車が圧倒的に大きいことを読み取る。現在，国土交通省が進めているように，自動車から鉄道や船へと**輸送手段の転換**をすることで，二酸化炭素の排出を削減できることを指摘する。

4 **(地理的分野―日本地理－地形・気候・農林水産業・人口)**

(1) **東シナ海**を北上して，九州と奄美大島の間のトカラ海峡から**太平洋**に入り，日本の南岸に沿って流れ，房総半島沖を東に流れる**暖流**を，**黒潮**という。黒潮は，**日本海流**ともいう。これとぶつかるように北から南下してくる寒流を，**親潮**という。

(2) 地形的には，陸に続く比較的ゆるやかに傾斜しながら続く海底部分のことを，**大陸棚**という。1994年に発効した国連海洋法条約(UNCLOS)では，「沿岸国の**200海里**までの海底とその下」をその国の大陸棚であると定めている。

(3) (都市名) Xは最も南に位置するとの文から，那覇市であるとわかる。夏の**季節風**は南東から吹きよせ，**九州山地**に吹きつけることにより，宮崎市の降水量が増える。Yは宮崎市である。那覇市や宮崎市で，9月に降水量が多くなっているのは，**台風**が通過するためであると言える。

(4) **農業産出額**の総額で，全国第1位は北海道，第2位は鹿児島県である。また，**畜産産出額**でも全国第1位は北海道，第2位は鹿児島県である。この資料1の表では，九州4県をのみを表示しているから，イは鹿児島県であるとわかる。

(5) 福岡市のような都市部では，資料3に見られるように，**面積割合**に対する**人口割合**の比が大きく，**人口密度**が高いという問題点があるとわかる。

5 **(公民的分野―国際社会との関わり・憲法・基本的人権・国の政治の仕組み・環境問題・裁判・財政，地理的分野―日本地理－資源・エネルギー)**

(1) 地域紛争で停戦を維持したり，紛争拡大を防止したり，公正な選挙を確保するなどのための活動が，国連の**PKO(平和維持活動)**である。日本は，1992年に国際平和協力法が成立し，以来この活動に参加している。なお，アの**UNESCO(国際連合教育科学文化機関)**は，教育・科学・文化における国際協力を通じて，世界の平和と人類の福祉に貢献することを目的とした国際連合の専門機関である。イの**NPO**は，**民間の非営利組織**(Non Profit Organization)のことである。ウの**WHO**は，国際連合の専門機関であり，全ての人々が可能な最高の健康水準に到達することを目的として1948年に設立された**世界保健機関**(World Health Organization)である。

(2) **日本国憲法**第12条では「この憲法が国民に保障する自由及び権利は，国民の不断の努力によつて，これを保持しなければならない。又，国民は，これを**濫用**してはならないのであつて，常に**公共の福祉**のためにこれを利用する責任を負ふ。」と規定されている。また，日本国憲法第13条では「すべて国民は，**個人**として尊重される。**生命**，**自由**及び**幸福追求**に対する国民の権利については，**公共の福祉**に反しない限り，立法その他の国政の上で，最大の尊重を必要とする。」

と規定されている。

(3)　ア・イ・エは正しい。適当でないのは，ウである。1997年に京都市で開かれた**地球温暖化防止会議**では**京都議定書**が採択された。議定書では，**先進工業国**にのみ，二酸化炭素など**温室効果ガス**の**排出量**を**削減**することを義務づけていた。

(4)　1967年にインドネシア・シンガポール・タイ・フィリピン・マレーシアの5か国によって地域協力機構として設立されたのが，ASEAN(**東南アジア諸国連合**)である。その後ブルネイ・ベトナム・ラオス・ミャンマー・カンボジアが加わり，現在の加盟国は10か国である。

(5)　①　**参議院**が**6年**任期なのに対して，**衆議院**は**4年**と任期が短く，**解散**もあるので，選挙も頻繁になり，**国民の意思**をより直接に反映する機関であると考えられるので，**衆議院の優越**が認められている。上記のような趣旨を簡潔にまとめて解答すればよい。　②　日本国憲法第64条に「国会は，罷免の訴追を受けた**裁判官**を裁判するため，両議院の議員で組織する**弾劾裁判所**を設ける。」との規定がある。

(6)　**間接税**の中には，たばこ税・入湯税のように**地方公共団体**に納めるものもあり，Xは正しくない。**資本主義**の**市場経済**において，健全で公正な**自由競争**状態を維持するために，1947年に制定されたのが**独占禁止法**である。Yは正しい。

(7)　資料3に見られるように，日本は他国と比べて，**一次エネルギー自給率**が極めて低く，**資源**を**輸入**に頼る顕著な傾向がある。上記のような趣旨を問題文中の枠内にあてはまるように解答すればよい。

＜国語解答＞

1　(1)　ⓑ　混乱　　ⓖ　届(いた)　　ⓔ　とくめい　　ⓕ　あわ(てて)　　(2)　イ
(3)　(例)自分がおすすめした本　　(4)　ア　　(5)　(例)三崎さんが自分の好きな本を気に入り，本の感想を聞かせてくれる　　(6)　エ

2　(1)　A, B　(2)　エ　(3)　X　解放　　Y　持続　(4)　ウ

3　(1)　ア　　(2)　ウ　　(3)　X　断熱効果　　Y　空を飛ぶ　　(4)　イ
(5)　(例)自分の生きる環境や行動に合わせて，生存に有利になるようデメリットとの妥協点を探る　　(6)　エ

4　(1)　ウ　　(2)　イ　　(3)　(例)(図書室が無償で本を貸し出せば，)利用者には，様々な立場から書かれた多くの著作物に触れられるというメリットがあります。そして，その利用者が執筆する際は，自身が触れた著作物から得た知見をもとに，新たな著作物を生み出すことが期待できます。

＜国語解説＞

1　(小説一情景・心情，内容吟味，脱文・脱語補充，漢字の読み書き)

(1)　ⓑ　「混乱」は，「混」の右下の「比」の書きかたに注意する。　ⓖ　「届」の部首は「尸」である。　ⓔ　「匿名」は，名前を隠しておくこと。　ⓕ　「慌」には「コウ・あわ(てる)・あわ(ただしい)」という読みがある。

(2)　「あたし」は，読書をしている間宮さんが気になり，「趣味が合うのなら，**仲良くなりたい**」が「違ったら困っちゃうから，**話しかけることができない**」と思っているので，イが正解。間宮さ

んは「あんまり話をしたことがない子」なので，アは誤り。「あたし」は本だけでなく，間宮さん自身にも関心をもっているので，ウは不適当。この場面で「あたし」は間宮さんが読書をしていることに不満を抱いていないので，エは不適当である。

(3)　三崎さんが持っていたものは，「**あたし**がリクエストに応えて，『**おすすめおしえてノート**』**に記した作品**の一つ」であった。10字以内という指定があるので，「自分がおすすめした本」(10字)，「自分が勧めた本」(7字)などと書く。

(4)　空欄ⓓの直後に「**少し難しい表情**」とあるので，眉と眉の間にしわを寄せることを表すアを入れる。イの「耳を澄ます」は注意して聞く，ウの「眼に物言わせる」はひどいめにあわせる，エの「鼻を明かす」は相手を出し抜いて驚かせる，という意味である。

(5)　三崎さんが借りた本は，「あたし」自身が**好きな本**であった。「あたし」は三崎さんの帰り際に「よかったら，**感想**，**聞かせて**」と声をかけ，三崎さんを見送りながら「**気に入ってくれる**と嬉しいな」と思っている。この内容を踏まえて，後の「こと」につながるように30字以内で書く。

(6)　アの表現は，「あたし」が他の図書委員を見ていることを示しているが，他の図書委員が誰かを思いやっていることは示していない。イの表現は，「あたしが常に抱いている先生への不満」を示すものではない。ウの表現は，「あたし」の視点から三崎さんの様子や心情を描いたものである。エの表現は，三崎さんと「あたし」の**ぎこちない会話**を表したものであり，二人が**ふだんから親しく会話をする関係ではない**ことを示しているので，これが適当な説明である。

2　**(古文と解説文—内容吟味，文脈把握，脱文・脱語補充，仮名遣い)**

(1)　現代かなづかいでは，二重傍線A「やうやう」は「**ようよう**」，B「山ぎは」は「**山ぎわ**」となる。

(2)　空欄ⓐの直前の「陽」と対になるエ「**陰**」を入れるのが適当である。

(3)　『枕草子』が基調とするものは，「をかし」で表される「**非持続**的な感情」であり，「笑うことで**解放**されるような感情」である。一方，『源氏物語』が基調とするものは，「あはれ」で表される「**持続**的な情緒」である。したがって，Xには「解放」，Yには「持続」が入る。

(4)　筆者は，『枕草子』の書き出しの「春は曙。」について，「**主題の省略**」があり，「**仲間の支え**を奥に読みとるべき文」「仲間の間で成り立つ構造の文」としている。そして，**現代のわれわれ**も，その主題を理解することで『枕草子』の世界に参加し，**感情を共有**することができるとする。正解はウ。筆者が省略されていると考えるのは主題であり，「述語」ではないので，アとイは誤り。筆者は，現代の読者と清少納言たちは感情を共有できると考えているので，エの「余韻に浸る」という説明は不適当である。

3　**(論説文−内容吟味，文脈把握，脱文・脱語補充，表現技法・形式)**

(1)　空欄ⓐは，前に「潜水性の鳥類は，羽に"撥水加工"をほどこす」ことを述べ，後に「ウは潜水性の鳥類でありながら，羽の撥水能力が非常に低い」ことを述べているので，「**ところが**」「しかし」が入る。空欄ⓒは，前に「変化の方向がプラスかマイナスかは関係ない」と述べ，後に「生物の身体構造の変化にプラスやマイナスという概念は存在するのだろうか」と述べているので，改めて事柄を説き起こすことを示す「**そもそも**」が入る。したがって，両方を満たすアが適当である。

(2)　羽を干すウの様子を**「ようだ」を用いて**洗濯物を干す様子にたとえているので，ウの「**直喩法**」が適当である。エの「隠喩法」は，「ようだ」などを用いずにたとえる表現技法である。

(3)　空欄Xには，「空気を含む層」と関連する項目名が入る。第三段落に「撥水加工の利点のひとつは，断熱効果が高まることだ」とあり，空気の断熱効果について説明されているので，ここから抜き出す。空欄Yには，ウの仲間が高い潜水能力の代償として難しくなったことが入る。第五段落に「水を吸った羽は重くて，空を飛ぶのも難しくなる」とあるので，ここから抜き出す。

(4)　ウの仲間の羽は，断熱効果が低く，空を飛ぶのが難しいというデメリットがあるが，潜水しやすいという大きなメリットもある。筆者はこのことを知り，これまでとは別の視点からウを見ることができるようになったのである。したがって，イが正解となる。アは，「進化」と「退化」を対立した概念として捉えており，本文の主旨と合わない。筆者は傍線ⓓのように感じる一方，「どこか滑稽でかわいらしく」も感じているので，ウの説明は不適当。本文ではウの羽とペンギンの羽の優劣を比べていないので，エは不適当である。

(5)　筆者は，最終段落で「進化」の本質について「さまざまな制約があるなかで，デメリットを受け入れたうえで，『それでもなんとかうまくやっていける』という妥協点を探る過程」と説明している。「なんとかうまくやっていく」は適応して生存するということだが，「生息する環境や行動が変われば，『適応的な構造』も変化する」のである。この内容をもとに，前後のことばにつながるように40字以内で書く。

(6)　筆者は，ウの羽やウマのひづめという具体例を挙げて，「進化」は一般的なイメージの「メリットのみの変化」ではなく，デメリットを含む変化だと主張している。この内容と合致するのはエである。「筆者の主観や感想」は排除されていないので，アは誤り。筆者は生物学の立場から「退化」も“進化の一部”と捉えているので，イは不適当。ウの「段階的な説明」は，本文ではされていない。

4　(会話・議論・発表－内容吟味，作文)

(1)　【資料Ⅰ】と【資料Ⅱ】を比べると，【資料Ⅰ】は引用部分が全体の半分以上を占め，出典が具体的に示されていないが，【資料Ⅱ】では引用部分が短くなり，出典が明示されている。このことから，先生の指摘は引用部分が長すぎる，出典が明示されていない，の二つだと考えられ，ウが正解となる。アは，引用した内容と主張には関連があるので不適当。イとエは，【資料Ⅰ】も引用部分にかぎかっこを付けているので誤りである。

(2)　適当でないものを選ぶことに注意する。ア・ウ・エは，【資料Ⅲ】の著作物の定義を満たしているが，イは客観的なものなので思想・感情に関する創作的な表現とは言えないし，文芸・学術・美術・音楽に属していないので，これが適当でないものである。

(3)　条件に従って書くこと。

・テーマ…図書室が無償で本を貸し出すことが著作権法の目的の達成につながるということ。

・字数・文の数…80～100字。二文で書く。

・一文目…「図書室が無償で本を貸し出すこと」について，著作者または利用者にどのようなメリットがあると考えられるかを，「図書室が無償で本を貸し出せば」という書き出しに続けて書く。解答例では，利用者のメリットについて書いている。

・二文目…一文目の内容が【資料Ⅲ】の著作権法の目的の達成にどのようにつながるかを書く。解答例では，利用者が執筆する際に期待できることを説明している。

書き終わったら必ず読み返して，誤字・脱字や表現のおかしなところは改める。

岡山県公立高等学校（特別）

2022年度

入　試　問　題

2022年度

●くわしい解説……29ページ

＜数学＞

時間　45分　　満点　70点

1 次の①～⑤の計算をしなさい。⑥，⑦は指示に従って答えなさい。

① $-5+2\times3$

② $\left(-\frac{4}{9}\right)\times\frac{3}{8}$

③ $(-3)^2-7$

④ $15a^4b^3\div3a^2b\div ab^2$

⑤ $\sqrt{8}-\frac{6}{\sqrt{2}}$

⑥ $(x+6)(x-5)$ を展開しなさい。

⑦ 方程式 $2x^2+x-2=0$ を解きなさい。

2 次の①～⑤に答えなさい。

① 次の**【問題】**は，方程式 $6x-10=4x+20$ により解くことができる問題の一つです。(1)，(2) に当てはまることばの組み合わせとして最も適当なのは，**ア**～**エ**のうちではどれですか。一つ答えなさい。

> **【問題】**
> 鉛筆を何人かの子供に配ります。1人に6本ずつ配ると10本 (1)，1人に4本ずつ配ると20本 (2) ます。
> 子供の人数を x 人として，x を求めなさい。

ア (1) 余り　(2) 余り　　**イ** (1) 余り　(2) 不足し
ウ (1) 不足し　(2) 余り　　**エ** (1) 不足し　(2) 不足し

② 右の投影図で表される円柱について，立面図は縦7㎝，横6㎝の長方形です。この円柱の体積を求めなさい。

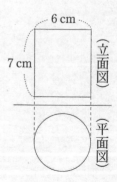

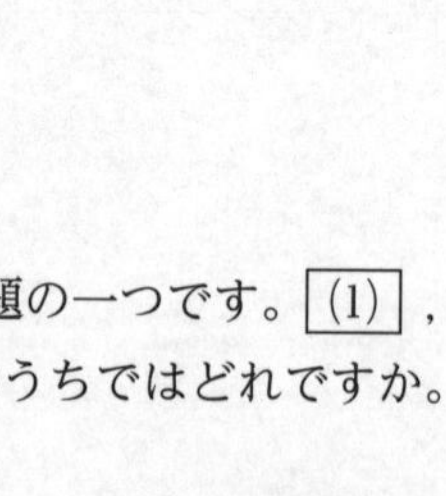

③　あたりくじ３本，はずれくじ２本の合計５本が入った箱があります。A，Bの２人がこの順に箱から１本ずつ引くとき，２人ともあたりくじを引く確率を求めなさい。ただし，１回引いたくじは箱の中に戻さないものとし，どのくじが引かれることも同様に確からしいものとします。

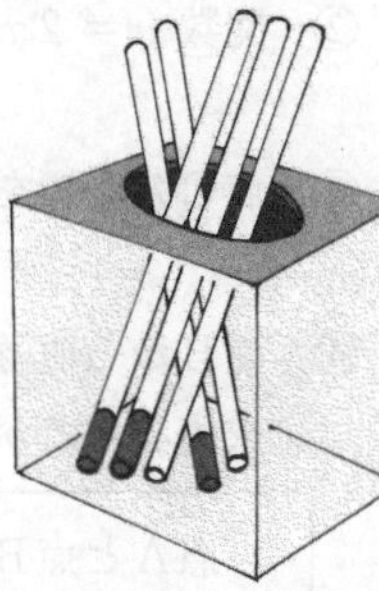

④　$2.5<\sqrt{a}<3$ をみたす自然数 a の値をすべて求めなさい。

⑤　次の図のような，線分ABとその中点M，直線 ℓ について，**【条件】**をみたす△ABCを，定規とコンパスを使って作図しなさい。作図に使った線は残しておきなさい。

【条件】

頂点Cは直線 ℓ 上にあり，∠ACB＝90°，AC＜BCである。

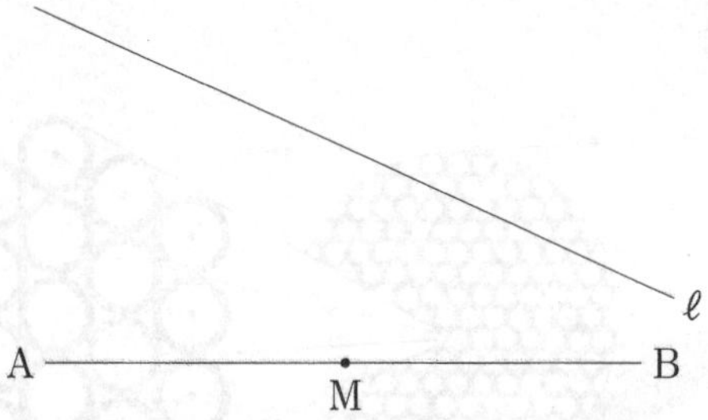

3　次の図のように，関数 $y=x+2$，$y=2x+1$ のグラフをそれぞれ直線 ℓ，m とし，直線 ℓ と x 軸との交点をA，直線 m と y 軸との交点をB，直線 ℓ と直線 m との交点をCとします。①～④に答えなさい。ただし，原点Oから点（1，0）までの距離，原点Oから点（0，1）までの距離をそれぞれ1cmとします。

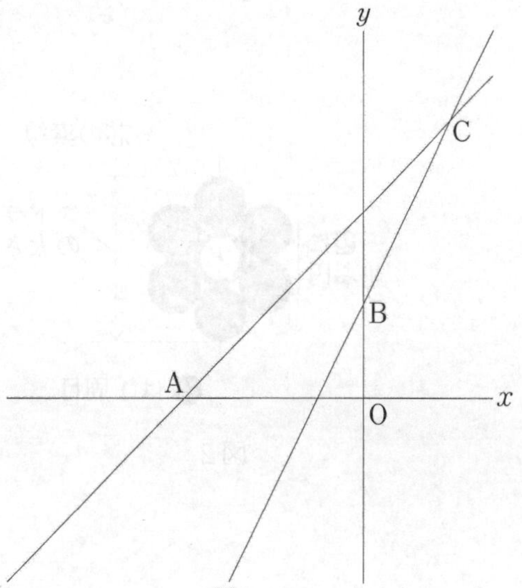

①　関数 $y=2x+1$ について，ことがらⅠ，Ⅱの内容の正誤を表したものとして最も適当なのは，**ア**～**エ**のうちではどれですか。一つ答えなさい。

Ⅰ　y は x の一次関数である。

Ⅱ　y は x に比例する。

ア　Ⅰ，Ⅱのどちらも正しい。

イ　Ⅰのみ正しい。

ウ　Ⅱのみ正しい。

エ　Ⅰ，Ⅱのどちらも誤っている。

②　関数 $y=2x+1$ について，x の増加量が4のとき，y の増加量を求めなさい。

③　点Cの座標を求めなさい。

④　点Bから直線 ℓ にひいた垂線と直線 ℓ との交点をPとするとき，線分BPの長さは次のように求めることができます。［(1)］，［(2)］に適当な数を書きなさい。

> 点Aと点Bを結ぶとき，線分ABの長さは［(1)］cm である。線分BCの長さを求めると，△ABCが二等辺三角形であることがわかるので，線分BPの長さは［(2)］cmである。

4　次の図1は，あるつり橋のケーブルの断面と，素線（針金の一種）を正六角形の形に束ねた「ストランド」の断面を表しています。また，図2，3は，同じ種類の素線を1周目，2周目と束ねたストランドの断面の模式図です。このようにして，断面が直径5㎜の円である素線を，芯となる素線の周りに1周目，2周目，…と正六角形の形に束ねていくとき，模式図で一辺に並ぶ円の個数とストランドの太さ，素線の本数について，次のページの①～③に答えなさい。

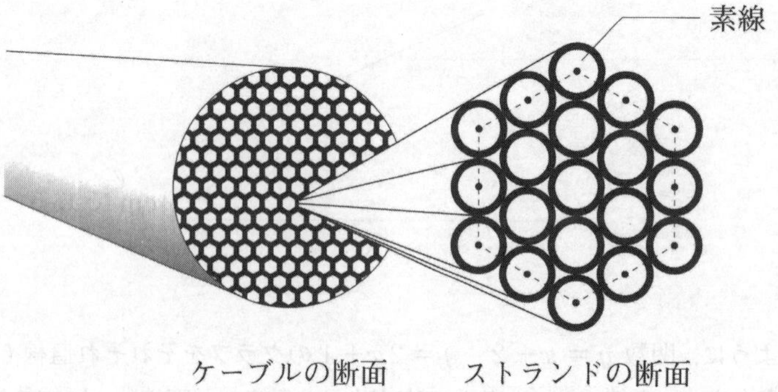

図1

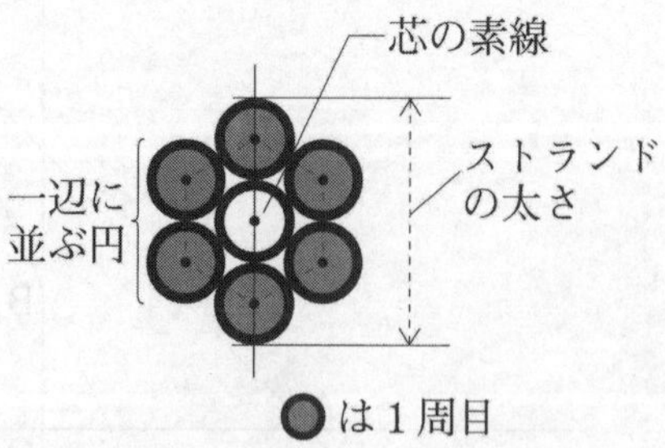

図2

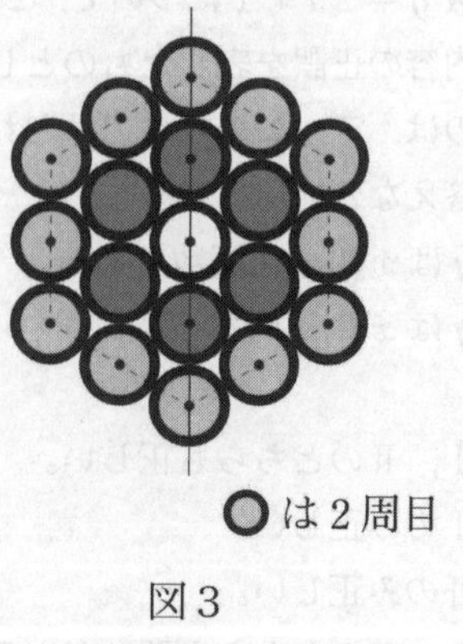

図3

【ストランドの太さについて】
・縦一列に並ぶ円の中心は，すべて同じ直線上にある。
・ストランドの太さは，芯の素線を含む縦一列に並ぶ円の直径の和とする。例えば，前のページの図２で表されるストランドの太さは15㎜である。

① 表の (あ) ～ (う) に適当な数を書きなさい。

周（周目）	1	2	3	…	(い)	…
一辺に並ぶ円の個数（個）	2	3	4	…	(う)	…
ストランドの太さ（mm）	15	25	(あ)	…	65	…

② n が自然数のとき，ストランドの，n 周目にある素線の本数を表す式は，次のように求めることができます。(え)，(お) に適当な式を書きなさい。

・n 周目の模式図で，一辺に並ぶ円を図４のように囲むと，
　１つの囲みに円が (え) 個ある。
・同じ囲みが６つあるから，この囲みで数えた円は，
　６×((え)) 個になる。
・各頂点の円を２回数えているから，n 周目のすべての円は，６×((え)) 個より頂点の数だけ少ない。よって，
　n 周目にある円の個数を表す式は，(お) である。

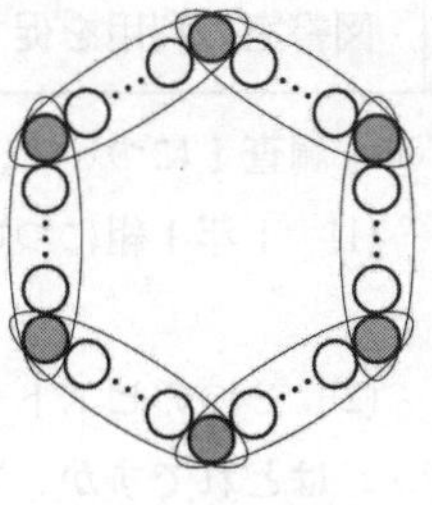
図４

したがって，ストランドの n 周目にある素線の本数を表す式は，(お) になる。

③ 太さ65㎜のストランドに使われている素線は，全部で何本になるかを求めなさい。ただし，芯の素線も含みます。

5 次は，１年生の図書委員のレポートです。①，②に答えなさい。

図書室利用と読書時間について

１年図書委員

１　目的
　読書時間を増やすため，1年生（70名）の現状を分析します。

２　調査Ⅰ
　クラスごとに，各個人の１か月間の図書室の利用回数をヒストグラムに表しました。
　例えば，どちらのクラスも，利用回数が10回以上12回未満の階級に入っている生徒は３人であることがわかります。

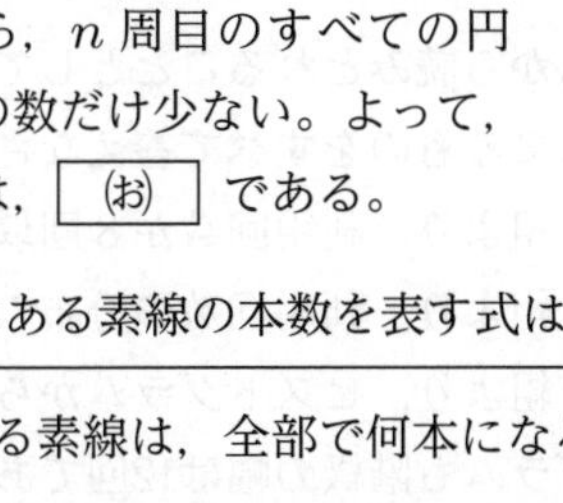

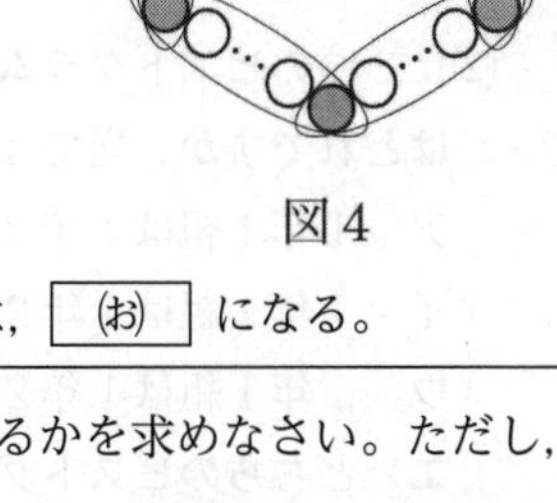

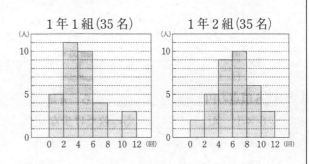

3　調査Ⅱ

１年生全員を対象に，調査Ⅰの利用回数が，

６回未満をＡグループ

６回以上をＢグループ

に分け，各個人の１日あたりの読書時間を度数分布表に表しました。

度数分布表（１日あたりの読書時間）

階級（分）	Ａグループ		Ｂグループ	
	度数（人）	相対度数	度数（人）	相対度数
以上　未満 0 ～ 10	6	0.14	0	0.00
10 ～ 20	18	0.43	2	0.07
20 ～ 30	8	0.19	8	0.29
30 ～ 40	6	0.14	10	0.36
40 ～ 50	4	0.10	6	0.21
50 ～ 60	0	0.00	2	0.07
合計	42	1.00	28	1.00

4　まとめ

調査Ⅰから１組の生徒の図書室の利用回数は２組と比べて少ない傾向でした。また，調査Ⅱから利用回数が多い人ほど１日あたりの読書時間が多い傾向であると思います。

よって，図書室の利用回数を増やせば読書時間の増加が期待できると思います。今後も，図書室の利用を促す活動をしていきます。

①　調査Ⅰについて，⑴，⑵に答えなさい。

⑴　１年１組について，中央値が入っている階級を答えなさい。

⑵　２つのヒストグラムから読みとれることとして必ず正しいといえるのは，ア～エのうちではどれですか。当てはまるものをすべて答えなさい。

ア　１年１組は１年２組より，利用回数が８回以上の人数が少ない。

イ　１年１組は１年２組より，利用回数の分布の範囲が小さい。

ウ　１年１組は１年２組より，ヒストグラムからわかる最頻値が小さい。

エ　どちらのヒストグラムも階級の幅は12回である。

②　調査Ⅱについて，⑴，⑵に答えなさい。

⑴　度数分布表をもとに表される，縦軸を相対度数とした度数分布多角形（度数折れ線）として最も適当なのは，ア～エのうちではどれですか。一つ答えなさい。

ア

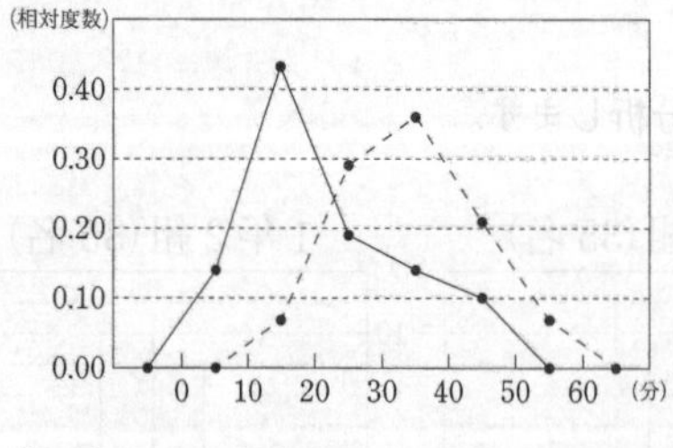

イ

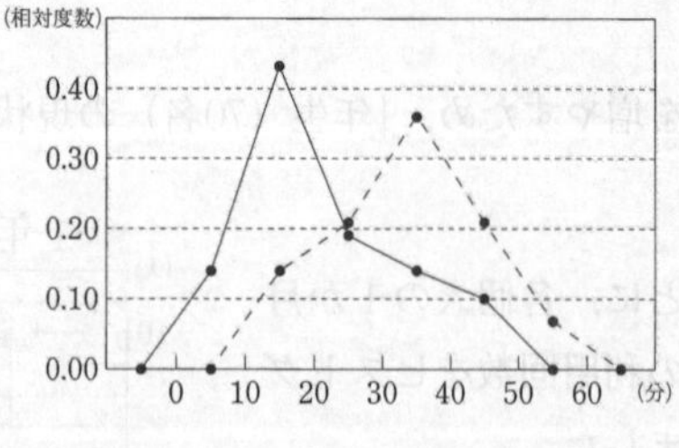

ウ

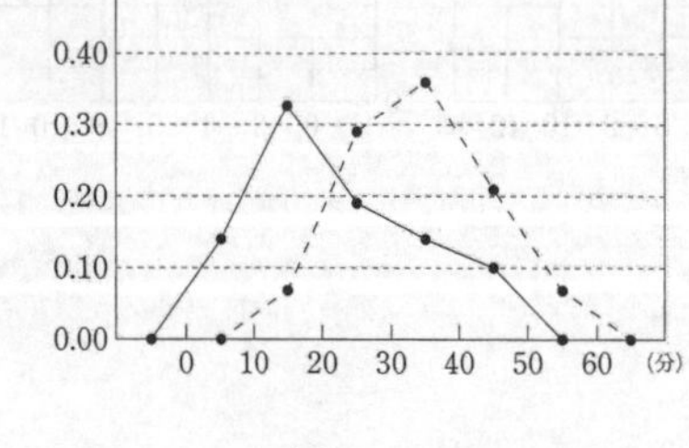

エ

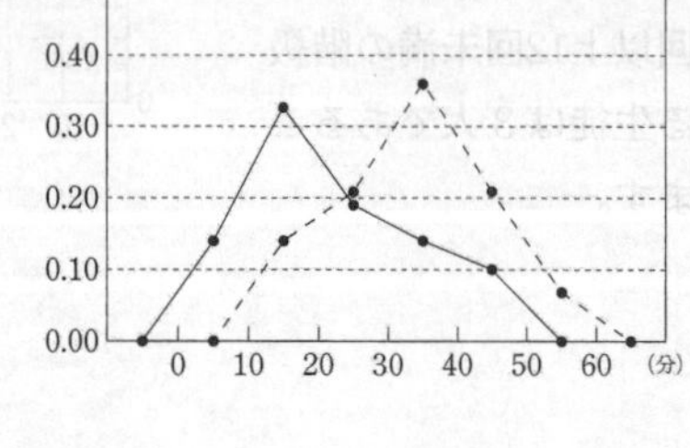

(2)　1日あたりの読書時間の平均値は，Aグループがちょうど20分，Bグループがちょうど35分でした。1年生全員の1日あたりの読書時間の平均値を求めなさい。ただし，答えを求めるまでの過程も書きなさい。

6　次の図1のように，合同な正方形ABCDと正方形OEFGがあり，頂点Oは正方形ABCDの対角線の交点に重なり，辺BCと辺OEは垂直に交わっています。次に，正方形OEFGを，点Oを中心として回転移動させます。図2は，反時計回りに45°だけ回転移動させた図です。太郎さんは，<**気付きと予想**>について確認しました。①～③に答えなさい。ただし，点Pは辺BCと辺OEとの交点，点Qは辺CDと辺OGとの交点とします。

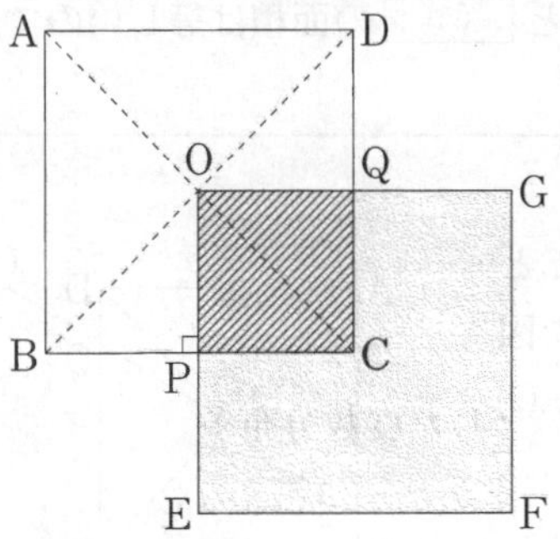

図1

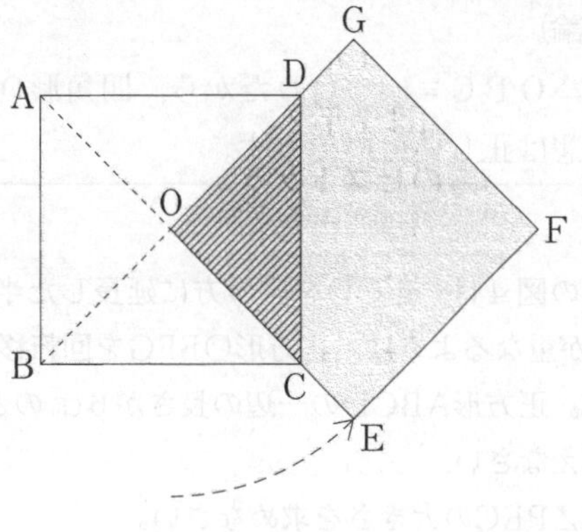

図2

<**気付きと予想**>

図1，2で，2つの正方形が重なる部分（▨）の面積は，どちらも正方形ABCDの面積の［(あ)］倍です。正方形OEFGを図1から図2の状態まで回転移動させる間は，2つの正方形が重なる部分の面積は変化しない，と予想します。

①　［(あ)］に適当な数を書きなさい。

②　太郎さんは，予想を確認するために，正方形OEFGをある角度だけ回転移動させた図3で，△OPCと△OQDに着目しました。次のページの<**太郎さんの確認資料**>について，［(い)］に∠POC＝∠QODを導くまでの過程を書きなさい。また，［(う)］に当てはまるものとして最も適当なのは，**ア**～**エ**のうちではどれですか。一つ答えなさい。

ア　四角形OABP　　**イ**　四角形OQDA
ウ　△BCD　　**エ**　△OCD

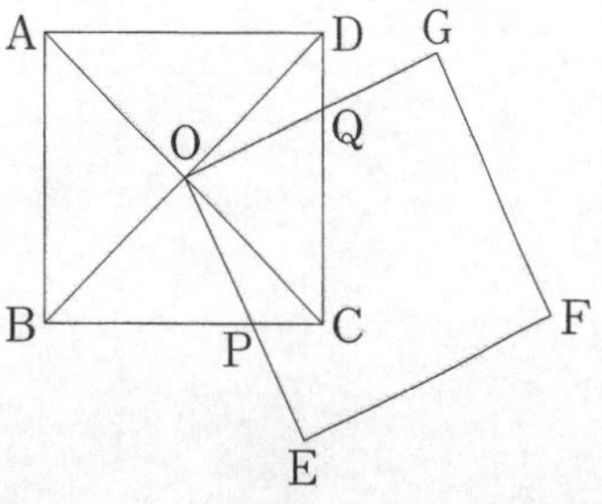

図3

＜太郎さんの確認資料＞

成り立つこと	根拠となること
∠ＯＣＰ＝∠ＯＤＱ＝45° ＯＣ＝ＯＤ	正方形の対角線は垂直に交わり，長さが等しく，それぞれの中点で交わるので，△ＯＢＣ，△ＯＣＤが直角二等辺三角形。
∠ＰＯＣ＝∠ＱＯＤ	(い) よって，∠ＰＯＣ＝∠ＱＯＤが成り立つ。
△ＯＰＣ≡△ＯＱＤ	１組の辺とその両端の角がそれぞれ等しい。

（結論）

△ＯＰＣ≡△ＯＱＤだから，四角形ＯＰＣＱと (う) の面積は等しいので，予想は正しいといえます。

③　右の図４は，辺CDをCの方に延長した半直線DCと点Eが重なるように，正方形OEFGを回転移動させた図です。正方形ABCDの一辺の長さが６㎝のとき，(1)，(2)に答えなさい。

(1)　∠PECの大きさを求めなさい。

(2)　△PECの面積を求めなさい。

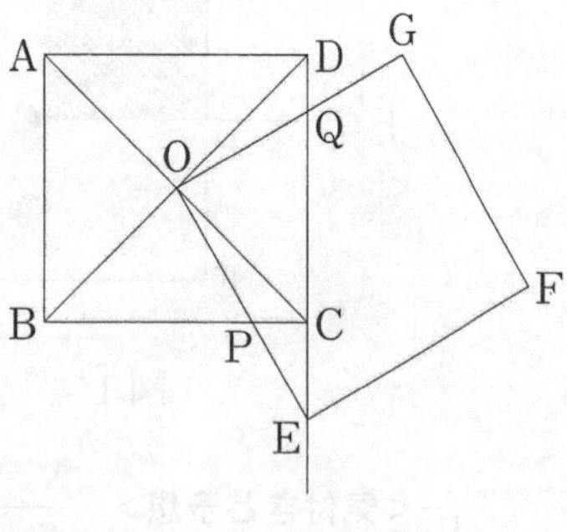

図４

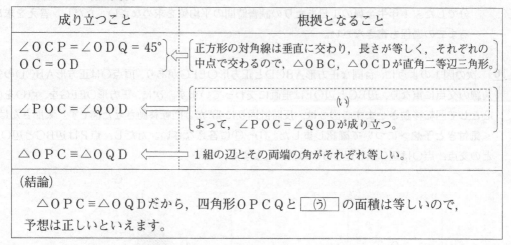

＜英語＞

時間　45分　満点　70点

1　この問題は聞き取り検査です。問題Ａ～問題Ｃに答えなさい。すべての問題で英語は２回ずつ読まれます。途中でメモをとってもかまいません。

問題Ａ　⑴～⑶のそれぞれの英文で説明されている内容として最も適当なのは，ア～エのうちではどれですか。一つ答えなさい。

⑴

ア

イ

ウ

エ

⑵

ア

時間割	
1	体育
2	国語
3	社会
4	理科
昼食 (12:00 ～ 12:45)	
5	数学
6	英語

イ

時間割	
1	国語
2	数学
3	社会
4	理科
昼食 (12:00 ～ 12:45)	
5	体育
6	英語

ウ

時間割	
1	数学
2	英語
3	社会
4	理科
昼食 (12:00 ～ 12:45)	
5	体育
6	国語

エ

時間割	
1	体育
2	理科
3	英語
4	国語
昼食 (12:00 ～ 12:45)	
5	数学
6	社会

⑶

ア

50M 走の順位

1位　Aya
2位　Yoko
3位　Mika

イ

50M 走の順位

1位　Yoko
2位　Aya
3位　Mika

ウ

50M 走の順位

1位　Mika
2位　Yoko
3位　Aya

エ

50M 走の順位

1位　Mika
2位　Aya
3位　Yoko

問題Ｂ　⑴，⑵のそれぞれの会話の最後の文に対する応答部分でチャイムが鳴ります。そのチャイムの部分に入れるのに最も適当なのは，ア～エのうちではどれですか。一つ答えなさい。

⑴
ア　I see.　I have been there.
イ　I like it.　It has many books.
ウ　No.　I didn't go there by car.
エ　Me too.　The museum was really good.

(2)
- ア You have just eaten dinner. So you can have it.
- イ Do you want to make one? Tell me if you need any help.
- ウ No. You can eat it after dinner. That will be better.
- エ Yes. You need to have it for breakfast tomorrow.

問題C　中学生のTaroのスピーチが英語で読まれます。(1)～(3)に答えなさい。

(1) スピーチの中でTaroが最初に紹介している写真として最も適当なのは，ア～エのうちではどれですか。一つ答えなさい。

ア

イ

ウ

エ

(2) スピーチの中でTaroが今必要だと思っていることとして最も適当なのは，ア～エのうちではどれですか。一つ答えなさい。

ア 家族や友人と過ごすこと　　イ 友人をつくること

ウ 踊りの歴史を学ぶこと　　エ 英語を勉強すること

(3) スピーチの最後にTaroがした質問に対して，あなたならどのように答えますか。[　　] にあなたの答えを英語４語以上で書きなさい。

I think you should [　　　　].

2　中学生のRikoとDan，留学生のJustinは同じクラスで，谷先生（Ms. Tani）が英語の授業を担当しています。①～⑤に答えなさい。

① 谷先生が，授業の始めに生徒と話をしました。[(あ)]，[(い)] に入れるのに最も適当なのは，ア～エのうちではどれですか。それぞれ一つ答えなさい。

Ms. Tani : What did you do after you got up?

Dan : I washed my face and changed my [　(あ)　] in my room.

(あ) ア clothes　　イ classes　　ウ buses　　エ potatoes

Ms. Tani : How was your weekend?

Riko : I enjoyed it [　(い)　] I watched a basketball game.

(い) ア so　　イ but　　ウ because　　エ if

② Rikoが自分たちの住むみどり町をJustinに紹介しました。Rikoが書いた次のページのメモの一部を参考にして，[(う)]，[(え)] に最も適当な英語１語をそれぞれ入れ，紹介文の一部を完成させなさい。

みどり町の紹介文の一部

Midori Town has a station, a big [　(う)　], and many gardens and temples. The sky at [　(え)　] is beautiful.

メモの一部

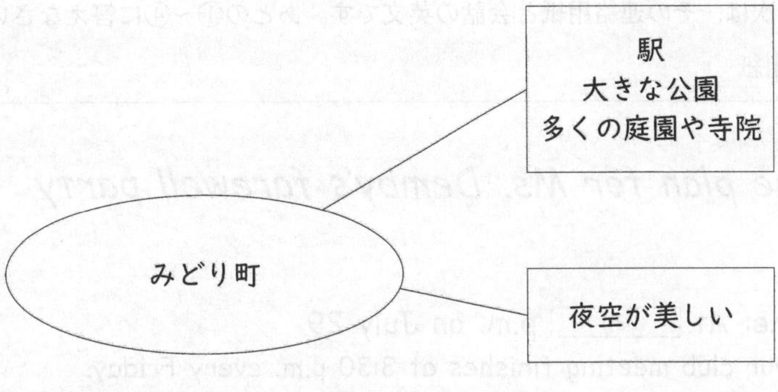

③　谷先生が，授業中に生徒からの質問にそれぞれ答えました。[(お)]，[(か)] に入れるのに最も適当な英語１語をそれぞれ書きなさい。

Dan : Do you know this book?
Ms. Tani : *Yukiguni*. It is a book [(お)] by Kawabata Yasunari.
Riko : What does "aunt" mean?
Ms. Tani : The [(か)] of someone's father or mother.

④　次の⑴，⑵のそれぞれについて，必要があれば（　）内の語を適当な形に変えたり，不足している語を補ったりなどして，＜　＞の状況で自然な会話になるように英文を完成させなさい。

⑴　＜登校中＞

Justin : Where is your favorite place in this town?
Dan : Green Soccer Stadium. I like (go) there.

⑵　＜放課後＞

Riko : Oh, Dan! Where have you been? I (look) for you for one hour.
Dan : I have been here since this afternoon.

⑤　Dan と Riko がボランティアについてのポスターを見ながら話をしました。ポスターの情報をもとに，あなたが Riko になったつもりで，次の会話の [　] に適当な英語４語を書きなさい。

Dan : Which activity are you going to join?
Riko : I want to teach children [　　　　].

ポスター

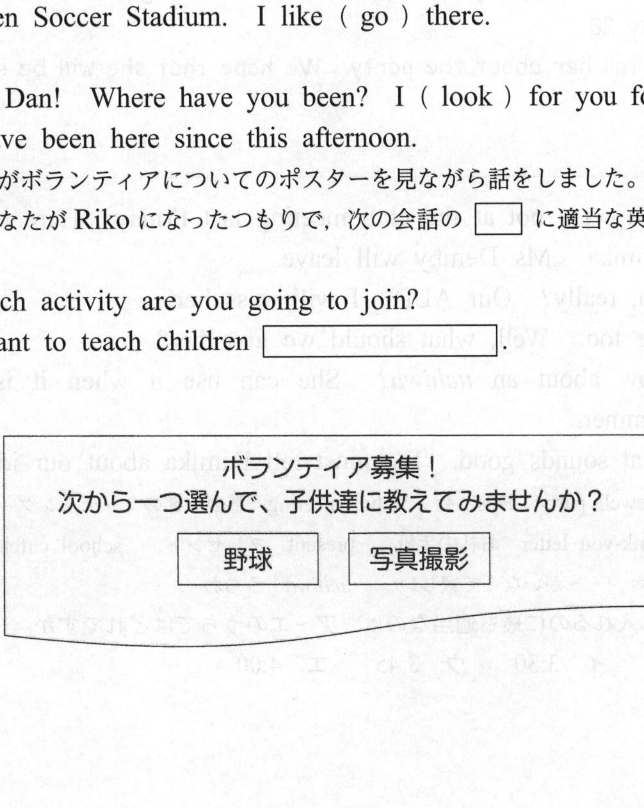

3　英語クラブの部員のEmiとMatが，部長のFumikaからの連絡用紙を見ながら話をしています。次は，その連絡用紙と会話の英文です。あとの①～④に答えなさい。

連絡用紙

July 15

The plan for Ms. Demby's farewell party

Time: At ［あ］ p.m. on July 29
・Our club meeting finishes at 3:30 p.m. every Friday.
So we will have thirty minutes to prepare for the party.
Place: Nagomi Room

Things to bring:
・A thank-you letter
We will write it at the club meeting next Friday. If you cannot come, please write your letter and bring it to the party.
・A present
It should be something Japanese. Tell me about your idea next Wednesday.

Things to remember:
・Prepare for the party at Nagomi Room after eating lunch at the school cafeteria on July 28.
・Don't tell her about the party. We hope that she will be surprised.

Fumika

Emi : You were not at the club meeting last Friday. Here is the message from Fumika. Ms. Demby will leave.
Mat : Oh, really? Our ALT? I will miss her.
Emi : Me too. Well, what should we give her?
Mat : How about an *uchiwa*? She can use it when it is ［い］ in the summer.
Emi : That sounds good. We must tell Fumika about our idea tomorrow.

［注］　farewell party　お別れ会　　club meeting　部会，部のミーティング
thank-you letter　お礼の手紙　　present　プレゼント　　school cafeteria　食堂
miss ～　～がいなくて寂しい　　*uchiwa*　うちわ

①　［あ］に入れるのに最も適当なのは，ア～エのうちではどれですか。一つ答えなさい。
ア　3:00　　イ　3:30　　ウ　3:45　　エ　4:00

② 連絡用紙からわかる内容として最も適当なのは，ア～エのうちではどれですか。一つ答えなさい。

ア The club members are going to meet a new ALT in July.

イ The club members have to write a letter at the party.

ウ The club members can prepare for the party at the school cafeteria on July 28.

エ The club members must not tell Ms. Demby about the party.

③ あなたがMatになったつもりで，(い) に適当な英語１語を書きなさい。

④ 次のカレンダーでEmiとMatが会話している日として最も適当なのは，ア～エのうちでは，どれですか。一つ答えなさい。

ア 7月15日

イ 7月19日

ウ 7月20日　エ 7月22日

7月

日	月	火	水	木	金	土
					1	2
3	4	5	6	7	8	9
10	11	12	13	14	15	16
17	18	19	20	21	22	23
24	25	26	27	28	29	30
31						

4 Yuyaは，漁船漁業（capture fisheries）と養殖業（aquaculture）を合わせた魚の生産量（fish production）についてのグラフ（graph）を見せながら発表をしました。次の英文は，その発表と，発表を聞いたSakiとの会話の一部です。①～⑤に答えなさい。

■発表

How much fish do you eat in a year? Now people in the world are eating more fish. So, it's necessary to keep stable fish production.

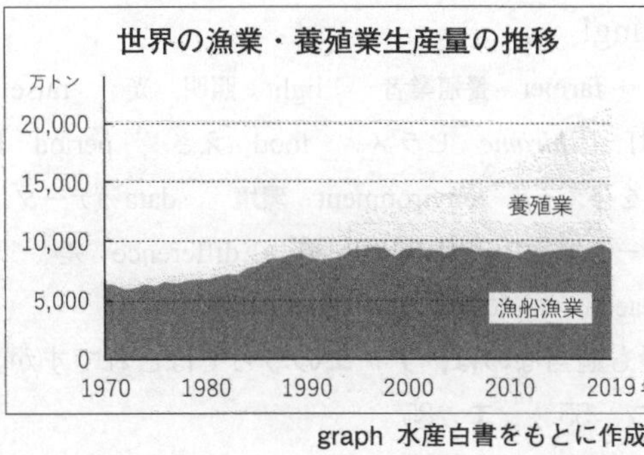

graph 水産白書をもとに作成

Look at the graph. Production from capture fisheries has been almost the same since about 1985. However, aquaculture production is becoming larger and about (あ) % of fish production came from aquaculture in 2019. Why? I think that aquaculture with new technology has brought success to fish production. I'll show you some examples.

Farmers usually need lights to raise fish. Some of them use green LED lights for *hirame*. With more effective lights, *hirame* can swim more in the water, get more food, and grow faster. Before, raising *hirame* took about twelve months, but now it takes about nine months. Farmers can save money because of the green LED lights and the shorter period of raising *hirame*. We may eat cheaper *hirame* in the future.

I have also found another example. Most of the money is used for feeding fish. By using (い)AI technology, farmers can check how much food the fish eats, the weather, and the environment in the sea. The farmers get all the data about them through their smartphones. Then they can decide the right amount of food to give to the fish and when to feed them. Now they just use their smartphones to feed fish. Feeding them well is important because farmers can keep clean water in the sea.

New technology is changing the ways of aquaculture. That may help farmers keep fish production and save money for raising fish. That may also help people keep eating fish and protect the environment.

■会話の一部

Saki : Yuya, I am surprised to know that the period of raising *hirame* is shorter. The difference is about (う) months!

Yuya : You are right.

Saki : That's amazing. By the way, (え)

Yuya : Well, the sun light mainly has red, green, and blue light. Each light has different waves that can reach different depths in the sea. Farmers say that *hirame* can get bigger in the water especially with the green lights.

Saki : That's interesting!

［注］ stable 安定した　farmer 養殖業者　light 照明，光　raise ～ ～を養殖する
LED light LED灯　*hirame* ヒラメ　food えさ　period 期間
feed ～ ～にえさを与える　environment 環境　data データ
smartphone スマートフォン　amount 量　difference 差　mainly 主に
wave 波長　reach ～ ～に達する　depth 深さ

① (あ) に入れるのに最も適当なのは，ア～エのうちではどれですか。一つ答えなさい。

ア 5　イ 25　ウ 55　エ 85

② Sakiは発表を聞きながら，下線部(い)によっておこる内容をまとめました。次のページの (1) について当てはまるものは，ア～エのうちではどれですか。二つ答えなさい。また，(2)

に適当な日本語を入れなさい。

養殖業者が確認する
- ・ (1)
- ・
- ・海中の環境

➡

養殖業者が決定する
魚に与える適正なえさの量と (2) べきか

ア　魚の体長　イ　食べるえさの量　ウ　食べるえさの形状　エ　天気

③ (う) に入れるのに最も適当な英語1語を書きなさい。

④ (え) に入れるのに最も適当なのは，ア～エのうちではどれですか。一つ答えなさい。

ア　when was the green light made?
イ　how is the green light used in the water?
ウ　where do farmers feed hirame?
エ　why do farmers choose the green light?

⑤ 発表の中でYuyaが伝えたい内容として最も適当なのは，ア～エのうちではどれですか。一つ答えなさい。

ア　Production from capture fisheries will be bigger because of new technology.
イ　New technology used for aquaculture is dangerous for people's health.
ウ　Using new technology for aquaculture may be useful for both people and nature.
エ　All farmers must use new technology if they want to solve problems about feeding.

5　次の英文を読んで，①～⑥に答えなさい。

Can you imagine your life without medicine? Many people around the world cannot buy medicine or go to a (あ) when they are sick. Here's a story about one Japanese woman helping those people in Africa.

When she was a university student, she became a volunteer in India. She learned that there were a lot of poor people who could not get medical care. After that, she went to Niger to join another volunteer work. Though she kept telling people there that medicine was important, they still could not get it. There were (い) some reasons for that. Medical costs were too high for them. People in remote villages also had to use time and pay money to get to hospitals in cities. People had to wait for hours at hospitals, too. She began to think, "What can I do to carry medicine to the people who need it? How can I make a sustainable system which local people can use?" To find the answers, she went back to Japan and studied more about medicine and business. Finally, she got an idea called the *okigusuri* system.

Have you ever heard of *okigusuri*? It's the traditional Japanese " (う) " medicine system which started about 300 years ago. During the Edo period, people could not go to cities easily and families were quite large. So people used *okigusuri* boxes full of medicine. These boxes were put at homes and money was collected after medicine was used. This system became popular. The life in Niger now reminded her of life in the Edo period. She thought that *okigusuri* was useful for people in Niger, too.

In 2014, she made a NPO team with other members to spread the *okigusuri* system in Africa. Her team chose the medicine which local people needed and put it in their *okigusuri* boxes. Then its members started to transport the boxes to remote villages. Transporting medicine took a lot of time because *okigusuri* was a new system. It was difficult and expensive. However, later more villages joined this system and the transport procedure became easier. That made the transport costs [(え)]. The team also gave people in those villages in Africa medical advice. Now the people there can live with safe medicine because of the *okigusuri* system. This system helps people solve some medical problems.

She said, "All the people in Africa should get medicine. In the future, I hope that local people can [(お)] by using this *okigusuri* system. That's my goal. For their better lives, we really want more people in the world to know about our activity and to support us." Her dream has just begun.

［注］ medicine 薬　medical 治療の，医療の　Niger ニジェール（アフリカの国名）
cost 費用　remote 離れたところにある　village 村　pay ～ ～を支払う
sustainable 持続可能な　business ビジネス，経済，経営　the Edo period 江戸時代
NPO 非営利組織　spread ～ ～を広める　transport 輸送する，輸送
procedure 手順，方法　safe 安全な

① [(あ)] に入れるのに適当な職業を表す英語１語を書きなさい。

② 下線部(い)について，当てはまらないものは，ア～エのうちではどれですか。一つ答えなさい。

ア 病院でのボランティアが足りないこと　イ 医療費が高いこと
ウ 病院に行くまでに時間やお金がかかること　エ 病院での待ち時間が長いこと

③ [(う)]，[(え)] に入れる英語の組み合わせとして最も適当なのは，ア～エのうちではどれですか。一つ答えなさい。

ア (う) pay first, use later　(え) higher
イ (う) use first, pay later　(え) lower
ウ (う) use first, pay later　(え) higher
エ (う) pay first, use later　(え) lower

④ [(お)] に入れるのに最も適当なのは，ア～エのうちではどれですか。一つ答えなさい。

ア travel to many foreign countries
イ introduce Africa to the world
ウ live longer with no medicine
エ take care of themselves in Africa

⑤ 紹介されている日本人女性に関する出来事を，次のア～エのように表した。英文で書かれている順にア～エを並べ替えなさい。

ア She started a NPO in Africa.

イ She did volunteer activities in Niger.

ウ She got an idea about the *okigusuri* system.

エ She worked as a volunteer in India.

⑥ 本文の内容と合っているのは，ア～オのうちではどれですか。当てはまるものをすべて答えなさい。

ア People in Niger started to get medicine soon after she asked for it.

イ An idea about a medicine system came to her during her stay in Niger.

ウ She remembered life in the Edo period when she saw the life in Niger now.

エ People in Africa got useful advice about their health from her NPO team.

オ She has already finished spreading the *okigusuri* system all over Africa.

ゆる苦難を乗り越えることによって、さまざまな場面で生きていることを実感しながら旅をしようという決意。

ウ　孤独や不安を抱えつつ新しいことに果敢に挑戦するという旅のなかで、自他の違いから生じる問いへの答えを模索し、自己の存在を確認しながら生きていこうという決意。

エ　世界の神秘的な自然美と出会う度に、次元を超えて生きる自然の姿に感動したが、そうした自然が自分の身近にも存在していることを広く伝えながら旅をしようという決意。

ざまな境界線をすり抜けて、世界のなかにいるたった一人の「ぼく」として生きていける気がするからです。

いままでに出会ったいくつもの世界や、たくさんの人の顔、なによりも大切な人の笑顔を思い描き、ともに過ごしたかけがえのない時間について心のなかでくり返し問いつづけながら、ⓕいま生きているという冒険にふたたび飛び込んでいくことしか、ぼくにはできないのです。

家の玄関を出て見上げた先にある曇った空こそがすべての空であり、家から駅に向かう途中に感じるかすかな風のなかに、もしかしたら世界のすべてが、そして未知の世界にいたる通路が、かくされているのかもしれません。

（出典　石川直樹「いま生きているという冒険」）

(注)　ネガフィルム——被写体の明暗や色が反転した画像がつくられる写真の陰画。
四次元——一般的に、縦・横・高さという空間の三次元に時間の一次元を加えたもの。
トランス——意識が通常とは異なった状態。
ミクロネシア——西太平洋のうち、赤道以北の散在する島々の総称。
シャーマン——精霊などと交信する人物のこと。
プロセス——過程。

① 「ⓐ観光旅行……は違います」とありますが、筆者の考える「旅」として適当なのは、**ア**～**カ**のうちではどれですか。二つ答えなさい。

ア　他者と同一の行動をすること。
イ　あえて危険をおかすこと。
ウ　まだ知り得ていない世界に身を置くこと。
エ　目前の問題に適切に対処すること。
オ　地理的に遠い場所に行くこと。
カ　日常において新たな経験を積むこと。

② [ⓑ]、[ⓓ]にそれぞれ入れることばの組み合わせとして最も適当なのは、**ア**～**エ**のうちではどれですか。一つ答えなさい。

ア　ⓑ　それから　ⓓ　たとえ
イ　ⓑ　一方　ⓓ　もし
ウ　ⓑ　だから　ⓓ　全然
エ　ⓑ　たとえば　ⓓ　さらに

③ 「ⓒ洞窟の……なさそうです」とありますが、洞窟壁画を描くことの意味についての筆者の考えを説明した次の文の□に入れるのに適当なことばを、文章中から十五字で抜き出して書きなさい。

筆者は、洞窟壁画を描くことには、現実世界を生きる今の自分から離れ、□と現実世界とを行き来する意味があったと考えている。

④ 「ⓔその人が……ばかりです」とありますが、これがどういうことかを説明した次の文の□に入れるのに適当なことばを、十字以内で書きなさい。

人は、精神の冒険を繰り返すなかで□ことにより、新しい未知の世界が開かれ、自分の心が揺さぶられる何かに出会える可能性がいくらでも広がるということ。

⑤ 「ⓕいま生きている……できないのです」とありますが、このことばに込められた筆者の思いを説明したものとして最も適当なのは、**ア**～**エ**のうちではどれですか。一つ答えなさい。

ア　異文化世界に触れる旅において、そこに存在する文化をありのままの形で受け入れつつ自らの原点を見つめ直すことで、常に自分と向き合いながら生きていこうという決意。
イ　自分が生きている世界とは別の世界にも助けを求めつつ、あらいます。旅人は常に少数派で、異邦人で、自分の世界と他者の世界のはざまにあって、さまざまな状況で問いをつきつけられることになります。多かれ少なかれ、世界中のすべての人は旅をしてきたといえるし、生きることはすなわちそういった冒険の連続ではないでしょうか。（中略）

　地球上にもはや地理的な空白がほとんど存在しないとしたら、未知のフィールドを求める旅人は、より遠くへ遠くへと視線を投げかけなければいけないのでしょうか。もちろんそうすることもときに必要ですが、未知の領域は実は一番身近な自分自身のなかにもあり、また、現実を超えたもう一つの世界がすぐそばに存在しているとぼくは思います。（中略）

　洞窟はその形状からよく人間の胎内にたとえられます。富士山周辺の洞窟の奥には神を祀《まつ》っているところが多いですが、ヨーロッパの洞窟などではその最深部に壁画が描かれています。ⓒ洞窟の奥にある壁画は、見られることを前提に描かれたわけではなさそうです。当時は電灯などはありませんでしたし、深い洞窟の奥で松明《たいまつ》を燃やし続けるのは危険ですから、大半の洞窟壁画は闇のなかで孤独に描かれていました。

　壁画のなかでも「ネガティブハンド」と呼ばれる手の形をしたイメージは、ネガフィルムのように反転画像になっています。どうやって描いたかというと、自分の手を壁に置き、その上から口に含んだ顔料を息と一緒に吹き付けたというのです。

　闇のなかで壁に向かって一心不乱に顔料を吹きかけるという行為を通じて、古代の人々は何を伝えたかったのでしょう。ⓓ□、伝えることを目的としていないならば、洞窟の最深部にひっそりと描かれた動物の絵は、何を表しているのでしょうか。

　壁画のなかにはもちろん狩猟のサインのような役割を果たしたものもあるはずですが、闇のなかで描くという行為そのものが、時間と空間を飛び越えた別の世界と自分とをつなぐ身ぶりそのものだったのではないでしょうか。壁に向かって絵を描くことや息を吹きかけるという行為を通じて、ある種のトランス状態のなかで自分と向き合い、あるいは祈りを捧《ささ》げ、四次元の世界と現実の世界を行き来していたように思えてなりません。（中略）

　いまぼくたちが生きている物質的な空間とは別の世界が確かにあって、それは「ここ」や「あそこ」にあるのではなく、あらゆる場所に存在しています。その世界への通路は、いわゆる「聖地」と呼ばれる場所にひらかれていたり、あるいは想起する力によって自分自身の中に引っ張り込むことも可能になるでしょう。ミクロネシアの航海者や洞窟壁画を描いた人々、沖縄ではノロと呼ばれる神事を司《つかさど》る女性、先住民社会のシャーマン、あるいは現代の優れたアーティストなどは、そのような通路を意識せずに自分の中にもっていて、現実の世界で表現し、誰かに伝えられる力をもっているはずです。

　現実の世界とは別の世界を探すプロセスは、そのまま精神の冒険であり、心を揺さぶる何かへと向かう想像力の旅へとつながっていきます。それは実際に世界を歩き回るよりもはるかに難しく、重要なことであるとぼくは考えるのですが、みなさんはどう思われますか？　たとえ世界中のあらゆる場所をくまなく見て回ったとしても、ⓔその人が歩き続けていく限り、未知のフィールドはなくならないどころか、無限に広がっていくばかりです。

　旅をすることで世界を経験し、想像力の強度を高め、自分自身を未来へと常に投げ出しながら、ようやく近づいてきた新しい世界をぼくはなんとか受け入れていきたいと思っていました。そうすれば、さま

イ　自分の本心を打ち明けてみようとする心
ウ　相手の意図がどこにあるのかを慎重に探ろうとする心
エ　周囲の期待に率先して応えようとする心

③「ⓓまゆちゃんが、目を丸くした」とありますが、このときの「まゆ」の様子を説明した次の文の□に入れるのに適当なことばを、十五字以内で書きなさい。

まゆが、自信がなかった自分の絵を□様子。

④「ⓔまゆちゃんは、どきどきしてきた」とありますが、このときの「まゆ」の心情を説明したものとして最も適当なのは、ア～エのうちではどれですか。一つ答えなさい。

ア　ルイが描いた絵を自分に譲ってくれることに感謝しつつ、代わりに自分が描いた絵をルイに譲らなければならないことに緊張を覚えている。
イ　ルイを描いた自分の絵のなかに、何となく見ているだけでは気付けないルイの真の姿が表現されていたことがわかり動揺を隠せずにいる。
ウ　ルイを描いた自分の絵はよい出来ではなかったが、細部まで丁寧に描いた自らの努力をルイがちゃんと見てくれていたことに満足している。
エ　ルイの描いた絵から、自分が存在しているということや生きているということの気付きが得られたことを思い起こし気分が高揚している。

⑤　この文章の表現と内容について説明したものとして最も適当なのは、ア～エのうちではどれですか。一つ答えなさい。

ア　まゆのことばから他者の目に映る自分を意識したことがわかるが、他者の視線を気にするあまり不安を募らせるまゆのあどけない様子が、比喩を用いて印象的に描かれている。
イ　まゆの言動から気付きを得た実弥子のことばによって、まゆも新たな気付きへと自然に導かれていく様子が、絵画教室に通う人たちの温かな人間関係とともに丁寧に描かれている。
ウ　ルイのことばによって、自分の描いた絵を他人に見せることへの恥ずかしさもすっかり消えたまゆの晴れ晴れとした気持ちが、実弥子やルイとの短い会話のなかに表現されている。
エ　ルイの非凡な才能を感じさせる作品から絵を描く意義を見いだし、自分も芸術家として優れた作品を描こうと決めた実弥子の覚悟のほどが、その回想場面に表現されている。

4　次の文章は、世界各地を旅しながら写真家として活動する石川《いしかわ》直樹《なおき》が書いた文章である。これを読んで、①～⑤に答えなさい。

ⓐ観光旅行に行くことと旅に出ることは違います。観光旅行はガイドブックに紹介された場所や多くの人が何度も見聞きした場所を訪ねることです。そこには実際に見たり触れたりする喜びはあるかもしれませんが、あらかじめ知り得ていた情報を大きく逸脱することはありません。□ⓑ、旅に出るというのは、未知の場所に足を踏み入れることです。知っている範囲を超えて、勇気を持って新しい場所へ向かうことです。それは、肉体的、空間的な意味あいだけではなく、精神的な部分も含まれます。むしろ、精神的な意味あいのほうが強いといってもいいでしょう。

　人を好きになることや新しい友だちを作ること、はじめて一人暮らしをしたり、会社を立ち上げたり、いつもと違う道を通って家に帰ることだって旅の一部だと思うのです。実際に見知らぬ土地を歩いてみるとわかりますが、旅先では孤独を感じたり、不安や心配がつきまとた気がしたのだった。

自分も、ルイを見て、描いた、とまゆちゃんは思う。よおく見ながら描いているうちに、なんとなく見ていたときには気付かなかったことが見えてきた。（中略）

顔には時間をかけてこだわって描いたけれど、身体の形はうまく描けなかった気がして、まゆちゃんは自信がなかった。でも、ルイにこの絵がほしいと言われて、ずいぶんうれしかった。自分も、ルイが描いてくれた自分の絵はとてもきれいだと思った。その絵が、ほしくなった、とても。なんだろう、この感じ。そこには、自分ではない人がいるようで、確かに自分がいる、とも思う。自分が、別の世界にいる……。

絵の道具を片づけながらまゆちゃんは、水に浮かんだゴムボートに乗ってゆられているような、不思議な心地がしていた。

（出典 東《ひがし》 直子《なおこ》「階段にパレット」）

(注) 希一――実弥子の夫。

① 「ⓐ実弥子ははっとする」とありますが、その理由を説明した次の文の X 、 Y に入れるのに適当なことばを、 X は十六字、 Y は十字で、文章中から抜き出して書きなさい。

実弥子は、まゆちゃんの「 X 」ということばを聞いて、絵に描かれた人物がその絵のなかで Y ことに気付き、これまで答えを見つけられずにいた絵を描くことの意味について、ヒントを得たように思ったから。

② 「ⓑやだなあ……はずかしすぎる」から「ⓒわかった……いかないよね」までの場面の「まゆ」の心情を整理した【図】（下段）を見て、(1)、(2)に答えなさい。

(1) 《「実弥子」のことば》に「絵はね、描き上がったときに、描いた人を離れるんだよ」とありますが、これがどういうことかを説明したものとして最も適当なのは、ア～エのうちではどれですか。一つ答えなさい。

ア 絵は、その目的や出来ばえに関係なく、作品を見る人を和ませるものだということ。

イ 絵は、描かれた内容に関係なく、作者の個性が強く反映されるものだということ。

ウ 絵は、作者の意志に関係なく、鑑賞作品として人々を引きつけるものだということ。

エ 絵は、作品のテーマに関係なく、鑑賞する人が自由に解釈するものだということ。

【図】

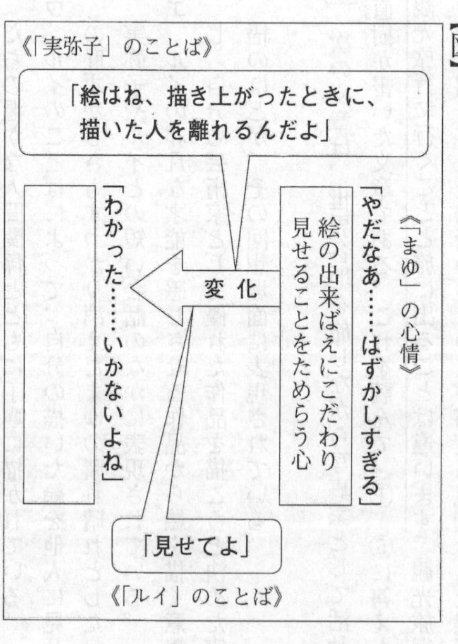
《「実弥子」のことば》
「絵はね、描き上がったときに、描いた人を離れるんだよ」
《「まゆ」の心情》
「やだなあ……はずかしすぎる」
絵の出来ばえにこだわり見せることをためらう心
変化
「わかった……いかないよね」
「見せてよ」
《「ルイ」のことば》

(2) 【図】の □ に入れることばとして最も適当なのは、ア～エのうちではどれですか。一つ答えなさい。

ア 自分にはなかった考え方を受け入れてみようとする心

「うわあ、私より二コも下なんだあ。ⓑやだなあ、こっちは、見せるのはずかしすぎる」
まゆちゃんが自分の絵を隠すように、覆いかぶさった。
「まゆちゃん、絵はね、描き上がったときに、描いた人を離れるんだよ」
実弥子がやさしく言った。
「え？ 離れる……？ どういうことですか？」
まゆちゃんが、絵の上に手をのせたまま顔を上げた。
「でき上がった絵は、ひとつの作品だから、でき上がった瞬間に、作者の手から離れて、まわりに自分を見てもらいたいな、という意志が生まれるのよ。それは作品自体の心。描いた人の心とは別に、新しく生まれるの」
「……ほんとに？」
まゆちゃんの眉が少し下がり、不安そうに数度まばたきをした。
「そうよ。たとえば、今ルイくんの描いたこの絵は、ルイくんだけのものだって思う？ ルイくんだけが見て、満足すれば、それでいいと思う？」
実弥子の質問に、まゆちゃんは長い睫毛を伏せてしばらく考えた。
「そりゃあ、ルイくんの絵は、上手だから……みんなで一緒に見たいなあって思うけど……」
「まゆちゃんの絵も、みんなが一緒に見たいなあって思ってるよ」
実弥子がそう言ったとき、ルイがその言葉にかぶせるように「見せてよ」と言った。
まゆちゃんは、少し照れたような表情を浮かべて、ルイにちらりと視線を送ってから背筋を伸ばした。
「ⓒわかった。モデルのルイくんが見たいって言うなら、見せないわけにはいかないよね」
まゆちゃんは、絵の上を覆っていたてのひらを滑らせるように引いた。画用紙の中には、こちらをじっと見据えてまっすぐに立つルイが現れた。（中略）
「やっぱり、それほどでもないし、はずかしい」
くるくると丸めた画用紙を、ルイがつかんだ。
「これ、ほしい」
「ええっ!?」
ⓓまゆちゃんが、目を丸くした。
「ほしいって……、私の、この絵が、気に入った、ってこと？」
ルイが、こくりと頷《うなず》いた。
「そっか、それって、やっぱりまゆちゃんの絵が、とってもすてきだからだよね！」
実弥子がまゆちゃんの肩に、ぽんと手を置いた。
「でも、みなさんの描いた絵は、それぞれ一度持ち帰って、お家《うち》の人に必ず見せて下さいね。そのあとで、どうするかはお母さんたちにも訊いて、みんなでよく相談して決めて下さい」
「相談ってことは、じゃあ、私の絵をルイくんにあげるかわりに、そのルイくんの絵を、私がもらったりしても、いいってこと？」
まゆちゃんが、ローテーブルの上に広げられたままの、自分が描かれたルイの絵を見た。
「いいよ」
ルイがさらりと返事をした。
ⓔまゆちゃんは、どきどきしてきた。ルイが描いた自分の顔が、自分を見ている、とまゆちゃんは思った。ルイが描いた自分。ルイが見ていた自分。自分が、他の人の目に映っているということを初めて知っ

説明した次の文の X 、Y に入れるのに適当なことばを、それぞれ十字以内で書きなさい。

演技者には、演技が X ための努力が求められるが、それを Y ことではじめて、演技が人の心を捉えるものになるということ。

④「ⓓ時に用ゆる」とありますが、これがどういうことかを説明したものとして最も適当なのは、ア～エのうちではどれですか。一つ答えなさい。

ア　演技者が、すばらしい演技で観客を魅了するために、舞台に上がる経験を重ねて、演技者としての存在感を大きく示すこと。
イ　演技者が、どのような観客の期待にも応えるために、季節に合わせて演目を変更し、お決まりの演技の型で表現すること。
ウ　演技者が、役者としての高い人気を保持するために、求められる演技を繰り返し披露して、観客からの支持を獲得すること。
エ　演技者が、観客を楽しませるために、観客の好みがさまざまであることを理解し、その都度観客の望む演技で応じること。

⑤ この文章で「花」にたとえられていることとして最も適当なのは、ア～エのうちではどれですか。一つ答えなさい。

ア　魅力的な演技を創造するための理論
イ　革新が生み出すロマンティックな演技の特徴
ウ　秘技を開放することによる演技への効果
エ　演技者と観客が心を通わせることの是非

3　次の文章は、自宅で絵画教室を開いている「実弥子《みやこ》」が、この教室に通う「ルイ」、「まゆ」、「ゆず」にお互いをモデルとして絵を描くという課題を出し、絵が描き上がった後、全員で鑑賞している場面です。これを読んで、①～⑤に答えなさい。

ルイが描いたまゆちゃんは、今にも絵の中から飛び出してきそうだった。細密に描かれた鉛筆の下書きの上に、慎重に絵の具が塗り重ねられていた。筆先を使って髪の毛や眉や睫毛《まつげ》が一本一本描かれ、瞳には淡い光がともっていた。まゆちゃんの顔によく似ていると同時に、その心の奥にある芯の強さを感じさせる。頬や指先、膝がしらには淡い桃色がかすかな青を滲《にじ》ませながら置かれていた。生き生きと血の通う、エネルギーの充《み》ちた子どもの身体なのだということを、実物以上に伝えているようだった。

「ルイくん、すばらしいね……」

実弥子は、ルイの絵のすばらしさを伝えるための言葉を探そうとしてうまく見つからず、口ごもった。

「わあ、すごい……。これが私……？」

「まゆちゃんに、にてる」

ゆずちゃんが、感心して言った。

「なんだろう、これ……。こんなふうに描いてもらうと、自分が今、ちゃんと生きてここにいるんだって、気がついた気がする……」

まゆちゃんがつぶやいた。ⓐ実弥子ははっとする。

ルイが、まゆちゃんをモデルに絵を描いた。ただそれだけの、シンプルなこと。でも、描かれた絵の中には、今まで見えていなかったその人が見えてくる。言葉では言えない、不思議な存在感を放つ姿が。ルイと希一、それぞれの母親がふと口にした「なんのために絵を描くのか」という問いの答えが、もしかするとこうした絵の中にあるのではないかと、実弥子は思った。

「ねえ、ルイくんって、何年生？」まゆちゃんが訊いた。

「三年」

「ⓐリアリスティックな美しさ」でした。

それを世阿弥は「まことの花」とも呼んでいます。その厳しさは次の言葉にもよく表れています。

どんな花でも散らないで残るものはない。散るからこそ、また咲く頃になると、美しいと感嘆するのである。能も、同じ表現ばかりに留《とど》まっていないことが花なのだということを、まず知っておくべきである。

いづれの花か散らで残るべき。散るⓑゆゑによりて咲くころあれば、珍しきなり。能も、住するところなきを、まず花と知るべし。

こうした言葉の中にも、世阿弥の能理論が戦略的な様相を呈していることがわかります。「住する」（停滞する）ことなき努力があってはじめて、「花」としての面白さも魅力も生まれて観客を喜ばせるからです。

ところで、ⓒこの「花の戦略」とも言うべきものは、ついには、はじめに掲げた「秘すれば花」の境地にまで徹底されていきます。

世阿弥自身がこのことを「兵法」にたとえているように、この「秘すれば花」は、あたかも軍事作戦の最高機密にかかわるような話でしょう。「これは花ですよ」ということが観客に知られず、ただ面白いと感じてもらえる場合こそが、演技者にとっての花なのだ、というのです。

しかし、こうした芸当は、必ずしも歯を食いしばって会得《えとく》するようなものではありません。自分の意思を超えた因果の力や時運のようなものもあるからです。また、観客の好みも多種多様なため、おのずとさまざま「花」が要求されることになる。だから、と世阿弥は結論に至ります。

それぞれの人の心によって花もまた多様なものである。だからどの花が真実かは言うことができない。ただその時々の求めに役立つものが、花なのだと知るべきである。

これ、人々心々《にんにんこころごころ》の花なり。いづれをまこととせんや。ただⓓ時に用ゆるをもて花と知るべし。

「人々心々」とは珍しい言葉ですが、つまり、世阿弥が言う「花」は、実体としてどこかにあるものではなく、演技者の演技と観客の心とが通じ合う瞬間に生じるものと言えるのでしょう。

（出典　田畑邦治《たばたくにはる》「『心豊か』に生きるヒントは古典にあり。」）

(注)　ロマンティック――甘美で空想的なこと。
リアリスティック――現実的なこと。

①　「ⓐリアリスティックな美しさ」とありますが、これについて説明したものとして最も適当なのは、ア～エのうちではどれですか。一つ答えなさい。

ア　花は美しく咲いた後に果実を実らせて、咲いていたときよりも深い味わいをかもし出すこと。

イ　花は必ず散ってしまうものだが、再び美しい花を咲かせて新たな感動を人々に呼び起こすこと。

ウ　花はその一つが枯れたとしても、同じ根をもつ別の花が咲き続けることで美しさを保つこと。

エ　花は咲いていないときは誰からも注目されないが、満開のときは多くの人から称賛されること。

②　「ⓑゆゑ」の読みを、現代かなづかいを用いてひらがなで書きなさい。

③　「ⓒこの『花の戦略』……いきます」とありますが、これについて

とえているそうです。
　ところでみなさん、李白はなぜ、西風や北風ではなく、東風を漢詩句に用いたのでしょうか。東風を用いることの効果について、中国文学の研究者である村上哲見《むらかみてつみ》さんは、著書の中で、せっかくの和やかな春風なのにと、無関心が強調されると述べておられます。日本と同様、中国でも東風は、穏やかな春をイメージさせることばだったのでしょう。春の訪れに心躍らせる人たちの姿が、何の感動も示さない馬の様子をきわ立たせるという効果を考えて、李白は意図的に東風ということばを用いたのだと思います。以上で発表を終わります。

(1) 馬耳東風という四字熟語を使った例文として最も適当なのは、**ア**～**エ**のうちではどれですか。一つ答えなさい。

ア 運動の得意な彼がリレーで転倒するとは馬耳東風だ。
イ せっかく何度もアドバイスしたのに、彼には馬耳東風だった。
ウ 高性能な携帯端末も、上手に使いこなせない彼には馬耳東風だ。
エ 立ちはだかる困難を、彼は馬耳東風とこなしていく。

(2) 村上哲見さんの書籍からの引用であることがわかるように、「」をつけるのが適当な部分はどこからどこまでですか。その部分のはじめと終わりの五字を抜き出して書きなさい。

(3) 「李白は……思います」とありますが、太郎さんがこのように考えた理由を説明した次の文の□に入れるのに適当なことばを、**【発表原稿】**から七字で抜き出して書きなさい。

東風ということばを用いたほうが、春の訪れを喜ぶ人間の姿との対比から□がきわ立ち、李白の詩が世間に認められないことを印象的に表現できるから。

(4) 太郎さんの書いた**【発表原稿】**の特徴を説明したものとして最も適当なのは、**ア**～**エ**のうちではどれですか。一つ答えなさい。

ア 途中で聞き手に質問を投げかけ、説明だけの単調な発表にならないようにしている。
イ 複数の資料から得た情報を専門家の見解と照合し、発表内容の妥当性を検証している。
ウ 調査のなかで生じた疑問点について、実体験をもとに独自の答えを導き出している。
エ 著作権に配慮し、参考とした書籍の奥付の内容をすべて明示して資料を引用している。

2 次の文章は、能を大成した世阿弥《ぜあみ》の『風姿花伝』の一節について、原文を引用しつつ書かれた解説文です。これを読んで、①～⑤に答えなさい。

「秘密にしているからこそ花なのであって、さもなければ花とは言えない」という文言がある。この違いを知ることこそが、もっとも大切な花なのである。

「秘すれば花なり　秘せずは花なるべからず」となり。この分け目を知ること、肝要の花なり。

『風姿花伝』の中で、これはもっとも有名な言葉でしょう。世阿弥は能の演技のありようを、「花」という言葉で表現しています。その「花」が意味することは、決して「ロマンティックな美しさ」ではなく、散る宿命にあることを凝視した上でなお追究していく

＜国語＞

時間　四五分　満点　七〇点

1 次の①～⑤に答えなさい。

① (1)～(4)の――の部分について、(1)、(2)は漢字の読みを書きなさい。また、(3)、(4)は漢字に直して楷書で書きなさい。

(1) 図書館で貴重な資料を閲覧する。

(2) 計画の枠ぐみを示す。

(3) 駅のカイサツ口で待ち合わせる。

(4) 家の手伝いをココロヨく引き受ける。

② (1)、(2)の文の「もつ」の意味として最も適当なのは、【国語辞典の一部】に書かれている**ア**～**キ**のうちではどれですか。それぞれ一つ答えなさい。

(1) 明日まで天気がもつだろうか。

(2) 新任の先生が一年生のクラスをもつ。

【国語辞典の一部】

も・つ【持つ】

㊀（他五）**ア** 手のなかに入れて保つ。手に取る。

イ 身につける。携帯する。

ウ 受けもつ。担当する。

エ 性質をそなえる。

オ 心にいだく。

カ 費用を負担する。

㊁（自五）**キ** ながくその状態を保つ。

③ 次のそれぞれの場面における敬語の使い方として適当なのは、**ア**～**エ**のうちではどれですか。一つ答えなさい。

ア（生徒が職員室で先生の在室を確認するとき）「秋山先生はいらっしゃられますか。」

イ（博物館の学芸員が来館者に質問を促すとき）「何なりとおうかがいください。」

ウ（レストランの店員が注文の商品を提供したとき）「ご注文の品はおそろいになりましたでしょうか。」

エ（駅員が回送列車のアナウンスをするとき）「この列車にはご乗車になれません。」

④ 「満足」と熟語の構成（組み立て）が同じものは、**ア**～**カ**のうちではどれですか。すべて答えなさい。

ア 拡大　**イ** 売買　**ウ** 年長　**エ** 自立

オ 温暖　**カ** 最新

⑤ 太郎さんは、四字熟語について調べたことを国語の授業で発表することになりました。次の【発表原稿】を読んで、(1)～(4)に答えなさい。

【発表原稿】

私は、馬耳東風という四字熟語について、辞書を使って調べました。辞書によると、この四字熟語は「人の意見や批評などを心にとめずに聞き流すこと」という意味で、中国の詩人、李《り》白《はく》の漢詩句「東風の馬耳を射るがごとき有り」という表現が元になっているようです。「東風」は春風、「馬耳を射る」は馬の耳を吹き抜けること。李白が優れた詩を作っても、世間から認められないことを、心地よい春風に対する馬の無関心ぶりでた

MEMO

大切なことはメモしておこうネ！

2022年度

解答と解説

《2022年度の配点は解答用紙集に掲載してあります。》

＜数学解答＞

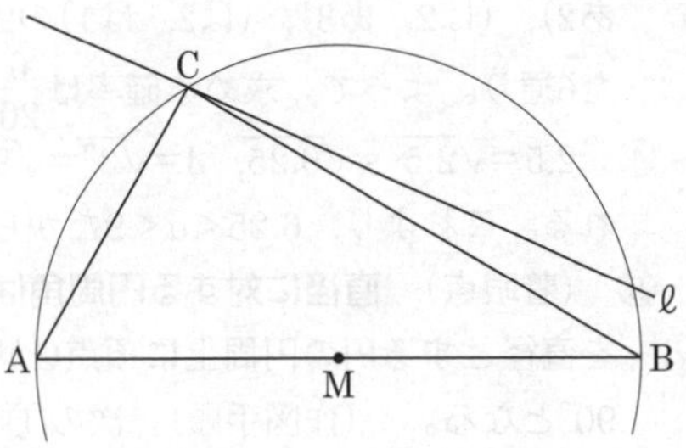

1 ① 1　② $-\frac{1}{6}$　③ 2　④ $5a$
⑤ $-\sqrt{2}$　⑥ x^2+x-30　⑦ $x=\frac{-1\pm\sqrt{17}}{4}$

2 ① ウ　② 63π(cm³)　③ $\frac{3}{10}$
④ $a=7,\ 8$　⑤ 右図

3 ① イ　② 8　③ (1, 3)
④ (1) $\sqrt{5}$(cm)　(2) $\frac{\sqrt{2}}{2}$(cm)

4 ① (あ) 35　(い) 6　(う) 7
② (え) $n+1$(個)　(お) $6n$　③ 127(本)

5 ① (1) 4回以上6回未満　(2) ア，ウ　② (1) ア
(2) 26(分)(求める過程は解説参照)

6 ① $\frac{1}{4}$　② (い) 解説参照　(う) エ　③ (1) 30(°)　(2) $6\sqrt{3}-9$(cm²)

＜数学解説＞

1 (数・式の計算，平方根，式の展開，二次方程式)

① 四則をふくむ式の計算の順序は，乗法・除法→加法・減法となる。$-5+2\times3=-5+6=1$

② 異符号の2数の積の符号は負で，絶対値は2数の絶対値の積だから，$\left(-\frac{4}{9}\right)\times\frac{3}{8}=-\left(\frac{4}{9}\times\frac{3}{8}\right)=-\frac{1}{6}$

③ $(-3)^2=(-3)\times(-3)=9$だから，$(-3)^2-7=9-7=2$

④ $15a^4b^3\div3a^2b\div ab^2=15a^4b^3\times\frac{1}{3a^2b}\times\frac{1}{ab^2}=\frac{15a^4b^3}{3a^2b\times ab^2}=\frac{15a^4b^3}{3a^3b^3}=5a$

⑤ $\sqrt{8}=\sqrt{2^2\times2}=2\sqrt{2}$，$\frac{6}{\sqrt{2}}=\frac{6\times\sqrt{2}}{\sqrt{2}\times\sqrt{2}}=\frac{6\sqrt{2}}{2}=3\sqrt{2}$だから，$\sqrt{8}-\frac{6}{\sqrt{2}}=2\sqrt{2}-3\sqrt{2}=(2-3)\sqrt{2}=-\sqrt{2}$

⑥ 乗法公式$(x+a)(x+b)=x^2+(a+b)x+ab$より，$(x+6)(x-5)=\{x+(+6)\}\{x+(-5)\}=x^2+\{(+6)+(-5)\}x+(+6)\times(-5)=x^2+x-30$

⑦ 二次方程式$ax^2+bx+c=0$の解は，$x=\frac{-b\pm\sqrt{b^2-4ac}}{2a}$で求められる。問題の二次方程式は，$a=2,\ b=1,\ c=-2$の場合だから，$x=\frac{-1\pm\sqrt{1^2-4\times2\times(-2)}}{2\times2}=\frac{-1\pm\sqrt{1+16}}{4}=\frac{-1\pm\sqrt{17}}{4}$

2 (方程式の応用，体積，確率，平方根，作図)

① 方程式$6x-10=4x+20$の両辺の式は，それぞれ，初めにあった鉛筆の本数を表している。x人の子供に鉛筆を6本ずつ配ると，10本不足した(1)から，初めにあった鉛筆の本数は6(本)×x(人)−10(本)＝$6x-10$(本)…(i)　x人の子供に鉛筆を4本ずつ配ると，20本余った(2)から，初め

にあった鉛筆の本数は4(本)×x(人)＋20(本)＝$4x+20$(本)…(ii)　初めにあった鉛筆の本数は変わらないから，(i)＝(ii)より，$6x-10=4x+20$が成り立つ。

② この円柱の底面の円の半径は$\frac{6}{2}=3$(cm)，高さは7cmだから，求める体積は，底面積×高さ＝$\pi\times3^2\times7=63\pi$ (cm^3)

③ あたりくじ3本をそれぞれ，あ1，あ2，あ3と表す。また，はずれくじ2本をそれぞれ，は1，は2と表すと，A，Bの2人のすべてのくじの引き方は，(A，B)＝(あ1，あ2)，(あ1，あ3)，(あ1，は1)，(あ1，は2)，(あ2，あ1)，(あ2，あ3)，(あ2，は1)，(あ2，は2)，(あ3，あ1)，(あ3，あ2)，(あ3，は1)，(あ3，は2)，(は1，あ1)，(は1，あ2)，(は1，あ3)，(は1，は2)，(は2，あ1)，(は2，あ2)，(は2，あ3)，(は2，は1)の20通り。このうち，2人ともあたりくじを引くのは～～を付けた6通り。よって，求める確率は$\frac{6}{20}=\frac{3}{10}$

④ $2.5=\sqrt{2.5^2}=\sqrt{6.25}$，$3=\sqrt{3^2}=\sqrt{9}$より，$2.5<\sqrt{a}<3$…(i)　は$\sqrt{6.25}<\sqrt{a}<\sqrt{9}$と書きかえられる。これより，$6.25<a<9$だから，(i)をみたす自然数$a$は7，8

⑤ (着眼点)　**直径に対する円周角は90°**だから，線分ABを直径とする円の円周上に頂点Cがあるとき，∠ACB＝90°となる。　(作図手順)　次の①の手順で作図する。
① 点Mを中心として，線分ABを直径とする円を描き，直線ℓとの交点のうち，点Aに近い方の点をCとする。

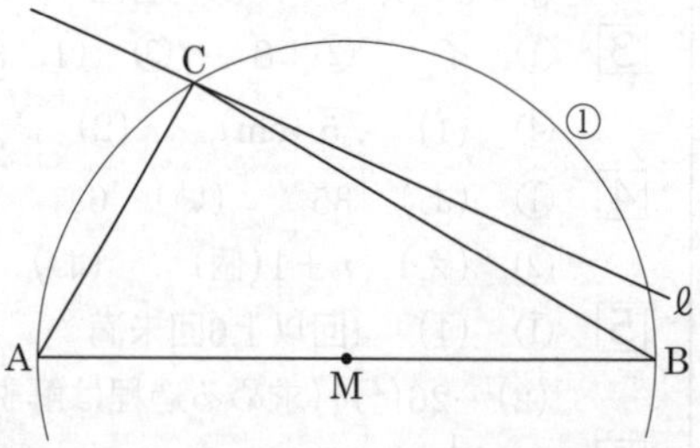

3 (図形と関数・グラフ)

① 2つの変数x，yについて，定数a，bを用いて$y=ax+b$と表されるとき，**yはxの1次関数**であるという。また，**yがxに比例する**とき，定数aを用いて$y=ax$と表される。よって，関数$y=2x+1$について，「Ⅰ　yはxの一次関数である。」は正しいが，「Ⅱ　yはxに比例する。」は誤っている。

② **一次関数$y=ax+b$では，変化の割合は一定で，xの係数aに等しい**。また，**(変化の割合)＝$\frac{(y\text{の増加量})}{(x\text{の増加量})}=a$**より，($y$の増加量)＝$a$×($x$の増加量)が成り立つから，関数$y=2x+1$について，$x$の増加量が4のとき，($y$の増加量)＝2×4＝8

③ $y=x+2$…(i)　と，$y=2x+1$…(ii)　の交点Cの座標は，(i)と(ii)の連立方程式の解。(ii)を(i)に代入すると，$2x+1=x+2$　$x=1$　これを(i)に代入して，$y=1+2=3$　よって交点Cの座標は(1，3)

④ 点Aのx座標は，③(i)に$y=0$を代入して，$0=x+2$　$x=-2$　よって，A(-2，0)　また，③(ii)の切片が1であることより，B(0，1)　**三平方の定理**より，線分ABの長さ＝2点A，B間の距離＝$\sqrt{\{0-(-2)\}^2+(1-0)^2}=\sqrt{4+1}=\sqrt{5}$ (cm)…(1)　線分BCの長さ＝2点B，C間の距離＝$\sqrt{(1-0)^2+(3-1)^2}=\sqrt{1+4}=\sqrt{5}$ (cm)　線分ACの長さ＝2点A，C間の距離＝$\sqrt{\{1-(-2)\}^2+(3-0)^2}=\sqrt{9+9}=3\sqrt{2}$ (cm)　これより，△ABCがAB＝BCの二等辺三角形であることがわかる。**二等辺三角形の頂角からの垂線は底辺を2等分する**から，$AP=CP=\frac{AC}{2}=\frac{3\sqrt{2}}{2}$(cm)　△ABPに三平方の定理を用いると，$BP=\sqrt{AB^2-AP^2}=\sqrt{(\sqrt{5})^2-\left(\frac{3\sqrt{2}}{2}\right)^2}=\frac{\sqrt{2}}{2}$(cm)…(2)

4 (規則性，文字を使った式)

① (あ)　正六角形が，向かい合う頂点を結ぶ3本の対角線によって，6つの合同な正三角形に分割されることを考慮すると，芯の素線を含む縦一列に並ぶ円の個数は，(一辺に並ぶ円の個数)×2－1に等しい。これより，(あ)＝5mm×(4個×2－1個)＝35(mm)

(い)・(う)　(あ)と同様に考えると，5mm×(（う）個×2−1個)＝65(mm)　これより，（う）＝$\left(\frac{65}{5}+1\right)\div2=7$　また，（う）＝（い）＋1の関係があるから，（い）＝（う）−1＝7−1＝6

②　(え)　前問①(い)(う)より，(一辺に並ぶ円の個数(個))＝(周(周目))＋1の関係があるから，（え）＝$n+1$(個)

(お)　同じ囲みが6つあるから，この囲みで数えた円は，（え）の6倍の6×(n＋1)個になる。しかし，各頂点の円を2回数えているから，n周目のすべての円は，6×(n＋1)個より頂点の数だけ少ない。よって，n周目にある円の個数を表す式は，（お）＝6×（え）−6＝6(n＋1)−6＝6nである。

③　前問①の結果より，太さ65mmのストランドの最も外側の円は6周目に相当するから，これに使われている素線の全部の本数は，1＋6×1＋6×2＋6×3＋6×4＋6×5＋6×6＝1＋6×(1＋2＋3＋4＋5＋6)＝1＋6×21＝127(本)

5　(資料の散らばり・代表値)

①　(1)　**中央値**は資料の値を大きさの順に並べたときの中央の値。1年1組の生徒の人数は35人で奇数だから，回数の少ない方から18番目の生徒が入っている**階級**が，中央値が入っている階級。2回以上4回未満の階級の**累積度数**は5＋11＝16(人)，4回以上6回未満の階級の累積度数は16＋10＝26(人)だから，回数の少ない方から18番目の生徒が入っている階級，すなわち，中央値が入っている階級は，4回以上6回未満の階級。

(2)　ア　1年1組の利用回数が8回以上の人数は2＋3＝5(人)。1年2組の利用回数が8回以上の人数は6＋3＝9(人)。アは必ず正しいといえる。　イ　それぞれのクラスの利用回数の**最大値**(最も多い利用回数)，**最小値**(最も少ない利用回数)に関して，例えば，1年1組が(最大値，最小値)＝(11回，0回)，1年2組が(最大値，最小値)＝(10回，1回)という場合を考えると，利用回数の**分布の範囲＝最大値−最小値**より，1年1組の利用回数の分布の範囲は11−0＝11(回)，1年2組の利用回数の分布の範囲は10−1＝9(回)で，1年1組の方が大きい。イは必ず正しいとはいえない。　ウ　**度数分布表**の中で**度数**の最も多い階級の**階級値**が**最頻値**だから，1年1組の最頻値は$\frac{2+4}{2}$＝3(回)，1年2組の最頻値は$\frac{6+8}{2}$＝7(回)。ウは必ず正しいといえる。　エ　資料を整理するために用いる区間を階級，区間の幅を**階級の幅**という。それぞれのクラスは利用回数の記録を2回ごとに区切って整理してあるから，この2回が階級の幅である。エは必ず正しいとはいえない。

②　(1)　Aグループの10分以上20分未満の階級の**相対度数**0.43に注目すると，**度数分布多角形**ウ，エは適当ではない。さらに，Bグループの20分以上30分未満の階級の相対度数0.29に注目すると，度数分布多角形イは適当ではない。以上より，最も適当な度数分布多角形はアである。

(2)　(求める過程)　(例)1日あたりの読書時間について，1年生全員の合計は，20×42＋35×28＝1820(分)である。1年生全員は70人だから，$\frac{1820}{70}$＝26

6　(平面図形，回転移動，図形の証明，角度，面積)

①　正方形OPCQと正方形ABCDは相似であり，その**相似比**は，OP//DCより，**平行線と線分の比の定理**を用いると，OP：DC＝BO：BD＝1：2　**相似な図形では，面積比は相似比の2乗に等しい**から，(正方形OPCQの面積)：(正方形ABCDの面積)＝1^2：2^2＝1：4　これより，正方形OPCQの面積は正方形ABCDの面積の$\frac{1}{4}$倍である。また，図1で，△OPC≡△OQDより，△OPCを，

点Oを回転の中心として△OQDの位置に回転移動すると，△OCDになるから，(△OCDの面積)＝(正方形OPCQの面積)より，△OCDの面積も正方形ABCDの面積の$\frac{1}{4}$倍である。

② (い)　(過程)　(例)∠POQ＝90°だから，∠POC＝90°－∠COQである。また，∠COD＝90°だから，∠QOD＝90°－∠COQである。

(う)　△OPC≡△OQDだから，△OPCを，点Oを回転の中心として△OQDの位置に回転移動すると，△OCDになる。これより，四角形OPCQと△OCDの面積は等しい。

③ (1)　点Oから辺DCへ垂線OHを引くと，$OH=CH=\frac{DC}{2}=\frac{6}{2}=3$(cm)　△OEHに三平方の定理を用いると，$EH=\sqrt{OE^2-OH^2}=\sqrt{6^2-3^2}=3\sqrt{3}$ (cm)　よって，△OEHは3辺の比がOE：OH：EH＝6：3：$3\sqrt{3}$＝2：1：$\sqrt{3}$の直角三角形だから，30°，60°，90°の直角三角形　これより，∠PEC＝∠OEH＝30°

(2)　PC//OHより，平行線と線分の比の定理を用いると，PC：OH＝EC：EH　$PC=\frac{OH\times EC}{EH}=\frac{OH\times(EH-CH)}{EH}=\frac{3\times(3\sqrt{3}-3)}{3\sqrt{3}}=\frac{3\sqrt{3}-3}{\sqrt{3}}$(cm)　よって，$\triangle PEC=\frac{1}{2}\times EC\times PC=\frac{1}{2}\times(3\sqrt{3}-3)\times\frac{3\sqrt{3}-3}{\sqrt{3}}=\frac{(3\sqrt{3}-3)^2}{2\sqrt{3}}=\frac{27-18\sqrt{3}+9}{2\sqrt{3}}=\frac{36-18\sqrt{3}}{2\sqrt{3}}=6\sqrt{3}-9$(cm²)

＜英語解答＞

1　A (1) エ　(2) イ　(3) ア　B (1) イ　(2) ウ　C (1) エ　(2) エ　(3) watch movies in English

2　① (あ) ア　(い) ウ　② (う) park　(え) night　③ (お) written　(か) sister　④ (1) (I Like) going (there.)　(2) (I) have been looking (for you for one hour.)　⑤ how to play baseball

3　① エ　② エ　③ hot　④ イ

4　① ウ　② (1) イ，エ　(2) 魚にいつえさを与える　③ three　④ エ　⑤ ウ

5　① doctor　② ア　③ イ　④ エ　⑤ エ→イ→ウ→ア　⑥ ウ，エ

＜英語解説＞

1　(リスニング)

放送台本の和訳は，36ページに掲載。

2　(会話文問題：語句補充・選択)

① 谷先生：あなたは起きてから何をしましたか？／ダン：僕は顔を洗い，自分の部屋で(あ)服を着替えました。／谷先生：週末はどうでしたか？／リコ：バスケットボールの試合を見た(い)ので楽しかったです。

② (みどり町の紹介文の一部)みどり町には駅，大きな(う)公園，そしてたくさんの庭園と寺院があります。(え)夜空は美しいです。

③ ダン：この本をご存じですか？／谷先生：雪国ですね。川端康成によって(お)書かれた本です。**write** の過去分詞 **written** で「書かれた」の意味になる。後ろから **a book** を修飾し

ている。(分詞の形容詞的用法)　リコ：“aunt”はどういう意味ですか？／谷先生：(ある人の)お父さんかお母さんの(か)姉妹のことです。aunt＝おば

④ (1) ジャスティン：この町のお気に入りの場所はどこ？／ダン：みどりサッカースタジアムだよ。僕はそこへ行くのが好きなんだ。**like ～ ing ＝～することが好きである** (<like to＋動詞の原形～>も同じ意味)　(2) リコ：まあ，ダン！ どこにいたの？ 1時間も探していたのよ。／ダン：午後からここにいたよ。**<have been ～ ing>＝過去のある時点から現在まで「ずっと～していた(している)」(現在完了進行形)**

⑤ ダン：どの活動に参加するつもり？／リコ：私は子どもたちに野球の仕方を教えたいわ。**how to ～＝～の仕方，どのように～するのか**「写真撮影」を選択したら how to take pictures と表現できる。

3 (メモ・手紙・要約文などを用いた問題・会話文問題：語句補充，内容真偽)

(全訳) 連絡用紙

7月15日

デンビー先生のお別れ会についての計画

時間：7月29日午後(あ)4時

・①私たちの部会は毎週金曜日午後3時30分に終わります。だからパーティーの準備には30分あります。

場所：ナゴミルーム

持って来るもの：

・お礼の手紙

私たちは次の金曜日の部会でそれを書きます。来られない場合は，手紙を書いてパーティーに持って来てください。

・プレゼント

何か日本の物が良いと思います。次の水曜日に私に意見を伝えてください。

留意点(覚えておくこと)

・7月28日に学校の食堂で昼食をとった後，ナゴミルームでパーティーの準備をします。

・②このパーティーのことは先生には言わないでください。先生が驚いてくれるといいと思います。

フミカ

エミ　：この前の金曜日の部会にいなかったわね。これはフミカからの連絡よ。デンビー先生が行ってしまうのよ。

マット：ええ，本当？ 僕たちのALTの先生？ 彼女がいなくなるのは寂しいな。

エミ　：私もよ。それで，彼女に何をあげたらいいかしら？

マット：うちわはどうかな？ 夏の(い)暑い時に使えるよ。

エミ　：それは良さそうね。明日フミカに私たちの意見について話をしなくちゃ。

① 全訳参照。全訳中の下線部①に注目。

② ア 部員は7月に新しいALTの先生に会う予定だ。 イ 部員はパーティーで手紙を書かなければならない。 ウ 部員は7月28日に食堂でパーティーの準備をすることができる。 エ 部

員はパーティーのことについてデンビー先生に言ってはいけない。(○)　全訳中下線部②参照

③　hot ＝暑い　天候を表す時は it を主語に使う。

④　全訳参照。連絡用紙が書かれた日付は7月15日(金)，エミがマットに「この前の金曜日の部会にいなかったわね」と言っているので会話は17日(月)から21日(木)までの間のものと予測できる。連絡用紙内に「プレゼントについての意見は次の水曜日に言ってください」とあり，エミとマットの会話内に「明日フミカに私たちの意見を言う」とあるので，2人が会話しているのはその前日7月19日(火)であるとするのが適当。

4 (読解問題・説明文：グラフを使った問題，語句補充，日本語で答える問題，内容真偽)

(全訳)　■発表

皆さんは1年間にどのくらい魚を食べますか？　現在世界の人々はより多くの魚を食べています。だから，安定した魚の生産量を保持することが必要なのです。

このグラフを見てください。漁船漁業による生産量は1985年からほとんど同じです。しかし，養殖業の生産量は増えてきており，2019年には魚の生産量の約(あ)55％が養殖業によるものでした。なぜでしょう？　僕は，新しい技術による養殖業が魚の生産量に成功をもたらしたのだと思います。皆さんにいくつかの例を示します。

養殖業者は通常魚を養殖するために光が必要です。養殖業者の中にはヒラメに緑色LED灯を使う人たちもいます。より効果的な光を使って，ヒラメは水の中で活発に泳ぐことができ，より多くのえさを食べ，速く育つのです。以前は，ヒラメを育てるには約12か月かかりましたが，今では約9か月かかります。養殖業者は緑色LED灯とヒラメのより短い養殖期間のおかげで費用を節約することができます。僕たちは将来もっと安い値段のヒラメを食べることになるかもしれません。

僕は他にも例を見つけました。費用の大部分は魚にえさを与えることに使われます。(い)AIの技術を使うことによって，養殖業者は魚がどのくらいえさを食べるかということや，天気，そして海の中の環境をチェックすることができます。養殖業者はそれらについてのすべてのデータをスマートフォンを通じて入手します。そして彼らは魚に与える適正なえさの量や，いつえさを与えればよいのかを決めることができるのです。現在はスマートフォンを使うだけで魚にえさを与えることができるのです。魚に的確にえさを与えることは重要です，なぜなら養殖業者が海の水をきれいに保つことができるからです。

新しい技術は養殖業の方法を変化させています。新しい技術は養殖業者が魚の生産量を保持することや魚を養殖する際の費用を抑える助力となっているのです。また人々が魚を食べ続けられること，環境を守ることの一助にもなっているでしょう。

■会話の一部

サキ　：ユウヤ，私はヒラメの養殖の期間が短くなっていることを知って驚いたわ。その差は約(う)3か月よ！

ユウヤ：その通りだよ。

サキ　：すごいわ。ところで，(え)どうして養殖業者は緑色灯を選ぶの？

ユウヤ：それはね，太陽光には主に赤，緑，そして青色の光があるんだ。それぞれの光には海中で異なる深さまで届く違う波長があるんだよ。養殖業者は，ヒラメは水中で特に緑色灯でより大きくなることができると言っているんだ。

サキ　：おもしろいわね！

①　本文内のグラフ参照。

②　全訳参照。(1)　下線部(い)を含む一文に注目。　(2)　第4段落最後から3文目に注目。

③　全訳参照。第3段落4文目に注目。「ヒラメを育てるのに12か月かかっていたのが9か月になった」と言っているので，その差は3か月。

④　全訳参照。空所(え)直後のユウヤの発言に注目。発言内容を読み取ると，サキの質問はエが適当。

⑤　全訳参照。　ア　漁船漁業による生産量は新しい技術のおかげでより多くなるだろう。イ　養殖業に使われる新しい技術は，人々の健康に危険を及ぼすものだ。　ウ　養殖業に新しい技術を使うことは，人と自然の両方にとって有益だろう。(○)　第5段落の内容参照，特に最後の1文に注目。　エ　すべての養殖業者は，えさを与えることについての問題を解決したいなら，新しい技術を使わなければならない。

5　**(長文読解問題・エッセイ：語句補充・選択，要旨把握，文の挿入，内容真偽)**

(全訳)　薬のない生活を想像することはできますか？　世界中の多くの人々が病気になった時に薬を買うことができなかったり，(あ)<u>医師</u>のところに行けなかったりしています。これは，アフリカのそのような人々を助けているある日本人の女性についての話です。

彼女は大学生だった時，インドでボランティアになりました。彼女は，医療を受けられない貧しい人々がたくさんいることを知りました。その後，彼女はニジェールへ行き，他のボランティア活動に参加しました。彼女はその地の人々に薬は重要であることを伝え続けましたが，彼らはそれでも薬を入手することはできませんでした。それには(い)<u>いくつか理由</u>がありました。医療にかかる費用は彼らにとっては高額すぎました。離れたところにある村の人々も町の病院に行くためには，時間を使いお金を払う必要がありました。また病院で何時間も待たなければなりませんでした。彼女は考え始めました，「必要としている人たちのところに薬を運ぶには何ができるだろう？　地方の人たちが使える持続可能な仕組みはどうすれば作ることができるだろう？」　その答えを見つけるために，彼女は日本に戻り薬とビジネスについてより勉強しました。ついに，彼女は置き薬制度というアイディアを思いつきました。

*置き薬*について聞いたことはありますか？　それは日本の伝統的な(う)<u>“先に使い、後で払う”</u>約300年前に始まった薬の制度です。江戸時代，人々は簡単には町に行くことができず，家族は大家族でした。そのため，人々は薬でいっぱいの*置き薬*箱を使いました。それらの箱は家庭に置かれ代金は薬が使われた後で集金されました。この制度は普及していきました。ニジェールの現在の生活は，彼女に江戸時代の生活を思い起させました。彼女は，*置き薬*はニジェールの人々のためにも役に立つと思いました。

2014年，彼女は他のメンバーと共に非営利組織を作り，アフリカに*置き薬*の制度を広めました。彼女の組織は地方の人々が必要とする薬を選び，*置き薬*箱に入れました。それからそのメンバーたちはその箱を離れた村々に輸送しました。薬を輸送することにはたくさんの時間がかかりました，なぜなら*置き薬*は新しい制度だったからです。それは困難で高い費用がかかりました。しかし，のちに多くの村がこの制度に加わり輸送手段が容易になりました。そのことで輸送費用が(え)<u>より低く</u>なりました。その組織はアフリカのそれらの村の人々に医療的な助言もしました。現在，そこの人々は置き薬の制度のおかげで安全な薬と共に暮らすことができます。この制度は人々が医療の問題を解決する助力になっています。

彼女は言いました，「アフリカのすべての人々は薬を入手するべきです。将来，私は地方の人々がこの置き薬の制度を使って，(お)<u>アフリカで自分たちの健康管理ができる</u>といいと思います。それが私の目標です。彼らのより良い生活のために，私たちは世界のより多くの人々に私たちの活動について知り，支援してほしいと思います。」彼女の夢は始まったばかりです。

① 全訳参照。doctor ＝医師

② 全訳参照。下線部(い)を含む文の直後の文章に注目。ア以外の内容は述べられている。

③ 全訳参照。(う) 下線部(う)を含む文の直後の文章に注目。第3段落最後から4文目に「家庭に置かれ，代金は薬が使われた後で集金された」とある。(え) 空所(え)直前の一文に注目。「輸送手段が容易になった」とあるので lower が適当。

④ 全訳参照。take care of ～＝～の世話をする，～に気をつける

⑤ 全訳参照。エ 彼女はインドでボランティアとして働いた。(第2段落1文目)→イ 彼女はニジェールでボランティア活動をした。(第2段落3文目)→ウ 彼女は置き薬の制度についてのアイディアを思いついた。(第2段落最後の一文)→ア 彼女はアフリカで非営利組織を始めた。(第4段落1文目)

⑥ 全訳参照。ア ニジェールの人々は彼女がそれを頼んだ後すぐに薬を入手し始めた。イ 薬の制度についてのアイディアは，彼女のニジェール滞在中に思いついた。ウ 彼女は，現在のニジェールの生活を見た時，江戸時代の生活を思い出した。(○) 第3段落最後から2文目参照。エ アフリカの人々は彼女の非営利組織から健康についての役に立つ助言をもらった。(○) 第4段落最後から3文目参照。オ 彼女はすでにアフリカ中に置き薬の制度を広め終えている。

2022年度英語　聞き取り検査

〔放送台本〕

問題A　次の英文が2回読まれるのを聞いて，問題用紙の指示に従って答えなさい。

(1) There are two cats sleeping on the bed.

(2) I have a math class in the morning and an English class in the afternoon.

(3) Yoko runs faster than Mika, but Yoko doesn't run as fast as Aya.

〔英文の訳〕

(1) ベッドの上で2匹の眠っているネコがいます。

(2) 午前中に数学の授業があり，午後に英語の授業があります。

(3) ヨウコはミカよりも速く走りますが，ヨウコはアヤほど速く走りません。

〔放送台本〕

問題B　次の会話が2回読まれるのを聞いて，問題用紙の指示に従って答えなさい。

(1) A：Yesterday I went to the new library near the museum.
B：How was it?
A：(チャイム)

(2) A：Dinner will be ready soon.
B：Oh, I am so hungry. Can I eat this ice cream now?
A：(チャイム)

〔英文の訳〕

(1)　A：昨日，私は博物館の近くの新しい図書館に行きました。
　　B：どうでしたか？
　　A：イ　気に入りました。たくさん本がありましたよ。

(2)　A：夕食がもうすぐできますよ。
　　B：わあ，お腹が空きました。今このアイスクリームを食べてもいいですか？
　　A：ウ　いけません。夕食の後で食べてもいいですよ。その方がいいでしょう。

〔放送台本〕

問題C　次の英文が2回読まれるのを聞いて，問題用紙の指示に従って答えなさい。

> I am going to talk about my experience in the summer. On July 25, I went to Sun Beach. Look at the first picture. The boy swimming with me is my brother, Daiki. We enjoyed swimming. On August 5, I went to the summer festival with my friend, Mike. Here's the second picture. When Mike saw many dancers, he asked me about the history of the dance. I knew something about it, but I couldn't answer the question in English. So now I think I have to study English harder. How should I study English?

〔英文の訳〕

夏の僕の経験についてお話しします。7月25日，僕はサンビーチに行きました。1枚目の写真を見てください。僕と一緒に泳いでいる少年は僕の弟のダイキです。僕たちは水泳を楽しみました。8月5日，僕は友だちのマイクと一緒に夏祭りに行きました。これが2枚目の写真です。マイクはたくさんの踊る人たちを見て，その踊りの歴史について僕にたずねました。僕はそれについてなんとなく知っていましたが，英語で質問に答えることができませんでした。(2)だから今僕は英語をもっと一生懸命勉強しなければならないと思っています。どのように英語を勉強したらよいでしょう？

(1)　全訳，及び問題内の絵参照。

(2)　全訳参照。下線部(2)に注目。

(3)　(問題文，・解答例訳)(私は，)英語で映画を見ることが(よいと思います。)

＜国語解答＞

1　①　(1)　えつらん　(2)　わく　(3)　改札　(4)　快(く)　②　(1)　キ　(2)　ウ　③　エ　④　ア，オ　⑤　(1)　イ　(2)　せっかくの～強調される　(3)　馬の無関心ぶり　(4)　ア

2　①　イ　②　ゆえ　③　X　(例)同じ表現にならない　Y　(例)観客に秘密にする　④　エ　⑤　ア

3　①　X　今，ちゃんと生きてここにいるんだ　Y　不思議な存在感を放つ　②　(1)　ウ　(2)　ア　③　(例)ルイが欲しがったことに驚く　④　エ　⑤　イ

4　①　ウ，カ　②　イ　③　時間と空間を飛び越えた別の世界　④　(例)想像力を働かせ続ける　⑤　ウ

＜国語解説＞

1　(知識―漢字の読み書き，語句の意味，熟語，敬語／会話・議論・発表―内容吟味，文脈把握，熟語)

① (1)「閲覧」は，図書館などでそこにある本や新聞などを調べたり読んだりすること。(2) この場合の「枠ぐみ」は，おおまかな組み立てという意味。(3)「改札」の「札」を形が似ている「礼」などとしない。(4)「快く」は送りがなにも注意する。

② (1)「天気がもつ」は，雨が降ったりしないで都合のいい状態のままでいることを表すから，キが適当。(2)「クラスをもつ」は，そのクラスの担任や担当になるということなので，ウが適当である。

③ アの「いらっしゃれますか」は，「いらっしゃいますか」が正しい。イは，「うかがう」は謙譲語なので，尊敬語を用いて「お尋ねください」「ご質問ください」などと言うのが適当。ウは，「おそろいになりましたでしょうか」は尊敬表現なので，謙譲表現を用いて「おそろいでしょうか」などと言うのが適当。エの「ご乗車になれません」は，乗客に対して正しい敬語を用いているので，これが適当である。

④「満足」は似た意味の漢字の組み合わせ，ア「拡大」は似た意味の漢字の組み合わせ，イ「売買」は対になる意味の漢字の組み合わせ，ウ「年長」は前の漢字が主語で後の漢字が述語になるもの，エ「自立」は前の漢字が後の漢字を修飾するもの，オ「温暖」は似た意味の漢字の組み合わせ，カ「最新」は前の漢字が後の漢字を修飾するものである。

⑤ (1)「馬耳東風」は，人の意見や忠告をまったく気にかけずに聞き流す様子を表す四字熟語なので，アドバイスを聞かないことを表しているイが正解。(2) 引用部分は「著書の中で，」と「と述べておられます」の間の「せっかくの和やかな春風なのにと，無関心が強調される」である。(3) 空欄には「何の感動も示さない馬の様子」という内容が入るが，設問に「七字」という指定があるので，第1段落から似た意味の「馬の無関心ぶり」を抜き出す。(4) この文章は，第2段落の初めに「ところでみなさん，……でしょうか。」と聞き手に質問を投げかけ，単調にならないようにしているので，アが正解。イは，「複数の資料」「照合」「検証」が本文と合わない。ウは，「実体験」「独自の答え」が不適当。エは，本文は「書籍の奥付の内容」までは示していないので，誤りである。

2　(古文と解説文―内容吟味，仮名遣い)

①「リアリスティック」は，現実的という意味。現実の花は，「散る宿命にある」が，「散るからこそ，また咲く頃になると，美しいと感嘆する」ものなので，このことを説明したイが正解。アの「果実」，ウの「別の花が咲き続ける」，エの咲いていないときと満開のときの比較は，本文の世阿弥の文章やその現代語訳からは読み取れないので，不適当である。

②「ゑ」を「え」に直して「ゆえ」と書く。

③ Xは，「住するところなき」の内容を書く。本文の現代語訳では「同じ表現ばかりに留まっていない」とあるが，字数制限に合わせて10字以内で書く。Yは，「秘すれば花」をふまえ，「観客に秘密にする」ということを10字以内で書く。

④「時に用ゆる」は「その時々の求めに役立つ」と現代語訳されている。「観客の好みが多種多様」であることをふまえ，その時々のさまざまな要求に応えるということである。正解はエ。「時」はアの「経験」，イの「季節」，ウの「繰り返し」を表す言葉ではないので，他の選択肢は不適当である。

⑤「花」は「能の演技のありよう」を表現する言葉であり，観客を喜ばせる演技の「面白さ」や

「魅力」を生む戦略をたとえたものなので，アが正解。能は「リアリスティック」を追求するものなので，「ロマンティック」と説明するイは誤り。ウの「秘技を開放」は，本文の考え方と合わない。筆者は，「花」は「演技者の演技と観客の心とが通じ合う瞬間に生じる」と述べており，「演技者と観客が心を通わせる」ことの「非」にあたる内容は本文に書かれていないので，エは不適当である。

3 (小説―情景・心情，内容吟味，文脈把握)

① X　傍線部ⓐの「はっとする」は，突然何かに気づいた様子を表す。まゆの「自分が今，ちゃんと生きてここにいるんだって，気がついた気がする……」という言葉は，実弥子にも気付きを促したのである。　Y　傍線部ⓐの後に「絵の中には，今まで見えていなかったその人が見えてくる。言葉では言えない，不思議な存在感を放つ姿が。」とあるので，ここから抜き出す。

② (1)　実弥子はこの後，「でき上がった絵は……作者の手から離れて，まわりに自分を見てもらいたいな，という意志が生まれる」と言っている。この内容と合致するのはウである。アは，「和ませる」が不適当。イの「作者の個性」，エの「解釈」は，本文にない内容である。　(2)　まゆは，自分の絵が自分を離れてまわりの人に見てもらいたがっていること，ほかの人が自分の絵を見たがっていると言われ，完全に納得したわけではないが，その考え方を受け入れて自分の絵を見せる決心をしたのである。正解はア。まゆの本心は「絵を見せるのは恥ずかしい」，実弥子の意図は，「絵を見せてほしい」ということであり，どちらもすでに明言しているので，イとウは不適当。まゆはためらいながら絵を見せたので，エの「率先して」という表現は不適当である。

③ 「目を丸くする」は，驚いた様子を表す慣用句。まゆは，自分の絵を見たルイが「これ，ほしい」と言ったことに驚いたのである。この内容を15字以内で書く。

④ まゆは，ルイが描いた自分の顔を見てどきどきしている。まゆは，ルイの絵によって自分が生きていることに気付いたことを思い起こし，自分が他人の目に映っていることを知って興奮しているので，エが正解となる。この場面で，まゆはルイの絵と向き合っており，自分の絵のことは考えていないので，他の選択肢は不適当である。

⑤ アは，「他者の視線を気にするあまり不安を募らせるまゆ」「比喩」が不適当。イは，実弥子の気付きとまゆの気付きを正しく説明しており，絵画教室の人間関係についての指摘も正しい。本文の最後のまゆの心情は「不思議な心地」と描写されており，ウの「晴れ晴れとした気持ち」は言い過ぎである。エの「実弥子の覚悟」は，本文にない内容である。したがって，最も適当な選択肢はイである。

4 (論説文－内容吟味，文脈把握，脱文・脱語補充，接続語の問題)

① 筆者が考える「旅」は，「未知の場所に足を踏み入れること」であり，そこには孤独，心配，不安が伴う。また，筆者は「未知の領域は実は一番身近な自分自身のなかにもあり……すぐそばに存在している」と考えている。この条件に合うのは，ウとカである。アは，孤独な行動ではないので誤り。イの「危険」は，「旅」に必要な要素ではない。エは，「未知」の領域に足を踏み入れるとは言えない。この場合の「旅」は空間的な意味あいとは限らず，精神的な冒険も含まれるので，オは不適当である。

② 空欄ⓑは，前の「観光旅行」と対比して後に「旅」について述べているので，「一方」が入る。空欄ⓓは，後の「ならば」という仮定の表現に呼応する「もし」が入る。したがって，イが正解。

③ 第7段落では，古代の人々が壁画を描いた意味について「時間と空間を飛び越えた別の世界と

自分とをつなぐ」「四次元の世界と現実の世界を行き来していた」と説明している。設問に「15字で」という指定があるので，「時間と空間を飛び越えた別の世界」を抜き出す。

④　傍線部ⓔの前後で「想像力の旅」「想像力の強度を高め，自分自身を未来へと常に投げ出しながら」と表現されている内容を，空欄の前後の語句につながるように10字以内で書く。

⑤　傍線部ⓕの「～しか，ぼくにはできない」という表現は，「ぼくは～しよう」という筆者の決意を表している。つまり，「いままでに出会ったいくつもの世界や，たくさんの人の顔，……ともに過ごしたかけがえのない時間について心のなかでくり返し問いつづけながら，いま生きているという冒険にふたたび飛び込んでいく」という決意をしたのである。「いま生きているという冒険」は未知の場所に足を踏み入れる「旅」であり，そこには孤独，不安，心配がつきまとう。この内容をふまえたウが適当である。アの異文化を「ありのままの形で受け入れる」ことやイの「あらゆる苦難を乗り越える」という内容は，本文の文脈と合わない。エは，「神秘的な自然美」を「伝える」という説明が，本文にない内容である。

岡山県公立高等学校（一般）

2022年度

入 試 問 題

2022年度

●くわしい解説……45ページ

＜数学＞

時間　45分　　満点　70点

1　次の①～⑤の計算をしなさい。⑥～⑩は指示に従って答えなさい。

① $2-(-4)$　　② $(-56)\div 7-3$　　③ $2(3a-b)-(a-5b)$

④ $14ab\times\dfrac{b}{2}$　　⑤ $(1+\sqrt{3})^2$

⑥ ax^2-16a を因数分解しなさい。

⑦ 図のような，半径4㎝，中心角150°のおうぎ形があります。このおうぎ形の面積を求めなさい。

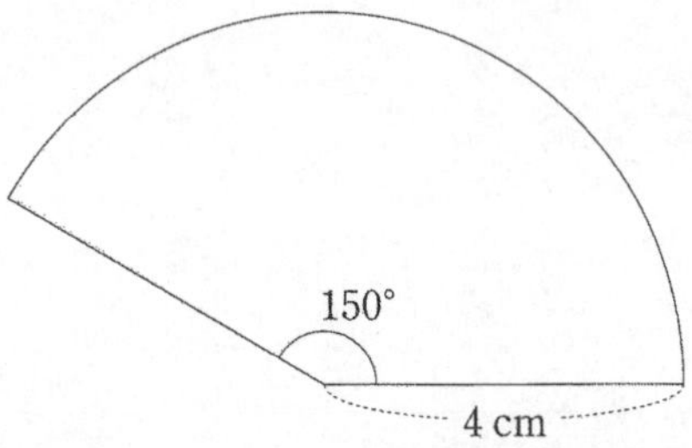

⑧ 次の方程式について，そのグラフが点（1，－2）を通るものは，**ア**～**エ**のうちではどれですか。当てはまるものをすべて答えなさい。

ア　$3x-y-1=0$　　**イ**　$3x+2y+1=0$　　**ウ**　$3y+6=0$　　**エ**　$x+1=0$

⑨ ある中学校のＡ組40人とＢ組40人の生徒が，20点満点のクイズに挑戦しました。次の箱ひげ図は，そのときの２クラス40人ずつの得点の分布を表したものです。この箱ひげ図から読み取れることを正しく説明しているのは，**ア**～**エ**のうちではどれですか。当てはまるものをすべて答えなさい。

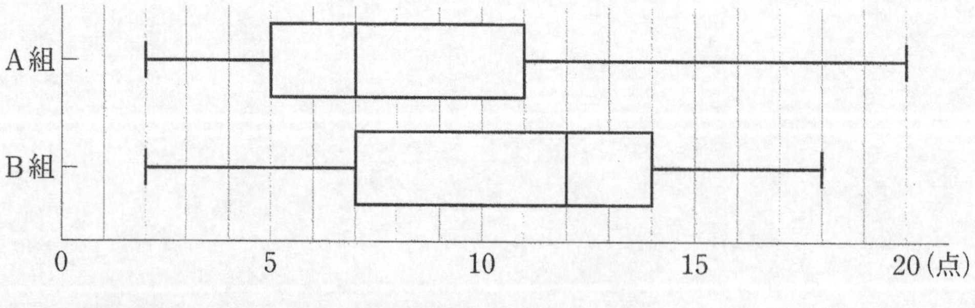

ア　四分位範囲は，Ａ組よりもＢ組の方が大きい。

イ　２クラス全体の中で，得点が一番高い生徒はＢ組にいる。

ウ　Ａ組の第３四分位数は，Ｂ組の第２四分位数より大きい。

エ　得点が12点以上の生徒の人数は，Ｂ組がＡ組の２倍以上である。

⑩　図のような△ABCがあります。次の【条件】をすべて満たす点Pを，定規とコンパスを使って作図しなさい。作図に使った線は残しておきなさい。

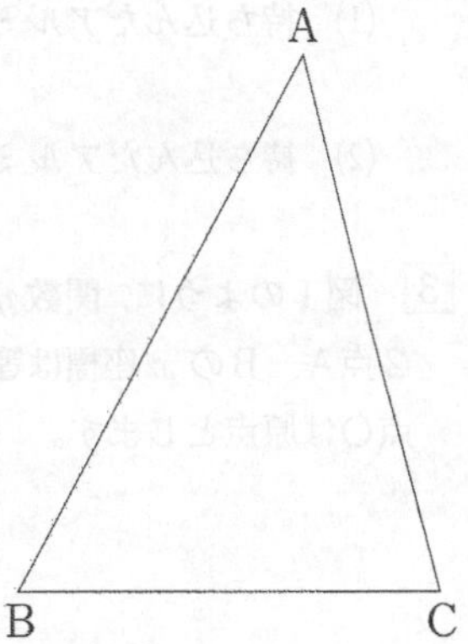

【条件】
・点Pは，辺AB上にある。
・点Pと直線AC，直線BCとの距離は等しい。

2　太郎さんたちは，生徒会で資源ごみを回収し，近所のリサイクル業者に持ち込む取り組みをしています。そこでは，チラシに示すような比率でポイントが与えられます。①，②に答えなさい。

チラシ

ペットボトル	1 kg あたり	20 ポイント
新聞紙	1 kg あたり	7 ポイント
アルミ缶	1 kg あたり	45 ポイント
スチール缶	1 kg あたり	10 ポイント

・缶はこちらで分別します！
・ポイントは後日お知らせします！

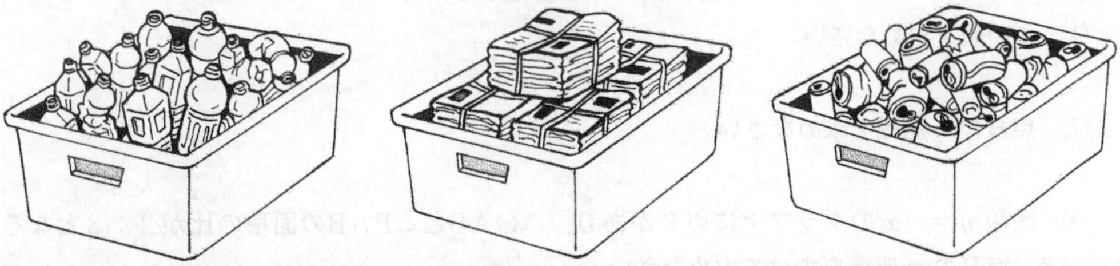

①　チラシに示された内容に従って，次の数量の関係を不等式で表しなさい。

ペットボトル $a$kg と新聞紙 $b$kg のポイントの合計は，500ポイント以上である。

②　太郎さんたちは，アルミ缶とスチール缶を合わせて39kg 持ち込んだところ，1160ポイントが与えられました。次のページの(1)，(2)に答えなさい。

(1) 持ち込んだアルミ缶を $x$kg，スチール缶を $y$kg として連立方程式をつくりなさい。

(2) 持ち込んだアルミ缶とスチール缶は，それぞれ何kg であるかを求めなさい。

3 図１のように，関数 $y=ax^2$ のグラフ上に点Aが，関数 $y=-x^2$ のグラフ上に点Bがあります。２点A，Bの x 座標は等しく，ともに正であるとします。①，②に答えなさい。ただし，$a>0$，点Oは原点とします。

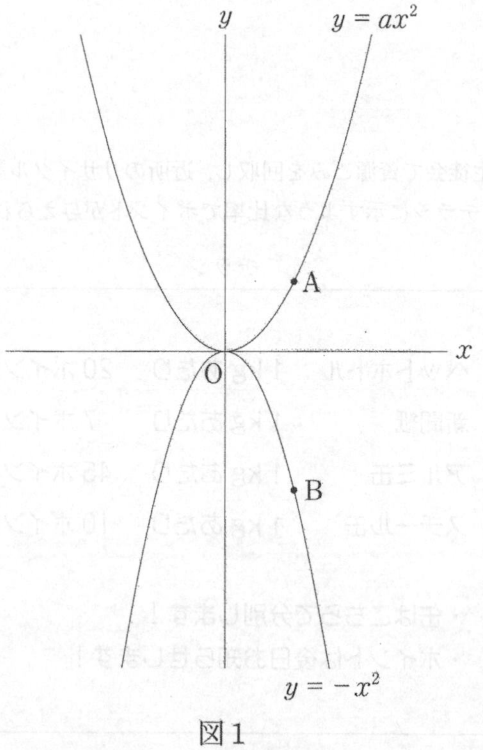

図１

① 点Aの座標が（２，２）のとき，(1)～(3)に答えなさい。

(1) a の値を求めなさい。

(2) 点Bの y 座標を求めなさい。

(3) 関数 $y=-x^2$ のグラフ上に点Pがあり，△OABと△PABの面積の比が２：３となるとき，点Pの x 座標をすべて求めなさい。

② $a=\frac{1}{3}$ とします。次のページの図２のように，関数 $y=\frac{1}{3}x^2$ のグラフ上に，点Aと y 座標が等しく x 座標が異なる点Cをとります。また，関数 $y=-x^2$ のグラフ上に，点Bと y 座標が等しく x 座標が異なる点Dをとり，四角形ACDBをつくります。(1)，(2)に答えなさい。

(1) 点Aの x 座標を t とするとき，線分ACの長さを t を使って表しなさい。

(2)　四角形ACDBの周の長さが12となるとき，点Aの座標を求めなさい。

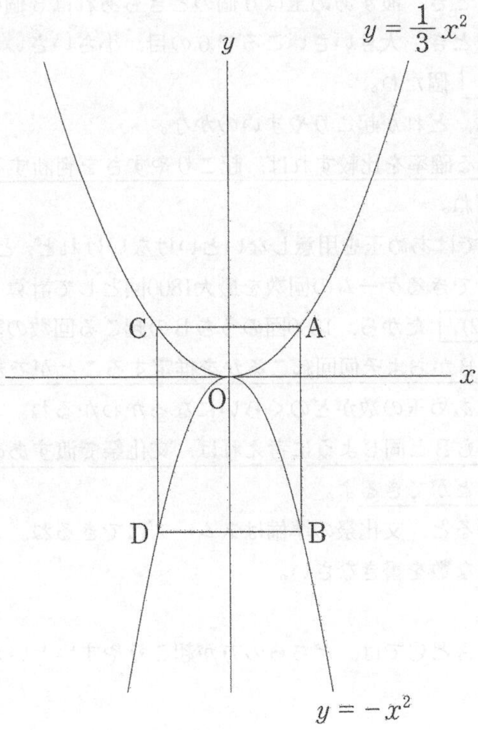

図２

4　花子さんと次郎さんのクラスでは，文化祭でさいころを使ったゲームを企画しています。＜**企画ノートの一部**＞と次のページの＜**会話**＞を読んで，①～④に答えなさい。ただし，さいころの１から６までの目の出方は，同様に確からしいものとします。

＜企画ノートの一部＞

※ゲーム１回に対して，次の【ルール】に従って行う。

【ルール】

大小２つのさいころを同時に１回投げてもらい，
次のA～Cを１つ満たすごとにあめ玉を１個渡す。

A：出た目の数の和が８以上となる。
B：出た目の数の差が２となる。
C：出た目の数の積が奇数となる。

【用意するもの】

＜会話＞

花子：ゲームを１回行うとき，渡すあめ玉は０個のときもあれば３個のときもあるね。例えば，ゲームを１回行うとき，大きいさいころで６の目，小さいさいころで４の目が出たら，渡すあめ玉は ［(1)］ 個だね。

次郎：Ａ～Ｃのうちでは，どれが起こりやすいのかな。

花子：(あ)それぞれの起こる確率を比較すれば，起こりやすさを判断することができるよ。

次郎：なるほど，そうだね。

花子：それから，文化祭ではあめ玉を用意しないといけないけれど，どのくらいあればいいかな。

次郎：文化祭の時間内でできるゲームの回数を最大1800回として計算してみよう。例えば，Ｂの起こる確率は ［(2)］ だから，1800回のうちＢの起こる回数の割合が ［(2)］ であると考えられるので，(い)Ｂがおよそ何回起こるかを推定することができるよ。

花子：そうすると，渡すあめ玉の数がどのくらいになるかわかるね。

次郎：(う)ＡとＣについてもＢと同じように考えれば，文化祭で渡すあめ玉の総数がどのくらいになるか計算することができるよ。

花子：およその数がわかると，文化祭の準備はスムーズにできるね。

①　［(1)］，［(2)］ に適当な数を書きなさい。

②　下線部(あ)について，ＡとＣでは，どちらの方が起こりやすいといえますか。それぞれの確率を使って説明しなさい。

③　下線部(い)について，ゲームを1800回行うとき，Ｂがおよそ何回起こるかを求めなさい。ただし，解答欄には式も書きなさい。

④　下線部(う)について，花子さんと次郎さんは，文化祭でゲームを1800回行うとき，渡すあめ玉の総数がどのくらいになるか計算してみました。計算した結果，渡すあめ玉の総数として最も適当なのは，ア～エのうちではどれですか。一つ答えなさい。

ア　およそ800個　　**イ**　およそ1200個　　**ウ**　およそ1600個　　**エ**　およそ2000個

5　図１は，底面が正方形で，側面が二等辺三角形の正四角錐《すい》ＯＡＢＣＤです。①～④に答えなさい。

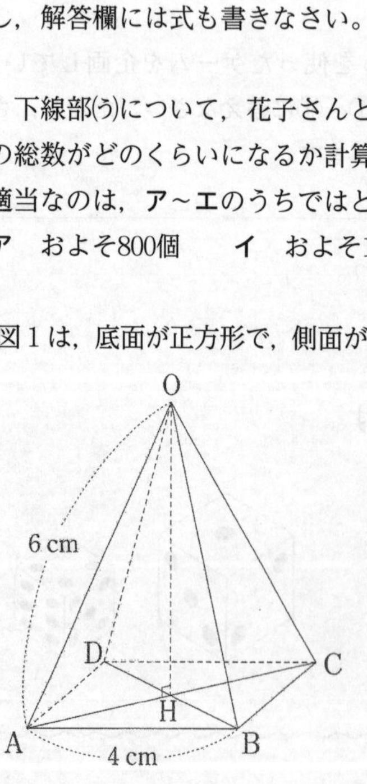

図１

【正四角錐ＯＡＢＣＤの説明】

・ＯＡ＝６cm

・ＡＢ＝４cm

・点Ｈは正方形ＡＢＣＤの対角線の交点

① 図1について正しく述べているのは，**ア**～**エ**のうちではどれですか。一つ答えなさい。

ア 直線OAと直線BCは平行である。　**イ** 直線OBと直線ODはねじれの位置にある。

ウ 直線ADと平面OBCは平行である。　**エ** 平面OABと平面ABCDは垂直である。

② 線分AHの長さを求めなさい。

② 正四角錐OABCDの体積を求めなさい。

④ 図2のように，正四角錐OABCDの点Aから，辺OBと辺OCを通って点Dまで，ひもの長さが最も短くなるようにひもをかけます。また，図3は，正四角錐OABCDの展開図であり，点Eは，線分ADと線分OBとの交点です。(1)，(2)に答えなさい。

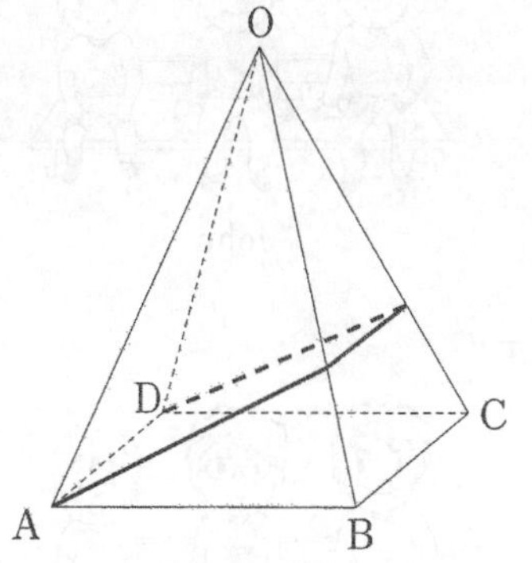

図2

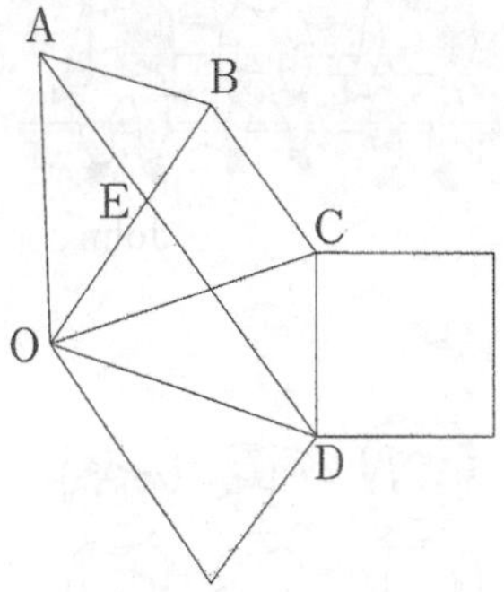

図3

(1) 図3において，△OAB∽△AEBであることは次のように証明することができます。(あ)～(う)に当てはまるものとして最も適当なのは，**ア**～**カ**のうちではどれですか。それぞれ一つ答えなさい。また，(え)には証明の続きを書き，証明を完成させなさい。

証明

△OABと△AEBにおいて，∠AOB＝∠xとすると，

△OABはOA＝OBの二等辺三角形だから，∠OAB＝ (あ) である。

また，△OADは∠AOD＝ (い) ，OA＝ODの二等辺三角形だから，

∠OAD＝ (う) である。

(え)

△OAB∽△AEBである。

ア $2\angle x$　**イ** $3\angle x$　**ウ** $90^\circ-\angle x$

エ $90^\circ-\frac{1}{3}\angle x$　**オ** $90^\circ-\frac{1}{2}\angle x$　**カ** $90^\circ-\frac{3}{2}\angle x$

(2) 点Aから点Dまでかけたひもの長さを求めなさい。

＜英語＞　時間　45分　満点　70点

1　この問題は聞き取り検査です。問題Ａ～問題Ｄに答えなさい。すべての問題で英語は２回ずつ読まれます。途中でメモをとってもかまいません。

問題Ａ　⑴，⑵のそれぞれの英文で説明されている内容として最も適当なのは，ア～エのうちではどれですか。一つ答えなさい。

⑴

ア

イ

ウ

エ

⑵

ア

イ

ウ

エ

問題Ｂ　留学中のHajimeは，外出しているホストファミリーのMaryからの電話を家で受けています。その電話を聞いてHajimeが必要な内容をまとめたメモの［あ］～［う］にそれぞれ適当な英語１語を入れなさい。

［Hajimeのメモ］

Mary	needs her ［(あ)］ for her lesson.		
	will take the ［(い)］ at ［(う)］.		

［Hajime］

問題Ｃ　(1)，(2)のそれぞれの会話についての質問の答えとして最も適当なのは，ア～エのうちではどれですか。一つ答えなさい。

(1)
- ア　To choose a photo.
- イ　To decide the date.
- ウ　To send a letter.
- エ　To take a photo.

(2)
- ア　He went to his uncle's house yesterday.
- イ　He didn't have a birthday party for Lina.
- ウ　He can't go shopping with Lina today.
- エ　He will visit his uncle with Lina tomorrow.

問題Ｄ　留学生のYukaにRobが学校を紹介しています。Robの説明を聞いて，(1)，(2)に答えなさい。

(1)　Robの説明を聞いたYukaがまとめたメモとして，最も適当なのは，ア～エのうちではどれですか。一つ答えなさい。

ア

授　業：8:30 a.m. ～ 3:30 p.m.
昼　食：持参
服　装：私服
図書館：放課後　利用可

イ

授　業：9:00 a.m. ～ 3:30 p.m.
昼　食：持参
服　装：私服
図書館：放課後　利用不可

ウ

授　業：8:30 a.m. ～ 3:30 p.m.
昼　食：持参
服　装：制服
図書館：放課後　利用不可

エ

授　業：9:00 a.m. ～ 3:30 p.m.
昼　食：持参
服　装：制服
図書館：放課後　利用可

(2)　Robから尋ねられた内容に対して，どのように答えますか。あなたがYukaになったつもりで，書き出しに続けて，［　］に８語以上の英語を書き，英文を完成させなさい。ただし，２文以上になってもかまいません。

Well, I ［　　　　　］.

2　留学生のAnnと高校生のHaruが，ある商店街（shopping street）にあるシェアスペース（‘share space’）についてのウェブサイトを見ながら会話をしています。次の英文は，そのシェアスペースで行われる催し物の８月のスケジュール（schedule）と２人の会話です。①～⑤に答えなさい。

８月のスケジュール

Events in August at our ‘share space’

Event	Things to do	＊	Date	Time
1	Make a shopping bag out of used kimonos.	10	8/7	2:00 p.m. ～ 3:30 p.m.
2	Bake bread for the next morning.	15	8/13	1:30 p.m. ～ 3:00 p.m.
		15	8/14	1:30 p.m. ～ 3:00 p.m.
3	See Kita High School Band's performance.	—	8/20	11:00 a.m. ～ 11:30 a.m.
4	Make *dango*. You can also buy *dango*.	20	8/28	10:00 a.m. ～ 11:30 a.m.

＊: The number of people who can join each event

About booking

Event 1, 2, 4 : Booking is necessary.

Event 3 : You do not need a ticket for their （あ）. You can come and leave when you like to do so.

For more information, please click on Event 1～4.

Ann : Haru, what are you looking at? ‘Share space’? What is that?

Haru : It’s a place. People can use it for several days. At this ‘share space’ along the shopping street in our city, one event is held every weekend. Here’s the schedule for August. Let’s join one before you go back to America. Which event looks interesting, Ann?

Ann : I like cooking, so this event looks nice.

Haru : Wait, Ann. You can’t join this. You’re going to leave Japan on Thursday, August 25, but it is held on （い）, August 28. Instead, how about this? We can make the next day’s breakfast.

Ann : Nice. We can also choose which day will be good for us. Look, Haru. I like music, so this also looks interesting.

Haru : Yes. Ann, here’s another one. In this event, you can make something Japanese. It won’t go bad, and it will be a nice gift for your family.

Ann : Great. My family will be happy to receive it. Haru, let’s go to this event together. Do you have any （う） time in the afternoon on this day?

Haru : Yes. I’m （う） on that day. I’ll go with you. I can’t wait.

［注］ make ~ out of…　~を…から作る　kimono　着物　bake bread　パンを焼く
dango　だんご　booking　予約　information　情報　click on ~　~をクリックする
along ~　~に沿って　held　*hold* ~（~を催す）の過去分詞形　go bad　腐る

① 8月のスケジュールとして，(あ) に入れるのに最も適当なのは，**ア**～**エ**のうちではどれですか。一つ答えなさい。

ア bus　**イ** concert　**ウ** garden　**エ** zoo

② (い) に入れるのに最も適当な曜日を英語1語で書きなさい。

③ (う) に共通して入れるのに適当な英語1語を書きなさい。

④ Ann と Haru が一緒に行くことにしたものとして最も適当なのは，**ア**～**エ**のうちではどれですか。一つ答えなさい。

ア Event 1　**イ** Event 2　**ウ** Event 3　**エ** Event 4

⑤ 8月のスケジュールと会話から読み取れる内容として最も適当なのは，**ア**～**エ**のうちではどれですか。一つ答えなさい。

ア Event 2 accepts 30 people each day.
イ Event 4 has the shortest opening hours of the four events.
ウ There are two events in the morning in August at this 'share space.'
エ Ann and Haru will leave Japan on August 25.

3 中学生の Emi は，あるレストランの前で見かけた看板に書かれていた内容を留学生の Jim に紹介するための英文をノートに書いています。Emi が考えている内容を参考にしながら，書き出しに続けて，① に2語の，② に4語以上の英語を書き，Emi のノートを完成させなさい。

看板

「人気ナンバーワン」の部分をnumber oneで書いてみたけれど，この表現では「人気である」ということが伝わらないかもしれないな。別の表現で書いてみよう。

「おすすめ」の部分は，シェフが私たちにどうしてほしいのかを考えると，知っている単語で表現できそう。

［Emi］

Emiのノート

「当店人気ナンバーワン」

This is the number one food at this restaurant.

→ This is the [　①　] food at this restaurant.

「シェフRui 本日のおすすめ」

It is the food that Chef Rui [　②　] today.

4　Glen先生の英語の授業で，中学生のTaku，Nick，Misakiが，自身の中学校における読書の状況についてのグラフ（graph）を見ながら，話し合いをしています。次の英文は，話し合いと，それを聞いてNahoが授業で書いたワークシートです。①～⑥に答えなさい。

■話し合い

Mr. Glen : Look at Graph 1. This shows the results of the school survey that you answered. I (あ)find this last week. What can we learn from this graph?

Taku : About [　(い)　] students read no books in September.

Mr. Glen : Does it mean you don't have a reading habit?

Taku : Yes. We can see that by looking at that graph. Some students don't read books.

Graph 1

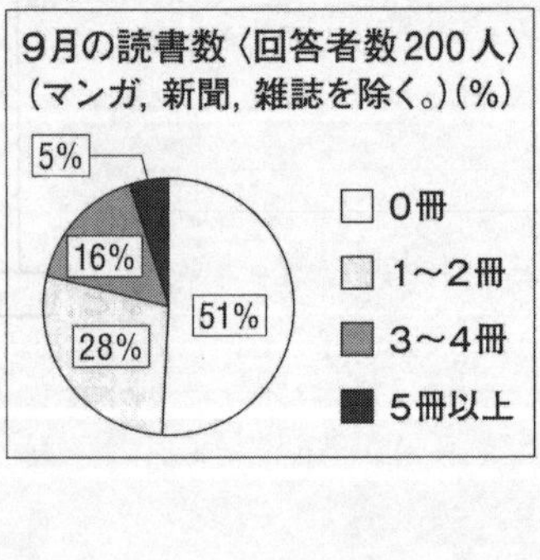

Nick : Really? I don't think that is true. That graph shows the number of books that we read in September. We also need to see (う).

Mr. Glen : With those data, we can see the changes between months. It is difficult to see everything only with Graph 1. To learn your reading habit, you need more data. Do you have any other ideas?

Misaki : We also need to consider when we answered the survey. We had our school festival in September, and we were busy then. I read books almost every month, but I didn't read any books in September.

Nick : That graph doesn't show that it was difficult for us to have time to read books then. We need to use the data carefully.

Taku : Now I understand. Mr. Glen, do you know why some students didn't read any books then? I think there are some causes of this. If we find them, we can think about ways to improve the situation.

Mr. Glen : OK, let's think about that. The survey asked the students why they didn't read any books in September. I made Graph 2 from the survey results. Now let's guess Reasons (X), (Y) and (Z) in Graph 2.

Taku : Maybe they're not interested in reading.

Graph 2

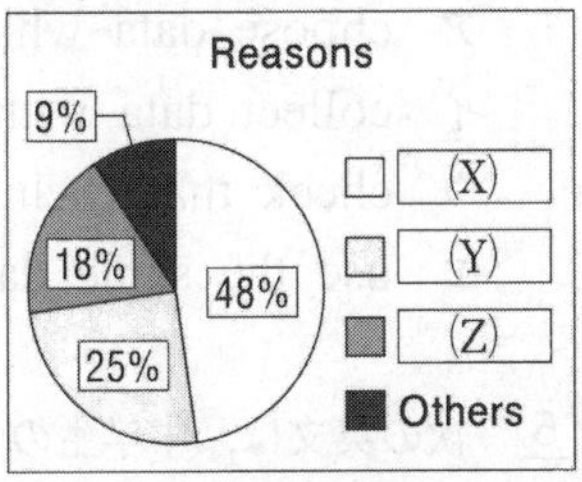

Misaki : Really? Students often say that they are too busy. They say that reading takes a lot of time.

Nick : They don't know which book to read.

Mr. Glen : Now let's check. Nick's idea is Reason (X), Misaki's is Reason (Y), and Taku's is Reason (Z).

Taku : With Graph 2, we can see why they read no books in September.

Mr. Glen : It is difficult to find the (え) causes of this situation only by guessing. To find ways to solve a problem, we can use different data and ask "Why?" or "Is that really (え)?" many times. However, there are a lot of things to consider when we use data. What do we need to think about? Please write your idea.

■ Nahoが授業で書いたワークシート

I understand that it is important to have different data. When we use data, I think that it is also important to (お). Some of the data may be wrong. If it is wrong, we can't find ways to improve the situation. We should not easily believe the data that we can get.

［注］ survey　アンケート調査　　reading habit　読書習慣　　data　データ
consider ～　～を考慮する　　cause　原因　　situation　状況　　wrong　誤っている

① 下線部(あ)の単語を，最も適当な形に変えて書きなさい。

② (い) に入れるのに最も適当なのは，ア～エのうちではどれですか。一つ答えなさい。

ア 10　イ 30　ウ 60　エ 100

③ (う) に入れるのに最も適当なのは，ア～エのうちではどれですか。一つ答えなさい。

ア where the students often read books in September

イ how many books the students read in other months

ウ what the students thought about the survey

エ how many times the students have answered this survey

④ Graph 2 の (Y)，(Z) に入れる英語の組み合わせとして最も適当なのは，ア～エのうちではどれですか。一つ答えなさい。

ア (Y) I don't like reading.　(Z) I'm very busy.

イ (Y) I'm very busy.　(Z) I don't like reading.

ウ (Y) Books are expensive.　(Z) Reading takes time.

エ (Y) Reading takes time.　(Z) Books are expensive

⑤ (え) に共通して入れるのに最も適当な英語１語を，話し合いの中の生徒の発言から抜き出して書きなさい。

⑥ (お) に入れるのに最も適当なのは，ア～エのうちではどれですか。一つ答えなさい。

ア choose data which must be changed

イ collect data without thinking carefully

ウ check that each data is right

エ use the same data in a different situation

5 次の英文は，中学生の Maki が英語の授業で書いた作文です。①～⑥に答えなさい。

If your toy is broken, what do you do? Do you throw it away and buy a new one? Instead, you can take it to a toy hospital. Toy doctors repair broken toys at toy hospitals. If toys are repaired, you can play with (あ)them again.

I read a newspaper article about toy hospitals two years ago. To know more about them, I worked at Sato Toy Hospital as a volunteer for a month last summer. Mr. Sato is a toy doctor there. He gave me this chance. (い)(ask / job / my / to / was) toy owners what problem their toys had and to help Mr. Sato. During the work, he often said to me, "Though it is sometimes difficult to repair toys, toy doctors do not give up easily."

Mr. Sato taught me how to make new parts for broken toys. Several days later, a boy came to the hospital with his toy, and I gave it my first treatment. I made some parts for the toy, and finished repairing it with some help from Mr. Sato. The treatment went well. The boy said to me, "I'm happy. Thank you." When I heard this, I felt (う). However, things sometimes did not go well.

One day, a girl visited us with (え)her broken toy. It was a music box. Its condition was not good. I thought that it was impossible for us to repair it, but I did not say this to the girl. Instead, I asked her about the toy's condition, and Mr. Sato listened to her carefully. He said, "Oh, this is from your grandmother. Then it's very important to you. We will take care of this." He looked at the toy carefully, explained how to repair it, and started making some new parts for it. While he was repairing the music box, he showed her that it was getting better. He kept encouraging her, and the girl kept watching him. Finally she said, "It's singing! I'm so happy!" The girl smiled, and Mr. Sato smiled back at her. It was nice to see them, but I did not know what to say to the girl. I only stood by Mr. Sato. I could not help her. I felt bad about that.

After the work, Mr. Sato said to me, "Are you OK? Don't feel so ［ (お) ］ Maki. How did you feel after your first treatment? You felt happy, right? Don't give up too easily. If toy doctors give up, owners have to say goodbye to their toys." He encouraged me, and I understood why he always listened to toy owners.

The experience at Sato Toy Hospital has taught me (か) another meaning of repairing something broken. When something is repaired, it can be used again. This is one meaning of repairing something broken. It also means thinking about the time that owners have shared with it. To do so, it is important to listen to them. I know that Mr. Sato always does so.

［注］ broken 壊れた　throw ～ away ～を捨てる　repair ～ ～を修理する　owner 持ち主
give up あきらめる　parts 部品　treatment 治療，処置　go well うまくいく
music box オルゴール　condition 状態　impossible 不可能な　meaning 意味

① 下線部(あ)が指すのは何ですか。英語１語を同じ段落中から抜き出して書きなさい。

② 下線部(い)の語をすべて用いて，意味が通るように並べ替えなさい。ただし，文頭にくる語もすべて小文字にしてあります。

③ ［ (う) ］，［ (お) ］に入れる英語の組み合わせとして最も適当なのは，**ア**～**エ**のうちではどれですか。一つ答えなさい。

ア (う) glad　(お) proud　　**イ** (う) glad　(お) disappointed
ウ (う) nervous　(お) proud　　**エ** (う) nervous　(お) disappointed

④ 下線部(え)に関して，Mr. Sato が行ったこととして，当てはまらないものは，**ア**～**エ**のうちではどれですか。一つ答えなさい。

ア オルゴールの状態を入念にみる　　**イ** オルゴールの状態を記録する
ウ オルゴールの修理の仕方を説明する　　**エ** オルゴールの修理の様子を見せる

⑤ 下線部(か)の具体的内容を説明する次の文の［ (1) ］，［ (2) ］にそれぞれ適当な日本語を入れなさい。

壊れたものを修理するということは，持ち主がそれと共有している［ (1) ］ことを意味している。これには，［ (2) ］ことが重要である。

⑥ 本文の内容と合っているのは，ア～オのうちではどれですか。当てはまるものをすべて答えなさい。

ア Maki did volunteer activities at Sato Toy Hospital for two years.

イ Maki brought her broken toy to Sato Toy Hospital and repaired it with Mr. Sato.

ウ Maki got some help from Mr. Sato when she repaired a toy for the first time.

エ Maki thought that she and Mr. Sato could not repair the girl's music box.

オ Maki made some parts for the music box, and the girl finally listened to it again.

＜理科＞

時間　45分　　満点　70点

1　次の①～⑦に答えなさい。

①　電池について説明した，次の文の (あ) と (い) に当てはまる適当な語を書きなさい。

> アルカリ乾電池などの電池は，化学変化を利用して，物質がもつ (あ) エネルギーを (い) エネルギーに変換する装置である。

②　燃料電池において，水素と酸素が反応して水ができるときの化学変化を化学反応式で表しなさい。

③　ヒトにおいて，刺激に対して無意識に起こる反射の例として最も適当なのは，ア～エのうちではどれですか。一つ答えなさい。

ア　後ろから名前を呼ばれて返事をする。

イ　暗いところから明るいところへ行くとひとみが小さくなる。

ウ　飛んできたボールを手で受け止める。

エ　スマートフォンの着信音を聞いてメールを確認する。

④　クジラのひれ，ヒトのうで，コウモリの翼の骨格を比べてみると，基本的なつくりに共通点が見られます。このように，現在のはたらきや形は異なっていても，基本的なつくりが同じで，起源が同じであったと考えられる器官を何といいますか。

⑤　図のように，コイルと検流計をつなぎ，固定したコイルに棒磁石のN極を近づけると，検流計の針が右に振れました。コイルと検流計のつなぎ方は変えずに，棒磁石やコイルを動かしたとき，検流計の針が右に振れるのは，ア～エのうちではどれですか。一つ答えなさい。

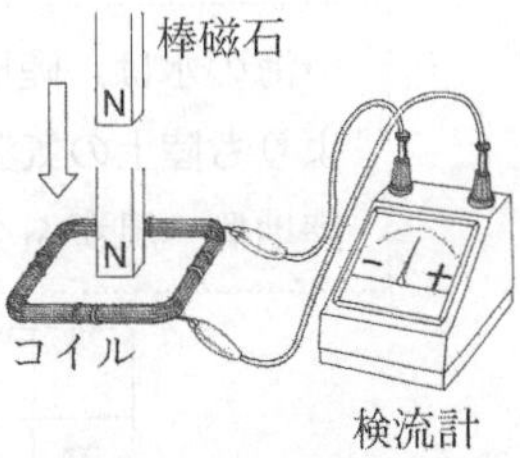

図

ア

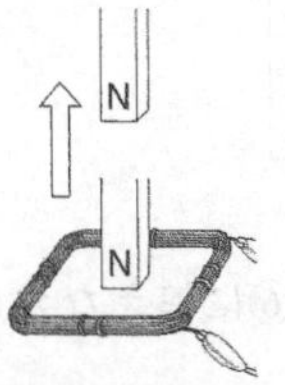

固定したコイルから，棒磁石のN極を遠ざける。

イ

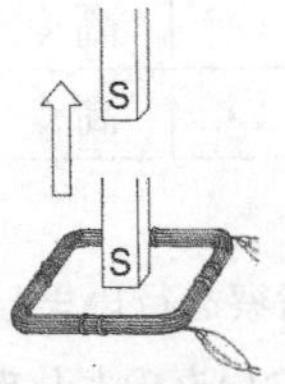

固定したコイルから，棒磁石のS極を遠ざける。

ウ

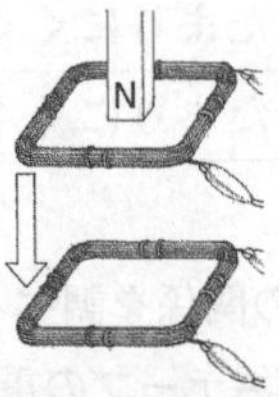

固定した棒磁石のN極から，コイルを遠ざける。

エ

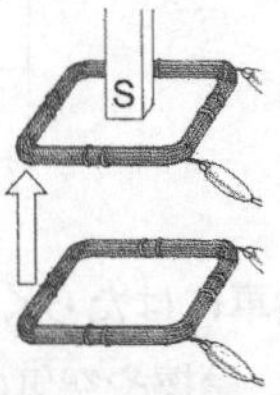

固定した棒磁石のS極に，コイルを近づける。

⑥　消費電力が500Wの電子レンジで加熱調理を60秒間行うときに消費する電力量は，消費電力が1500Wの電子レンジで加熱調理を何秒間行うときに消費する電力量と等しいですか。時間［秒］を答えなさい。

⑦ 表は，南に海が広がる海岸沿いのある地点における気象の観測データです。(1)，(2)に答えなさい。

表

時刻	3時	6時	9時	12時	15時	18時	21時	24時
気温〔℃〕	15.3	14.7	22.2	24.9	26.3	24.3	19.2	17.7
天気	晴れ	晴れ	晴れ	晴れ	晴れ	晴れ	晴れ	晴れ
風向	北北東	北北西	東北東	南	南西	南南東	北東	北
風力	1	1	2	2	2	1	1	1

(1) 表の15時の天気，風向，風力を表した記号として適当なのは，ア～エのうちではどれですか。一つ答えなさい。

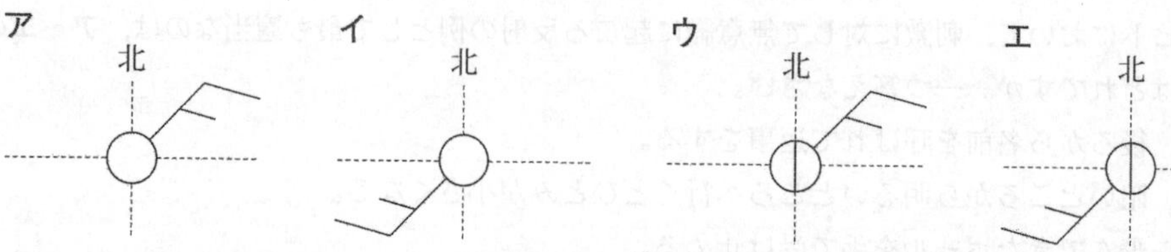

(2) 表の観測データから，この地点では日中と夜間で海風と陸風が入れかわる現象が確認できました。日中に海側から陸地側へ海風がふく理由を説明した，次の文章の (a) ～ (c) に入ることばの組み合わせとして最も適当なのは，ア～エのうちではどれですか。一つ答えなさい。

海の水は，陸地の岩石に比べて， (a) 性質がある。日中に太陽光が当たると海上よりも陸上の気温の方が (b) なり，陸地付近の大気が (c) するため，海側から陸地側へ風がふく。

	(a)	(b)	(c)
ア	あたたまりやすく冷えやすい	低く	上昇
イ	あたたまりやすく冷えやすい	低く	下降
ウ	あたたまりにくく冷えにくい	高く	上昇
エ	あたたまりにくく冷えにくい	高く	下降

2 台車にはたらく力と速さの関係を調べる実験と考察を行いました。①～⑥に答えなさい。ただし，摩擦や空気の抵抗，記録テープの重さは考えないものとします。

【実験】

〈1〉 水平な机に台車を置き，記録タイマー（1秒間に60回打点するもの）に通した記録テープを台車にとりつける。

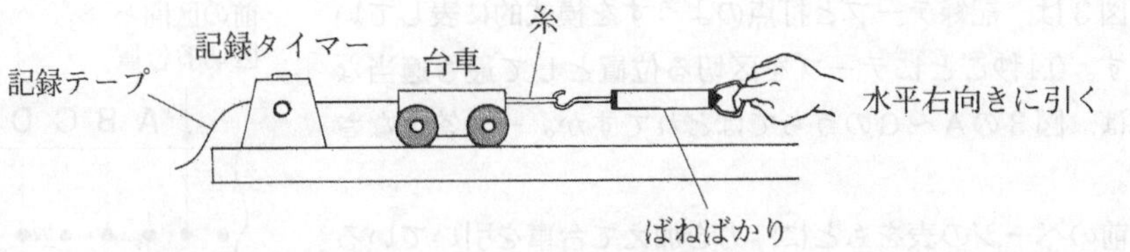

図１

〈２〉　図１のように台車を引くために糸の先に(a)ばねばかりをとりつけ，台車を引く力を常に1.2Nで一定になるようにして水平右向きに引く。

〈３〉　約1.0秒後に台車を引くのをやめる。

【結果】

一定の力を加えて台車を引いている間に記録された記録テープを0.1秒ごとに区切って各区間の長さを計測し，平均の速さを計算したところ，表のようになった。

表

区間	Ⅰ	Ⅱ	Ⅲ	Ⅳ	Ⅴ
時間〔秒〕	0 ～ 0.1	0.1 ～ 0.2	0.2 ～ 0.3	0.3 ～ 0.4	0.4 ～ 0.5
テープの長さ〔cm〕	0.6	1.8	3.0	4.2	5.4
平均の速さ〔cm/秒〕	6.0	18	30	42	54

台車を引くのをやめた後の記録テープの打点の間隔は均等であった。

【考察】

台車に常に一定の力を加えて引いている間は，台車の速さが一定の割合で増加していることがわかる。

また，(b)台車を引くのをやめた後は，台車の速さは変化していないことがわかる。

①　下線部(a)について，ばねを引く力の大きさとばねの伸びは比例の関係にあります。この法則を何といいますか。

②　図２は，実験に使用したばねばかりの，ばねを引く力の大きさとばねの伸びの関係を表しています。このばねの伸びが1.0㎝のとき，ばねを引く力の大きさは何Nですか。

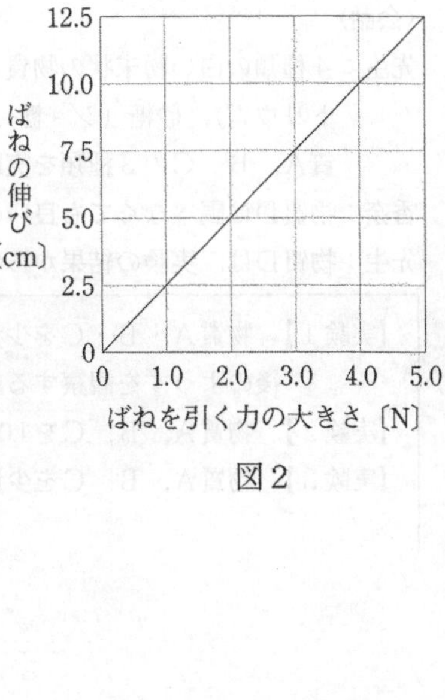

図２

③ 図３は，記録テープと打点のようすを模式的に表しています。0.1秒ごとにテープを区切る位置として最も適当なのは，図３のA～Gのうちではどれですか。一つ答えなさい。

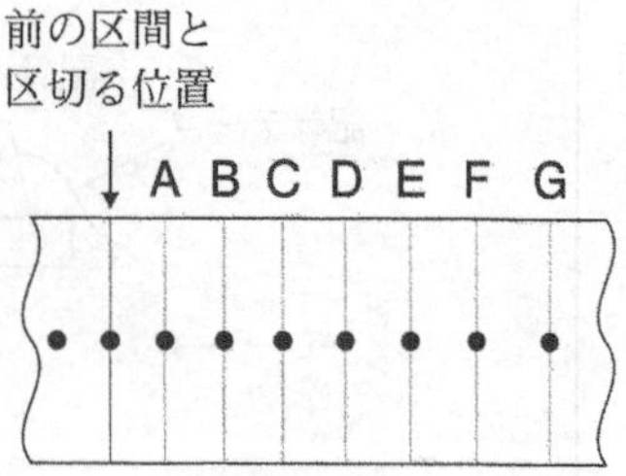

図３

④ 前のページの表をもとに，力を加えて台車を引いているときの，時間と台車の平均の速さとの関係を表したグラフをかきなさい。

⑤ 表のⅠ～Ⅴの区間（０～0.5秒の間）において，台車を引く力が台車にした仕事は何Ｊですか。

⑥ 下線部(b)について，台車を引くのをやめた後の台車にはたらいている力をすべて表したものとして最も適当なのは，ア～エのうちではどれですか。一つ答えなさい。ただし，このときの台車は図４のように模式的に表しています。また，台車にはたらく力は矢印で示しており，一直線上にある力については，見やすさを考えて力の矢印をずらしています。

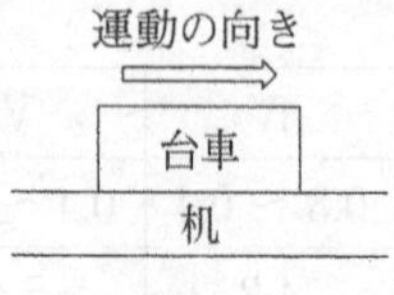

図４

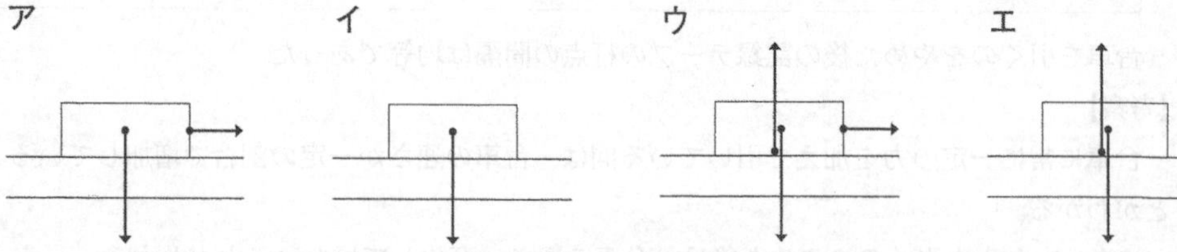

3 香奈さんは，授業の中で，性質をもとに物質の種類を調べる実験を行いました。次は，そのときの先生との会話と実験です。①～⑥に答えなさい。

〈会話〉

先生：４種類の白い粉末状の物質Ａ～Ｄを用意しました。物質Ａ～Ｄはデンプン，食塩（塩化ナトリウム），砂糖（ショ糖），重曹（炭酸水素ナトリウム）のいずれかです。そのうち，物質Ａ，Ｂ，Ｃの３種類を実験で調べてみましょう。

香奈：物質Ｄは調べなくても良いのですか。

先生：物質Ｄは，実験の結果から判断できるか考えてみましょう。

【実験１】 物質Ａ・Ｂ・Ｃを少量ずつ燃焼さじに取り，(あ)ガスバーナーで加熱し，加熱した後のようすを観察する。

【実験２】 物質Ａ，Ｂ，Ｃを4.0ｇずつはかりとり，水50ｇに加えて溶かす。

【実験３】 物質Ａ，Ｂ，Ｃを少量ずつペトリ皿に取り，ヨウ素液を加えて色の変化を見る。

【結果】

実験	物質A	物質B	物質C
1	炭になった	炭になった	白い物質が残った
2	ほとんど溶けなかった	すべて溶けた	すべて溶けた
3	青紫色に変化した	変化しなかった	変化しなかった

先生：実験の結果から，それぞれの物質は何かわかりますか。

香奈：(い)実験から物質AとBは判断できますね。でも，物質Cが何かはわかりません。

先生：では，どんな性質に注目すると，物質CとDが何か判断できるでしょうか。

香奈：物質CとDは，両方とも水に溶かしたときに電流が流れる［　　］とよばれる物質であると考えられるので，水溶液に電流を流す実験では判断できないと思います。水溶液のpHに注目すれば，判断できるのではないでしょうか。

先生：そうですね。水溶液のpHを調べる以外に，何か方法はありませんか。

香奈：その物質を加熱してできる物質に注目して調べればいいと思います。

先生：では，(う)物質CとDそれぞれの水溶液のpHを調べる実験と，物質CとDそれぞれを加熱してできる物質を調べる実験を行ってみましょう。

① 下線部(あ)について，図は，ガスバーナーを模式的に表したものです。ガスバーナーに火をつけた後，炎を調節するための操作として適当なのは，ア～エのうちではどれですか。一つ答えなさい。

ア　aでガスの量を調節し，bで空気の量を調節する。

イ　aでガスの量を調節し，cで空気の量を調節する。

ウ　bでガスの量を調節し，cで空気の量を調節する。

エ　cでガスの量を調節し，bで空気の量を調節する。

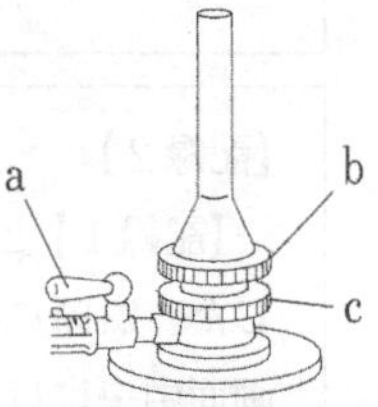

図

② 下線部(い)について，物質Aとして適当なのは，ア～エのうちのどれですか。一つ答えなさい。

ア　デンプン　　イ　食塩　　ウ　砂糖　　エ　重曹

③ 【実験２】において，物質Bを溶かしてできた水溶液の質量パーセント濃度は何％ですか。小数第２位を四捨五入し，小数第１位まで書きなさい。

④ 食塩を完全に溶かしたときの，食塩水のようすを表したモデルとして最も適当なのは，ア～エのうちではどれですか。一つ答えなさい。ただし，「⊕」はナトリウムイオンを，「⊖」は塩化物イオンを表すものとします。

ア 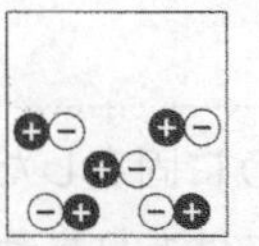

イ 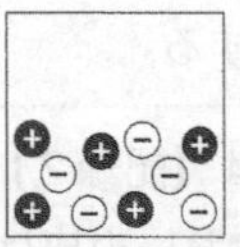

ウ 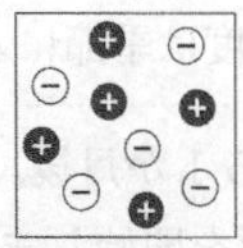

エ 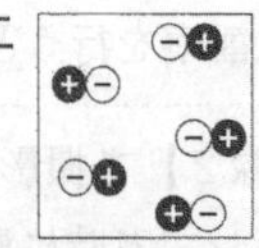

⑤ 〈会話〉の［　　］に当てはまる適当な語を書きなさい。

⑥ 下線部(う)の実験とその結果として適当でないのは，ア～オのうちではどれですか。すべて答えなさい。

ア　水溶液にフェノールフタレイン溶液を加えて，うすい赤色に変化すれば重曹である。

イ　水溶液を青色リトマス紙につけて，赤色に変化すれば重曹である。

ウ　加熱してできた液体を青色の塩化コバルト紙につけて，うすい赤色に変化すれば重曹である。

エ　加熱して発生した気体を石灰水に通して，白くにごれば重曹である。

オ　加熱して残った白い物質の水溶液にフェノールフタレイン溶液を加えて，色が変化せず，無色のままであれば重曹である。

4　田中さんと松本さんは天体の動きを観察するために，スマートフォンを使って動画を撮影することにしました。記録１と記録２は，田中さんが岡山県の自宅において，スマートフォンを真南に向けて固定し，南の空を撮影したときのものです。①～⑤に答えなさい。

【記録１】

２月17日に太陽を撮影し，太陽の動きを観察した。太陽は高度を変えながら，東から西に移動していた。図１は太陽が南中したときのスマートフォンの画面を模式的に示したものである。このとき，太陽は城の真上で観察された。

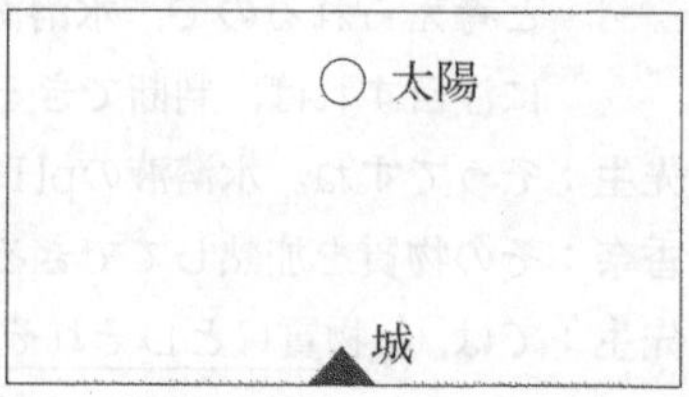

図１

【記録２】

【記録１】と同じ日に夜空を撮影し，星の動きを観察した。21時に撮影を開始したとき，スマートフォンの画面中央にはおおいぬ座が観察でき，城の真上にはシリウスがあった。図２はそのときのスマートフォンの画面を模式的に示したものである。

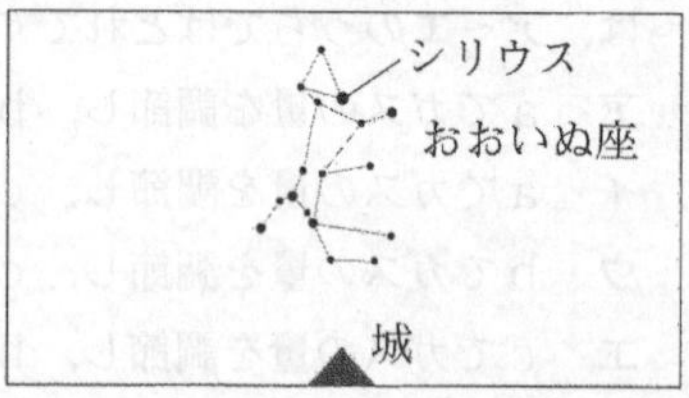

図２

①　太陽のように自ら光を放っている天体を何といいますか。

②　下線部について，太陽の南中高度を説明した，次の文章の P と Q に当てはまることばを書きなさい。

岡山県よりも緯度が低い高知県では，同じ日の南中高度は岡山県より P なる。また，地球は公転面に垂直な方向に対して， Q 公転しているため，同じ場所で継続的に観察を行うと，南中高度は季節によって変化する。

③　【記録２】を撮影した日から１か月後，田中さんは【記録２】と同じように固定したスマートフォンで21時に動画の撮影を開始しましたが，おおいぬ座は画面中央にはありませんでした。この日に，図２とほぼ同じように画面中央の城の上でおおいぬ座が観察できる時刻として最も適当なのは，ア～エのうちではどれですか。一つ答えなさい。

ア　19時　　イ　20時　　ウ　22時　　エ　23時

④　松本さんは，田中さんの家から西に約１km 離れた位置にある自宅の窓から，【記録２】と同じ２月17日の21時にスマートフォンを真南に向けて固定して動画の撮影を開始しました。松本

さんが撮影を開始したときのスマートフォンの画面で観察できるおおいぬ座と城の位置を表しているものとして最も適当なのは，ア～エのうちではどれですか。一つ答えなさい。

ア

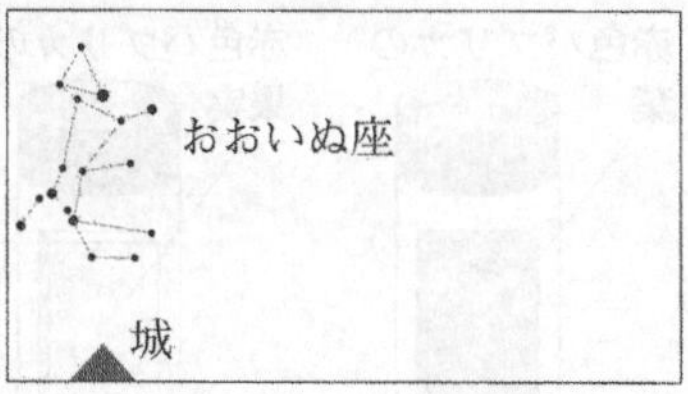

イ

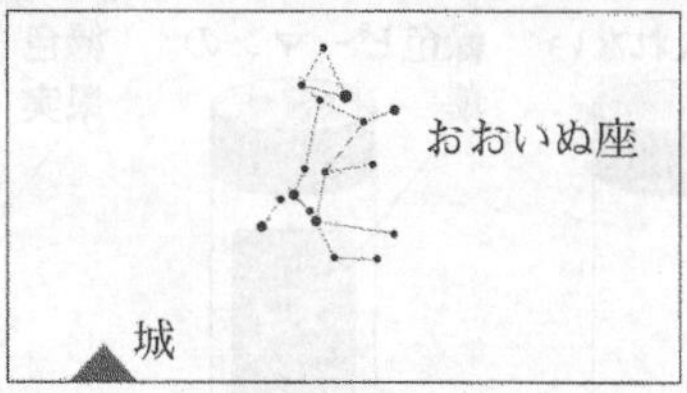

ウ

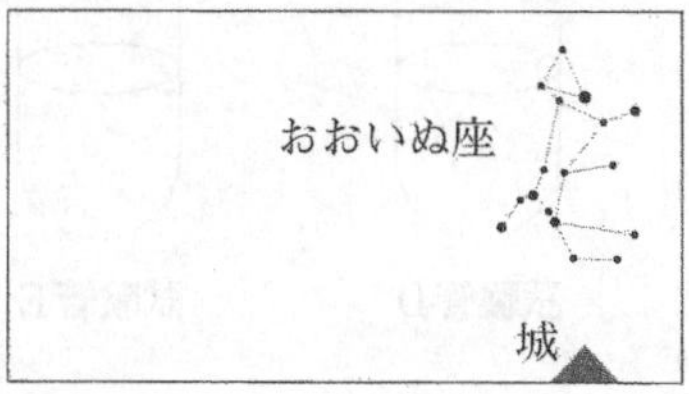

エ

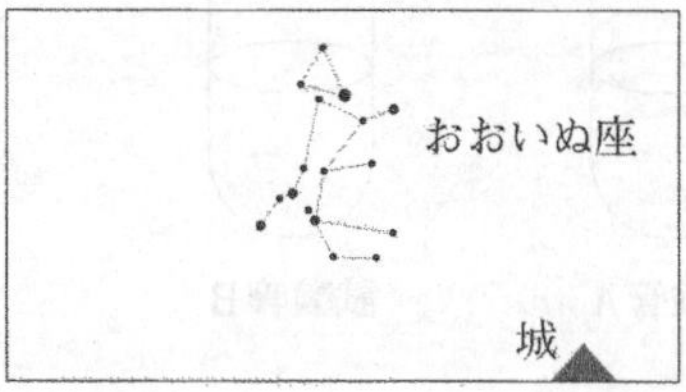

⑤　次の表は，太陽系の惑星である火星，木星，金星，土星，地球の特徴の一部を示しています。(1)，(2)に答えなさい。

表

惑星	地球	ア	イ	ウ	エ
密度〔g/cm^3〕	5.51	0.69	1.33	3.93	5.24
赤道半径	1.00	9.45	11.21	0.53	0.95
太陽からの距離	1.00	9.55	5.20	1.52	0.72

（注）赤道半径と太陽からの距離は地球を 1.00 とした値

(1)　木星は，表のア～エのうちのどれですか。一つ答えなさい。

(2)　日本において，明け方前後と夕方前後に観察できる場合はあっても，真夜中に観察できない惑星は，表のア～エのうちではどれですか。一つ答えなさい。また，その惑星が真夜中に観察できない理由を，「公転」という語を用いて説明しなさい。

5　植物の光合成について調べるために，観察と実験を行いました。①～⑥に答えなさい。

【観察】

(a)緑色ピーマンと赤色パプリカそれぞれの葉と果実を薄く切って，プレパラートを作成し，(b)顕微鏡で観察を行った。緑色ピーマンの葉と赤色パプリカの葉の細胞内では葉緑体が観察された。また，緑色ピーマンの果実でも細胞内に葉緑体が観察され，赤色パプリカの果実では細胞内に赤色やだいだい色の粒が観察された。

【実験１】

緑色ピーマンと赤色パプリカそれぞれの葉と果実を使って実験を行った。

青色のBTB溶液にストローで息を吹き込んで緑色にしたものを，試験管Ａ～Ｅに入れた。

図１のように，試験管Ｂ～Ｅに同程度の面積に切った葉と果実をBTB溶液に直接つかないように注意して入れ，試験管をゴム栓でふさいだ。

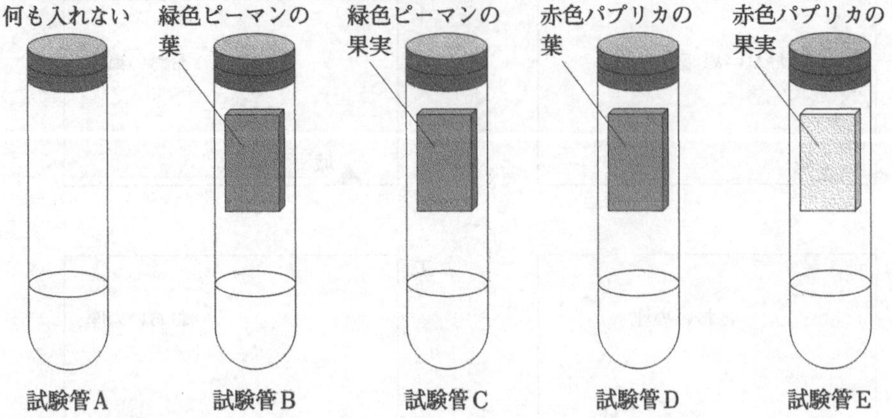

図１

試験管Ａ～Ｅに光を１時間当てた後，BTB溶液が葉や果実につかないように軽く振ってBTB溶液の色の変化を観察し，その結果を表１にまとめた。

表１

試験管	Ａ	Ｂ	Ｃ	Ｄ	Ｅ
BTB溶液の色の変化	緑→緑	緑→青	緑→緑	緑→青	緑→黄

【考察】

【実験１】の表１のBTB溶液の色の変化は［X］の増減によるものである。試験管Ｂと試験管ＤのBTB溶液が青色に変化したことから，緑色ピーマンの葉と赤色パプリカの葉が行った［Y］により，試験管内の［X］が減少したと考えられる。

また，試験管ＥのBTB溶液が黄色に変化したことから，赤色パプリカの果実が行った［Z］により，試験管内の［X］が増加したと考えられる。

試験管Ｃにおいて，BTB溶液の色の変化が見られなかった理由については，【実験１】の結果のみでは説明をすることが難しいため，【実験２】を行うことにした。

① 下線部(a)について，成長して果実になるのは，花のつくりのどの部分ですか。

② 下線部(b)について，観察を行うときに，顕微鏡の接眼レンズは変えずに，レボルバーを回して高倍率の対物レンズに変えました。このときの観察できる範囲（視野の広さ）の変化として最も適当なのは，ア～ウのうちのどれですか。一つ答えなさい。

ア　広くなる　　イ　変化しない　　ウ　狭くなる

③ ピーマンやパプリカなどの光合成を行う生物は，生態系において生産者とよばれています。生産者とよばれるものとして適当なのは，ア～オのうちではどれですか。当てはまるものをすべて答えなさい。

ア　ゼニゴケ　　イ　シイタケ　　ウ　アブラナ　　エ　ウサギ　　オ　ミミズ

④ 【実験１】で試験管Ｂ～Ｅとの比較のために試験管Ａを用意したように，調べたいことがら以外の条件を同じにして行う実験のことを，何といいますか。

⑤ 【考察】の X ～ Z に当てはまる語の組み合わせとして最も適当なのは，ア～エのうちではどれですか。一つ答えなさい。

	X	Y	Z
ア	酸素	呼吸	光合成
イ	酸素	光合成	呼吸
ウ	二酸化炭素	呼吸	光合成
エ	二酸化炭素	光合成	呼吸

【実験２】

【実験１】と同様の手順で図２のように試験管Ｆ～Ｊを用意して，光が全く当たらないようにアルミニウム箔《はく》を巻いた。

アルミニウム箔

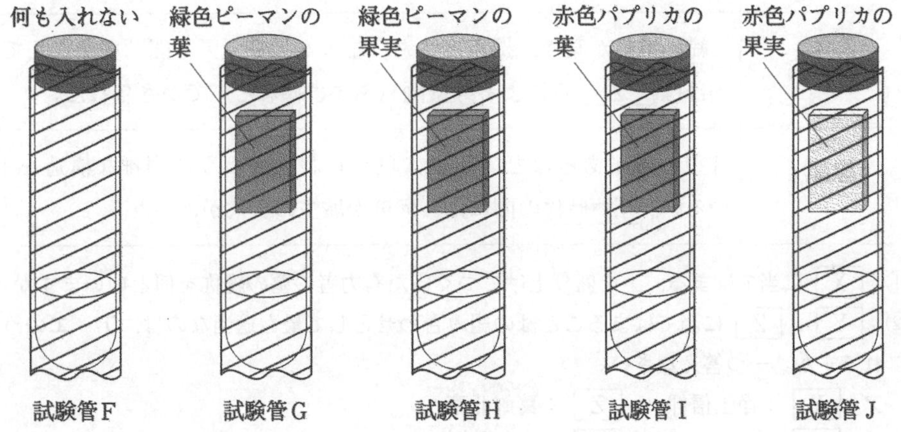

図２

試験管Ｆ～Ｊを１時間置いた後，BTB溶液が葉や果実につかないように軽く振って，BTB溶液の色の変化を観察し，その結果を表２にまとめた。

表２

試験管	F	G	H	I	J
BTB 溶液の色の変化	緑→緑	緑→黄	緑→黄	緑→黄	緑→黄

⑥ 【実験１】の試験管Ｃにおいて，BTB溶液の色の変化が見られなかった理由を説明する根拠として最も適当なのは，【実験２】の試験管Ｆ～Ｊのうちではどれですか。一つ答えなさい。また，試験管ＣでBTB溶液の色の変化が見られなかった理由を書きなさい。

＜社会＞

時間 45分 満点 70点

[1] 光司さんと悠里さんは，「各時代の代表的な建築物」に着目して近世までの歴史的分野の学習をふり返り，次の表を作成しました。①～⑤に答えなさい。

表

建築物	説明
法隆寺	聖徳太子《しょうとくたいし》の建立《こんりゅう》とされる。６世紀に仏教が伝えられたことで，それまでつくられていた [X] に代えて寺院を建立する豪族もあった。
平等院鳳凰《ほうおう》堂	摂政《せっしょう》の後，関白となった藤原頼通《ふじわらのよりみち》が建立した阿弥陀《あみだ》堂。このころ，[Y] の広まりにより，各地に阿弥陀堂がつくられた。
金閣	足利義満《あしかがよしみつ》が建立した。３層構造で，層によって建築の様式が異なっており，貴族と武士の文化が混じり合う特色がみられる。
安土《あづち》城	(a)織田信長《おだのぶなが》が築き，拠点とした。雄大な天守（天守閣）をそなえており，内部は [Z] らによる障壁画（ふすま絵など）でかざられた。
姫路城	３重の堀があるなど，簡単に攻められないように複雑な構造をもっている。(b)江戸時代の間には，何度か城主の交代があった。

① [X] に当てはまる，土を盛り上げてつくった有力者の墓の総称を何といいますか。

② [Y]，[Z] に当てはまることばの組み合わせとして最も適当なのは，ア～エのうちではどれですか。一つ答えなさい。

ア [Y]：浄土信仰　[Z]：葛飾北斎《かつしかほくさい》
イ [Y]：浄土信仰　[Z]：狩野永徳《かのうえいとく》
ウ [Y]：朱子学　[Z]：葛飾北斎
エ [Y]：朱子学　[Z]：狩野永徳

③ 下線部(a)の人物について述べた文として最も適当なのは，ア～エのうちではどれですか。一つ答えなさい。

ア 物価の急激な上昇をおさえるため，株仲間を解散させた。
イ 国ごとに守護を，荘園《しょうえん》や公領ごとに地頭を置くことを朝廷に認めさせた。
ウ ものさしやますなどを統一し，同じ基準による検地を全国で実施した。
エ 自由な交通を可能にするため，征服地の関所の廃止をすすめた。

④ 下線部(b)について，光司さんは，江戸時代の建築物について調べる中で，次のページのような法令の資料を見つけました。資料の [　] には，城に関わる内容が書かれています。この法令が出された目的にもとづいて，[　] に当てはまる適当な内容を書きなさい。

資料

一　学問と武道にひたすらはげむようにせよ。
一　□。
一　幕府の許可がなく，かってに結婚してはいけない。
一　大名が自分の領地と江戸とを交代で住むように定める。
一　500石《こく》以上積める船をつくることを禁止する。

(注) 1615年，1635年に出された法令の抜粋，要約。

⑤　次は，光司さん，悠里さんと先生との会話です。(1)，(2)に答えなさい。

会話

先生：表をまとめてみて，印象に残ったことや気づいたことがありましたか。
光司：金閣が印象に残りました。足利義満は，□を実現して約60年にわたる内乱（動乱）を終わらせ，朝廷の様々な権限を幕府に吸収したと学習しました。そうした中で建立された金閣は，武家社会がそれまで以上に大きな力をもつようになったことをあらわしているように感じます。
悠里：私は，法隆寺のように，その時代の他国との関係や，他国からもたらされた文化の影響が建築物にもあらわれることに興味をもちました。その視点からもう少し調べてみようと思います。

(1)　□に当てはまる適当な内容を書きなさい。
(2)　会話の後，悠里さんが調べた次の**ア**～**ウ**の内容が，年代の古いものから順に並ぶように記号で答えなさい。
ア　東大寺南大門は，源平《げんぺい》の争乱（内乱）の後，宋《そう》の様式を取り入れて再建された。
イ　首里城は，明《みん》や朝鮮などとの中継貿易で栄えた琉球《りゅうきゅう》王国の王宮とされた。
ウ　大宰府《だざいふ》は，唐《とう》や新羅《しらぎ》との外交や防衛にあたるために九州北部に設置された。

2　次の図１は緯線と経線が直角に交わる地図であり，緯線は赤道から，経線は本初子午線からいずれも40度間隔です。また，図２は面積が正しい地図です。①～④に答えなさい。
（図１・図２は次のページにあります）

①　図１は，おもな火山と山脈の位置を表しています。Xの山脈名を書きなさい。
②　右の資料は，図１のＹ島の写真です。Ｙ島の伝統的な料理の説明として最も適当なのは，**ア**～**エ**のうちではどれですか。一つ答えなさい。

資料

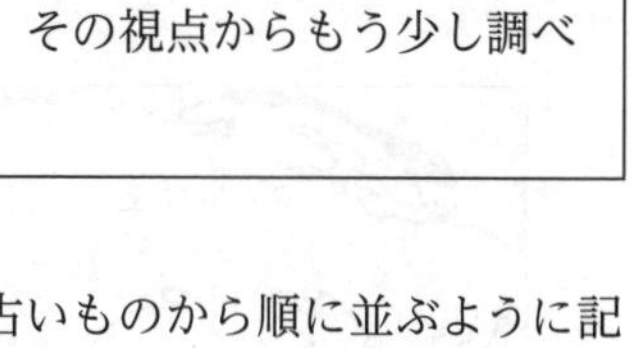

ア　乾かしたじゃがいもを水でもどして煮込み，スープにする。
イ　タロいもや肉をバナナの葉で包み，蒸し焼きにする。
ウ　野菜やチーズを小麦粉の薄い生地で包み，オーブンで焼く。
エ　とうもろこし粉のパンに肉や野菜をのせ，とうがらしのソースをかける。

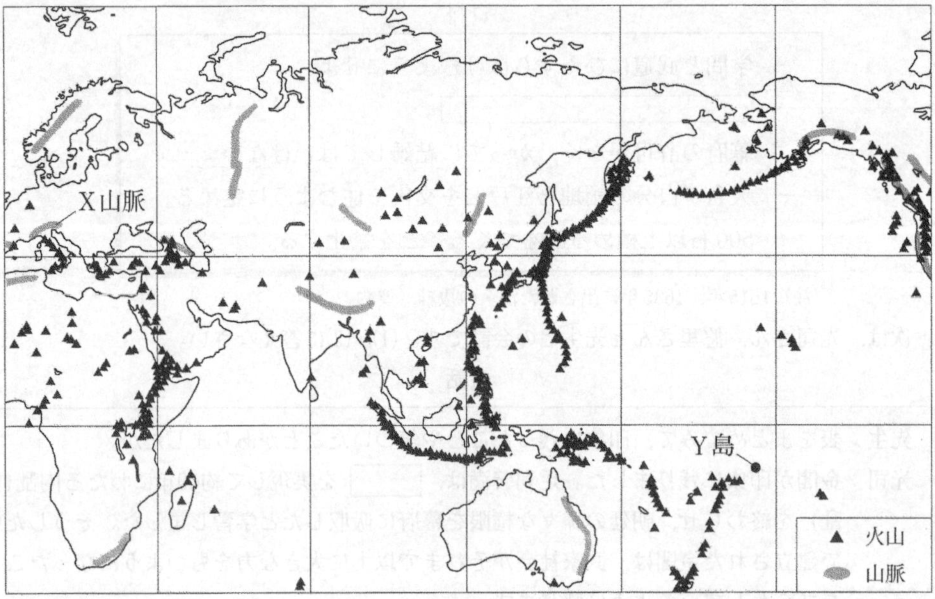

(内閣府Webページなどから作成)

図１

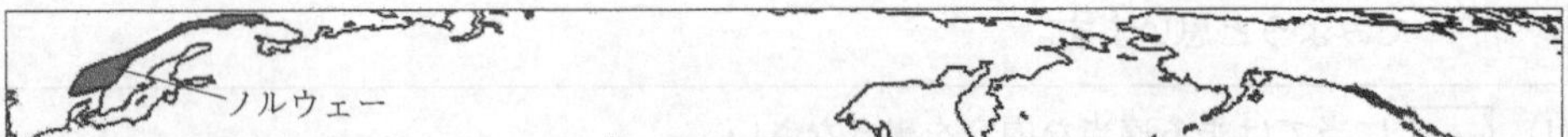

(「世界国勢図会2020/21」から作成)

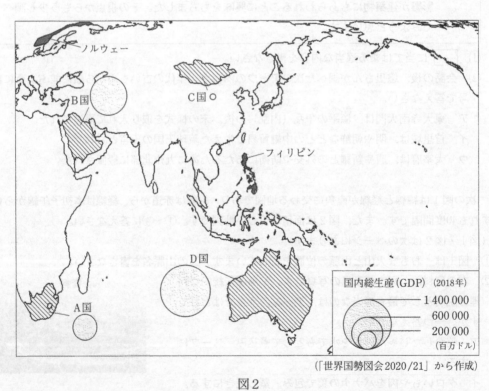

図２

③　前のページの図２は，Ａ～Ｄの４か国の国内総生産（GDP）を表しており，右の表１は，図２と同じＡ～Ｄの４か国の人口数を示しています。この４か国について述べた文として適当なのは，**ア**～**エ**のうちではどれですか。当てはまるものをすべて答えなさい。

表１

	人口（千人）
Ａ国	57 398
Ｂ国	33 554
Ｃ国	3 122
Ｄ国	24 772

（注）統計年次は2018年。
（「世界国勢図会2018/19」から作成）

ア　Ａ国は，４か国のうちで人口密度が最も高い。
イ　Ｂ国は，４か国のうちで一人当たりのGDPが最も高い。
ウ　Ｃ国は，東経60度よりも東に位置している。
エ　Ｄ国は，大西洋とインド洋に面している。

④　図２のフィリピン，ノルウェーについて，(1)，(2)に答えなさい。

(1)　フィリピンでは，キリスト教を信仰する人が国民の大半を占《し》めています。16世紀にフィリピンを植民地としてキリスト教を布教し，アジアでの貿易の拠点をおいた国は，**ア**～**エ**のうちのどれですか。一つ答えなさい。

ア　インド　　**イ**　エジプト　　**ウ**　スペイン　　**エ**　アメリカ合衆国

(2)　次の表２は，フィリピン，ノルウェー，日本の発電方法別の発電量を示しています。フィリピンが当てはまるのは，表２の**ア**と**イ**のどちらですか。一つ答えなさい。また，そのように判断できる理由を，図１と表２の内容をもとにして，解答欄の書き出しに続けて書きなさい。

表２　発電方法別の１年間の発電量（億kWh）

	火力	水力	風力	太陽光	地熱	原子力
ア	770	94	12	12	104	－
イ	32	1 395	39	0	－	－
日本	8 236	874	65	185	21	621

（注）－は皆無なことを示している。統計年次は2018年。
（「世界国勢図会2021/22」から作成）

3　夏樹さんは，2025年に大阪で万博が開催予定であることを知って興味を持ち，万博について調べて発表することにしました。次は，夏樹さんが準備した発表用メモと資料です。①～⑥に答えなさい。

発表用メモ

万博と我が国の歴史

○万博（国際博覧会）とは

・広くいろいろな国や人に新しい文化や技術を紹介し，将来の展望を示すことを目的として複数の国が展示を行う博覧会である。
・世界最初の万博は(a)イギリスのロンドンで開催された。その後しばらくは，いち早く近代化を成し遂げた欧米諸国の都市での開催が続いた。

○我が国と万博

・1867年，フランスのパリでの万博に(b)幕府や薩摩《さつま》藩などが出品した。続いてオーストリアのウィーンでの万博に政府が公式参加し，その後も様々な万博に参加した。

・(c)不平等条約の改正や近代化を進めた我が国は，万博の主催を目指したが，国内外の事情により，(d)計画は中止，延期となった。
・初めての主催は，(e)冷戦期の国際関係の中，戦後復興，独立を果たし，高度経済成長期にあった1970年のことである。

資料

年	万博に関するできごと	国内外のできごと（年）
1867	パリ万博に幕府，薩摩藩，佐賀藩が出品	X （1867）
1873	ウィーン万博に明治政府が参加	
		日露戦争（1904～05）
1912	万博主催の計画（中止となる）↑	
	Y	第一次世界大戦（1914～18）
		日中戦争（1937～45）
1940	万博主催の計画（延期となる）↓	
		太平洋戦争（1941～45）
		サンフランシスコ平和条約（1951）
1970	大阪で「日本万国博覧会」を主催	

① 下線部(a)の国について述べた文として適当なのは，ア～エのうちではどれですか。当てはまるものをすべて答えなさい。

ア 奴隷《どれい》の制度などをめぐって南北戦争がおこり，北部が勝利した。

イ 国王を追放し，新たな王を迎える名誉革命が成功した。

ウ 革命の中でナポレオンが権力を握り，皇帝となった。

エ 世界で最初に産業革命が始まった。

② 下線部(b)に関して，資料の X に当てはまる，将軍であった徳川慶喜《とくがわよしのぶ》が朝廷に政権を返上したできごとを何といいますか。

③ 下線部(c)について述べた次の文章の [ ] に当てはまることばを書きなさい。

> ロシアを警戒するイギリスが交渉に応じ，日本は1894年に [ ] の撤廃に成功しました。その後，他の欧米諸国とも同様の条約改正が実現し，日本で罪を犯した外国人は日本の法にもとづいて裁かれるようになりました。

④ 下線部(d)に関して，資料のYの期間のできごととして適当でないのは，ア～エのうちではどれですか。一つ答えなさい。

ア 二・二六事件　　イ 護憲運動　　ウ ワシントン会議　　エ 財閥解体

⑤ 下線部(e)に関して述べたア～エを，年代の古いものから順に並ぶように記号で答えなさい。

ア 日ソ共同宣言に調印した後，日本は国際連合に加盟した。

イ 朝鮮戦争の影響で，日本の経済は好景気となった。

ウ 東西ドイツの統一を受け，ドイツにある日本大使館も統合された。

エ 日中共同声明に調印し，日本と中国との国交は正常化した。

⑥ 夏樹さんは，次のページの図を用いて次のようにまとめを作成しました。図は，日本の製造業の生産量と生産にともなうエネルギーの消費量の推移を，1973年を100とする指数で表して

います。□ に当てはまる適当な内容を，図から読み取れる変化に着目し，1973年に発生したできごとにふれながら書きなさい。

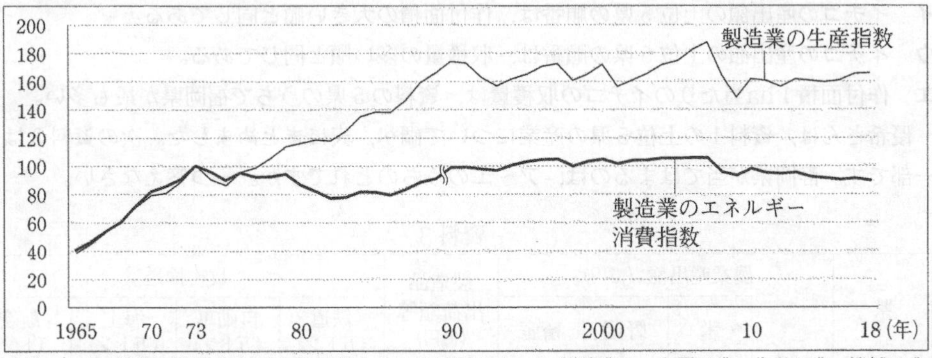

(注) ≬は，前後で統計をとる方法が異なるため連続しない。製造業は，金属工業，化学工業，機械工業など，製品の製造を行う事業。エネルギーは，石油，石炭，電力など。

（経済産業省 資源エネルギー庁「令和元年度エネルギーに関する年次報告」から作成）

図

> 我が国は，念願であった万博の主催により，経済発展の様子を世界に発信したのだと感じました。その後，図からわかるように，世界の経済が大きな打撃を受けた，1973年の □ ことなどによって乗りきり，経済大国へと成長しました。次の大阪・関西万博では，どのようなことが発信されるのか楽しみです。

4 優希さんは，ケーキを作るための材料を買いにスーパーマーケットへ行きましたが，イチゴが手に入りませんでした。優希さんは，なぜ売り場にイチゴがないのかと疑問を感じ，イチゴについて調べ，資料を作成しました。①～④に答えなさい。

資料１　全国のイチゴの産出額とその上位５県

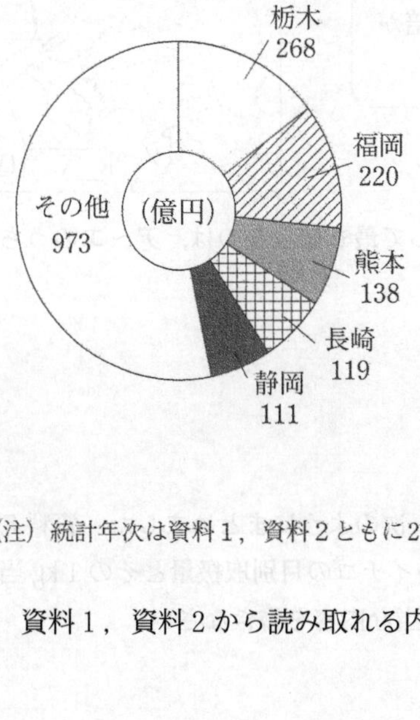

資料２　県別のイチゴの作付面積と収穫量

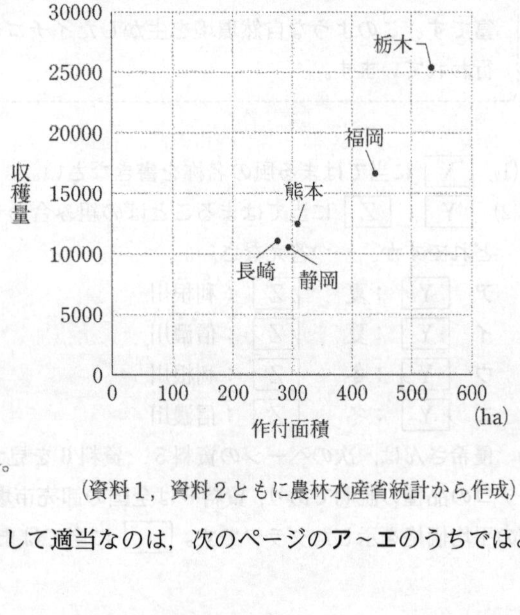

(注) 統計年次は資料１，資料２ともに2019年。

（資料１，資料２ともに農林水産省統計から作成）

① 資料１，資料２から読み取れる内容として適当なのは，次のページのア～エのうちではどれ

ですか。一つ答えなさい。

ア　イチゴの産出額は，上位５県で全国の半分以上を占めている。

イ　イチゴの産出額の上位５県の順番は，作付面積の大きい順と同じである。

ウ　イチゴの産出額の上位５県の順番は，収穫量の多い順と同じである。

エ　作付面積１ha当たりのイチゴの収穫量は，資料の５県のうちで福岡県が最も多い。

②　優希さんは，資料１の上位５県の産業について調べ，表にまとめました。次の資料３はその一部です。静岡県が当てはまるのは，ア～エのうちのどれですか。一つ答えなさい。

資料３

県	農業産出額（億円）				製造品出荷額等（億円）	貨物輸送量			
		米	野菜	畜産		鉄道（万トン）	自動車（万トン）	海上（万トン）	航空（トン）
ア	1979	198	607	461	172749	73	12828	844	372
イ	3364	368	1220	1148	28706	24	5907	745	9821
福岡	2027	376	702	389	99760	122	19409	5288	107150
ウ	1513	116	453	558	17385	3	3338	312	9341
エ	2859	671	784	1156	90110	52	8963	—	—

（注）－は皆無なことを示している。統計年次は2019年。

（「データでみる県勢2022」から作成）

③　優希さんは，栃木県でのイチゴの栽培について，資料４を用いて次のようにまとめました。(1)，(2)に答えなさい。

　資料４の矢印は X の風向きを表しています。栃木県は，この風と県北西部の山地の影響で Y に晴れる日が多く，日照時間が長くなります。また，日本最大の流域面積を持つ Z の支流である渡良瀬《わたらせ》川や鬼《き》怒《ぬ》川など，県内に複数の大きな河川があり，水資源が豊富です。このような自然環境を生かしたイチゴの栽培が行われています。

資料４

(1)　X に当てはまる風の名称を書きなさい。

(2)　Y ，Z に当てはまることばの組み合わせとして最も適当なのは，ア～エのうちではどれですか。一つ答えなさい。

ア　Y ：夏　　Z ：利根《とね》川

イ　Y ：夏　　Z ：信濃《しなの》川

ウ　Y ：冬　　Z ：利根川

エ　Y ：冬　　Z ：信濃川

④　優希さんは，次のページの資料５，資料６を見つけ，次のようにまとめました。資料５はイチゴの品種の説明であり，資料６は全国の卸売市場でのイチゴの月別取扱量とその１kg当たりの平均価格を示したグラフです。□ に当てはまる適当な内容を書きなさい。

資料５

品種名
夏のしずく

収穫時期
６月から11月

栽培に適した場所
寒冷地や高冷地

（農業・食品産業技術総合研究機構Webページから作成）

資料６　全国主要都市卸売市場のイチゴの月別取扱量と平均価格

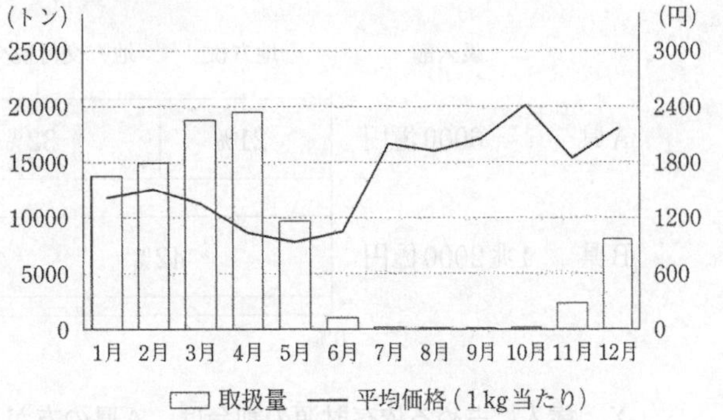

（注）統計年次は2019年。
（農林水産省「青果物卸売市場調査報告」から作成）

資料５の「夏のしずく」は，2021年に新たに育成されたイチゴの品種です。資料６から，この「夏のしずく」は，[　　　　　]ことをねらいとして開発されたと考えられます。このような品種の栽培が盛んになれば，イチゴ農家の収益が上がるとともに，売り場からイチゴがなくなることは減るかもしれません。

5　真紀さんのクラスでは，「公正な社会に向けて」というテーマで調べ，発表する学習を行いました。次の図は，学習のはじめにテーマからイメージしたことをまとめたものであり，各班はこの図の中から調べる内容を決めました。①～⑤に答えなさい。

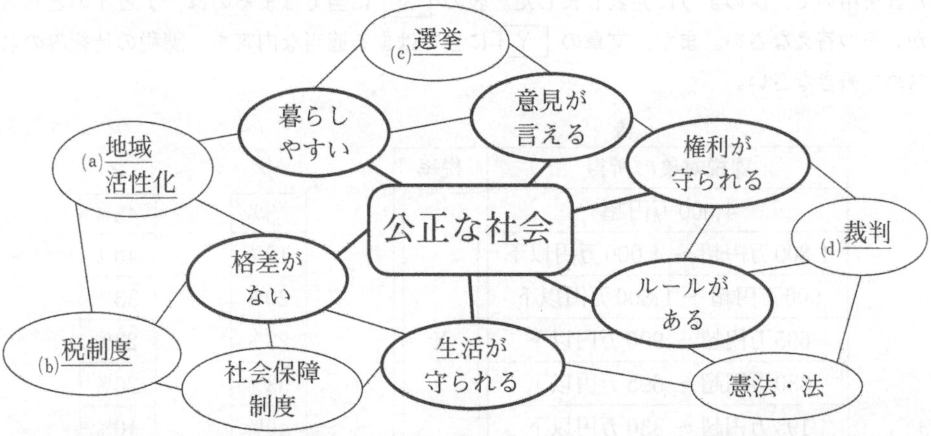

図

①　下線部(a)について，１班が発表を行いました。(1)，(2)に答えなさい。

(1)　次のページの資料１は，１班が作成した，自分たちが暮らすＡ県と近隣のＢ県の歳入を示したグラフです。資料１について説明した次のＸとＹの文について，内容の正誤を表したものとして最も適当なのは，ア～エのうちではどれですか。一つ答えなさい。ただし，資料１

の「その他」は依存財源に含めないものとします。

資料１

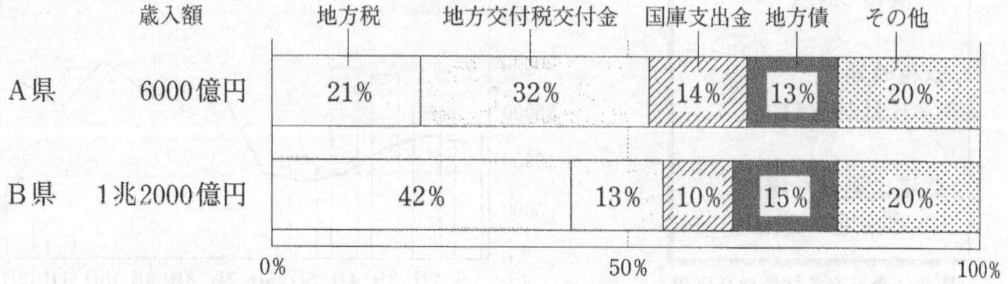

X　歳入に占める依存財源の割合は，A県の方がB県よりも高い。

Y　地方公共団体間の財政の格差を減らすために国から配分された資金の額は，A県の方がB県よりも多い。

ア　X，Yのどちらも正しい。　**イ**　Xのみ正しい。
ウ　Yのみ正しい。　**エ**　X，Yのどちらも誤っている。

(2)　１班は，発表の中で，日本における地方自治について説明しました。内容が誤っているのは，ア～エのうちではどれですか。一つ答えなさい。

ア　住民の直接選挙で地方議会の議員が選ばれ，地方議会で首長が選出される。
イ　住民には，直接民主制の考え方が取り入れられた直接請求権が認められている。
ウ　住民は，必要数の有権者の署名を集めることで首長の解職を請求できる。
エ　住民は，必要数の有権者の署名を集めることで条例の制定を請求できる。

②　下線部(b)について調べた２班は，日本の所得税における課税対象の所得と税率の区分を示した表を用いて，次のように発表しました。表の X に当てはまるのは，アとイのどちらですか。一つ答えなさい。また，文章の Y に当てはまる適当な内容を，課税の仕組みの名称を含めて書きなさい。

表

課税対象の所得	税率
4,000万円超	X
1,800万円超～4,000万円以下	
900万円超～1,800万円以下	
695万円超～900万円以下	
330万円超～695万円以下	
195万円超～330万円以下	
195万円以下	

ア	イ
5%	45%
10%	40%
20%	33%
23%	23%
33%	20%
40%	10%
45%	5%

消費税は，すべての人が同じ税率で税を負担することから，逆進性があるとの指摘があります。一方で，所得税は，表のように　Y　しています。こうした性格の異なる税を組み合わせ，公正な税の負担を目指しているのだと考えました。

③　下線部(c)について調べた3班は，選挙の原則について，資料を用いて次のように説明しました。□ に当てはまることばを書きなさい。

> 公正な選挙のため，日本国憲法で定められた選挙の原則の一つに，□ 選挙があります。この原則により，現在の国会議員の選挙などでは，資料2のような，投票者の氏名を書く欄のない投票用紙を用います。

資料2

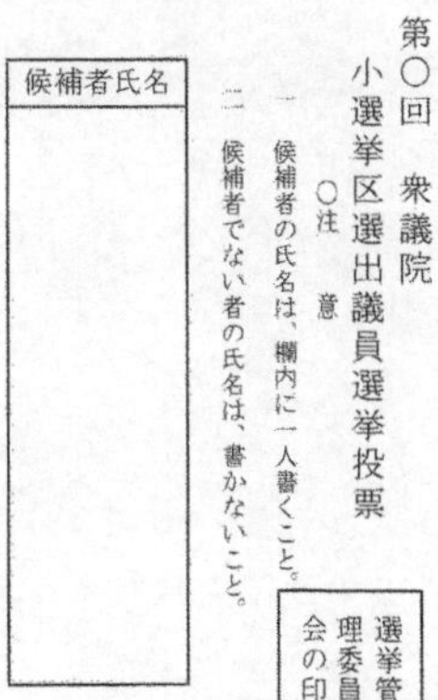

④　下線部(d)について，4班が発表を行いました。(1)，(2)に答えなさい。

(1)　発表では，日本の司法の制度について説明しました。内容が誤っているのは，**ア**～**エ**のうちではどれですか。一つ答えなさい。

ア　間違った判決を防ぎ，人権を守るための仕組みとして，一つの内容について3回まで裁判を受けられる制度がある。

イ　一部の裁判員の判断が判決に大きな影響を与えることもあるため，殺人などの重大事件は裁判員裁判の対象から除かれる。

ウ　公正な裁判の実施のために，裁判所は国会や内閣からの干渉を受けないという原則がある。

エ　裁判を国民にとってより身近で利用しやすくするため，司法制度改革が進められてきている。

(2)　日本の裁判所がもつ権限について説明した次の文章の □ に当てはまる適当な内容を書きなさい。

> 裁判所には，内閣が定める命令，規則，処分や，国会が制定する法律が □ する権限があります。特に，最高裁判所は，最終的な決定権をもつことから「憲法の番人」とも呼ばれます。

⑤　次は，学習の終わりに真紀さんが書いたふり返りの一部です。(1)，(2)に答えなさい。

> 今回の学習を終え，私は「持続可能な開発目標（SDGs）」についての授業を思い出しています。目標の達成に向け，(e)国際連合（国連）や各国の政府だけでなく，(f)非政府組織や企業，そしてわたしたち市民が協力して取り組むことが重要だと学習しました。公正な社会の実現に向けても，一人一人が自分に何ができるのかを考え，実際に行動していくことが大切なのだと思います。

(1)　下線部(e)について述べた文として最も適当なのは，**ア**～**エ**のうちではどれですか。一つ答えなさい。

ア　各国の保護貿易の強化をおもな目的として設立された国際機構である。

イ　総会で加盟国が投票できる票数は，国連予算の分担の割合によって異なる。

ウ　日本は常任理事国として安全保障理事会に参加し，重要な役割を担っている。

エ　国際法上の問題に関する紛争についての裁判を行う機関が設置されている。

(2)　下線部(f)をアルファベットの略称で書きなさい。

【資料Ⅰ】各メディアの情報源としての重要度、信頼度

	テレビ		新聞		インターネット	
	重要度	信頼度	重要度	信頼度	重要度	信頼度
10代、20代	80%	59%	30%	58%	87%	34%
30代、40代	87%	60%	47%	66%	83%	29%
50代、60代	91%	65%	73%	71%	65%	28%

「重要度」は「情報を得るための手段（情報源）としてどの程度重要か」という質問に肯定的な回答をした人の割合、「信頼度」は「信頼できる情報がどの程度あると思うか」という質問に肯定的な回答をした人の割合を示している。

【資料Ⅲ】桃子さんのメモ

《インターネットと比べたときの強み》
より信頼できる情報を得ることができる。なぜなら、個人で自由に情報を発信できるインターネットとは違い、新聞の記事は専門性をもった記者が取材をもとに書いており、編集者も目を通しているので、より正確な情報が書かれているからだ。
《テレビと比べたときの強み》

【資料Ⅱ】各メディアの行為者率・行為者平均時間（平日）

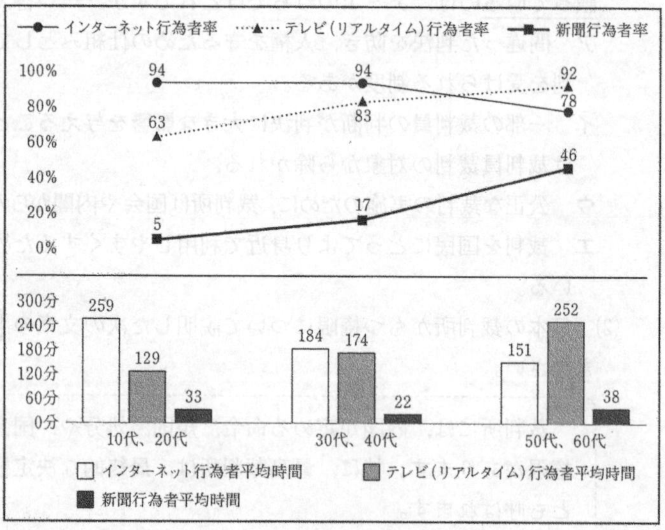

「行為者率」はそのメディアを利用する人の割合、「行為者平均時間」は行為者の１日あたりの平均利用時間を示している。

（【資料Ⅰ】【資料Ⅱ】は総務省「令和２年度　情報通信メディアの利用時間と情報行動に関する調査」から作成）

ネットを重要な情報源だと考える人が多いのだと思うよ。

桃子　テレビはどう？　重要度も信頼度も高い傾向にあるね。

健太　信頼度が高いから、信頼できる情報を得られることがテレビの強みと言えそうだね。重要度が高いのは、音声と映像で情報を伝えてくれるので、受け身でいられて楽だからかな。

絵理　確かにね。だけど、録画しない限り視聴する時間や順番を自分で決められない点は弱みかもしれないよ。

健太　新聞はどうかな。10代、20代では重要度も低いし、【資料Ⅱ】からわかる平日の行為者率も5％と低いよ。

桃子　でも、行為者率が低いわりに、重要度や信頼度はとても高いと言えるんじゃない？

絵理　必要なときだけ読むという人や、まったく読まないけれど信頼できると思っている人が多いのかもね。

健太　新聞の強みを理解するには、【資料Ⅰ】【資料Ⅱ】からわかること以外にも目を向ける必要がありそうだね。

絵理　新聞が本や雑誌と同じ活字メディアだということに注目したらどうかな。映像メディアのテレビや、複合メディアのインターネットにはない強みが見つかりそうだよ。

桃子　他のメディアとの違いを考えることで、新しい気づきを得られるかもしれないね。私は新聞の強みについてもっと深く考えてみようかな。

①　健太さんの発言の内容が論理的なものとなるために、□に入れるのに最も適当なのは、**ア**～**エ**のうちではどれですか。一つ答えなさい。

ア　10代、20代では三つの年代の区分の中で重要度が最も低い

イ　10代、20代では三つの年代の区分の中で信頼度が最も高い

ウ　10代、20代では他の二つのメディアよりも重要度が高い

エ　10代、20代では他の二つのメディアよりも信頼度が低い

②　【話し合い】の特徴を説明したものとして最も適当なのは、**ア**～**エ**のうちではどれですか。一つ答えなさい。

ア　桃子さんは自分の気づきや考えについては何も言わず、話し合いを進行させることに専念している。

イ　健太さんは資料から読み取れることを元に発言しており、三人の合意を形成する役割を果たしている。

ウ　絵理さんは相手の発言を受けて自分の意見を述べており、話し合いの内容を深める役割をしている。

エ　三人ともお互いの意見に対して否定的なことを言わず、資料の数値を具体的に根拠として示している。

③　【資料Ⅲ】の□に入れるのに適当な内容を、**条件**に従って八十字以上百字以内で書きなさい。

条件
1　一文目に、情報を得る手段として新聞がもつ強みを書くこと。
2　二文目に、一文目で述べた強みの根拠を、活字メディアとしての新聞の特徴を踏まえて書くこと。

ア～エのうちではどれですか。一つ答えなさい。

ア　いつでも自分たちを助けてくれる神様に対して畏敬の念を表すために、神社は神様が好む空っぽの空間として作られているということ。

イ　居場所の不確かな神様が存在する可能性が高いと人々に思わせるために、神社は鳥居や社を配置して装飾的に作られているということ。

ウ　ありとあらゆるところにいる神様と誰でも交流できる場所にするために、神社は確実に神様がいる場所として作られているということ。

エ　その場所に行けば神様に会えるかもしれないと人々に感じさせるために、神社は計画的に空っぽの空間として作られているということ。

⑤　「ⓕ春を表すのに桜のイメージを取り入れたい」とありますが、ここで述べられているヨーロッパと日本の違いについて具体的に説明した次の文の□に入れるのに適当なことばを、三十字以内で書きなさい。

桜のイメージを用いて春を表現するとき、ヨーロッパのオペラハウスでは、演出家が客に疑似的に再現した桜の木を見せるという方法で直接的に春を感じさせるのに対し、日本の茶室では、主人が客に□という方法で間接的に春を感じさせる。

⑥　この文章で述べられた「日本の文化とデザインの関係」について説明したものとして最も適当なのは、ア～エのうちではどれですか。一つ答えなさい。

ア　日本の文化には「空っぽ」を活用しようとする感性が見られ、欠けたところのある作品でも、見る人に不足を補ってもらおうとする作り手の姿勢にも影響を与えている。

イ　日本の文化には「空っぽ」をうまく生かそうとする感性が見られ、新たなものを創り出し、それを見る人の感性を働かせようとする作り手の意図にも影響を与えている。

ウ　日本の文化には「空っぽ」を好ましく思う感性が見られ、何もない空間が偶然できてしまっても、見る人にはそれがよいと思わせる作り手の技術にも影響を与えている。

エ　日本の文化には「空っぽ」を大切にしようとする感性が見られ、自然を題材にした芸術作品によって、見る人を満足させようとする作り手の狙いにも影響を与えている。

4　中学生の桃子さんは、健太さん、絵理さんと一緒に【資料Ⅰ】【資料Ⅱ】を見ながら、情報を得る手段として各メディアがもつ強みと弱みについて話し合った後、新聞の強みについて【資料Ⅲ】のようなメモを書きました。次の【話し合い】を読んで①～③に答えなさい。（資料Ⅰ～Ⅲは36ページにあります。）

【話し合い】

桃子　まずは【資料Ⅰ】を手掛かりにして、それぞれのメディアの特徴を考えてみようか。

健太　僕は普段よく使っているから、インターネットの結果が気になるな。□という結果には、手軽に情報を得られる一方で信頼できない情報が多いというインターネットの特徴が関係している気がするよ。

絵理　その考え方は正しいかもしれないね。でも、弱みはあるけれど、利便性が高いからこそ、どの年代でもインター様を祀《まつ》る場所だ。空っぽの中に、もしかしたら宿っているかもしれない神様。その可能性のシンボルとして、昔の日本人は「神社」というものをつくった。

神社に行くと正面に鳥居がある。これも間が空っぽになっている。つまり「ここから出入りするのですよ」という記号だ。この鳥居をいくつもくぐりながら、まん中の「社」にたどりつく。そしてそこで「空っぽ」を介して神様と交流する。

社の前には賽銭箱《さいせんばこ》が置いてある。外からは中が空っぽに見える。思わずお金を入れてしまう。「空っぽ」はいろんなものを引き寄せる。空っぽの神社の中に自分の心や気持ち、つまり祈りを入れて、神様と交流した充実感を得て帰ってくる。

ⓔ神社というのは昔からそういう風にできている。（中略）

茶の湯では、茶室というシンプルな空間で主人と客が向かい合って茶を飲む。茶室には花や掛け軸など最小限のしつらいしかない。窓や軒に切り取られた庭の控えめな景色。障子を通した柔らかな間接光。

ⓕ春を表すのに桜のイメージを取り入れたいとしよう。ヨーロッパのオペラハウスなら、疑似的に桜の木を造形するなどして、リアルで臨場感のある見せ方をするだろう。ところが日本の茶室では、たとえば、水を張った水盤（花や盆栽などを生ける底の浅い平らな陶器）に桜の花びらを数枚散らすだけで、あたかも満開の桜の下にたたずんでいるように見立てる。最小限のしつらいで最大のイメージを共有するのだ。

簡素だからこそ想像力が大きくはばたく。ごくわずかなしつらいに大いなる豊かさを呼び込む。これが「わび」の精神だ。西洋生まれのモダニズムが良しとした合理的な「シンプル」の価値観と似ているようで、全く違う。

そこにはやはり、先ほどから述べてきたような、神を呼び込むための「空っぽ」を運用する感性が息づいているのだ。「シンプル」（簡素な）というより「エンプティ」（空っぽな）。何もないところに想像力を呼び込んで満たす。意味でびっしり埋めるのではなく、意味のない余白を上手に活用する。

日本のデザインには、そうした感性が脈々と根付いていると僕は思う。

（出典　「創造するということ」）

㈱ 風来坊――どこからともなくやって来て、またどこへともなく去る人。
しつらい――飾り付け。用意。
軒――屋根の下端で、建物の壁面より外に突出している部分。
オペラハウス――演劇と音楽によって構成されるオペラの上演を目的とする劇場。
モダニズム――現代的で新しい感覚・流行を好む傾向。

① ――の部分ⓒ、ⓓを漢字に直して楷書で書きなさい。

② 「ⓐも」と品詞が同じものは、ア～カのうちではどれですか。当てはまるものをすべて答えなさい。

ア友達がイ困っていたウので、エ優しく声オをかけカた。

③ 「ⓑ古来、日本人は神様のことをどう考えてきたか」とありますが、これに対する筆者の考えを説明した次の文の X 、 Y に入れるのに適当なことばを、それぞれ文章中から二字で抜き出して書きなさい。

古来、日本人は神様のことを、どこにでも存在し、自分たちに生きるための X をもたらす Y の力そのものだと考えてきた。

④ 「ⓔ神社というのは昔からそういう風にできている」とありますが、これがどういうことかを説明したものとして最も適当なのは、

ウ　「二月の花」と「霜葉」の両方が寒い季節の花ですからね
エ　「二月の花」と「霜葉」は同じくらい赤いんですからね

④　「山行」を授業で学習した孝一さんは、【対話】を読んで次のような感想文を書きました。X 、Y に入れるのに適当なことばを、それぞれ十字以内で書きなさい。

> 私は「山行」から秋の美しさを感じていましたが、【対話】を読んで、それが二つの特徴によるものだということに気付きました。一つ目は、X ことです。後半で、前半のモノトーンの世界に対して紅葉を詠《よ》むことにより、それぞれの美しさを際立《きわだ》たせています。二つ目は、ことばによって想像力をかき立て、鮮やかな詩的イメージを作り出していることです。【対話】で触れられた定家の和歌にも似た特徴が見られますが、この和歌は宋玉の詩によって定着した秋の Y に影響されているように思うので、純粋に秋の景色の美しさを詠んでいる「山行」の方が、より鮮やかに秋のイメージを描き出していると思います。この二つの特徴が、「山行」を魅力的な作品にしているのだと感じました。

3　次の文章は、原研哉《はらけんや》の「日本のデザイン、その成り立ちと未来」の一部で、日本の文化とデザインの関係について述べた文章です。これを読んで、①～⑥に答えなさい。

僕はデザインの仕事をしている。デザインにはいろいろなジャンルがあって、皆さんが今座っている椅子ⓐも、テーブルも、手に持っているシャープペンシルも、ノートも、この部屋の空間も、学校の建築も、すべてデザインされたものだ。ある目的をもって、計画的にものを創造していく人間の営みすべてをデザインと呼んでもいい。（中略）

日本の文化の背景には「空っぽ」がある。これについては、まず日本人と神様の関係から話を始めなければならない。

ⓑ古来、日本人は神様のことをどう考えてきたか。神様は風来坊のように世界をフラフラと飛び回っている。そんなふうに考えてきた。時には山の上をさまよっていたり、時には田んぼの脇にしゃがんでいたり、時には民家の納屋《なや》の近くにたたずんでいたり、時には海の中のタコ壺《つぼ》にひそんでいたり……。

つまり神様とは自然の力そのものだったのだ。自然がそこにあるようにありとあらゆるところに神様がいる。その恵みに生かされて自分たちは生きている。つまり昔から日本人は自然というものと重ね合わせて神の存在を感じていた。（中略）

神様はあっちへフラフラ、こっちへフラフラしていて所在が不確かなので、ⓒヤクソクをとって会いに行くことは難しい。でも神様の力にお願いしたい。

そこで昔の人は、こんなものをつくれば神様のほうからやってきてくれるかもしれない、と頭を働かせた。四本の柱に縄を結んで地面を囲い、空っぽの空間をつくったのだ。これを「代《しろ》」という。

神様はそこらへんをフラフラと飛び回っているので、柱と縄で囲っただけの何もない空間をつくると、それを目ざとく見つけて降りてくるかもしれない。「入ってくるかもしれない」そのような可能性に対して、神様を深く敬う気持ちが湧き起こる。「神様＝自然」の力がそこに宿っていることを感じて、昔の日本人はこの空っぽの空間に手を合わせてⓓオガんだ。

「代」は神様を呼び込むための空っぽの空間で、これに屋根の付いたものが「屋代」＝「社」ということになる。神社の真ん中にある、神

白雲生処有人家　　白雲生ずる処《ところ》 人家有り
停車坐愛楓林晩　　車を停《とど》めて坐《そぞ》ろに愛す 楓林《ふうりん》の晩《くれ》
霜葉紅於二月花　　霜葉《そうよう》は二月の花よりも紅なり

【通釈】
ひっそりと静かな晩秋の山をどこまでも登ってゆくと、石の多い小《こ》径《みち》が斜めに続いている。白雲が湧き出てくる所に、思いがけずも人家があった。車を停《と》めて、私はいつしかうっとりと、紅葉した木々が夕陽に照り映える、その美しい風景に見とれていた。晩秋の霜にあって色づいた木々の葉は、あの春二月に競い咲く美しい花々よりもさらに紅《あか》く美しい。

【対話】
串田　確か宋玉《そうぎょく》でしたね、「秋は悲しい」と最初に詠《うた》ったのは？
諸田　ええ、彼が「悲しいかな、秋の気たるや」と宣言してから、秋は悲しい季節、というイメージが定着したといわれます。
串田　たとえば『詩経《しきょう》』には、悲しい秋というイメージはまず出てこない。秋は収穫の季節ですから、本来、よろこばしい季節だったはずで……。
諸田　そうなんですね、だから、日本でも『[A]』では「悲しい秋」というイメージはあまりなくて、それが定着してくるのは、平安朝の初期ですね。（中略）
串田　「山行」は「寒山」「石径」「白雲」と、モノトーンの世界ですね。
諸田　ええ。五行思想で四季を表せば「青春」「朱夏」「白秋」「玄冬」ですから、秋の色彩は白。モノトーンに近い「山行」の前半は、たいへん秋らしい風景だといえるかもしれません。
串田　それが後半でガラッと変わるんですね。「霜葉は二月の花よりも紅なり」とは、紅葉の鮮烈な色彩が目に焼き付くような、実に印象的な表現です。
諸田　そうですね。私はこの「山行」を読むと、いつも藤原定家の「見渡せば花ももみぢもなかりけり　浦の苫屋《とまや》の秋の夕暮れ」を連想するんですよ。
串田　「花ももみぢもなかりけり……」ねえ……。
諸田　「花ももみぢもない」といいながら、実はその言葉を出すことで、読者の脳裏には即座に「花」や「紅葉」がイメージされるんです。
串田　そうか、杜牧の「山行」も、[B]。
諸田　ええ。それを言葉として提示することで、実景以上に鮮やかな「詩的イメージ」を作り出すことに成功していると思います。

（出典　串田久治・諸田龍美「ゆっくり楽に生きる　漢詩の知恵」）

(注)　杜牧――中国、唐代の詩人。
宋玉――中国、戦国時代の詩人。
詩経――中国最古の詩集。
モノトーン――単一色の濃淡や明暗だけで表現すること。
五行思想――中国の古代思想。五つの元素が万物を構成し、支配するという考え方。この考えに基づくと四季には色があり、春は青、夏は赤、秋は白、冬は黒となる。

① 「山行」の漢詩の形式は何といいますか。漢字四字で書きなさい。
② [A]に入る、現存する日本最古の歌集の名前を書きなさい。
③ [B]に入ることばとして最も適当なのは、**ア**～**エ**のうちではどれですか。一つ答えなさい。
ア　「二月の花」は実際には見えていないんですからね
イ　「霜葉」はまだ紅葉なんてしていないんですからね

空斗さん——関東大会まで出場した陸上部の先輩。朝月が憧れている。
はす向かい——斜め前。
引っ張れ——ここでは「しっかり助走してからバトンを受け取れ」という意味。

① ——の部分ⓑ、ⓓの漢字の読みを書きなさい。

② 「ⓐ試合でやらないことを、おまえが練習してたんだよ」とありますが、ここで「脊尾」が非難していることとして最も適当なのは、**ア**〜**エ**のうちではどれですか。一つ答えなさい。

ア　朝月が準決勝戦で練習の成果を発揮できなかったこと。
イ　朝月が練習で確実にバトンを受け取ろうとしていたこと。
ウ　朝月が加速してバトンを受け取る練習をしていたこと。
エ　朝月が準決勝戦で自分が指示を出す前に走り出したこと。

③ 「ⓒ脊尾の顔なんか見られない」とありますが、その理由について説明した次の文の［　］に入れるのに適当なことばを、二十字以内で書きなさい。

自分が抱いている［　］から生まれた格好の悪い理屈を口にしたことで、脊尾に対して気まずさを覚えたから。

④ 「ⓔ顔をつかまれて、上を向かされた、ような気がした」とありますが、「朝月」がこのように感じた理由を説明したものとして最も適当なのは、**ア**〜**エ**のうちではどれですか。一つ答えなさい。

ア　三年生なら誰もが抱えているはずの気持ちを、脊尾にあっさりと否定されたから。
イ　陸上をやっていれば理解できる自分の考えに対し、脊尾が冷たい反応をしたから。
ウ　今日の結果から勝敗を予想しただけなのに、脊尾に考えの甘さを指摘されたから。
エ　脊尾の意見に対して素直に賛同したところ、脊尾が思いがけず抗議してきたから。

⑤ 「ⓕ向いてるか……訊いてんだよ」とありますが、このときの「脊尾」の心情について説明した次の文の［X］、［Y］に入れるのに適当なことばを、［X］は三十字以内で書き、［Y］は文章中から四字で抜き出して書きなさい。

［X］ことが原因で明日の決勝戦は負けてしまうかもしれないという弱音ではなく、準決勝戦で攻め気に走り出した朝月の姿から脊尾が感じた、［Y］という本音を朝月の口から聞かせてほしいと思っている。

⑥ この文章の表現の特徴について説明したものとして最も適当なのは、**ア**〜**エ**のうちではどれですか。一つ答えなさい。

ア　「目を白黒させた」という表現は、脊尾から的を射た発言をされたために動揺を隠しきれない朝月の様子を印象づけている。
イ　「そうだろう?」ということばを繰り返し使った表現は、脊尾を根気強く説得しようとしている朝月の熱意を表している。
ウ　「がしがしと頭をかきながら」という表現は、朝月に対して初めて本心をさらけ出した脊尾の照れくささを強調している。
エ　「最初からこんな目してたっけな?　こいつ……。」という表現は、脊尾に対する朝月の見方が変化したことを暗示している。

2　次の文章は杜牧《とぼく》の漢詩「山行」とその通釈、及びそれについての串田《くしだ》久治《ひさはる》と諸田《もろた》龍美《たつみ》の対話です。これを読んで①〜④に答えなさい。

山行　杜牧

遠上寒山石径斜　　遠く寒山に上れば石径斜めなり

俺たちは、三年間を費やしてきた。決して短くない時間を捧《ささ》げてきた。その終わりがおⓓ粗末なバトンミスだなんて、一生悪夢に見る。冗談じゃない。

「なに言ってんの、おまえ」

ⓔ顔をつかまれて、上を向かされた、ような気がした。脊尾は依然はす向かいに座っている。少し身を乗り出して、俺をじっと睨んでいる。

「ふざけんな。どっちだって後悔するに決まってんだろ、そんな二択。なんでそもそもこの二択なんだ」

なんで、おまえが、怒ってんだよ。

「バトンも成功して、タイムも最高を出す。そうだろ？　それをやるべきだろ？　なんで最初からそれを目指さない？」

バトンパスの理想は、前走者が十のスピードのまま、十のスピードで走る次走者にバトンを渡すことだ。そんなの、わかってるさ。

「できねえんだよ！」

俺は喚《わめ》いた。

「できるわけ、ねえだろそんなの。俺とおまえの間に、そんな信頼関係なんかねえよ」

そうだ。遅過ぎたんだ。俺とおまえは、わかり合うのがあまりに遅過ぎた。もっと早くに、お互いを知ることができていれば……バトンパスだって、きっと、もっと――。

「おまえさァ……弱音吐くタイミングじゃねえだろ。泣いても喚いても、決勝は明日なんだぜ。明日走らなきゃなんないんだ。今の全力で、今できることをやるしかないんだ。できねえ、ってなんだよ？　違うだろ、やりたくないんだろ！　失敗が怖いから！」

俺は言い返そうと口を開く。でも言い返す言葉は見つからなかった。だって、脊尾の言っていることは正しい。失敗が怖いと、俺は今さっき、言い返そうとしているまさにこの口で、脊尾に言っちまった。（中略）

「なにごちゃごちゃ考えてるのか知らないけどさ、そんな難しいこと訊いてないだろ」

脊尾ががしがしと頭をかきながら言った。

「ⓕ向いてるかどうかとか、できるかどうかとか、訊いてねえよ。おまえがどうしたいか訊いてんだよ」

俺がどうしたいか？

「どうしたいんだよ、朝月は」

脊尾にきちんと名前を呼ばれたのは、初めてだったかもしれない。朝月渡がどうしたいのか。そんなことは、訊かれるまでもなく、ずっと同じだ。

「……勝ちたい」

本音。きちんと本音。できるかどうかじゃない。向いてるかどうかじゃない。シンプルに、俺が成し遂げたいこと。

「勝ちたい！」

このチームで、明日の決勝、勝ちたい。優勝は無理でも、負けたくない。関東、行きたい。

脊尾がゆっくりうなずいた。

「だったら、もっとオレを信頼しろ。できなくてもしろ。そんでもっと引っ張れ。ちゃんと渡すから」

見知ったはずの三走は、力強い目で俺を見ていた。ギラギラとした目。夏の太陽みたいな眼差《まなざ》しだ。最初からこんな目してたっけな？

こいつ……。

（出典　天沢《あまさわ》夏月《なつき》「ヨンケイ!!」）

(注)　機先を制する――相手より先に行動して、その計画・気勢をくじく。

＜国語＞

時間　四五分　満点　七〇点

1　次の文章は、四百メートルリレー走の都大会に出場している高校三年生の「朝月渡《あさつきわたり》」が、チームメイトの「脊尾《せお》」と翌日の決勝戦に向けて会話している場面です。第四走者の「朝月」は準決勝戦で第三走者の「脊尾」が練習していないバトンの渡し方をしたことについて注意しましたが、「脊尾」がそれに反論しました。これを読んで、①～⑥に答えなさい。

「練習でやってないことをやるなって言ったけど、オレはそれ、逆だと思う。ⓐ試合でやらないことを、おまえが練習してたんだよ」

　俺は数秒ぼんやりしてから、目を白黒させた。

「は？」

　なに言ってんだ、こいつ。

「バトン、全力で〝もらう〟つもりだったって言うんだろ？　加速できなくてもいいから、とにかくもらうことに全力を尽くすつもりだった、って」

　脊尾は、言い返そうとした俺の機先を制する。

「けど、おまえの背中はちゃんと走ろうとしてた。オレがいけって言う前に、攻め気に走り出してた。その後ブレーキ踏みそうだったからⓑ叫んじまったけど」

　俺がぐっと言葉に詰まったのは、それが事実だと自覚しているからだ。空斗《たかと》さんなら……と考えた瞬間、足が勝手に動き出していた。

「逆に訊《き》くけど、なんでブレーキ踏もうとしたんだよ」

　俺は脊尾を睨《にら》みつける。

　わかるだろ？　おまえも三年なら。

「だって嫌だろ！　これが最後の年なんだぞ！　最後のチャンスなんだ。バトンミス一つで終わるなんて……」

　口にすると、それは思っていた以上に格好の悪い理屈だった。だけど本音だ。きっと、それは日本中の高校三年生が、陸上に限らず、スポーツに限らず、感じている恐怖だ。今年で最後。一走、一跳、一泳、一球、一投、一打、一奏、一描、一書、その他すべての部活動におけるありとあらゆる動作に、きっとたくさんの三年生が魂を込めている。高校一年、高校二年のときには感じなかった。だけど高校三年は……最後だと思った瞬間、急に怖くなって必死に練習しだしたりして……俺はそれを否定しない。だって俺もそうだから。

「だったら詰まってでも、確実にもらう方が絶対いい」

　俺は自分のつま先に向かって、吐き捨てるようにつぶやく。ⓒ脊尾の顔なんか見られない。

「そんなふうに守って、明日の決勝勝てると思うか？」

　脊尾が静かに訊いた。

「勝てないかもな」

　それは今日思った。

「でもタイムが届かなくて負けるより、バトンを落として負ける方が、俺は後悔する」

　そうだろう？

　そうだろう？

　誰だって、そうだろう？

　盛大なミスをして終わるより、それなりで終わりたいだろう？　終わりよければすべてよし、なんて言葉、終わった瞬間にはくそくらえって思うさ。けど終わるまでは、それに縋《すが》ったっていいだろう？

2022年度

解　答　と　解　説

《2022年度の配点は解答用紙集に掲載してあります。》

＜数学解答＞

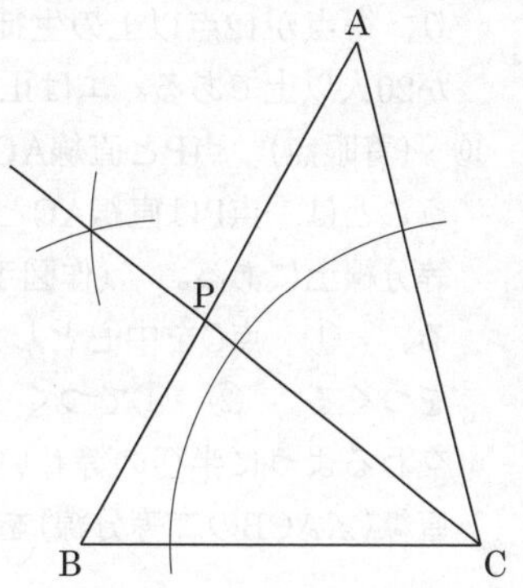

1　① 6　② -11　③ $5a+3b$　④ $7ab^2$

⑤ $4+2\sqrt{3}$　⑥ $a(x+4)(x-4)$　⑦ $\frac{20}{3}\pi\,(\mathrm{cm}^2)$

⑧ イ，ウ　⑨ ア，エ　⑩ 右図

2　① $20a+7b \geqq 500$　② (1) $\begin{cases} x+y=39 \\ 45x+10y=1160 \end{cases}$

(2) $\begin{cases} \text{アルミ缶　22(kg)} \\ \text{スチール缶　17(kg)} \end{cases}$

3　① (1) $a=\frac{1}{2}$　(2) -4　(3) -1，5

② (1) $2t$　(2) $\left(\frac{3}{2},\ \frac{3}{4}\right)$

4　① (1) 2(個)　(2) $\frac{2}{9}$　② 解説参照　③ (式) $1800\times\frac{2}{9}=400$

(答) およそ400回　④ ウ

5　① ウ　② $2\sqrt{2}\,(\mathrm{cm})$　③ $\frac{32\sqrt{7}}{3}(\mathrm{cm}^3)$　④ (1) (あ) オ　(い) イ

(う) カ　(え) 解説参照　(2) $\frac{92}{9}(\mathrm{cm})$

＜数学解説＞

1　(数・式の計算，平方根，因数分解，おうぎ形の面積，方程式の応用，資料の散らばり・代表値，作図)

① 正の数・負の数をひくには，符号を変えた数をたせばよい。$2-(-4)=2+(+4)=2+4=6$

② 四則をふくむ式の計算の順序は，乗法・除法→加法・減法となる。$(-56)\div7-3=(-8)-3=(-8)+(-3)=-(8+3)=-11$

③ 分配法則を使って，$2(3a-b)=2\times3a+2\times(-b)=6a-2b$だから，$2(3a-b)-(a-5b)=(6a-2b)-(a-5b)=6a-2b-a+5b=6a-a-2b+5b=5a+3b$

④ $14ab\times\frac{b}{2}=\frac{14ab}{1}\times\frac{b}{2}=\frac{14ab\times b}{2}=7ab^2$

⑤ **乗法公式$(\boldsymbol{a}+\boldsymbol{b})^2=\boldsymbol{a}^2+2\boldsymbol{ab}+\boldsymbol{b}^2$**より，$(1+\sqrt{3})^2=1^2+2\times1\times\sqrt{3}+(\sqrt{3})^2=1+2\sqrt{3}+3=4+2\sqrt{3}$

⑥ 共通な因数aをくくり出して，$ax^2-16a=a(x^2-16)=a(x^2-4^2)=a(x+4)(x-4)$

⑦ **半径$\boldsymbol{r}$，中心角$\boldsymbol{a}^\circ$のおうぎ形の面積は$\boldsymbol{\pi r^2\times\frac{a}{360}}$**だから，半径4cm，中心角150°のおうぎ形の面積は$\pi\times4^2\times\frac{150}{360}=\frac{20}{3}\pi\,(\mathrm{cm}^2)$

⑧ 方程式に点(1，-2)の座標を代入したとき，左辺の値が右辺の値の0に等しくなれば，その方程式のグラフは点(1，-2)を通る。方程式アの左辺$=3x-y-1=3\times1-(-2)-1=4$　方程式イ

の左辺$=3x+2y+1=3\times1+2\times(-2)+1=0$　方程式ウの左辺$=3y+6=3\times(-2)+6=0$　方程式エの左辺$=x+1=1+1=2$　以上より，グラフが点$(1,\ -2)$を通る方程式はイとウ。

⑨　ア　**四分位範囲＝第3四分位数－第1四分位数**　A組の第1四分位数＝5点，第3四分位数＝11点より，四分位範囲$=11-5=6$(点)　B組の第1四分位数＝7点，第3四分位数＝14点より，四分位範囲$=14-7=7$(点)　アは正しい。イ　2クラス全体の中で，得点が一番高い生徒は，A組の20点をとった生徒である。イは正しくない。　ウ　A組の第3四分位数＝11点　B組の**第2四分位数**＝12点　ウは正しくない。　エ　40人の生徒の得点を低い順に並べたとき，第2四分位数は20番目と21番目の生徒の**平均値**，第3四分位数は30番目と31番目の生徒の平均値である。これより，得点が12点以上の生徒の人数は，A組が10人以下，B組が20人以上である。エは正しい。

⑩　(着眼点)　点Pと直線AC，直線BCとの距離が等しいということは，点Pは直線ACと直線BCがつくる角(∠ACB)の二等分線上にある。　(作図手順)　次の①～②の手順で作図する。　①　点Cを中心とした円を描き，辺AC，BC上に交点をつくる。　②　①でつくったそれぞれの交点を中心として，交わるように半径の等しい円を描き，その交点と点Cを通る直線(∠ACBの二等分線)を引き，辺ABとの交点をPとする。

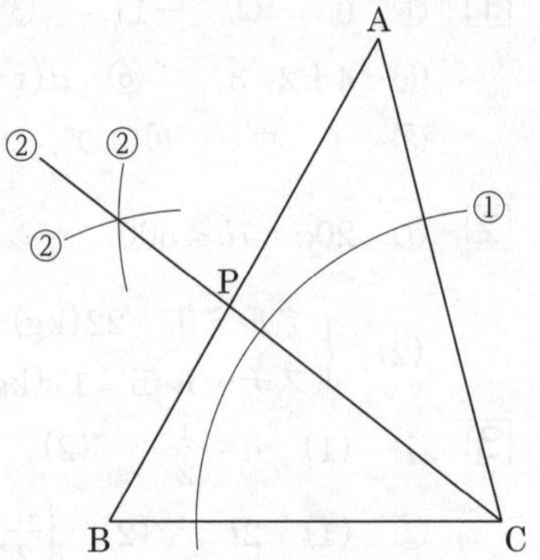

[2] (不等式，方程式の応用)

①　ペットボトル$a$kgのポイントは，20(ポイント)$\times a$(kg)$=20a$(ポイント)…(1)　新聞紙$b$kgのポイントは，7(ポイント)$\times b$(kg)$=7b$(ポイント)…(2)　(1)と(2)のポイントの合計は，500ポイント以上であるから，これらの数量の関係は$20a+7b\geqq500$となる。

②　(1)　持ち込んだアルミ缶とスチール缶の重さの合計の関係から，$x+y=39$…(i)　持ち込んだアルミ缶とスチール缶のポイントの合計の関係から，$45x+10y=1160$…(ii)

(2)　(1)の連立方程式を解く。(ii)の両辺を5で割ると，$9x+2y=232$…(iii)　(iii)－(i)×2より，$9x-2x=232-78$　$7x=154$　$x=22$　これを(i)に代入して，$22+y=39$　$y=17$　よって，持ち込んだアルミ缶とスチール缶は，それぞれ22kgと17kg

[3] (図形と関数・グラフ)

①　(1)　$y=ax^2$は点A$(2,\ 2)$を通るから，$2=a\times2^2=4a$　$a=\dfrac{1}{2}$

(2)　2点A，Bのx座標は等しいから，点Bのx座標は2　点Bは$y=-x^2$上にあるから，そのy座標は$y=-2^2=-4$　これより，B$(2,\ -4)$

(3)　△OABの底辺を線分ABとすると，AB//y軸だから，△OAB$=\dfrac{1}{2}\times$AB$\times$(点Aのx座標)$=\dfrac{1}{2}\times\{2-(-4)\}\times2=6$　これより，△OAB：△PAB＝2：3となるとき，△PAB＝△OAB$\times\dfrac{3}{2}=6\times\dfrac{3}{2}=9$である。点Pの$x$座標をpとし，点Pが直線ABの左側にある場合と，右側にある場合に分けて考える。点Pが直線ABの左側にある場合，△PABの底辺を線分ABとすると，△PAB$=\dfrac{1}{2}\times$AB$\times$(点Aのx座標－点Pのx座標)$=\dfrac{1}{2}\times\{2-(-4)\}\times(2-p)=3(2-p)$　これが9になるのは，$3(2-p)=9$　これを解いて，$p=-1$　点Pが直線ABの右側にある場合，△PAB$=\dfrac{1}{2}\times$AB$\times$(点Pのx座標－点Aのx座標)$=\dfrac{1}{2}\times\{2-(-4)\}\times(p-2)=3(p-2)$　これが9になるのは，$3(p-$

$2)=9$　これを解いて，$p=5$

②　(1)　**放物線はy軸に関して線対称**だから，放物線上にある2点A，Cのy座標が等しいとき，点Cはy軸に関して，点Aと線対称の位置にあり，点Cのx座標は$-t$　これより，$\mathrm{AC}=t-(-t)=2t$

(2)　点Aは$y=\frac{1}{3}x^2$上にあるから，そのy座標は$y=\frac{1}{3}t^2$…(i)　また，点Bは$y=-x^2$上にあるから，そのy座標は$y=-t^2$　これより，$\mathrm{AB}=\frac{1}{3}t^2-(-t^2)=\frac{4}{3}t^2$　四角形ACDBは長方形だから，その周の長さは$2(\mathrm{AC}+\mathrm{AB})=2\left(2t+\frac{4}{3}t^2\right)$　これが12となるとき，$2\left(2t+\frac{4}{3}t^2\right)=12$　整理して，$2t^2+3t-9=0$　**解の公式**より，$t=\frac{-3\pm\sqrt{3^2-4\times2\times(-9)}}{2\times2}=\frac{-3\pm\sqrt{9+72}}{4}=\frac{-3\pm\sqrt{81}}{4}=\frac{-3\pm9}{4}$　ここで，$t>0$であるから，$t=\frac{-3+9}{4}=\frac{3}{2}$　これを(i)に代入して，$y=\frac{1}{3}\times\left(\frac{3}{2}\right)^2=\frac{3}{4}$　よって，$\mathrm{A}\left(\frac{3}{2},\ \frac{3}{4}\right)$

4　（確率）

①　(1)　大きいさいころで6の目，小さいさいころで4の目が出たとき，出た目の数の和は$6+4=10$で，8以上となるから，Aを満たす。出た目の数の差は$6-4=2$で，2となるから，Bを満たす。出た目の数の積は$6\times4=24$で，偶数となるから，Cは満たさない。これより，渡すあめ玉は$1+1+0=2$(個)である。　(2)　大小2つのさいころを同時に1回投げるとき，全ての目の出方は$6\times6=36$(通り)。このうち，出た目の数の差が2となるのは，大きいさいころの出た目の数をa，小さいさいころの出た目の数をbとしたとき，$(a,\ b)=(1,\ 3)$，$(2,\ 4)$，$(3,\ 1)$，$(3,\ 5)$，$(4,\ 2)$，$(4,\ 6)$，$(5,\ 3)$，$(6,\ 4)$の8通り。よって，Bの起こる確率は$\frac{8}{36}=\frac{2}{9}$

②　（説明）（例）Aの起こる確率は$\frac{15}{36}=\frac{5}{12}$，Cの起こる確率は$\frac{9}{36}=\frac{1}{4}$となり，Aの起こる確率の方が大きいから，Aの方が起こりやすい。

③　1800回のうちBの起こる回数の割合が$\frac{2}{9}$であると考えられるので，$1800\times\frac{2}{9}=400$(回)より，Bはおよそ400回起こると推定することができる。

④　A，Cについても③と同様に考えると，$1800\times\frac{5}{12}=750$(回)より，Aはおよそ750回起こると推定することができる。また，$1800\times\frac{1}{4}=450$(回)より，Cはおよそ450回起こると推定することができる。以上より，渡すあめ玉の総数は$400+750+450=1600$　およそ1600個であると推定することができる。

5　（空間内の直線や平面の位置関係，線分の長さ，体積，図形の証明，線分和の最短の長さ）

①　ア　直線OAと直線BCは同じ平面上にないから，**ねじれの位置**にある。アは正しくない。イ　直線OBと直線ODは点Oで交わるから，ねじれの位置にはない。イは正しくない。　ウ　直線ADは平面OBC上になく，平面OBCと交わらないから平行である。ウは正しい。　エ　平面OABと平面ABCDは交わるが，垂直ではない。エは正しくない。

②　△ABCは**直角二等辺三角形で，3辺の比は1：1：$\sqrt{2}$** だから，$\mathrm{AC}=\mathrm{AB}\times\sqrt{2}=4\sqrt{2}$ (cm)　正方形では，対角線はそれぞれの中点で交わるから，$\mathrm{AH}=\frac{\mathrm{AC}}{2}=\frac{4\sqrt{2}}{2}=2\sqrt{2}$ (cm)

③　OH⊥平面ABCDである。△OAHに**三平方の定理**を用いると，$\mathrm{OH}=\sqrt{\mathrm{OA}^2-\mathrm{AH}^2}=\sqrt{6^2-(2\sqrt{2})^2}=2\sqrt{7}$ (cm)　よって，正四角錐OABCDの体積は，$\frac{1}{3}\times\mathrm{AB}^2\times\mathrm{OH}=\frac{1}{3}\times4^2\times2\sqrt{7}=\frac{32\sqrt{7}}{3}$ (cm³)

④　(1)　(あ)　△OABはOA＝OBの二等辺三角形だから，∠OAB＝∠OBAである。これより，∠OAB＝(180°－∠AOB)÷2＝(180°－∠x)÷2＝$90°-\frac{1}{2}$∠x　(い)　△OAB≡△OBC≡

$\triangle OCD$より，$\angle AOD=3\angle AOB=3\angle x$　（う）　$\triangle OAD$は$OA=OD$の二等辺三角形だから，$\angle OAD=\angle ODA$である。これより，$\angle OAD=(180^\circ-\angle AOD)\div 2=(180^\circ-3\angle x)\div 2=90^\circ-\frac{3}{2}\angle x$　（え）（証明の続き）（例）$\angle EAB=\angle OAB-\angle OAD=\left(90^\circ-\frac{1}{2}\angle x\right)-\left(90^\circ-\frac{3}{2}\angle x\right)=\angle x$　よって，$\angle AOB=\angle EAB$…(i)　また，共通な角だから$\angle OBA=\angle ABE$…(ii)　(i)，(ii)から2組の角がそれぞれ等しいので，$\triangle OAB\backsim\triangle AEB$である。

(2)　正四角錐OABCDの点Aから，辺OBと辺OCを通って点Dまで，ひもの長さが最も短くなるようにひもをかけるとき，展開図(図3)上で点Eは線分AD上にあり，ひもの長さは線分ADの長さに等しい。図3で，線分ADと線分OCとの交点をFとする。$\triangle OAB\backsim\triangle AEB$より，$\triangle AEB$も$AE=AB$の二等辺三角形だから，$AE=AB=4$cm　同様にして，$FD=CD=4$cm　また，$\triangle OAB\backsim\triangle AEB$より，$AB:EB=OA:AE$　$EB=\frac{AB\times AE}{OA}=\frac{4\times 4}{6}=\frac{8}{3}$(cm)　$\angle AEB=\angle ABE=\angle OBC$より，**錯角**が等しいから$AD/\!/BC$　**平行線と線分の比の定理**を用いると，$EF:BC=OE:OB$　$EF=BC\times OE\div OB=BC\times(OB-EB)\div OB=4\times\left(6-\frac{8}{3}\right)\div 6=\frac{20}{9}$(cm)　以上より，点Aから点Dまでかけたひもの長さ，すなわち，線分ADの長さは$AE+EF+FD=4+\frac{20}{9}+4=\frac{92}{9}$(cm)

＜英語解答＞

[1]　問題A　(1)　イ　(2)　ウ　問題B　(あ)　dictionary　(い)　train　(う)　eleven　問題C　(1)　ア　(2)　ウ
問題D　(1)　エ　(2)　like soccer. I practice it with my brother

[2]　①　イ　②　Sunday　③　free　④　ア　⑤　ウ

[3]　①　most popular　②　wants us to eat

[4]　①　found　②　エ　③　イ　④　イ　⑤　true　⑥　ウ

[5]　①　toys　②　My job was to ask　③　イ　④　イ
⑤　(1)　時間について考える　(2)　持ち主の話を聞く　⑥　ウ，エ

＜英語解説＞

[1]　(リスニング)
放送台本の和訳は，52ページに掲載。

[2]　(読解問題・資料読解：絵・図・表・グラフなどを用いた問題，語句補充・選択，内容真偽)
(全訳)　8月のスケジュール

'シェアスペース' 8月のイベント

イベント	内容(やること)	＊	日にち	時間
1	中古の着物で買い物バッグを作る	10	8/7	午後2時～午後3時30分
2	次の日の朝のパン作り	15	8/13	午後1時30分～午後3時
		15	8/14	午後1時30分～午後3時
3	北高校のバンド上演の鑑賞	—	8/20	午前11時～午前11時30分
4	団子づくり。団子を購入することも可能	20	8/28	午前10時～午前11時30分

＊：各イベントの参加可能な人数

予約について
イベント1，2，4：予約が必要です。
イベント3：この(あ)コンサートにはチケットは必要ありません。お好きな時に入退場できます。
詳しくはこちら，イベント1～4をクリックしてください。

アン：ハル，何を見ているの？ ‘シェアスペース’？ それは何？

ハル：場所のことよ。数日間そこを使うことができるの。この町の商店街沿いにある‘シェアスペース’では，毎週末ひとつイベントが行われるの。これが8月のスケジュールよ。あなたがアメリカに帰る前に1つ参加しましょう。どのイベントがおもしろそう，アン？

アン：私は料理が好きだから，このイベントが良さそうだわ。

ハル：ちょっと待って，アン。これには参加できないわ。あなたは8月25日木曜日に日本を離れる予定だけれど，これは8月28日(い)日曜日に行われるわ。その代わりに，これはどうかしら？ 次の日の朝食を作れるのよ。

アン：いいわね。どちらか都合の良い日を選ぶこともできるのね。見て，ハル。私は音楽が好きだから，これもおもしろそう。

ハル：そうね。アン，ここにこんなのもあるわよ。このイベントでは，日本の物を作れるの。悪くならない(腐らない)から，あなたのご家族に良い贈り物になるわ。

アン：すごいわ。私の家族はそれを受け取って喜ぶわ。ハル，このイベントに一緒に行きましょう。この日の午後(う)空いている時間はある？

ハル：あるわ。その日は(う)空いているのよ。一緒に行くわ。待ち遠しいわね。

① 全訳，及び表参照。 bus ＝バス concert ＝コンサート,演奏会 garden ＝庭 zoo ＝動物園

② 全訳参照。空所(い)直前のハルの発言に注目。25日が木曜日だと言っているので28日は日曜日。

③ 全訳参照。free ＝空いている，自由な

④ 全訳及び表参照。ハルの3番目の発言から会話の最後までの内容に注目。ハルが「日本の物が作れる」と言っているのでイベント1が適当。

⑤ 全訳及び表参照。 ア イベント2は各日30人受け入れる。 イ イベント4は4つのイベントの中で開催時間が最も短い。 ウ この‘シェアスペース’では8月の午前中には2つのイベントが行われる。(○)表参照 エ アンとハルは8月25日に日本を出発する。

3 (会話文問題：語句補充，自由・条件英作文)

(会話・解答例訳) エミのノート 「当店人気ナンバーワン」 これがこのレストランのナンバーワンの料理です。→これがこのレストランで①最も人気がある料理です。／「シェフ ルイ 本日のおすすめ」 これがシェフ ルイが，本日②私たちに食べてほしい料理です。

① <the most +形容詞～>＝最も～だ

② **<want +人+ to +動詞の原形～>＝(人)に～してほしい**

4 (会話文問題：グラフなどを用いた問題，語形変化，語句補充・選択)

(全訳) ■話し合い

グレン先生：グラフ1を見てください。これは皆さんが回答した学校のアンケート調査の結果を示

しています。私は先週こんなものを(あ)見つけました。このグラフから何が分かりますか？

タク　　　：9月には約(い)100人の生徒が1冊も本を読んでいないということが分かります。

グレン先生：つまり皆さんには読書の習慣がないということでしょうか？

タク　　　：はい。そのグラフを見るとそのことが分かります。読書をしない生徒たちがいます。

ニック　　：そうでしょうか？　僕はそれは真実だとは思いません。あのグラフは9月に私たちが読んだ本の数を示しています。私たちは(う)他の月に生徒たちがどのくらい本を読んだのかも見てみる必要があります。

グレン先生：それらのデータによると，月々の間の変化が分かります。グラフ1だけですべてを理解するのは難しいのです。皆さんの読書の習慣を知るには，もっとデータが必要です。何か他に意見はありますか？

ミサキ　　：私たちはいつアンケート調査に回答したのかも考慮する必要があります。9月には学園祭があり，その時とても忙しかったのです。私はほぼ毎月本を読んでいますが，9月は1冊も読みませんでした。

ニック　　：そのグラフは，その時に私たちが読書をする時間をもつことが難しかったということは示していません。データを注意深く使う必要があります。

タク　　　：今理解しました。グレン先生，なぜ生徒たちがその時に何も本を読まなかったか分かりますか？　僕はこれにはいくつか原因があると思います。それが分かれば，状況を改善する方法について考えることができます。

グレン先生：分かりました，それについて考えましょう。このアンケート調査はなぜ生徒たちが9月に1冊も本を読まなかったかを聞きました。私はそのアンケート調査の結果からグラフ2を作りました。それでは，グラフ2の理由(X)，(Y)そして(Z)を推測してみましょう。

タク　　　：もしかすると読書に興味がないのかもしれない。

ミサキ　　：そう？　生徒たちはよくとても忙しいと言っているわ。彼らは読書にはたくさん時間がかかると言っているの。

ニック　　：どの本を読めばいいのか分からないんだよ。

グレン先生：それでは見てみましょう。ニックの意見は理由(X)で，ミサキの意見は理由(Y)，そしてタクの意見は理由(Z)です。

タク　　　：グラフ2で，9月になぜ彼らが何も本を読まなかったのかが分かります。

グレン先生：推測だけではこの状況の(え)本当の原因を知ることは難しいですね。問題を解決する方法を見つけるためには，さまざまなデータを使い，“なぜ？”や“それは本当に(え)真実か？”を何度も問うことができます。しかし，私たちがデータを使う時には考慮するべきたくさんの事柄があります。何について考える必要がありますか？　皆さんの考えを書いてください。

■ナホが授業で書いたワークシート

> 私はいろいろなデータを扱うことが大切だということを理解しています。データを使う時は，(お)それぞれのデータが正しいということを確認することも大切だと思います。データの中には間違っているものもあるかもしれません。もしデータが間違っていれば，状況を改善する方法を見つけることはできないのです。私たちは入手したデータをたやすく信じるべきではありません。

① 全訳参照。この発言でグレン先生はlast week と言っているので，find の過去形 found が適当。

② 全訳及びグラフ1参照。グラフ1によると9月に1冊も本を読んでいない生徒は全体の51％，回答者数は200人なので人数としては約100人。

③ 全訳参照。空所(う)前後の発言に注目。ニックは「このグラフは9月に読んだ本の数を示している」と言っており，彼の発言の後にグレン先生が月別の変化が分かるデータの存在を話している。

④ 全訳参照。タクの4番目の発言からグレン先生の5番目の発言までの会話内容に注目。(Y) ミサキの2番目の発言内で「(読書をするには)あまりに忙しい」と言っている。 (Z) タクの4番目の発言内で「本に興味がない」と言っている。

⑤ 全訳参照。ニックの最初の発言内に true という語がある。 true ＝本当の(で)，真実の(で)

⑥ 全訳及び，ナホのワークシート訳参照。 ア 変更すべきデータを選ぶ イ 注意深く考えずにデータを集める ウ それぞれのデータが正しいか確認する(○) エ さまざまな状況下で同じデータを使う

5 (長文読解問題・エッセイ：語句の解釈・指示語，語句の並べ換え，語句補充・選択，日本語で答える問題，内容真偽)

(全訳) もしあなたのおもちゃが壊れたら，どうしますか？ それを捨てて，新しいものを買いますか？ そうではなくて，おもちゃの病院に持って行くことができるのです。おもちゃのお医者さんはおもちゃの病院で壊れたおもちゃを修理します。おもちゃが直ったら，(あ)それらでもう一度遊ぶことができます。

私は2年前におもちゃの病院についての新聞記事を読みました。それについてもっと知るために，この前の夏，私はサトウおもちゃ病院でボランティアとして1か月間働きました。サトウさんはそこのおもちゃの先生です。彼は私にこのチャンスをくれました。(い)私の仕事はおもちゃの持ち主におもちゃのどこが悪いのかをたずねることとサトウさんの手伝いをすることでした。仕事中，彼は私によくこう言いました，「おもちゃを直すことが難しい時もあるけれど，おもちゃのお医者さんは簡単にあきらめないのですよ。」

サトウさんは私に壊れたおもちゃのための新しい部品の作り方を教えてくれました。数日後，一人の少年が彼のおもちゃを持って病院にやって来ました，私はそのおもちゃに私にとって初めての処置をしました。私はそのおもちゃ用にいくつか部品を作り，サトウさんの助けを借りてそれを直し終えました。処置はうまくいきました。その少年は私に言いました,「嬉しいです。ありがとう。」私はそれを聞いた時，(う)嬉しく感じました。しかし，うまくいかない時もありました。

ある日，一人の少女が(え)彼女の壊れたおもちゃを持って私たちを訪れました。それはオルゴールでした。その状態は良くありませんでした。私は，私たちがそれを直すのは不可能だと思いました，でも私はそのことを少女には言いませんでした。その代わりに，私は彼女にそのおもちゃの状態についてたずね，サトウさんは彼女の話を注意深く聞きました。彼は言いました，「わあ，これはあなたのおばあ様からの物なのですね。それではあなたにとってとても大切なものですね。私たちはこれのお世話をします。」彼はおもちゃを念入りに見て，どのようにそれを直すかを説明し，それのための新しい部品をいくつか作りました。彼はオルゴールを直している間，彼女にそれが良くなっていっていることを説明しました。彼は彼女を励まし続け，その少女は彼を見続けました。ついに彼女は言いました，「音が鳴ったわ！ すごく嬉しいです！」その少女は微笑み，サトウさんも彼女に微笑み返しました。それを見ることはすてきなことでしたが，私は彼女になんと言えばいいのか分かりませんでした。私はただサトウさんのそばに立っているだけでした。私は彼女の手

助けができませんでした。私はそのことを悪く思いました。

その仕事の後，サトウさんは私に言いました，「大丈夫ですか？　そんなに(お)がっかりしないで，マキ。あなたの最初の処置の後，どんな気持ちでしたか？　嬉しかったでしょう？　そんなに簡単にあきらめてはいけないですよ。おもちゃのお医者さんがあきらめたら，持ち主はおもちゃにさようならを言わなければならないのですよ。」彼は私を励ましてくれました，そして私はなぜ彼がいつもおもちゃの持ち主の話を聞くのか分かりました。

サトウおもちゃ病院での経験は私に(か)壊れたものを修理することのもうひとつの意味を教えてくれました。何かが修理されると，もう一度使われることができます。これが壊れたものを修理することのひとつの意味です。また，持ち主がその物と共有してきた時間について考えるという意味もあります。そうするために，持ち主の話を聞くことは大切なのです。私はサトウさんがいつもそうしているということを知っています。

①　全訳参照。この them は下線部(あ)を含む文の toys を指している。

②　全訳参照。My job was to ask (toy owners what problem their toys had and to help Mr.Sato.)

③　全訳参照。glad ＝嬉しい，嬉しく思う　disappointed ＝がっかりした，失望した

④　全訳参照。　ア　第4段落9文目参照　　イ　(×)　　ウ　第4段落9文目参照　　エ　第4段落10文目参照

⑤　全訳参照。(1)　第6段落4文目に注目。(2)　第6段落5文目に注目。ここでの so は「おもちゃの持ち主がおもちゃと共有している時間について考えること」を指す。them は「おもちゃの持ち主」のこと。

⑥　全訳参照。　ア　マキは2年間サトウおもちゃ病院でボランティア活動をした。イ　マキは壊れたおもちゃをサトウおもちゃ病院に持って行き，サトウさんとそれを修理した。ウ　マキは，初めておもちゃを修理した時，サトウさんの助けを借りた。(○)　第3段落3文目に注目。エ　マキは，彼女とサトウさんは少女のオルゴールを直すことはできないと思った。(○)　第4段落4文目に注目。　オ　マキはオルゴールの部品をいくつか作り，少女はついにオルゴールを再び聴いた。

2022年度英語　聞き取り検査

〔放送台本〕

問題A　次の英文が2回読まれるのを聞いて，問題用紙の指示に従って答えなさい。

(1)　John is a boy wearing a cap. He is sitting between two boys.
(2)　I cleaned my room after lunch yesterday.

〔英文の訳〕

(1)　ジョンは帽子をかぶっている男の子です。彼は2人の男の子の間に座っています。
(2)　私は昨日お昼ご飯の後で自分の部屋を掃除しました。

〔放送台本〕

問題B　次の英文が2回読まれるのを聞いて，問題用紙の指示に従って答えなさい。

Hajime, I need your help. Do you see my dictionary on the desk in my room? I need it for my Japanese lesson. Can you bring it to me? I'm in front of the station. I have to take the train which leaves at eleven, so I don't have time to go back home.

〔英文の訳〕

ハジメ，あなたの助けが必要なの。私の部屋の机の上に私の辞書はあるかしら？　日本語の授業でそれが必要なの。私のところに持って来てもらえるかしら？　私は駅前にいるわ。11時発の電車に乗らないといけないから，家に戻る時間がないのよ。

［ハジメのメモ］

メアリー　授業で(あ)辞書が必要。
(う)11時の(い)電車に乗る。

〔放送台本〕

問題C　次の会話と質問が2回読まれるのを聞いて，問題用紙の指示に従って答えなさい。

(1)　A: Eric, which photo should I send to join the contest?
B: All the photos are nice, Meg. You can choose the best one.
A: Really? But I want your advice.
B: It is difficult to decide, but I will try.
Question : What is Meg asking Eric to do now?

(2)　A: Ken, I want to buy a birthday gift for Jack. Can you come with me now?
B: I wish I could go shopping with you, Lina.
A: Oh, are you busy today ?
B: My uncle is going to visit me today. How about tomorrow?
Question: What does Ken mean?

〔英文の訳〕

(1)　A：エリック，コンテストに参加するためにどの写真を送ればいいかしら？
B：全部の写真が素敵だよ，メグ。君が一番いいのを選ぶといいよ。
A：そうかしら？　でもあなたのアドバイスが欲しいわ。
B：決めるのは難しいな，でもやってみよう。
質問：メグはエリックに今何を頼んでいるところですか？
ア　写真を選ぶこと。

(2)　A：ケン，ジャックに誕生日プレゼントを買いたいの。今一緒に来てくれる？
B：君と一緒に買い物に行けるといいんだけどな，リナ。
A：まあ，今日忙しいの？
B：僕のおじさんが今日僕に会いに来るんだ。明日はどうかな？

質問：ケンが言っているのはどのような意味ですか？

ウ　彼は今日はリナと一緒に買い物に行くことができない。

〔放送台本〕

問題D　次の英文が2回読まれるのを聞いて，問題用紙の指示に従って答えなさい。

Nice to meet you, Yuka. I'm Rob. I will tell you about our school. We have classes from 9:00 a.m. to 3:30 p.m. You have to bring lunch. At school, we wear a school uniform like students in Japan. After school, some students study in the school library. Oh, the library closes at 5 p.m. Other students enjoy playing sports. Actually, I often play sports with my classmates. Yuka, do you like sports? Please tell me more.

〔英文の訳〕

はじめまして，ユカ。僕はロブです。僕たちの学校について説明します。授業は午前9時から午後3時30分までです。お昼ご飯を持って来る必要があります。学校では，日本の生徒たちのように制服を着ます。放課後は，学校の図書館で勉強する生徒もいます。ああ，図書館は午後5時に閉館します。スポーツを楽しむ生徒たちもいます。実は，僕はクラスメイトとよくスポーツをします。ユカ，スポーツは好きですか？　詳しく教えてください。

(1)　上記〔英文の訳〕下線部参照。

(2)　(解答例訳)　(そうですね，私は)サッカーが好きです。私の兄(弟)と一緒にサッカーを練習しています。

<理科解答>

1　①　(あ)　化学　(い)　電気　②　$2H_2 + O_2 \rightarrow 2H_2O$　③　イ　④　相同器官　⑤　イ　⑥　20(秒)　⑦　(1)　エ　(2)　ウ

2　①　フックの法則　②　0.4(N)　③　F　④　右図　⑤　0.18(J)　⑥　エ

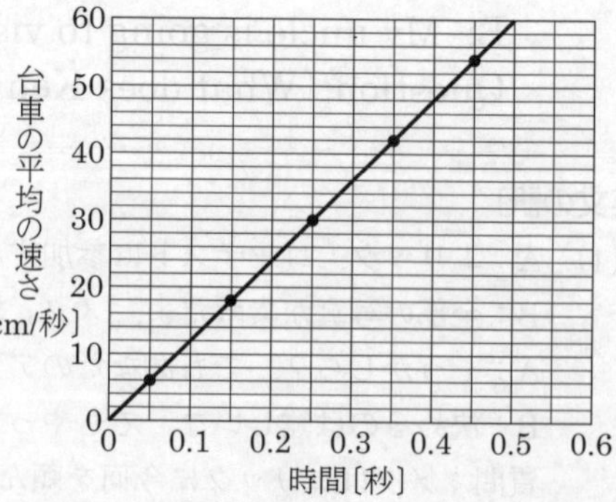

3　①　エ　②　ア　③　7.4(%)　④　ウ　⑤　電解質　⑥　イ　オ

4　①　恒星　②　P　高く　Q　地軸が傾いた状態で　③　ア　④　イ　⑤　(1)　イ　(2)　(惑星)　エ　(理由)　地球よりも，太陽に近い位置を公転しているため。

5　①　子房　②　ウ　③　アウ　④　対照実験　⑤　エ　⑥　(試験管)　H　(理由)　呼吸で放出した二酸化炭素の量と，光合成で吸収した二酸化炭素の量がほぼ等しく，BTB溶液の色が変化するほどの二酸化炭素の増減がなかったため。

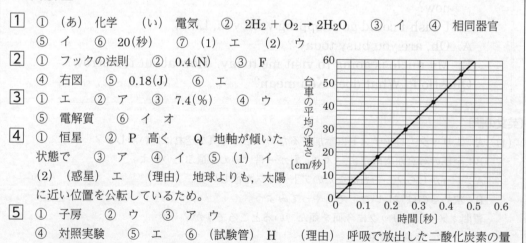

＜理科解説＞

1 (いろいろなエネルギー：エネルギー変換，化学変化と電池：燃料電池，刺激と反応：反射，動物の分類と生物の進化：相同器官，電流と磁界：電磁誘導，電流：電力量，気象観測：天気図記号，天気の変化：海風)

① アルカリ乾電池などの**電池は**，化学変化を利用して，物質がもつ**化学エネルギーを電気エネルギーに変換する装置**である。

② **燃料電池**において，水素と酸素が反応して水ができるときの化学変化を化学反応式で表すと，$2H_2+O_2 \rightarrow 2H_2O$，である。

③ ヒトにおいて，刺激に対して無意識に起こる反射の例として適当なのは，「暗いとこから明るいところへ行くとひとみが小さくなる。」である。**反射では**，感覚器官で受けとった刺激の信号が，感覚神経を経て脊髄に伝えられると，**脊髄から直接，命令の信号が出される。**

④ クジラのひれ，ヒトのうで，コウモリの翼の骨格は，基本的なつくりに共通点がある。このように，現在のはたらきや形は異なっていても，基本的なつくりが同じで，起源が同じであったと考えられる器官を**相同器官**という。

⑤ 電磁誘導では，**レンツの法則**により，コイルの磁界が変化するのをさまげるような向きに誘導電流が発生し，検流計の針が動く。棒磁石では，磁界の向きはN極から出てS極へ向かうため，コイルに棒磁石の**N極を近づけたとき**検流計の針が**右に振れた場合**，**S極を近づけたとき**は誘導電流が逆向きに流れるため，検流計の針は**左に振れる**。また，N極を近づけたときと遠ざけたときでは発生する誘導電流は逆向きに流れるため，アの**N極を遠ざけるとき**は検流計の針は**左に振れる**。S極の場合も同様にして，イの**S極を遠ざけるときは検流計の針は右に振れる**。ウの**N極からコイルを遠ざけるとき**も，アと同様で検流計の針は**左に振れる**。エの**棒磁石のS極に，コイルを近づけるとき**も，検流計の針は**左に振れる**。よって，棒磁石やコイルを動かしたとき，検流計の針が右に振れるのはイである。

⑥ 電子レンジで消費する電力量〔J〕＝500〔W〕×60〔s〕＝1500〔W〕×x〔s〕より，x〔s〕＝20〔s〕である。よって，20〔秒〕である。

⑦ (1) 晴れの記号が正しいのは，ウとエ，である。風向が**南西の風は，南西から北東へ向かってふく風**で，風向を表す矢羽根は，エの向き，である。 (2) 日中に海側から陸側へ**海風がふく理由**は，**海の水は**，陸地の岩石に比べて**あたたまりにくく冷えにくい性質**がある。日中に太陽光が当たると海上よりも**陸地の気温の方が高くなり，陸地付近の大気が上昇するため**，海側から陸地側へ風がふく。

2 (力と物体の運動：台車にはたらく力と速さ，力と圧力：フックの法則・重力・垂直抗力，仕事とエネルギー：仕事)

① ばねを引く力の大きさとばねの伸びが比例の関係にある法則を**フックの法則**という。

② ばねの伸びが1.0cmのとき，ばねを引く力の大きさをx〔N〕とすると，ばねを引く力の大きさとばねの伸びが比例の関係にあるため，4.0〔N〕：x〔N〕＝10.0〔cm〕：1.0〔cm〕より，x〔N〕＝0.4〔N〕である。

③ 記録タイマーは1秒間に60回打点するので，0.1秒ごとにテープを区切る位置は，**前の区間と区切る位置から6回目の打点Fの位置である。**

④ 表は**各区間の平均の速さであるから**，時間と台車の平均の速さとの関係のグラフ上に記入する各区間の点は，**(各区間の中間点通過までの時間〔秒〕，各区間の平均の速さ〔cm/秒〕)**である。よって，(0.05，6.0)，(0.15，18)，(0.25，30)，(0.35，42)，(0.45，54)の各点をグラフ上に記入し，

原点を通り各点の最も近くを通る比例の直線を引く。

⑤　台車を引く力が台車にした仕事〔J〕＝1.2〔N〕×(0.006＋0.018＋0.03＋0.042＋0.054)〔m〕＝0.18〔N・m〕＝0.18〔J〕である。

⑥　台車を引くのをやめた後の台車には，運動の向きには力ははたらかないが，慣性の法則により等速直線運動をする。よって，台車にはたらいている力は，重力と机からの垂直抗力であるからエが最も適当である。

③　（身のまわりの物質とその性質：物質の区別・有機物と無機物・ガスバーナーの操作，水溶液：濃度，水溶液とイオン：電解質の電離，物質の成り立ち：熱分解，酸・アルカリとイオン：pH，気体の発生とその性質）

①　ガスバーナーに火をつけた後，炎を調節するための操作は，cのガス調節ねじを回して，ガスの量を調節し，炎の大きさを10cmくらいにする。次に，ガス調節ねじを動かさないようにして，bの空気調節ねじをゆるめ，空気の量を調節して青い炎にする。

②　【実験1】ガスバーナーで加熱した結果，炭になった物質AとBが有機物のデンプンまたは砂糖である。【実験2】水に加えて溶かしたとき，ほとんど溶けなかった物質Aがデンプンであり，すべて溶けた物質Bが砂糖である。物質Aがデンプンであることは，【実験3】で，ヨウ素液を加えると，青紫色に変化したことから確かめられる。

③　物質Bを4.0gはかりとり，水50gに加えて溶かしてできた水溶液の質量パーセント濃度は，4.0〔g〕÷(4.0〔g〕＋50〔g〕)×100≒7.4〔％〕，である。

④　食塩（塩化ナトリウム）を水に溶かすと，ナトリウムイオンと塩化物イオンがばらばらに分かれて水中に広がる。よって，食塩水のようすを表したモデルは，ウである。塩化ナトリウムの電離を化学式とイオン式を用いて表すと，$NaCl \rightarrow Na^{+} + Cl^{-}$，である。

⑤　物質CとDは，食塩（塩化ナトリウム）または重曹（炭酸水素ナトリウム）のいずれかであるが，両方とも水に溶かしたときに電流が流れるため，電解質とよばれる。

⑥　物質CとDそれぞれの水溶液のpHを調べる実験では，塩化ナトリウムの水溶液は中性であるが，炭酸水素ナトリウムの水溶液は弱アルカリ性であるため，水溶液にフェノールフタレイン溶液を加えて，うすい赤色に変化したほうが炭酸水素ナトリウム（重曹）である。水溶液を青色リトマス紙につけても，CとDのどちらも赤色にはならない。よって，イは適当でない。物質CとDそれぞれを加熱してできる物質を調べる実験では，塩化ナトリウム（食塩）では，熱分解は起きないため，加熱して残った白い物質の水溶液にフェノールフタレイン溶液を加えて，色が変化せず，無色のままであれば塩化ナトリウム（食塩）である。よって，オは適当でない。炭酸水素ナトリウム（重曹）の熱分解を化学反応式で表すと，$2NaHCO_3 \rightarrow Na_2CO_3 + H_2O + CO_2$，により，二酸化炭素の気体が発生し，加熱している試験管の口元には水がたまり，試験管には水に溶かすと強いアルカリ性を示す炭酸ナトリウムの白い固体が残る。発生した二酸化炭素は，石灰水に通すと，白くにごる。発生した水は，青色の塩化コバルト紙につけると，うすい赤色に変化する。炭酸ナトリウムの白い固体は，水に溶かしてフェノールフタレイン溶液を加えると，濃い赤色に変化する。よって，アとウとエは実験結果として適当である。

④　（天体の動きと地球の自転・公転：地球の自転・公転と星の動きや太陽の南中高度，太陽系と恒星：金星の見え方・恒星・木星）

①　太陽のように自ら光を放っている天体を恒星という。

②　地球は公転面に垂直な方向に対して，地軸が約23.4°傾いた状態で自転しながら公転している

ため，南中しているときの太陽は，春分では北緯0°の赤道の天頂にあり，夏至では北緯23.4°の天頂にあり，秋分では北緯0°の赤道の天頂にあり，冬至は南緯23.4°の天頂にある。よって，岡山県よりも緯度が低い高知県では，同じ日の南中高度は岡山県より高くなる。北半球における南中高度を式で表すと，2月17日に最も近い春分の日の南中高度＝90°－緯度，であり，秋分の日の南中高度も同様である。夏至の日の南中高度＝90°－(緯度―23.4°)であり，冬至の日の南中高度＝90°－(緯度＋23.4°)である。これらの計算式からも北半球においては，四季を通して緯度が低い観察点のほうが，緯度高い観察点より，太陽の南中高度は高くなることがわかる。

③　地球の公転は1か月に約30°で，おおいぬ座が観察できる方向は東から西に約30°回転したように見える。地球の自転により，おおいぬ座は東から西に向かって2時間に約30°回転して見えるため，図2とほぼ同じようにおおいぬ座が観察できた位置に，1か月後の19時におおいぬ座が観察できる。

④　松本さんの家は田中さんの家から西に約1km離れているため，スマートフォンを真南に向けると城は真南より東寄りに見える。おおいぬ座は地球からは，はるかに遠いため，【記録2】と同じ2月17日の21時にスマートフォンを真南に向けるとおおいぬ座は真南に観察できる。よって，イが最も適当である。

⑤　(1)　木星は，地球より密度が小さく，赤道半径は惑星の中で最も大きく，太陽からの距離は金星，地球，火星より遠く，土星より近いため，イである。　(2)　日本において，明け方前後と夕方前後に観察できる場合はあっても，真夜中に観察できない惑星は金星である。金星は，密度と赤道半径が地球と同じくらいであり，太陽からの距離は，地球より近いため，金星の特徴を記しているのは，表のエである。金星が真夜中に観察できない理由は，金星は，地球よりも太陽の近くを公転している内惑星であるため，地球から見て，夜に，太陽と反対の方向に位置することはないからである。

5　(植物のからだのつくりとはたらき：対照実験による光合成と呼吸の実験，自然界のつりあい：生産者，生物の観察・調べ方の基礎：顕微鏡操作)

①　成長して果実になるのは，子房である。

②　観察を行うときに，顕微鏡の接眼レンズを変えずに，レボルバーを回して高倍率の対物レンズに変えると，観察できる範囲は狭くなる。

③　ピーマンやパプリカなどは葉緑体があり，光合成を行う生物であるため，生態系において生産者とよばれている。ゼニゴケやアブラナにも葉緑体があり，光合成を行うので，生産者とよばれる。

④　【実験1】で，試験管B～Eとの比較のために試験管Aを用意したように，調べたいことがら以外の条件を同じにして行う実験のことを，対照実験という。

⑤　【実験1の考察】表1のBTB溶液の色の変化は，二酸化炭素の増減によるものである。試験管Bと試験管DのBTB溶液が青色に変化したことから，緑色ピーマンの葉と赤色パプリカの葉が行った光合成により，試験管内の二酸化炭素が減少したと考えられる。また，試験管EのBTB溶液が黄色に変化したことから，赤色パプリカの果実が行った呼吸により，試験管内の二酸化炭素が増加したと考えられる。

⑥　「実験1の試験管C」と「実験2の試験管H」は光の当たり方の条件のみを変えた，対照実験である。試験管CでBTB溶液の色の変化が見られなかった理由は，呼吸で放出した二酸化炭素の量と，光合成で吸収した二酸化炭素の量がほぼ等しく，BTB溶液の色が変化するほどの二酸化酸素の増減がなかったためである。緑色ピーマンの果実が入った試験管Hはアルミニウム箔で包ま

れ，光が当たらないので，光合成ができないため，呼吸によって試験管内の二酸化炭素が増加し，赤色パプリカの果実が入った試験管Jとおなじ結果になり，BTB溶液の色の変化は**緑色から黄色**であった。

＜社会解答＞

1　①　古墳　②　イ　③　エ　④　新しく城を築くことを禁止する
⑤　(1)　南北朝の統一　(2)　ウ→ア→イ

2　①　アルプス(山脈)　②　イ　③　ア　ウ　④　(1)　ウ　(2)　(選択)　ア
(理由)　フィリピンは，火山が多数あり，地熱エネルギーを利用した地熱発電が行われていると考えられるから。

3　①　イ，エ　②　大政奉還　③　領事裁判権　④　エ　⑤　イ→ア→エ→ウ
⑥　石油危機により生じた不況を，省エネルギー技術を開発する

4　①　ウ　②　ア　③　(1)　季節風　(2)　ウ　④　市場での取扱量が少なく，平均価格の高い時期に収穫，出荷する

5　①　(1)　ア　(2)　ア　②　X　イ　Y　課税対象の所得金額が高くなるにつれて税率が高くなる累進課税を採用　③　秘密選挙　④　(1)　イ　(2)　憲法に違反していないかを審査　⑤　(1)　エ　(2)　NGO

＜社会解説＞

1　**(歴史的分野―日本史時代別－古墳時代から平安時代・鎌倉時代から室町時代・安土桃山時代から江戸時代，―日本史テーマ別－政治史・文化史・経済史)**

①　3世紀半ばから7世紀半ばにかけて築造された，土を高く盛った古代の墓のことを**古墳**という。**大王**や**豪族**など身分の高い人や権力者の墓として築造された。**仏教**が伝来し普及するにつれ，自らの権威を象徴するものとして，古墳に代えて**氏寺**を建立する豪族も増えていった。

②　平安時代中期は**末法思想**の流行から，**浄土信仰**が発展した。**念仏**を唱え**阿弥陀如来**にすがり，**極楽浄土**に往生しようとするのが，**浄土信仰**である。**葛飾北斎・狩野永徳**のうち狩野永徳が，安土桃山時代に活躍した絵師である。代表的作品として「**唐獅子図屏風**」がある。なお，この作品のように，ふすまや屏風などに描く絵を**障壁画**という。

③　ア　**株仲間**を解散させたのは，**天保の改革**を行った**老中水野忠邦**である。この水野の政策は成果をあげることなく挫折した。　イ　**守護・地頭**の配置を朝廷に認めさせたのは，後に将軍となった**源頼朝**である。　ウ　ものさしやますなどを統一し，同じ基準による**太閤検地**を全国で行ったのは，**豊臣秀吉**である。ア・イ・ウのどれも別の人物の政策についての説明であり，エが正しい。　エ　**織田信長**は**関所の廃止**を進め，市での商人の特権や独占を否定し，自由営業・課税免除を保証した。織田信長のこの政策は**楽市・楽座**といわれる。

④　資料は**武家諸法度**であり，幕府が**大名**を統制するために，新しく城を築くことを禁止するものであった。また，城の修補をする場合でも幕府に届け出るよう定められていた。

⑤　(1)　**建武の新政**の中で，**後醍醐天皇**と対立した**足利尊氏**が新たに天皇を立て，**後醍醐天皇**が**吉野**へ逃れたことで，二人の天皇が立つことになった。**南朝**と**北朝**の二つの朝廷が対立することになった時代が，**南北朝時代**である。1336年から1392年まで続き，室町幕府の**3代将軍足利義満**

の力を背景に，北朝が南朝を取り込んで収束した。その後は，朝廷の様々な権限を幕府が吸収した。(2) ア　東大寺の建造物の多くは，源平の争いで焼失し，南大門に収められている金剛力士像も，鎌倉時代に運慶らによって再建されたものである。イ　首里城は1429年に成立した琉球王国の政治・外交・文化の中心だった国王の居城である。15世紀の建造物である。ウ　大宰府は，7世紀後半に九州の筑前国に設置された地方行政機関である。軍事・外交を主たる任務とし，九州地方の内政も担当した。防人は大宰府の支配下に入り国防にあたった。よって，時代の古い順に並べると，ウ→ア→イとなる。

2 (地理的分野―世界地理－地形・産業・人々のくらし・エネルギー)

① ヨーロッパ大陸の南西部を東西に半月形の弧を描いて横たわる大山脈が，アルプス山脈である。ヨーロッパで最も長い山脈で，東・西アルプス山脈に大きく分けられ，8か国に広がっている。モンブランやマッターホルン等の高山がある。アルプス＝ヒマラヤ造山帯の一部である。

② Y島はトンガ島である。トンガ島で主食としているタロいもは，サトイモ科の植物で，熱帯アジアやオセアニアなどで栽培され食用とされている。

③ はじめにA国～D国を確定する。A国は南アフリカ共和国，B国はサウジアラビア，C国はモンゴル共和国，D国はオーストラリアである。ア　南アフリカ共和国の人口密度の高さは世界で129番目であり，この4か国の中では一番高い。イ　一人当たりのGDP(Gross Domestic Product)＝国内総生産は，サウジアラビアよりもオーストラリアの方が高い。ウ　モンゴル共和国は，首都ウランバートルの東経が約106度であり，東経60度よりも東に位置している。エ　オーストラリアは，インド洋と太平洋に面している。イ・エは誤っており，ア・ウが正しい。

④ (1) 16世紀前期には，マルティン・ルターらにより，宗教改革が始まった。新しく生まれたプロテスタントは，カトリックに対して優勢であったため，カトリック側はヨーロッパ外に布教することでこれに対抗しようとした。旧教国であるスペインは，フィリピンを植民地とし，カトリックの布教を行った。(2) 選択　フィリピンは，表2のアに該当する。理由　環太平洋火山帯に位置するフィリピンは，火山が多数あり，地熱エネルギーを利用した地熱発電が行われていると考えられるからである。火山のことに必ず触れて解答する。

3 (歴史的分野―日本史時代別－明治時代から現代，―日本史テーマ別―政治史・外交史・経済史，―世界史－政治史)

① アは，アメリカについての記述である。ウは，フランスについての記述である。イとエが，イギリスについての記述である。イの名誉革命は，1688年にイギリス議会がジェームズ2世を追放し，オランダからウィリアム3世とメアリ2世を迎えて，二人を共同統治の国王とし，翌年「権利の章典」を制定したものである。エの産業革命は，18世紀の後期にイギリスで起こり，蒸気機関が発明された。

② 15代将軍徳川慶喜により，1867年に天皇家に政権を返上することが行われた。これを大政奉還という。自ら政権を天皇に返上することで，新政府の中でも発言力を維持しようという狙いがあった。

③ 条約改正は明治新政府の最優先課題の一つであった。外務大臣の陸奥宗光が1894年に領事裁判権の撤廃に成功し，その17年後の1911年に，外務大臣の小村寿太郎が関税自主権の回復に成功したのである。

④ Yの期間とは，1912年から1940年である。アの二・二六事件は，1936年2月に陸軍皇道派の一部が，閣僚の殺害など直接行動を起こし，反乱軍として鎮圧されたものである。イの護憲運動に

は，第一次護憲運動と第二次護憲運動がある。長州出身の桂太郎が第三次の組閣をすると，政友会などの政党勢力が，民衆の支持を背景に，「憲政擁護」「閥族打破」をスローガンとして展開したのが，1912年の第一次護憲運動である。1924年の清浦奎吾内閣の成立に反発して，第二次護憲運動が起こり，翌年の選挙で護憲三派が勝利を収め，護憲三派内閣が成立した。加藤高明を首相とするこの内閣によって普通選挙法が制定された。ウのワシントン会議は，1921年から1922年にかけてアメリカで行われ，海軍軍縮条約が締結され，各国の海軍主力艦の保有量が制限された。ア・イ・ウのどれも，示されたYの時期のことであり，エの財閥解体が他の時期の出来事である。　エ　第二次世界大戦まで，日本経済を動かす推進力となっていたのが，三菱・三井・住友・安田の四大財閥である。財閥の力は国家権力にも及んだ。終戦後，日本を占領するGHQによって軍国主義に加担したとされ，日本民主化政策の一環として財閥解体が行われた。しかし，財閥解体は不十分に終わった。

⑤　ア　日ソ共同宣言に調印し，日本が国際連合に加盟したのは1956年である。　イ　1950年に朝鮮戦争が起こり，日本が特需景気となったのは1950年である。　ウ　米ソを中心とした資本主義陣営と社会主義陣営の冷戦の終結により，東西ドイツが統一されたのは1990年である。

エ　1972年に訪中した田中角栄首相と周恩来首相が署名して，日中共同声明を発表し，国交が正常化した。時代の古い順に並べると，イ→ア→エ→ウとなる。

⑥　1973年に第4次中東戦争が勃発し，石油輸出国機構＝OPEC(Organization of the Petroleum Exporting Countries)の諸国は原油の値上げを決定し，いわゆる石油危機が起こった。日本では狂乱物価といわれるほど物価が上昇した。また，高度経済成長が終結して不況となったが，石油節約運動などの省エネルギー政策を展開することによって乗りきった。以上のようなことを簡潔に記せばよい。

4　(地理的分野―日本地理－気候・地形・農林水産業・工業)

①　ア　イチゴの産出額は，上位5県で全国の50％近くを占めているが，半分以上ではない。

イ　イチゴの産出額の上位5県の順番は，静岡県と長崎県で逆転している。　エ　作付面積1ha当たりのイチゴの収穫量が，資料の5県のうちで最も多いのは，栃木県である。ア・イ・エのどれも誤りであり，ウが正しい。　ウ　イチゴの産出額の上位5県の順番は，収穫量の多い順と同じで，栃木県・福岡県・熊本県・長崎県・静岡県の順である。

②　全国の都道府県を製造品出荷額の多い順で並べると，第1位愛知県，第2位神奈川県，第3位大阪府についで，第4位が静岡県である。イチゴの産出額上位5県の中で，最も製造品出荷額が多いアが静岡県である。

③　(1)　冬に北西から吹く風は，日本海側には雪を降らせ，山脈を越えた太平洋側には乾いた状態で吹きおろし，降雪は少なく晴れの日が多くなる。この風を季節風という。　(2)　上記のとおり，季節風は栃木県には冬に晴れた日をもたらす。また，日本最大の流域面積を持ち，栃木県内に多くの支流を持つ河川は利根川である。よって正しい組み合わせは，ウである。

④　イチゴの収穫量が少なく，市場に出回る供給量が少ない6月から11月は，平均価格が高くなる。この時期に「夏のしずく」を生産・収穫し，出荷することによって収益をあげようとする。このような内容をまとめて記せばよい。

5　(公民的分野―地方自治・財政・国の政治の仕組み・三権分立・国際社会との関わり)

①　(1)　X　依存財源とは，国から地方公共団体に交付される資金で，国庫支出金・地方交付税交付金などが該当する。Xに記されているとおり，A県の方が依存財源の割合が高い。地方公共

団体の財政の格差を減らすために国から配分された資金とは，地方交付税交付金であり，Yに記されているとおり，A県の方が多い。X・Yのどちらも正しく，正解はアである。なお，依存財源の反対語は，地方税収入などを指す，自主財源である。 (2) イ・ウ・エは正しい。誤っているのはアである。地方公共団体では，その**首長**と**議会の議員**がいずれも住民の**直接選挙**によって選ばれる。これを**二元代表制**という。いずれも住民の代表である首長と議会が，互いに抑制し合う必要があるので，議会は首長に対して不信任決議をすることができ，首長は議会を解散することができるという関係になっている。

② X **課税所得**が多いほど，税率が高くなる課税法であるため，イが正しい。 Y 課税所得が多いほど，税率が高くなる課税法を**累進課税**といい，所得の格差を小さくするため，所得税などではこの課税法をとっている。

③ 1889年の初の**衆議院議員選挙**以来，投票権者がいかなる選択をしたかが明らかになる仕組みの投票制度がとられており，1900年まで続いた。これに対し現在では，誰が誰に投票したかわからない制度となっている。これが**秘密選挙**である。

④ (1) ア・ウ・エは正しい。イが誤りである。殺人など，重大な**刑事裁判**の一審の裁判に，くじで選ばれた市民の**裁判員**が参加する制度が，2009年5月から実施されている裁判員制度である。**民事裁判**には，裁判員制度は取り入れられていない。 (2) 法律・命令・規則・処分が，憲法に適合するかしないかを決定するのは裁判所の権限であり，**違憲立法審査権**という。**最高裁判所**は終審裁判所として，その権限を有し，**「憲法の番人」**と呼ばれる。

⑤ (1) ア 保護貿易の強化を目的として設立されている国際機関はない。 イ **国際連合**の総会では，どの国も一票を持っている。 ウ 日本は**安全保障理事会**の**非常任理事国**である(2022年現在)。ア・イ・ウはどれも誤りである。エが正しい。 エ 国際連合の機関である**国際司法裁判所**は，オランダのハーグに置かれている。領土問題などの国家間の紛争を，国際法に基づいて平和的に解決することを目指す機関である。訴えを提起できるのは，個人ではなく国家だけである。また，訴えられた国が同意しない場合は，裁判は行われない。 (2) 国際社会を中心とした医療・人道援助活動など様々な課題に取り組む**非政府組織**のことを，**NGO**(Non−governmental Organization)という。

＜国語解答＞

1 ① ⓑ さけ(んじまった) ⓓ そまつ ② イ ③ (例)最後の年の試合がミスで終わることへの恐れ ④ ア ⑤ X (例)朝月と脊尾には理想のバトンパスができるほどの信頼関係がない Y 勝ちたい ⑥ エ

2 ① 七言絶句 ② 万葉集 ③ ア ④ X (例)色彩を対比させている Y (例)悲しいというイメージ

3 ① ⓒ 約束 ⓓ 拝(んだ) ② ウ，オ ③ X 恵み Y 自然 ④ エ ⑤ (例)水盤に浮かべた桜の花びらを手がかりにして満開の桜を想像させる ⑥ イ

4 ① エ ② ウ ③ (例)情報を得る時間帯を自分で調整できる。なぜなら，録画しない限り視聴できる時間帯が決められているテレビとは違い，新聞は印刷されているので，自分の手元に存在する限り好きなときに読むことができるからだ。

＜国語解説＞

1　(小説―情景・心情，内容吟味，漢字の読み書き)

① ⓑ「叫ぶ」(さけ－ぶ)を形の似ている「呼」(よ－ぶ)と混同しないように注意する。
ⓓ この場合の「お粗末」は，よくない，つまらないということを自嘲して言ったものである。

② 朝月は加速を抑えてバトンを確実に“もらう”練習をしたが，脊尾は試合では加速が必須であり，加速を犠牲にしてバトンパスをすることはないと言っている。正解はイ。練習していないバトンの渡し方をしたのは脊尾なので，アは誤り。ウは，朝月が練習したことではない。エは，朝月の行動の内容は正しいが，脊尾が非難したことではないので，不適当である。

③ 朝月は，高校3年という「最後の年の試合」が「バトンミス一つで終わる」ことに恐怖を感じている。この内容を，前後の語句につながるように20字以内で書く。

④ 朝月は，下を向き，自分のつま先を見ながら脊尾と話している。朝月が言ったことは「格好の悪い理屈」ではあったが本音であり，日本中の高校三年生が同じ気持ちを抱いているはずだった。しかし，脊尾が「なに言ってんの」とその気持ちをあっさり否定したため，朝月は意外に思い，顔を上げて脊尾を見るのである。この朝月の心の動きを説明するアが正解。脊尾は，朝月の考えに対して理解できないという反応をしているので，イは不適当。ウは，「今日の結果」にあたるものが本文にない。エは，朝月は脊尾の意見に「賛同」していないので，誤りである。

⑤ X　勝つために必要な「バトンも成功して，タイムも最高を出す」ことができないと考えた理由について，朝月は脊尾に対し，「俺とおまえの間に，そんな信頼関係なんかねえよ」と言っている。この部分をもとに，人物関係と「そんな」が指す内容を明らかにして，後の語句につながるように30字以内で書く。　Y　朝月は，脊尾の「おまえがどうしたいか」という問いかけに対して，「勝ちたい」と答えている。

⑥ アの「目を白黒させる」は，朝月が脊尾の言葉に驚いている様子を表している。イの「そうだろう」の繰り返しは朝月が心の中で言った言葉であり，脊尾を説得するために発した言葉ではない。ウの脊尾の動作は，脊尾の朝月に対してもどかしく思っている様子を表している。エの「こんな目してたっけな？」は，脊尾の「力強い目」「ギラギラとした目。夏の太陽みたいな眼差し」が，これまで朝月が見知ったはずの脊尾のイメージとは異なっていたことを表している。したがって，エが適当な説明である。

2　(漢詩と対話―内容吟味，脱文・脱語補充，表現技法・形式，文学史)

① 一つの句の字数が7字で，4句で構成されているので，七言絶句である。

② 日本最古の歌集は，奈良時代に作られた『万葉集』である。

③ 空欄Bの前には，「花ももみじもない」といって存在しない「花」や「紅葉」をイメージさせる手法が説明されている。同様に，晩秋の光景を描いた『山行』では，存在しない「二月の花」という言葉を示すことで読者のイメージを呼びおこすのである。したがって，「二月の花」が「見えていない」ことを指摘するアが正解。晩秋で「霜葉」は紅葉しているので，イは誤り。旧暦の二月は春にあたるので，「寒い季節」とするウは不適当。エの赤さの比較は，文脈に合わないので不適当である。

④ Xは，「後半で，前半のモノトーンの世界に対して紅葉を詠む」を手がかりに，色彩を対比させているということを入れる。Yは，「『悲しい秋』というイメージ」にあたる内容が入る。どちらも前後の語句につながるように10字以内で書くこと。

3　(論説文－内容吟味，文脈把握，漢字の読み書き，品詞・用法)

① ⓒ 「約」の「勺」の中の点は一つ，「束」は「東」などと書かないように注意する。
ⓓ 「拝」の右側の横画は4本である。

② 「も」は助詞，アの「友達」は名詞，イの「困っ」は動詞，ウの「ので」は助詞，エの「優しく」は形容詞，オの「を」は助詞，カの「た」は助動詞である。

③ 第4段落に，「神様」について「つまり神様とは自然の力そのものだったのだ。自然がそこにあるようにありとあらゆるところに神様がいる。その恵みに生かされて自分たちは生きている。」と説明されている。したがって，Xには「恵み」，Yには「自然」が入る。

④ 傍線部ⓔの「そういう風」は，神社が「空っぽの中に，もしかしたら宿っているかもしれない神様。その可能性のシンボル」として作られていることを指す。この内容と合致するエが正解。アは，「いつでも自分たちを助けてくれる神様」が本文の「神様」に対する見方と異なる。イは，「神様が存在する可能性」を「装飾」によって高いと思わせることはできないので誤り。ウは，神社は「確実に神様がいる場所」ではないので，不適当である。

⑤ 「水を張った水盤(花や盆栽などを生ける底の浅い平らな容器)に桜の花びらを数枚散らすだけで，あたかも満開の桜の下にたたずんでいるように見立てる」の内容を，前後の語句につながるように30字以内で書く。

⑥ 「何もないところに想像力を呼び込んで満たす」「意味のない余白を上手に活用する」と合致するイが正解。アは「空っぽ」を「欠けたところのある」と解釈している点が本文と合わない。ウは，「空っぽ」を「偶然」の産物としている点がおかしい。エは，「自然を題材にした芸術作品」が，本文の「自然」の捉え方とずれており，不適当である。

4 (会話・議論・発表－内容吟味，脱文・脱語補充，作文)

① 話題になっているのは，インターネットについてであり，健太さんはこの後，「手軽に情報を得られる一方で信頼できない情報が多い」という特徴を述べている。したがって，「他のメディアよりも信頼度が低い」と説明するエが正解。ここでは年代による違いは問題になっていないので，アとイは誤り。重要度を話題にしている場面ではないので，アとウは不適当である。

② アは，桃子さんは「行為者率が低いわりに，重要度や信頼度はとても高い」という気付きを述べているので誤り。イは，健太さんは三人の合意を形成する役割を果たしていないので不適当。ウは，絵理さんは「確かにね」などと相手の発言を受けて自分の意見を述べており，話し合いの内容を深める役割をしているので，適当な説明である。エは，資料の数値を具体的に示しているのは健太さんだけなので，不適当である。

③ 【資料Ⅲ】の《インターネットと比べたときの強み》を参考に，条件に従って書くこと。
・テーマ…新聞をテレビと比べたときの強み
・字数…80～100字。
・一文目…情報を得る手段として新聞がもつ強みを書く。解答例では，「時間帯を自分で調整できる」ことを書いている。
・二文目…強みの根拠を，活字メディアとしての新聞の特徴を踏まえて書く。解答例では，印刷されていていつでも手元に置けるという特徴を踏まえて書いている。
書き終わったら必ず読み返して，誤字・脱字や表現のおかしなところは改める。

MEMO

大切なことはメモしておこうネ！

2021年度

★★★★★★★★★★★★★★★★★★★★★★★★

入 試 問 題

●くわしい解説…… 25ページ

＜数学＞

時間　45分　　満点　70点

1　次の①～⑤の計算をしなさい。⑥は指示に従って答えなさい。

①　$4-(-5)$

②　$\frac{9}{8}\div\left(-\frac{3}{4}\right)$

③　$8-(-3)^2$

④　$(-9ab^2)\times2a\div(-3ab)$

⑤　$\sqrt{72}-\sqrt{8}$

⑥　$x^2-3x-18$ を因数分解しなさい。

2　次の①～⑥に答えなさい。

①　絶対値が4より小さい整数の個数を求めなさい。

②　右の図のような，頂点がA，B，C，D，E，Fの正八面体があります。直線BCとねじれの位置にある直線は，**ア**～**エ**のうちではどれですか。当てはまるものをすべて答えなさい。

ア　直線AD
イ　直線DE
ウ　直線BF
エ　直線EF

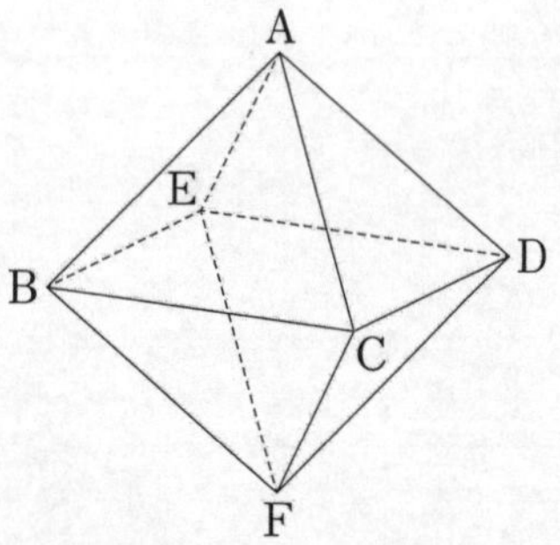

③　次の図のような，平行四辺形ABCDと△EFGがあり，点Eは線分AD上に，点Fは線分BC上にあります。∠AEG＝160°，∠CFG＝45°のとき，∠EGFの大きさを求めなさい。

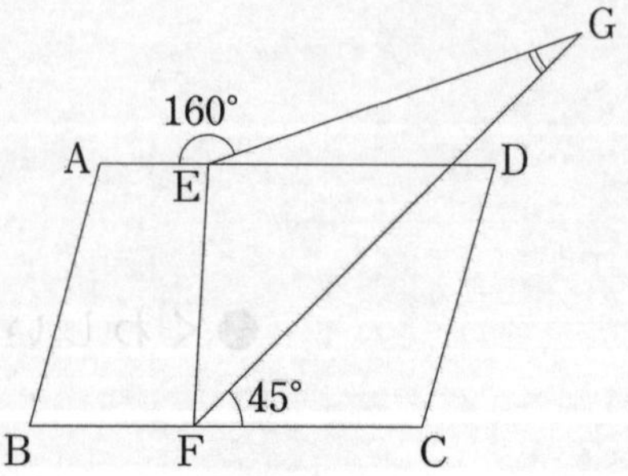

④　右の図のような，半径５㎝，中心角90°のおうぎ形OABがあります。このおうぎ形を，直線OAを回転の軸として１回転させてできる立体の体積を求めなさい。

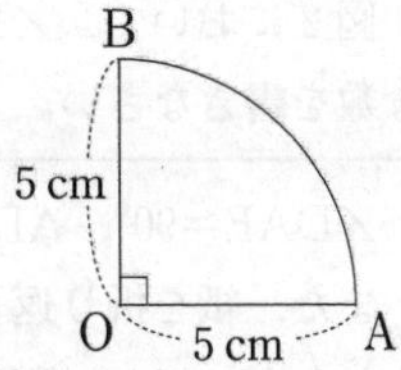

⑤　袋の中に，A，B，C，D，Eが１つずつ書かれた５個の球が入っています。この袋の中から球を同時に２個取り出すとき，Aと書かれた球が含まれる確率を求めなさい。ただし，どの球が出ることも同様に確からしいものとします。

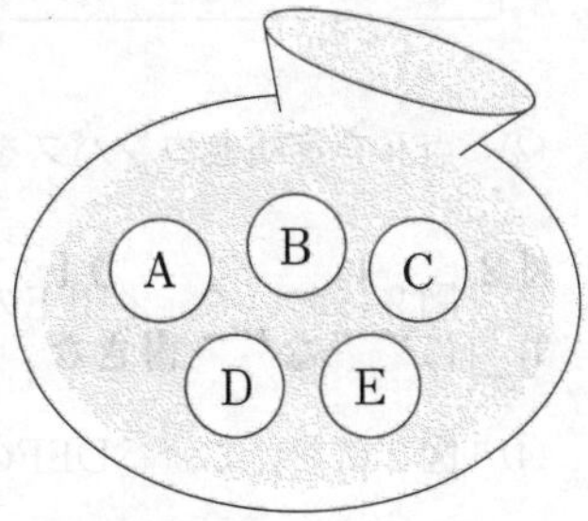

⑥　次の図において，△ABCと△BDEはそれぞれ正三角形で，AB＞BDとします。このとき，点Aと点E，点Cと点Dをそれぞれ結ぶと，△ABE≡△CBDとなります。このことを証明するには，三角形の合同条件のうちのどれを使えばよいですか。一つ答えなさい。

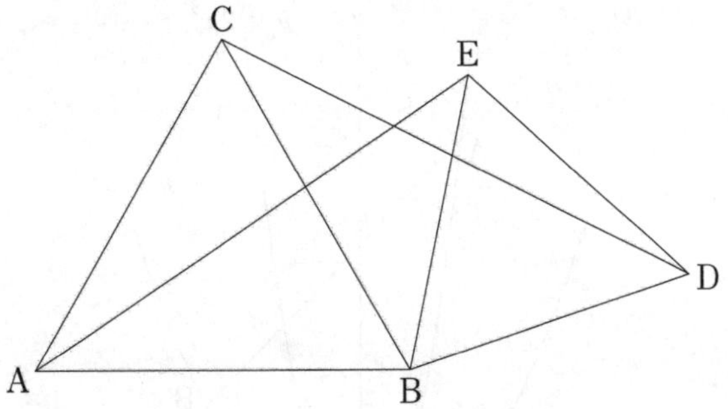

3　次の図１のように，縦が20㎝，横が10㎝の長方形ABCDの紙を，折り目の線が点Dを通り，点Cが線分ABと重なるように折り，点Cが移った点をEとします。また，図２のように，折った部分をもとにもどし，折り目の線と線分BCとの交点をFとし，点Dと点E，点Dと点F，点Eと点Fをそれぞれ結びます。①～④に答えなさい。

図１

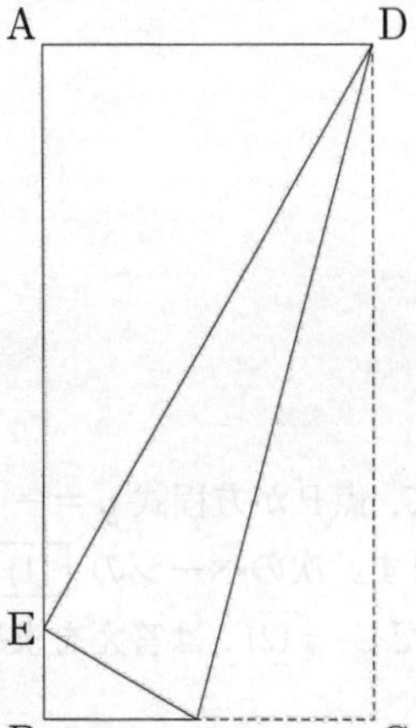

図２

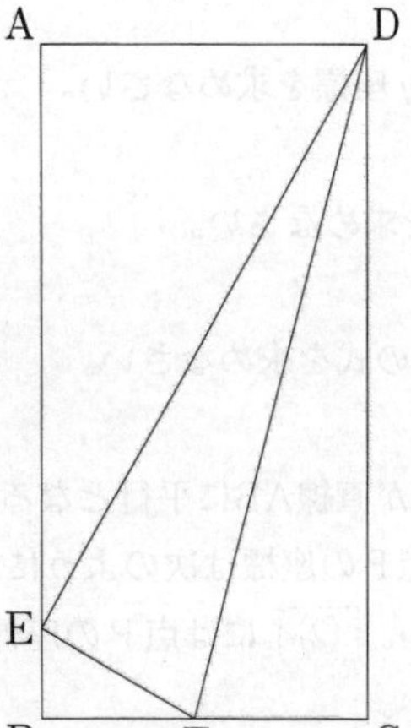

① 図２において，∠EDFの大きさは次のように求めることができます。(1) ～ (3) に適当な数を書きなさい。

∠DAE＝90°，AD：DE＝１：２だから，∠ADE＝ (1) °である。 また，紙を折り返したので，∠EDF＝ (2) ∠CDEである。 したがって，∠EDF＝ (3) °である。

② 点Ｆを定規とコンパスを使って作図しなさい。作図に使った線は残しておきなさい。

③ 図２において，∠BFEの大きさを求めなさい。

④ 図２において，△DEFの面積を求めなさい。

4 次の図のように，関数 $y=2x^2$ のグラフ上に点Ａがあり，点Ａの x 座標は－２です。また，関数 $y=ax^2$ のグラフ上に点Ｂがあり，点Ｂの座標は（3，3）です。①～④に答えなさい。ただし，a は定数とし，点Ｏは原点とします。

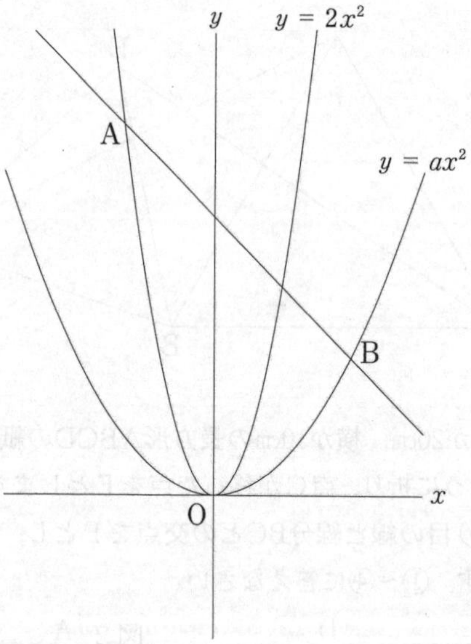

① 点Ａの y 座標を求めなさい。

② a の値を求めなさい。

③ 直線ABの式を求めなさい。

④ 直線OPが直線ABに平行となるような点Ｐについて，点Ｐが方程式 $y=-2$ のグラフ上にあるとき，点Ｐの座標は次のように求めることができます。次のページの (1) には適当な式を書きなさい。(2) には点Ｐの座標を求めなさい。ただし，(2) は答えを求めるまでの過程も書きなさい。

原点Oを通り，直線ABに平行な直線の式は，$y=$ (1) である。

(2)

5 次の図１は，１辺の長さが x cmの正方形です。図２は，図１の正方形の縦を２cm短くし，横を３cm長くしてできる長方形です。ただし，$x>2$ とします。①～③に答えなさい。

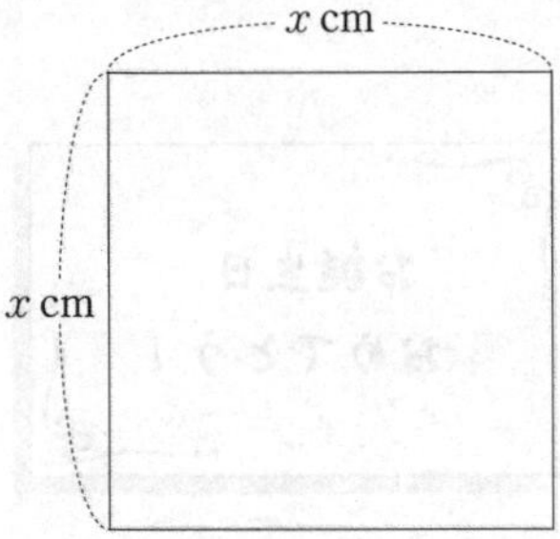

図１

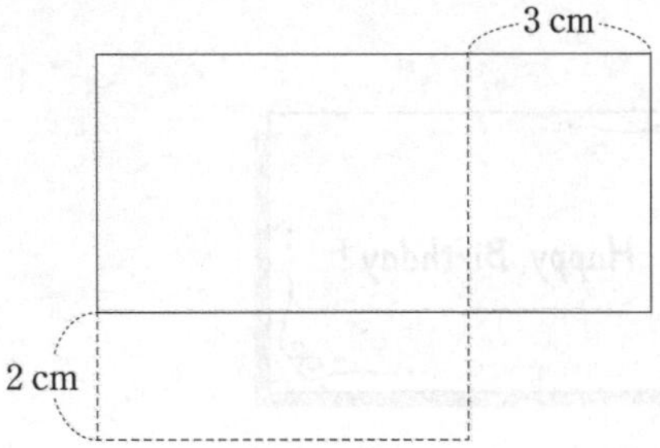

図２

① 図２の長方形の縦の長さを x を用いて表すとき，最も適当なのは，**ア**～**エ**のうちではどれですか。一つ答えなさい。

ア $x+2$　　**イ** $x-2$　　**ウ** $2x$　　**エ** $\frac{x}{2}$

② 図２の長方形の周の長さが26cmとなるとき，図１の正方形の１辺の長さを求めなさい。

③ 図２の長方形の面積が，図１の正方形の面積のちょうど半分となるとき，図１の正方形の１辺の長さを求めなさい。ただし，答えを求めるまでの過程も書きなさい。

6 右の表は，あるクイズに答えた25人の得点を度数分布表に表したものです。ただし，クイズの得点は，整数であるものとします。①～③に答えなさい。

得点（点）	度数（人）
4以上 ～ 8未満	4
8 ～ 12	8
12 ～ 16	2
16 ～ 20	5
20 ～ 24	4
24 ～ 28	2
計	25

① 階級の幅を求めなさい。

② ８点以上12点未満の階級の相対度数を求めなさい。

③ 後日，欠席していた１人が同じクイズに答えたところ，得点は20点でした。欠席者を除く25人の得点の中央値は13点でしたが，欠席者を含めた26人の得点の中央値はちょうど14点になりました。このとき，欠席者を含めた26人の得点を大きさの順に並べたとき，小さい方から数えて14番目の得点を求めなさい。また，その得点とした理由を，解答欄の書き出しに続けて，「平均」という語を使って説明しなさい。

＜英語＞　時間　45分　　満点　70点

1　この問題は聞き取り検査です。問題Ａ～問題Ｃに答えなさい。すべての問題で英語は２回ずつ読まれます。途中でメモをとってもかまいません。

問題Ａ　⑴～⑶のそれぞれの英文で説明されている内容として最も適当なのは，ア～エのうちではどれですか。一つ答えなさい。

⑴

ア

イ

ウ

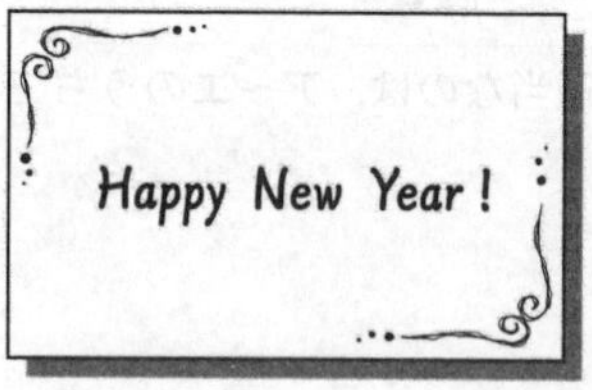

エ

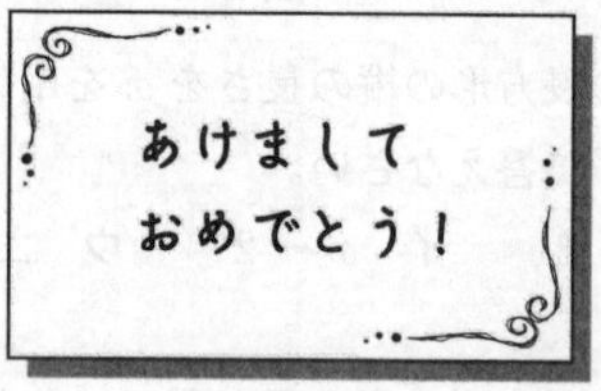

⑵

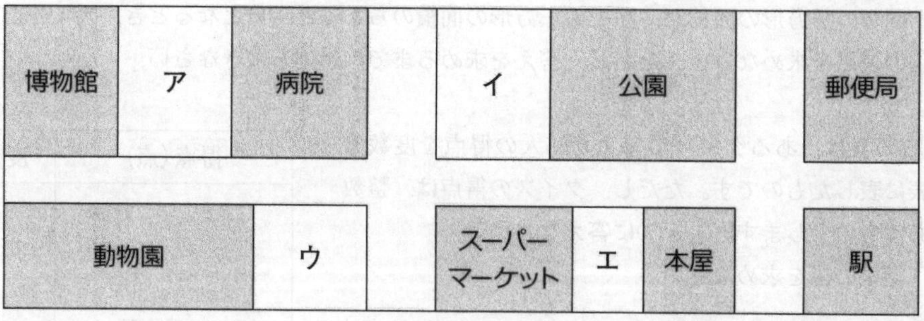

⑶

ア

イ

ウ

エ

問題Ｂ　(1), (2)のそれぞれの会話の最後の文に対する応答部分でチャイムが鳴ります。そのチャイムの部分に入れるのに最も適当なのは，ア～エのうちではどれですか。一つ答えなさい。

(1)
ア　We have two colors, red and yellow.
イ　If you buy two, each one will be fifteen dollars.
ウ　I'll show you a smaller one.
エ　Sorry, we don't have a larger one.

(2)
ア　Really?　Let's go and find our seats.
イ　It was interesting.　Do you want to see it again?
ウ　That's a good idea.　Shall we buy something to drink?
エ　We must hurry.　The movie has already started.

問題Ｃ　留学先の学校で遠足に行くことになったSaekoがメモをとりながら，先生の説明を聞いています。(1)～(3)に答えなさい。

［メモの一部］

遠足について
学校出発時刻：　［(あ)］　時
バス待機場所：　［(い)］　前

(1)　［(あ)］に最も適当な数字を入れなさい。
(2)　［(い)］に適当な日本語を入れなさい。
(3)　説明されなかった項目について，Saekoは質問をすることにしました。説明されなかった項目として最も適当なのは，ア～エのうちではどれですか。一つ答えなさい。また，その項目についての質問を，あなたがSaekoになったつもりで書きなさい。ただし，主語と動詞を含む4語以上の英文とすること。
ア　目的地に到着する時刻　　イ　写真を撮影する場所
ウ　昼食の種類　　エ　持参する物

2　ALT（外国語指導助手）のKelly先生は，中学生のTakuとShokoのクラスで英語の授業をしています。①～④に答えなさい。

①　英単語を言い当てるクイズを行いました。［(あ)］，［(い)］に入れるのに最も適当なのは，ア～エのうちではどれですか。それぞれ一つ答えなさい。

Ms. Kelly : It's a school subject.　In a class for this subject, we often sing songs or play instruments.
Taku　: The answer is ［(あ)］.
(あ)　ア　a musician　イ　music　ウ　a scientist　エ　science
Ms. Kelly : It's a kind of book.　We use it when we need to know what a word means.
Shoko　: It's a ［(い)］.
(い)　ア　dictionary　イ　diary　ウ　magazine　エ　map

②　単語を分類する活動を行い，次のようなグループ名を表す単語とそのグループに属する単語をまとめた表を作成しました。(う)，(え)に入れるのに最も適当な英語1語をそれぞれ書きなさい。ただし，□内の _ には記入例にならい，1文字ずつ書くものとします。

記入例　c a p

グループ名	グループに属する単語			
country	Australia	India	America	Spain
language	Chinese	Japanese	French	English
(う) _ _ _ _ _	basketball	soccer	tennis	volleyball
season	spring	summer	fall / autumn	(え) _ _ _ _ _ _

③　ペアで英語の会話をしました。(お)～(き)に入れるのに最も適当な英語1語をそれぞれ書きなさい。

Ms. Kelly : I study Japanese every Tuesday and Friday.
Taku　　: Oh, you study Japanese twice a (お).

Taku　　: Have you ever (か) to a foreign country?
Shoko　 : No, but I hope I will visit Australia next year.

Ms. Kelly : Whose tennis racket is this?
Shoko　 : It's (き). My sister gave it to me.

④　英文を作る活動を行いました。必要があれば（　）内の語を適当な形に変えたり，不足している語を補ったりなどして，それぞれ意味が通るように英文を完成させなさい。

⑴　I will study Chinese because it (speak) by a lot of people today.
⑵　Summer is as (popular) fall in our class.
⑶　We need one more soccer player, so we will ask Ken (join) us.

3　Tom と Nao が，ある水族館（aquarium）のウェブサイトを見ながら話をしています。次は，そのトップページの一部と会話の英文です。①～④に答えなさい。

トップページの一部

Welcome to the Blue Aquarium Website

Things Living in the Water	*Events*	*Shopping*	*How to Get to Our Place*

The number of people who have visited our website today : 68

Today's date : Sunday, June 16

Opening hours : June to August 10:00 a.m.－8:00 p.m.
September to May 10:00 a.m.－6:00 p.m.

News

June 8	A baby dolphin was born today.
June 1	Seventy-two people joined the Night Aquarium.
May 25	We will have a summer night event called the Night Aquarium from June 1 to August 31.
May 18	We have finished cleaning the pool for small fish. From today, you can enjoy it again.
May 17	We are sorry that the pool for small fish is closed for cleaning.

Tom : Let's go to this aquarium (あ)next month.
Nao : That sounds nice. How can we go there?
Tom : We can check it by (い)clicking here. Well, we can go there by train. It's just in front of the station.
Nao : OK. How [(う)] take from our station?
Tom : It takes about thirty minutes.
Nao : I see.

［注］ click クリックする

① 下線部(あ)が指すのは何月ですか。英語１語を書きなさい。

② 下線部(い)について，Tom がトップページの中でクリックした項目として最も適当なのは，ア～エのうちではどれですか。一つ答えなさい。

ア *Things Living in the Water*
イ *Events*
ウ *Shopping*
エ *How to Get to Our Place*

③ あなたが Nao になったつもりで，[(う)] に適当な英語３語を書きなさい。

④ トップページの一部からわかる内容として，当てはまらないものは，ア～エのうちではどれですか。一つ答えなさい。

ア The aquarium is open longer for three months of the year.
イ The baby dolphin's birthday is June 8.
ウ On the first night of the night event, over seventy people joined.
エ The pool for small fish was closed on May 18.

4 Naomi は，食品廃棄物（food waste）の問題に取り組んでいるレストラン経営者の Smith さんにインタビューをしてレポートを書きました。次の英文は，そのインタビューとレポートの一部です。①～④に答えなさい。

■　インタビューの一部

Naomi　　: I like your restaurant's name, "The Rescued Food Restaurant."

Mr. Smith : Thank you. We rescue food before stores throw it away.

Naomi　　: That's nice. What kind of food do you rescue?

Mr. Smith : We [　(あ)　] the food that may not be perfect for selling. For example, yesterday we got day-old bread. We also bought carrots that were smaller than others. They were all good for cooking.

Naomi　　: Do you like to cook with rescued food?

Mr. Smith : We love it. We use only rescued food for our dishes. We don't know what we will get until we go to the stores. Every day after we get the rescued food, we need to think how we can cook it. That's [　(い)　] but also fun.

Naomi　　: You enjoy difficult work! How do your customers like your dishes?

Mr. Smith : They always enjoy eating our dishes. We use all the rescued food in our dishes, and most of our customers don't leave any of the food. We are [　(う)　] we have almost no food waste.

Naomi　　: Do you have a message for people?

Mr. Smith : Yes. We believe good dishes can change people. We hope more people will enjoy our dishes and think about food waste.

■　レポートの一部

The Rescued Food Restaurant in our city has tried to reduce the food waste. Look at the graph. It shows where the food waste in our city is from. Some food waste is from restaurants and stores. The food waste from both of them is [　(え)　] % in total. The same amount of food waste comes from homes. I think we must do something about it at home.

When I try to follow a recipe, I buy the necessary food for it. When I cook, I often leave some of the food and throw it away. The Rescued Food Restaurant's effort is good. I want to (お)do the same kind of thing. Then I can reduce the food waste at home.

graph

Where is the food waste in our city from?

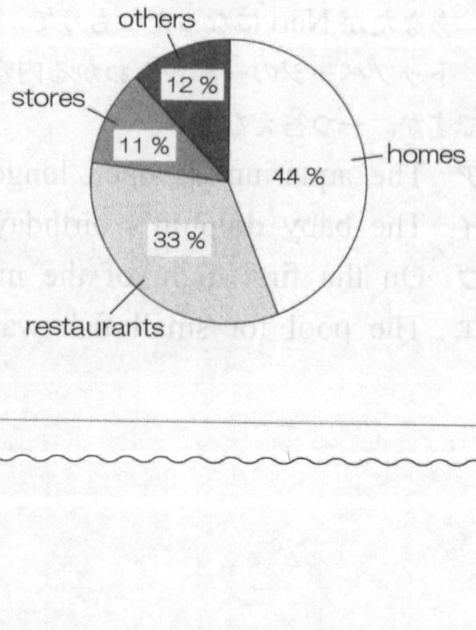

［注］ throw ～ away ～を捨てる　day-old 前日焼かれた　leave ～ ～を残す
reduce ～ ～を減らす　graph グラフ　in total 合わせて　amount 量

① (あ) に入れるのに最も適当なのは，ア～エのうちではどれですか。一つ答えなさい。
ア send　イ forget　ウ save　エ wash

② (い)，(う) に入れる英語の組み合わせとして最も適当なのは，ア～エのうちではどれですか。一つ答えなさい。
ア (い) hard (う) happy
イ (い) hard (う) sad
ウ (い) easy (う) happy
エ (い) easy (う) sad

③ (え) に入れるのに最も適当なのは，ア～エのうちではどれですか。一つ答えなさい。
ア 23　イ 44　ウ 56　エ 77

④ 下線部(お)の内容として最も適当なのは，ア～エのうちではどれですか。一つ答えなさい。
ア grow carrots in my garden
イ use all the food I get
ウ go shopping with my own bag
エ invite my friends to dinner

5 次の英文を読んで，①～⑥に答えなさい。なお，［Ⅰ］～［Ⅳ］は段落の番号を示しています。

［Ⅰ］ Today people can go to space, but in the nineteenth century, even flying by plane was just a (あ). After it came true in 1903, people had another dream to go to space. It was also difficult but it came true. In 1961, a man went around the earth in a spaceship for the first time. Several years later, some men went to the moon on the Apollo program. When one of them walked on the moon for the first time, he said it was a small step for a person but a big step for humankind. Then fifteen countries made a team and worked together to build the International Space Station (ISS). Today some astronauts do important work there.

［Ⅱ］ It is difficult to stay in space because living conditions are hard there. For example, there is no air, and (い). If something is in a place which gets light, its temperature will be very high. Sometimes it will be about 120℃. If it is in another place which doesn't get light, its temperature will be very low. Sometimes it will be about -150℃. Because of this, a lot of necessary things are developed on the earth and are brought to space for special use.

［Ⅲ］ Technology supports astronauts. When they go to space, computers in a spaceship give them important information. When they work outside the ISS, they wear special clothes. These clothes protect them from the temperature differences, so they don't feel too hot or too (う). After hard work, they enjoy eating space food. They can easily prepare the food. The food tastes nice and is good for their health. The astronauts can also preserve it for a long time.

[Ⅳ] You may think these things are only for astronauts, but the technology developed for space programs is used in your lives, too. Many years ago, computers were not good for use in spaceships because they were big and heavy. People who worked on the Apollo program made the computers small and light. ㈛<u>That</u> was a really "big step" for today's computers which you use. You can also find other technology used around you. Fire station workers wear the same kinds of clothes the astronauts wear. These clothes protect them from fire. Many of you may enjoy good freeze-dried food at home. It has improved a lot because of space food. Now you understand how technology developed for space programs has also made your lives better.

［注］ spaceship 宇宙船　the Apollo program アポロ計画（アメリカの宇宙計画名）
humankind 人類　astronaut 宇宙飛行士　living conditions 生活環境
air 空気　develop ～ ～を開発する，～を発達させる
technology 技術　prepare ～ ～の準備をする　preserve ～ ～を保存する
fire station 消防署　freeze-dried フリーズドライの，凍結乾燥させた

① [(あ)] に入れるのに最も適当な英語１語を，［Ⅰ］段落中から抜き出して書きなさい。

② [(い)] に入れるのに最も適当なのは，ア～エのうちではどれですか。一つ答えなさい。

ア light from the sun has a very strong influence
イ astronauts can walk on the moon
ウ astronauts enjoy watching stars from the ISS
エ the earth goes around the sun once in a year

③ [(う)] に入れるのに最も適当な英語１語を書きなさい。

④ 下線部㈛の具体的内容を説明する次の文の [　] に適当な日本語を入れなさい。

アポロ計画によって，[　　　] コンピュータができたこと。

⑤ 次の表は，本文の段落ごとの見出しです。[(お)]，[(か)] に入れるのに最も適当なのは，ア～エのうちではどれですか。それぞれ一つ答えなさい。

段落	見出し
［Ⅰ］	[(お)]
［Ⅱ］	Hard living conditions in space
［Ⅲ］	Technology which supports astronauts
［Ⅳ］	[(か)]

ア The first Japanese astronaut
イ Humankind's history of going to space
ウ Technology that is also used on the earth
エ Engineers' work for better spaceships

⑥　本文の内容と合っているのは，ア～オのうちではどれですか。当てはまるものをすべて答えなさい。

ア　In 1961, a man went to the moon in the first spaceship.
イ　More than ten countries worked together in a team to build the ISS.
ウ　When astronauts need something in space, they always make it at the ISS.
エ　It is not difficult to preserve and prepare space food in space.
オ　Special clothes for fire station workers are reused by astronauts.

を考える。

ウ　過疎の進む地域で、その土地の景色を活かしてアート作品を展示しつつ、地域全体も一つの芸術作品として演出することで活性化させる。

エ　長年、地域の住民にのみ受け継がれてきたしきたりを厳格に守り続けることによって個別化を図り、地域の伝統行事の再興と存続を図る。

④　ⓔ「『根っこ』の価値」とありますが、地域の「根っこ」について説明したものとして最も適当なのは、**ア**～**エ**のうちではどれですか。一つ答えなさい。

ア　コミュニティや独自の文化を形成してきた地域の根幹となるものに大きな改変を加えることで、持続可能な社会の仕組みを構築し、地域の一層の発展を図るために必要となる資本。

イ　その土地に生きる人々が、地域の歴史、自然、社会とともに実際に生活するなかでつちかってきた、ありふれてはいるが他の地域の人々までをもひきつけるようなその地域の魅力。

ウ　産業の発展に伴い失われてしまった地域の固有性を再生するために、自分が生活する地域のこれまでの歴史、自然、社会について一層理解を深めるために必要となる専門家の知見。

エ　固有の歴史、自然、社会を大切にしながら暮らしてきた地域住民の生活の知恵と、すでにあるものの中から見いだした新たな地域の魅力とを融合した、地域発展のための手がかり。

⑤　「『地域と関わる』……高まっているのです」とありますが、「地域と関わる」ことについて筆者の考えを説明した次の文の［X］、［Y］に入れるのに適当なことばを、［X］は文章中から十四字で抜き出して書き、［Y］は文章中のことばを使って十五字以内で書きなさい。

見逃しがちな「地域の価値」を［X］することで表現し、それを［Y］ことによって明確にしつつ、地域の「根っこ」の意味を再評価し、新たな価値を生み出して地域の発展につなげようとすることが、現在行われている「地域おこし」や「まちづくり」である。

地域のリノベーションとは、地域固有の自然や景観、伝統、文化、コミュニティなど、暮らしの豊かさを支える「根っこ」の意味を再評価し、地域の資源とすることを意味します。地域住民から見ると、ありふれていて身近な物事かもしれませんが、その歴史的・文化的な意義を知り、新しい面白さを発見することが重要です。全国各地でおこなわれている「地域おこし」や「まちづくり」は、この意味づけ（意味の再評価）によって「地域の価値」をつくろうとする運動だといえます。「地域の価値」が、地域内・外の人の共感をあつめれば、それだけ多くの人が訪れたり、移住したりすることにもつながります。

人びとに真の感動を与えるには、そこに「本物」がなくてはなりません。「根っこ」とは、その地域で人びとが生きてきたことの積み重ねです。歴史や自然や社会と一体になった人びとの知恵の結晶です。過去からの継承こそが価値を高めます。

とはいえ、「根っこ」は地域の人びとにとっては当たり前すぎて、認知されていない場合もあります。

普段は認識されていないⓔ「根っこ」の価値をわかりやすく抽出するためには、どうしたらよいでしょうか。それには、地元の人や専門家と一緒になって地道に学習するプロセスが必要です。「意味づけ」が価値を高める時代になったからこそ、漠然としていた「地域の価値」を言葉にしたり、デザインしたりして、それを共有していく人びとのネットワークが意義をもちます。

過去から継承してきたものに対して、現代的に磨きをかけていくことが求められます。それが地域の「根っこ」を育て、豊かにしていくことにつながるのです。

（出典　除本理史《よけもとまさふみ》・佐無田光《さむたひかる》「きみのまちに未来はあるか？――『根っこ』から地域をつくる」）

（注）スクラップ・アンド・ビルド――古くなった施設・設備などを廃棄し、新設すること。

長屋――一棟をいくつかに区切って、多くの世帯が別々に住めるようにした家。

レトロ――復古調。懐古的。ここでは「昔風の」くらいの意味。

① ⓐ 、 ⓒ にそれぞれ入れることばの組み合わせとして最も適当なのは、**ア**～**エ**のうちではどれですか。一つ答えなさい。

ア ⓐしかし　ⓒたとえば　**イ** ⓐそこで　ⓒしたがって

ウ ⓐたしかに　ⓒそのため　**エ** ⓐしかも　ⓒなるほど

② ⓑ「現代では……なっている」とありますが、これがどういうことかを説明した次の文の A 、 B に入れるのに適当なことばを、 A は六字で、 B は五字で、それぞれ文章中から抜き出して書きなさい。

現代では、個性のない一様のものを大量生産・消費することで得られる「モノ」の A よりも、人々の知識や情動といった B に働きかけることで、すでに存在するものに「意味」を見いだしたり、その価値を高めたりすることが尊重されるようになったということ。

③ ⓓ「地域空間に対しても……展開されています」とありますが、その具体例として最も適当なのは、**ア**～**エ**のうちではどれですか。一つ答えなさい。

ア 流通量が減少したとしても、原材料や製造方法を細かく限定して特別感を創出することにより、地域の伝統工芸を変わらぬ形で保護する。

イ 古い建物を一律に取り壊すのではなく、歴史的価値のあるものは、その独特な雰囲気を活かして宿泊施設として再利用することびとが増えたといわれています。

　このような変化は、人びとが地域の「根っこ」を見つめなおそうとしていることのあらわれです。「地域と関わる」という新しいライフスタイルへの関心が高まっているのです。これは、地域発展にとって大きなチャンスでもあります。

　二〇世紀の経済における一つの特徴は、規格化された画一的な商品を大量に生産・消費してきたことです。それにともなって、地域の固有性も失われていきました。地域それぞれに、歴史や風土に根ざした多様な暮らしがあったのですが、近代的な開発のもとでどんどん失われていったのです。

　ⓐ　現代では、これまで失われてきたものが見直されるようになっています。人びとはこれ以上「モノ」の量的な豊かさを求めるのではなく、それによって得られる「知識」や心温まる「感動」といった無形の要素を重視するようになりました。

　たとえば「モノ」の機能は変わらなくても、あるいは時間がたって劣化したとしても、そこに「意味」や「物語」（ストーリー）が加わることで価値が大きくなります。芸術作品がわかりやすい例ですが、時間がたつと「モノ」としては劣化しても、歴史的な評価に耐え、生き残ることでむしろその価値は高まります。これは、作品というモノそれ自体ではなく、そこに与えられた「意味」が価値の根拠になっているためです。モノの「意味」が深まって、見ている人の知識や情動が高まれば、それにしたがい価値も増加するのです。

　何ら新しいものを生産しなくても、すでにあるものに対して「意味」を与えることで価値が高まるのならば、経済活動の様相は一変します。そのため、ⓑ現代では「モノづくり」だけでなく、「コトづくり」（ストーリーの生産）が重要になっているといわれます。

　もちろん、見えるもの、ふれられるものがあってこそ五感は刺激されますから、「コトづくり」の時代に入っても「モノづくり」の重要性は失われません。大事な点は、そこに知識や情動、倫理や美しさといった無形の要素がどれだけあるかです。

　知識や情動が消費されるいまの時代に、もっともふさわしくない開発方式は、「スクラップ・アンド・ビルド」です。地域空間において営々と積み上げられてきた暮らしの風景は、いちど壊されたらもとには戻りません。

　これに対して、歴史のある自然や建物を、完全にスクラップせずに、むしろその雰囲気を守りつつ、時代にあった機能や意味を加えて再生する手法が「リノベーション」です。

　ⓒ　大阪には、昔たくさんつくられた長屋建ての住居があります。大阪の長屋は、長いあいだ引き継がれてきた庶民の暮らしを象徴する「大阪らしい」建造空間です。一時期はその価値が認められず、老朽化が進むにつれ取り壊されてきましたが、近年は、レトロな雰囲気やコミュニティ感覚が再評価されて、店舗や事務所、宿泊施設などにリノベーションされるようになっています。

　ⓓ地域空間に対しても、さまざまなタイプのリノベーションが展開されています。これまでは、開発しやすいように土地を更地化するのが大前提で、特別に歴史的に価値があると認められる建物が点的に保護されるだけでしたが、本当は、あらゆる場所に歴史があります。

　巨額の設備投資によって空間を新しくつくりだすよりも、地域の文脈を読みこみ、再解釈して、求められている「生活の質」や「地域らしさ」を表現することが、むしろ現代的な開発手法になっています。このほうが大きな費用をかけずに済みますし、地域に新たな価値を与えることができるのです。

している。

イ　その場しのぎで鉱物学の知識を披露したためにうまく説明ができず、かえって賢治の興味をそいでしまったことを申し訳なく思っている。

ウ　浅はかな鉱物学の知識を披露することになったが、鉱物学という共通の話題を通じて賢治とじっくり話ができたことに喜びを感じている。

エ　にわか仕込みの鉱物学の知識を披露するなかで、一見価値のなさそうなものにひかれて没頭する賢治の姿に共感と憧れの情を抱いている。

③　「最初から……だろう」ⓒとありますが、これを説明した次の文の［　］に入れるのに適当なことばを、二十字以内で書きなさい。

賢治は、最初から［　　　］ということ。

④　「政次郎は……うたっていた」ⓓとありますが、このときの「政次郎」の心情を説明したものとして最も適当なのは、ア～エのうちではどれですか。一つ答えなさい。

ア　賢治の本当の理解者として、全面的に支援してきた自らの振る舞いが賢治を満足させるものだったかどうか確信はもてないが、家業を継がせたいという父親としての自らの思いをいつか賢治も察してくれるだろうと期待している。

イ　賢治の思いを一方的に否定することはせず、父親としてただあたたかく見守りながら彼の望むとおりにさせたことが正しいかどうか迷いはあるものの、父親としての役割を半ば楽しみながら将来の賢治の成長に思いをはせている。

ウ　安易に高価な品を買い与えることに対して多少の不安を感じつつも、賢治の欲しがるものを無事に手に入れることができた安心感に満たされるとともに、それを手にして喜ぶ賢治の姿を想像してほほえましい気持ちになっている。

エ　賢治が関心を寄せるものがすぐさま彼の成長のために役立つかどうかは判断がつかないが、覚悟を決めたら一心不乱に取り組む賢治の姿を思い浮かべつつ、彼の未来が明るいものとなることを確信して楽観的な気分になっている。

⑤　この文章の表現の特徴について説明したものとして最も適当なのは、ア～エのうちではどれですか。一つ答えなさい。

ア　「（助けになりたい）」という表現は、自らの素直な思いを賢治に対して直接伝えることができない政次郎の心の声を表現している。

イ　「うさぎが巣穴から外をうかがうような目つきで」という比喩表現は、高圧的な政次郎に対する賢治の強い警戒心を描写している。

ウ　「賢治はぺこりと頭をさげ」という表現は、自分のために力を尽くしてくれた政次郎に対する賢治の感謝と尊敬の意を反映している。

エ　「口では邪険に」という表現は、賢治への愛情とは裏腹に思わず素っ気ない行動をとってしまう政次郎の苦悩と後悔を暗示している。

4　次の文章を読んで、①～⑤に答えなさい。

地域には多くの人が大事に思う「価値」がある。この価値は地域の「根っこ」と深く結びついています。これを私たちの未来に活《い》かしていくにはどうすればよいか、考えてみましょう。

各種アンケートの結果によれば、「絆《きずな》」や「地域」に重きをおく人

——お前はどう思う？

言い返すのが条件反射のようになっているのだ。今回も、

「お前はどう思う？」

賢治はまるで三歳児のように目をかがやかせて、

ⓒ「標本箱」

最初から話をここへ落としこむ気だったのだろう、賢治はすらすらと説明した。標本箱というのは手のひらに載るほどの小さな紙箱で、上ぶたはなく、底に番号、名前、日時、場所、情況などが書きこめるようになっている。石のひとつひとつを文字によって識別することができるわけだ。

「お父さん、買ってください」

賢治は立ちあがり、にわかに顔を寄せてきた。政次郎はぷいと横を向いて、

「あ、ああ」

「お父さん」

「………」

半月後、政次郎は、古着の仕入れのため京都へ行った。仕事のあいまに実験器具製作会社の代理店へ入り、われながら蚊の鳴くような声で、

「標本箱を、五百ください」

値段は予想どおり、紙箱のくせに信じがたいほど高価だった。

（仕方ね。あい仕方ね）

花巻へおくる手続きをしながら、政次郎は、何度も自問した。これで子供のただの石あつめに目的と、機能と、体系とがそなわる。賢治の肥やしになる。

ほんとうになるか。むしろ賢治を、

（だめにするか）

答《こたえ》は、わからない。

理解ある父になりたいのか、息子の壁でありたいのか。ただ楽しくはある。窓の外の夜空を見ながら、ⓓ政次郎は、気づけば鼻歌をうたっていた。

（出典　門井慶喜《かどいよしのぶ》「銀河鉄道の父」）

（注）　花巻が、なすて宝の山か知ってるが——「花巻が、どうして宝の山か知っているか」という意味の方言。花巻は、岩手県中部の地名。

何の意味もね——「何の意味もない」という意味の方言。後の「仕方ね」も、「仕方ない」という意味。

首肯——うなずくこと。

んだども——「けれども」という意味の方言。

面倒がねえべ——「面倒なことはありません」という意味の方言。

無理だじゃ——「無理ですよ」という意味の方言。

① ⓐ「政次郎も納得している」とありますが、「政次郎」が納得した内容について説明した次の文の［X］、［Y］に入れるのに適当なことばを、文章中からそれぞれ三字で抜き出して書きなさい。

父親というものは、子供の将来を心配するあまり、自らの思いを子供に押しつけようとする［X］な存在である一方で、子供のありのままの姿を受け入れ、関心を引き伸ばす手助けをする［Y］な存在でもあるということ。

② ⓑ「わかった」とありますが、このときの「政次郎」の心情を説明したものとして最も適当なのは、**ア**～**エ**のうちではどれですか。一つ答えなさい。

ア　覚えたばかりの鉱物学の知識を披露したが、真剣に説明を聞いている賢治の姿から父親としての威厳を保てたことがわかり満足

「花巻《はなまき》が、なすて宝の山か知ってるが」
「え？」
「え？　ではない。石の種類が豊富な理由だ。お前には興味ある話だろう」
われながら、どうしても叱り口調になってしまう。賢治は、うさぎが巣穴から外をうかがうような目つきで、
「存じません」
政次郎は、付焼き刃の知識を披露した。花巻は地勢的には南北に走る二本の山脈のあいだに位置するが、その二本は、じつは生まれ年がうんとちがう。西の奥羽《おうう》山脈は新生代、東の北上山地は古生代と中生代。地中の様子もまったく別。それを北上川がそれぞれの山から支流をあつめて南下してくるものだから、花巻の人は、いわば労せずして地質時代を一網打尽にできるわけだ。
「わかったか、賢治」
話しながら、
ⓑ（わかった）
と痛感したのは政次郎のほうだった。
地質学のことではない。自分はつまり、
（うらやましいのだ）
賢治が。あるいは、そんな一銭にもならない純粋な世界にのめりこむことのできる子供の毎日が。
政次郎が知識をすっかり吐き出してしまうと、賢治はぺこりと頭をさげ、
「ありがとうございます」
食事にもどった。特に感想などは言わなかった。食事のあと、
「お父さん」
賢治のほうが呼びかけてきた。
政次郎が行くと、賢治はくるりと背を向け、押入れの襖《ふすま》をあけて、なかから黒い風呂敷《ふろしき》づつみを出した。こちらを向いて正座し、畳の上に置く。むすび目をとく。あらわれたのは、百個ほどの石の山だった。みなよく洗ってあるのだろう、砂や土の飛散はない。反射する色はさまざまで、なかには鑢《やすり》でよくよくみがいたのか、油を塗ったような光を放つものもある。石という簡単な語ひとつの内容が、
（これほど、豊かとは）
胸の動悸《どうき》がおさまらない。が、口では邪険に、
「これでは集めただけではないか、賢治。何千、何万あったところで、何の意味もねえ。これを有用たらしめるには、台帳が要るのだ」
政次郎の意識は、完全に商人にもどっていた。金銭の出入りはもちろんながら、たとえば仕入れた古着も、いちいち筆と紙で記録する。番号をふり、名前をつけ、いつ、どこで手に入れたかを書く。そうしてはじめて物品《もの》は分類、整理が可能になり、単なる物品をこえて役に立つ武器となるのだ。
賢治は、真剣な顔でうなずいている。叱られるのが嫌だから、ではないだろう。心から興味があることは首肯のふかさにも見てとれた。
賢治は真剣な顔のまま、
「台帳は結構です。んだども」
思いもよらぬ方向へ話を進めた。
「お店の品なら面倒がねえべ。番号を書いた小さな紙を、着物なら襟へさしこめる。石には無理だじゃ」
政次郎は、ことばにつまった。見当もつかぬ。
もっとも、こういうときは対処法がある。賢治にむつかしい質問をされたとき、政次郎はいつも澄まし顔をして、

な心情の美しさを読みとってほしいというメッセージを察知すべきなのだろう。

（出典「新編日本古典文学全集19　和漢朗詠集」）

(注)　聯――律詩の中の対になる句。　朗詠集――『和漢朗詠集』のこと。
部立――内容やテーマによって詩句を分類すること。

(1)　「雪月花」とありますが、これと対比的に用いられていることばを、【資料】の白居易の詩句の中から抜き出して書きなさい。

(2)　【資料】からわかる、白居易の詩句の内容を説明したものとして最も適当なのは、ア～エのうちではどれですか。一つ答えなさい。

ア　人々を感動させる四季折々の自然の景物を思い浮かべて詠《よ》んだ詩句である。

イ　家族や友人の暮らす故郷の懐かしい風景を思い出しつつ詠んだ詩句である。

ウ　風流な遊びをともに楽しんだとりわけ親しい友を思って詠んだ詩句である。

エ　自然を愛する風流な心を誰も理解してくれない悲しみを詠んだ詩句である。

④　太郎さんは、「雪月花」ということばをもとに、兼好の手紙にまつわる逸話と白居易の詩句との関連について考えました。太郎さんの考えをまとめた次の文章の［X］、［Y］に入れるのに適当なことばを、［X］は【資料】から六字で抜き出して書き、［Y］は解説文のことばを使って十字以内で書きなさい。

「雪月花」は、一般的に季節ごとの［X］を表すことばとして捉えられているが、白居易の詩句にある「雪月花」ということばは、心の通じ合う友や［Y］を感じさせるものであることを兼好は知っていたのだろう。だから兼好は、雪の日の手紙のやりとりを、忘れがたい思い出として『徒然草』に記したのだと思う。このことは、国や時代の違いをこえ、中国の文学が日本の文学に影響を与えていたことを示している。

3　次の文章は、宮沢賢治の父である「政次郎《まさじろう》」が、父親としての在り方を模索する場面です。「政次郎」は家業の商売を「賢治」に継いでほしいと考えていましたが、「賢治」は興味を示すどころか、小学校五年生になっても石あつめに没頭していました。これを読んで、①～⑤に答えなさい。

政次郎ははらはらしている。ここまで来ると、もはや好奇心などという生やさしいものではなく、

（執着か）

案じつつ、しかし同時に、

（助けになりたい）

とも思うのだった。

われながら矛盾しているが、ⓐこのころにはもう政次郎も納得している。父親であるというのは、要するに、左右に割れつつある大地にそれぞれ足を突き刺して立つことにほかならないのだ。いずれ股が裂けると知りながら、それでもなお子供への感情の矛盾をありのまま耐える。ひょっとしたら商売よりもはるかに、利己的でしかも利他的な仕事、それが父親なのかもしれなかった。

思い決めたら、ただちに実行するのが政次郎である。本屋で鉱物学の入門書を買いこんで読んだ。それから、人脈を利して学者の家の門をたたいた。その上で、或《あ》る夜、咳払《せき》いして、思いきって切り出したのだ。例によって夕食どきである。

今は亡《な》き人なれば、かばかりの事も忘れがたし。

雪が趣深く降った日の朝、そのことをなにも書かずにある人のもとに手紙を遣わしたところ、「『この雪をどう思われましたか』と、一言も書かないような情趣を解さない人のおっしゃることを聞き入れることなどできません。じつに情けないことです」と、返事にあった。すでに亡くなった人であるので、このようなことも忘れがたいという。

白居易の詩句「ⓒ雪月花の時、最も君を憶《おも》ふ」は『和漢朗詠集』にも収められ、人口に膾炙《かいしゃ》したが、この詩句に代表されるように、雪は月・花と並んで人とのつながりを強く感じさせる景物なのである。すなわち、この三つの景物―雪・月・花が日本人にとって最も強く季節の情趣を感じさせるものであり、それらを心が通じ合っている人とともに愛《め》でたいと願う気持ちが人々に生まれ、そこからさらに、雪・月・花を見れば親しい人を思い出すという回路が立ち現れてくることになる。この『徒然草』の場合も、そういった機能を有する雪をめぐるやり取りだからこそ、兼好の心の中に忘れがたい思い出として刻印されることになったわけだ。

（出典　鈴木健一「天空の文学史　雲・雪・風・雨」）

(注)　白居易――七七二年～八四六年。中国の唐時代の詩人。
和漢朗詠集――平安時代中期（十一世紀初め）に成立した詩歌集。朗詠に適した漢詩文や和歌が収められ、白居易の詩句も多く採録されている。藤原公任《ふじわらのきんとう》が編集した。
人口に膾炙する――人々の間に広く知れわたること。

① ⓐ「おほせらるる」の読みを、現代かなづかいを用いてひらがなで書きなさい。

② ⓑ「口をしき御心」とありますが、これを説明した次の文の A 、 B に入れるのに適当なことばを、 A は二字で、 B は七字で、それぞれ解説文から抜き出して書きなさい。

手紙の相手が、 A の B 態度について、情けないと批評している。

③ ⓒ「雪月花の時、最も君を憶ふ」とありますが、この詩句について調べた太郎さんは、次のような【資料】を見つけました。【資料】を読んで、⑴、⑵に答えなさい。

【資料】

「雪月花」という言葉がある。これは、四季折々の美的な景物を、雪・月・花に代表させ、風流な自然美をコンパクトな一語にまとめたものとして一般に理解されているようである。

この「雪月花」を一まとまりの言葉として文学作品中に用いたのは、大詩人、白居易が最初であった。その一聯《れん》は『朗詠集』に載っている。

琴詩酒の友は皆我を抛《す》つ　雪月花の時最も君を憶ふ

琴を弾じ、詩を作り、ともに酒を酌《く》み交わしたかつての仲間たちは、いずれも遠い存在になってしまった。だから、雪の朝や月の夜、また花の季節に、きまって一緒に風流を楽しんだ君のことが、とりわけ懐《なつ》かしく思い出される。

作者は、自然的景物である「雪月花」そのものを追慕しているわけではない。作者にとって大切なのは、それにまつわる人事であった。

ここで忘れてならないのは、『朗詠集』は部立《ぶだて》によって配列した集であるということである。「雪月花」のこの詩句は、「交友」の部立の冒頭に掲げられている。そのことから、友情という人間的

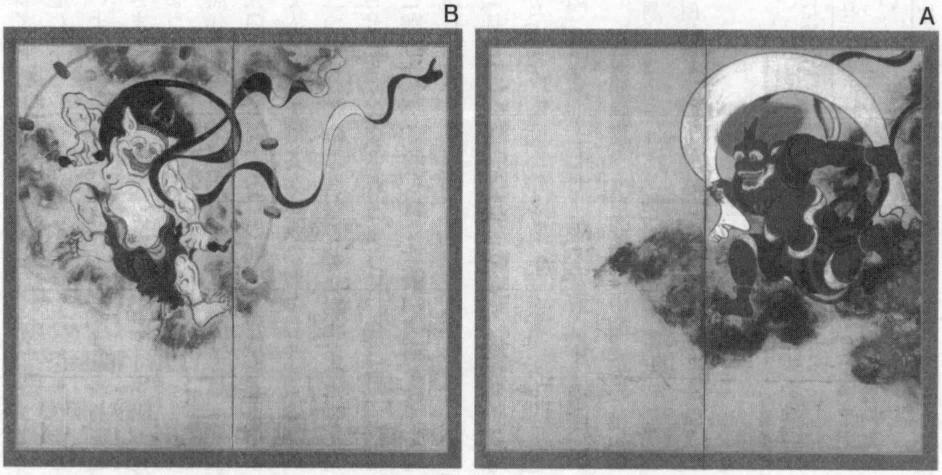

俵屋宗達「風神雷神図屏風」江戸時代　建仁《けんにん》寺蔵　京都国立博物館寄託

(1) 風神が描かれているのは、上の写真のA、Bのどちらですか。一つ答えなさい。

(2) 次郎さんは、鑑賞文を推敲《すいこう》していたとき、表現上の誤りに気が付きました。「残している」の部分を正しい表現に改め、十字以内で書きなさい。

(3) 文章中の□に入れることばとして最も適当なのは、ア～エのうちではどれですか。一つ答えなさい。

ア 質感　イ 輪郭　ウ 色彩　エ 構図

(4) 次郎さんの鑑賞文の書き方とそのねらいを説明したものとして最も適当なのは、ア～エのうちではどれですか。一つ答えなさい。

ア 作品の成立や宗達の詳細な説明を加えることで自らの主張を補強し、説得力のある鑑賞文にしようとしている。

イ 宗達の作品と他の画家の作品とを比較し、宗達の作品のすばらしさが一層きわ立つように表現しようとしている。

ウ 屏風に描かれている絵の特徴を根拠として示し、そこから感じられる作品の印象を丁寧に伝えようとしている。

エ 自らの経験から得られた知見を提示しつつ、多様な方法により自由に作品を鑑賞するよう提案しようとしている。

2 次の文章は、『徒然草《つれづれぐさ》』の一節について、原文を引用しつつ書かれた解説文です。これを読んで、①～④に答えなさい。

雪のおもしろう降りたりし朝《あした》、人のがり言ふべき事ありて文をやるとて、雪のこと何ともいはざりし返事《かへりごと》に、「この雪いかが見ると、一筆のたまはせぬほどの、ひがひがしからん人のⓐおほせらるる事、聞きいるべきかは。返々《かへすがへす》　ⓑ口をしき御心《みこころ》なり」と言ひたりしこそ、をかしかりしか。

＜国語＞

時間　四五分　満点　七〇点

1 次の①～④に答えなさい。

① (1)～(4)の――の部分について、(1)、(2)は漢字の読みを書きなさい。また、(3)、(4)は漢字に直して楷書で書きなさい。

(1) あなたは卓越した技能の持ち主だ。

(2) 論語に「四十にして惑わず」ということばがある。

(3) 制度の起源とその後のエンカクを調べる。

(4) 彼は私の提案に異をトナえた。

② 次の文の――の部分について、品詞を正しく説明しているのは、ア～エのうちではどれですか。一つ答えなさい。

傘を持っていなかったので、突然の雨に降られて弱った。

ア 動詞に助詞がついたもの

イ 動詞に助動詞がついたもの

ウ 形容詞に助詞がついたもの

エ 形容詞に助動詞がついたもの

③ 学校で行われる文化祭の案内状を、地域の方に送付することになりました。次の文章は、その案内状の一部です。［　］に入れることばとして最も適当なのは、ア～エのうちではどれですか。一つ答えなさい。

文化祭に向けて、一生懸命準備をしました。皆様、ご来校の上、私たちの学習成果をぜひ［　］。

ア ご覧ください　　イ ご案内申し上げます

ウ おいでください　　エ 拝見願います

④ 次の文章は、美術の授業で「風神雷神図屏風《びょうぶ》」を学習した次郎さんが書いた鑑賞文です。これを読んで、(1)～(4)に答えなさい。

江戸時代初期を代表する画家である俵屋宗達の「風神雷神図屏風」は、国宝にも指定された有名な作品だ。尾形光琳《おがたこうりん》や酒井抱一《さかいほういつ》という画家もこの作品を模写するなど、後世にも大きな影響を与えた。

私がこの作品を鑑賞して印象的だったのは、私たちは描きたいものを中心に配置することが多いのに対して、宗達は、風神と雷神を左右の端に描き、作品の中心部分を空白のまま残している。また、風神は遠くを見ているのに対して雷神は下向きで、二神の視線が交わらないことも印象的だった。これらのことから、私は最初、調和がとれていないように感じた。

しかし、この風神と雷神は屏風に描かれている。屏風は、本来、折り曲げて立てて使うもので、平らに広げた状態で見るものではない。私は、この作品をインターネットで探し、紙に印刷した絵を実際の屏風のように折り曲げて立てて置き、正面から鑑賞してみた。すると、風神と雷神とが向き合い、二神の視線が合っているように見えた。また、何も描かれていない部分に奥行きが生まれ、広大な雲の上をイメージすることができた。そして、風神が風袋をかついで天空を駆け、雷神が手に持ったばちで太鼓をたたいて雷を起こす様子を想像した。

宗達は、屏風に描く二神の［　］による効果を綿密に計算した上で「風神雷神図屏風」を描いたのだろう。そして、このような工夫が、長い間、この作品を見る人たちの想像をかき立て、魅了してきたのだと思う。

MEMO

大切なことはメモしておこうネ！

2021年度

解 答 と 解 説

《2021年度の配点は解答用紙集に掲載してあります。》

＜数学解答＞

1　① 9　② $-\frac{3}{2}$　③ -1　④ $6ab$　⑤ $4\sqrt{2}$
⑥ $(x+3)(x-6)$

2　① 7(個)　② ア，エ　③ 25(°)　④ $\frac{250}{3}\pi$ (cm^3)
⑤ $\frac{2}{5}$　⑥ 2組の辺とその間の角がそれぞれ等しい

3　① (1) 60(°)　(2) $\frac{1}{2}$　(3) 15(°)　② 右図
③ 30(°)　④ $400-200\sqrt{3}$ (cm^2)

4　① 8　② $a=\frac{1}{3}$　③ $y=-x+6$　④ (1) $y=-x$
(2) P(2, -2)(求める過程は解説参照)

5　① イ　② 6(cm)　③ $-1+\sqrt{13}$(cm)(求める過程は解説参照)

6　① 4(点)　② 0.32　③ 15(点)(理由は解説参照)

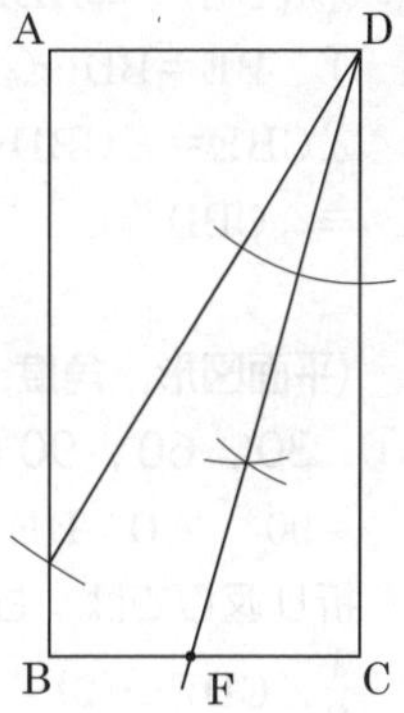

＜数学解説＞

1　(数・式の計算，平方根，因数分解)

① 正の数・負の数をひくには，符号を変えた数をたせばよい。$4-(-5)=4+(+5)=4+5=9$

② 異符号の2数の商の符号は負で，絶対値は2数の絶対値の商だから，$\frac{9}{8}\div\left(-\frac{3}{4}\right)=-\left(\frac{9}{8}\div\frac{3}{4}\right)=-\left(\frac{9}{8}\times\frac{4}{3}\right)=-\frac{3}{2}$

③ $(-3)^2=(-3)\times(-3)=9$だから，$8-(-3)^2=8-9=-(9-8)=-1$

④ 積の符号は，負の数が奇数個あれば－，負の数が偶数個あれば＋となる。$(-9ab^2)\times2a\div(-3ab)=(-9ab^2)\times2a\times\left(-\frac{1}{3ab}\right)=\frac{9ab^2\times2a}{3ab}=6ab$

⑤ $\sqrt{72}=\sqrt{6^2\times2}=6\sqrt{2}$，$\sqrt{8}=\sqrt{2^2\times2}=2\sqrt{2}$ だから，$\sqrt{72}-\sqrt{8}=6\sqrt{2}-2\sqrt{2}=4\sqrt{2}$

⑥ たして-3，かけて-18になる2つの数は$+3$と-6だから，$x^2-3x-18=(x+3)(x-6)$

2　(絶対値，空間内の2直線の位置関係，角度，体積，確率，三角形の合同条件)

① 数直線上で，ある数に対応する点と原点との距離を，その数の絶対値という。よって，絶対値が4より小さい整数，つまり，原点との距離が4より小さい整数は，小さい方から-3，-2，-1，0，1，2，3の7個

② 空間内で，平行でなく，交わらない2つの直線はねじれの位置にあるという。直線BCと平行な辺は，直線DEの1本　直線BCと交わる直線は，直線AB，BE，BF，AC，CD，CFの6本　直線BCとねじれの位置にある直線は，直線AE，EF，AD，DFの4本

③ 線分ADと線分FGの交点をHとする。∠GEH＝180°－∠AEG＝180°－160°＝20°　平行線の

錯角は等しいから，$\angle$EHF＝$\angle$CFG＝45°　**△GEHの内角と外角の関係**から，$\angle$EGF＝$\angle$EGH＝$\angle$EHF－$\angle$GEH＝45°－20°＝25°

④　できる立体は半径OB＝5cmの半球だから，**(半径rの球の体積)＝$\frac{4}{3}\pi r^3$**より，求める体積は$\frac{4}{3}\pi\times5^3\times\frac{1}{2}=\frac{250}{3}\pi$ (cm^3)

⑤　袋の中から球を同時に2個取り出すとき，すべての取り出し方(Ⓐ，Ⓑ)，(Ⓐ，Ⓒ)，(Ⓐ，Ⓓ)，(Ⓐ，Ⓔ)，(Ⓑ，Ⓒ)，(Ⓑ，Ⓓ)，(Ⓑ，Ⓔ)，(Ⓒ，Ⓓ)，(Ⓒ，Ⓔ)，(Ⓓ，Ⓔ)の10通り。このうち，Aと書かれた球が含まれる取り出し方は，〰〰を付けた4通りだから，求める確率は$\frac{4}{10}=\frac{2}{5}$

⑥　(証明)　△ABEと△CBDにおいて，△ABCと△BDEはそれぞれ正三角形だから，AB＝CB…①　BE＝BD…②　$\angle$ABC＝$\angle$EBD＝60°…③　③より，$\angle$ABE＝$\angle$ABC＋$\angle$CBE＝$\angle$EBD＋$\angle$CBE＝$\angle$CBD…④　①，②，④より，**2組の辺とその間の角がそれぞれ等しい**から，△ABE≡△CBD

3　(平面図形，角度，作図，面積)

①　**30°，60°，90°の直角三角形の3辺の比は2：1：$\sqrt{3}$**であることから，△AEDについて，$\angle$DAE＝90°，AD：DE＝1：2より，$\angle$ADE＝60°…(1)　である。また，紙を折り返したので，**図形の折り返しでは，もとあった場所の角と，折り返した後の角は等しくなる**ことから，$\angle$EDF＝$\frac{1}{2}\angle$CDE…(2)　である。したがって，$\angle$EDF＝$\frac{1}{2}\angle$CDE＝$\frac{1}{2}$($\angle$ADC－$\angle$ADE)＝$\frac{1}{2}$(90°－60°)＝15°…(3)　である。

②　(着眼点)　紙を折り返したので，DC＝DE，$\angle$CDF＝$\angle$EDFである。これより，点Eは点Dを中心として半径CDの円と線分ABとの交点であり，点Fは$\angle$CDEの二等分線と線分BCとの交点である。
(作図手順)　次の①～③の手順で作図する。　①　点Dを中心として，半径CDの円を描き，線分ABとの交点をEとし，線分DEを引く。　②　点Dを中心とした円を描き，線分DC，DE上に交点をつくる。　②でつくったそれぞれの交点を中心として，交わるように半径の等しい円を描き，その交点と点Dを通る直線($\angle$CDEの二等分線)を引き，線分BCとの交点をFとする。(ただし，解答用紙には点Eの表記は不要である。)

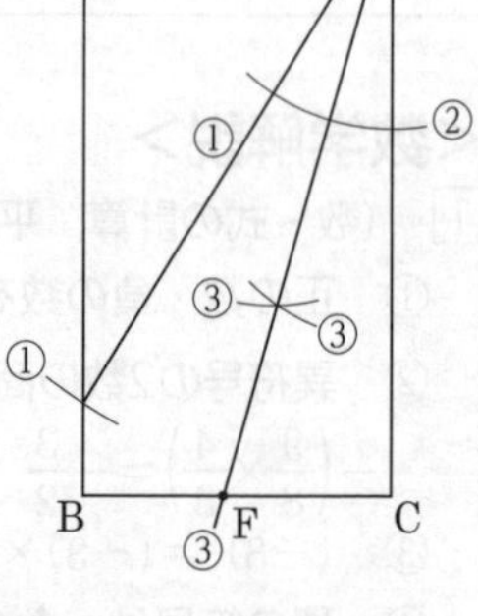

③　①より，△AEDは30°，60°，90°の直角三角形だから，$\angle$AED＝30°　よって，$\angle$BEF＝180°－$\angle$AED－$\angle$DEF＝180°－30°－90°＝60°　△BEFの内角の和は180°だから，$\angle$BFE＝180°－$\angle$BEF－$\angle$EBF＝180°－60°－90°＝30°

④　③より，△AEDと△BEFはそれぞれ30°，60°，90°の直角三角形で，3辺の比は2：1：$\sqrt{3}$だから，AE＝$\sqrt{3}$AD＝$10\sqrt{3}$ (cm)　EF＝2BE＝2(AB－AE)＝$2(20-10\sqrt{3})$ (cm)　以上より，△DEF＝$\frac{1}{2}$×DE×EF＝$\frac{1}{2}\times20\times2(20-10\sqrt{3})=400-200\sqrt{3}$ (cm^2)

4　(図形と関数・グラフ)

①　点Aは$y=2x^2$上にあるから，そのy座標は$y=2\times(-2)^2=8$　よって，A(－2，8)

②　$y=ax^2$は点B(3，3)を通るから，$3=a\times3^2=9a$　$a=\frac{1}{3}$

③　2点A(－2，8)，B(3，3)を通る直線の式は，傾きが$\frac{3-8}{3-(-2)}=-1$なので，$y=-x+b$とおいて点Bの座標を代入すると，$3=-3+b$　$b=6$　よって，直線ABの式は$y=-x+6$

④ (1) 原点Oを通り，直線ABに平行な直線の式は，傾きが直線ABの傾き-1と等しく，切片が0の直線だから，$y=-x$

(2) （求める過程）（例）直線$y=-x$と方程式$y=-2$のグラフが表す直線の交点を求めればよい。連立方程式とみて解くと，解は$x=2$，$y=-2$だから，点Pの座標は$(2,\ -2)$である。

5 （方程式の応用）

① 長方形の縦の長さは，正方形の縦の長さ$x$cmを2cm短くしたものだから，$(x-2)$cm

② ①と同様に，長方形の横の長さは，正方形の横の長さ$x$cmを3cm長くしたものだから，$(x+3)$cm　図2の長方形の周の長さが26cmとなるとき，長方形の縦の長さと横の長さの和は$26\div2=13$(cm)だから，$(x-2)+(x+3)=13$　整理して，$2x=12$　$x=6$　よって，図1の正方形の1辺の長さは6cm

③ （求める過程）（例）長方形の縦の長さは$(x-2)$cm，横の長さは$(x+3)$cmだから，$(x-2)(x+3)=\frac{1}{2}x^2$　両辺を2倍し，展開して整理すると，$x^2+2x-12=0$　$x=\frac{-2\pm\sqrt{2^2-4\times1\times(-12)}}{2\times1}=-1\pm\sqrt{13}$　$x>2$だから，$x=-1-\sqrt{13}$は問題に適していない。$x=-1+\sqrt{13}$は問題に適している。

6 （資料の散らばり・代表値）

① 資料を整理するために用いる区間を**階級**，区間の幅を**階級の幅**という。クイズの得点の記録を4点ごとに区切って整理してあるから，この4点が階級の幅である。

② **相対度数＝$\frac{\text{各階級の度数}}{\text{度数の合計}}$**　度数の合計は25，8点以上12点未満の階級の度数は8だから，8点以上12点未満の階級の相対度数は$\frac{8}{25}=0.32$

③ （理由）（例）理由は，欠席者を除く25人の得点の**中央値**が13点だから，その25人の得点を大きさの順に並べたとき，小さい方から数えて13番目の得点は13点である。欠席者の得点は20点だから，**度数分布表**から，欠席者を含めた26人の得点の小さい方から13番目の得点は13点である。欠席者を含めた26人の得点の中央値が14点になるから，13番目と14番目の得点の平均が14点であるので，14番目の得点は15点である。

＜英語解答＞

1 A (1) エ　(2) ア　(3) イ　B (1) ウ　(2) ア
C (1) 10　(2) 図書室　(3) （記号） エ　（英文） What should I bring?

2 ① (あ) イ　(い) ア　② (う) sport　(え) winter
③ (お) week　(か) been　(き) mine　④ (1) is spoken
(2) popular as　(3) to join

3 ① July　② エ　③ long does it　④ エ

4 ① ウ　② ア　③ イ　④ イ

5 ① dream　② ア　③ cold　④ 小さくて軽い　⑤ (お) イ　(か) ウ
⑥ イ，エ

＜英語解説＞

1 （リスニング）

放送台本の和訳は，31ページに掲載。

2 (会話文問題：語句補充・選択)

① ケリー先生：それは学校の教科です。その教科の授業では，よく歌を歌ったり楽器を演奏したりします。／タク：答えは(あ)音楽です。　musician ＝音楽家　scientist ＝科学者　science ＝科学　ケリー先生：それは一種の本です。言葉が何を意味しているか知る必要がある時に使います。／ショウコ：それは(い)辞書です。　diary ＝日記　magazine ＝雑誌　map ＝地図

② (う) バスケットボール・サッカー・テニス・バレーボールとあるので sport が適当。
(え) グループ名に「季節」とあり，春・夏・秋と書いてあるので「冬」を表す winter が適当。

③ ケリー先生：私は日本語を毎週火曜日と金曜日に勉強します。／タク：わあ，先生は(お)週に2回日本語を勉強するのですね。　twice ＝2度　twice a week で「週に2回」の意味。　タク：外国に(か)行ったことある？／ショウコ：いいえ，でも来年オーストラリアに行けたらいいなあと思うわ。　**Have you ever been to ～?＝(これまでに)～へ行ったことがありますか？ (現在完了)**　ケリー先生：これは誰のテニスラケットですか？／ショウコ：(き)私のものです。私の姉(妹)が私にくれたのです。　mine は I の所有代名詞で「私のもの」の意味。

④ (1) 私は中国語を勉強するつもりです，なぜなら中国語は今日たくさんの人々に話されているからです。　**<… be 動詞＋動詞の過去分詞＋ by ～>で「…は～によって○○されている」(受け身)**。　(2) 私たちのクラスでは夏は秋と同じくらい人気があります。　**< A is as ＋形容詞＋ as B >で「AはBと同じくらい～だ」(比較の原級)**。　(3) 私たちはもう1人サッカー選手を必要としているので，ケンに私たちの仲間に加わってくれるように頼むつもりです。　**<ask ＋人＋ to ～>で「(人)に～してくれるように頼む」**。

3 (絵・図・表・グラフなどを用いた問題・会話文問題：語句補充，内容真偽)

ブルー水族館ウェブサイトへようこそ

水中に住む生き物	イベント	ショッピング	アクセス

本日ウェブサイトを訪れた人の数：68
本日の日付：6月16日　日曜日
開館時間　：6月から8月　午前10時から午後8時
　　　　　　9月から5月　午前10時から午後6時

お知らせ

6月 8 日	赤ちゃんイルカが本日誕生しました。
6月 1 日	72人の方々がナイトアクアリウムに参加しました。
5月25日	ナイトアクアリウムという夏の夜のイベントを，6月1日から8月31日まで行います。
5月18日	小さい魚たちの水槽の清掃が終了しました。本日から再びお楽しみいただけます。
5月17日	申し訳ございませんが，小さい魚たちの水槽は清掃のため閉鎖いたします。

トム：(あ)来月この水族館に行こうよ。
ナオ：それは楽しそうね。そこにはどうやって行けるの？

トム：(い)ここをクリックすると確認できるよ。ええと，そこへは電車で行けるよ。水族館はすぐ駅前だよ。

ナオ：分かったわ。私たちの駅から(う)どのくらいかかるの？

トム：30分くらいだよ。

ナオ：分かったわ。

① 全訳参照。ウェブサイトの「本日の日付」に注目。「来月」は7月なので July が適当。

② ナオは水族館への行き方について聞いているので，ウェブサイトの「アクセス」(私たちのところまでの行き方)をクリックすると考えるのが適当。

③ (How)long does it (take from our station?) ここでは< How long ～？>で「どのくらいの(時間)～か？」 take はここでは「(時間が)かかる」の意。空所直後のトムの発言に注目。

④ ア 水族館は1年の3か月間はより長く開館している。 イ 赤ちゃんイルカの誕生日は6月8日だ。 ウ 夜のイベントの初日には，70人を超える人たちが参加した。 エ 小さい魚たちの水槽は5月18日に閉まっていた。(×) ウェブサイトの「お知らせ」参照。

4 (読解問題・エッセイ：グラフを使った問題，語句補充，内容真偽)

(全訳)

■インタビューの一部

ナオミ：私はあなたのレストランの名前，「フードレスキューレストラン(救済された食品のレストラン)」，とてもいいと思います。

スミス：ありがとうございます。私たちは商店が捨ててしまう前に食品を救い出しています。

ナオミ：それはいいですね。どのような種類の食品を救い出しているのですか？

スミス：私たちは販売用としては最適ではないかもしれない食品を(あ)救っています。例えば，昨日は前日焼かれたパンを手に入れました。また，他のものよりも小さいニンジンも購入しました。それらは料理には申し分ないのです。

ナオミ：救済された食品で料理をするのは好きですか？

スミス：大好きです。私たちは料理に救済された食品だけを使用しています。商店に行くまでは何が手に入るか分からないのです。毎日救済された食品を手に入れてから，それをどのように料理するかを考えなければなりません。それは(い)大変ですが，楽しくもあります。

ナオミ：難しいお仕事を楽しんでいるのですね！お店のお客様は料理にどのような反応ですか？

スミス：お客様は私たちの料理をいつも楽しく召し上がってくださいます。私たちは料理にすべての救済された食品を使います，お客様のほとんどは食べ物を残されません。私たちはほとんど食品廃棄物を出さないことを嬉しく思います。

ナオミ：皆さんにメッセージはありますか？

スミス：はい。私たちは良い料理は人を変えると信じています。もっと多くの人たちが私たちの料理を楽しみ食品廃棄物について考えてくれるといいと望んでいます。

■レポートの一部

私たちの街のレスキューフードレストランは食品廃棄物を減らそうと努力してきました。この次ページのグラフを見てください。これは私たちの街の食品廃棄物がどこから出ているかを示しています。食品廃棄物のいくらかはレストランと商店から出ています。それらの両方から出る食品廃棄物は合わせて(え)44%です。同じ量の食品廃棄物が家庭から出ています。私たちは家庭における食品廃棄物に関して何かしなければならないと思います。

私はレシピのとおりに(料理を)しようとする時，それに必要な食品を買います。料理する時に，よく食品の一部を残してしまい捨ててしまいます。レスキューフードレストランの努力は良いことです。私は(お)同じようなことをしたいと思います。そうすれば私は家庭での食品廃棄物を減らすことができるのです。

私たちの街の食品廃棄物はどこから出るのか？

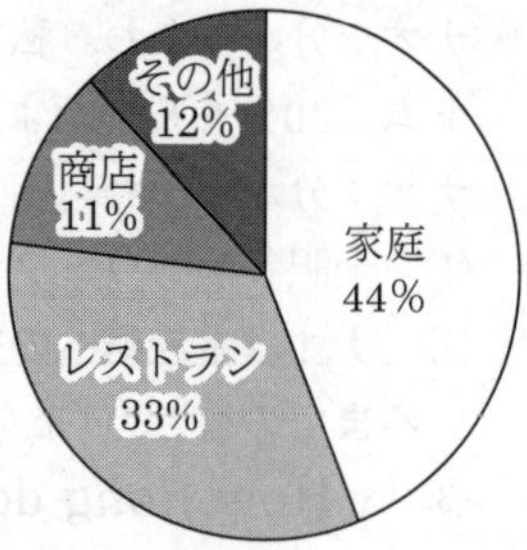

① 全訳参照。 send ＝送る forget ＝忘れる save ＝救う wash ＝洗う

② 全訳参照。 空所前後のスミスさんの発言内容に注目。

③ 全訳参照。 グラフ内のレストランと商店の食品廃棄物を合わせると44%になる。

④ 全訳参照。 ア 私の庭でニンジンを育てる イ 私が買った食品をすべて使う(○) ウ 自分のバッグを持って買い物に行く エ 私の友だちを夕食に招待する

5 (長文読解問題・エッセイ：メモ・表を用いた問題，要旨把握，語句補充・選択，文の挿入，内容真偽)

(全訳)

[Ⅰ] 今日，人々は宇宙に行くことができるが，19世紀には，飛行機で空を飛ぶことさえ(あ)夢でしかなかった。1903年にそれが実現すると，人々は宇宙に行くという別の夢を抱いた。それもまた困難であったが実現した。1961年，1人の男性が初めて宇宙船で地球のまわりを回った。数年後，アポロ計画によって数人の人が月へ向かった。そのうちの1人が初めて月面を歩いた時，彼はそれは1人の人間にとっては小さな一歩だが人類にとっては大きな一歩だと言った。それから15か国がチームを作り国際宇宙ステーション建設のために共に仕事をした。今日いく人かの宇宙飛行士がそこで重要な仕事をしている。

[Ⅱ] 宇宙に滞在することは大変なことだ。なぜならそこでは生活環境が過酷だからだ。例えば，空気がない。そして(い)太陽からの光がとても強い影響を及ぼす。光が当たる場所に何かがあると，その温度はとても高くなるだろう。約120度になることもある。光が当たらない別の場所に何かがあれば，その温度はとても低くなるだろう。約−150度になることもあるのだ。このことによって，たくさんの必要なものが地球で開発され，特別な用途のために宇宙に持ち込まれた。

[Ⅲ] 科学技術は宇宙飛行士を支えている。彼らが宇宙へ行く時，宇宙船のコンピューターは彼らに重要な情報を与える。彼らが宇宙ステーションの外で仕事をする時は，特別な服を着る。これらの服は温度差から彼らを守るので，彼らは暑すぎたり(う)寒すぎたりしないのだ。過酷な仕事の後には，彼らは宇宙食を食べることを楽しむ。彼らは簡単に食べ物を用意することができる。その食べ物はおいしく健康に良い。宇宙飛行士はそれを長い間保存することもできる。

[Ⅳ] これらのものは宇宙飛行士のためだけのものだと思うかもしれないが，宇宙計画のために発達した科学技術は私たちの生活の中にも使われている。何年か前，コンピューターは宇宙船の中で使われることには適していなかった。なぜなら大きくて重かったからだ。アポロ計画に従事した人たちはコンピューターを小さく，そして軽くした。(え)それはあなたが使っている今日のコンピューターにとってとても「大きな一歩」だった。身の回りに使われている他の科学技術も見つけることができる。消防士は宇宙飛行士が着ている服と同じ種類の服を着ている。これらの服は彼らを火から守ってくれる。多くの人は家でおいしいフリーズドライの食べ物を楽しんでいるだろう。それが大きく進歩したのは宇宙食のおかげだ。これで，宇宙計画のために発展した科学技術がいかにあなたの生活もより良くしてきたか理解できるのだ。

① 全訳参照。第Ⅰ段落2文目に注目。
② 全訳参照。下線部(い)直後の内容に注目。
③ 全訳参照。この一文は「宇宙飛行士を温度差から身を守ってくれる服」について述べている。hot (暑い)の反対 cold (寒い)が入るのが適当。
④ 全訳参照。下線部(え)直前の一文に注目。
⑤ 全訳参照。[Ⅰ] (お)人類の宇宙への渡航の歴史　[Ⅱ] 宇宙での過酷な生活環境　[Ⅲ] 宇宙飛行士を支える科学技術　[Ⅳ] (か)地球上でも使われる科学技術
⑥ 全訳参照。 ア 1961年，1人の男性が初の宇宙船で月へ行った。 イ 10か国より多い国々が国際宇宙ステーション建設のために共に仕事をした。(○) 第Ⅰ段落最後から2文目参照。 ウ 宇宙飛行士が宇宙で何か必要な時，いつも宇宙ステーションでそれを作る。 エ 宇宙で食べ物を用意したり保存したりすることは難しくない。(○) 第Ⅲ段落最後から3文目から最後まで参照。 オ 消防士のための特別な服は宇宙飛行士によって再利用される。

2021年度英語　聞き取り検査

〔放送台本〕
問題A　次の質問が2回読まれるのを聞いて，問題用紙の指示に従って答えなさい。

(1) This is a New Year's card written in Japanese.
(2) This place is between the hospital and the museum.
(3) This picture shows a girl giving some flowers.

〔英文の訳〕
(1) これは日本語で書かれた年賀状です。
(2) この場所は病院と博物館の間です。
(3) この絵(写真)は何本かのお花を渡す女の子を表しています。

〔放送台本〕
問題B　次の会話が2回読まれるのを聞いて，問題用紙の指示に従って答えなさい。

(1) A: May I help you?
B: I like this T-shirt, but it's too big for me.
A: (チャイム)
(2) A: I'm excited about seeing this movie.
B: Me too. Oh, we have only five minutes before it starts.
A: (チャイム)

〔英文の訳〕
(1) A：いらっしゃいませ。
B：このTシャツが気に入ったのですが，私には大きすぎます。

A：ウ　もっと小さいものをお出しします。

(2)　A：この映画を見るのはワクワクします。

B：私もです。わあ，始まるまであと5分しかありません。

A：ア　本当ですか？　私たちの席を見つけに行きましょう。

〔放送台本〕

問題C　次の英文が2回読まれるのを聞いて，問題用紙の指示に従って答えなさい。

You will go to the World Festival held in Green Park tomorrow. Your bus will leave school at ten, so please don't be late. Your bus will be in front of the school library. You will arrive at the park at eleven. I will take a picture of you all in front of the flower garden. Then for lunch you will try Chinese food like fried rice, chicken, and noodles. After that, you will have free time. Enjoy many different cultures until you leave the park at three. Do you have any questions?

〔英文の訳〕

明日はグリーン公園で行われるワールドフェスティバルに行きます。皆さんのバスは(あ)10時に学校を出発しますので，遅れないようにしてください。バスは(い)学校図書室の前にいます。公園には11時に到着します。お花の庭園の前で皆さん全員の写真を私が撮ります。それから，昼食に炒飯，鶏肉，そして麺類というような中華料理を食べてみましょう。その後，自由時間です。3時に公園を出発するまでたくさんのさまざまな文化を楽しんでください。何か質問はありますか？

(1)　全訳参照。

(2)　全訳参照。

(3)　全訳参照。(英文解答例訳)何を持って行けばよいですか？

＜国語解答＞

1　①　(1)　たくえつ　(2)　まど(わず)　(3)　沿革　(4)　唱(えた)　②　イ
③　ア　④　(1)　A　(2)　(例)残していることだ　(3)　エ　(4)　ウ

2　①　おおせらるる　②　A　兼好　B　情趣を解さない　③　(1)　琴詩酒
(2)　ウ　④　X　風流な自然美　Y　(例)親しい人とのつながり

3　①　X　利己的　Y　利他的　②　エ　③　(例)政次郎に標本箱を買ってもらうつもりだった　④　イ　⑤　ア

4　①　ア　②　A　量的な豊かさ　B　無形の要素　③　ウ　④　イ
⑤　X　言葉にしたり，デザインしたり　Y　(例)共有するネットワークを構築する

＜国語解説＞

1　(知識―漢字の読み書き，品詞・用法，敬語／鑑賞文―内容吟味，脱文・脱語補充，短文作成)

①　(1)　「卓越」は，ほかよりはるかに優れていること。　(2)　「四十にして惑わず」というこ

とばから，40歳のことを「不惑」とよぶ場合がある。　(3)「沿革」は，物事の移り変わりのこと。　(4)「異を唱える」は，違う意見を出して反対すること。

② 「弱った」は，五段活用動詞「弱る」の連用形「弱っ」に助動詞「た」の終止形がついたものである。

③ 地域の方に送付する案内状で，「皆様」に呼びかけることばである。前に「学習成果を」「ぜひ」とあるので，「見てください」という意味の尊敬語を入れる。ア「ご覧ください」が正解。イは「ぜひ」につながらない。ウは「学習成果を」につながらない。エの「拝見」は謙譲語なので不適当である。

④ (1) 鑑賞文に「風神は遠くを見ている」「風神が風袋をかついで天空を駆け」とあるので，この説明と一致するAが風神である。　(2) 文頭の「私がこの作品を鑑賞して印象的だったのは」に呼応するように，「残していることだ」「残している点だ」などに改める。　(3) 鑑賞文では，風神と雷神の絵を屏風のように立てて鑑賞したときの構図の効果を説明しているので，エ「構図」が正解。　(4) 鑑賞文は，風神と雷神の配置や視線について説明し，最初「調和がとれていない」と感じたが，屏風の形にして鑑賞すると効果的であったということを丁寧に説明している。したがって，ウが正解。アの「作品の成立や宗達の詳細な説明」，イの「他の画家の作品」との「比較」，エの「提案」は鑑賞文に書いていないので，不適当である。

2 (古文と解説文―情景・心情，内容吟味，文脈把握，仮名遣い)

① 語頭にない「ほ」を「お」にして「おおせらるる」と書く。

② 手紙の相手は，兼好に対して「『この雪をどう思われましたか』と，一言も書かないような情趣を解さない人のおっしゃることを聞き入れることなどできません」と言っているので，Aは「兼好」，Bは「情を解さない」が入る。

③ (1)「琴詩酒の友は皆我を抛つ」と「雪月花の時最も君を憶ふ」は対句になっているので，「琴詩酒」を抜き出す。　(2)「琴詩酒の友」は，風流な遊びをともに楽しんだ友をさしており，「雪月花の時」には，その中でも特に親しかった「君」を思うということであるから，ウが正解。アは「友」「君」について説明していないので不適当。イの「家族」「故郷」は，詩句から読み取れない。エの「誰も理解してくれない悲しみ」は，詩の内容と合わないので，不適当である。

④ X 【資料】は，「雪月花」について「四季折々の美的な景物を，雪・月・花に代表させ，風流な自然美をコンパクトな一語にまとめたもの」と説明している。　Y 解説文の「雪は，月・花と並んで人とのつながりを強く感じさせる景物」「雪・月・花を見れば親しい人を思い出す」ということばをもとに，「親しい人とのつながり」などと書く。

3 (小説―情景・心情，内容吟味，文脈把握)

① 「政次郎」は，「賢治」に対して「執着」と「助けになりたい」という気持ちを同時に抱き，「利己的でしかも利他的な仕事，それが父親なのかもしれなかった」と自ら分析している。Xは「押しつけようとする」ものなので「利己的」を入れ，Yは「手助けをする」ものなので「利他的」を入れる。

② 傍線部ⓑの後に「うらやましいのだ」「賢治が。あるいは，そんな一銭にもならない純粋な世界にのめりこむことのできる子供の毎日が。」とある。これと合致する「賢治」の姿を説明し，「共感と憧れの情を抱いている」とするエが正解。他の選択肢は，「わかった」の後の「政次郎」の思いに結びつかないので，不適当である。

③ 「賢治」にむつかしい質問をされたとき，「政次郎」は条件反射のように「お前はどう思う？」

と言い返していた。この場面では，「賢治」が父の質問を予期して，自分の要望がかなえられるように話をもっていったのである。傍線部ⓒの直前の「**標本箱**」，後の「**お父さん，買ってください**」をもとに，「政次郎に標本箱を買ってもらうつもりだった」などと書く。

④　傍線部ⓓの前の「**理解ある父になりたいのか，息子の壁になりたいのか。ただ楽しくはある**」が手がかりとなる。「政次郎」が父親としての自分のあり方に迷いながらも，楽しんでいることを説明したイが正解となる。アの「家業」については，この場面では特に考えていない。ウは，「政次郎」の父親としての思いの説明が不十分。エの「楽観的な気分」は，「政次郎」の心情の説明として不適当である。

⑤　アの「(助けになりたい)」は「政次郎」が**直接言ったことばではなく，心の声を表現したもの**なので適当。イは，「賢治」の警戒心とともに好奇心も描写する表現なので，不適当。ウは，「特に感想などは言わなかった」とあることからも，「感謝と尊敬」よりも軽い気持ちを反映したものと考えられる。エは，「政次郎」が石の豊かさに驚嘆しながらそれを表に出さない様子を示すものであり，「苦悩と後悔」を暗示するものではない。

4　**(論説文－内容吟味，文脈把握，接続語の問題)**

①　ⓐは，前の「二〇世紀の経済」における特徴から類推されることに反する「現代」の状況が後に説明されているので，「**しかし**」が入る。ⓒは，前に述べた「リノベーション」の具体例を後に説明しているので，「**たとえば**」が入る。したがって，正解はアである。

②　空欄ⓐの段落の，「人びとはこれ以上『モノ』の**量的な豊かさ**を求めるのではなく，それによって得られる『知識』や心温まる『感動』といった**無形の要素**を重視するようになりました」から，A「量的な豊かさ」，B「無形の要素」を抜き出す。

③　地域空間のリノベーションは，「**地域固有の自然や景観，伝統，文化など」を再評価し，地域の資源とすること**である。このことを具体的に説明しているのはウである。アは「伝統工芸」に限定した説明であり，「空間」の説明として不適当。イは「歴史的価値のあるもの」に限定した説明で，本文の「あらゆる場所に歴史があります」という見方と合わない。エは，「地域内・外の人の共感」を集める手段として不適当である。

④　「根っこ」は「**その地域で人びとが生きてきたことの積み重ね**」「**歴史や自然や社会と一体になった人びとの知恵の結晶**」で，「人びとに**真の感動**を与える」ことができるが，「地域の人びとには**当たり前**すぎて認知されていない」場合もある。この特徴を説明するイが正解。アは，「大きな改変」が筆者の考えと合わない。ウの「専門家の知見」は，「『根っこ』の価値」を抽出するために必要となるが，そのものが「根っこ」ではない。エは「手がかり＝「根っこ」という説明になっており，不適当である。

⑤　最後から2つ目の段落に「漠然としていた『地域の価値』を**言葉にしたり，デザインしたり**して，それを**共有していく人びとのネットワーク**が意義をもちます」とある。Xは，ここから「言葉にしたり，デザインしたり」を抜き出して書く。Yは，後半部分のことばを使って，前後の表現につながるように「共有するネットワークを構築する」などと書く。

岡山県公立高等学校（一般）

2021年度

★★★★★★★★★★★★★★★★★★★★★★★

入　試　問　題

2021年度

●くわしい解説……47ページ

＜数学＞

時間　45分　　満点　70点

1　次の①～⑤の計算をしなさい。⑥～⑩は指示に従って答えなさい。

①　$-3-(-7)$

②　$(-5)\times 4$

③　$3(a-2b)-2(a+b)$

④　$10ab^2\div(-2b)$

⑤　$(\sqrt{7}+\sqrt{5})(\sqrt{7}-\sqrt{5})$

⑥　方程式 $x^2-5x+1=0$ を解きなさい。

⑦　次の図の(1)～(3)は，関数 $y=-2x^2$，$y=x^2$，および $y=\frac{1}{2}x^2$ のグラフを，同じ座標軸を使ってかいたものです。図の(1)～(3)を表した関数の組み合わせとして最も適当なのは，**ア**～**カ**うちのどれですか。一つ答えなさい。ただし，点Oは原点とします。

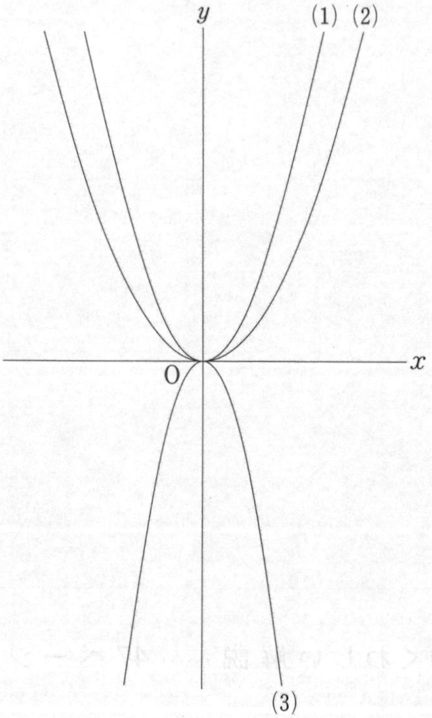

	(1)	(2)	(3)
ア	$y=-2x^2$	$y=x^2$	$y=\frac{1}{2}x^2$
イ	$y=-2x^2$	$y=\frac{1}{2}x^2$	$y=x^2$
ウ	$y=x^2$	$y=-2x^2$	$y=\frac{1}{2}x^2$
エ	$y=x^2$	$y=\frac{1}{2}x^2$	$y=-2x^2$
オ	$y=\frac{1}{2}x^2$	$y=-2x^2$	$y=x^2$
カ	$y=\frac{1}{2}x^2$	$y=x^2$	$y=-2x^2$

⑧　大小２つのさいころを同時に投げるとき，出る目の数の和が５以下となる確率を求めなさい。ただし，さいころの１から６までの目の出方は，同様に確からしいものとします。

⑨　次の図のような，底面が点Oを中心とする円で，点Aを頂点とする円錐《すい》があります。底面の円の円周上に点Bがあり，AB＝７㎝，OB＝３㎝のとき，この円錐の体積を求めなさい。ただし，答えを求めるまでの過程も書きなさい。

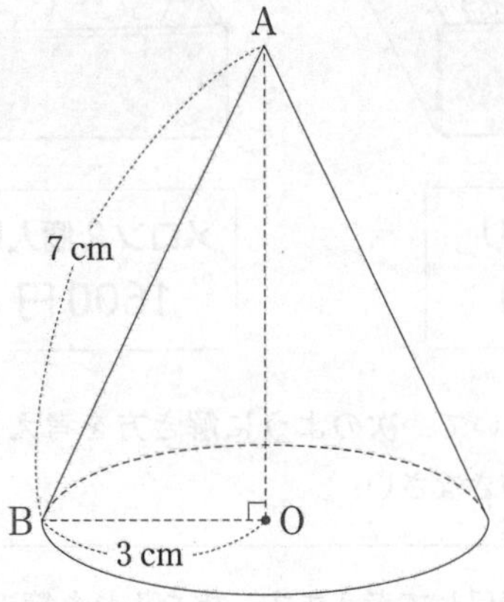

⑩　次の図のような△ABCについて，**【条件】**を満たす点Dを，定規とコンパスを使って作図しなさい。作図に使った線は残しておきなさい。

【条件】
点Dは線分BC上にあり，直線ADは△ABCの面積を二等分する。

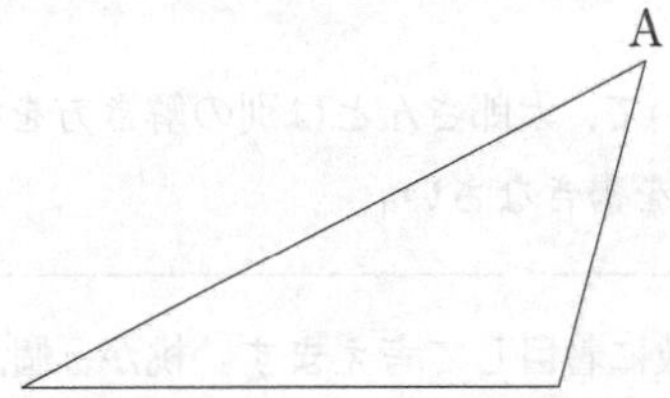

2　数学の授業で，太郎さんと花子さんは次の**【問題】**について考えています。①～③に答えなさい。

【問題】
ある果物店で，果物を入れる箱を50箱用意しました。この箱を使って，桃を１箱に３個入れて750円で，メロンを１箱に２個入れて1600円で販売したところ，用意した50箱がすべて売れ，その売り上げの合計は56200円でした。

このとき，売れた桃とメロンの個数をそれぞれ求めなさい。ただし，消費税と箱の値段は考えないものとします。

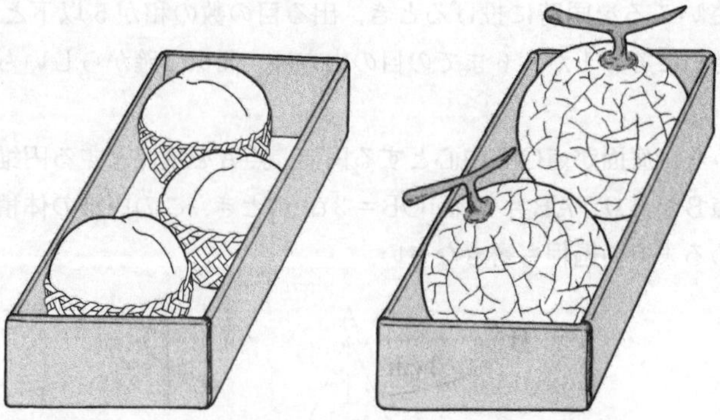

桃３個入り 750円	メロン２個入り 1600円

① 太郎さんは，【問題】について，次のように解き方を考えました。＜太郎さんの考え＞の［⑴］，［⑵］に適当な式を書きなさい。

＜太郎さんの考え＞

果物を入れる箱の数に着目して考えます。桃を入れた箱の数を a 箱とすると，メロンを入れた箱の数は，a を使って［⑴］箱と表すことができます。売り上げの合計で方程式をつくると，［⑵］＝56200となります。これを解くと，桃を入れた箱の数を求めることができます。

桃を１箱に３個，メロンを１箱に２個入れることから，売れた桃とメロンの個数をそれぞれ求めることができます。

② 花子さんは，【問題】について，太郎さんとは別の解き方を考えました。＜花子さんの考え＞の［⑶］，［⑷］に適当な式を書きなさい。

＜花子さんの考え＞

売れた桃とメロンの個数に着目して考えます。桃が x 個，メロンが y 個売れたとすると，桃は１個あたり250円，メロンは１個あたり800円だから，次の連立方程式をつくることができます。

$$\begin{cases} \boxed{\quad(3)\quad} = 56200 \\ \boxed{\quad(4)\quad} = 50 \end{cases}$$

これを解くと，売れた桃とメロンの個数をそれぞれ求めることができます。

③ 売れた桃とメロンの個数をそれぞれ求めなさい。

3　次の図は，反比例の関係 $y=\frac{a}{x}$ のグラフです。ただし，a は正の定数とし，点Oは原点とします。①～③に答えなさい。

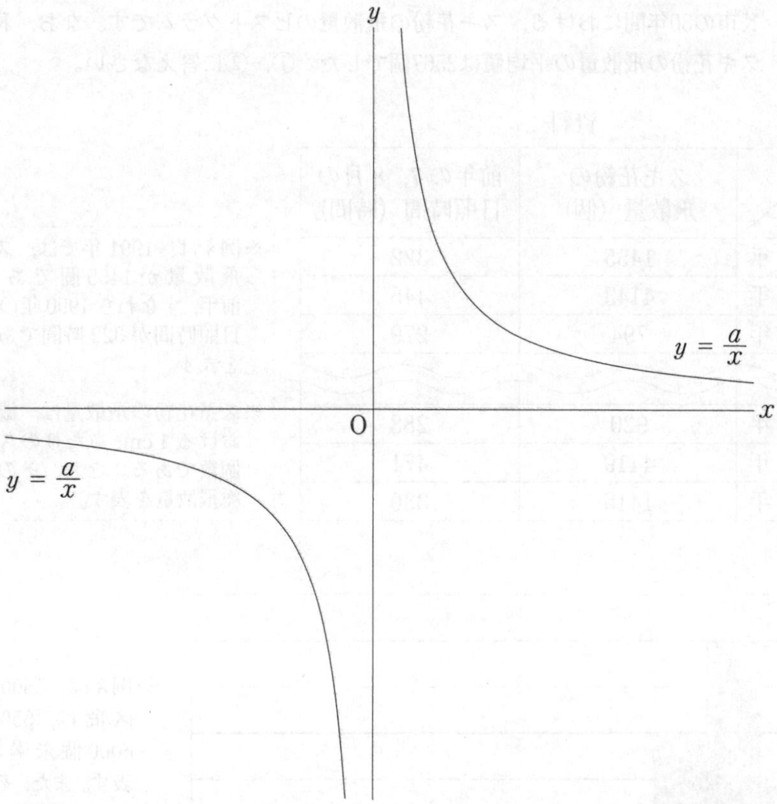

①　y が x に反比例するものは，ア～エのうちではどれですか。当てはまるものをすべて答えなさい。

ア　面積が 20cm^2 の平行四辺形の底辺 $x$cm と高さ $y$cm

イ　1辺が $x$cm の正六角形の周の長さ $y$cm

ウ　1000mの道のりを毎分 x mの速さで進むときにかかる時間 y 分

エ　半径 $x$cm，中心角120°のおうぎ形の面積 $y\text{cm}^2$

②　グラフが点（4，3）を通るとき，(1)，(2)に答えなさい。

(1)　a の値を求めなさい。

(2)　x の変域が $3 \leqq x \leqq 8$ のとき，y の変域を求めなさい。

③　a は6以下の正の整数とします。グラフ上の点のうち，x 座標と y 座標がともに整数である点が4個となるような a の値を，すべて求めなさい。

4　太郎さんと花子さんは，今年のスギ花粉の飛散量を予想しているニュースを見て，自分たちの住んでいるK市のスギ花粉の飛散量に興味をもちました。次の資料は，K市の30年間における，スギ花粉の飛散量と前年の7，8月の日照時間のデータの一部です。また，図1は，資料をもとに作成した，K市の30年間における，スギ花粉の飛散量のヒストグラムです。なお，K市の30年間における，スギ花粉の飛散量の平均値は2567個でした。①，②に答えなさい。

資料

	スギ花粉の飛散量（個）	前年の7，8月の日照時間（時間）
1991年	1455	322
1992年	4143	445
1993年	794	279
2018年	920	288
2019年	4419	471
2020年	1415	330

※例えば，1991年では，スギ花粉の飛散量が1455個であり，その前年，すなわち1990年の7，8月の日照時間が322時間であったことを表す。

※スギ花粉の飛散量は，観測地点における1 cm^{2}あたりのスギ花粉の個数である。なお，その年の年間総飛散量を表す。

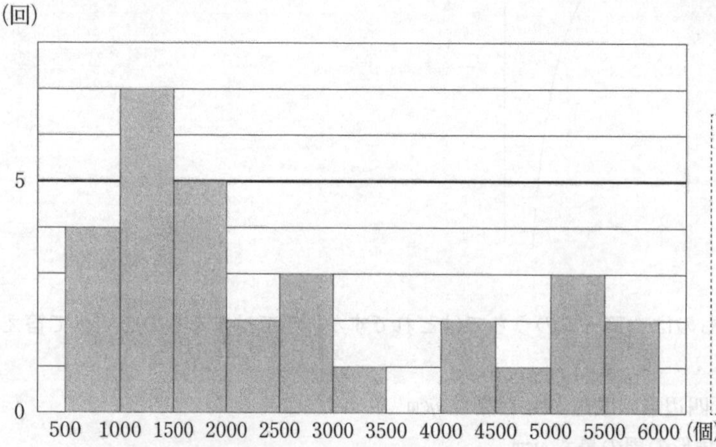

※例えば，5500～6000の区間は，5500個以上6000個未満の階級を表す。また，その階級における度数2回は，スギ花粉の飛散量が5500個以上6000個未満の年が，30年間のうちに2回あったことを表す。

図1

①　太郎さんと花子さんは，図1について話しています。<会話Ⅰ>の (1) ～ (3) に適当な数や階級を書きなさい。

<会話Ⅰ>

太郎：平均値が入っている階級の度数は (1) 回だね。

花子：ヒストグラムからわかる最頻値が入っている階級は (2) だから，最頻値は (3) 個だね。

太郎：2021年のスギ花粉の飛散量は最頻値のあたりになるのかなあ。

②　太郎さんと花子さんは，資料をもとに，スギ花粉の飛散量と前年の7，8月の日照時間との関

係を調べました。＜会話Ⅱ＞を読んで，(1)～(3)に答えなさい。

＜会話Ⅱ＞

花子：前年の７，８月の日照時間を x 時間，スギ花粉の飛散量を y 個として点をとると，図２のようになったよ。点がほぼ一直線上に並んでいるので，y は x の一次関数であるとみなして考えることができそうだね。

太郎：点のなるべく近くを通る直線を ℓ とすると，(あ)直線 ℓ は，２点（300，1000），（500，5000）を通るよ。

花子：2021年のスギ花粉の飛散量を，直線 ℓ の式から予想してみよう。K市における2020年の７，８月の日照時間を調べると，372時間だったから，2021年のスギ花粉の飛散量は，(い) 個と予想できそうだね。

太郎：(い) 個は，平均値2567個より小さい値だから，この30年間の中では少ない方といえるね。

花子：でも，(う)図１の中央値が入っている階級を考えると，予想した2021年のスギ花粉の飛散量 い 個は，この30年間の中では多い方といえると思うよ。

太郎：代表値によって，いろいろな見方ができるんだね。

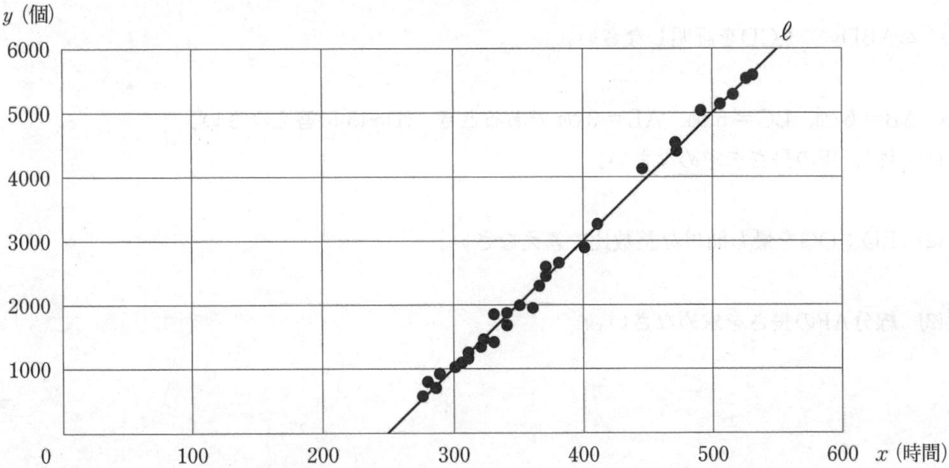

図２

(1)　下線部(あ)について，直線 ℓ の式を求めなさい。

(2)　(い) に適当な数を書きなさい。

(3)　花子さんが，下線部(う)のように考えた理由について，中央値が入っている階級を示して説明しなさい。

5　次のページの図のように，円周上の点A，B，Cを頂点とする△ABCがあり，∠ABCの二等分線と線分ACとの交点をD，円との交点のうち点Bと異なる点をEとします。また，線分AB上に点Fを，EF // CBとなるようにとり，線分EFと線分ACとの交点をGとします。さらに，点A

と点E，点Cと点Eをそれぞれ結びます。①，②に答えなさい。

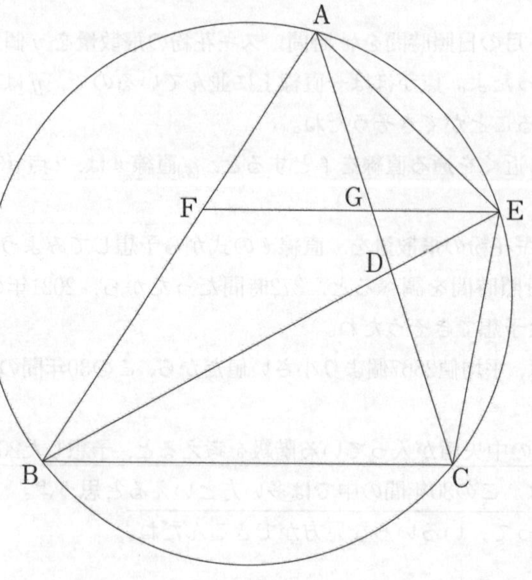

①　△ABD∽△ECDを証明しなさい。

②　AB＝6㎝，BC＝5㎝，AE＝3㎝であるとき，⑴～⑶に答えなさい。

⑴　線分CEの長さを求めなさい。

⑵　ED：DGを最も簡単な整数比で答えなさい。

⑶　線分AFの長さを求めなさい。

＜英語＞

時間　45分　　満点　70点

1　この問題は聞き取り検査です。問題A～問題Dに答えなさい。すべての問題で英語は２回ずつ読まれます。途中でメモをとってもかまいません。

問題A　(1)，(2)のそれぞれについて，ア～ウの三つの英文が読まれます。絵や表について説明している文として最も適当なのは，それぞれア～ウのうちではどれですか。一つ答えなさい。

(1)

(2)

一番好きな色	選んだ生徒（人）
red	18
blue	12
green	7
white	3

問題B　高校生のRyutaは，来日した留学生のAmyへ行ったインタビューをもとにして，学校新聞に載せる紹介文を作りました。インタビューを聞いて，次の紹介文の (あ) ～ (う) にそれぞれ適当な英語１語を入れなさい。

［Ryutaが書いたAmyの紹介文］

Amy has arrived at our school !

Amy is from Australia and she will be with us for [(あ)] months.

The things she wants to do:

1) To play basketball with us and enjoy the hard [(い)].

2) To have many [(う)].

［Amy］

Enjoy playing basketball and talking with Amy !

問題C (1), (2)のそれぞれの会話についての質問の答えとして最も適当なのは，ア～エのうちではどれですか。一つ答えなさい。

(1)
ア At a bookstore.
イ At a post office.
ウ At a convenience store.
エ At a hospital.

(2)
ア They will tell Tony to talk with their classmates.
イ They will show Tony's idea to their classmates.
ウ They will listen to their classmates.
エ They will agree with Tony.

問題D 留学生のYokoが，滞在先のホストファミリーから家の決まり（house rule）や週末の過ごし方について，英語で説明を受けています。その説明を聞いて，(1), (2)に答えなさい。

(1) Yokoが受けた説明の内容から，ホストファミリーがしてほしくないこととして，最も適当なのは，ア～エのうちではどれですか。一つ答えなさい。

ア 自分の部屋を週2回掃除すること　　イ 夜10時に風呂に入ること
ウ 夕方6時に帰宅すること　　エ 自分の部屋で楽器を演奏すること

(2) 説明の最後にホストファミリーから尋ねられた質問に対して，どのように答えますか。あなたがYokoになったつもりで，書き出しに続けて，［　］に10語以上の英語を書き，英文を完成させなさい。ただし，2文以上になってもかまいません。

I like ［　　　　］.

2 青木さんの家にホームステイしているJohnが，夕食時に青木さんと，耐熱性のポリ袋（plastic bag）を使って料理を作るパッククッキング（Pack Cooking）の講習会（seminar）のちらしを見ながら会話をしています。次の英文は，講習会のちらしと会話の一部です。①～⑤に答えなさい。

講習会のちらし

Be a Pack Cooking ［ (あ) ］!

Are you interested in an easy way of cooking? If so, how about trying "Pack Cooking"? It's very easy! Cut ingredients, put them into a plastic bag, put the bags in hot water, and boil them for about twenty minutes.

Day : Every Saturday
Time : 1:00 p.m.～4:00 p.m.
(Time to start eating: 2:30 p.m.)
Place : Room 105, Kozue Hall
Fee : 500 yen for one person
(300 yen for food, 200 yen for the room)
Students do not have to pay for the room.

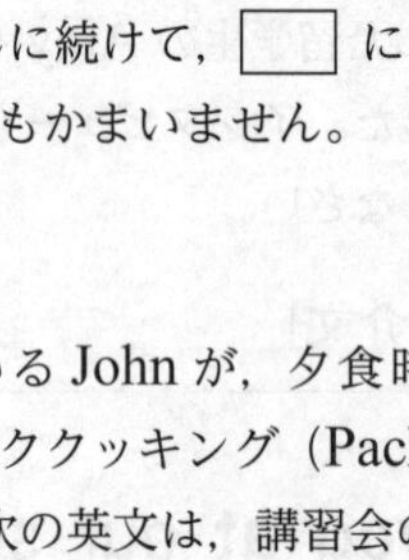

To join us, you must come with an adult if you are an elementary school student.

For more information, call at 123-4567.

John　　: Today's dinner tastes so good! How did you make this?

Ms. Aoki : Oh, thank you. Look at this. It is (い) call "Pack Cooking." We need only water, ingredients, seasoning, and plastic bags. We don't need many cooking tools.

John　　: That sounds interesting! I have never heard that.

Ms. Aoki : When we cook in this way, we can make several dishes in one pot at the same time by putting the bags in the hot water and boiling them together.

John　　: That means we can [(う)] water, right?

Ms. Aoki : That's right. We also need only a little seasoning before we seal the bags.

John　　: Why? Is that enough? I'm afraid that the taste will be [(え)].

Ms. Aoki : No! The food tastes good. The flavor of the seasoning soon spreads through the food because the bags in the hot water are sealed. After enjoying the dish, we have to wash only the pot and a few other things. Easy, right?

John　　: That's cool. I'm interested in Pack Cooking. [(お)] to this seminar?

Ms. Aoki : Sure. Then, let's go there next Saturday. You will pay only for food because you are a junior high school student.

John　　: That's perfect! Thank you, Ms. Aoki.

［注］ ingredient　食材　　boil ～　～をゆでる　　fee　参加費　　pay for ～　～の支払いをする
adult　大人，成人　　seasoning　調味料　　tool　用具，器具　　pot　なべ
seal ～　～を密封する　　flavor　味，風味

① 講習会のちらしとして，[(あ)] に入れるのに最も適当なのは，ア～エのうちではどれですか。一つ答えなさい。

ア Cartoonist　　イ Newscaster　　ウ Chef　　エ Lawyer

② 下線部(い)の単語を，最も適当な形に変えて書きなさい。

③ [(う)]，[(え)] に入れる英語の組み合わせとして最も適当なのは，ア～エのうちではどれですか。一つ答えなさい。

ア (う) save　(え) better　　イ (う) save　(え) worse
ウ (う) give　(え) worse　　エ (う) give　(え) better

④ あなたが John になったつもりで，[(お)] に 4 語以上の英語を書きなさい。

⑤ 講習会のちらしと会話から読み取れる内容として最も適当なのは，ア～エのうちではどれですか。一つ答えなさい。

ア Cooking the dishes takes four hours in this seminar.
イ John has to call if he wants to know more about this seminar.
ウ A junior high school student needs to join this seminar with an adult.
エ John will pay 500 yen to join this seminar next Saturday.

3　留学生のJoeは，通っている高校で配布された体育祭の案内について，クラスの友人のMaiと会話をしています。あとの(1)～(9)はそのときの二人の会話です。会話の内容に合うように，書き出しに続けて，［①］に4語以上の，［②］に2語以上の英語を書き，会話の英文を完成させなさい。なお，会話は(1)～(9)の順に行われています。

体育祭の案内の一部

みどり高等学校体育祭について

日時：　10月22日（金）午前9時～午後3時

場所：　みどり高等学校 グラウンド

＊昼食持参

＊雨天の場合は，授業があります

会話

(3) Which one ?
(4) This one.

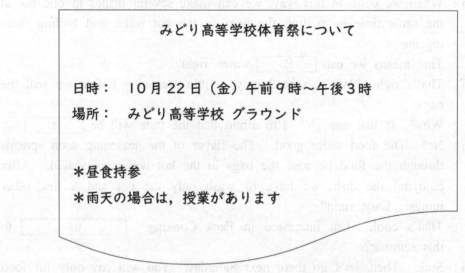

(1) Is everything OK, Joe ?
(2) Well, I don't understand some words written here, Mai.

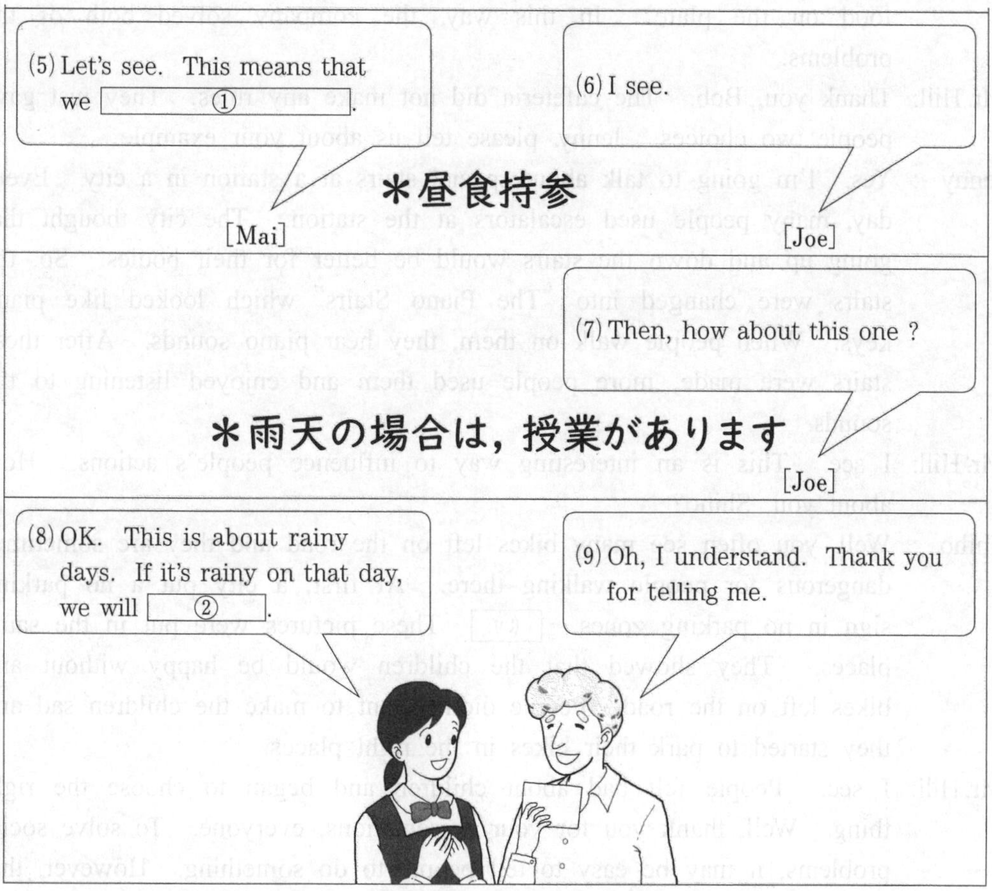

4 Hill 先生の英語の授業で，高校生のBob, Jenny, Shiho が，人々の行動（action）を変えることで社会問題（social problem）を解決する工夫について調べ，その事例を発表（presentation）しました。次の英文は，発表の一部と，それを聞いてMinami が書いたノートの一部です。①～⑤に答えなさい。

■ 発表

Mr. Hill: You have learned that people may solve some social problems in a nice way. I want you to share some examples you have found. Let's start, Bob.

Bob : OK. I have found (あ) <u>an example about a cafeteria in a company.</u> Some workers in that company got sick because they ate too much. Food waste was also a problem for the cafeteria. To solve these problems, the company prepared two sizes of plates for workers who eat at the cafeteria. On the smaller plate, the amount of food was smaller. A sign was also put by the plates. It said, "Most of the workers choose the smaller plate." Then, more workers did so and they also ate all the food on the plate. In this way, the company solved both of the problems.

Mr. Hill: Thank you, Bob. The cafeteria did not make any rules. They just gave people two choices. Jenny, please tell us about your example.

Jenny : Yes. I'm going to talk about special stairs at a station in a city. Every day, many people used escalators at the station. The city thought that going up and down the stairs would be better for their bodies. So, the stairs were changed into "The Piano Stairs" which looked like piano keys. When people walk on them, they hear piano sounds. After these stairs were made, more people used them and enjoyed listening to the sounds.

Mr. Hill: I see. This is an interesting way to influence people's actions. How about you, Shiho?

Shiho : Well, you often see many bikes left on the road and they are sometimes dangerous for people walking there. At first, a city put a no parking sign in no parking zones. [(い)] These pictures were put in the same places. They showed that the children would be happy without any bikes left on the road. People didn't want to make the children sad and they started to park their bikes in the right places.

Mr. Hill: I see. People felt bad about children and began to choose the right thing. Well, thank you for your presentations, everyone. To solve social problems, it may be easy to tell people to do something. However, that is not the only way. In these examples, people often get chances to "think" about [(う)] they make when they need to decide something. People's actions come from those smarter [(う)]. Small things may make our lives better.

［注］ solve ～ ～を解決する　cafeteria 社員食堂　waste 廃棄物
prepare ～ ～の準備をする　plate 料理を入れる皿　amount 量　sign 標示，掲示
rule 規則，ルール　stairs 階段　escalator エスカレーター
change ～ into … ～を…に変える　key 鍵盤　left *leave* ～（～を放置する）の過去分詞形
park ～ ～を駐輪する　zone 区域

① 下線部(あ)について，紹介されている行動変化の内容を説明する次の文の [(1)]，[(2)] にそれぞれ適当な日本語を入れなさい。

より多くの働く人が [(1)] を選び，しかも皿に盛られた [(2)] ようになった。

② [(い)] に次の三つの英文を入れるとき，本文の流れが最も適当になるようにア～ウを並べ替えなさい。

ア So, the city tried another way.
イ However, just a sign didn't change the situation.
ウ Children in the city drew some pictures with a message.

■ Minamiのノートの一部

発表者	解決したい社会問題	工夫	工夫後の人々の行動変化
Bob	・［(え)］ problems ・food waste	・plates and a sign	・eat smaller amounts of food ・have smaller food waste
Jenny	・［(え)］ problems	・piano stairs	・use stairs more often because it's ［(お)］
Shiho	・bikes left on the road	・children's pictures	・［(か)］ parking their bikes in no parking zones

感想　I'm surprised to know that people may change other people's actions without strong rules. I have found another example. Our school library has the same kind of sign, "［(き)］"

③ ［(う)］ に共通して入れるのに最も適当な英語1語を，本文中から抜き出して書きなさい。

④ ［(え)］ ～ ［(か)］ に入れる英語の組み合わせとして最も適当なのは，ア～エのうちではどれですか。一つ答えなさい。

ア (え) energy　(お) fun　(か) start
イ (え) energy　(お) boring　(か) stop
ウ (え) health　(お) fun　(か) stop
エ (え) health　(お) boring　(か) start

⑤ ［(き)］ に入れるのに最も適当なのは，ア～エのうちではどれですか。一つ答えなさい。

ア Thank you for being quiet in this room.
イ You must not write or draw in the library books.
ウ Don't run when you are in this room.
エ No food or drink when you are in this room.

［5］ 次の英文を読んで，①～⑤に答えなさい。

In many schools, students learn how to tell their ideas to others and they may have chances to make a speech. It is very useful because speaking well is important in your life. To make (あ) a good speech, you should try to speak in a big voice. If you do so, it will be easier for listeners to hear you. Choose the words you use carefully and listeners will understand you better. Using your hands is also nice. Listeners will see how you move your hands and understand what is important in your speech. If you try these things, you can improve your speech. However, there is another way to make a good speech.

Have you tried to use a "pause" while you make a speech? It is a great way to make your speech better. ［(い)］ It is interesting, right? Then, why is it effective?

First, (う) you can get attention from listeners. For example, try to put a pause before you start your self-introduction. Your listeners will pay more attention to you. Even during a speech, you should take a pause before the things you really want to say. When you take a pause, your listeners will wonder why you stopped talking. They will try to listen to you more carefully to know what is spoken next.

Second, a pause can give listeners time to think and they will understand what the speaker is saying better. If your speech continues without a pause, it is difficult for the listeners to understand your message well. However, if you stop and wait for a little time after you say an important thing, the listeners can follow you more easily.

Third, putting a pause is good for speakers, too. When you speak without pauses, sometimes it's hard to remember what you are going to say. If you keep worrying about the thing you are going to say next, can you guess what will happen? A good speech will ((え) to / too / make / be / difficult). However, when you speak with some pauses, you don't have to feel so nervous and you may not forget your message. Then, you can speak with confidence.

Some people think that it's not good to stop talking while others are listening to you. That may be true in a conversation. When you talk with other people, time is shared with each person there. So, it's difficult to take a pause. However, when you make a speech, you usually speak to a group of people and the speaking time is given only to you. That means that you can decide how to take a pause in your own way. So, using a pause in an effective way is one of the important parts of making your speech.

To be a wonderful speaker, it is necessary to use a lot of different skills for better communication with people. How about trying to put a pause when you make a speech next time?

［注］ listener 聞き手　pause （話の）間《ま》　effective 効果的な　self-introduction 自己紹介
pay attention to ～ ～に注意を払う　speaker 話し手　follow ～ ～の話についていく
keep ～ ing ～し続ける　confidence 自信　conversation 会話　skill 技術，技能

① 下線部(あ)について，同じ段落で紹介されている内容として，当てはまらないものは，ア～エのうちではどれですか。一つ答えなさい。

ア 聞き取りやすい声量で話すこと　イ 言葉を注意深く選択すること

ウ 手振りを交えること　エ 視線を合わせること

② (い) に入れる内容として，最も適当なのはア～エのうちではどれですか。一つ答えなさい。

ア You can speak faster and listeners will never follow you.

イ When you want listeners to understand you, you have to talk a lot.

ウ You don't say any words but listeners can still understand you.

エ If you are quiet, listeners cannot understand what you think.

③ 下線部(う)の具体的内容を説明する次の文の (1) ， (2) にそれぞれ適当な日本語を入れなさい。

話し手がスピーチ中に間を取ることで，聞き手は話し手が［　(1)　］のかと思い，次に［　(2)　］のかを知るために，より注意深く聞こうとする。

④　下線部(え)の語をすべて用いて，意味が通るように並べ替えなさい。

⑤　本文の内容と合っているのは，**ア**～**オ**のうちではどれですか。当てはまるものをすべて答えなさい。

ア　It’s difficult for students to learn how to make a good speech at school.

イ　People should put a pause only before they start their self-introduction.

ウ　Taking a pause during a speech is good for both speakers and listeners.

エ　People often put a pause because they don’t share time during conversation.

オ　Many kinds of skills are needed if people want to be great speakers.

＜理科＞

時間　45分　満点　70点

1　次の①～⑦に答えなさい。

①　ヒトの体は多くの細胞からできており，血液が体内を循環しています。(1), (2)に答えなさい。

(1)　肺で酸素をとりこんだ血液が，心臓にもどるときに流れる血管を何といいますか。

(2)　細胞のまわりを満たしている組織液は，血しょうの一部が毛細血管からしみ出したものです。組織液に含まれないものは，ア～エのうちではどれですか。一つ答えなさい。

ア　養分（栄養分）　イ　酸素　ウ　二酸化炭素　エ　ヘモグロビン

②　次の図１は，ある動物について，生殖細胞の形成から，受精卵が２細胞に分裂した胚《はい》になるまでの染色体の伝わり方を表した模式図です。雌の細胞，雄の細胞および２細胞に分裂した胚の細胞の染色体を図１のように表したとき，図１の X ， Y に当てはまる，それぞれの細胞に含まれる適当な染色体を解答欄にかきなさい。表し方については，図１にならって記入しなさい。

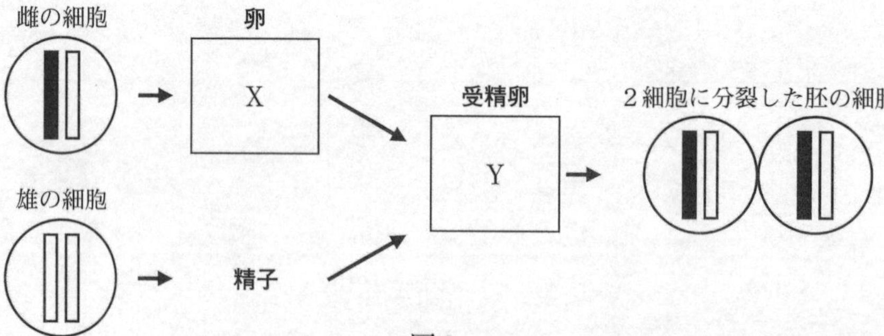

図１

③　次の図２は，電圧が９Ｖの直流電源に抵抗器をつないだ回路Ⅰ～回路Ⅲの回路図です。抵抗器Ａは抵抗の大きさが３Ω，抵抗器Ｂは抵抗の大きさが６Ωです。(1), (2)に答えなさい。

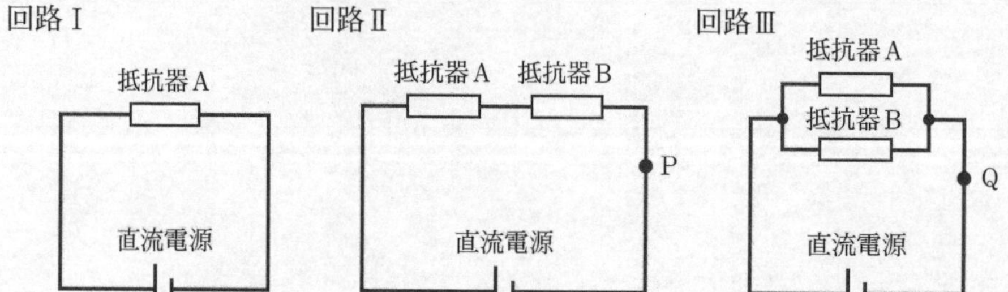

図２

(1)　回路Ⅰに流れる電流は何Ａですか。

(2)　回路ⅢのＱ点に流れる電流は，回路ⅡのＰ点に流れる電流の何倍ですか。

④　水溶液について，(1), (2)に答えなさい。

(1)　水に砂糖を入れて完全に溶かした砂糖水を，長い時間，静かに置きました。透明のままで，見た目には変化がなかったこの砂糖水について，溶けた砂糖の様子を粒子のモデルで表したものとして最も適当なのは，**ア**～**エ**のうちではどれですか。一つ答えなさい。ただし，「●」は砂糖の粒子を表すものとします。

ア　　**イ**　　**ウ**　　**エ**

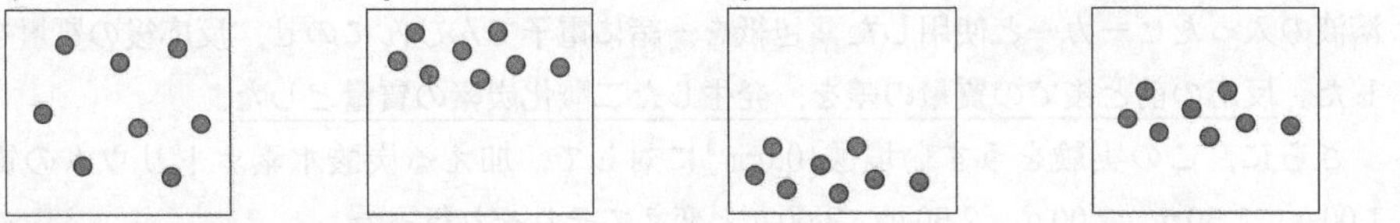

(2)　硫酸と水酸化バリウム水溶液が反応して硫酸バリウムができるときの化学変化を化学反応式で表しなさい。

⑤　右の図３は，Ａの位置で静かに手を離した振り子のおもりが，Ｂ，Ｃを通り，Ａと同じ高さのＤまで上がった運動を模式的に表したものです。Ｄの位置にあるおもりがもつ力学的エネルギーと同じ大きさの力学的エネルギーをもつおもりの位置をすべて選んだものは，**ア**～**エ**のうちではどれですか。一つ答えなさい。ただし，空気抵抗や糸の摩擦は考えないものとします。

ア　Ａ　　**イ**　ＡＢ　　**ウ**　ＡＣ　　**エ**　ＡＢＣ

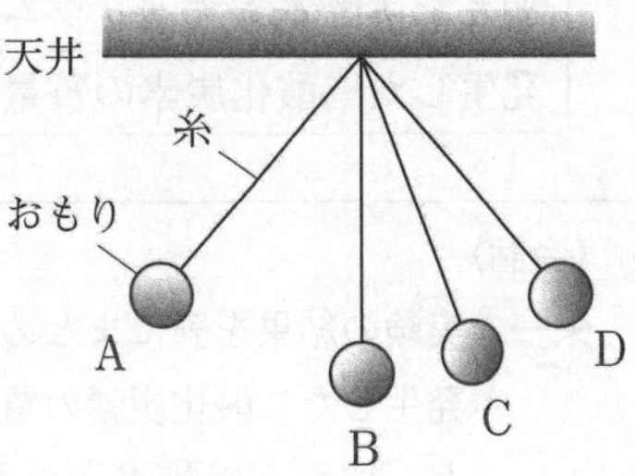

図３

⑥　右の表は湿度表の一部を表したものです。乾球の示す温度が32.0℃，湿球の示す温度が26.0℃ のときの空気１m^3に含まれる水蒸気量は何ｇですか。表をもとに答えなさい。ただし，このときの飽和水蒸気量を33.8ｇ/m^3とします。

表

乾球の示す温度〔℃〕	乾球と湿球の示す温度の差〔℃〕			
	4.0	5.0	6.0	7.0
35	74	68	63	57
34	74	68	62	56
33	73	67	61	56
32	73	66	60	55
31	72	66	60	54
30	72	65	59	53

⑦　地球上で太陽投影板のついた天体望遠鏡を使って太陽を数日間観察し，太陽の様子を記録すると，太陽が自転していることがわかりました。この理由を説明した次の文の □ に当てはまる適当なことばを書きなさい。

観察の記録から，□ ことがわかるので，太陽が自転しているといえるから。

2　次は，栄一さんと陽子さんが行った実験と実験後の会話です。①～⑤に答えなさい。ただし，発生した二酸化炭素はすべて空気中に出ていったものとします。

うすい塩酸に炭酸水素ナトリウムを加えると，気体の二酸化炭素が発生する。この反応は，次のように表すことができる。

$NaHCO_3$　＋　HCl　→　NaCl　＋　H_2O　＋　CO_2

【実験】

うすい塩酸10.0㎤を入れたビーカーと，炭酸水素ナトリウムの粉末0.50ｇをのせた薬包紙を一緒に電子てんびんにのせ，反応前の質量を測定した。次に，このうすい塩酸に炭酸水素ナトリウムを加えて反応させた。二酸化炭素の発生が完全にみられなくなった後に，この水溶液の入ったビーカーと使用した薬包紙を一緒に電子てんびんにのせ，反応後の質量を測定した。反応の前と後での質量の差を，発生した二酸化炭素の質量とした。

さらに，この実験をうすい塩酸10.0㎤に対して，加える炭酸水素ナトリウムの質量を1.00ｇ，1.50ｇ，2.00ｇ，2.50ｇ，3.00ｇと変えてそれぞれ行った。

〈結果〉

加えた炭酸水素ナトリウムの質量〔g〕	0.50	1.00	1.50	2.00	2.50	3.00
発生した二酸化炭素の質量〔g〕	0.26	0.52	0.78	0.90	0.90	0.90

〈会話〉

栄一：実験の結果を表にまとめてみたよ。加える炭酸水素ナトリウムの質量が小さいときには，発生した二酸化炭素の質量は加える炭酸水素ナトリウムの質量に比例して大きくなったけど，加える炭酸水素ナトリウムの質量が大きくなると，発生した二酸化炭素の質量は0.90ｇで同じになっているね。

陽子：それは，塩酸がすべて炭酸水素ナトリウムと反応してしまったからかな。塩酸がなくなると，それ以上反応が起こらなくなるからね。

栄一：なるほど。では，今回使ったうすい塩酸10.0㎤と過不足なく反応する炭酸水素ナトリウムの質量は表を見れば，すぐにわかるのかな。

陽子：どうかしら。表の値からグラフを作成して，求めてみようよ。

① 下線部のように考えられる理由は，化学変化の前と後で物質全体の質量は変わらないためです。すべての化学変化に当てはまる，この法則を何といいますか。

② 次の文章は，【実験】でうすい塩酸10.0㎤に炭酸水素ナトリウムを1.00ｇ加えて反応させ，二酸化炭素の発生が完全にみられなくなった後の水溶液について説明したものです。(a) に当てはまることばとして適当なのは，**ア**～**ウ**のうちのどれですか。一つ答えなさい。また，(b) に当てはまる適当な語を書きなさい。

> 水溶液のpHは (a) 。これは，水溶液の中に (b) イオンが残るためである。

ア 7より大きい　**イ** 7になる　**ウ** 7より小さい

③ 二酸化炭素について，⑴，⑵に答えなさい。

⑴ 二酸化炭素についての説明として最も適当なのは，**ア**～**エ**のうちではどれですか。一つ答えなさい。

ア 二酸化炭素に火のついた線香を入れると，線香は激しく燃える。

イ 二酸化炭素に色はなく，刺激のあるにおいがする。

ウ 二酸化炭素は，マグネシウムにうすい塩酸を加えると発生する。

エ 二酸化炭素は，空気よりも重く，石灰水を白く濁らせる。

⑵　地球温暖化に関わる二酸化炭素の性質について説明した，次の文章の □ に当てはまる適当なことばを，「地表」という語を使って書きなさい。

> 二酸化炭素は，地球温暖化の原因の一つとされる温室効果ガスと呼ばれています。温室効果ガスは， □ の一部を地表に放射するという性質（温室効果）があるといわれています。

④　〈結果〉をもとに，加えた炭酸水素ナトリウムの質量と発生した二酸化炭素の質量との関係を表したグラフをかきなさい。

⑤　〈結果〉をもとに考えたとき，【実験】で使用したうすい塩酸10.0 cm^3 と過不足なく反応する炭酸水素ナトリウムの質量として最も適当なのは，ア～オのうちではどれですか。一つ答えなさい。

ア　1.64 g　　イ　1.73 g　　ウ　1.82 g　　エ　1.91 g　　オ　2.00 g

3　次は，前日に起きた地震についての健太さんと理恵さんの会話です。①～④に答えなさい。

健太：昨日はそんなに大きなゆれはなかったよね。各地の地震のゆれの大きさはどのようにして調べるのかな。

理恵：日本全国の観測地点に設置してある地震計で調べるみたいよ。地震は(a)プレートの動きが影響して起こるのよね。

健太：そうだったね。防災の観点からも(b)地震が発生するしくみや地震のゆれについて知っておかないといけないね。震源の位置はどのようにして知るのかな。

理恵：(c)震源までの距離や地震発生時刻は，地震計の観測データから計算することができるよ。

健太：そうか。だから，地震の大きなゆれの到着時刻を計算して，大きなゆれが始まる前に(d)緊急地震速報で知らせることができるんだね。

理恵：緊急地震速報は，震源に近い位置にある地震計でＰ波を測定し，Ｓ波が到着するまでにすばやく地震の発生を各地に知らせるのよ。危険を予測するためには正しい知識とデータが大切なのね。

①　下線部(a)について，右の図１は日本付近にあるプレートを表しており，――はプレートの境界を，------はプレートの境目がはっきりしない境界をそれぞれ表しています。図１の □ に当てはまる適当な語を書きなさい。

図１

②　下線部(b)について，内容が最も適当なのは，ア～エのうちではどれですか。一つ答えなさい。

ア　地震の震度は，震源から遠ざかるほど大きくなる傾向がある。

イ　マグニチュードは，地震のゆれの大きさを表している。

ウ　断層のうち，くり返し活動した証拠があり，今後も動く可能性がある断層を活断層という。

エ　震源が比較的深い位置にある地震は，大陸プレート内部の断層がずれて起こる。

③　下線部(c)について，右の図２は，ある地震Ｘを観測地点Ⅰ～Ⅲに設置した地震計で記録したものをそれぞれ模式的に表しています。また，「●」はＰ波によるゆれのはじまりを，「○」はＳ波によるゆれのはじまりをそれぞれ表しています。地震ＸのＰ波とＳ波は，それぞれ震源を中心としてあらゆる方向に一定の速さで伝わるものとして，(1)～(3)に答えなさい。

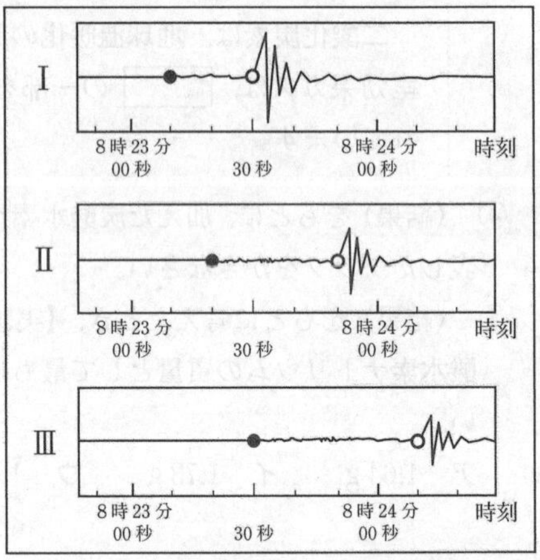

図２

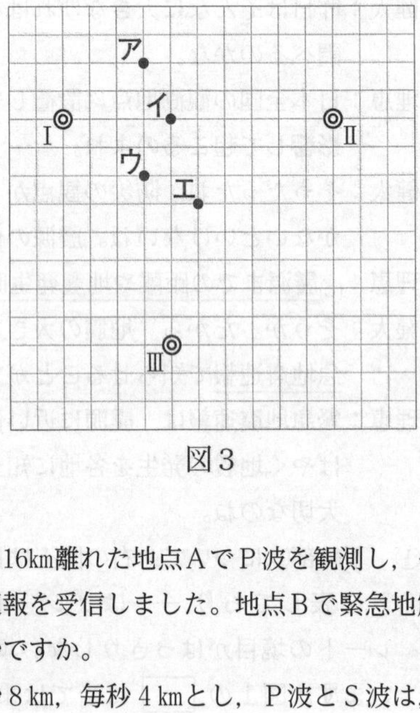

図３

(1)　Ｓ波によって起こる大きなゆれのことを何といいますか。

(2)　右の図３は地表の模式図で，「◎」は観測地点Ⅰ～Ⅲの位置を示しています。地震Ｘの震央の位置として適当なのは，ア～エのうちではどれですか。一つ答えなさい。ただし，地震Ｘの震源は浅く，震央と震源の位置はほぼ同じであるとし，また，図３の地域の標高はすべて等しいものとします。

(3)　地震Ｘの発生時刻として最も適当なのは，ア～エのうちではどれですか。一つ答えなさい。

ア　８時22分40秒

イ　８時22分50秒

ウ　８時23分00秒

エ　８時23分10秒

(4)　下線部(d)について，ある地震Ｙにおいて，震源から16㎞離れた地点ＡでＰ波を観測し，その３秒後に，震源から60㎞離れた地点Ｂで緊急地震速報を受信しました。地点Ｂで緊急地震速報を受信してからＳ波が到達するまでの時間は何秒ですか。

ただし，地震ＹのＰ波とＳ波の速さをそれぞれ毎秒８㎞，毎秒４㎞とし，Ｐ波とＳ波は，震源を中心としてあらゆる方向にそれぞれ一定の速さで伝わるものとします。

4　中学生の太朗さんは身近な生物の観察レポートを作成しました。次は，太朗さんが観察した生物のうちの一部を示したものです。①～④に答えなさい。

ゼニゴケ	ミミズ	カビ	モグラ	ウサギ
バッタ	シイタケ	エンドウ	イカ	

①　生物の観察レポートのかき方として適当でないのは，次のページのア～オのうちではどれですか。一つ答えなさい。

ア　目的には何のために観察を行うのかを具体的にかく。

イ　スケッチは細い線を用いて対象とするものをはっきりとかく。

ウ　観察した日時や天気の情報をかく。

エ　結果には事実だけでなく，自分の考えや感想をかく。

オ　考察には結果からわかったことや考えたことをかく。

②　ゼニゴケについて述べた，次の文の［(あ)］，［(い)］に当てはまる適当なことばを書きなさい。

> ゼニゴケはコケ植物であり，［(あ)］植物と比較すると，種子をつくらない点は同じだが，維管束がなく［(い)］の区別がない点で異なっている。

③　太朗さんがバッタとイカの体のつくりについて書いた次の文章について，内容が適当でないのは，下線部(a)～(e)のうちではどれですか。一つ答えなさい。また，その下線部が正しい説明になるように書き直しなさい。

> バッタとイカはともに(a)背骨をもたない無セキツイ動物である。その中でもバッタは外骨格をもつ(b)節足動物であり，筋肉は外骨格の(c)内側についている。イカは外とう膜をもつ(d)軟体動物であり，筋肉でできた外とう膜が(e)全身をおおっている。

④　次の図は，生態系における炭素の循環を模式的に示しており，矢印は炭素の流れを表しています。(1)～(3)に答えなさい。

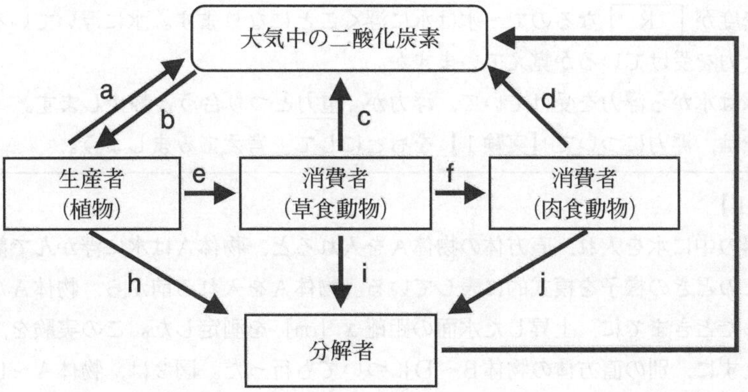

図

(1)　太朗さんは観察した生物を図の生産者（植物），消費者（草食動物），消費者（肉食動物），分解者に分けようと考えました。内容が適当なのは，**ア**～**オ**のうちではどれですか。当てはまるものをすべて答えなさい。

ア　エンドウは，光合成を行うので生産者といえる。

イ　シイタケは，他の生物を食べる生物ではないので生産者といえる。

ウ　ウサギは，生産者を食べるので消費者（草食動物）といえる。

エ　モグラは，土中のミミズなどを食べるので分解者といえる。

オ　カビは，生物の死がいなどから栄養分を得ているので分解者といえる。

(2)　呼吸の作用による炭素の流れは，図のａ～ｊのうちではどれですか。当てはまるものをすべて答えなさい。

(3)　次の文章の下線部にある変化として適当なのは，ア，イのどちらですか。また，文章中にあるように植物の生物量が回復する理由を，肉食動物の生物量の変化による影響がわかるように説明しなさい。

> 生態系では，野生生物の生物量（生物の数量）は，ほぼ一定に保たれ，つり合っている。何らかの原因で草食動物の生物量が増加した場合，植物の生物量は，一時的に減少しても多くの場合元どおりに回復する。この植物の生物量の回復には，肉食動物の生物量の変化による影響が考えられる。

ア　一時的に増加する　　　イ　一時的に減少する

5　中学生の律子さんは探究活動を行いました。次は，そのときの先生との会話と実験です。①～⑥に答えなさい。ただし，実験に使用した糸の重さと体積は考えないものとします。

〈会話〉

先生：どうして氷が水に浮くと思いますか。

律子：物体が水に浮いたり沈んだりするのは，物体と水のそれぞれの密度の大小関係によって決まると学習しました。

先生：そうですね。水が氷に状態変化するときは， P が変わらず Q が大きくなり，密度が R なるので，氷は水に浮くことになります。水に浮いている氷は水からどんな力を受けているか覚えていますか。

律子：氷は水から浮力を受けていて，浮力が(a)重力とつり合うと静止します。

先生：では，浮力について【実験１】をもとにして，考えてみましょう。

【実験１】

容器の中に水を入れ，直方体の物体Ａを入れると，物体Ａは水に浮かんで静止した。図１は，このときの様子を模式的に表している。物体Ａを入れる前から，物体Ａが水に浮かんで静止したときまでに，上昇した水面の距離 x〔cm〕を測定した。この実験を，水の量と容器は変えずに，別の直方体の物体Ｂ～Ｄについても行った。図２は，物体Ａ～Ｄの体積と質量の関係を示している。

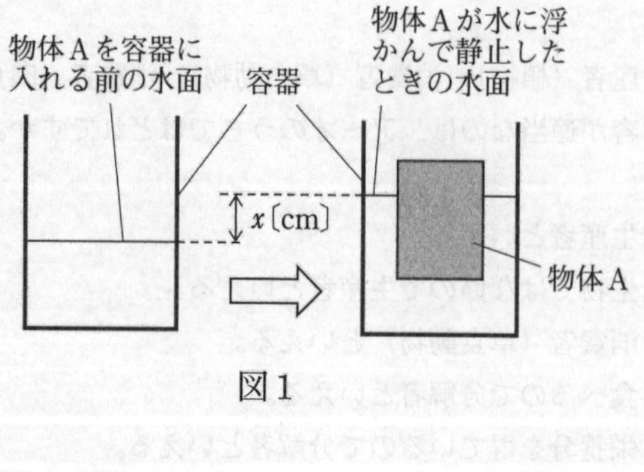

図１

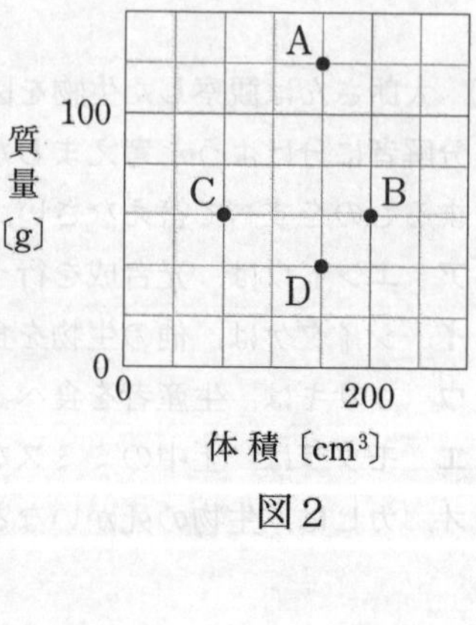

図２

〈結果１〉

物体Ａ～Ｄはすべて水に浮いた。

物体	Ⅰ	Ⅱ	Ⅲ	Ⅳ
上昇した水面の距離 x〔cm〕	0.8	1.2	1.2	2.4

〈考察１〉

上昇した水面の距離 x〔cm〕が大きいほど，物体の水中にある部分の体積が大きいと考えられる。物体にはたらく重力と浮力がつり合うことから，物体の水中にある部分の体積が大きいものほど浮力が大きくなることがわかった。

① 〈会話〉の P ～ R に当てはまることばの組み合わせとして最も適当なのは，**ア**～**エ**のうちではどれですか。一つ答えなさい。

	P	Q	R
ア	質量	体積	大きく
イ	質量	体積	小さく
ウ	体積	質量	大きく
エ	体積	質量	小さく

② 下線部(a)について，地球上ではたらく重力の大きさが約１Ｎになる物体の質量は，**ア**～**エ**のうちではどれですか。一つ答えなさい。

ア 1g　**イ** 10g　**ウ** 100g　**エ** 1000g

③ 〈結果１〉の Ⅰ ～ Ⅳ には，物体Ａ～Ｄのいずれかが入ります。Ⅰ ～ Ⅳ に入る物体について，正しく説明しているのは，**ア**～**エ**のうちではどれですか。当てはまるものをすべて答えなさい。

ア Ⅰ には，最も質量の小さい物体Ｄが入る。

イ Ⅱ と Ⅲ には，密度の等しい物体Ａと物体Ｃが入る。

ウ Ⅱ と Ⅲ には，質量の等しい物体Ｂと物体Ｃが入る。

エ Ⅳ には，最も体積の大きい物体Ｂが入る。

律子さんは，さらに浮力について調べるため，【実験２】を行いました。

【実験２】

次のページの図３のように，重さ2.0Ｎの直方体のおもりを，面ａを上にしてばねばかりにつるした。(b)このおもりを水の入った容器にゆっくりと沈めていき，水面からおもりの下面までの距離 y〔cm〕とばねばかりが示す値を測定した。おもりの下面は常に水面と平行にした。

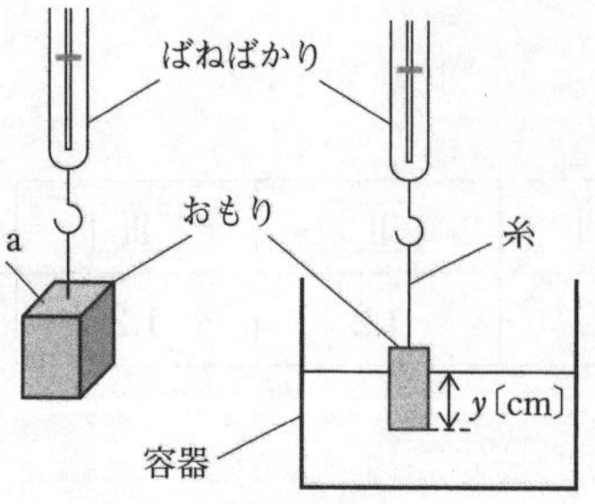

図3

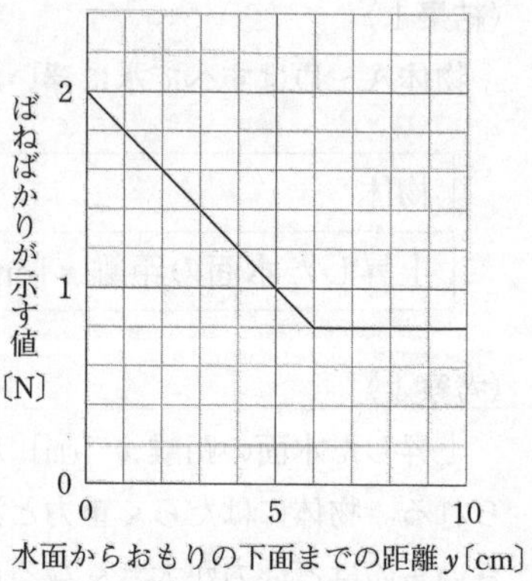

図4

〈結果2〉

水面からおもりの下面までの距離とばねばかりが示す値の関係は，図4のようになった。

〈考察2〉

結果2から，yの値が6.0までは，おもりにはたらく浮力の大きさはyの値に比例することがわかった。(c) yの値が6.0以上になると，浮力の大きさは変化していない。これは，浮力は水の深さに関係しておらず，また，［ S ］ためである。これらのことから，浮力の大きさはおもりの水中にある部分の体積に比例することがわかった。

④ 下線部(b)でばねばかりが示す値が1.6Nのとき，おもりにはたらく重力の大きさと浮力の大きさはそれぞれ何Nですか。

⑤ 下線部(c)の理由となるように，［ S ］に当てはまる適当なことばを，解答欄の書き出しに続けて書きなさい。

⑥ 【実験2】で使用したおもりと同じおもりを，面aを上にして横に2個つなぎ，ばねばかりにつるしました。これを図5のように，水の入った容器にゆっくりと沈めていき，水面からおもりの下面までの距離 z〔cm〕とばねばかりが示す値を測定しました。図6はこの関係を表したグラフです。［(あ)］～［(う)］に当てはまる適当な数を書きなさい。

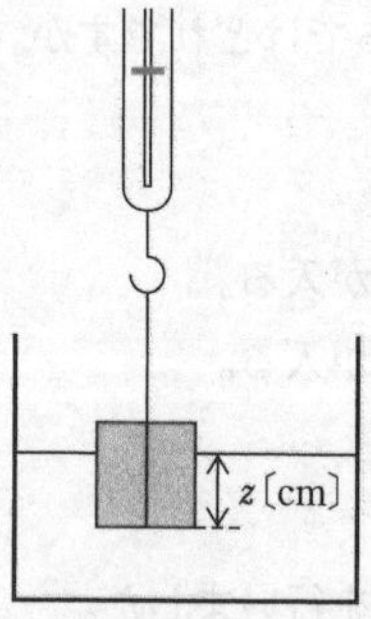

図5

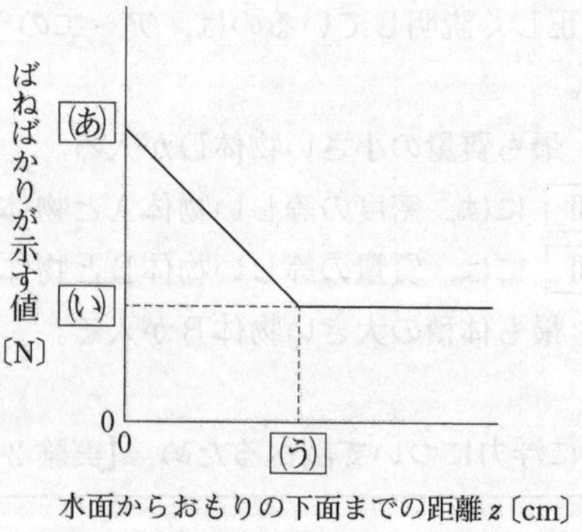

図6

＜社会＞

時間　45分　満点　70点

1　花子さんは，「我が国における土地と人との関係」に着目して近代までの歴史的分野の学習をふり返り，次の表を作成しました。①～⑥に答えなさい。

時代区分	その時代の様子
原始	(a)稲作が伝えられると，人々はムラ（集落）をつくり，やがてクニ（国）としてまとまっていきました。
古代	全国の土地は国家のものとされ，土地を与えられた人々は租などを負担しました。その後，土地の私有が認められるようになり，(b)摂関政治を行った藤原氏などの貴族は広大な土地を所有しました。
中世	実力を付けた(c)武士によって土地の管理が行われるようになりました。一方で，民衆が自治を行った地域もありました。やがて，戦国大名が各地の土地支配をめぐって争いました。
近世	全国を統一した豊臣秀吉《とよとみひでよし》は太閤《たいこう》検地を行い，検地帳を作らせました。これにより，土地の収穫高が石《こく》という単位で表され，石高にもとづいて年貢《ねんぐ》が集められるようになりました。その後，(d)江戸幕府のもとで，幕府と藩《はん》が全国の土地と人々を支配する体制が築かれました。
近代	(e)植民地を広げる諸外国の影響を受け，近代化に向けた諸改革が進みました。その改革の中で，財政の安定を目的に地租改正が実施され，地租が集められるようになりました。

①　下線部(a)に関して，花子さんは資料1を収集し，次のようにまとめました。□に当てはまることばを一つ書きなさい。

稲作が広まったことで，人々の生活や集落間の関係に変化がありました。そうした変化を受け，資料1に見られるような□を設けた集落が各地につくられました。

資料1

②　下線部(b)が行われたころに我が国で栄えた文化について述べた文として最も適当なのは，ア～エのうちではどれですか。一つ答えなさい。

ア　天守（天守閣）をもつ城が築かれるなどした，豪華で壮大な文化。

イ　寝殿造が完成するなどした，唐風の文化をもとに独自の工夫がなされた文化。

ウ　法隆寺釈迦三尊像《しゃかさんぞんぞう》がつくられるなどした，我が国で最初の本格的な仏教文化。

エ　臨済宗《りんざいしゅう》の寺院が建てられるなどした，禅宗の影響を受けた文化。

③　下線部(c)について，武士と土地の関わりについて述べた**ア**～**エ**を，年代の古いものから順に並ぶように記号で答えなさい。

ア　南北朝の内乱のころ，守護が権限を拡大し，国を支配する守護大名に成長した。

イ　領地を手放した御家人を救うため，鎌倉幕府は徳政令を出した。

ウ　平泉を拠点とした奥州《おうしゅう》藤原氏が，東北地方で勢力を強めた。

エ　朝倉氏などが，独自の法である分国法を定め，領国の支配を強化した。

④　下線部(d)に関して，花子さんは徳川吉《とくがわよし》宗《むね》が行った改革の影響について調べ，江戸幕府の領地の石高の推移を示した資料２のグラフを作成しました。徳川吉宗の改革のうち，資料２から読み取れる変化をもたらした政策の内容を書きなさい。

資料２

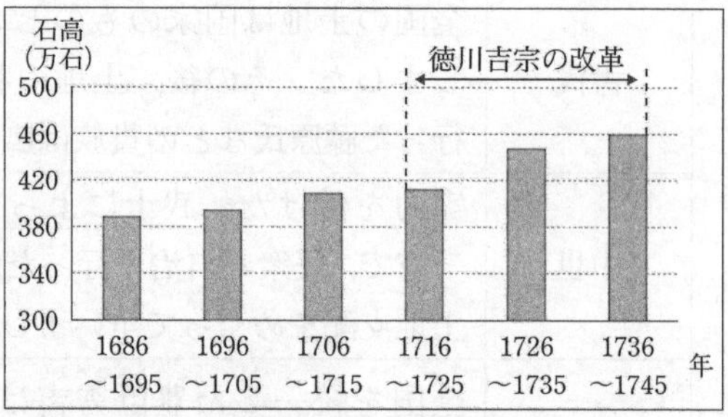

（注）石高は，各期間における平均の石高。
（「角川　日本史辞典」から作成）

⑤　下線部(e)について述べた次のXとYの文について，内容の正誤を表したものとして最も適当なのは，**ア**～**エ**のうちではどれですか。一つ答えなさい。

X　ドイツは，アヘンを厳しく取り締まった清《しん》に対し，アヘン戦争をおこした。

Y　フランスは，積極的な南下政策をとり，日本に使節を派遣し和親条約を結んだ。

ア　X，Yのどちらも正しい。　**イ**　Xのみ正しい。

ウ　Yのみ正しい。　**エ**　X，Yのどちらも誤っている。

⑥　花子さんは，太閤検地の際に作成された検地帳と，地租改正の際に作成された地券について調べ，内容を比較しました。次は，それぞれに記された項目と花子さんのメモです。□ に当てはまる適当な内容を，資料３，資料４の違いに着目して書きなさい。

資料３　**検地帳に記された項目**

・所在地
・面積
・石高
・耕作者の名前
など

資料４　**地券に記された項目**

・所在地
・面積
・地価
・地租の額
・所有者の名前
など

地租改正によって，土地にかかる税は，□ ようになった。こうした税制度の変化は，資料３と資料４の項目の違いからもわかる。

2　次の図１は，緯線と経線が直角に交わる地図であり，図２は，Ｘを中心とする，中心からの距離と方位が正しい地図です。①～④に答えなさい。なお，図１中の緯線は赤道から，経線は本初子午線から，いずれも20度間隔です。

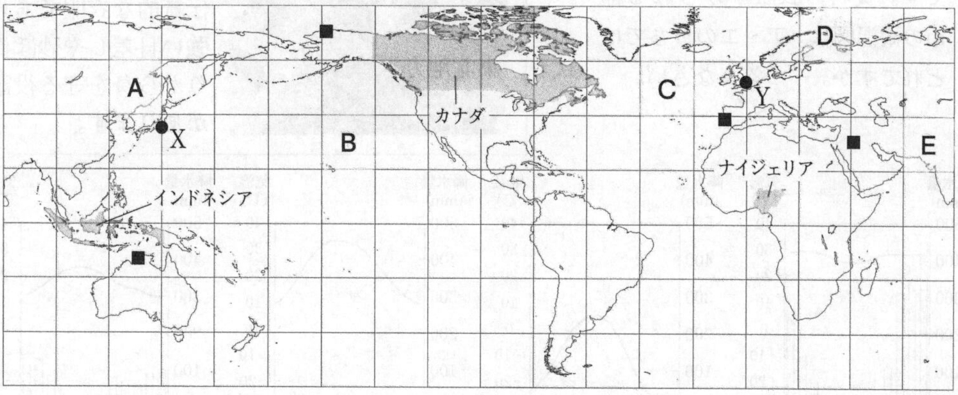

図１

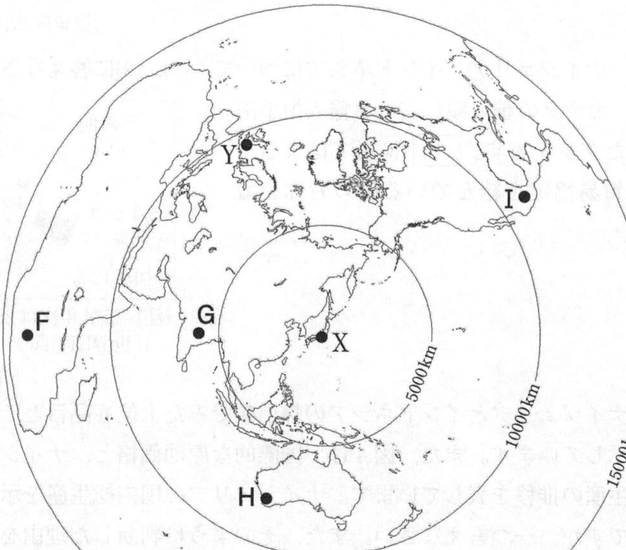

図２

①　図１と図２のＸとＹは，それぞれ地球上の同じ地点を示しています。地点Ｘと地点Ｙを地球上において最短距離で結んだ場合，通過するのは図１のＡ～Ｅで示した範囲のうちではどれですか。当てはまるものをすべて答えなさい。

②　図２において，南緯20度，東経20度の地点を示しているのは，Ｆ～Ｉのうちではどれですか。一つ答えなさい。

③　右の資料は，図1に■で示した四つの都市のいずれかでみられる伝統的な衣服についての説明です。資料の衣服がみられる都市の雨温図は，ア～エのうちではどれですか。一つ答えなさい。

資料

写真の衣服は，この地域の気候に応じた伝統的な衣服であり，強い日差しや砂ぼこりから身を守る役割があります。

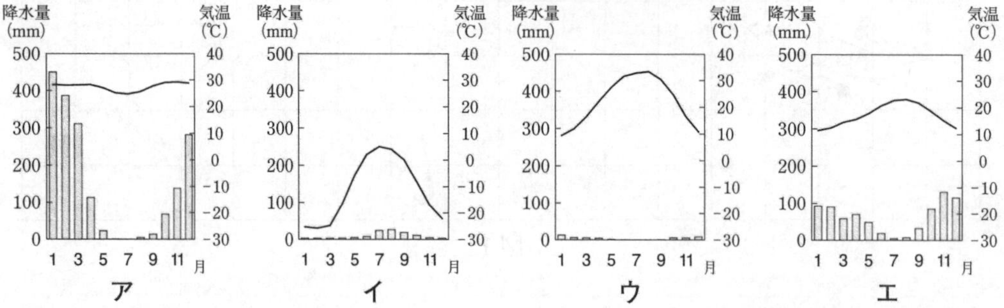

（気象庁Webページから作成）

④　図1のカナダ，ナイジェリア，インドネシアについて，(1)，(2)に答えなさい。

(1)　右の図3は，カナダの輸入額に占める輸入相手国の割合を示したグラフです。□に当てはまる，カナダと自由貿易協定を結んでいる国の名称を書きなさい。

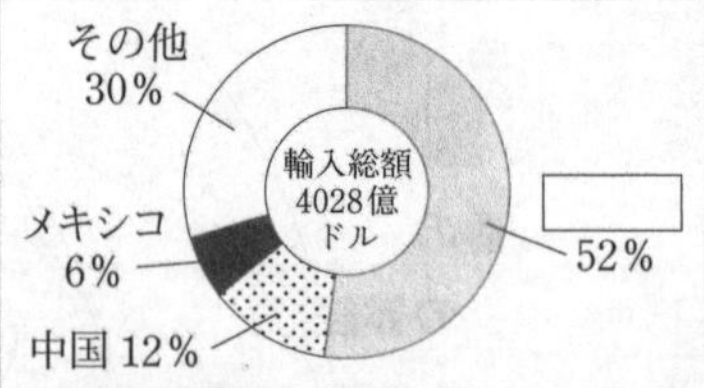

（注）統計年次は2016年。

（「世界国勢図会 2018/19」から作成）

図3

(2)　次の表は，ナイジェリアとインドネシアの輸出額でみた上位6品目とそれらが輸出総額に占める割合を示しています。また，図4は，国際的な原油価格と，ナイジェリアとインドネシアの国内総生産の推移を表しています。ナイジェリアの国内総生産を示すのは，図4のAとBのどちらですか。一つ答えなさい。また，そのように判断した理由を，表と図4から読み取れる内容をもとにして書きなさい。

表　**輸出品目及び輸出総額に占める割合（%）**

順位	ナイジェリア		インドネシア	
1	原油	82.0	石炭	10.0
2	液化天然ガス	11.7	パーム油	9.9
3	石油ガス	1.3	機械類	9.5
4	液化石油ガス	0.8	衣類	5.2
5	カカオ豆	0.7	自動車	4.0
6	製造たばこ	0.4	原油	3.6

（注）統計年次は2016年。

（「世界国勢図会2018/19」から作成）

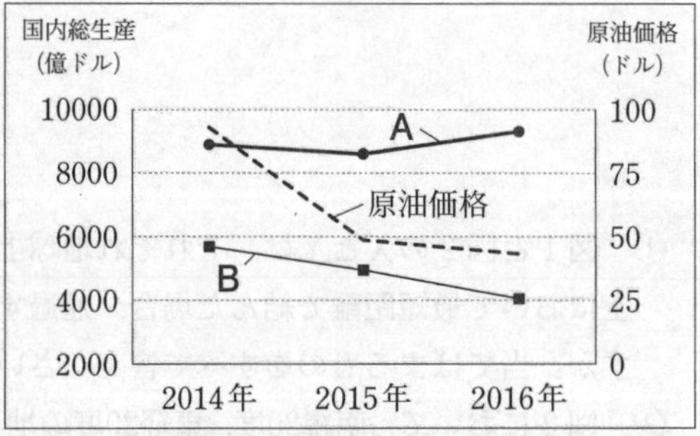

（注）原油価格は1バレル（約159ℓ）あたり。

（「世界国勢図会 2019/20」から作成）

図4

3　順子さんは，「近現代史にみるさまざまな情報発信の形」というテーマで調べ学習を行い，次の資料１～５を作成しました。①～⑥に答えなさい。

資料１

演説

自由民権運動の演説会の様子です。各地で演説会を開き，運動の支持者を増やしました。

資料２

風刺画

国を擬人化してえがいた風刺画です。人物の配置などから，日露戦争直前の国際関係がわかります。

資料３

雑誌

吉野《よしの》作造《さくぞう》の評論などが掲載されたこの雑誌は，教育の普及や政治への関心の高まりにより，発行部数を伸ばしました。

資料４

新聞

日本が国際連盟の脱退を通告する直前の新聞です。見出しが記事の内容を短く表しています。

資料５

ラジオ・テレビ

家庭に電気が普及し，ラジオやテレビが登場しました。テレビは，高度経済成長期に普及が進みました。

①　資料１に関して，自由民権運動の始まりについて述べた文として最も適当なのは，ア～エのうちではどれですか。一つ選びなさい。

ア　足尾銅山鉱毒被害についての質問書を，田中正造が国会で提出した。

イ　不平等条約の改正などを目的に，岩倉具視《いわくらともみ》らが欧米諸国を訪問した。

ウ　ききんの影響で苦しむ人々の救済を目的に，大塩平八郎が乱を起こした。

エ　国会の開設を求める建白書《けんぱくしょ》を，板垣退助らが政府に提出した。

②　資料２の風刺画において，Xの人物で表された国の名称を書きなさい。

③　資料３に関して，吉野作造は，天皇主権のもとでも，民衆の考えにもとづいた政治を行うことを主張しました。この主張を何といいますか。漢字四字で書きなさい。

④　資料４に関して，⑴，⑵に答えなさい。

⑴　資料の新聞記事について説明した次の文章の［　　］に当てはまる適当な内容を，次のページの図１を参考にして，「承認」ということばを用いて書きなさい。

資料４の新聞記事は，1933年２月の国際連盟の総会で，［　　　］の引きあげを求める勧告が採択された時のものです。これに反発した日本政府は，翌月に国際連盟からの脱退を通告しました。

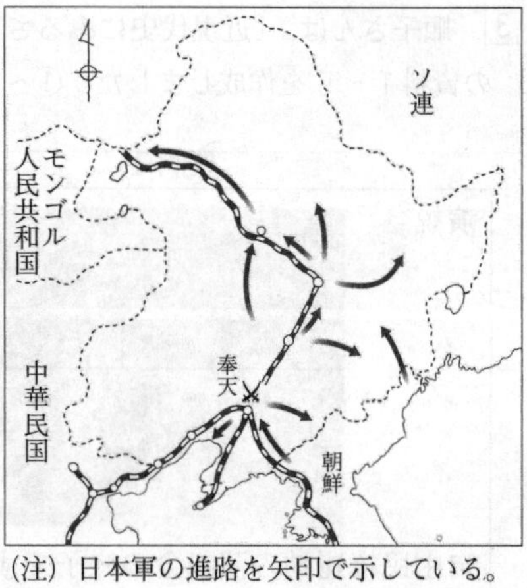

(注) 日本軍の進路を矢印で示している。

図１ 1931～1932年の日本軍の進路

(2) 次のア～エは，資料４の他に収集した新聞記事の見出しを，順子さんが読みやすくしたものです。ア～エの見出しで表されたできごとが年代の古いものから順に並ぶように記号で答えなさい。

ア 「日独伊三国同盟成立　ベルリンで調印」
イ 「沖縄が日本復帰『平和の島』を誓う」
ウ 「戦争終結の公式文書発表　ポツダム宣言を受諾《じゅだく》」
エ 「サンフランシスコ平和条約調印　49か国が署名」

⑤ 資料５に関して，図２は主な耐久消費財の家庭への普及率を表したグラフです。ア～エは，それぞれカラーテレビ，コンピュータ，電気冷蔵庫，乗用車のいずれかです。カラーテレビの普及率を示すのは，ア～エのうちのどれですか。一つ答えなさい。

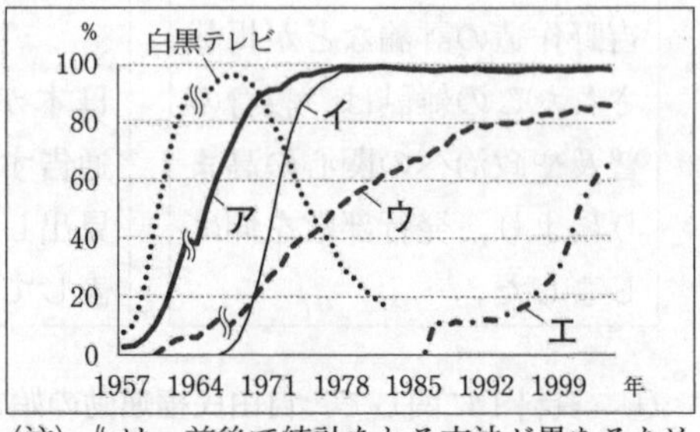

(注) ≬は，前後で統計をとる方法が異なるため連続しない。

(「内閣府消費動向調査」から作成)

図２

⑥ 次は，順子さんが作成した調べ学習のまとめの文章の一部です。［　　］に当てはまることばを書きなさい。

現代は，インターネット端末などの普及が進み，自分からも広く情報発信ができるようになりました。情報機器は便利ですが，使うときには注意も必要です。

例えば，新たな人権の一つとして認められてきている，個人の私生活に関する情報は公開されないという［　　　］が守られるよう配慮することが大切です。

4 太郎さんは，授業で中部地方を学習したことをきっかけに，北陸に関心をもち，その特色について調べました。図1は，太郎さんが作成した略地図です。①～④に答えなさい。

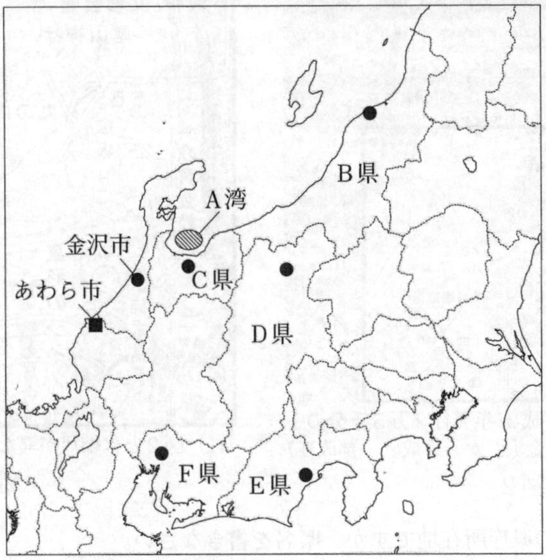

(注) ●は県庁所在地を示す。

図1

① 図1のA湾について太郎さんが説明した次の文章の □ に当てはまることばを書きなさい。

この湾は，多種多様な魚がとれる水産資源の宝庫です。その理由の一つに，湾の中に暖流の □ 海流が流れ込んでいることがあります。

② 太郎さんは，図1のB～Fの各県にある観光レクリエーション施設数と，各県庁所在地から東京まで移動する際の所要時間を調べ，次の表を作成しました。B県に当てはまるのは，ア～オのうちのどれですか。一つ答えなさい。

表

	キャンプ場	スキー場	海水浴場	県庁所在地から東京までの所要時間
ア	89	30	61	約100分
イ	159	73	―	約 90分
ウ	60	―	56	約 60分
エ	24	1	22	約100分
オ	33	7	10	約130分

(注) ―は皆無なことを示している。所要時間は，県庁所在地の新幹線停車駅から東京駅までの新幹線のおおよその時間。施設数は2018年3月末時点。所要時間は2018年12月末時点。

(「データでみる県勢2020」，「JR時刻表」から作成)

③ 太郎さんは，東京から金沢市に移転した「国立工芸館」を訪れたいと考え，次のページの図2の金沢市中心部の2万5千分の1地形図を収集しました。また，図3は，図2の黒枠の範

囲を拡大して作成したものです。⑴～⑶に答えなさい。

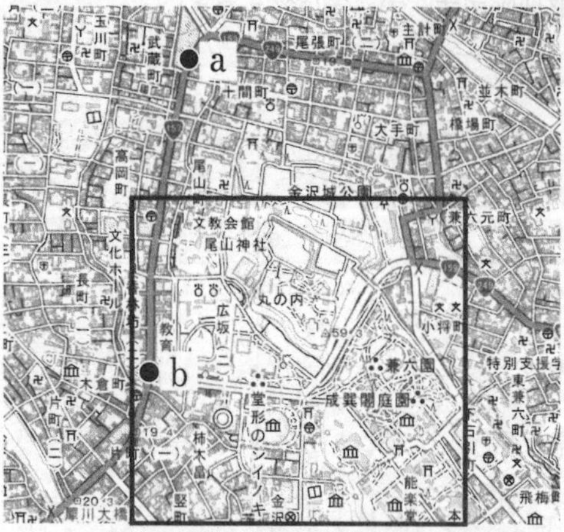

(国土地理院平成27年発行２万５千分の１地形図「金沢」から作成。一部改変)

図２

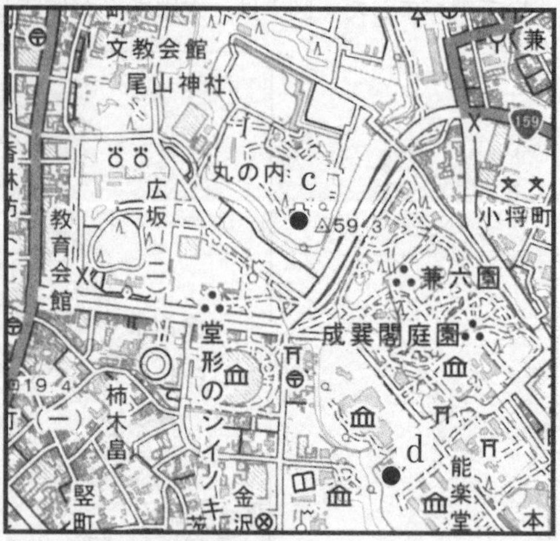

(注) 図２とは縮尺が異なる。

図３

⑴　金沢市は何県の県庁所在地ですか。県名を書きなさい。

⑵　図２の地点ａと地点ｂの間は，地図上で４㎝です。地点ａと地点ｂとの間の実際の直線距離として最も適当なのは，ア～エのうちではどれですか。一つ答えなさい。

ア　約100m　　イ　約500m　　ウ　約1000m　　エ　約2000m

⑶　図３をもとに太郎さんが作成した次のメモの X ， Y に当てはまる数字とことばの組み合わせとして最も適当なのは，ア～エのうちではどれですか。一つ答えなさい。

・地点Cの金沢城跡の付近には，標高 X メートルの計曲線がある。
・国立工芸館が移転したのは， Y から見て東南東の方角の地点ｄである。

ア　X ：50　Y ：警察署
イ　X ：50　Y ：市役所
ウ　X ：100　Y ：警察署
エ　X ：100　Y ：市役所

④　太郎さんは，あわら市沖合の洋上風力発電所の建設に際し環境アセスメントが実施されるニュースに関心をもちました。環境アセスメントについての説明した次の文の □ に当てはまる適当な内容を書きなさい。

環境アセスメントとは，大規模開発が行われる場合に，その開発が □ することである。

5　洋平さんのクラスでは，過去の衆議院議員総選挙を題材に学習を行いました。洋平さんの班は各政党の公約の主な部分を項目別に整理し，次のページの表にまとめました。①～⑤に答えなさい。

洋平さんの班が作成した表（一部）

項目	A党	B党
景気対策	規制緩和を進め，企業の自由な経済活動を促す。	景気回復のため，公共事業を積極的に実施する。
雇用・(a)労働	柔軟な働き方が選べるよう，雇用形態の多様化を一層進める。	正規雇用の増加のため，正社員就職の支援を充実させる。
国際関係	自由貿易の推進のため，他国との経済的な関係強化を図る。	近隣諸国との関係を重視し，さまざまな(b)協力・支援を行う。
社会保障	(c)社会保障制度を見直し，社会保障費の削減を目指す。	各種手当やサービスを一層充実させ，国民生活の安定を図る。

洋平さんの班での会話

洋平：この時は，2年ぶりの衆議院議員総選挙でした。つまり，選挙の前に衆議院の［X］があったということですね。みなさんはどのようなことに気付きましたか。

明子：こうして表にしてみると，各政党の政策の方針がわかりやすいですね。B党と比べて，A党は［Y］を目指しているようです。

香奈：私は景気対策について気になっています。表の内容を比べると，どの政党が与党になるかによって，とられる対策は大きく違いそうです。

洋平：そうですね。だからこそ，私たち国民は，(d)自分の意見を政治に反映させるためにも，政党や候補者の情報をよく調べ，政策を比較・検討した上で投票することが大切なのだと思います。

① 洋平さんの班での会話の［X］，［Y］に当てはまることばの組み合わせとして最も適当なのは，ア～エのうちではどれですか。一つ答えなさい。

ア　［X］：解散　　［Y］：小さな政府
イ　［X］：解散　　［Y］：大きな政府
ウ　［X］：総辞職　　［Y］：小さな政府
エ　［X］：総辞職　　［Y］：大きな政府

② 下線部(a)に関して，労働者によって自主的に組織される団体として労働組合があります。労働組合が組織される目的を説明しなさい。

③ 下線部(b)に関して，国際的な協力・支援の一つとして「政府開発援助」があります。(1)，(2)に答えなさい。

(1)「政府開発援助」をアルファベットの略称で書きなさい。

(2) 次の資料１は，いくつかの国の「政府開発援助」の援助実績額と前年の実績からの増減率を示しています。また，資料２は，資料１の国が行った「政府開発援助」の地域別割合を示したグラフです。資料１，資料２から読み取れる内容として誤っているのは，**ア**～**エ**のうちではどれですか。一つ答えなさい。

資料１

国名	援助実績額（億ドル）	増減率（%）
アメリカ	307	−0.2
ドイツ	224	−1.0
日本	133	−11.9
イギリス	125	9.3
フランス	95	10.4

（注）援助実績額は，二国間政府開発援助の実績額。支出総額ベース。増減率は，前年からの増減額を前年の実績額で割ったもの。統計年次は2018年。

資料２

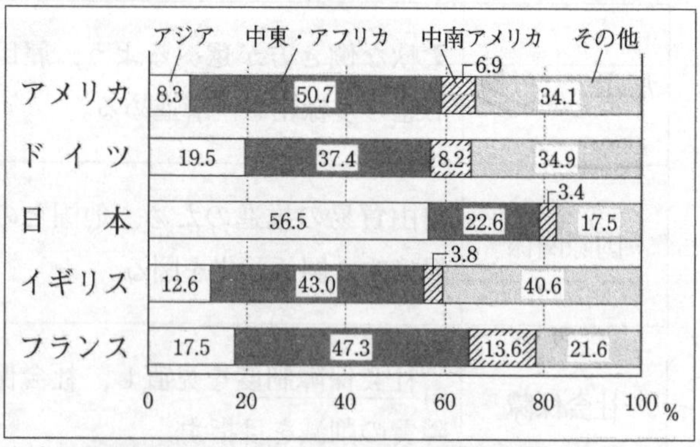

（注）二国間政府開発援助の実績額の地域別割合。統計年次は2018年。

（資料１及び資料２は外務省「2019年版開発協力参考資料集」などから作成）

ア　資料の国のうち，前年より援助実績額が増加している国の政府開発援助の地域別割合は，中東・アフリカ地域に対する割合が最も大きい。

イ　日本のアジア地域に対する援助実績額は，資料の国の中で最も多い。

ウ　フランスの中南アメリカ地域に対する援助実績額は，アメリカの中南アメリカ地域に対する援助実績額より少ない。

エ　ドイツは，前年に比べ，援助実績額が３億ドル以上減少した。

④ 下線部(c)に関して，次のA，Bの文は，日本における社会保障の四つの制度のうちのいずれかについて説明したものです。それぞれの文で説明された制度の組み合わせとして最も適当なのは，**ア**～**エ**のうちではどれですか。一つ答えなさい。

A　社会生活を営むうえで不利だったり立場が弱かったりして自立することが困難な人たちを支援するための施設の整備やサービスの提供などを行う。

B　人々が健康で安全な生活を送ることができるように，生活環境の改善や感染症の予防などを行う。

ア　A：社会保険　　B：公衆衛生
イ　A：社会保険　　B：公的扶助
ウ　A：社会福祉　　B：公衆衛生
エ　A：社会福祉　　B：公的扶助

⑤ 洋平さんは，下線部(d)に関して，次のページの資料3，資料４をもとにあとのようにまとめました。資料３は，現代の日本における国民と国会・内閣・裁判所の関係を表した図であり，資料４は，内閣府が行った調査の結果をもとに作成したものです。資料３の［　］と洋平さんのまとめの［　］に共通して当てはまることばを漢字二字で書きなさい。

資料3

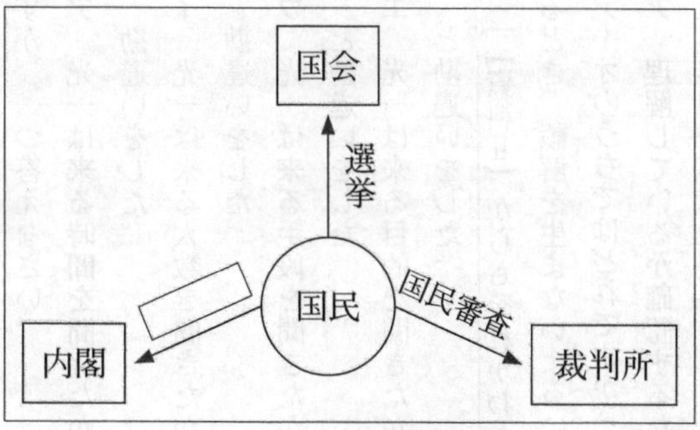

（衆議院Webページから作成）

資料4

国の政策に国民の考えや意見がどの程度反映されていると思いますか

かなり反映されている	1.2%
ある程度反映されている	27.9%
あまり反映されていない	52.1%
ほとんど反映されていない	15.0%
わからない	3.8%

（注）調査年次は2020年。
18歳以上の日本国籍を有する者１万人を対象にした調査項目。5392人が回答。

（内閣府Webページから作成）

資料３のように内閣に影響を与える［　　］ですが，その基本となるのは私たち国民一人一人の意見です。行政機関やマスメディアなどは，資料４のような［　　］調査を実施し，その動向を把握しようとしています。こうした調査の結果などの情報を公正に判断できるように，他の人との意見交換などを通して，幅広い見方をすることを心掛けたいです。

容を説明したものとして最も適当なのは、**ア**～**エ**のうちではどれですか。一つ答えなさい。

ア　光一は来る時間を聞きたかったのに、相手は光一に怒られたと勘違いをした。

イ　光一は来る人数を聞きたかったのに、相手は光一に断られたと勘違いをした。

ウ　光一は来る手段を聞きたかったのに、相手は光一に嫌がられたと勘違いをした。

エ　光一は来る目的を聞きたかったのに、相手は光一に無視されたと勘違いをした。

②　ⓑ「【資料Ⅱ】からもそれがわかるね」とありますが、対面で話をするとき、誤解を生まないようにするための工夫として適当なのは、**ア**～**オ**のうちではどれですか。当てはまるものをすべて答えなさい。

ア　理解しているか確認するために相手の反応を見る。

イ　実物の写真や資料を見せながら説明する。

ウ　話の内容に関係なく常に笑顔を保つ。

エ　相手が聞きもらさないように大事なことは繰り返す。

オ　漢語を多用して話の内容を短くまとめて話す。

③　ⓒ「文字で……気を付けること」とありますが、具体的にはどのようなことに気を付ける必要がありますか。あなたの考えを**条件**に従って八十字以上百字以内で書きなさい。

条件

1　一文目に、【資料Ⅲ】にある「ことばの誤解が起こる原因」のうちどれか一つを取り上げ、解答欄の書き出しに続けて書くこと。

2　二文目以降に、取り上げた原因について、誤解を生まないようにするためにはどうすればよいかを具体的に書くこと。

【資料Ⅱ】洋平さんたちの行った取材のメモの一部

［質問］　対面で話をするときに、効果的だと思うことは何ですか？

［回答］

・理解しているか確認するために相手の反応を見る
・実物の写真や資料を見せながら説明する
・話の内容に関係なく常に笑顔を保つ
・相手が聞きもらさないように大事なことは繰り返す
・漢語を多用して話の内容を短くまとめて話す

【資料Ⅲ】

ことばの誤解が起こる原因

○文の組み立てや文法に関わる場合

文の組み立てや文法的な問題により、意味が一つに決められないことがある。

○ことばを使う文脈や状況に関わる場合

ことばの意味が、状況によって曖昧になったり異なったりすることがある。

○送り手と受け手の主観や価値観の違いに関わる場合

意味が曖昧で、使う人の主観や価値観によって解釈が変わることばがある。

○地域のことばに関わる場合

地域のことばの意味がわからないことがある。

（文化庁　平成29年度「分かり合うための言語コミュニケーション（報告）」から作成）

先生　そうですね。補足すると、筆者はその解放感と不安定感とをまとめて、両義的感覚と呼んでいました。たとえば「 Z 」というのは、両義的感覚を経験している点で筆者の考える自由の感覚の例に当てはまります。二人とも深く考えられていますね。

ア　プロのサッカー選手が実際にやっているトレーニングについて取り上げられた雑誌を読んで、将来はプロになるという夢をもっている自分も同じトレーニングをして、技術を磨くことにした。

イ　欲しいゲームソフトを買うのにお金が足りなかったため祖父に相談したところ、お小遣いをたくさんもらったので、ゲームソフトを買った残りのお金で何を買おうかしばらく悩んでしまった。

ウ　学級委員として積極的にクラスの仲間とコミュニケーションをとることで、文化祭の劇を成功させることができて肩の荷が下りたが、一方で胸にぽっかりと穴があいたような寂しさも感じた。

エ　試合は勝たなければ意味がないと思っていた私は、負けた試合からも得られるものがあるという話を監督から聞いて戸惑ったが、今後はどんな試合からでも学ぶ姿勢を大切にしたいと思った。

4　生徒会役員の洋平さんと光一さんは、授業で【資料Ⅰ】について学習し、その内容を生徒会新聞に取り上げることにしました。二人は次のページの【資料Ⅱ】、【資料Ⅲ】を見ながら話し合いをしています。次の【二人の会話】を読んで、①～③に答えなさい。

【資料Ⅰ】

言語表現は誤解を招きやすい仕組みになっている。伝える側はある情報をことばに託す。受けとる側は逆にことばから情報を探る。この構造がくせものなのだ。表現が正しくても、それが多義的なら、情報が思いどおりに伝達できるという保証はないからだ。他人は自分ではない。背景も知識も経験も違う。その表現で他人に正しく伝わるか、一度は他人の目になって点検したい。そんなちょっとした配慮が誤解を未然に防ぐ。

（出典　中村明《なかむらあきら》「日本語の美――書くヒント――」）

【二人の会話】

洋平　【資料Ⅰ】を読んでいたら、これまで自分が正確に情報を伝えられていたか、不安になってきたよ。

光一　文字だけでやりとりするのって難しいよね。「明日家に遊びに行くよ」っていうメールに「何で来るの？」って返事をして、誤解されたことがあるよ。

洋平　それはⓐ文字だけだと勘違いしそうな返事だね。

光一　そうなんだよ。会って話をしている時と同じ感覚で返事をしたのがよくなかったね。反省したよ。

洋平　確かに、対面で話をするときには、誤解を生まないために工夫していることがあるね。

光一　ⓑ【資料Ⅱ】からもそれがわかるね。考えてみると、文字で情報を伝えるときも対面で話すときも、気を付けるべきことはたくさんありそうだね。

洋平　その二つは分けて考えたほうがよさそうだね。まずはⓒ「文字で情報を伝えるときに気を付けること」についての記事を書こうか。【資料Ⅲ】を参考にできそうだね。

①　ⓐ「文字だけだと……返事だね」とありますが、ここでの勘違いの内

いって、他者と共有できないわけではない。そこで自分が感じる自由は、まさにその場で他の人と共に問い、考え、語り、聞くことではじめて得られるものである。だからそれは、他者と共に感じる自由なのだ。

こうして私たちは考えることで自由になり、また他の人といっしょに考えることで、お互いが自由になる――ⓕ哲学対話は、このような固有の、そしておそらくは、より深いところにある自由を実感し理解する格好の機会なのである。

（出典　梶谷真司《かじたにしんじ》「考えるとはどういうことか」）

（注）哲学対話――複数人で輪をつくり、正解のない身近な問いについて一緒に考え対話することで、お互いの思考を引き出す活動。

① ――の部分ⓐ、ⓓを漢字に直して楷書で書きなさい。

② [A]、[B]にそれぞれ入れることばの組み合わせとして最も適当なのは、ア～エのうちではどれですか。一つ答えなさい。

ア　A 縛りつけ　B 支え　　**イ**　A 拘束し　B 放置し

ウ　A 閉じ込め　B 避け　　**エ**　A 支配し　B 信頼し

③ ⓑ「一人のほうが……考えることが多い」とありますが、このとき他者はどのような存在としてみなされるかを説明した次の文の[　]に入れるのに適当なことばを、文章中から五字で抜き出して書きなさい。

自分にとって他者は[　]となる存在である。

④ ⓒ「利害」と熟語の構成（組み立て）が同じものは、ア～オのうちではどれですか。当てはまるものをすべて答えなさい。

ア　懸命　**イ**　加減　**ウ**　記録　**エ**　動揺　**オ**　進退

⑤ ⓔ「本当にそうなのだろうか」とありますが、筆者がこのように述べる理由を説明したものとして最も適当なのは、ア～エのうちではどれですか。一つ答えなさい。

ア　自分と同じように他者も自由であることを求めるので、自らの自由を強く主張すべきだと考えているから。

イ　自由になる方法は幼いころに他者から学んでいるので、相手に敬意を払うことが大切だと考えているから。

ウ　他者は自分が自由であるための前提となるものであり、成長した後もそれは同じことだと考えているから。

エ　他者がいなければ自由になることじたい不可能であり、自分を犠牲にすることは当然だと考えているから。

⑥ ⓕ「哲学対話」について、先生と二人の生徒が話しています。[X]、[Y]に入れるのに適当なことばを、[X]は十字以内、[Y]は三十字以内でそれぞれ書きなさい。また、[Z]に入れる具体例として最も適当なのは、ア～エのうちではどれですか。一つ答えなさい。

先生　哲学対話をすることで感じられる自由について、筆者はどのように述べていますか。

香穂　自由という感覚じたいは[X]ですが、他者と共に感じるものだと筆者は言っています。でも、どうして哲学対話によって自由になれるのですか。

健太　それについては冒頭に書いてありました。自ら問い、考え、語ったことについて、他者とやりとりして互いの思考を深めるのが哲学対話でした。そして、哲学対話を通して[Y]時に抱く解放感と不安定感を、筆者は自由の感覚と呼んでいました。だから、哲学対話をすることで自由になれると言えるのでしょう。

とだろう。自分自身から、そして自分の置かれた状況、自分のもっている知識やものの見方から距離をとる。その時私たちは、それまでの自分自身から解き放たれる。

自分とは違う考え方、ものの見方を他の人から聞いた時、新たな視界が開けるのは、文字通り目の前の空間が広がって明るくなる開放感として表れる。今まで分かっていたことが分からなくなると、モヤモヤした感じがする。

そうしたもろもろの感覚は、どこか似たところがある。何かから切り離された感じ。自分をつないでいたもの、自分が立っていた地盤から離れる。それは一方では、自分を [A] ていたものからの解放感であり、他方で、自分を [B] ていたものを失う不安定感である。

解放感と不安定感——この両義的感覚は、まさしく自由の感覚であろう。

これはさしあたり私の個人的な感覚にすぎないかもしれない。しかし私自身は、哲学対話のさいにこのような自由の感覚を経験し、考えることで自由になれたのだという実感がある。

そして他の人の表情を見ていても、きっと同じような経験をしているのだという感触をもっている。参加者が眉間にしわを寄せて一見苦しげに見えながら、深いところで満ち足りていて、楽しんでいるように見える。この両義的な表情から、他の人たちも同じように自由を感じているように私には思えるのだ。

自由には重要な点がある。それは個人と自由との関係である。私たちは、自由であることと、一人であることをしばしばⓐムスびつける。ⓑ一人のほうが気ままで自由だと考えることが多い。哲学でも「他者危害の原則」、すなわち「他人にとって害にならないかぎり、自由を認めるべきだ」という考え方がある。

日常生活の中でも、「誰にも迷惑かけてないでしょ」と言って、自分の行動の自由を正当化する人がいる。「あんたに関係ないでしょ」というのも、口出しするな、私の勝手にさせてくれという、自分の自由を主張するためによく使われるセリフだ。

このような表現からも分かるように、個人の自由にとって他者は、〝障害〟とされることが多い。実際、個人どうしのⓒ利害や価値観、意向は一致しないのが普通であろう。ある人の自由は他の人の自由と衝突する。そこで他者との間で折り合いをつける必要が出てくる。他の人と関わることは、自由をⓓセイゲンする要因となる。

だがⓔ本当にそうなのだろうか。本当にそれだけなのだろうか。

実際、他の人といることで譲歩したり、我慢したりしないといけないことはある。けれども他者と共にいても、あるいは共にいるからこそ、自由だと感じることもあるのではないか。それに私たちは、どこかでまず自由の〝味〟を覚えた後に、それが抑えられたり妨げられたりする状態として不自由さを感じるのではないか。

私たちは生まれてから（あるいは生まれる以前から）、他の人との間で、他の人といっしょに生きている。最初の自由の感覚は、そこで身につけたはずだ。その時他者は、自由の障害ではなく、むしろ前提だったにちがいない。他者との関わりがあるからこそ、個人の自由が可能になり、そのうえで他者が時に障壁になるのではないか。

だとすれば、この自由の感覚は、成長するにつれて、薄まることはあっても、けっして失われることはないだろう。私たちの自由を妨げるのが他者なら、私たちを自由にしてくれるのも他者だということは、実は大人になっても変わらないはずだ。

これはたんなる理屈ではない。対話において哲学的瞬間に感じる自由は、感覚じたいが個人的であり、主観的であるとしても、だからと

2　次の文章は、松尾芭蕉《まつおばしょう》の俳句とその解説文です。これを読んで、①～③に答えなさい。

古池やⓐ蛙《かはづ》飛び込む水の音

ただの古い池ではありません。「古」は「故」に通じ、かつては人が住んでいたが、今は誰も住んでいない家の池のことです。そんな場所で、蛙が飛び込んだ音に耳を傾けている人物は、相当閑《ひま》な人ですね。

単にすることがないというのではありません。心に悩み事や迷う事もない、落ち着いた心でないと、こんな状況は迎えられません。その心の静けさの中に聞こえてきたのが、蛙の水に飛び込む音だったのです。その音は、作者の雑念のない心によってすくい取られた音だったわけです。また、「古池」は一種の「死」の世界でもあるわけですが、そんなところにも生き物の命の躍動を聞き取ったとも言えるでしょう。

和歌・連歌《れんが》では蛙は鳴き声を鑑賞するものでした。しかし、芭蕉の心は、この「蛙」にⓑ新しい連想を見出《いだ》したという意味でも、実は画期的であったわけです。

俳句を詠《よ》むようになると、時間の流れが違って感じられます。何分刻みの時間に追われる世界とは別のものです。

今日のように、電車や自動車や飛行機を使って、正確に人・モノを移動させる時代、学校や職場での時間は、数字に刻まれたそれです。しかし、休憩時間や日曜日、それに夏休みには、時計を忘れた「時間」が流れます。ⓒ俳句の「時間」とは、まさにそういうものです。

（出典　井上泰至《いのうえやすし》「俳句のルール」）

①　ⓐ「蛙」について、次の(1)、(2)に答えなさい。

(1)　「かはづ」の読みを、現代かなづかいを用いてひらがなで書きなさい。

(2)　「蛙」のように、俳句で季節を表すために用いられることばを何と言いますか。漢字二字で書きなさい。

②　ⓑ「新しい連想を見出した」とありますが、「新しい連想」の説明として最も適当なのは、ア～エのうちではどれですか。一つ答えなさい。

ア　古池のそばで蛙の鳴く声を手がかりにして、蛙が跳ねる気配を察したこと。

イ　古池のそばで蛙の鳴く声を手がかりにして、人生のはかなさを悟ったこと。

ウ　蛙が古池に飛び込む音を手がかりにして、その命の躍動を感じ取ったこと。

エ　蛙が古池に飛び込む音を手がかりにして、寂れた池の存在に気付いたこと。

③　ⓒ「俳句の『時間』」とありますが、これがどういうものかを説明した次の文の [X] 、 [Y] に入れるのに適当なことばを、 [X] は七字、 [Y] は五字で、それぞれ解説文から抜き出して書きなさい。

正確さが求められる、学校や職場で流れるような [X] 時間とは違い、芭蕉が [Y] を保っていたような、思いのままに過ごす時間。

3　次の文章を読んで、①～⑥に答えなさい。

哲学対話で私たちは自ら問い、考え、語り、他の人がそれを受け止め、応答する。そして問いかけられ、さらに思考が促される。こうして私たちはお互いを鏡にして、そこから翻《ひるがえ》って自らを振り返る。

それは抽象的な言葉で言えば、「相対化」とか「対象化」というこウミネコ――カモメに似た海鳥。
ランナー――親株から長く伸びる茎。土に根づくと新しい株になる。
美大――美術大学の略称。
三姉――三人の姉。恵介には「剛子」「進子《しんこ》」「誠子《せいこ》」という名前の三人の姉がいる。

① ――の部分ⓑ、ⓕの漢字の読みを書きなさい。

② ⓐ「そんな言葉が……むずむずした」とありますが、ここからわかる「恵介」の心情を説明したものとして最も適当なのは、**ア**～**エ**のうちではどれですか。一つ答えなさい。

ア 慣れている農業に比べると、子どもの世話をするのは得意ではないことを弁解したいという心情。
イ 農業についてはまだ素人《しろうと》なので、自信をもって語ることができないことを補足したいという心情。
ウ 奥深い農業の魅力を理解するためには、実際に体験したほうが早いことを説明したいという心情。
エ 農業は手伝いとして行っているだけであり、仕方なしにやっていることを主張したいという心情。

③ ⓒ「いつも理由があった」とありますが、「恵介」が考える「理由」を説明したものとして最も適当なのは、**ア**～**エ**のうちではどれですか。一つ答えなさい。

ア 子どもが気に入るように配慮したり、進学に必要な資金を稼いだりするため。
イ 子どもに偉大な父親の姿を見せたり、仕事を継ぎたいと思わせたりするため。
ウ 農業の発展に様々な形で貢献したり、興味のあることを研究したりするため。
エ 子どもに嫌われないようにしたり、仕事に打ち込む姿勢を見せたりするため。

④ ⓓ「いまの恵介には……思えた」とありますが、このときの「恵介」の心情について説明した次の文の□に入れるのに適当なことばを、三十字以内で書きなさい。

苺を練乳につけて食べたがる女の子に対して、□。

⑤ ⓔ「おずおずと」のここでの意味として最も適当なのは、**ア**～**エ**のうちではどれですか。一つ答えなさい。

ア 恥じらいながら　**イ** 喜びながら　**ウ** ためらいながら
エ 怒りながら

⑥ ⓖ「親父にも見せてやりたい」とありますが、このときの「恵介」の心情を説明した次の文の□に入れるのに適当なことばを、十五字以内で書きなさい。

毎日の地味で過酷で誰もほめてくれない作業が□によって報われた喜びを、農業に人生を捧《ささ》げてきた父親と共有したいという心情。

⑦ この文章の表現の特徴について説明したものとして最も適当なのは、**ア**～**エ**のうちではどれですか。一つ答えなさい。

ア 恵介と園児たちの短い会話を連続させることによって、園児たちに恐る恐る声をかける恵介のぎこちない態度を表現している。
イ 園児たちを銀河と重ね合わせて描写することによって、園児たちを息子同様に温かく見守っている恵介の様子を表現している。
ウ 比喩表現を使わないで具体的に説明することによって、園児たちのかわいらしい表情やしぐさをより生き生きと表現している。
エ 物語中の出来事を常に恵介の視点で語ることによって、園児たちに対する恵介の行動や気持ちの変化を客観的に表現している。

仕事がなくても「仕事で疲れてるから都合が悪い」。

仕事。仕事。都合。都合。だが、親父の仕事の「都合」は、じつは俺たちきょうだいの「都合」だった。無口な親父の無言のメッセージだったのだ。面倒くさいメッセージではあるが。

ふと恵介は思った。そういえば、銀河にはまだ一度も、俺の採りたて苺を食べさせてないな、と。

俺の？

ついん。

誰かに尻を突《つ》かれた。

振り返ると真下に、三歳児だろう、ひときわ幼い女の子がいた。空になった容器を両手でかかえあげて恵介に見せてくる。目が合うと、口をくし切りのかたちにして、にんまぁと笑った。練乳がなくなったから欲しい、ということのようだ。

「ああ、ちょっと待ってね」

歩きかけてから、子どもの前にしゃがみこむ。

「そうだ。ミルクなしで食べてごらん。ほんとうはそのほうがおいしいんだよ」

女の子はぷるぷると首を横に振る。両手の容器もぷるぷる。

少し前なら、どう食べようが人の好き好きだ、と気にも留めなかっただろうが、ⓓいまの恵介には、何種類もの具材を何時間も煮込んだスープに、どばどばとケチャップを注いでトマト味にしてしまうぐらいもったいないことに思えた。

「ほら、これを食べてごらん」

葉陰に隠れていた大粒をもいで差し出す。

ひと口まんじゅうみたいなちいさくてまるっこい手がⓔおずおずと苺をつまみ取っだが、口には入れず、空っぽの容器と見比べて眉と眉をくっつけた。泣かせちまったかと思ったら、ぱかんと口を開けた。

銀河と同じだ。何かを口に入れる時にはまず、口を食べ物と同じ大きさに開く。

大きく口を開いたわりには、ほんの少しを小さく齧《かじ》り取る。ほっぺたをもくもくふくらませたとたん、女の子の目が糸になった。

「ほっほう」

紙をまるめたみたいに顔をくしゃくしゃにした。

な。うまいだろ。

近くにいた園児たちが恵介に群がってきた。

「オレにも選んで、おいしいの」

「桃花にももかにも」

「よーし、待ってな」

小さいほうがおいしそうに見えるのか、数多く食べられるからか、みんな小粒の苺ばかりⓕ狙う。ちっちっちっ。違うんだな。苺は大粒のほうがうまいのだ。おじさんのところでは、大玉をつくるために、ひと房ごとの実の数をわざわざ減らしているのだよ。

「まず先っぽを齧ってごらん。そこがいちばん甘いんだ」

「うっほー、うまうま」

「あま〜い」

子どもたちみんなの顔がまるめた紙になった。

ふっふっふ。どうだ、まいったか。これがプロの味だ。

毎日の地味で過酷で誰も誉《ほ》めてくれない作業が報われた気がした。

この子たちのくしゃくしゃの顔をⓖ親父にも見せてやりたい。

（出典　荻原浩《おぎわらひろし》「ストロベリーライフ」）

(注)　グラフィックデザイナー――商業用の目的で作られた、宣伝資料・包装などのデザインをする職業。

〈国語〉

時間　四五分　　満点　七〇点

1　次の文章は、「望月恵介《もちづきけいすけ》」が、苺《いちご》のビニールハウスを見学に来た園児たちを迎える場面です。「恵介」はグラフィックデザイナーですが、父親が体調を崩したため、三か月前から妻と五歳の息子「銀《ぎん》河《が》」を東京に残して実家に戻り、父に代わって苺の栽培をしています。これを読んで、①～⑦に答えなさい。

ハウスの前に並んだ園児は、三歳児から五歳児まで全部で四十三人。先生の一人がぱちんと手を叩《たた》いて、子どもたちの注意を集める。

「みんな～、今日お世話になる農家の望月さんでーす」

そう言って、恵介を片手でさし示した。

いや、俺は、農家の望月さんじゃなくて、これは親の手伝いで、本業はⓐ――そんな言葉が体から出たがって喉の奥がむずむずした。子どもの頃から、農業はかっこ悪い、そう考えてきたからだ。

「はい、ご挨拶～」

「おおおせおせわにになりまおせわまますす」

練習してきたのだろうが、声も頭を下げるタイミングもバラバラ。列から脱走して走りまわっている子もちらほら。

先生たちは慣れたもので、牧羊犬のようにすみやかに園児たちをハウスの中へ追いこんでいく。いちおう見学なのだから、全員が中に入ったところで恵介は説明を開始した。何日も前から考え、こっそりリハーサルもしたせりふだ。

「ここはハウスと言います。苺のおうちですね。ここで苺たちはまず花を咲かせます。白い小さな花です。その花をよく見ると――」

誰も聞いちゃいなかった。苺農家の「見学」に慣れているらしい五歳児が苺に群がると、年下の子どもたちも次々とそれにならう。ウミネコの群れに小魚を放り投げたような騒ぎになった。

通路に垂れたランナーが踏みにじられ、花がむしられ、白い実までつまみとられ――恵介はあわてて声を張りあげた。

「白いのはまだ食べられないよー。赤い実だけ食べてね～」

まだ白い実をむしりとっている銀河と同じ年頃の子どもに、恵介は熟した赤い実を渡してやる。銀河と、少し前の銀河が四十三人集まっていると思えば、怒ったりはできなかった。

この年になって恵介はようやく気づいた。親父《おやじ》の農業の方向転換ⓑや事業拡大は、ただの気まぐれに見えて、ⓒいつも理由があったことに。

米農家をやめてトマトを始めたのは恵介が高校二年の時。進路に悩んでいた頃だ。恵介は、美大にするか普通の大学にするかで悩んでいただけなのだが、子どもと会話のない親父は、進学か農業を継ぐかで迷っているのだと勝手に信じこんだのだと思う。きっと、恵介に、トマト農家なら「かっこよくて儲《もう》かる」と思わせたかったのだ。

恵介が小学生の頃、養豚にも手を広げて、姉たちから「臭い」と嫌がられても何年も続けたのは、ちょうど三姉の高校進学や大学受験や専門学校への入学が毎年のように続いていた時期だ。

古民家みたいだった納屋《なや》を建て替えたのは、剛子《たかこ》ネエが成人式を迎えた年。あれは晴れ着姿の剛子ネエが家の前での記念撮影を拒否したせいかもしれない。

親父のことを恵介はずっと、子どもや家庭は母親にまかせきりで、自分と仕事の都合しか考えていない人だと思っていた。旅行に行こう、ときょうだいの誰かが言っても、「仕事があるから都合が悪い」

MEMO

大切なことはメモしておこうネ！

2021年度

解　答　と　解　説

《2021年度の配点は解答用紙集に掲載してあります。》

＜数学解答＞

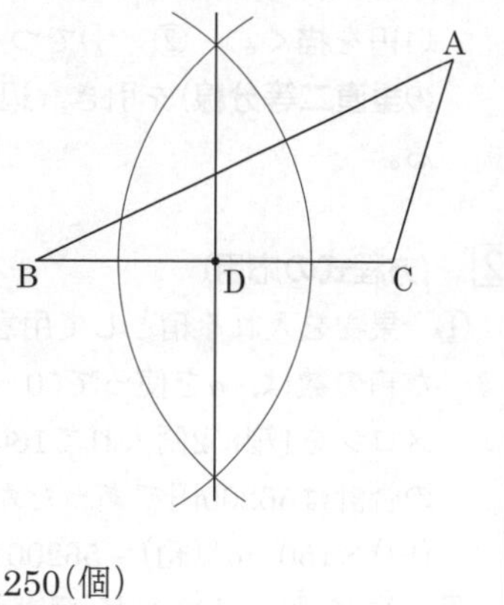

1　① 4　② -20　③ $a-8b$　④ $-5ab$
⑤ 2　⑥ $x=\frac{5\pm\sqrt{21}}{2}$　⑦ エ　⑧ $\frac{5}{18}$
⑨ $6\sqrt{10}\pi\,\text{cm}^3$(求める過程は解説参照)　⑩ 右図

2　① (1) $50-a$　(2) $750a+1600(50-a)$
② (3) $250x+800y$　(4) $\frac{x}{3}+\frac{y}{2}$
③ $\begin{cases}\text{桃84(個)}\\ \text{メロン44(個)}\end{cases}$

3　① ア，ウ　② (1) $a=12$　(2) $\frac{3}{2}\leqq y\leqq 4$
③ $a=2,\ 3,\ 5$

4　① (1) 3(回)　(2) 1000個以上1500個未満　(3) 1250(個)
② (1) $y=20x-5000$　(2) 2440(個)　(3) 解説参照

5　① 解説参照　② (1) 3(cm)　(2) 2：1　(3) $\frac{27}{11}$(cm)

＜数学解説＞

1　(数・式の計算，平方根，二次方程式，関数$y=ax^2$，確率，円錐の体積，作図)

① 正の数・負の数をひくには，符号を変えた数をたせばよい。$-3-(-7)=-3+(+7)=4$

② 異符号の2数の積の符号は負で，絶対値は2数の絶対値の積だから，$(-5)\times4=-(5\times4)=-20$

③ 分配法則を使って，$3(a-2b)=3\times a+3\times(-2b)=3a-6b$，$2(a+b)=2\times a+2\times b=2a+2b$ だから，$3(a-2b)-2(a+b)=(3a-6b)-(2a+2b)=a-8b$

④ 異符号の2数の商の符号は負で，絶対値は2数の絶対値の商だから，$10ab^2\div(-2b)=-(10ab^2\div2b)=-\frac{10ab^2}{2b}=-5ab$

⑤ 乗法公式$(a+b)(a-b)=a^2-b^2$より，$(\sqrt{7}+\sqrt{5})(\sqrt{7}-\sqrt{5})=(\sqrt{7})^2-(\sqrt{5})^2=7-5=2$

⑥ 2次方程式$ax^2+bx+c=0$の解は，$x=\frac{-b\pm\sqrt{b^2-4ac}}{2a}$で求められる。問題の2次方程式は，$a=1$，$b=-5$，$c=1$の場合だから，$x=\frac{-(-5)\pm\sqrt{(-5)^2-4\times1\times1}}{2\times1}=\frac{5\pm\sqrt{25-4}}{2}=\frac{5\pm\sqrt{21}}{2}$

⑦ 関数$y=ax^2$のグラフは，$a>0$のとき上に開き，$a<0$のとき下に開いている。これより，(3)の放物線は$y=-2x^2$である。また，aの絶対値が大きいほど，グラフの開きぐあいは小さくなるから，$\frac{1}{2}<1$より，(2)の放物線が$y=\frac{1}{2}x^2$で，(1)の放物線が$y=x^2$である。

⑧ 大小2つのさいころを同時に投げるとき，全ての目の出方は$6\times6=36$(通り)。このうち，出る目の数の和が5以下となるのは，大きいさいころの出た目の数をa，小さいさいころの出た目の数をbとしたとき，$(a,\ b)=(1,\ 1)$，$(1,\ 2)$，$(1,\ 3)$，$(1,\ 4)$，$(2,\ 1)$，$(2,\ 2)$，$(2,\ 3)$，$(3,\ 1)$，$(3,\ 2)$，$(4,\ 1)$の10通り。よって，求める確率は$\frac{10}{36}=\frac{5}{18}$

⑨ （求める過程）（例）$\triangle$ABOにおいて$\angle$AOB＝90°だから，**三平方の定理**より$AO^2+3^2=7^2$
$AO^2=40$　AO＞0だから，$AO=2\sqrt{10}$　よって，求める体積は，
$\frac{1}{3}\times\pi\times3^2\times2\sqrt{10}=6\sqrt{10}\pi$

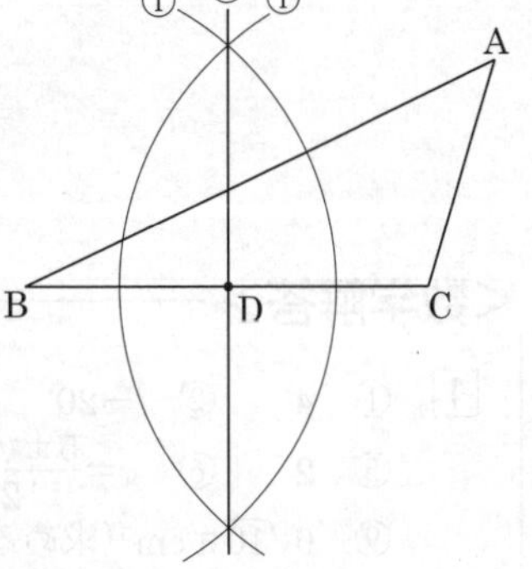

⑩ （着眼点）　$\triangle$ABDと$\triangle$ADCの底辺をそれぞれBD，DCとすると，**高さが等しい三角形の面積比は，底辺の長さの比に等しい**から，BD：DC＝$\triangle$ABD：$\triangle$ADC＝1：1　つまり，点Dは辺BCの中点である。（作図手順）　次の①～②の手順で作図する。
　①　点B，Cをそれぞれ中心として，交わるように半径の等しい円を描く。　②　①でつくった2つの交点を通る直線（辺BCの**垂直二等分線**）を引き，辺BCとの交点（辺BCの中点）をDとする。

2 （方程式の応用）

①　果物を入れる箱として用意した50箱のうち，桃を入れた箱の数をa箱とすると，メロンを入れた箱の数は，aを使って$50-a$（箱）…(1)　と表すことができる。桃を1箱に3個入れて750円で，メロンを1箱に2個入れて1600円で販売したところ，用意した50箱がすべて売れ，その売り上げの合計は56200円であったから，売り上げの合計で方程式をつくると，750（円）×a（箱）＋1600（円）×$(50-a)$（箱）＝56200（円）　つまり，$750a+1600(50-a)=56200$…(2)となる。

②　桃がx個，メロンがy個売れたとする。桃を1箱に3個入れて750円で，メロンを1箱に2個入れて1600円で販売したから，桃は1個あたり750（円）÷3（個）＝250（円），メロンは1個あたり1600（円）÷2（個）＝800（円）であり，その売り上げの合計は56200円であったから，売り上げの合計で方程式をつくると，250（円）×x（個）＋800（円）×y（個）＝56200（円）　つまり，$250x+800y=56200$…(3)となる。また，桃は1箱に3個入れ，メロンは1箱に2個入れて販売したところ，用意した50箱がすべて売れたから，売れた箱の数の合計で方程式をつくると，x（個）÷3（個）＋y（個）÷2（個）＝50（箱）　つまり，$\frac{x}{3}+\frac{y}{2}=50$…(4)となる。

③　連立方程式(3)，(4)を解く。(3)の両辺を50で割ると，$5x+16y=1124$…(5)　(4)の両辺に6をかけると，$2x+3y=300$…(6)　(5)×2－(6)×5より，$17y=748$　$y=44$　これを(4)に代入して，$\frac{x}{3}+\frac{44}{2}=50$　$x=84$　よって，売れた桃とメロンの個数はそれぞれ84個と44個である。

3 （比例関数，数の性質）

①　底辺$x$cmと高さ$y$cmの平行四辺形の面積が20cm²だから，$xy=20$　これをyについて解いて，$y=\frac{12}{x}$より，**yはxに反比例する**。1辺が$x$cmの正六角形の周の長さ$y$cmは，$y=6x$だから，**yはxに比例する**。1000mの道のりを毎分xmの速さで進むときにかかる時間y分は，(時間)＝$\frac{(道のり)}{(速さ)}$より，$y=\frac{1000}{x}$だから，yはxに反比例する。半径$x$cm，中心角120°のおうぎ形の面積$y$cm²は，$y=\pi x^2\times\frac{120}{360}$より，$y=\frac{\pi}{3}x^2$だから，**$y$は$x$の2乗に比例する**。

②　(1)　$y=\frac{a}{x}$は点(4，3)を通るから，$3=\frac{a}{4}$　$a=3\times4=12$

(2)　$y=\frac{12}{x}$のグラフは，xが増加するとyは減少するグラフだから，yの**最小値**は，$x=8$のとき$y=\frac{12}{8}=\frac{3}{2}$　yの**最大値**は，$x=3$のとき$y=\frac{12}{3}=4$　yの**変域**は，$\frac{3}{2}\leqq y\leqq4$

③　**関数$y=\frac{a}{x}$のグラフは，原点を対称の中心として点対称である。**また，グラフ上の点のうち，x座標とy座標がともに整数となるのは，xがaの約数となるときである。これより，x座標とy座標がともに整数である点が4個となるのは，$x>0$で，x座標とy座標がともに整数である点が2個となるときであり，これはaが約数を2つもつときである。以上より，問題の条件に適するのは，aが**素数**のときであり，6以下の素数は$a=2$，3，5

4　(資料の散らばり・代表値，一次関数の利用)

①　(1)　スギ花粉の飛散量の**平均値**は2567個であり，これは2500個以上3000個未満の**階級**に入っているから，その**度数**は3回である。

(2)・(3)　**度数分布表**や**ヒストグラム**の中で度数の最も多い階級の**階級値**が**最頻値**。度数の最も多い階級，つまり階級値が入っている階級は，度数が7回の1000個以上1500個未満の階級で，最頻値はその階級値の$\frac{1000+1500}{2}=1250$(個)である。

②　(1)　直線ℓは2点(300，1000)，(500，5000)を通るから，その傾きは$\frac{5000-1000}{500-300}=20$　直線ℓの式を$y=20x+b$とおいて(300，1000)を代入すると，$1000=20\times300+b$　$b=-5000$　直線ℓの式は$y=20x-5000$

(2)　(1)の直線ℓの式に$x=372$を代入して，K市における2021年のスギ花粉の飛散量は$y=20\times372-5000=2440$(個)と予想できる。

(3)　(例)**中央値**が入っている階級は1500個以上2000個未満であり，予想した値は，中央値より大きいから。

5　(相似の証明，線分の長さ，線分の長さの比)

①　(証明)　(例)△ABDと△ECDにおいて，$\overset{\frown}{BC}$に対する**円周角**は等しいから，∠BAD＝∠CED…(i)　**対頂角は等しい**から，∠ADB＝∠EDC…(ii)　(i)，(ii)から，2組の角がそれぞれ等しいので，△ABD∽△ECD

②　(1)　線分BEは∠ABCの二等分線だから，∠ABE＝∠CBE…(i)　弧AEに対する円周角は等しいから，∠ABE＝∠ACE…(ii)　弧CEに対する円周角は等しいから，∠CBE＝∠CAE…(iii)　(i)，(ii)，(iii)から，∠ACE＝∠CAEであり，2つの角が等しいので，△EACは二等辺三角形　よって，CE＝AE＝3cm

(2)　EF//CBより，**平行線と線分の比についての定理**を用いると，ED：DB＝GD：DC　これより，ED：GD＝DB：DCだから，△ABD∽△ECDであることを考慮すると，ED：DG＝DB：DC＝AB：EC＝6：3＝2：1

(3)　(2)より，ED：DG＝2：1…(i)　△ABD∽△ECDより，AD：ED＝AB：EC＝6：3＝2：1＝4：2…(ii)　(i)，(ii)より，AD：DG＝4：1＝12：3…(iii)　線分BEは∠ABCの二等分線だから，**角の二等分線と線分の比の定理**を用いると，AD：DC＝AB：BC＝6：5＝12：10…(iv)　(iii)，(iv)より，AG：AC＝(AD－DG)：(AD＋DC)＝(12－3)：(12＋10)＝9：22　EF//CBより，平行線と線分の比についての定理を用いると，AF：AB＝AG：AC＝9：22　以上より，$AF=\frac{9}{22}AB=\frac{9}{22}\times6=\frac{27}{11}$(cm)

＜英語解答＞

1　問題A　(1)　ウ　　(2)　イ　　問題B　(あ)　six　　(い)　practice　　(う)　friends
問題C　(1)　エ　　(2)　ア　　問題D　(1)　イ　　(2)　going to the park better. I want to play tennis.

2　①　ウ　　②　called　　③　イ　　④　Can you take me　　⑤　イ

3　①　have to bring lunch　　②　have classes

4　①　(1)　小さい皿　　(2)　食べ物をすべて食べる　　②　イ→ア→ウ　　③　choices
④　ウ　　⑤　ア

5　①　エ　　②　ウ　　③　(1)　なぜ話すのをやめた　　(2)　何が話される
④　be too difficult to make　　⑤　ウ，オ

＜英語解説＞

1　(リスニング)

放送台本の和訳は，54ページに掲載。

2　(読解問題・資料読解：絵・図・表・グラフなどを用いた問題，語句補充・選択，語形変化，内容理解，自由・条件英作文)

(全訳)　講習会のちらし

パッククッキング(あ)シェフになろう！

簡単な料理方法に興味はありますか？　もしあるなら，「パッククッキング」はいかがでしょう？

とても簡単です！食材を切り，それをポリ袋に入れ，そのポロ袋を熱いお湯に入れて，約20分間ゆでましょう。

日にち：毎週土曜日

時間　：午後1時～午後4時

　(食べ始める時間：午後2時30分)

場所　：コズエホール105号室

参加費：1人500円(食材費300円，部屋代200円)

　　　学生は部屋代を支払う必要はありません。

小学生の場合は，参加するためには大人と一緒に来なければいけません。

詳細は，

123-4567にお電話ください

ジョン：今日の夕食はとても美味しいです。これはどうやって作ったのですか？

アオキ：まあ，ありがとう。これを見て。これは「パッククッキング」と(い)呼ばれているの。水と，食材と，調味料とポリ袋さえあればいいのよ。たくさんの調理道具は必要ないの。

ジョン：面白そうですね！聞いたことがありません。

アオキ：この方法で料理をすると，同時に1つの鍋でいくつかの料理ができるのよ，ポリ袋を熱いお湯に入れて一緒にゆでることでね。

ジョン：つまり水を(う)節約できるということですね？

アオキ：その通りよ。また，袋を密封する前にほんの少し調味料を入れればいいの。

ジョン：なぜですか？　それで十分なのですか？　味が(え)悪くなるのではないかと心配です。

アオキ：いいえ！その食べ物はおいしいですよ。熱いお湯の中のポリ袋が密封されているので調味料の香りがすぐに食べ物に広がるのです。料理を楽しんだ後は，鍋と少しの他の物を洗うだけでいいのです。簡単でしょう？

ジョン：すごいですね。僕はパッククッキングに興味をもちました。(お)この講習会に連れて行ってもらえますか？

アオキ：もちろん。それでは次の土曜日に行きましょう。あなたは中学生なので食材費だけ払えばいいのよ。

ジョン：ばっちりです！ありがとうございます，アオキさん。

① 全訳参照。 cartoonist ＝漫画家　newscaster ＝ニュースキャスター　chef ＝シェフ，料理長　lawyer ＝弁護士

② 全訳参照。 **<be 動詞＋動詞の過去分詞～>＝～される(受け身)**

③ 全訳参照。 save ＝節約する　worse ＝ひどい，より悪い(bad の比較級)

④ 全訳参照。 **Can you ～?＝～してもらえますか？**

⑤ 全訳参照。 ア　この講習会では料理を作るのは4時間かかる。　イ　ジョンは，この講習会についてもっと詳しく知りたければ電話をかけなければいけない。(○)　全訳内講習会のちらしの注意書きに注目。　ウ　中学生は大人と一緒にこの講習会に参加しなければならない。　エ　ジョンは次の土曜日にこの講習会に参加するために500円支払う。

3 (会話文問題：語句補充，自由・条件英作文)

(会話・解答例訳)

(1)　全部分かる，ジョー？　(2)　ええと，ここに書いてある言葉がいくつか分からないんだ，マイ。　(3)　どれ？　(4)　これだよ。　(5)　見てみましょう。①これはお昼ご飯を持って行く必要があるということよ。　(6)　そうか。　(7)　それじゃあ，これはどう？　(8)　大丈夫。これは雨の日の場合についてよ。もしその日が雨だったら，②授業があるの。　(9)　ああ，分かった。教えてくれてありがとう。

① **< have to ＋動詞の原形～>で「～する必要がある，～しなければならない」**

② 「授業がある」の意味を表す時は動詞 have を使う。

4 (会話文問題：メモ，手紙，要約文などを用いた問題，日本語で答える問題，語句補充，文の挿入)

(全訳) ■発表

ヒル　：皆さんは，人々が素敵な方法でいくつかの社会問題を解決していることについて学んできました。皆さんが見つけた例を共有してほしいと思います。それでは始めましょう，ボブ。

ボブ　：はい。僕は(あ)ある会社の社員食堂についての例を見つけました。その会社には食べすぎのために病気になった社員たちがいました。食料廃棄物もまた社員食堂の問題でした。これらの問題を解決するために，その会社は社員食堂で食事をする社員のために2つの大きさの皿を準備しました。小さい方の皿に載せる料理の量は少ないのでした。皿のそばに掲示も置きました。それにはこうありました，「社員の大部分は小さい方の皿を選びます。」すると，より多くの社員がそのようにし，皿の料理をすべて食べるようにもなりました。このように，その会社は両方の問題を解決したのです。

ヒル　：ありがとう，ボブ。その社員食堂は何の規則も作りませんでした。彼らはただ人々に2つの選択肢を与えましたね。ジェニー，あなたの例について私たちに教えてください。

ジェニー：はい。私はある街の駅の特別な階段についてお話します。毎日，その駅ではたくさんの人々がエスカレーターを使っていました。街は階段の上り下りの方が人々の体のためにはいいだろうと考えました。そこで，階段をピアノの鍵盤のような「ピアノ階段」に変えました。その上を歩くと，ピアノの音が聞こえるのです。この階段が作られてから，より多くの人たちがその階段を使い，楽しんで音を聞きました。

ヒル　：分かりました。人々の行動に影響を与える興味深い方法ですね。シホはどうですか？

シホ　：ええと，皆さんは道路に放置された自転車をよく目にすると思います，それらは道路を歩く人たちにとって危険である場合があります。はじめに，街は駐輪禁止の区域に駐輪禁止の標示をつけました。(い)イ　しかし，サインだけでは状況は何も変わりませんでした。　ア　そこで，街は他の方法を試しました。　ウ　街の子どもたちがメッセージ付きの絵を画いたのです。それらの絵は同じ場所に貼られました。それらの絵は道路に放置された自転車がなければ子どもたちは嬉しいということを表していました。人々は子どもたちを悲しませたくなかったので正しい場所に自転車を停め始めました。

ヒル　：分かりました。人々は子どもたちに申し訳ないと感じて正しいことを選び始めたのですね。はい，皆さん発表してくれてありがとうございました。社会問題を解決するために，何かするように人々に言うことは簡単かもしれません。しかし，それしか方法がないわけではありません。これらの例では，人々は，何かを決める必要がある時に，彼らがする(う)選択について「考える」機会を得ています。人々の行動はこれらのより賢い(う)選択から生じます。小さなことが私たちの生活をより良くするかもしれないのです。

■みなみのノートの一部

発表者	解決したい社会問題	工夫	工夫後の人々行動変化
ボブ	・(え)健康問題 ・食料廃棄物	・皿と掲示	・少ない量の方の食べ物を食べる ・食料廃棄物の減少
ジェニー	・(え)健康問題	・ピアノ階段	・(お)楽しいので階段をより頻繁に使う
シホ	・道路に放置された自転車	・子どもの絵	・駐輪禁止区域に自転車を駐輪することを(え)やめる

感想　私は，人々は厳しい規則がなくても他の人々の行動を変える可能性があるということを知り驚いた。私は他の例を見つけた。私たちの学校図書館に同じような掲示がある，「(き)この部屋で静かにしてくれてありがとうございます」だ。

① 全訳参照。ボブの発言の最後から2文目に注目。

② 全訳参照。空所(い)前後の文脈をよく読み取ろう。選択肢の文頭の接続詞にも注目。

③ 全訳参照。ヒル先生の2番目の発言最後から2文目に注目。　make a choice ＝選択する

④ 全訳参照。(え)ボブの発言下線部(あ)直後の2文に注目。　(お)ジェニーの発言最後の1文に注目。　(か)シホの発言最後の1文に注目。

⑤ 全訳参照。　ア　この部屋で静かにしてくれてありがとうございます。(○)　イ　図書館の本に字や絵を書いてはいけません。　ウ　この部屋にいる時は走らないこと。　エ　この部屋にいる時は飲食禁止。　3人の生徒たちが発表した例は，人々に行動の変化を促すときにルールを作ったり何かを禁止したりするメッセージを発信する方法をとっていない。この点で考え方として共通しているのはア。

5　(長文読解問題・論説文：内容真偽，文の挿入，日本語で答える問題，語句の並べ換え)

(全訳)　多くの学校では，生徒たちは他の人に自分の考えを伝える方法を学び，スピーチをする機会をもつだろう。これはとても有効だ，なぜなら上手に話すことは人生において重要なことだからだ。(あ)良いスピーチをするためには，大きな声で話すよう努力した方がよい。そうすれば，聞き手はあなたの声がより聞きやすいだろう。使う言葉を注意深く選択すれば，聞き手はあなたの言うことをより理解できる。手振りを使うことも良いことだ。聞き手はどのようにあなたが手を動かすかを見てあなたのスピーチで何が重要なのかを理解するだろう。これらのことをやってみれば，あなたのスピーチはより進歩することができるのだ。しかし，良いスピーチをするための他の方法もある。

スピーチをする時に，「間」を使ってみようとしたことはあるだろうか？　それはスピーチをより良くするために極めて優れた方法だ。(い)あなたが何も言わないのに聞き手はあなたの言うことを理解できるのだ。面白いと思わないだろうか？　それでは，なぜそれが効果的なのだろうか？

第1に(う)聞き手から注意を引くことができる。例えば，自己紹介を始める前に間をとろうとしてみよう。聞き手はあなたにより注意を払うだろう。スピーチの間でも，本当に言いたいことをいう前に間をとるとよい。間をとると，聞き手はあなたがなぜ話すのをやめたのかと思うだろう。彼らは次に何が話されるのかを知るために，より注意深く話を聞こうとするだろう。

第2に，間は聞き手に考える時間を与えるので，聞き手はあなたが言っていることをより良く理解する。あなたのスピーチが間をとらずに続くと，聞き手があなたのメッセージをよく理解するのは難しい。しかし，重要なことを言った後で少しだけ止まって待てば，聞き手はあなたの話によりついていきやすい。

第3に，間をとることは話し手にとっても良いことだ。間をとらずに話すと，何を言おうとしているのか思い出すのが難しい時がある。もし次に言おうとしていることについて心配し続けていたら，どんなことが起こるか想像できるだろうか？　(え)良いスピーチをすることは難しすぎてできないだろう。しかし，何度か間をとりながら話せば，それほど不安になる必要もないし，メッセージを忘れてしまうこともないだろう。それなら，自信をもって話すことができる。

他の人があなたの話を聞いている時に話すのを止めることは良くないと考える人たちもいる。会話では確かにそうかもしれない。他の人たちと話をする時，時間がそこにいるそれぞれの人で共有される。だから，間をとることは難しい。しかし，スピーチをする時は，たいていの場合集団に対して話し，話す時間はあなたにだけ与えられる。つまり，どのように間をとるかはあなた自身のやり方で決めることができるのだ。だから，効果的な方法で間を使うことはスピーチをする際に大切なことのひとつなのだ。

素晴らしい話し手になるために，人々とのより良いコミュニケーションのためのたくさんのさまざまな技術を使うことは重要だ。次にスピーチをする時には間をとることを試してみてはどうだろう？

① 全訳参照。　ア　第1段落3文目に注目。　イ　第1段落5文目に注目。　ウ　第1段落6文目に注目。

② 全訳参照。　ア　あなたはより速く話すことができ，聞き手は決してあなたの話についていかない。　イ　聞き手にあなたの話を理解してほしい時は，たくさん話す必要がある。　ウ　あなたが何も言わないのに聞き手はあなたの言うことを理解できる。(○)　エ　黙っていると，聞き手はあなたが考えていることを理解できない。

③ 全訳参照。第3段落最後の2文に注目。

④ 全訳参照。　＜**too** … **to** ～＞で「…すぎて～できない，～するには…すぎる」

⑤　全訳参照。　ア　生徒たちが学校で良いスピーチのやり方を学ぶことは難しい。　イ　自己紹介をする前にだけ間を置いた方がよい。　ウ　スピーチの間に間をとることは話し手にとっても聞き手にとっても良いことだ。(〇)　主に第4段落第5段落の内容参照。　エ　人々がよく間をとるのは，会話の間に時間を共有しないからだ。　オ　優れた話し手になりたいと思うなら，多くの技術が必要だ。(〇)　第7段落の内容参照。

2021年度英語　聞き取り検査

〔放送台本〕

問題A　次の英文が2回読まれるのを聞いて，問題用紙の指示に従って答えなさい。

(1)　ア　The boy is sleeping in a room.
　　　イ　The boy is reading a book.
　　　ウ　The boy is having dinner.
(2)　ア　More than twenty students like red the best.
　　　イ　Blue is more popular than green among the students.
　　　ウ　There are no students who have chosen white.

〔英文の訳〕

(1)　ア　男の子が部屋で眠っています。　イ　男の子が本を読んでいます。
　　　ウ　男の子が夕食をとっています。
(2)　ア　20人より多い生徒たちが赤がいちばん好きです。
　　　イ　生徒たちの間で青はみどりよりも人気があります。
　　　ウ　白を選んだ生徒はいません。

〔放送台本〕

問題B　次の会話が2回読まれるのを聞いて，問題用紙の指示に従って答えなさい。

Ryuta : Amy, how long will you stay here?
Amy　: For half a year.
Ryuta : That' s wonderful. What do you want to do during your stay?
Amy　: I am happy if I can join the basketball team in your school. I hear the practice is very hard, but I will enjoy it. I also want a lot of students to become friends with me.

〔英文の訳〕

リュータ：エイミー，ここにどのくらい滞在するつもりですか？
エイミー：半年間です。
リュータ：それはいいですね。滞在の間，何をしたいですか？
エイミー：あなたの学校のバスケットボール部に参加できたら嬉しいです。練習がとても厳しいと聞きましたが，楽しむつもりです。また，たくさんの生徒さんたちに私と友だちになってもらいたいです。

［リュータが書いたエイミーの紹介文］

> エイミーが私たちの学校に到着しました！
> エイミーはオーストラリア出身で，私たちと(あ)6か月間一緒に過ごします。
>
> 彼女がやりたいことは：
> 1)　私たちとバスケットボールをして，厳しい(い)練習を楽しむこと。
> 2)　たくさん(う)友だちをつくること。
>
> エイミーとバスケットボールをすることとお話をすることを楽しみましょう！

〔放送台本〕

問題C　次の会話と質問が2回読まれるのを聞いて，問題用紙の指示に従って答えなさい。

> (1)　A: I don' t feel well.
> B: When did it start, Ms. Lee?
> A: Two days ago.
> B: I see. I will give you some medicine. Please come back here next week.
> Question: Where is Ms. Lee now?
>
> (2)　A: Ken, what do you think about Tony' s idea?
> B: I don' t agree. He should listen to our classmates. How about you, Mari?
> A: I feel the same. Shall we see Tony tomorrow to tell him to listen to them?
> B: OK.
> Question: What will Ken and Mari do tomorrow?

〔英文の訳〕

(1)　A：具合が悪いのです。
B：いつから(症状は)始まったのですか，リーさん。
A：2日前です。
B：分かりました。薬を出しますね。来週また来てください。
質問：リーさんは今どこにいますか？
エ　病院

(2)　A：ケン，トニーの考えについてどう思いますか？
B：賛成できません。彼は私たちのクラスメイトの話を聞いた方がいいと思います。あなたはどう思いますか，マリ？
A：私も同じように思います。明日トニーに会って彼らの話を聞くように言いませんか？

B：分かりました。

質問：ケンとマリは明日何をするつもりですか？

ア　彼らはトニーに彼らのクラスメイトと話をするように言うつもりです。

〔放送台本〕

問題D　次の英文が2回読まれるのを聞いて，問題用紙の指示に従って答えなさい。

> I'll tell you about our house rules. You should clean your room twice a week. Please take a bath between 5 p.m. and 9 p.m. I want you to come back home before 7 p.m. It's OK for you to play your instrument in your room. If you have any questions, please ask me.
>
> By the way, if you are free this weekend, let's do something together. Which do you like better, going to the park or spending time at home?

〔英文の訳〕

私たちの家の決まりについてお話します。ア1週間に2回あなたの部屋の掃除をしてください。午後5時から午後9時の間にお風呂に入ってください。ウ午後7時までには家に帰ってきてほしいと思います。エあなたの部屋で楽器を弾くことはかまいません。何か質問があれば，私に聞いてください。

ところで，今週末時間があったら，一緒に何かしましょう。公園へ行くのと，家で過ごすのとどちらがいいですか？

(1)　上記〔英文の訳〕下線部参照。

(2)　(解答例訳)　(私は)公園へ行く方がいいです。私はテニスをしたいです。

＜理科解答＞

1　①　(1)　肺静脈　　(2)　エ　　②　右図

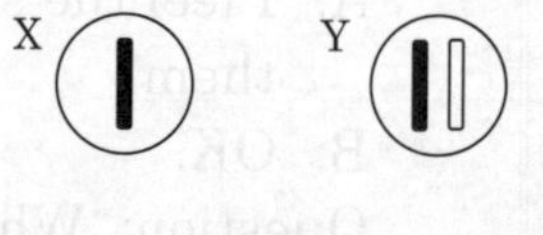

③　(1)　3(A)　　(2)　4.5倍　　④　(1)　ア

(2)　$H_2SO_4 + Ba(OH)_2 \rightarrow BaSO_4 + 2H_2O$

⑤　エ　⑥　20.28(g)　⑦　黒点が少しずつ移動している

2　①　質量保存(の法則)　②　(a)　ウ

(b)　水素　③　(1)　エ　　(2)　地表から放射される熱　④　右図　⑤　イ

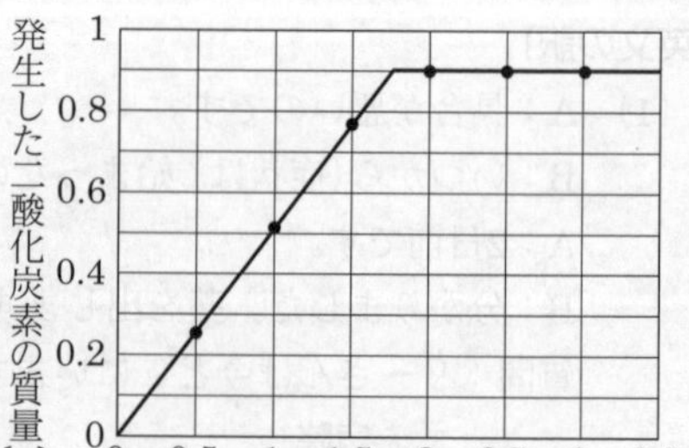

3　①　フィリピン海(プレート)　②　ウ

③　(1)　主要動　　(2)　イ　　(3)　イ

④　10(秒)

4　①　エ　②　(あ)　シダ　　(い)　葉・茎・根

③　(記号)　e　　(内容)　内臓をおおっている

④　(1)　ア，ウ，オ　　(2)　a, c, d, g

(3)　(記号)　ア　　(理由)　草食動物の生物量は増加した肉食動物に食べられて大きく減少し，草食動物に食べられる生産者の生物量が減るから。

5　①　イ　②　ウ　③　ア，ウ　④　(重力)　2.0(N)　　(浮力)　0.4(N)

⑤ (おもりの)水中にある部分の体積が変わらなくなった
⑥ (あ)　4　(い)　1.6　(う)　6

＜理科解説＞

1 **(動物の体のつくりとはたらき：血液，生物の成長と生殖：体細胞分裂，遺伝の規則性と遺伝子：減数分裂，電流：オームの法則，水溶液，化学変化：化学反応式，力学的エネルギー，気象観測，天気の変化：空気中の水蒸気量，太陽系と恒星：太陽の自転)**

① (1) 肺で酸素をとりこんだ血液が，心臓にもどるときに流れる血管を**肺静脈**という。
(2) 細胞のまわりを満たしている組織は，血しょうの一部が毛細血管からしみ出したものである。ヘモグロビンは赤血球に含まれる物質であり，組織液には含まれない。

② 黒色にぬりつぶした染色体の遺伝子をAとし，白色の染色体の遺伝子をBとすると，受精卵の**体細胞分裂**によって胚の細胞が増えていくので，**受精卵の染色体**は胚の染色体と同じで，**遺伝子の組み合わせはABである**。遺伝子がABである雌の体細胞から**生殖細胞である卵**ができるときは**減数分裂がおき**，対になっている遺伝子は**分離の法則により**遺伝子が分かれて別々の生殖細胞に入るため，**卵の染色体の遺伝子はAまたはBである**。遺伝子がBBである雄の体細胞から生殖細胞である精子ができるときも同様で，**精子の染色体の遺伝子はBのみ**である。よって，**遺伝子の組み合わせがABの受精卵は，遺伝子Aがある染色体をもつ卵と，遺伝子Bがある染色体をもつ精子との受精によってできる。**

③ (1) オームの法則より，回路Ⅰを流れる電流〔A〕＝$\frac{9[\mathrm{V}]}{3[\Omega]}$＝3〔A〕である。 (2) 直列回路Ⅱを流れる電流〔A〕＝$\frac{9[\mathrm{V}]}{3[\Omega]+6[\Omega]}$＝1〔A〕である。**並列回路Ⅲの合成抵抗**を$R_T$とすると，$\frac{1}{R_T[\Omega]}=\frac{1}{3[\Omega]}+\frac{1}{6[\Omega]}=\frac{1}{2[\Omega]}$であるから，$R_T[\Omega]=2[\Omega]$である。よって，並列回路Ⅲを流れる電流〔A〕＝$\frac{9[\mathrm{V}]}{2[\Omega]}$＝4.5〔A〕である。以上から，並列回路ⅢのQ点に流れる電流は，直列回路ⅡのP点に流れる電流の4.5倍である。

④ (1) 砂糖が水にとけていくようすのモデルは，アである。砂糖を水の中に入れると，水が砂糖の粒子と粒子の間に入りこみ，粒子がばらばらになって，水の中に一様に広がるので，濃さは均一になる。粒子1つ1つは目に見えないので，液は透明になる。 (2) 硫酸と水酸化バリウム水溶液が反応して硫酸バリウムができるときの化学変化は，**酸とアルカリの中和により，水と塩ができる**化学変化である。化学反応式は，$H_2SO_4+Ba(OH)_2 \rightarrow BaSO_4+2H_2O$，である。

⑤ 振り子のおもりの運動では，おもりの高さが低くなると速さが大きくなり，逆に高さが高くなると速さが小さくなる。位置エネルギーが減った分だけ運動エネルギーがふえ，運動エネルギーが減った分だけ位置エネルギーがふえるので，**位置エネルギーと運動エネルギーの和である力学的エネルギーは，いつも一定に保たれている**(力学的エネルギー保存の法則)。よって，Dの位置にあるおもりがもつ力学的エネルギーと同じ大きさの力学的エネルギーをもつおもりの位置はA，B，Cである。

⑥ 乾球の示す温度が32.0℃であり，表より，乾球と湿球の示す温度の差が6.0℃であるため，湿度は60％である。気温が32.0℃における飽和水蒸気量を33.8g/m³としたとき，空気1m³に含まれる水蒸気量は，33.8〔g/m³〕×0.6≒20.28〔g/m³〕より，20.28gである。

⑦ 観察の記録から，**黒点が少しずつ移動していることがわかるので，太陽が自転していることがわかる。**

2 (酸・アルカリとイオン，中和と塩，化学変化と物質の質量，気体の発生とその性質，自然環境の調査と環境保全)

① 化学変化の前と後で物質全体の質量は変わらない。この法則を質量保存の法則という。

② 塩酸は塩化水素の水溶液であり，うすい塩酸では塩化水素は，$HCl \rightarrow H^+ + Cl^-$，のように電離し，水素イオン$H^+$があるため酸性である。結果の表より，加えた炭酸水素ナトイリウムの質量が1.50gであっても，発生した二酸化炭素の質量は加える炭酸水素ナトリウムの質量に比例して大きくなっている。よって，うすい塩酸10.0cm^3に炭酸水素ナトリウムを1.00g加えて反応させたときは，中和されずに残っている水素イオンH^+があるため水溶液は酸性であり，pHは7.0より小さい。pHは，水溶液の酸性，アルカリ性の強さを表すのに用いられる。pHが7のとき水溶液は中性，pHの値が7より小さいほど酸性が強く，pHの値が7より大きいほどアルカリ性が強い。

③ (1) 二酸化炭素は，空気よりも重く，石灰水を白く濁らせる。 (2) 二酸化炭素は，地球温暖化の原因の一つとされる温室効果ガスと呼ばれている。温室効果ガスは，地表から放射される熱の一部を地表に放射するという性質(温室効果)があるといわれている。

④ グラフ用紙に，(加えた炭酸水素ナトイリウムの質量x〔g〕，発生した二酸化炭素の質量y〔g〕)の各点，(0.50，0.26)，(1.00，0.52)，(1.00，0.52)，(1.50，0.78)，(2.00，0.90)，(2.50，0.90)，(3.00，0.90)を記入する。次に，原点を通り各点の最も近くを通る比例の直線をyの値が0.90になるまで引く。比例の直線と$y=0.90$の交点から，xの値が2.00，2.50，3.00に増加してもyの値は一定であるため，$y=0.90$の直線を引く。

⑤ うすい塩酸10.0cm^3に，加えた炭酸水素ナトリウムのすべてが水素イオンH^+との中和に使われたときの，加えた炭酸水素ナトリウムの質量をx〔g〕とし，発生した二酸化炭素の質量をy〔g〕とすると，④の比例のグラフより，$y=0.52x$，で表せる。発生した二酸化炭素の質量y〔g〕が0.90〔g〕になったとき，水素イオンH^+，がなくなり，中性になる。このとき，うすい塩酸10.0cm^3と炭酸水素ナトリウムは過不足なく反応している。$y=0.52x$に，$y=0.90$を代入して，加えた炭酸水素ナトリウムの質量x〔g〕をもとめると，1.73gである。

3 (地震と地球内部のはたらき：作図による震央のもとめ方・地震発生時刻・緊急地震速報から主要動到達までの時間・プレート・活断層)

① □は，フィリピン海プレートで，太平洋プレートとともに海洋プレートと呼ばれ，大陸プレートの下に沈み込むことにより，プレートの境界付近を震源とする海溝型地震が発生し，津波を起こすことがある。

② 地下の浅いところで大地震が起こると，そのときの大地がずれたあとが地表に断層として残ることがある。断層のうち，くり返し活動した証拠があり，今後も動く可能性がある断層を活断層という。活断層のずれによる地震は内陸型地震とよばれる。

③ (1) S波によって起こる大きなゆれを，主要動という。 (2) 震源からの距離は，初期微動継続時間(S波の到着時刻－P波の到着時刻)に比例する。図2は，1目盛りが10秒により，初期微動継続時間は，観測地点Ⅰでは20秒であり，観測地点Ⅱでは30秒であり，観測地点Ⅲでは40秒である。よって，震源地から各観測地点までの距離の比は，観測地点Ⅰ：観測地点Ⅱ：観測地点Ⅲ＝2：3：4＝(図3の目盛りの数)4：6：8，である。地震Xの震央の位置は震源の位置とほぼ同じとすると，出題されているので，震源の位置をもとめて震央の位置とする。よって，観測地点Ⅰを中心とした半径4目盛りの円をかく。同様に，観測地点Ⅱを中心とした半径6目盛りの円と，観測地点Ⅲを中心とした半径8目盛りの円をかく。3つの円の交点，イが震源の位置であり，こ

の場合，もとめる地震Xの震央の位置である。 (3) 地震発生時刻をZとして，地震発生によって生じたP波が観測地点Ⅰに届くまでにかかった時間は，(8時23分10秒－Z)であり，P波の速さをPとすると，観測地点Ⅰの震源からの距離は，P×(8時23分10秒－Z)，である。同様にして観測地点Ⅲの震源からの距離は，P×(8時23分30秒－Y)，である。震源からの距離は初期微動継続時間と比例するので，**P×(8時23分10秒－Z)：P×(8時23分30秒－Z)＝20秒：40秒＝1：2**，地震発生時刻Z＝8時22分50秒，である。

④ 地震YからのP波が地点Aに到達したのは，16〔km〕÷8〔km/s〕＝2〔s〕より，地震発生から2秒後である。その3秒後，すなわち，**地震発生から5秒後に震源からの距離が60kmの地点Bで緊急地震速報を受信した**。地震Yによって発生したS波が地点Bに到着するのは，60〔km〕÷4〔km/s〕＝15〔s〕，より，**地震発生から15秒後**である。よって，地点Bで緊急地震速報を受信してからS波が到着するまでの時間は，15〔秒〕－5〔秒〕＝10〔秒〕，より，10秒である。

4 **(自然界のつり合い：食物連鎖・生態系における炭素の循環，植物の分類：コケ植物，動物の分類：無セキツイ動物，生物の観察・調べ方の基礎：観察レポートのかき方)**

① 生物の観察レポートにおける**結果のかき方**は次のようである。 ・観察の結果を正確にかく。 ・自分の考えや感想は入れずに，観察からわかる事実だけをかく。 ・文章だけでなく，スケッチや図，表を使って見やすくするとよい。

② **ゼニゴケ**は**コケ植物**であり，シダ植物と比較すると，**種子をつくらない**点は同じだが，**維管束がなく，葉・茎・根の区別がない**点で異なっている。

③ 内容が適当でないのは，eである。バッタとイカはともに背骨をもたない無セキツイ動物である。その中でも**バッタ**は**外骨格**をもつ**節足動物**であり，筋肉は外骨格の内側についている。**イカ**は外とう膜をもつ**軟体動物**であり，**筋肉でできた外とう膜が内蔵をおおっている**。

④ (1) エンドウは**光合成を行うので生産者**である。ウサギは，生産者を食べるので消費者(草食動物)といえる。カビやシイタケは**菌類**であり，生物の死がいなどから栄養分を得ているので，消費者であり，**分解者**でもある。モグラは，ダンゴムシやムカデなどを食べる消費者である。 (2) 植物や動物，微生物の体内では，**有機物が呼吸によって二酸化炭素と水に分解される過程で，生命の維持に必要なエネルギーがとり出される**。呼吸の作用による炭素の流れは，図のa，c，d，g，である。 (3) 生態系では，野生生物の生物量(生物の数量)は，ほぼ一定に保たれ，つり合っている。なんらかの原因で草食動物の生物量が増加した場合，植物の生物量は，一時的に減少しても多くの場合元どおりに回復する。この植物の生物量の回復には，肉食動物の生物量が一時的に増加することによる影響が考えられる。その理由は，**草食動物の生物量が，増加した肉食動物に食べられて大きく減少し，草食動物に食べられる生産者の生物量が減る**ことにより，植物の生物量が増加に変わるからである。

5 **(力と圧力：浮力・重力，身のまわりの物質とその性質：密度，状態変化)**

① 水が氷に状態変化するときは，質量が変わらず体積が大きくなり，密度(＝質量÷体積)が小さくなるので，氷は水に浮く。

② 地球上ではたらく重力の大きさが約1Nになる物体の質量は100gである。

③ **物体にはたらく浮力の大きさは，その物体の水中部分の体積と同じ体積の水にはたらく重力の大きさに等しい**(アルキメデスの原理)。<考察1>より，上昇した水面の距離x〔cm〕が大きいほど，物体の水中部分の体積は大きく，物体にはたらく浮力の大きさは大きくなる。**物体A～Dはすべて水に浮いたため，物体A～Dにはたらく重力と浮力はつり合う**。Ⅰの物体は上昇した水面

の距離x〔cm〕が最も小さいので，浮力の大きさは最も小さく，Ⅰの物体は最も質量の小さい物体Dである。ⅡとⅢの物体は上昇した水面の距離x〔cm〕が等しいので，浮力の大きさは等しく，ⅡとⅢの物体は質量の等しい物体BとCである。Ⅳの物体は上昇した水面の距離x〔cm〕が最も大きいので，浮力の大きさは最も大きく，Ⅳの物体は最も質量の大きい物体Aである。

④　おもりにはたらく浮力〔N〕＝おもりにはたらく重力2.0〔N〕－ばねばかりが示す値1.6〔N〕＝0.4〔N〕である。

⑤　**yの値が6.0以上になると，浮力の大きさが変化しないのは，おもりの水中にある部分の体積が変わらなくなったためである。**

⑥　重さ2.0Nの直方体のおもりを横に2個つないでいるので，重さは4.0Nであるから，(あ)は4.0である。図4より，yが6.0以上でばねばかりが示す値が一定であり，浮力の大きさが一定になっているので，直方体のおもりの高さが6.0cmであることがわかる。よって，(う)は6である。図4より，1個のおもり全体が水中にあるときにはたらく浮力〔N〕＝おもりにはたらく重力2.0〔N〕－ばねばかりが示す値0.8〔N〕＝1.2〔N〕である。よって，2個のおもり全体が水中にあるときにばねばかりが示す値〔N〕＝2個のおもりにはたらく重力4.0〔N〕－2個のおもりにはたらく浮力2.4〔N〕＝1.6〔N〕である。よって，(い)は1.6である。

＜社会解答＞

1　①　高床倉庫　②　イ　③　ウ→イ→ア→エ　④　新田の開発を進めた。
⑤　エ　⑥　地価をもとに決められ，土地の所有者が現金で納める

2　①　A，D　②　F　③　ウ　④　(1)　アメリカ合衆国
(2)　(記号)　B　(理由)　ナイジェリアは，輸出総額に占める原油の割合が大きいため，原油価格の下落に合わせて国内総生産も下落すると考えられるから。

3　①　エ　②　イギリス　③　民本主義　④　(1)　満州国を承認せず，日本軍
(2)　ア→ウ→エ→イ　⑤　イ　⑥　プライバシーの権利

4　①　対馬　②　ア　③　(1)　石川(県)　(2)　ウ　(3)　イ
④　環境に与える影響を事前に調査

5　①　ア　②　労働条件の維持・改善を図ること。　③　(1)　ODA　(2)　エ
④　ウ　⑤　世論

＜社会解説＞

1　**(歴史的分野－日本史時代別－旧石器時代から弥生時代・古墳時代から平安時代・鎌倉時代から室町時代・安土桃山時代から江戸時代，－日本史テーマ別－政治史・文化史・社会史・経済史，－世界史－政治史)**

①　弥生時代に，稲などを蓄えるためにつくられた，床が高くなっている倉庫を**高床倉庫**という。床の高い倉庫がつくられたのは，湿気やネズミを防ぐためだと考えられている。

②　アは，16世紀後期の**安土桃山時代**の文化の説明である。ウは，6世紀から7世紀の**飛鳥文化**の説明である。エは，13世紀から15世紀の**鎌倉・室町文化**の説明である。ア・ウ・エのどれも別の時代のことであり，イが正しい。**摂関政治**の時代の文化は，唐風の文化をもとに，日本独自の発展を遂げた**国風文化**である。この時代の貴族は，**寝殿造**の住居に住んだ。

③　ア　**南北朝の内乱**が起こったのは，14世紀中期から後期であり，**守護大名**が登場したのは，15世紀以降である。　イ　**鎌倉幕府**が**永仁の徳政令**を出したのは，13世紀の末である。ウ　**奥州藤原氏**が東北地方で勢力を強めたのは，12世紀のことである。　エ　**戦国大名**が**分国法**を定めたのは，15世紀から16世紀のことである。したがって，年代の古い順に並べると，ウ→イ→ア→エとなる。

④　18世紀に入る頃には，**江戸幕府**は**財政難**に陥っていた。**8代将軍徳川吉宗**は，年貢の増収を図り，**新田開発**を進めた。また徳川吉宗は，**享保の改革**の中で，大名に対して**上米令**を発し，財政難を打開した。

⑤　X　**清**との間で**アヘン戦争**を戦い，勝利を収めたのは，ドイツではなく**イギリス**である。Y　積極的な南下政策をとり，日本との間に和親条約を結んだのは，フランスではなくロシアである。　X・Yのどちらも誤りである。

⑥　明治新政府は，**地券**を発行し，**土地の所有者**と**地価**を確定し，土地の所有者は，**地価の3%**を**毎年現金で納める**ことになった。これが地租改正である。

2　**(地理的分野―世界地理－地形・気候・貿易・産業)**

①　Xは日本，Yはイギリスである。図2は**正距方位図**のため，日本からの距離と方角が正しく示されている。この図でXとYを結ぶのが最短距離である。図1は，**メルカトル図法**で描かれているため，緯度が高いほど距離は長く，面積は広く描かれる。したがって，日本・イギリス間の**最短のルート**は，メルカトル図法上では，**湾曲した線**になる。AとDを通るのが最短距離である。

②　図1で南緯20度，東経20度の位置を確認すると，**アフリカ大陸南部**になる。図2でアフリカ大陸南部にある記号はFであるため，図2上の南緯20度，東経20度に該当するのはFである。

③　写真の衣服は，**アラビア系民族**の衣服である。図1上の■の中では，一番右のサウジアラビアにあたる。サウジアラビアでは，**一年を通して降雨がほとんどなく**，気温は夏で平均35℃近く，冬でも10℃前後のため，**雨温図**のウが該当する。

④　(1)　**北米自由貿易協定(NAFTA)**を結んでいるのは，**アメリカ**，**カナダ**，**メキシコ**の3か国である。この経済協定は，1992年に署名され，1994年に発効した。加盟国によるNAFTA再交渉の結果，2018年にNAFTAを**アメリカ・メキシコ・カナダ協定(USMCA)**に置き換えることに合意し，2020年のUSMCA発効により，NAFTAは効力を失った。カナダの輸入額に占める割合が最も大きいのは，アメリカ合衆国である。　(2)　記号　ナイジェリアの**国内総生産**を示すのは，**原油**価格の下落に伴って，国内総生産が減少するBである。　理由　ナイジェリアでは，輸出総額に占める**原油**の輸出額の割合が極端に大きいので，原油価格の変動に輸出総額が影響を強く受け，原油価格が低下すると，国内総生産も下落するからであることを簡潔に指摘すればよい。ナイジェリアの原油など，特定の鉱産資源などの輸出品に頼るアフリカ州の国では，原油価格の変動等により安定した収入を得ることができず，不安定な経済状態となりがちである。このような，特定の鉱産資源や農産物の輸出に頼る経済の状態を，**モノカルチャー**経済という。

3　**(歴史的分野―日本史時代別－明治時代から現代，―日本史テーマ別―政治史・外交史，公民的分野―基本的人権)**

①　1874年の**板垣退助**らによる**民撰議院設立建白書**の提出に始まり，**藩閥政治**に反対して国民の自由と権利を要求し，そのための**国会開設**を求めた政治運動が，**自由民権運動**である。国会の開設を要求する運動は全国的に広がった。政府は，**集会条例**などの法令によってこれを厳しく弾圧する一方，**憲法の制定・国会の開設の準備**を進めた。

② 日本の背を押し，ロシアに立ち向かわせようとする姿で描かれているのは，イギリスである。日本は，ロシアの南下を警戒するイギリスと，ロシアの**満州・朝鮮**への進出を抑えようとする日本の利害の一致から，1902年に**日英同盟**を締結した。日本は日英同盟を背景に**日露戦争**に踏み切った。また，日本の**第一次世界大戦**への参戦は，日英同盟を理由として行われた。日英同盟は，1922年にワシントン会議において，日本・アメリカ・イギリス・フランスの間で結ばれた**四か国条約**で終結した。

③ **大日本帝国憲法**の枠内で，民意に基づいて政治を進め，民衆の福利を実現することが望ましいという「**民本主義**」を提唱したのが，東京帝国大学で教壇に立つ**吉野作造**である。民本主義を説く論文である「憲政の本義を説いて其有終の美を済すの途を論ず」は，雑誌『中央公論』に発表された。吉野作造は，**大正デモクラシー**の理論的リーダーの一人となった。

④ (1) **関東軍**は，**南満州鉄道**の**柳条湖**で線路を爆破し，これをきっかけに中国の東北部にあたる満州で軍事行動を展開して，満州の大部分を占領した。これが**満州事変**である。日本は翌1932年に，ここに**満州国**を建国した。日本は，満州国は独立した国であると主張したが，**国際連盟**の総会はこれを承認せず，日本軍の撤退を求め，日本は連盟を脱退した。 (2) ア **日独伊三国同盟**は，1940年に成立した。 イ **沖縄**がアメリカの統治下から**日本に復帰**したのは，1972年である。 ウ **ポツダム宣言**を受諾したのは，1945年である。 エ **第二次世界大戦**の講和条約である**サンフランシスコ平和条約**に調印したのは，1951年である。 したがって，年代の古い順に並べると，ア→ウ→エ→イとなる。

⑤ **白黒テレビ**の減少と入れ替わって増加したイが，カラーテレビである。1960年代後半には，**カラーテレビ・クーラー・自動車**は，「**3C**」と称され，この3つが揃っている生活が理想とされた。

⑥ 人がその私生活や私事をみだりに他人の目にさらされない権利を，**プライバシーの権利**という。現在では，名前・住所・電話番号・顔写真などの**個人情報**を守る権利としても考えられるようになっている。憲法には記載されていない，**新しい人権**の一つである。

4 **(地理的分野―日本地理－地形・交通・都市・地形図の見方，―環境問題)**

① **黒潮**(**日本海流**)の一部が対馬海峡から日本海に入り，日本列島の沿岸を北に向かって流れる**暖流**を**対馬海流**という。北から流れてくる寒流の**リマン海流**と能登半島付近でぶつかり，そこは良い漁場となっている。

② まず初めに，B～Fの都道府県を確定する。Bは新潟県，Cは富山県，Dは長野県，Eは静岡県，Fは愛知県である。 イ キャンプ場・スキー場は数多くあるが，海水浴場がないイは，海に面していない長野県である。 ウ スキー場が一つもないウは，温暖な静岡県である。 オ 県庁所在地から東京まで所要時間の最もかかるオは，富山県である。 エ スキー場が1か所しかなく，東京から約100分なのは愛知県である。残るアが新潟県であり，スキー場は長野県に次いで多い。また，日本海に面した距離が最も長いため，海水浴場は，5県の中で新潟県が最も多い。

③ (1) 金沢市は，石川県の**県庁所在地**である。県名と県庁所在地の都市名が異なる都道府県は，16ある。 (2) aとbの距離は，地図上では4cmである。この**地形図**の**縮尺**は，2万5千分の1なので，計算すれば，4cm×25000＝100000cm＝1000mである。 (3) 金沢城の跡地には，標高50mの計曲線が見られる。警察署「⊗」ではなく，市役所「◎」から見て，東南東の方角に国立工芸館がある。正しい組み合わせは，イである。

④ **開発事業**が環境に与える影響を事前に調査・予測・評価し，**環境保全**に悪影響のない事業計画を作る手続きのことを，**環境アセスメント**(環境影響評価)という。その内容について，**住民や関**

係自治体などの意見を聴くとともに，**専門的立場**からその内容を審査することにより進められる。

5 **(公民的分野―経済一般・国際社会との関わり・国民生活と社会保障)**

① 衆議院が解散されると衆議院議員総選挙が行われる。B党は公共事業を積極的に実施するのに対し，A党は規制を緩和し，自由な経済活動を促すというところから，A党は小さな政府を目指していると言える。

② 労働者が経営者に対し，対等の立場で労働条件の維持・改善を目的とする活動を行うために**労働組合**を結成したり，これへ加入したりするなど，自主的に団結する権利が認められている。

③ (1) **開発途上国**の経済・社会の発展や福祉の向上を支援するために，**政府**が行う資金や技術面での援助を，**政府開発援助**(**ODA**＝Official Development Assistance)という。日本のODAは，額では世界で5本の指に入るが，**国民総所得**に占める割合は低い。 (2) ア・イ・ウは正しく資料1・2を読み取っている。エが誤りである。ドイツの減少額は，1.0%減って，224億ドルであるから，前年度は226億ドルで，減少額は，2億ドルあまりである。

④ 日本の**社会保障制度**は，**社会保険**・**公的扶助**・**社会福祉**・**公衆衛生**の4本の柱からなっている。**社会福祉制度**とは，児童，ひとり親，心身障害者，高齢者など，社会生活を送る上で**ハンディキャップ**を負った人々に対して，**公的な支援**を行う制度のことである。Aが社会福祉である。**公衆衛生**とは，**地方自治体の保健所**や**保健センター**などが中心になって行うもので，**感染症対策**として乳幼児期の**予防接種**がその一例である。また，がん検診などの**各種健康診断**や，浸水被害にあった住宅への消毒作業や，飼っている犬・猫などの保護・管理なども，公衆衛生に含まれる。Bが公衆衛生である。

⑤ 世間一般の意見のことで，公共の問題について，多くの人々が共有している意見，もしくは大多数の賛同が得られている意見のことを**世論**(よろん)という。「せろん」という場合もある。

<国語解答>

1 ① ⓑ てんかん　ⓕ ねら(う)　② エ　③ ア　④ (例)自分が大切に育てた苺を，本来の味で食べてほしいと思っている　⑤ ウ　⑥ (例)苺を食べた子どもたちの笑顔　⑦ イ

2 ① (1) かわず　(2) 季語　② ウ　③ X 数字に刻まれた　Y 心の静けさ

3 ① ⓐ 結(びつける)　ⓓ 制限　② ア　③ 自由の障害　④ イ，オ
⑤ ウ　⑥ X (例)個人的で主観的なもの　Y (例)自分とは違う考え方，ものの見方を得ることで自分自身を相対化する　Z エ

4 ① ウ　② ア，イ，エ　③ (例)(文字で情報を伝えるときには，)ことばを使う文脈や状況に気を付ける必要があります。たとえば，何かを勧められたときに結構ですという返事をすると，相手からは断りとも承諾ともとれてしまうので，意思が明確に伝わる表現を選ぶことが大切です。

<国語解説>

1 **(小説―情景・心情，内容吟味，漢字の読み書き，語句の意味)**

① ⓑ「**転換**」は，やり方などをがらりと変えること。　ⓕ「**狙**」の音読みは「ソ」で，「狙撃」などの熟語を作る。

② 傍線部ⓐの前後に「**親の手伝い**」「子どもの頃から，**農業はかっこ悪い**，そう考えてきた」とあるので，「仕方なしにやっている」と説明するエが正解となる。アは「慣れている農業」が本文と合わない。イの「自信」は，この場面では問題になっていない。ウの「奥深い農業の魅力」は，ここで園児たちに理解させようとしていないので，不適当である。

③ 父が米作りをやめてトマトを始めたのは「恵介」に「**かっこよくて儲かる**」と思わせるため，養豚をしたのは子どもたちの進学に**必要な費用を工面する**ためであった。このことを説明したアが正解。イは，養豚を始めた理由の説明にならない。ウの「農業の発展」「研究」への思いは，本文から読み取れない。エの「仕事に打ち込む姿勢」は子どもたちに見せていたが，見せることそのものが目的ではなかったので，不適当である。

④ 「恵介」は，丹精込めて育てた苺に練乳をつけて食べるのはせっかくの味を損なう「もったいない」ことであり，「ミルクなし」で食べたほうがおいしいと考えている。この内容を，「**自分が大切に育てた苺を，本来の味で食べてほしいと思っている**」などとまとめる。

⑤ 「おずおずと」は，こわくて**ためらいながら**という意味。女の子は，「恵介」に「ミルクなしのほうがおいしい」と言われても，すぐには信じられないのである。

⑥ 「恵介」は，自分が渡した**苺を食べた子どもたち**が「まるめた紙」のように「くしゃくしゃの顔」になったのを見て喜び，その喜びを父親と共有したいと思ったのである。「まるめた紙」「くしゃくしゃの顔」が，子どもたちの**笑顔**を描写した比喩表現であることに注意する。

⑦ 「**銀河と，少し前の銀河が四十三人集まっていると思えば**，怒ったりはできなかった」とあるように，「恵介」は**園児たちを息子の銀河と同様に見守っている**ので，イが正解となる。アの「ぎこちない態度」は，本文と合わない。ウは，「まるめた紙」などの比喩表現が用いられていることと矛盾する。エは，「客観的に表現している」という説明が誤りである。

2 (俳句と解説文─内容吟味，文脈把握，仮名遣い，表現技法・形式)

① (1) 語頭にない「**は**」を「**わ**」に直し，ひらがなで「**かわず**」と書く。　(2) 俳句は，季節を表す「**季語**」を入れて詠むというきまりがある。「季語」は「季題」ともいう。

② 芭蕉の「新しい連想」は，「古池」という「一種の『死』の世界」で「**生き物の命の躍動**を聞き取った」こと，「鳴き声を鑑賞する」ことが一般的であった蛙の「**水に飛び込む音**」を詠んだことの2点であるから，このことを説明したウを選ぶ。ア・イは「蛙の鳴く声」を手がかりにしたと説明しているので誤り。エは「命の躍動」に言及していないので不適当である。

③ X 直前の「学校や職場で流れるような」が手がかりとなる。「学校や職場での時間は，**数字に刻まれた**それです」から，「数字に刻まれた」を抜き出す。 Y 芭蕉の心境については，解説文の前半に「心に悩み事や迷うこともない，落ち着いた心」「**心の静けさ**」「雑念のない心」などと説明されている。設問に「五字」という条件があるので，「心の静けさ」を抜き出す。

3 (論説文－内容吟味，文脈把握，脱文・脱語補充，漢字の読み書き，熟語)

① ⓐ「結」の右上の部分は「士」と書く。　ⓓ「制」はおさえる，「限」はくぎりをつけるという意味の漢字である。

② 「自分をつないでいたもの，自分が立っていた地盤」について，Aはマイナス面，Bはプラス面から捉えたことばが入る。Aは，「つないでいた」ものということから，ア「**縛りつけ**」またはイ「拘束し」が適当である。Bは，プラスの意味のことばとしてはア「**支え**」とエ「信頼し」が

あるが,「信頼し」を直前の「自分を」に続けると意味が合わない。したがって,両方を満たすアが正解となる。

③　傍線部ⓒを含む段落に「個人の自由にとって他者は**"障害"**とされることが多い」とある。設問の文がこれと同じ意味になるように,「五字」という条件にあてはまり,前後につながることばを探す。傍線部ⓔの二つ後の段落に「その時他者は,**自由の障害**ではなく」とあるので,ここから抜き出す。

④　ⓒ「利害」は,**対になる意味の漢字の組み合わせ**である。ア「懸命」は「命を懸ける」で後の漢字が前の漢字の目的や対象を表すもの,イ「**加減**」は対になる意味の漢字の組み合わせ,ウ「記録」とエ「動揺」は似た意味の漢字の組み合わせ,オ「**進退**」は対になる意味の漢字の組み合わせであるから,イとオが正解となる。

⑤　傍線部ⓔは,「本当はそうではない」と筆者が考えていることを表す。「そう」は「他者は個人の自由の障害である」という考え方を表すが,筆者は他者を「**自由の前提**」と考えており,この自由の感覚は,**成長しても「けっして失われることはないだろう」**と述べている。したがって,正解はウ。アは,他者が個人の自由の前提であることを説明していない。イの「相手に敬意を払うこと」やエの「自分を犠牲にすること」は,本文に書かれていない。

⑥　X「自由という感覚」について述べている部分なので,最後から2番目の段落の「自由は,感覚じたいが**個人的**であり,**主観的**である」をもとに,前後につながるように10字以内で書く。
Y　健太さんの「それについては冒頭に書いてありました」ということばがヒントとなる。哲学対話によって,私たちは他の人から「**自分とは違う考え方,ものの見方**」を聞き,「新たな視界」が開ける。それが,自分自身を「**相対化**」「対象化」することとなり,解放感と不安定感を抱くのである。この内容を,前後につながるように30字以内で書く。　Z「自分とは違う考え方,ものの見方」に接することで両義的感覚を経験し,筆者の考える自由の感覚を手に入れている例を選ぶ。アとイは両義的感覚と無関係なので不適当。ウの解放感と寂しさは自分を相対化するものではなく,筆者の考える自由の感覚とは異なる。エは,監督から**自分とは違う考え方**を聞き,それまでの考え方から解放されて戸惑った(=**両義的感覚**)ことで,今後の試合に対して新たな姿勢で臨むようになったという例である。したがって,エが正解となる。

4　**(会話・議論・発表－内容吟味,作文)**

①　光一は,「何で」ということばを「**何を使って**」という意味で用いて,「歩いて」「自転車で」などの答えを期待した。しかし,相手は「何で」を「**どうして**」と解釈し,「来る必要はない」と言われたと勘違いしたのである。正解はウ。「何で」ということばで時間や人数を尋ねることはできないので,アとイは誤り。光一は相手に話しかけているので,「無視された」と説明するエは不適当である。

②　アは,相手が理解しているかどうかは**相手の反応や表情**からも確認できる場合があるので適当。イは,ことばだけで説明するより**写真や資料**を見せたほうが効果的な場合があるので適当。ウは,対面で話をするときは表情の変化も重要な要素であるのに,「常に笑顔」ではかえって誤解を生む恐れがあるので不適当。エは,**繰り返す**ことで相手に話を伝わる確率が上がるので適当。オは,同音異義語が多い「漢語」は対話では誤解される可能性があり,話の内容を短くまとめすぎるとかえってわかりにくくなることがあるので不適当である。したがって,ア・イ・エが適当な選択肢である。

③　設問の条件と【資料Ⅲ】をよく見て,求められているかを理解して書くこと。
・テーマ…**「文字で情報を伝えるときに気を付けること」**

・字数…80～100字。

・一文目…【資料Ⅲ】から「ことばの誤解が起こる原因」を一つ取り上げ,「文字で情報を伝えるときには,」に続けて書く。解答例では,「ことばを使う文脈や状況に関わる場合」を取り上げている。

・二文目…取り上げた原因について，誤解を生まないようにするためにはどうすればよいかを具体的に書く。解答例では,「結構です」ということばを取り上げて具体的に説明している。

書き終わったら必ず読み返して，誤字・脱字や表現のおかしなところは改める。

岡山県公立高等学校（特別）

2020年度

入 試 問 題

2020年度

●くわしい解説……29ページ

＜数学＞

時間　45分　　満点　70点

1　次の①～⑤の計算をしなさい。⑥，⑦は指示に従って答えなさい。

①　$-3-(-8)$

②　$\frac{2}{3}\times\left(-\frac{9}{4}\right)$

③　$-2^2+(-7)$

④　$6a^3b^2\div 2a^2b\div b$

⑤　$\frac{15}{\sqrt{5}}-\sqrt{20}$

⑥　x^2-64 を因数分解しなさい。

⑦　方程式 $2x^2+3x-1=0$ を解きなさい。

2　次の①～⑤に答えなさい。

①　右の図のように，円Oと，その円周上にある３点を頂点とする△ＡＢＣがある。線分ＡＣが円Ｏの直径，∠ＡＯＢ＝50°のとき，∠ＯＢＣの大きさを求めなさい。

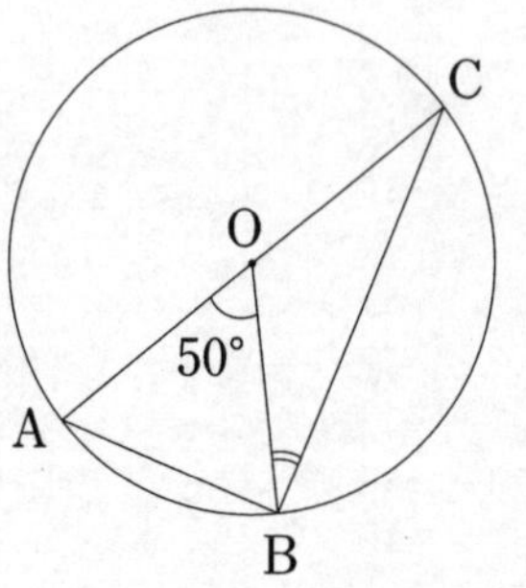

②　$\sqrt{10}$ の小数部分は，**ア**～**エ**のうちではどれですか。一つ答えなさい。

ア　$\sqrt{10}-3$　　**イ**　$\sqrt{10}-4$　　**ウ**　$\frac{\sqrt{10}}{3}$　　**エ**　$\frac{\sqrt{10}}{4}$

③　ある中学校３年生全員のハンドボール投げの記録について，平均値が20.5m，中央値が18.0mであった。この結果を表すヒストグラムとして最も適当なのは，次のページの**ア**～**エ**のうちではどれですか。一つ答えなさい。

ア

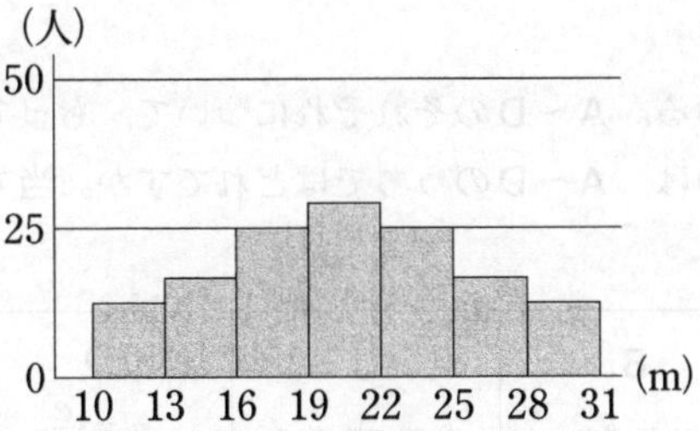

イ

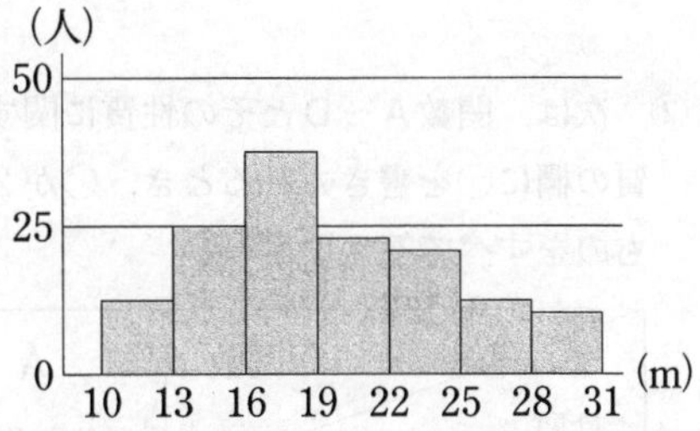

ウ

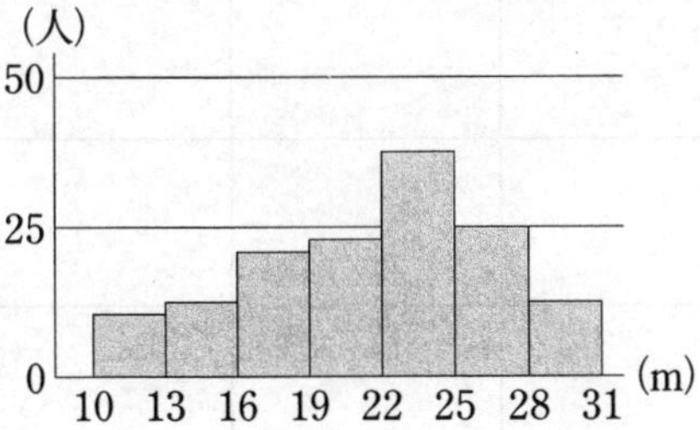

エ

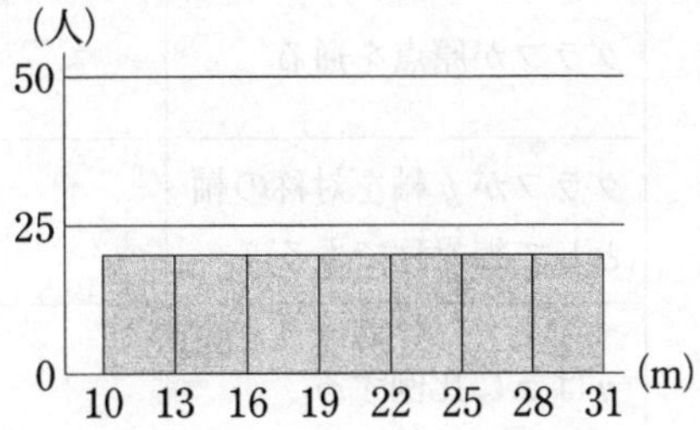

※例えば，10～13の区間は，10 m 以上 13 m 未満の階級を表す。

④　連続する２つの自然数があり，それぞれを２乗した数の和が25である。この２つの自然数を求めなさい。ただし，解答欄の書き出しに続けて，答えを求めるまでの過程も書きなさい。

⑤　右の図は，ある公園を真上から見た模式図である。この公園で盆踊りを計画していて，そのときに使う円の作図について考える。公園にあるテント，遊具，トイレを避けて円をかくために，３点A，B，Cを目印に定めた。３点A，B，Cを通る円を，定規とコンパスを使って作図しなさい。作図に使った線は残しておきなさい。

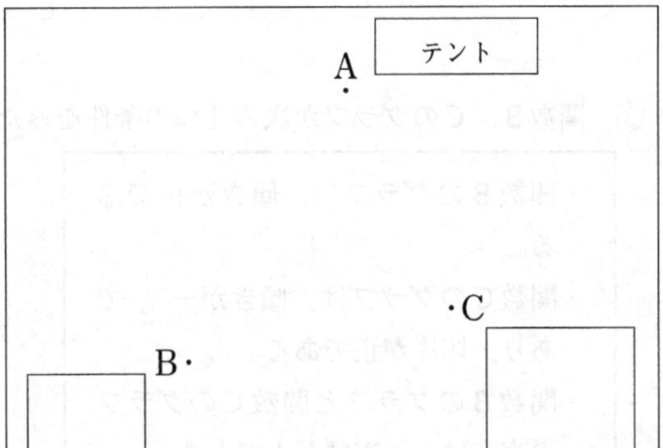

3　次のA～Dについて，y は x の関数である。①～③に答えなさい。ただし，a，b，c，d，e はすべて０でない定数とする。

A　$y = ax^2$　　B　$y = bx$　　C　$y = cx + d$　　D　$y = \frac{e}{x}$

①　次の⑴，⑵はそれぞれ，A～Dのいずれかの形で表すことができる。⑴，⑵のそれぞれについて，y を x の式で表しなさい。

⑴　x を２以上の整数とするとき，長さが50㎝のひもを x 等分した１本の長さ y ㎝

⑵　xを正の数とするとき，縦の長さが5㎝，横の長さがx㎝である長方形の周の長さy㎝

②　次は，関数A～Dとその性質に関する表である。A～Dのそれぞれについて，もっている性質の欄に○を書き入れるとき，○が2つ入るのは，A～Dのうちではどれですか。当てはまるものをすべて答えなさい。

関数／性質	A $y=ax^2$	B $y=bx$	C $y=cx+d$	D $y=\dfrac{e}{x}$
グラフが原点を通る				
グラフがy軸を対称の軸として線対称である				
yはxに比例する				
xの値が2倍，3倍，4倍 … になると，yの値は$\frac{1}{2}$倍，$\frac{1}{3}$倍，$\frac{1}{4}$倍 … になる				

③　関数B，Cのグラフが次の4つの条件をみたすとき，b，c，dの値を求めなさい。

- 関数Bのグラフは，傾きが正である。
- 関数Cのグラフは，傾きが$-\frac{1}{2}$であり，切片が正である。
- 関数Bのグラフと関数Cのグラフの交点は，x座標が1である。
- 関数Bのグラフと関数Cのグラフとy軸とで囲まれた図形は，面積が2である。

※次の図は，グラフを考えるときに使用してもよい

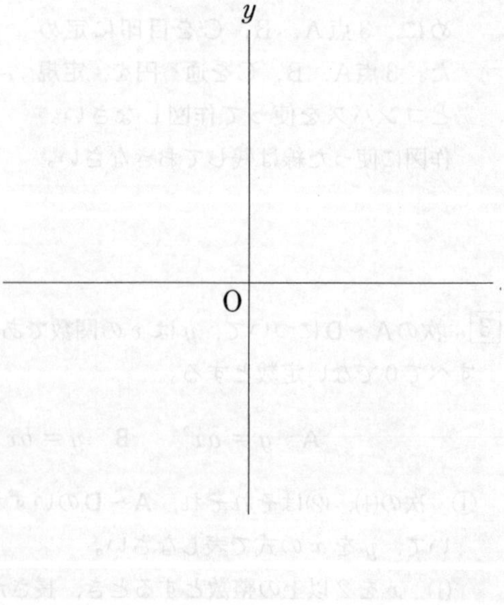

4　あたりのカード（◯）とはずれのカード（×）が１枚ずつ入った袋から，1枚を引くくじがある。次の＜太郎さんの予想＞について，①～③に答えなさい。ただし，１回引いたカードは袋の中に戻すものとし，どちらのカードが出ることも同様に確からしいものとする。

＜太郎さんの予想＞

次のA，B，Cそれぞれの起こる確率は，すべて等しい。

A：くじを１回引いて，◯が出る。

B：くじを２回引いて，ちょうど１回◯が出る。

C：くじを４回引いて，ちょうど２回◯が出る。

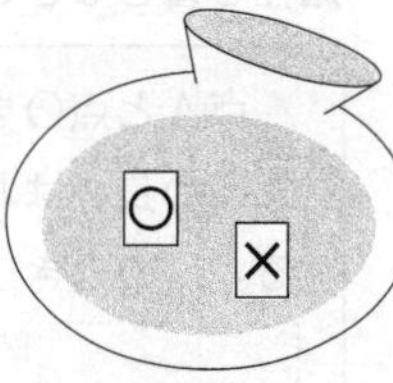

①　Aの起こる確率は$\frac{1}{2}$である。この確率の意味を正しく説明しているのは，ア～エのうちではどれですか。一つ答えなさい。

ア　くじを２回引くとき，そのうち１回はかならず◯が出る。

イ　くじを２回引くとき，そのうち１回しか◯は出ない。

ウ　くじを1000回引くとき，500回ぐらい◯が出る。

エ　くじを1000回引くとき，◯と×がそれぞれ500回ずつ出る。

②　太郎さんは，Aの起こる確率とBの起こる確率が等しいかどうかを確かめる方法について，次のように説明した。□に適当な数を書きなさい。

Bについて，くじを２回引くときの◯と×の出方は全部で４通りあり，そのうち，ちょうど１回◯が出るのは□通りである。このことからBの起こる確率を求め，Aの起こる確率とBの起こる確率が等しいかどうかを確かめる。

③　AとCについて，Aの起こる確率とCの起こる確率が等しいならば「等しい」と書き，異なるならばCの起こる確率を求めなさい。

5　図１は，円錐《すい》の展開図である。①～④に答えなさい。

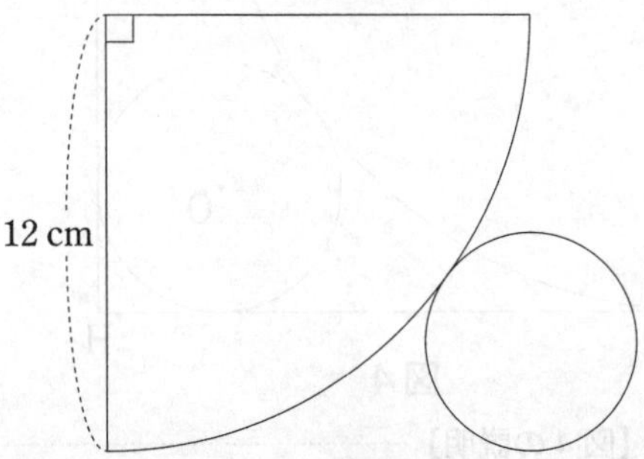

図１

【図１の説明】

・側面になるおうぎ形の半径は12㎝

・側面になるおうぎ形の中心角は90°

①　図１について，側面になるおうぎ形の弧の長さを求めなさい。

②　図１について，側面になるおうぎ形の面積を求めなさい。

③ 図２のような，円錐の展開図がちょうど入る長方形ＡＢＣＤについて，線分の長さの比ＡＢ：ＡＤ は次のように求めることができる。⑴ ，⑶ には適当な数や最も簡単な整数比を書きなさい。⑵ には線分ＯＰの長さを求めなさい。ただし，⑵ は答えを求めるまでの過程も書きなさい。

点Ａと点Ｏを結び，点Ｏから線分ＡＢにひいた垂線と線分ＡＢの交点をＰとする。線分ＡＯの長さはおうぎ形ＡＢＥの半径と円Ｏの半径の和であるから，ＡＯ＝ ⑴ ㎝である。このとき，

⑵

この結果を利用すると，ＡＢ：ＡＤ＝ ⑶ であることがわかる。

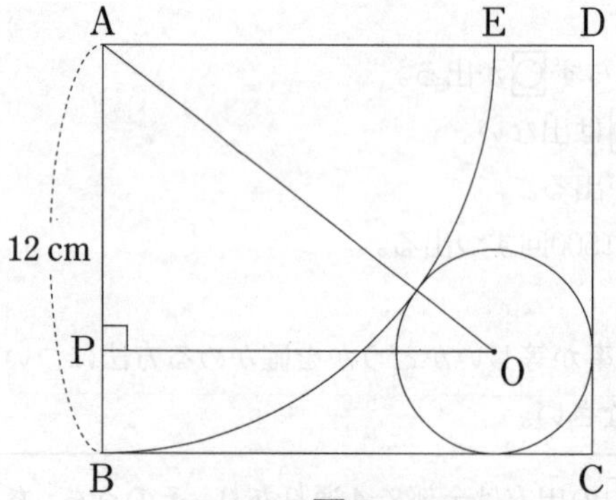

図２

【図２の説明】
・ＡＢ＝12㎝
・点Ｅは線分ＡＤ上の点
・おうぎ形ＡＢＥは円錐の側面
・円Ｏは円錐の底面
・線分ＢＣ，線分ＣＤはそれぞれ円Ｏの接線

④ 図３は高さ15㎝の円錐であり，図４はこの円錐の展開図がちょうど入る長方形ＦＧＨＩである。線分ＦＧと線分ＦＩの長さをそれぞれ求めなさい。

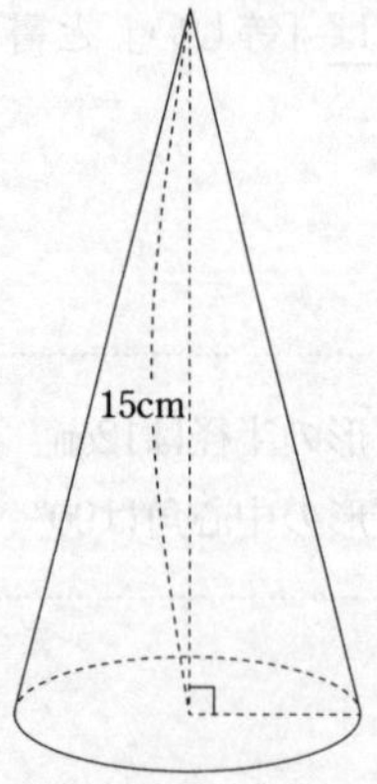

図３

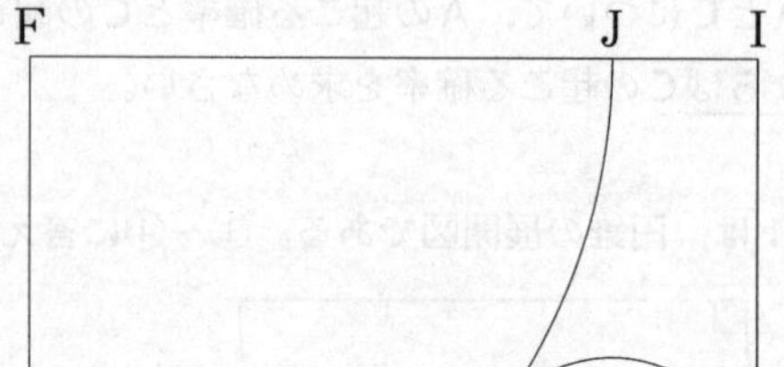

図４

【図４の説明】
・点Ｊは線分ＦＩ上の点
・おうぎ形ＦＧＪは円錐の側面
・円Ｏ′は円錐の底面
・線分ＧＨ，線分ＨＩはそれぞれ円Ｏ′の接線

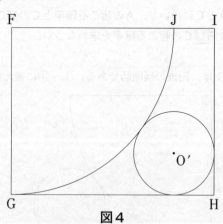

6 香奈さんのクラスでは，校舎前の花壇に柵を設置することになった。図1のように，長さ27mの花壇に直径60㎝の半円のフレームを，重なりの長さがすべて等しくなるように1列に並べる。フレームは56個あり，すべて使って花壇にちょうど入るようにする。①～③に答えなさい。ただし，フレームの厚さは考えないものとする。

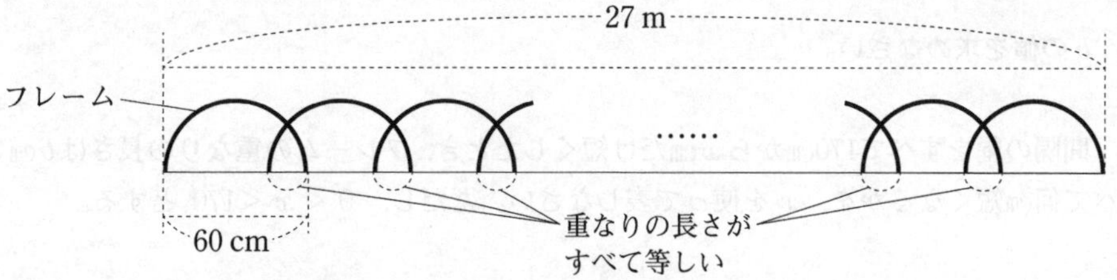

図1

① 図2のように，フレームを2個並べて，その長さを100㎝にするには，重なりの長さを何㎝にすればよいかを答えなさい。

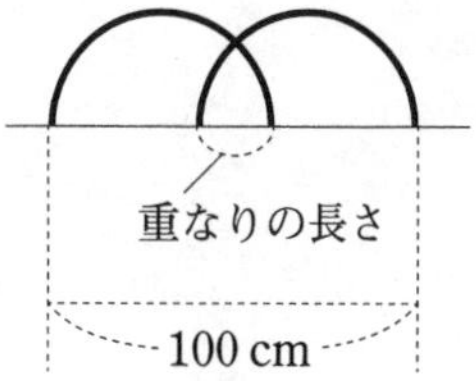

図2

② 香奈さんは，花壇に並べるフレームの重なりの長さを次のように求めた。次の**＜香奈さんの考え＞**を読んで，[⑴] ～ [⑶] に適当な数や式を書きなさい。

＜香奈さんの考え＞

例えば，4個のフレームを並べるとき，できる重なりは3か所である。同じように考えると，n を自然数とし，n 個のフレームを並べるとき，できる重なりは n を使って [⑴] か所と表すことができる。

フレームは56個あるから，$n=56$ である。花壇の長さは27mだから，図3のように重なりの長さを a ㎝とすると，a を求めるための方程式は [⑵] $=2700$ となる。これを解くことにより，重なりの長さは [⑶] ㎝にすればよいことがわかる。

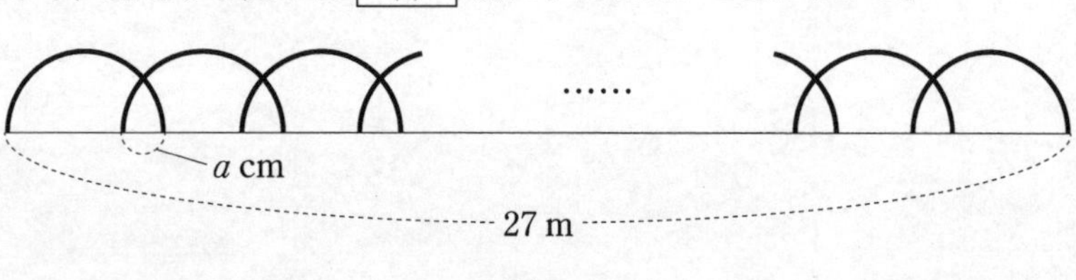

図3

③　香奈さんは，図４のように幅170㎝の間隔を３か所とり，花壇を均等に４つに分けることにした。フレームの重なりの長さを b ㎝とするとき，⑴，⑵に答えなさい。

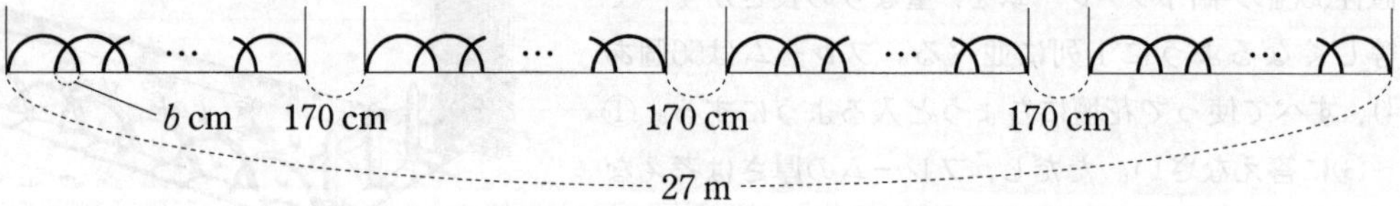

図４

⑴　b の値を求めなさい。

⑵　間隔の幅をすべて170㎝から x ㎝だけ短くしたとき，フレームの重なりの長さは b ㎝とくらべて何㎝短くなるかを，x を使って表しなさい。ただし，$0 < x < 170$ とする。

解　答　用　紙

受検番号	(算用数字)	志願校	

※

注意　1　答えに$\sqrt{\ }$が含まれるときは，$\sqrt{\ }$をつけたままで答えなさい。
また，$\sqrt{\ }$の中の数は，できるだけ小さい自然数にしなさい。
2　円周率はπを用いなさい。

1

①	
②	
③	
④	
⑤	
⑥	
⑦	x =

2

①	(°)
②	
③	
④	連続する２つの自然数のうち，小さい方をnとすると，大きい方は$n+1$と表される。このとき，
⑤	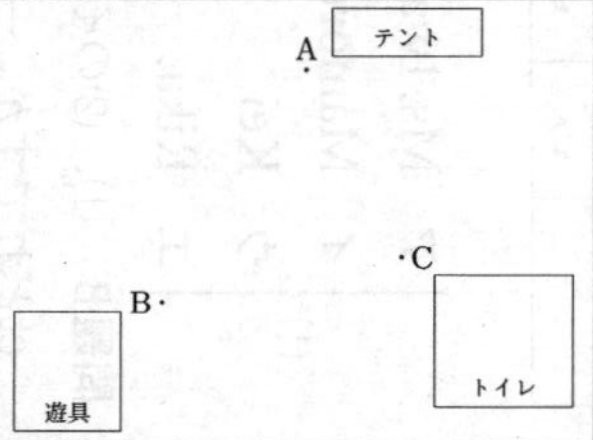

3

①(1)	y =
①(2)	y =
②	
③	b = c = d =

4

①	
②	(通り)
③	

5

①	(cm)
②	(cm^2)
③(1)	(cm)
③(2)	
③(3)	:
④	FG =　(cm) FI =　(cm)

6

①	(cm)
②(1)	(か所)
②(2)	= 2700
②(3)	(cm)
③(1)	b =　(cm)
③(2)	(cm)

※この解答用紙は196％に拡大していただきますと，実物大になります。

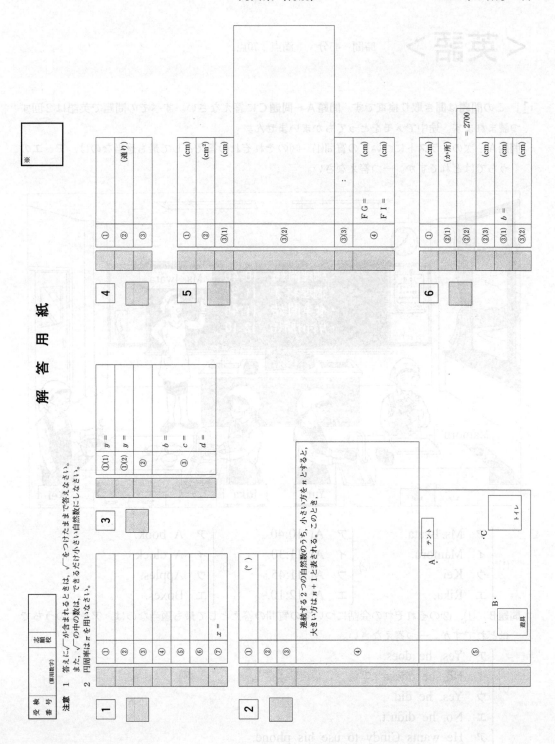

＜英語＞

時間　45分　　満点　70点

1　この問題は聞き取り検査です。問題A～問題Cに答えなさい。すべての問題で英語は２回ずつ読まれます。途中でメモをとってもかまいません。

問題A　次のイラストについての質問⑴～⑶のそれぞれの答えとして最も適当なのは，ア～エのうちではどれですか。一つ答えなさい。

⑴
- ア　Ms. Iwata.
- イ　Mamoru.
- ウ　Kei.
- エ　Rika.

⑵
- ア　At 10:40.
- イ　At 11:30.
- ウ　At 11:45.
- エ　At 12:10.

⑶
- ア　A book.
- イ　A clock.
- ウ　Apples.
- エ　Boxes.

問題B　⑴，⑵のそれぞれの会話についての質問の答えとして最も適当なのは，ア～エのうちではどれですか。一つ答えなさい。

⑴
- ア　Yes, he does.
- イ　No, he doesn't.
- ウ　Yes, he did.
- エ　No, he didn't.

⑵
- ア　He wants Cindy to use his phone.
- イ　He wants Cindy to take a message.
- ウ　He wants to call his mother.
- エ　He wants to help Cindy.

問題C　海外のプロサッカーチームで活躍する山田選手のインタビュー（interview）が英語で読まれます。次は中学生のShoがインタビューをインターネットで視聴した後に，山田選手へ書いた手紙です。(1)，(2)に答えなさい。

> Dear Mr. Yamada,
>
> I enjoyed your interview on the Internet. I am surprised to hear that you started playing soccer when you were [(あ)] years old. You were very young! By the way, I'm interested in the culture of Spain, too. I want to walk around the city in Spain and [(い)] with the people there like you. Thank you for your message to us.
>
> *Sho*

(1) [(あ)]，[(い)] に，それぞれ適当な英語１語を入れなさい。

(2) インタビューの最後に山田選手がした質問に対して，あなたならどのように答えますか。[　] にあなたの答えを英語３語以上で書きなさい。

I [　　　　　].

2 ALT（外国語指導助手）のJones先生は中学生のYukiとHiroの英語の授業を担当している。①～③に答えなさい。

① Jones先生は英単語を言い当てるクイズを行った。(1)，(2)に答えなさい。

(1) 次の [(あ)]，[(い)] に入れるのに最も適当なのは，ア～エのうちではどれですか。それぞれ一つ答えなさい。

Mr. Jones : They are people who make houses. Who are they?
Yuki : They are [(あ)].

(あ) ア lawyers　イ doctors　ウ politicians　エ carpenters

Mr. Jones : It is used when you play some sports.
People sometimes throw or hit it. What is it?
Hiro : Oh, it's a [(い)].

(い) ア ball　イ uniform　ウ ground　エ racket

(2) Jones先生のクイズを参考に，YukiとHiroはクイズを出し合った。次は，そのときの会話の一部である。自然な会話になるように，[(う)]，[(え)] に入れるのに最も適当な英語１語をそれぞれ書きなさい。

Yuki : It's a day of the week between Monday and Wednesday.
What is it?
Hiro : Oh, it's [(う)].
Yuki : That's right.
Hiro : Next one. It's a part of the body. You put a hat on it.
What is it?
Yuki : I know! It's a [(え)].
Hiro : Right! It also means the most important person in a group.

② Yuki が，担任の前田先生（Mr. Maeda）を Jones 先生に英語で紹介することになった。あなたが Yuki になったつもりで，**前田先生についてのメモ**を参考にして，［(お)］には適当な英語２語を，［(か)］，［(き)］にはそれぞれ適当な英語１語を入れ，**紹介文**を完成させなさい。

前田先生についてのメモ

出身は北海道
音楽の先生
海外で音楽を教えるため毎日英語を勉強中
飼い犬の名前はメル（Meru）

紹介文

Mr. Jones, I will tell you about Mr. Maeda, our class teacher. He ［(お)］ Hokkaido and teaches us music. He ［(か)］ English every day to teach music in other countries. He has a dog ［(き)］ Meru. Mr. Maeda is very nice to us.

③ Yuki は，職場体験で小学校に行き，児童に英語の絵本（picture book）の読み聞かせをすることになった。次は，Yuki が Hiro を相手に読み聞かせの練習をしているときの会話の一部である。⑴，⑵に答えなさい。

Yuki：I'll read an English picture book to you. Look at this picture. There are three ［(く)］ in a village. What are they?

Hiro：A lion, a horse, and a panda!

Yuki：That's right. One day, the lion says to the horse and the panda, "I want to visit another village, but I can't because we have a river between the two villages."
Now, let's go to the next page. What are they doing?

Hiro：(け) <u>They (make) a bridge now.</u>

Yuki：Yes. It will be a strong bridge!
Then, they start running on the bridge. What's going to happen next?

Hiro：Wow! A beautiful castle !

Yuki：(こ) <u>This castle (build) about 100 years ago.</u>

Hiro：Oh, what are they going to do next?

⑴ ［(く)］に適当な英語１語を入れなさい。

⑵ 下線部(け)，(こ)のそれぞれについて，（　）内の語を適当な形に変えたり，不足している語を補ったりなどして，自然な会話になるように英語を完成させなさい。

［3］ 大学生の Hinano は，ニューヨーク旅行を計画している。ニューヨークにある，訪れてみたいレストランをインターネットで探し，レストランの利用者による批評（Review）と評価（Rating）をまとめたウェブサイトを見つけた。次は，そのウェブサイトの一部と，それをもとに Hinano

がそれぞれのレストランの批評の内容を抜き出した表である。①に答えなさい。

ウェブサイトの一部

Name of the Restaurant	Writer's Name	Review	Rating
Blue Moon	Alex	This French restaurant is new and clean. You can't find such great meat in other places. The chef is very friendly.	★★★★ (4.0)
Green House	Lara	If you have never eaten Greek food, you should try this restaurant. It is very popular and people love their fish. Yesterday, before we entered, we had to wait for more than one hour.	★★★★★ (5.0)
Yamaoka	Todd	I really enjoyed eating Japanese noodles with chicken tempura here. They are not expensive. If you go to *Yamaoka*, you need a car because walking from the station takes a long time.	★★★ (3.0)
⋮	⋮	⋮	⋮

★の数が多いほど高い評価で，評価 5.0 が最高であることを示している。

〔注〕 Greek　ギリシアの

表

レストラン名	批評
Blue Moon	(あ)
Green House	(い)
Yamaoka	(う)

① 表の(あ)～(う)に入れるのに最も適当なのは，ア～カのうちではどれですか。それぞれ一つ答えなさい。

ア　値段が高くない　　イ　待ち時間が短い　　ウ　駅から近い

エ　とても人気がある　　オ　長年続いている　　カ　きれいである

4 中学生の Mari は，地域で英会話サークルの講師をしている Smith 先生から，あるイベントについて説明を聞いた。次の英文は，Smith 先生の説明と，それを聞いた Mari が友人の Lee にあてた電子メール，Lee から Mari への返信メールである。①～④に答えなさい。

■ Smith 先生の説明

I have good news for you. Our city library will have a special event from ten to eleven on May 6.

You can bring a book you like and make a speech about it to other people in English. After listening to all the speeches, everyone will choose a book they want to read. Then, they will vote for it. If your book gets the largest number of votes, you will receive a gift. This is especially good for the people who like talking to others about the books they have read.

If you are interested, please send the library an e-mail by the end of this month. I hope you will join this event.

［注］ vote 投票する，（獲得した）票　　by ～ ～までには

■ Mari が友人の Lee にあてた電子メール

Hi Lee,

How are you? Today, Mr. Smith told us about a special event held at the city library next month. It's a ［ (あ) ］ to show a lot of people a book you like. If your book is ［ (い) ］ as the most popular one among people there, you will get a present.

I'm going to get to the library at ten on May 6. ［ (う) ］ I'll be happy if you can. I need to send an e-mail to the library to join it by ［ (え) ］ 30. Please send your e-mail back to me.

Your friend,
Mari

■ Lee から Mari への返信メール

Hi Mari,

How are you? Thank you for telling me about the event. I'm interested in it. I want to tell people about my ［ (お) ］ book.

I will leave before noon because I have to go to the dentist in the afternoon that day. ［ (か) ］? I hope I can come with you.

Bye,
Lee

① (あ), (お) に入れる英語の組み合わせとして最も適当なのは，ア～エのうちではどれですか。一つ答えなさい。

ア (あ) language　(お) boring
イ (あ) language　(お) favorite
ウ (あ) chance　(お) favorite
エ (あ) chance　(お) boring

② (い), (え) に入れるのに最も適当な英語１語をそれぞれ書きなさい。

③ (う) に入れるのに最も適当なのは，ア～エのうちではどれですか。一つ答えなさい。

ア How about going to the library on May 8?
イ Why don't you come with me?
ウ What English books do you want to sell?
エ Why do you want to join it?

④ あなたが Lee になったつもりで，(か) に finish を含む４語以上の英語を書きなさい。

5　高校生の Sosuke と留学生の Joe の２人は，英語の授業で日本の花火（fireworks）について発表するために，花火について書かれた英文を調べたり，花火師（*hanabi-shi*）の岡さん（Mr. Oka）から話を聞いたりしている。次の英文は，花火について書かれた英文，岡さんから聞いた話，岡さんとの会話の一部である。①～⑥に答えなさい。

■　花火について書かれた英文

There are different ways of thinking about the origin of fireworks, and here is one of them. In ancient China, people used signal fires for long-distance communication with each other and that was the beginning of fireworks. In the 14th century, the first fireworks were set off at a festival in Italy and people there enjoyed them. Fireworks were soon introduced all over Europe.

Do you know when fireworks were introduced to Japan? Some people say fireworks were brought to Japan in the middle of the 16th century. They were first set off in Japan at the end of the 16th century. Watching fireworks has been popular since then.

There are many festivals for watching fireworks all over the world. People can enjoy fireworks in all seasons with their friends and family. For example, in many countries, people watch fireworks on December 31. In Japan, firework festivals are held in many different places almost every day during the summer. In America, people usually enjoy fireworks on the fourth of July.

■　岡さんから聞いた話

My job is to make, sell, and set off fireworks. Our company starts to make firework shells every fall for festivals next summer.

There are many kinds of fireworks in Japan. Well, look at (あ)<u>that firework</u>

shell. It's 420 kilograms and goes up about 750 meters high. Its firework will look like a flower in the night sky. Look at (い) this shell. It's 1.8 kilograms and goes up about 220 meters high. You'll see a shape of a cat face in the sky if we use this. Before fireworks are set off, we can't see their shapes in the sky, so we need to imagine how fireworks will [(う)] in the sky when we make firework shells. That's a difficult part.

I think that Japanese fireworks are a traditional art. We want a lot of people to know about them. It is important to continue to use traditional Japanese fireworks. To attract more people, it's also important to [(え)] the way to show fireworks. For example, we have introduced new technology. We show fireworks with music. When we have this kind of special show, we have to remember many things. Where and when should we set off the fireworks? How high should the fireworks go up? How should their colors and shapes change in the sky with the music?

Japanese fireworks are so amazing that they are loved by a lot of people all over the world. I believe that Japanese fireworks are the best in the world.

■ 岡さんとの会話の一部

Joe : Thank you, Mr. Oka. Now we are more interested in fireworks. Well, may I ask you some questions? [ア]

Mr. Oka : No problem! [イ]

Joe : I know foreign fireworks are also used at some firework festivals in Japan. What do you think about this situation ?

Mr. Oka : (お) I don't think it's bad. We just try harder to make better Japanese fireworks. Then you can enjoy more wonderful fireworks.

Sosuke : I see. [ウ]

Mr. Oka : Of course! At first, I didn't want to be a *hanabi-shi*. However, when I went to a festival in America, I was surprised at the fireworks made in Japan. A lot of people there were also excited to watch them. From this experience, I changed my mind and became a *hanabi-shi*. I believe fireworks have the power to make people happy in the world. It is the best part about making fireworks for me.

［注］ origin 起源　ancient 古代の　signal fire 信号として使う火
set off ～ ～を打ち上げる　introduce ～ ～を導入する　Europe ヨーロッパ
middle of ～ ～の中ごろ　firework shell 打ち上げ花火の玉　kilograms キログラム
～ meters high 高さ～メートル　sky 空　imagine ～ ～と想像する
attract ～ ～を引きつける　technology 技術

① Sosuke と Joe は花火について書かれた英文を読み，各段落の内容を，次のア～ウのように表した。英文で書かれている順にア～ウを並べ替えなさい。

ア Today's fireworks

イ　The start of fireworks

ウ　The first fireworks in Japan

② **岡さんから聞いた話**について，下線部(あ)，(い)が空中でひらいたときの高さと形として最も適当なのは，次の模式図の**ア**～**エ**のうちではどれですか。それぞれ一つ答えなさい。

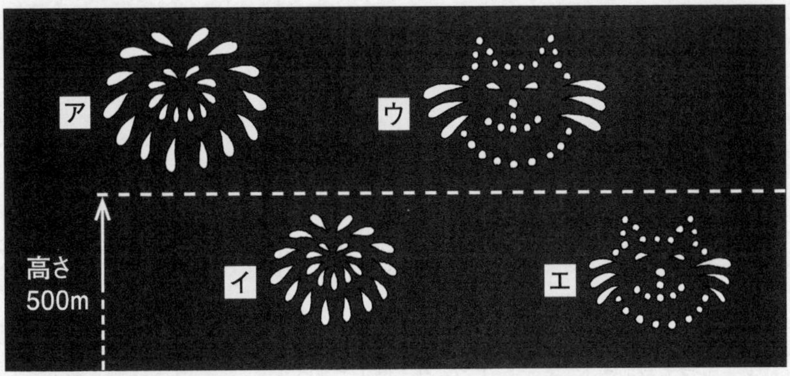

③ **岡さんから聞いた話**について，(う)，(え) に入れる英語の組み合わせとして最も適当なのは，**ア**～**エ**のうちではどれですか。一つ答えなさい。

ア　(う)　see　(え)　forget

イ　(う)　see　(え)　change

ウ　(う)　look　(え)　change

エ　(う)　look　(え)　forget

④ 次の英文を入れるのに最も適当なのは，**岡さんとの会話の一部**の中の**ア**～**ウ**のうちではどれですか。一つ答えなさい。

Do you like working as a *hanabi-shi*?

⑤ 次の □ に適当な日本語を入れて，下線部(お)の具体的内容を説明しなさい。

日本の花火大会で，□ ことがあるのは悪いことではないと思う。

⑥ **花火について書かれた英文**，**岡さんから聞いた話**，**岡さんとの会話の一部**の内容と合っているのは，**ア**～**オ**のうちではどれですか。当てはまるものをすべて答えなさい。

ア　The first fireworks were set off in ancient China in the 16th century.

イ　People all over the world enjoy fireworks only in summer.

ウ　Mr. Oka's company begins to make firework shells every fall.

エ　Mr. Oka thinks new technology is more important than traditional fireworks.

オ　Mr. Oka decided to be a *hanabi-shi* after his experience in America.

※

解答用紙

受検番号	(算用数字)	志願校	

注意 1 英語で書くところは，活字体，筆記体のどちらで書いてもかまいません。
2 語数が指定されている設問では，「,」や「.」などの符号は語数に含めません。
また，「don't」などの短縮形は，1語とします。

1

	A(1)	
	A(2)	
	A(3)	
	B(1)	
	B(2)	
	C(1)(あ)	
	C(1)(い)	
	C(2)	

2

	①(1)(あ)	
	①(1)(い)	
	①(2)(う)	
	①(2)(え)	
	②(お)	
	②(か)	
	②(き)	
	③(1)(く)	
	③(2)(け)	They ( ) a bridge now.
	③(2)(こ)	This castle ( ) about 100 years ago.

3

	①(あ)	
	①(い)	
	①(う)	

4

	①	
	②(い)	
	②(え)	
	③	
	④	

5

	①	→ →
	②(あ)	
	②(い)	
	③	
	④	
	⑤	
	⑥	

※この解答用紙は182％に拡大していただきますと，実物大になります。

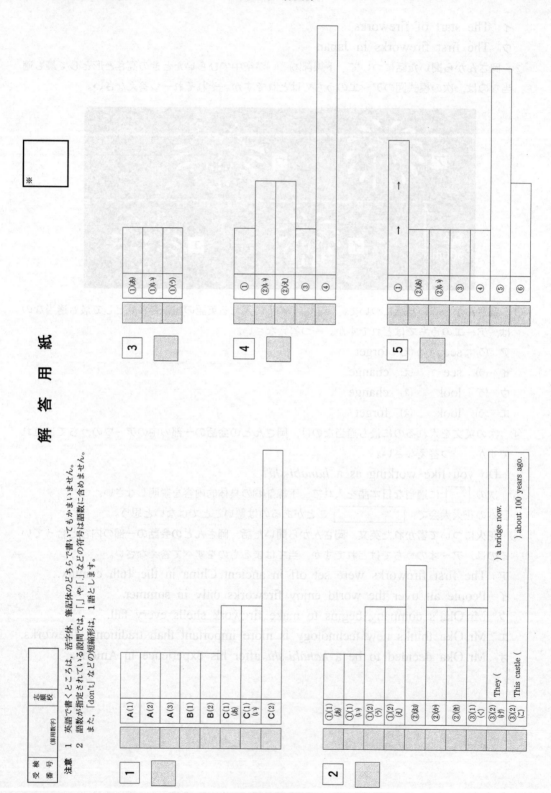

※

解答用紙

受検番号	(算用数字)	志願校	

注意　字数が指定されている設問では、「、」や「。」も一ます使いなさい。

1

①(1)	なった
①(2)	
①(3)	
①(4)	しい
②(1)	
②(2)	
③	
④(1)	
④(2)	
④(3)	
④(4)	

2

①	
②	
③X	
③Y	
④(1)	
④(2)	

3

①X	
①Y	
②	
③	
④	
⑤	
⑥	

4

①	
②	
③	
④X	
④Y	
⑤	

※この解答用紙は１８２％に拡大していただきますと、実物大になります。

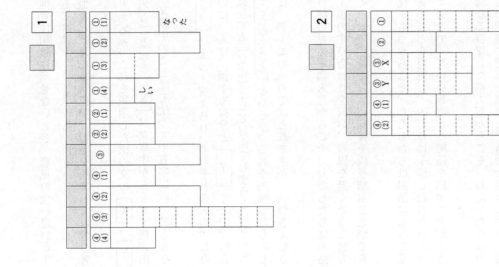

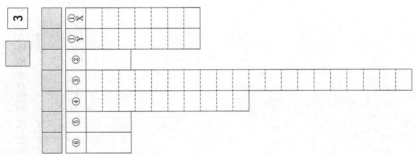

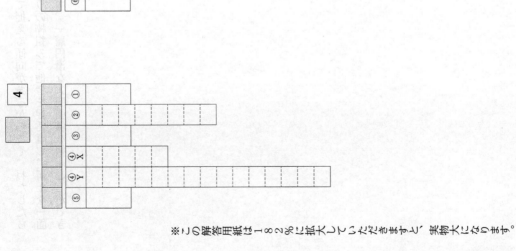

ウ　自分の姿勢を他者に明確に示せないとき、意見の食い違いが生じて対立を引き起こす点。

エ　自分の考えが他者とは異なる状況で、相手を論破して自分の考えを強固にしていく点。

④　「ⓔ『文化』の罠」とあるが、これを説明した次の文の [X] 、 [Y] に入れるのに適当なことばを、 [X] は文章中から五字で抜き出して書き、 [Y] は文章中のことばを使って十五字以内で書きなさい。

　文化は、本来、 [X] によって捉えられ、それぞれの人の中に存在するものであるのに、人は、相手も自分と [Y] ことで、社会の事柄や事象を、実在する「文化」として捉えてしまうということ。

⑤　「ⓕともに生きることができる」とあるが、これを説明したものとして最も適当なのは、ア～エのうちではどれですか。一つ答えなさい。

ア　人は一人ひとり顔の見える個人だからこそ、わたしたちは対話によって互いの主張のすり合わせを行い、差異を無くそうと努力を積み重ねていくことで、新たな人間関係を取り結ぶことができるということ。

イ　人は個々の文化をもつからこそ、わたしたちは対話によって唯一無二の存在であることを自覚し、みだりに干渉し合わないよう意識を高めていくことで、互いを尊重する関係を結ぶことができるということ。

ウ　人は他者とは異なる自律した個人だからこそ、わたしたちは対話によって他者との認識の差異を確認し、自分と他者に対する理解を深めていくことで、対等な人間関係を取り結ぶことができるということ。

エ　人は他者を類型化して捉える傾向があるからこそ、わたしたちは対話によって自分なりの枠組みで他者を捉え直し、新たな一面を見いだしていくことで、一層円滑な人間関係を結ぶことができるということ。

指すということになりますが、それが具体的にどんなものなのか、だれにもわかりません。

この場合、「日本人」という概念について個人一人ひとりが持っているイメージによって「日本人の文化は○○」ということになります。一人ひとりのイメージですから、当然のこととしてすべて異なるわけで、まったく同じイメージが存在するはずはありません。

ところが、いつのまにか相手も自分と同じイメージを持っているだろうと思い込んでしまうところに、このⓔ「文化」の罠《わな》があるのです。

その一人ひとりの持っているイメージはどこから来るのかといえば、個人の感じ方や考え方あるいは価値観にあるということになります。すでに個人の中にある、このようなイメージによって、集団としての社会でのさまざまな事柄・事象を、あたかも実在するものであるかのように認識し、それを「○○の文化」としてとらえてしまっているわけです。

そのもとは、すべて個人の認識によるわけですから、実際は、「文化は個人の中にある」ということになります。これが「個の文化」なのです。

テーマを定め、そのテーマをもとに対話をする行為は、こうした、さまざまな「個の文化」の差異を認めつつ、お互いの主張を重ね合わせていくという行為に他なりません。たんに白か黒か、どちらが勝ったとか負けたという世界ではなく、譲れること、譲れないことをしっかりと見きわめることを通して、自分がこの世界でどう生きるかを考えることだと思います。

世界中にまったく同じ個人は存在しません。「～国」「～人」「～語」などの枠組みで個人を類型化してとらえるのではなく、一人ひとりの自律した個人として認めること、これが「個の文化」の考え方です。このように考えれば、他者はすべて異文化というブラックボックス、しかしだからこそ、わたしたちは、一人ひとりの感じ方や考え方あるいは価値観の差異を超えて、ⓕともに生きることができるという思想にたどり着くはずです。

（出典　細川英雄《ほそかわひでお》「対話をデザインする――伝わるとはどういうことか」）

(注)　歪曲――事実を意図的にゆがめること。
　　ブラックボックス――ここでは、具体的な内容が明らかでないこと。

① [ⓐ]、[ⓓ] にそれぞれ入れることばの組み合わせとして最も適当なのは、**ア**～**エ**のうちではどれですか。一つ答えなさい。

ア　ⓐ　なるほど　ⓓ　もしも
イ　ⓐ　しかし　ⓓ　ましてや
ウ　ⓐ　しかも　ⓓ　あたかも
エ　ⓐ　なぜなら　ⓓ　やはり

② 「ⓑステレオタイプ」とあるが、ステレオタイプがどのような問題を引き起こすのか。それを説明した次の文の[　]に入れるのに適当なことばを、文章中から八字で抜き出して書きなさい。

一人ひとり異なる個人を、画一的に歪曲して認識することで、[　]の構築を妨げる恐れがあるという問題。

③ 「ⓒ『文化』間の対立と同じ構造」とあるが、対話はどのような点で文化の対立と同じ構造をもつといえるか。それを説明したものとして最も適当なのは、**ア**～**エ**のうちではどれですか。一つ答えなさい。

ア　自分の固有の考えとは異なる考えをもつ他者との対立の中で、不安や喜びが生じる点。
イ　自分の本音と他者に示す建前《たてまえ》とが対立するとき、自分の中で折り合いをつけてしまう点。

日本人が国際化するためには、ふつう英語を学ぶことが必要であると言われるが、私は、国語としての日本語を学ぶほうが重要ではないかと思う。

まず、この文では、「言っている」のはどこのだれだかわかりますか。「と言われる」とあるように、このことを言っているのは、だれだかわからない不特定多数の人なのです。

それに対して、「国語としての日本語を学ぶほうが重要ではないか」と、この筆者は考えているわけですね。つまり、この筆者の考えは、だれだかわからない不特定多数の人の言っていることを前提にしていることがわかります。

以上のことからわかることは、わたしたちはとかく物事を自分の都合のいいように解釈するという操作を行いがちだということです。ⓐその根拠になるものが、不特定多数の人、つまり皆がそう言っている、というのでは、だれをも納得させることはできません。

こうしたことは、対話の活動でも同じことで、少なくとも言説のありかを明確にし、責任ある根拠を提示することが肝要です。そのことで、わたしたちの対話はずっと内容のあるものになるでしょうし、自分のことばで固有の意見を述べることができるようになります。

もう一つの問題は、この文の「日本人」というのは、具体的にはいったいだれのことを指しているのか、ということです。

一口に「日本」といっても、都市と地方でさまざまに異なっています。「社会」という概念がきわめて多面的であり複雑性に満ちたものであることからもわかるように、「〇〇国」「〇〇人」と一括して論じることはできません。

簡単に一つの概念で対象をとらえてしまう認識を、わたしたちはⓑステレオタイプ（画一的認識）と呼んでいます。

ステレオタイプが問題視されるのは、個人を画一的に歪曲《わいきょく》したかたちでとらえ、それがひいては偏見や差別の原因になる可能性があるからです。ステレオタイプ的な思考や発想によって、一人ひとりの個人の顔が見えなくなり、一対一の対等な人間関係が取り結べなくなってしまうことが問題なのです。コミュニケーションが阻害され、信頼ある人間関係が樹立できなくなることを危惧しているのです。

ステレオタイプにとらわれていると、本来、豊かで創造的な広がりのあるはずの対話という活動もきわめてつまらないものになりがちです。

自分のテーマを持つということは、その対象に向けて、固有の姿勢を持つということです。さらに自分の考えていることを相手に示すということは、その自分の姿勢をもっと強固に、他者に見えるかたちで示すということになります。

このとき、当然のこととして、立場や意見の違う人との対話が待ち構えています。このときにこそ、あなた自身の姿勢が問われるといってさしつかえないでしょう。

このことは、ちょうどⓒ「文化」の対立と同じ構造を持っています。異なる民族、異なる国家、異なる宗教、などなどの、互いに異なるものが衝突し、そこに、さまざまな葛藤や不安、あるいは出会いの発見や喜びが生じるからです。

このときに、個人を集団の一人としてとらえてしまうと、ⓓその集団に属す人はすべておなじ性格を持っているかのように錯覚してしまう恐ろしさがあります。

「日本人の文化」というとき、日本人という集団の持っている性格を

「ⓔ好きにすれば」

徳井の横をすり抜けて、小学生みたいに傘を振り回しながら、道の先へと歩き出す。

（出典　瀧《たき》羽《わ》麻《あさ》子《こ》「虹にすわる」）

① 「ⓐじいちゃんがゆっくりと首を横に振った」とあるが、このときの「じいちゃん」の思いについて説明した次の文の［X］、［Y］に入れるのに適当なことばを、文章中からそれぞれ七字で抜き出して書きなさい。

有名建築デザイナーの工房で働く道を選べば、［X］ことになるのではないかと思い悩む徳井に、［Y］ことが、単調な生活を変えてくれた魚住への恩返しにつながるということをわかってほしい。

② 「ⓑかろうじて言ったきり、あとが続かなかった」とあるが、このときの「徳井」の心情を説明したものとして最も適当なのは、ア～エのうちではどれですか。一つ答えなさい。

ア　じいちゃんの見当外れな意見を何度も聞かされ閉口している。
イ　自分でも気づいていなかった本心を指摘され動揺している。
ウ　じいちゃんの脈絡のない発言の意図がわからず困惑している。
エ　自分の隠そうとしていた本音を言い当てられ憤慨している。

③ 「ⓒ言いたいこと」とあるが、「徳井」が「魚住」に「言いたいこと」とは何か。文章中から二十字で抜き出して書きなさい。

④ 「ⓓ声も表情もこわばっている」とあるが、その理由を説明した次の文の□に入れるのに適当なことばを、十字以内で書きなさい。

魚住は、徳井が有名建築デザイナーからのスカウトを□つもりでいると思ったから。

⑤ 「ⓔ好きにすれば」とあるが、このときの魚住の心情を説明したものとして最も適当なのは、ア～エのうちではどれですか。一つ答えなさい。

ア　椅子職人として腕を上げていくという徳井の覚悟を知り、その成長を温かく見守っていこうと決意を固めている。
イ　自らの意志で自分と椅子を作っていこうという選択をした徳井のことを、ことばとは裏腹にうれしく思っている。
ウ　同意を得ることもなく、未熟な二人だけで椅子作りをしていく決断をした徳井の身勝手さに愛想《あいそ》を尽かしている。
エ　技術面で引け目がある自分に対し、突然二人での椅子作りを提案した徳井の真意を測りかねて途方に暮れている。

⑥ この文章の表現の特徴について説明したものとして最も適当なのは、ア～エのうちではどれですか。一つ答えなさい。

ア　「腕組みをして」、「胸に手をあてた」という描写は、じいちゃんの厳格な性格と威圧的な態度を浮き彫りにしている。
イ　「うなだれた」、「深呼吸をひとつしてから」という描写は、相手を傷つけまいとする徳井の優しさを描き出している。
ウ　「ぽつぽつと喋った」、「だしぬけに立ちどまった」という描写は、魚住の徳井に対するもどかしさを暗に示している。
エ　「いつかは虹に座れるかもしれない」という描写は、明るい希望を胸に抱いている徳井の心情を強く印象づけている。

4　次の文章を読んで、①～⑤に答えなさい。

「日本人は対話が下手」という言説をよく耳にします。
この表現にはどのような意味がこめられているのでしょうか。また、そこにはどんな落とし穴が隠されているのでしょうか。
たとえば、次の文を見てみましょう。

「気をつけてな」じいちゃんが徳井を見上げて微笑《ほほえ》んだ。

外はおそろしく寒かった。

徳井は徒歩で川をめざした。川に沿って歩くという魚住の捨てぜりふが本気だったのかはあやしいが、それ以外に手がかりがない。雪がやんでいるのだけが、不幸中の幸いだった。

どこにいるんだよ魚住、と徳井は心の中で呼びかける。心配かけるのもいいかげんにしろ。

「徳井さん」

徳井は正面に向き直り、歩道の先に目をこらした。見覚えのある人影が、小さく手を振っていた。

ひとけのない道を歩きながら、魚住はぽつぽつと喋《しゃべ》った。

「寒いし腹もへったから、コンビニで肉まん買って食った」

「それも買ったのか？」魚住のぶらさげているビニール傘に目をやって、徳井はたずねた。

「いや、もらった。夕方くらいに雪が雨になって、酒屋か米屋かなんかの軒先で雨宿りしてたら、店のおばさんがくれた」

魚住がくるりと傘を回した。

「そうだ、雨がやんだ後、虹が出たんだよ。かなりでかいやつ。こう、川をまたぐ感じで」

腕をななめ上に伸ばし、傘の先で宙に弧を描いてみせる。

「めちゃくちゃきれいだった」

「へえ。珍しいな、冬の虹って」

ラッキー、と魚住はうれしそうに笑った。

「おれ、子どものとき、虹の上に座ってみたかったんだよ。って、徳井さんに言ったことあったっけ？」

初耳だった。魚住らしいといえば、魚住らしいが。

「気持ちいいだろうな。虹に座れたら」

七色のアーチのてっぺんに腰かけ、愉快そうに両脚をぶらぶらさせている魚住の姿が目に浮かぶ。その隣に座ったら、どんな景色が見えるのだろう。

深呼吸をひとつしてから、徳井は口を開いた。

「おれ、断るよ」

魚住がだしぬけに立ちどまった。半歩先に出た徳井も足をとめ、後ろを振り向いた。薄暗い道の真ん中で、ふたり向かいあう。

「どうして？」

魚住が言った。さっきまでとは一変して、ⓓ声も表情もこわばっている。

「おれのことは気にしないでって言ってるのに……」

「気にしてない」徳井はさえぎった。「魚住のせいじゃない。おれが、そうしたいんだ。これからも魚住とふたりで、椅子を作りたい」

徳井が椅子を作るのは、楽しいからだ。魚住と一緒に椅子を作るのが、楽しいからだ。

徳井も魚住も、まだ一人前の職人とはいえない。未熟なふたりだけで工房を運営していくのは、確かに大変だろう。でも、やってみたい。少しずつでも前に進んでいけばいい。

そうして地道に経験を重ねていけば、いつかは虹に座れるかもしれない。ふたり並んで晴れやかな気持ちで世界を見渡せる日が、来るかもしれない。

「いい椅子を作ろう。魚住とおれ、ふたりで」

魚住は身じろぎもせずに、徳井の顔をまじまじと凝視している。徳井も目をそらさなかった。そらすつもりはなかった。

エ　A　色　B　心　C　雲

(2)　D に入れるのに適当なことばを、【解説文】と【ノートの一部】の内容を踏まえて十字以内で書きなさい。

3　次の文章は、椅子工房を営んでいる「徳井律」と「魚住《うおずみ》」が有名建築デザイナーの工房にスカウトされ、その誘いを受けるかどうかで言い争いをした後、「徳井」が一人で家に帰ってきた場面である。「魚住」は、「徳井」の技術が認められ、自分は求められていないことを感じ取り、「徳井」だけがその工房で働くよう勧めたが、「徳井」は結論を出せずにいた。これを読んで、①～⑥に答えなさい。

玄関に魚住の靴はなかった。茶の間をのぞくと、じいちゃんがこたつで新聞を読んでいた。じいちゃんは顔を上げ、不思議そうにたずねた。

「一緒じゃなかったのか？」

徳井が事の次第を説明する間、じいちゃんは腕組みをして耳を傾けていた。

「どうしたらいいと思う？」

ひととおり話した後、徳井の口から自然に質問がこぼれ出た。

「律はどうして椅子を作ってる？」

「魚住に誘われたから」いったん答え、徳井は言い直した。「いや。楽しいから、作ってる」

「そうだ。ここだよ」

じいちゃんが胸に手をあてた。

「見てたらわかる。ふたりとも本当に楽しそうだ。そのきっかけを作ってくれたあいつに、お前は恩がある」

去年の五月から、徳井の生活は一変した。もしも魚住が転がりこんでこなければ、今も徳井は、よくいえば平穏な、悪くいえば単調な日々を漫然と過ごしていただろう。新しい世界につながる扉を、魚住が開いたのだ。

「だから、魚住を見捨てるようなことはしたくないんだ」

ⓐじいちゃんがゆっくりと首を横に振った。

「あいつはそう望んでるか？」

「それは……」徳井はうなだれた。

「恩返しをしたいなら、お前はいい椅子を作り続けるしかないんじゃないか？　どこで作るか、場所は関係なく」

じいちゃんは、正しい。徳井がいい椅子を作ることを、職人として腕を上げることを、きっと魚住も願ってくれている。

「あいつだって、いつまでもすねちゃいない。そのうち腹を括《くく》るよ」

それに、とじいちゃんはつけ加えた。

「すねてるのは、お前もなんじゃないか？」

「へ？　おれが？」

「ひきとめてほしかったんじゃないか、あいつに」

徳井は小さく息をのむ。

「なに言ってんだよ？」ⓑかろうじて言ったきり、あとが続かなかった。

もとはといえば、徳井をこの世界に引き入れたのは魚住なのだ。扉を開いたどころではない、強引に腕をつかんで、半ば力任せにひきずりこんだ。それなのに、今さらその手をあっさり放すなんて。ふたりでやろう、とあれだけしつこく繰り返しておきながら。

徳井は立ちあがった。

「ちょっと、行ってくる」

ⓒ言いたいことは、直接言ったほうがいい。たぶん、お互いに。

うな状態を詠んでいるか。それを説明した次の文の[　　]に入れるのに適当なことばを、【解説文】から十字以内で抜き出して書きなさい。

[　　]状態。

② [ⓑ]に入れることばとして最も適当なのは、**ア**～**エ**のうちではどれですか。一つ答えなさい。

ア 詩的　**イ** 静的　**ウ** 動的　**エ** 物的

③「ⓒこの歌の特徴」とあるが、これを具体的に説明した次の文の[X]、[Y]に入れるのに適当なことばを、【解説文】からそれぞれ五字以内で抜き出して書きなさい。

俊成のこの和歌は、単純に白色のものを並べて詠んでいるのではなく、白い色、丸い形、輝きといった要素を[X]としてもつ題材を[Y]て詠むことで、それぞれが一層際《きわ》立つようになっている。

④【解説文】を読んで興味をもった明子さんは、俊成の和歌について調べ、わかったことをノートにまとめた。次の【ノートの一部】を読んで、⑴、⑵に答えなさい。

【ノートの一部】

○「月冴ゆる」の和歌について

・「久安《きゅうあん》百首」に収録されている和歌で、俊成が冬を主題として詠んだ十首の歌「冬十首」のうちの一首。

・「久安百首」は、崇徳《すとく》上皇の命で、俊成ら数人の歌人がそれぞれ百首の和歌を詠んだもの。久安六年（一一五〇年）に成立。

○冬十首の並び（「月冴ゆる」の和歌とその前後に置かれている和歌）

Ⅰ　月清《きよ》み千鳥鳴くなり沖つ風　吹飯《ふけひ》の浦の明けがたの空

歌意…月が清らかに澄んでいて、千鳥が鳴いている。沖からの風が強く吹いてくる、ここ吹飯《ふけい》（地名）の浦の明け方の空よ。

Ⅱ　月冴ゆる氷の上に霰ふり　心砕くる玉川の里

Ⅲ　空に満つ愁《うれ》への雲のかさなりて　冬の雪とも積もりぬるかな

歌意…空いっぱいに広がる私の悲しさが積み重なって、冬の雪ともなり、降り積もったのだなあ。

○和歌に詠まれた題材と和歌の並びからわかったこと

・Ⅰの和歌の「千鳥鳴く」と、Ⅱの和歌の「霰ふり」→[A]を詠んでいる。

・Ⅱの和歌の「月」、「[B]」、「霰」、「玉」と、Ⅲの和歌の「[C]」と「雪」→白色を詠んでいる。

※以上のことから、Ⅱの和歌には、[D]という特徴があり、ⅠとⅢの和歌をつなぐようにⅡの和歌が配列されていると考えられる。

（小山順子「和歌のアルバム　藤原俊成　詠む・編む・変える」、檜垣孝《ひがきたかし》「俊成久安百首評釈」を参考に作成）

⑴ [A]～[C]にそれぞれ入れることばの組み合わせとして最も適当なのは、**ア**～**エ**のうちではどれですか。一つ答えなさい。

ア A 音　B 氷　C 雲

イ A 色　B 氷　C 空

ウ A 音　B 心　C 空

【伝言メモ】

松本部長へ
10月30日（水）　13:00
・ヒガシ電機　石川様から電話
・新商品についての相談
・ Y ようお願いします。
電話番号：123−4567
受付者　田中

(1) X に入れることばとして最も適当なのは、**ア**〜**エ**のうちではどれですか。一つ答えなさい。

ア あわよくば　**イ** あいにく
ウ 案の定　**エ** あながち

(2) 「聞いて」とあるが、「聞く」を、ここで用いるのにふさわしい一語の敬語に直し、終止形で書きなさい。

(3) Y に入れるのに適当なことばを、十字以内で書きなさい。

(4) 田中さんの電話の応対とメモの取り方について説明したものとして**適当でない**のは、**ア**〜**エ**のうちではどれですか。一つ答えなさい。

ア 伝言すべき内容を正確に把握するため、相手のことばを復唱することで内容に誤りがないかを確認している。
イ 電話をかけてきた他社の人に話をするときは、上司であっても自社の人に対する敬称や敬語は省略している。
ウ 電話の用件をわかりやすく上司に伝えるため、伝言メモには聞き取った情報のすべてを詳細に記録している。
エ 内容を素早く記録できるよう伝言メモを箇条書きにしたり、大切な情報に波線を引いたりして整理している。

2 次の藤原俊成《ふじわらのしゅんぜい》の和歌とその解説文を読んで、①〜④に答えなさい。

月冴《さ》ゆる ⓐ氷の上に霰《あられ》ふり 心砕くる玉川の里

【解説文】

冬の夜、氷に閉ざされ、音のない静かな玉川の里。その静けさを破るように、霰が降って、氷にぶつかり、音を立てて飛び散らばる。霰が砕け散らばる様子を、自分が千々に思い乱れる心象風景として詠《よ》んでいる。静寂と、それを破る ⓑ で音を立てる霰との対比が鮮やかである。そしてその様子を、冬の月が照らしている。月・氷・霰が織りなす白一色の世界は、やはり白い「玉」（真珠）を名に持つ玉川の里を舞台に展開されている。

月は氷・玉に、霰は玉に、たとえられたり見立てられる関係にある。白く、丸く、輝きを持つものという共通点から、比喩や見立ての関係が生まれる。そのような関係にある月・氷・霰・玉を組み合わせ、互いに絡《から》み合い、強調するように詠んでいるのが、ⓒこの歌の特徴だ。

（出典　小山順子「和歌のアルバム　藤原俊成　詠む・編む・変える」）

(注) 心象風景——想像力の働きによって心に描かれた風景。

① 「ⓐ氷の上に霰ふり　心砕くる」とあるが、これは心の中のどのよ

＜国語＞

時間　四五分　満点　七〇点

1　次の①～④に答えなさい。

① (1)～(4)の――の部分について、(1)、(2)は漢字の読みを書きなさい。また、(3)、(4)は漢字に直して楷書で書きなさい。

(1) ボールを取り損なった。

(2) 私は運動会で敢闘賞を受賞した。

(3) 事態のスイイを見守る。

(4) ケワしい山道を進む。

② (1)、(2)の慣用句と最も近い意味をもつ熟語は、ア～エのうちではどれですか。それぞれ一つ答えなさい。

(1) さじを投げる

ア　安心　イ　満足　ウ　後悔　エ　断念

(2) 石橋をたたいて渡る

ア　慎重　イ　平然　ウ　緊張　エ　無謀

③ 次の ア ～ オ に助詞一語を入れて文章を完成させるとき、「も」を入れるのが適当なのは、ア～オのうちではどれですか。当てはまるものをすべて答えなさい。

兄 ア 私は絵を描くのが好きで、毎年絵画コンクールに応募している。二人とも、去年まで一度 イ 入選したことはなかった。今年、私はまた残念な結果に終わったが、去年までの悔しさを糧《かて》にすばらしい絵を描きあげた兄 ウ 、はじめての入選を果たした。兄は、来年 エ 入選するような作品を描こうと今から意気込んでいる。来年 オ 兄と私の二人で、そろって入選するという夢をかなえたい。

④ 会社で受付業務をしている田中さんは、取引先の石川さんから電話で上司への伝言を依頼された。次の【電話での会話】と、田中さんが電話をしながら書き取った【伝言メモ】を読んで、(1)～(4)に答えなさい。

【電話での会話】

田中　お待たせしました。ミナミ商事、総務部の田中でございます。

石川　ヒガシ電機の石川と申します。いつもお世話になっております。先日の打ち合わせでは、松本部長にも参加いただき、ありがとうございました。松本部長はいらっしゃいますか。

田中　石川様ですね。こちらこそ、いつもお世話になっております。 X 松本は会議のため席を外しております。戻りましたら、こちらから連絡を差し上げましょうか。

石川　はい。今度発売する新商品について、ご相談したいことがありますので、本日中に連絡をいただけると助かります。

田中　かしこまりました。恐れ入りますが、連絡先を聞いてよろしいですか。

石川　はい。123の4567番、ヒガシ電機の石川まで電話をくださるようお願いします。

田中　123の4567番、ヒガシ電機の石川様ですね。では本日中に電話するよう、松本に申し伝えます。総務部の田中がお受けしました。

石川　よろしくお願いします。では、失礼いたします。

2020年度

解答と解説

《2020年度の配点は解答用紙集に掲載してあります。》

＜数学解答＞

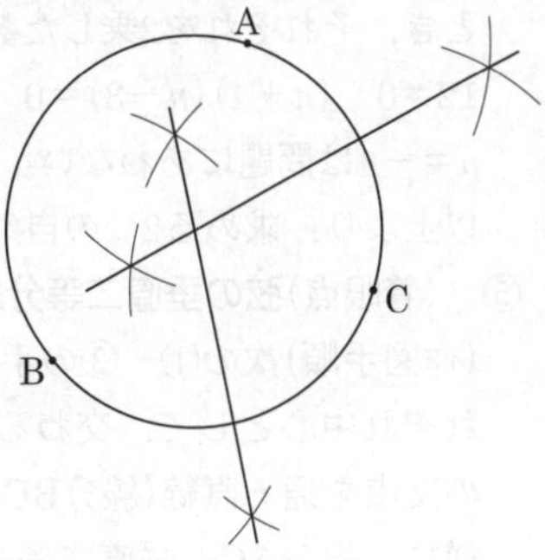

1　① 5　② $-\frac{3}{2}$　③ -11　④ $3a$　⑤ $\sqrt{5}$
⑥ $(x+8)(x-8)$　⑦ $x=\frac{-3\pm\sqrt{17}}{4}$

2　① 25(°)　② ア　③ イ　④ 解説参照
⑤ 右図

3　① (1) $y=\frac{50}{x}$　(2) $y=2x+10$　② A, B
③ $b=\frac{7}{2}$　$c=-\frac{1}{2}$　$d=4$

4　① ウ　② 2(通り)　③ $\frac{3}{8}$

5　① 6π(cm)　② 36π(cm^2)　③ (1) 15(cm)
(2) 解説参照　(3) 4：5　④ FG$=4\sqrt{15}$(cm)　FI$=5\sqrt{15}$(cm)

6　① 20(cm)　② (1) $n-1$(か所)　(2) $3360-55a=2700$　(3) 12(cm)
③ (1) $b=22.5$(cm)　(2) $\frac{3}{52}x$(cm)

＜数学解説＞

1　(数・式の計算，平方根，因数分解，二次方程式)

① 正の数・負の数をひくには，符号を変えた数をたせばよい。$-3-(-8)=-3+(+8)=(-3)+(+8)=+(8-3)=5$

② 異符号の2数の積の符号は負で，絶対値は2数の絶対値の積だから，$\frac{2}{3}\times\left(-\frac{9}{4}\right)=-\left(\frac{2}{3}\times\frac{9}{4}\right)=-\frac{3}{2}$

③ $-2^2=-(2\times2)=-4$だから，$-2^2+(-7)=(-4)+(-7)=-(4+7)=-11$

④ $6a^3b^2\div2a^2b\div b=6a^3b^2\times\frac{1}{2a^2b}\times\frac{1}{b}=\frac{6a^3b^2}{2a^2b\times b}=\frac{6a^3b^2}{2a^2b^2}=3a$

⑤ $\frac{15}{\sqrt{5}}=\frac{15\times\sqrt{5}}{\sqrt{5}\times\sqrt{5}}=\frac{15\sqrt{5}}{5}=3\sqrt{5}$，$\sqrt{20}=\sqrt{2^2\times5}=2\sqrt{5}$だから，$\frac{15}{\sqrt{5}}-\sqrt{20}=3\sqrt{5}-2\sqrt{5}=(3-2)\sqrt{5}=\sqrt{5}$

⑥ 乗法公式$(\boldsymbol{a}+\boldsymbol{b})(\boldsymbol{a}-\boldsymbol{b})=\boldsymbol{a}^2-\boldsymbol{b}^2$より，$x^2-64=x^2-8^2=(x+8)(x-8)$

⑦ **2次方程式**$\boldsymbol{ax^2+bx+c=0}$**の解は，**$\boldsymbol{x=\frac{-b\pm\sqrt{b^2-4ac}}{2a}}$で求められる。問題の2次方程式は，$a=2$，$b=3$，$c=-1$の場合だから，$x=\frac{-3\pm\sqrt{3^2-4\times2\times(-1)}}{2\times2}=\frac{-3\pm\sqrt{9+8}}{4}=\frac{-3\pm\sqrt{17}}{4}$

2　(角度，平方根，資料の散らばり・代表値，方程式の応用，作図)

① $\overset{\frown}{\mathrm{AB}}$に対する中心角と円周角の関係から，$\angle\mathrm{ACB}=\frac{1}{2}\angle\mathrm{AOB}=\frac{1}{2}\times50°=25°$　△OBCはOB＝OCの二等辺三角形だから，$\angle\mathrm{OBC}=\angle\mathrm{OCA}=\angle\mathrm{ACB}=25°$

② $\sqrt{9}<\sqrt{10}<\sqrt{16}$より，$3<\sqrt{10}<4$だから，$\sqrt{10}$の整数部分は3　よって，$\sqrt{10}=$($\sqrt{10}$の整数部

分)＋($\sqrt{10}$の小数部分)より，($\sqrt{10}$の小数部分)＝$\sqrt{10}$－($\sqrt{10}$の整数部分)＝$\sqrt{10}-3$

③　**中央値**に着目する。中央値は資料の値を大きさの順に並べたときの中央の値。アとエの**ヒストグラム**は，その形の対称性から，中央値の入っている**階級**は，19m以上22m未満の階級であり，適当ではない。ウのヒストグラムは，22m以上の階級の**相対度数**が0.5を上回ると読み取れるから，中央値の入っている階級は，22m以上25m未満の階級であり，適当ではない。イのヒストグラムは，19m未満の階級の相対度数が0.5を上回ると読み取れるから，中央値の入っている階級は，16m以上19m未満の階級であり，最も適当である。

④　(例)連続する2つの自然数のうち，小さい方をnとすると，大きい方は$n+1$と表される。このとき，それぞれを2乗した数の和が25であるから，$n^2+(n+1)^2=25$　$2n^2+2n-24=0$　$n^2+n-12=0$　$(n+4)(n-3)=0$　$n=-4,\ 3$　nは自然数だから，$n=-4$は問題にあわない。よって，$n=3$となり，$n+1=4$
以上より，求める2つの自然数は3と4

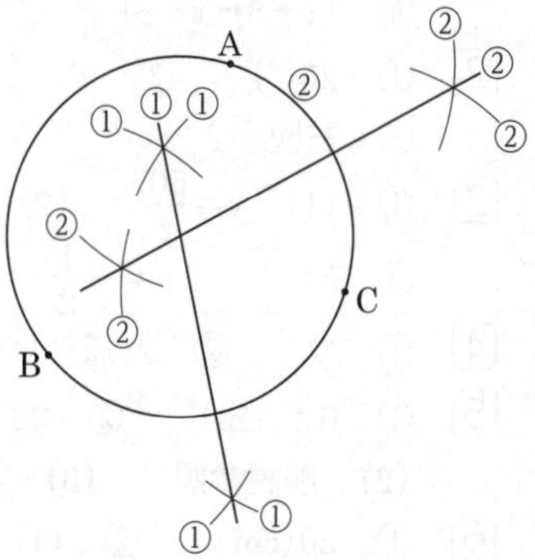

⑤　(着眼点)**弦の垂直二等分線は，その円の中心を通る。**
(作図手順)次の①～②の手順で作図する。　①　点B，Cをそれぞれ中心として，交わるように半径の等しい円を描き，その交点を通る直線(線分BCの**垂直二等分線**)を引く。　②　同様に，線分ACの垂直二等分線を引き，線分BCの垂直二等分線との交点を中心として，点Aを通る円を描く。

3　**(関数とグラフ)**

①　(1)　長さ50cmのひもをx等分した1本の長さ$y$cmは，$y=50\div x=\dfrac{50}{x}$

(2)　長方形の周の長さは，{(縦の長さ)＋(横の長さ)}×2で求められるから，縦の長さが5cm，横の長さが$x$cmである長方形の周の長さ$y$cmは，$y=(5+x)\times 2=2x+10$

②　問題の表に○を書き入れたものを右図に示す。

性質＼関数	A $y=ax^2$	B $y=bx$	C $y=cx+d$	D $y=\dfrac{e}{x}$
グラフが原点を通る	○	○		
グラフがy軸を対称の軸として線対称である	○			
yはxに比例する		○		
xの値が2倍，3倍，4倍…になると，yの値は$\dfrac{1}{2}$倍，$\dfrac{1}{3}$倍，$\dfrac{1}{4}$倍…になる				○

関数$y=ax^2$のグラフは，原点を通り，y軸を**対称の軸**として**線対称**な**放物線**と呼ばれる曲線である。そして，**yはxに比例**し，xの値が2倍，3倍，4倍…になると，yの値は$2^2=4$倍，$3^2=9$倍，$4^2=16$倍…になる。関数$y=bx$のグラフは，原点を通り，原点を対称の中心とする点対称な直線である。そして，yはxに比例し，xの値が2倍，3倍，4倍…になると，yの値も2倍，3倍，4倍…になる。関数$y=cx+d$のグラフは，y軸と点$(0,\ d)$で交わり，傾きcの一次関数と呼ばれる直線である。関数$y=\dfrac{e}{x}$のグラフは，原点を対称の中心とする点対称な**双曲線**と呼ばれる曲線である。そして，**yはxに反比例**し，xの値が2倍，3倍，4倍…になると，yの値は$\dfrac{1}{2}$倍，$\dfrac{1}{3}$倍，$\dfrac{1}{4}$倍…になる。

③　関数Cのグラフは，傾きが$-\dfrac{1}{2}$であり，切片が正であることから，$c=-\dfrac{1}{2}$であり，式は$y=$

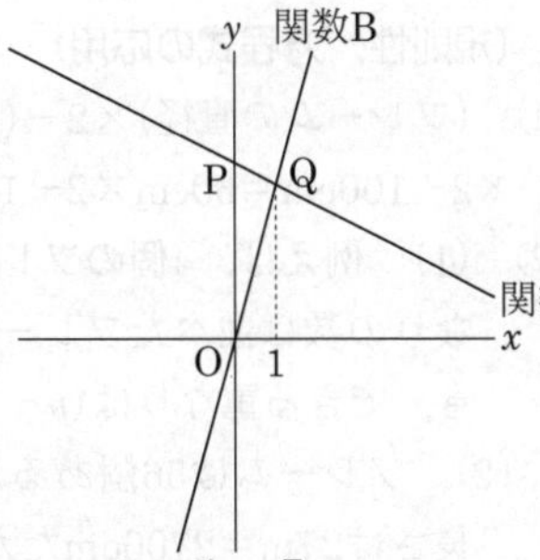

$-\dfrac{1}{2}x+d$と表され，関数Cのグラフとy軸との交点をPとすると，$\mathrm{P}(0,\ d)$で，$d>0$である。関数Bのグラフと関数Cのグラフの交点をQとする。点Qのx座標が1であるということは，$x=1$で関数Bのy座標と関数Cのy座標が等しいということだから，$b\times1=-\dfrac{1}{2}\times1+d$　整理すると，$b=d-\dfrac{1}{2}$…㋐　関数Bのグラフと関数Cのグラフとy軸とで囲まれた図形，つまり，△OPQの面積が2であるから，$\triangle\mathrm{OPQ}=\dfrac{1}{2}\times\mathrm{OP}\times$（点Qの$x$座標）$=\dfrac{1}{2}\times d\times1=2$　これより，$d=4$　これを㋐に代入して，$b=4-\dfrac{1}{2}=\dfrac{7}{2}$

4　（確率）

① くじを1回引いて，◎が出る確率が$\dfrac{1}{2}$であるということは，同じ実験や観察を多数回くり返すとき，◎が出る割合が$\dfrac{1}{2}$に近づくという意味をもっている。よって，くじを1000回引くとき，◎が出る割合が$\dfrac{1}{2}$に近づく，つまり◎が出る回数が$1000回\times\dfrac{1}{2}=500回$に近づくということである。

② Bについて，くじを2回引くときの◎と☒の出方は全部で，（1回目，2回目）＝(◎，◎)，(◎，☒)，(☒，◎)，(☒，☒)の4通りあり，そのうち，ちょうど1回◎が出るのは，＿＿を付けた2通りである。

③ Cについて，くじを4回引くときの◎と☒の出方は全部で，右図の樹形図に示す16通りあり，そのうち，ちょうど2回◎が出るのは，☆印を付けた6通りだからCの起こる確率は，$\dfrac{6}{16}=\dfrac{3}{8}$である。

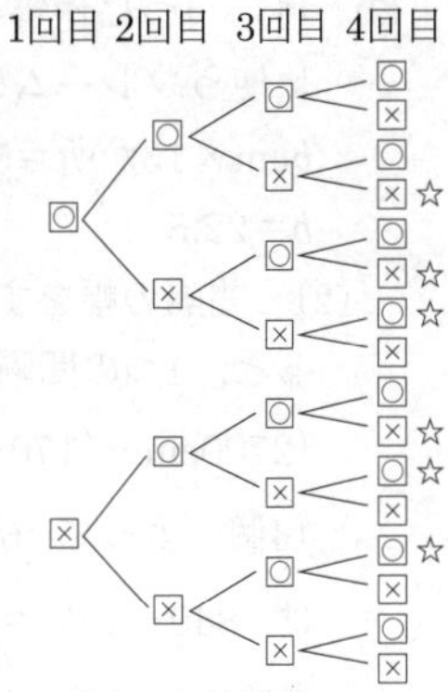

5　（円錐の展開図，おうぎ形の弧の長さと面積，線分の長さの比，線分の長さ）

① **1つの円では，おうぎ形の弧の長さの比は，中心角の大きさの比と等しい**から，側面になるおうぎ形の弧の長さは　$2\pi\times12\times\dfrac{90^\circ}{360^\circ}=6\pi\,\mathrm{cm}$

② **1つの円では，おうぎ形の面積の比は，中心角の大きさの比と等しい**から，側面になるおうぎ形の面積は，$\pi\times12^2\times\dfrac{90^\circ}{360^\circ}=36\pi\,\mathrm{cm}^2$

③ (1)　円Oの半径を$r$cmとすると，円Oの円周の長さと，側面になるおうぎ形の弧の長さは等しいことから，$2\pi r=6\pi$　$r=3$　よって，$\mathrm{AO}=12+r=12+3=15\mathrm{cm}$

(2)　（例）円Oの半径が3cmより，BP＝3cmとなり，AP＝9cm　△APOは∠APO＝90°の直角三角形だから，**三平方の定理**より，$9^2+\mathrm{OP}^2=15^2$　$\mathrm{OP}^2=144$　$\mathrm{OP}>0$より，OP＝12cm

(3)　$\mathrm{AB}:\mathrm{AD}=12:(\mathrm{OP}+r)=12:(12+3)=12:15=4:5$

④ 円O′の半径を$s$cm，**母線の長さ**を$t$cmとすると，円O′の円周の長さと，側面になるおうぎ形の弧の長さは等しいことから　$2\pi s=2\pi t\times\dfrac{90^\circ}{360^\circ}$　$t=4s$　これより，母線の長さと底面の半径の比は$t:s=4s:s=4:1$　また，問題図1の展開図を組み立ててできる円錐の母線の長さと底面の半径の比も$12:3=4:1$であることを考慮すると，この2つの円錐は相似な円錐であり，よって，長方形FGHI∽長方形ABCDで，FG：FI＝AB：AD＝4：5である。問題図3の円錐に，三平方の定理を用いると，（円錐の母線の長さ）^{2}＝（円錐の高さ）^{2}＋（円O′の半径）^{2}より，$(4s)^2=15^2+s^2$　整理して，$s^2=15$　$s>0$より，$s=\sqrt{15}$　以上より，$\mathrm{FG}=t=4s=4\sqrt{15}\mathrm{cm}$，$\mathrm{FI}=\mathrm{FG}\times\dfrac{5}{4}=4\sqrt{15}\times\dfrac{5}{4}=5\sqrt{15}\mathrm{cm}$

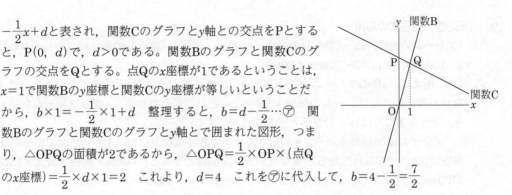

6　(規則性，方程式の応用)

①　(フレームの直径)×2−(重なりの長さ)＝100cm　より，(重なりの長さ)＝(フレームの直径)×2−100cm＝60cm×2−100cm＝20cm

②　(1)　例えば，4個のフレームを並べるとき，できる重なりは3か所である。つまり，できる重なりの数は並べたフレームの個数より1少ないということだから，n個のフレームを並べるとき，できる重なりは$(n-1)$か所と表すことができる。

(2)　フレームは56個あるから，$n=56$であり，できる重なりは$56-1=55$か所である。花壇の長さは27m＝2700cmだから，重なりの長さを$a$cmとすると，60cm×56個−$a$cm×55か所＝2700cmより，aを求めるための方程式は，$3360-55a=2700$…㋐　となる。

(3)　㋐より，$-55a=2700-3360$　$-55a=-660$　両辺を−55で割って，$a=12$　重なりの長さは12cmにすればよいことがわかる。

③　(1)　4つに均等に分けた花壇の1つ分の長さは，(2700cm−170cm×3)÷4＝547.5cm　そこに使うフレームの個数は，56個÷4＝14個　よって，前問②と同様に考えて，60cm×14個−$b$cm×13か所＝547.5cmより，bを求めるための方程式は，$840-13b=547.5$　これを解いて，$b=22.5$

(2)　間隔の幅をすべて170cmから$x$cmだけ短くしたときのフレームの重なりの長さをb'cmとすると，1つの間隔の幅は$(170-x)$cmになったから，4つに均等に分けた花壇の1つ分の長さは，$(2700\text{cm}-(170-x)\text{cm}\times3)\div4=\left(547.5+\frac{3}{4}x\right)\text{cm}$　そこに使うフレームの個数は，56個÷4＝14個　よって，60cm×14個−b'cm×13か所＝$\left(547.5+\frac{3}{4}x\right)$cmより，$b'$を求めるための方程式は，$840-13b'=547.5+\frac{3}{4}x$　これをb'について解いて，$b'=22.5-\frac{3}{52}x$　これより，フレームの重なりの長さは$b$cmとくらべて　$b-b'=22.5-\left(22.5-\frac{3}{52}x\right)=\frac{3}{52}x$cm　短くなる。

＜英語解答＞

1　A (1) エ　(2) ウ　(3) イ　B (1) エ　(2) ウ　C (1) (あ) five　(い) talk　(2) will read books

2　① (1) (あ) エ　(い) ア　(2) (う) Tuesday　(え) head　② (お) is from　(か) studies　(き) called　③ (1) (く) animals　(2) (け) are making　(こ) was built

3　① (あ) カ　(い) エ　(う) ア

4　① ウ　② (い) chosen　(え) April　③ イ　④ (例)When will it finish

5　① イ→ウ→ア　② (あ) ア　(い) エ　③ ウ　④ ウ　⑤ 外国の花火も使われる　⑥ ウ　オ

＜英語解説＞

1　(リスニング)

放送台本の和訳は，36ページに掲載。

2 (会話文問題：語句補充・選択)

① (1) (あ) ジョーンズ：彼らは家を作る人たちです。彼らは誰でしょう？／ユキ：彼らは(あ)大工です。 lawyer ＝弁護士，法律家 doctor ＝医者 politician ＝政治家 ジョーンズ：それはスポーツをする時に使われます。人々はそれを投げたり打ったりする時があります。それは何でしょう？／ヒロ：ああ，それは(い)ボールです。 uniform ＝ユニフォーム ground ＝グランド racket ＝ラケット

(2) ユキ：その日は月曜日と水曜日の間の日です。何曜日でしょう？／ヒロ：ああ，(う)火曜日です。ユキ：その通りです。／ヒロ：次の問題です。それは体の一部です。その上に帽子をかぶります。それは何でしょう？／ユキ：分かった！それは(え)頭です。／ヒロ：正解！それは，集団の中の最も重要な人物という意味もあります。

② [紹介文訳] ジョーンズ先生,私は私たちのクラス担任の前田先生についてお話します。彼は北海道(お)出身で私たちに音楽を教えています。彼は，音楽を他の国で教えるために毎日英語を(か)勉強しています。彼はメル(き)という(と呼ばれる)犬を飼っています。前田先生は私たちにとても親切です。＜ be 動詞＋ from (場所)～＞で「～出身」の意味。 study に三単現の s をつける時のスペリングに注意。＜名詞…＋ called ＋～＞で「～と呼ばれる…」を表す。

③ ユキ：私はあなたに英語の絵本を読みます。この絵を見てください。村に3匹の(く)動物がいます。それらは何ですか？／ヒロ：ライオン，ウマ，それからパンダ！／ユキ：その通りです。ある日，ライオンがウマとパンダに言いました，「他の村に行ってみたいよ，でも2つの村の間には川があるから行かれない。」さあ，次のページにいきましょう。彼ら何をしていますか？／ヒロ：彼らは橋を(け)作っているところだ。／ユキ：そうです。丈夫な橋になるでしょうね！それから，彼らは橋の上を走り始めます。次に何が起こるでしょう？／ヒロ：わあ！きれいなお城！／ユキ：(こ)このお城は100年前に建てられました。／ヒロ：わあ，次は何をするんだろう？

(1) 空所(く)直後のヒロの発言で動物であることが分かる。

(2) 全訳参照。 (け)下線部(け)直前のユキの質問が現在進行形であることに注目。＜ **be** 動詞＋～**ing** ＞で「～しているところだ」(現在進行形)。 (こ) ＜ **be** 動詞＋過去分詞＞で「～される」(受け身)。

3 (絵・図・表・グラフなどを用いた問題：語句補充)

レストランの名前	書いた人の名前	批評	評価
ブルームーン	アレックス	このフランス料理店は新しくてきれいだ。他の場所ではこんな素晴らしい料理には出会えない。シェフがとても親しみやすい。	★★★★ (4.0)
グリーンハウス	ララ	ギリシアの料理を食べたことがなければ，このレストランに行ってみるべき。とても人気で，みんな魚料理が大好きです。昨日は，入店するまでに，1時間以上待たなければいけなかったです。	★★★★★ (5.0)
ヤマオカ	トッド	私はこのお店で鶏の天ぷらを添えた日本の麺をとてもおいしく食べました。値段は高くありません。ヤマオカへ行くなら，車が必要です，駅から徒歩では時間がかかりますから。	★★★ (3.0)

① 全訳参照。それぞれのお店の批評内の下線部に注目。

4 (読解問題・エッセイ：語句補充，文の挿入，内容真偽)

(全訳)

■スミス先生の説明

皆さんに良いお知らせがあります。私たちの市の図書館が5月6日10時から7時まで，特別なイベントをやります。

好きな本を持って行って，その本について他の人たちに英語でスピーチができるのです。すべてのスピーチを聞いた後で，それぞれ読んでみたいと思った本を1冊選びます。そして，それに投票します。自分の本が最も多い投票数を獲得したら，賞品がもらえます。これは，自分が読んだ本について他の人に話したい人たちにとっては特に良いイベントです。

興味があったら，今月末までに図書館にメールを送ってください。皆さんがこのイベントに参加してくれるといいと思います。

■マリが友人のリーにあてた電子メール

ハイ，リー

元気ですか？　今日，スミス先生が私たちに来月市立図書館で行われる特別なイベントについて教えてくれました。それは好きな本をたくさんの人たちに見せる(あ)機会です。あなたの本がそこにいる人たちの中で一番人気に(い)選ばれたら，賞品がもらえます。

私は5月6日10時に図書館に行くつもりです。(う)一緒に行きませんか？　一緒に行けたら嬉しいです。それに参加するためには，(え)4月30日までに図書館にメールを送らなければなりません。お返事を下さい。

あなたの友だち，マリ

■リーからマリへの返信メール

ハイ，マリ

元気ですか？　イベントについて教えてくれてありがとう。私は興味があります。私の(お)お気に入りの本について人に話したいです。

私はお昼前には(図書館を)出ます，その日の午後歯医者さんに行かなければいけないからです。(か)そのイベントはいつ終わりますか？　あなたと一緒に行かれるといいなと思います。

さようなら。リー

① 全訳参照。

② 全訳参照。 (い) **< be 動詞＋過去分詞>**で「～される」(受け身)。 (う) スミス先生の説明に注目。イベントは5月6日開催(第1段落最後の文)で，今月末までに参加申し込みをしなければならない(第3段落1文目)，とあるので空所(え)はApril ＝4月が適当。

③ 全訳参照。**Why don't you ～?**＝～しませんか？(親しい人に提案する表現)

④ 全訳参照。空所(か)の前後の文から，リーがイベントの終了時間を気にしていることが推測される。

5 (長文読解問題・エッセイ：メモ・表を用いた問題，要旨把握，語句補充・選択，文の挿入，日本語で答える問題，内容真偽)

(全訳)

■花火について書かれた英文

花火の起源にはいろいろな考え方があります，これは1つの例です。古代中国では，人々は遠く離れた距離での互いのコミュニケーションに信号として使う火を利用していました，これが花火の始まりでした。14世紀，最初の花火がイタリアのお祭りで打ち上げられ，そこの人々は花火を楽しみました。花火はまもなくヨーロッパ全土に伝えられました。

花火がいつ日本に初めて伝えられたか知っていますか？　花火は日本に16世紀中期に持ち込まれたという人たちがいます。花火は16世紀の終わりに日本で初めて打ち上げられました。それから，花火を見ることは一般的になっています。

世界中に花火を見るたくさんのお祭りがあります。人々はすべての季節で友だちや家族と一緒に花火を楽しむことができます。例えば，多くの国々では，12月31日に花火を見ます。日本では，夏の間ほとんど毎日たくさんの場所で花火大会が行われます。アメリカでは，たいてい7月4日に花火を楽しみます。

■岡さんから聞いた話

私の仕事は花火を作って，売って，打ち上げることです。私たちの会社は次の夏のために毎年秋に打ち上げ花火の玉を作り始めます。

日本にはたくさんの種類の花火があります。それでは，(あ)あの打ち上げ花火の玉を見てください。それは420kgあり，約750m高く打ちあがります。その花火は夜空で花のように見えます。(い)この玉を見てください。それは1.8kgあり約220m上がります。それを使うと，空に猫の顔の形が見えるのです。花火は打ち上げられる前は，空でその形を見ることができません，だから私たちは打ち上げ花火の玉を作る時に空で花火がどのように(う)見えるかを想像する必要があります。これが難しい部分です。

私は，日本の花火は伝統的な芸術だと思います。私たちは多くの人たちにそれについて知ってほしいと思います。伝統的な日本の花火を使い続けることは重要です。より多くの人たちを引きつけるためには，花火の見せ方を(え)変えることも大切です。例えば，私たちは新しい技術を導入しました。音楽と共に花火を見せるのです。私たちがこの種の特別なショーを行うときには，多くのことを覚えておかなければいけません。どこで，そしていつ花火を打ち上げるのがよいのか？　どのくらい高く花火を打ち上げるのがよいのか？　その色と形は空で音楽と共にどのように変えるのがよいのか？

日本の花火はとても素晴らしいので世界中の多くの人たちに愛されています。私は，日本の花火は世界でいちばんだと確信しています。

■岡さんとの会話の一部

ジョー　：ありがとうございました，岡さん。これで私たちはより花火に興味をもちました。それでは，いくつか質問してもよろしいですか？ [ア]

岡さん　：いいですよ！ [イ]

ジョー　：私は，外国の花火も日本のいくつかの花火大会で使われていることを知っています。この状況についてどう思いますか？

岡さん　：(お)悪いことだとは思いません。私たちはただより良い日本の花火を作ろうと努力するだけです。そして皆さんがもっと素晴らしい花火を楽しむことができるのです。

ソウスケ：分かりました。[ウ]花火師として働くことはお好きですか？

岡さん　：もちろんです！最初は，私は花火師になりたくありませんでした。でも，アメリカのお祭りに行った時，日本製の花火に驚きました。そこにいる多くの人たちもそれを見てワクワクしていました。この経験から，私は考えを改め，花火師になりました。私は花火は世界の人たちを幸せにする力をもっていると信じています。それが私にとって花火を作る最高の部分です。

① 全訳参照。イ　花火のはじまり → ウ　日本での最初の花火 → ア　現在の花火
② 全訳参照。（あ）下線部(あ)直後の2文に注目。（い）下線部(い)直後の2文に注目。
③ 全訳参照。（う）ここでは，look は「～に見える」の意味。（え）下線部(え)の後の内容に注目。花火の見せ方を変えていく方法の例が書かれている。
④ 全訳参照。空所ウの直後の岡さんの発言に注目。岡さんがなぜ花火師になったのかが書かれており，問題文となっている質問への答えであることが分かる。
⑤ 全訳参照。下線部(お)直前のジョーの発言に注目。
⑥ 全訳参照。ア　最初の花火は16世紀に古代中国で打ち上げられた。イ　世界中の人たちは夏だけ花火を楽しむ。ウ　岡さんの会社は毎年秋に打ち上げ花火の玉を作り始める。(○) 岡さんから聞いた話，第1段落参照。エ　岡さんは新しい技術は伝統的な花火よりも大切だと思っている。オ　岡さんはアメリカでの経験をして，花火師になることを決心した。(○) 岡さんとの会話，岡さんの3番目の発言3文目に注目。

2020年度英語　聞き取り検査

〔放送台本〕
問題A　次の質問が2回読まれるのを聞いて，問題用紙の指示に従って答えなさい。

(1) Who is washing the dishes?
(2) When are the students going to start eating?
(3) What can you see on the wall?

〔英文の訳〕
(1) 誰がお皿を洗っていますか？
答え：エ　リカ。
(2) 生徒たちはいつ食べ始める予定ですか？
答え：ウ　午前11時45分。
(3) 壁には何が見えますか？
答え：イ　時計。

〔放送台本〕
問題B　次の会話と質問が2回読まれるのを聞いて，問題用紙の指示に従って答えなさい。

(1) A: Risa, look! This is my new wallet.
B: That's cool, George. Did you buy it?
A: No, my brother bought it for me last week.
B: Really? Was it for your birthday?
A: Yes.
Question: Did George buy a wallet for his brother?
(2) A: Cindy, I need your help.

B: Sure, Nick. What is it?
A: Can I use your phone? I need to call my mother.
B: What happened to your phone?
A: Well, I didn't bring my phone today.
Question: What does Nick want to do?

〔英文の訳〕

(1) A：リサ，見て！これが僕の新しい財布なんだ。
B：かっこいいわね，ジョージ。買ったの？
A：いや，先週兄が買ってくれたんだよ。
B：本当に？　誕生日プレゼントだったの？
A：そうだよ。
質問：ジョージは兄のために財布を買いましたか？
答え：エ　いいえ，彼は買いませんでした。

(2) A：シンディ，ちょっとお願いがあるんだ。
B：いいわよ，ニック。何かしら？
A：(携帯)電話を貸してくれないかな？　母に電話をしなければならないんだ。
B：あなたの電話はどうしたの？
A：ええと，今日は(携帯)電話を持って来なかったんだ。
質問：ニックは何をしたいのですか？
答え：ウ　彼は母に電話をかけたいのです。

〔放送台本〕

問題C　次の会話が2回読まれるのを聞いて，問題用紙の指示に従って答えなさい。

A: Mr. Yamada, thank you for joining us today. Well, when did you start playing soccer?
B: Oh, my father taught me how to play soccer when I was five.
A: I see. By the way, how is your life in Spain?
B: I love it! The culture of Spain is interesting. When I have no games, I sometimes take a walk in the city. Talking with the people here is really exciting.
A: Sounds good. So, is there anything you want to say to young people in Japan?
B: Well, you should do things which are interesting for you. Everyone, what will you do?

〔英文の訳〕

A：山田選手，今日はご参加ありがとうございます。それでは，いつサッカーを始めましたか？
B：ああ，私の父が私にサッカーのやり方を教えてくれたのが，私が5歳の時です。
A：分かりました。ところで，スペインでの生活はいかがですか？
B：最高です！スペインの文化は面白いです。試合がない時は，私は時々町を散歩します。ここの人たちと話をするのはとてもワクワクしますよ。

A：楽しそうですね。では，日本の若い人たちに何か伝えたいことはありますか？

B：そうですね，興味をもったことをやった方がいいです。皆さん，どんなことをするつもりですか？

(問題文訳)

山田選手へ　インターネット上でのあなたのインタビュー，楽しかったです。あなたが(あ)5歳の時にサッカーを始めたと聞いて驚きました。とても小さかったのですね！ところで，僕もスペインの文化に興味があります。スペインの町を歩きまわり，あなたのようにそこの人たちと(い)話をしてみたいです。僕たちへのメッセージをありがとうございました。

(1)　全訳参照。

(2)　全訳参照。(解答例訳)私は本を読むつもりです。

<国語解答>

1　①　(1)　そこ(なった)　(2)　かんとう　(3)　推移　(4)　険(しい)　②　(1)　エ　(2)　ア　③　イ，エ　④　(1)　イ　(2)　(例)うかがう　(3)　(例)本日中に電話する　(4)　ウ

2　①　千々に思い乱れる　②　ウ　③　X　共通点　Y　組み合わせ　④　(1)　ア　(2)　(例)音も白色も詠んでいる

3　①　X　魚住を見捨てる　Y　いい椅子を作る　②　イ　③　これからも魚住とふたりで，椅子を作りたい　④　(例)自分に遠慮して断る　⑤　イ　⑥　エ

4　①　ウ　②　信頼ある人間関係　③　ア　④　X　個人の認識　Y　(例)イメージが同じだと錯覚する　⑤　ウ

<国語解説>

1　**(知識―漢字の読み書き，ことわざ・慣用句，品詞・用法／会話―内容吟味，脱文・脱語補充，敬語)**

①　(1)　「**取り損なう**」は，取るのを失敗するという意味。(2)　「**敢闘**」は，力いっぱいたたかうこと。　(3)　「**推移**」は，物事の様子が移り変わること。(4)　「**険**」を形の似ている「検」「倹」と間違えない。

②　(1)　「**さじを投げる**」は，もうだめだとあきらめてそれまでやっていたことをやめることなので，最も近い意味をもつ熟語はエ「**断念**」である。　(2)　「**石橋をたたいて渡る**」は，何事も用心深く行うという意味なので，ア「**慎重**」と近い意味である。

③　それぞれの空欄に助詞をあてはめると，ア「兄と私は絵を描くのが好き」，イ「一度も入選したことはなかった」，ウ「兄は，はじめての入選を果たした」，エ「来年も入選するような絵を描こう」，オ「来年は(こそ)～夢をかなえたい」となる。したがって，「も」を入れるのが適当なのはイとエである。

④　(1)　石川さんが松本部長と話したいと思って電話をかけてきたのに，松本部長は電話に出られないという状況なので，残念ながら都合が悪くてできないという気持ちを表すイ「**あいにく**」を入れる。ア「**あわよくば**」は，うまくいけばという意味。ウ「**案の定**」は，思った通りという

意味。エ「あながち」は，後に打ち消しの言葉をともなって「必ずしも…ない」という意味を表す。

(2)　田中さんが自分の動作をへりくだって言う場面なので，「聞く」の**謙譲語**を**終止形**で書く。「**うかがう**」の他，「お聞きする」「お尋ねする」「おうかがいする」などと答えても正解とする。

(3)　田中さんの言葉に「本日中に電話するよう，松本に申し伝えます。」とあるので，この部分をもとに書く。「本日中に連絡する」でも正解とする。

(4)　ア　田中さんは，相手の電話番号，会社名，名前，伝言内容を復唱して確認しているので，適当。　イ　田中さんにとって松本部長は上司であるが，他社の石川さんに対しては「松本は会議のため席を外しております。」など，敬称や敬語は省略しているので，適当な説明である。ウ　伝言メモには，「**聞き取った情報のすべて**」ではなく，**要点**を記録している。したがって，これが適当でない選択肢である。　エ　伝言メモは箇条書きで，相手の名前や電話番号などの大切な情報に波線を引いているので，適当。

2　**（和歌と解説文―内容吟味，文脈把握，脱文・脱語補充）**

①　【解説文】に「霰が砕け散らばる様子を，自分が**千々に思い乱れる**心象風景として詠んでいる。」とあるので，ここから抜き出す。

②　「**静寂**と，それを破る［⑥］**で音を立てる霰**との**対比**」とあるのに着目する。「静寂」と対比される「音」は霰の動きによって生まれているので，ウの「**動的**」を入れるのが適当である。

③　X「月・氷・霰・玉」には，「白く，丸く，輝きを持つものという**共通点**」がある。　Y　共通点から「比喩や見立ての関係」が生まれた「月・氷・霰・玉」という題材を「**組み合わせ**，互いに絡み合い，強調するように詠んでいる」ことが，この歌の特徴である。

④　(1)　A　Ⅰの和歌の「千鳥」は鳴き声を詠み，Ⅱの和歌の「霰」は「音を立てる」ものとして詠んでいるので，「**音**」が入る。　B　Ⅱの和歌では，白いものとして「月」，「**氷**」，「霰」，「玉」を詠んでいる。　C　Ⅲの和歌では，白いものとして「**雲**」と「雪」を詠んでいる。したがって，アが正解。

(2)【ノートの一部】の「わかったこと」に，Ⅰの和歌とⅡの和歌は**音を詠み**，Ⅱの和歌とⅢの和歌は**白色を詠む**という特徴が書かれているので，この内容をまとめる。内容が同じであれば，表現は多少違っていてもよい。

3　**（小説―情景・心情，内容吟味，文脈把握）**

①　X　有名建築デザイナーの工房にスカウトされた徳井は自分の技術が認められたことを喜ぶ一方，「**魚住を見捨てる**ようなことはしたくない」と思ってどうするか迷っている。　Y　じいちゃんは，「恩返しをしたいなら，お前は**いい椅子を作り続ける**しかないんじゃないか？」と言っている。**7字**という指定があるので，後の「徳井が**いい椅子を作る**ことを～きっと魚住も願ってくれている」から抜き出す。

②　徳井はじいちゃんに反論しようとしたが，実は魚住にひきとめてほしかったということが**自分の本心**であったことに**気づき**，**動揺して**反論できなくなってしまったのである。正解はイ。アは「見当外れ」「何度も」が本文と合わない。ウは「脈絡のない発言」が不適当。じいちゃんの話には筋が通っている。エは「本音を言い当てられ」たという指摘は正しいが，「隠そうとしていた」のではなくそれまでは気づいていなかったので，不適当である。

③　徳井は，魚住を探し出し，「言いたいこと」を言う前に「深呼吸をひとつ」した。そして，転職の話を「断る」こと，魚住のことを「気にしてない」こと，「**これからも魚住とふたりで，椅子を作りたい**」ということを伝える。一番「言いたいこと」は最後の内容なので，この部分を抜

き出して書く。

④　魚住は,「おれのことは気にしないでって言ってるのに……」と言っている。魚住は，徳井が自分のことを「気にして」断ろうとしていると思ったのである。前後につながるように「**自分に遠慮して断る**」などと書く。「自分に遠慮して」の代わりに「自分を気にして」「自分に気を遣って」などとしてもよい。

⑤「好きにすれば」は一見投げやりな言葉だが,「**小学生みたいに傘を振り回しながら**」という動作に魚住の**喜び**が表れている。このことを説明するイが正解。アの「その(=徳井の)成長を温かく見守っていこう」は，これからふたりで一緒に工房を運営していくという状況に合わない。ウの「愛想を尽かしている」やエの「途方に暮れている」は，後の動作と矛盾するので誤りである。

⑥　ア　じいちゃんは「厳格な性格」「威圧的な態度」として描かれていないので，不適当。
イ 「うなだれた」は徳井が自分の考えに自信を持てなくなった様子,「深呼吸」は徳井の決意の表れであり,「優しさ」を描いたものではない。 ウ 「ぽつぽつ喋った」は，気まずいながらも徳井に心を開こうとしている様子,「だしぬけに立ち止まった」は驚きを表しており,「徳井に対するもどかしさ」を示すものではない。　エ 「虹に座れる」は，後に「**ふたり並んで晴れやかな気持ちで世界を見渡せる**」と言い換えられており，徳井の希望を示す表現である。よって，これが適当な選択肢である。

4 **(論説文－内容吟味，文脈把握，脱文・脱語補充)**

①　ⓐ　前の「物事を自分の都合のいいように解釈しがち」ということに後の「根拠がはっきりしない」ということを付け加えているので「**しかも**」が入る。　ⓓ　後の「~かのように」と呼応する「**あたかも**」が入る。したがって，両方を満たすウが正解である。

②　ステレオタイプが引き起こす問題について述べた傍線部ⓑの次の段落の最後に,「コミュニケーションが阻害され，**信頼ある人間関係**が樹立できなくなることを危惧しているのです。」とある。「樹立できなくなることを危惧している」は，空欄の後の「構築を妨げる恐れがある」と対応しているので,「信頼ある人間関係」を抜き出して書く。

③　傍線部ⓒに続く文の後半に「互いに**異なるものが衝突**し，そこに，さまざまな**葛藤**や**不安**，あるいは出会いの発見や**喜び**が生じるからです。」とある。この内容と合致するアが正解。イの「本音」と「建前」は，本文にない内容。ウは「自分の姿勢を他者に明確に示せないとき」に限定している点が不適当。エは,「論破」が対話や文化の目的ではないので，誤りである。

④　X　傍線部ⓔの次の段落に，文化のイメージは「**個人の感じ方や考え方あるいは価値観**」に由来するということが書かれている。**5字**という条件があるので，同じ内容を言い換えている部分を探し,「そのもとは，すべて**個人の認識**による」から抜き出す。　Y「『文化』の罠」は,「相手も自分と**同じイメージを持っているだろうと思い込んでしまう**ところ」にあると説明されている。この部分をもとに，制限字数内に答えをまとめる。

⑤　筆者は,「**個の文化**」を重視している。すなわち，他者を類型化せずに**自律した個人**として自分との**差異**を認め，譲れることと譲れないことを見きわめることによって自分と他者に対する**理解**を深めて，**一緒に生きていく**べきだと考えているのである。正解はウ。アは「差異をなくそう」が筆者の考え方と合わない。イは「干渉し合わない」が「ともに生きる」の説明として不適当。エは「自分なりの枠組みで他者を捉え直し」が「個の文化」の考え方と合わないので，誤りである。

岡山県公立高等学校（一般）

2020年度

★★★★★★★★★★★★★★★★★★★★★★★★

入 試 問 題

2020
年
度

●くわしい解説……53ページ

＜数学＞

時間　45分　　満点　70点

1　次の①～⑤の計算をしなさい。⑥～⑩は指示に従って答えなさい。

①　$4+(-8)$

②　$(-18)\div(-3)$

③　$4(2a-b)-(-3a+b)$

④　$6ab\times\left(-\frac{3}{2}a\right)$

⑤　$(1-\sqrt{5})^2$

⑥　方程式 $x^2-x-3=0$ を解きなさい。

⑦　右の図のように，円Ｏの円周上に３点Ａ，Ｂ，Ｃがある。四角形ＯＡＢＣについて，対角線の交点をＰとする。∠ＡＯＢ＝70°，∠ＯＢＣ＝65° のとき，∠ＡＰＢの大きさを求めなさい。

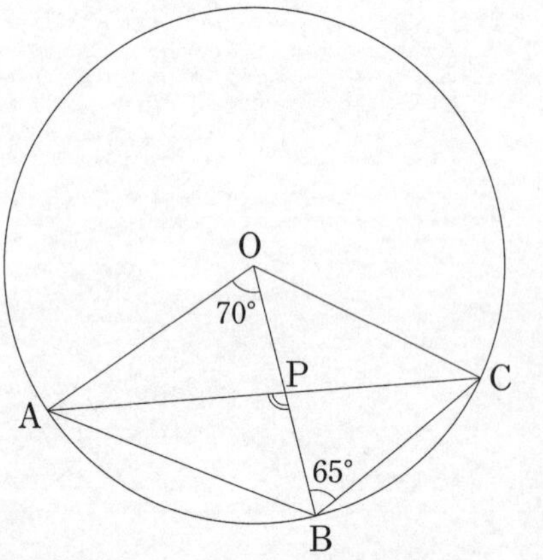

⑧　３枚の硬貨を同時に投げるとき，少なくとも１枚は表となる確率を求めなさい。ただし，表と裏の出方は同様に確からしいものとする。

⑨　次のページの図１，図２のような，底面の半径がｒ㎝で高さが２ｒ㎝の円柱（図１）と，半径がｒ㎝の球（図２）がある。□ に当てはまる適当な数は，**ア**～**エ**のうちではどれですか。一つ答えなさい。

> 図１の円柱の体積は，図２の球の体積の □ 倍である。

ア　$\frac{3}{2}$　　**イ**　$\frac{4}{3}$　　**ウ**　$\frac{5}{4}$　　**エ**　$\frac{6}{5}$

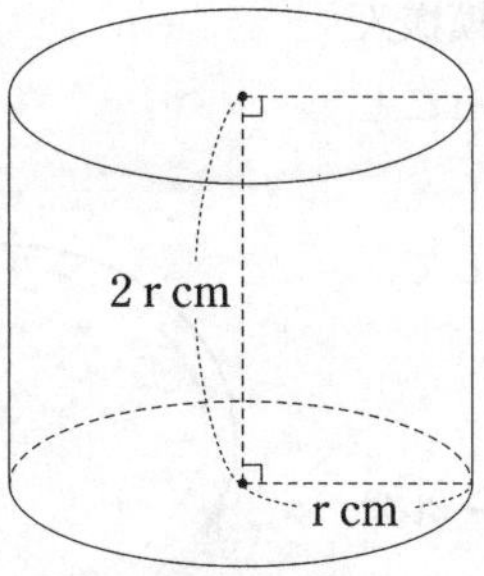

図１

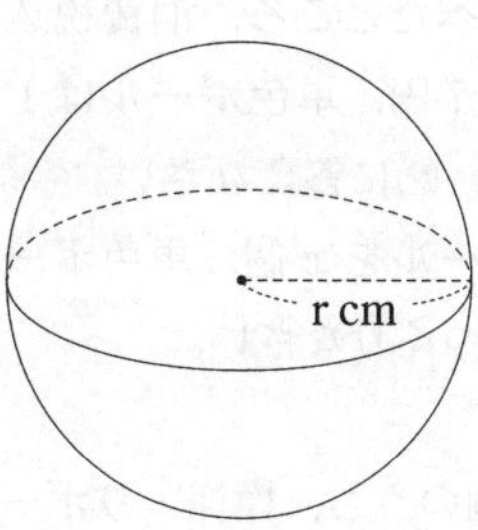

図２

⑩　右の度数分布表は，ある中学校のバスケットボール部が行った15試合の練習試合について，1試合ごとの得点の記録を整理したものである。⑴，⑵を求めなさい。

⑴　80点以上100点未満の階級の相対度数

⑵　度数分布表からわかる得点の平均値

得点(点)	度数(試合)
0以上～20未満	0
20～40	1
40～60	6
60～80	4
80～100	3
100～120	1
計	15

2　大輝さんと桃子さんは，町内会の夏祭りでボールすくいを計画している。２人は，町内会の人から模様入りと単色の２種類のボールが合計500個入っている袋を１つ受け取った。その人に聞いてみたところ，ボール500個の消費税込みの価格は2,000円であることがわかった。２人は，袋の中に入っている模様入りボールと単色ボールの個数を調べる方法について，次のように考えた。①，②に答えなさい。ただし，ボールの大きさは，すべて同じものとする。

【大輝さんの考え】

標本調査を行えば，それぞれのおよその個数がわかる。

【桃子さんの考え】

それぞれのボールの１個あたりの価格がわかれば，連立方程式を利用して，それぞれの正確な個数を求めることができる。

①　大輝さんがこの袋の中から25個のボールを無作為に抽出したところ，抽出したボールのうち模様入りボールは６個だった。はじめに袋の中に入っていた模様入りボールのおよその個数として最も適当なのは，ア～エのうちではどれですか。一つ答えなさい。

ア　およそ100個　　**イ**　およそ120個　　**ウ**　およそ140個　　**エ**　およそ160個

②　桃子さんが調べたところ，消費税込みの価格で模様入りボールは１個７円，単色ボールは１個３円であることがわかった。⑴，⑵に答えなさい。

⑴　模様入りボールを x 個，単色ボールを y 個として，連立方程式をつくりなさい。

⑵　ボール500個のうち，模様入りボールと単色ボールはそれぞれ何個ずつあるかを求めなさい。

3　次の図のように，x の値が -2 から 4 まで増加するときの変化の割合が 1 である関数 $y=ax^2$ について，グラフ上に２点Ａ，Ｂがあり，点Ａの x 座標は -2，点Ｂの x 座標は 4 である。また，直線ＡＢと x 軸との交点をＣとする。①，②は指示に従って答えなさい。③，④は［　］に適当な数を書きなさい。

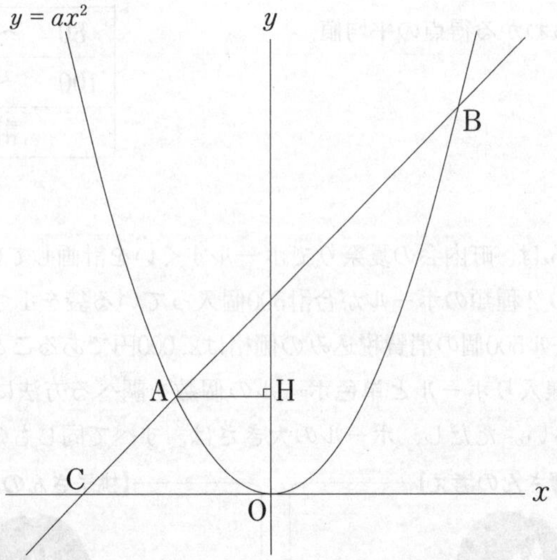

①　変化の割合が正になるのは，**ア**～**エ**のうちではどれですか。当てはまるものをすべて答えなさい。

ア　関数 $y=2x$ で，x の値が 0 から 4 まで増加するとき。

イ　関数 $y=-3x+4$ で，x の値が 1 から 3 まで増加するとき。

ウ　関数 $y=\dfrac{6}{x}$ で，x の値が 3 から 6 まで増加するとき。

エ　関数 $y=-x^2$ で，x の値が -3 から 1 まで増加するとき。

②　a の値は，次のように求めることができる。［⑴］には適当な式を書きなさい。また，［⑵］には a の値を求めなさい。ただし，［⑵］は答えを求めるまでの過程も書きなさい。

> 関数 $y = ax^2$ について，
> $x = -2$ のとき，$y = 4a$ である。
> また，$x = 4$ のとき，$y =$ ［　(1)　］ である。
> よって，変化の割合について，
> ［　　　　　　(2)　　　　　　］

③　点Cの座標は（［　　］，0）である。

④　点Aから y 軸にひいた垂線と y 軸との交点をHとする。台形OHACを，直線OHを回転の軸として１回転させてできる立体の体積は［　(1)　］cm³であり，表面積は［　(2)　］cm²である。ただし，原点Oから点（1，0）までの距離，原点Oから点（0，1）までの距離をそれぞれ1cmとする。

4　太郎さんは，道路側が斜めに切り取られたような建物を見て，興味をもち調べると，その建物は，周辺の日当たりなどを確保するためのきまりにもとづいて建てられていることがわかった。そのきまりについて，次のように，真横から見た模式図をかいてまとめた。①～④に答えなさい。

＜太郎さんのまとめ１＞

直線 ℓ を平らな地面とみなす。また，２点O，Aは直線 ℓ 上の点で，線分OAを道路とし，線分OAの長さを道路の幅とみなす。

きまりⅠ

建物は，道路側に（直線ABから）はみ出さないようにする。

あわせて建物は，**図１**で，OA：AB＝4：5 となる直線OBを越えてはいけない。

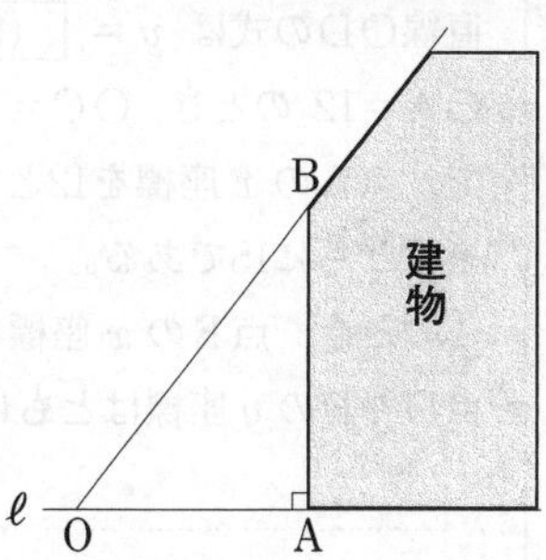

図１

きまりⅡ

建物は，**きまりⅠ**にもとづいて建てなければならない。ただし，道路の幅が12m以上のときは，**図２**で，直線OBを越えてもよいが，

OC＝1.25×OA，OC：CD＝2：3 となる直線ODを越えてはいけない。これは，直線CDより道路から遠い部分に適用される。

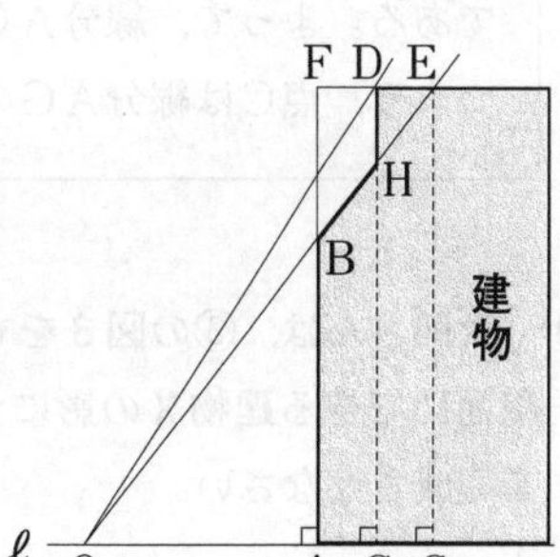

図２

【図１，２の説明】
・色（　　）のついた図形を建物とみなし，点Ｂは図１と図２の，点Ｄ，Ｅ，Ｈは図２の建物とみなす図形の周上の点
・点Ｃ，Ｇは，半直線ＯＡ上の点
・$\ell \perp$ＡＢ，$\ell \perp$ＣＤ，$\ell \perp$ＧＥ
・点Ｅは，点Ｄを通り，直線ℓに平行な直線と直線ＯＢの交点
・点Ｆは，直線ＡＢと直線ＤＥの交点
・点Ｈは，直線ＯＥと直線ＣＤの交点

①　点Ａを通り，直線ℓに垂直な直線を定規とコンパスを使って作図しなさい。作図に使った線は残しておきなさい。

②　図１において，ＯＡ＝12m のとき，線分ＡＢの長さを求めなさい。

③　太郎さんは，道路の幅が12mで**きまりⅡ**が適用されたとき，図２をもとに図３を作成し，点Ｃ，Ｄの特徴について考えた。⑴，⑵ には適当な数または式を書きなさい。また，⑶ には点Ｅの x 座標を求める過程の続きを書き，**＜太郎さんのまとめ２＞**を完成させなさい。

＜太郎さんのまとめ２＞

図３のように，点Ｏを原点に，直線ℓを x 軸にしたグラフを考える。
直線ＯＢの式を $y=\frac{5}{4}x$ とすると，
直線ＯＤの式は $y=$ ⑴ である。
ＯＡ＝12 のとき，ＯＣ＝1.25×ＯＡ＝15 となるので，点Ａの x 座標を12とすると，点Ｃ，Ｄの x 座標はともに15である。
このとき，点Ｅの x 座標を求める。
点Ｄ，Ｅの y 座標はともに ⑵ である。また，

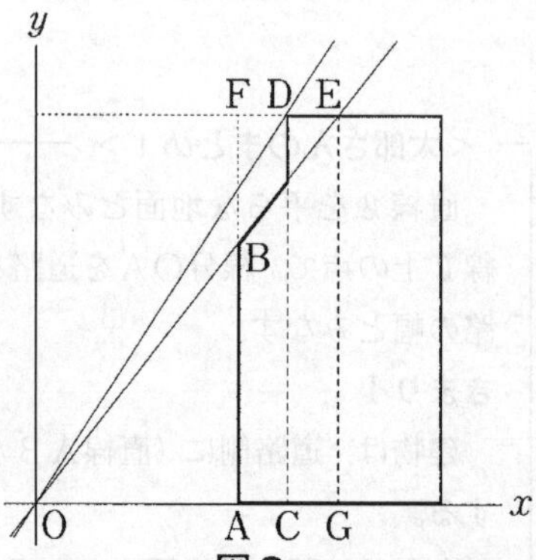

図３

⑶

である。よって，線分ＡＣと線分ＣＧの長さが等しいので，ＡＣ：ＣＧ＝１：１ である。
つまり，点Ｃは線分ＡＧの中点であり，点Ｄは線分ＦＥの中点である。

④　太郎さんは，③の図３をもとに図４を作成し，**建物Ｘ**と道路をはさんで向かいあう**建物Ｙ**の壁面にできる**建物Ｘ**の影について考えた。　　 に適当な数を書き，**＜太郎さんのまとめ３＞**を完成させなさい。

＜太郎さんのまとめ３＞

図４について，点Ｐは，点Ｆを通り直線ＯＤに平行な直線と y 軸との交点とする。

道路の幅（線分ＯＡの長さ）が12mのとき，**きまりⅠ，Ⅱ**の制限いっぱいに建てられた**建物Ｘ**の影の部分が，ちょうど道路の幅と同じになるときを考える。南中高度で調べると，春分・秋分の日のころだとわかった。太陽の光線は平行に進むと考えることができるので，直線ＯＤと直線ＰＦを太陽の光線とみなすことにする。

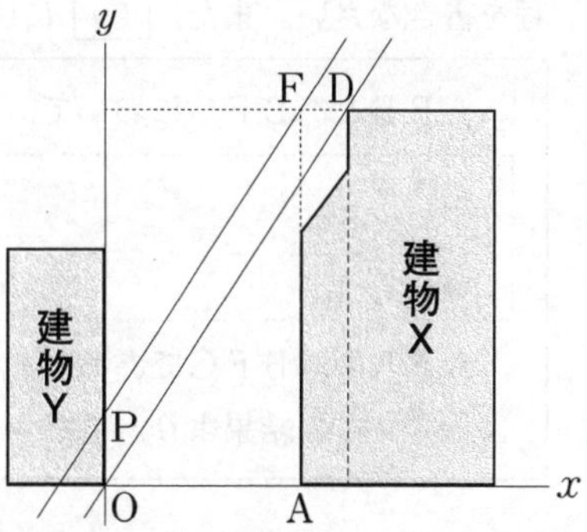

図４

このとき，線分ＯＰは**きまりⅠ**が適用されていない場合に，**建物Ｙ**の壁面にできる影の部分とみなすことができる。

よって，**きまりⅠ**が適用されていない場合，線分ＯＰの長さが［　　］ｍであることより，**建物Ｙ**の壁面にできる影の部分は，この高さまであるとわかる。

きまりによって，**建物Ｙ**の日当たりがより確保されていることがわかった。

5　次の図のように，∠ＤＡＢが鋭角の平行四辺形ＡＢＣＤについて，線分ＡＤを　２：１　に分ける点をＥとする。線分ＡＢの延長線上に，点Ａとは異なる点ＦをＡＢ＝ＢＦとなるようにとり，点Ｂと点Ｆ，点Ｅと点Ｆをそれぞれ結ぶ。線分ＥＦと線分ＢＣの交点をＧ，線分ＥＦと平行四辺形ＡＢＣＤの対角線ＢＤの交点をＨとする。また，点Ｈから線分ＡＤにひいた垂線と線分ＡＤとの交点をＰとする。①，②は指示に従って答えなさい。③は［　　］に適当な数を書きなさい。

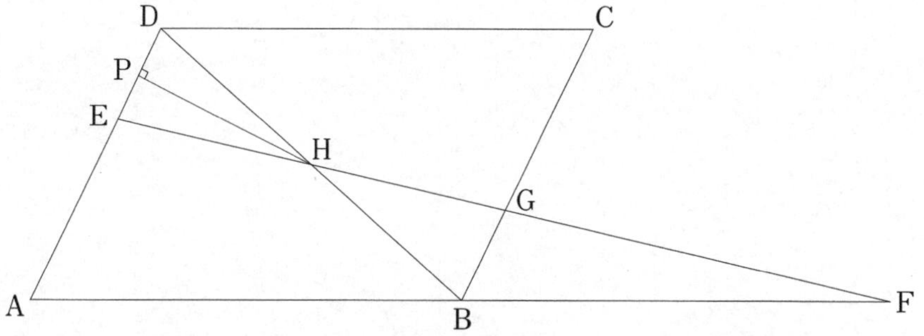

①　四角形が平行四辺形にならない場合があるのは，**ア**～**エ**のうちではどれですか。一つ答えなさい。

ア　１組の向かいあう辺が，長さが等しくて平行であるとき。

イ　２本の対角線が，それぞれの中点で交わるとき。

ウ　２本の対角線が，長さが等しくて垂直に交わるとき。

エ　２組の向かいあう角が，それぞれ等しいとき。

② ＢＧ＝ＥＤ は，次のように導くことができる。 ⑴ には，△ＡＦＥ∽△ＢＦＧ の証明の過程を書きなさい。また，［②］には適当な数を書きなさい。

△ＡＦＥと△ＢＦＧにおいて，

⑴

△ＡＦＥ∽△ＢＦＧである。
よって，この結果より，ＢＧ＝［⑵］ＡＥ となるので，ＢＧ＝ＥＤ である。

③ ＡＤ＝15㎝，ＤＨ＝ＥＨ，△ＢＦＧの面積が$20\sqrt{6}$㎠のとき，線分ＨＰの長さは［⑴］㎝であり，線分ＡＢの長さは［⑵］㎝である。

受検番号	（算用数字）	志願校	

解　答　用　紙

※

注意　1　答えに$\sqrt{\ }$が含まれるときは，$\sqrt{\ }$をつけたままで答えなさい。
また，$\sqrt{\ }$の中の数は，できるだけ小さい自然数にしなさい。
2　円周率はπを用いなさい。

1

①	
②	
③	
④	
⑤	
⑥	x =
⑦	（°）
⑧	
⑨	
⑩(1)	
⑩(2)	（点）

2

①	
②(1)	
②(2)	模様入りボール　個 単色ボール　個

3

①	
②(1)	
②(2)	
③	
④(1)	（cm³）
④(2)	（cm²）

4

①	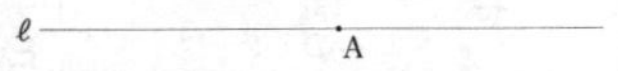
②	（m）
③(1)	
③(2)	
③(3)	
④	（m）

5

①	
②(1)	
②(2)	
③(1)	（cm）
③(2)	（cm）

※この解答用紙は196％に拡大していただきますと，実物大になります。

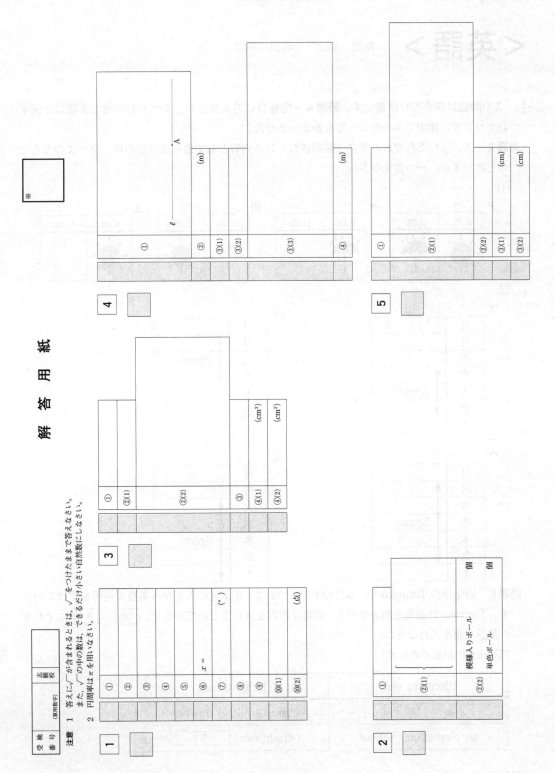

＜英語＞

時間　45分　　満点　70点

1　この問題は聞き取り検査です。**問題A～問題D**に答えなさい。すべての問題で英語は２回ずつ読まれます。途中でメモをとってもかまいません。

問題A　⑴，⑵のそれぞれの英文で説明されている内容として最も適当なのは，**ア～エ**のうちではどれですか。一つ答えなさい。

⑴

ア

イ

ウ

エ

⑵

ア

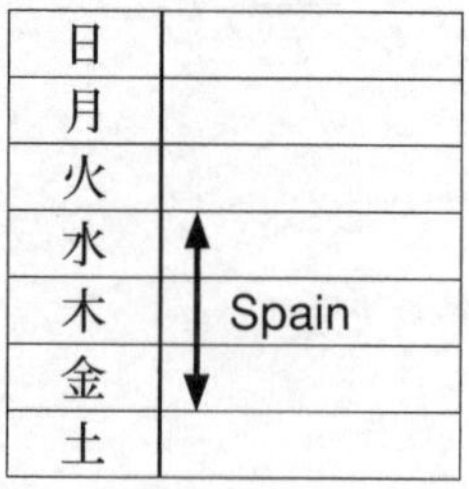

イ

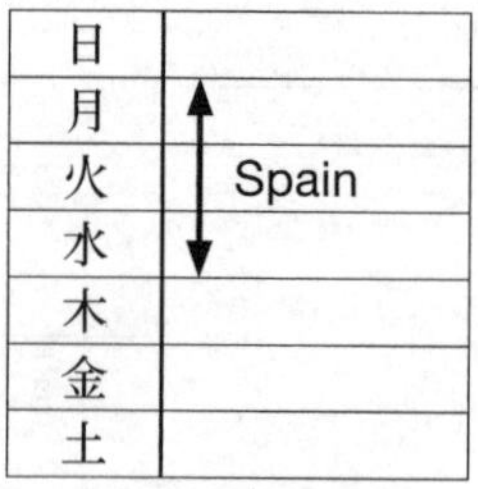

ウ

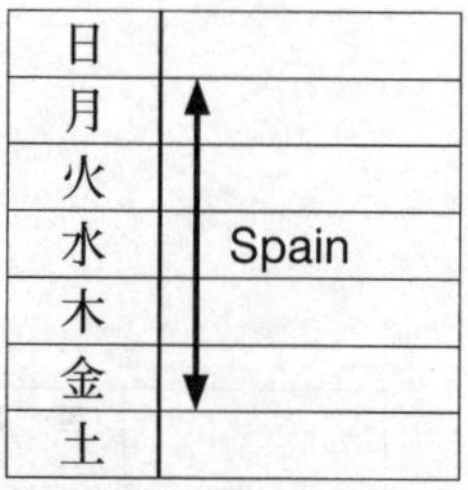

エ

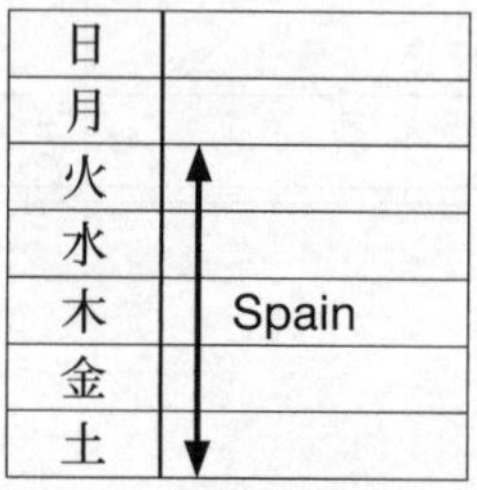

問題B　留学中のTomokoが，本日の予定について，留学先の先生から英語で説明を受けています。Tomokoは説明を聞きながら，必要な内容を表にまとめています。（あ），（い）にそれぞれ英語１語を入れなさい。

[Tomokoがまとめた表]

Places to visit	Things to see
a （あ）	some beautiful flowers
an elementary school	a traditional （い）

問題C　⑴，⑵のそれぞれの会話についての質問の答えとして最も適当なのは，**ア～エ**のうちではどれですか。一つ答えなさい。

(1)
- ア　He will visit his aunt.
- イ　He will clean the room.
- ウ　He will go shopping.
- エ　He will eat lunch.

(2)
- ア　She has to change the meeting place.
- イ　She cannot draw pictures well.
- ウ　She will be late.
- エ　She is waiting at the museum.

問題D　中学生のKentaは，授業でカードを見せながらスピーチをしています。そのスピーチを聞いて，(1)，(2)に答えなさい。

(1)　次は，スピーチを聞いたクラスメートが書いたKentaへのメッセージです。［(あ)］～［(う)］にそれぞれ適当な英語1語を入れなさい。

> Thank you, Kenta. You spoke about your ［　(あ)　］ and his restaurant. I like it. He does good things for a lot of people at his restaurant, especially ［　(い)　］ people. He thinks good dishes are not enough to make those people happy. It is also important to ［　(う)　］ them when they need. I'll try to be kind to them, too.

(2)　Kentaがスピーチでクラスメートに見せたカードとして，最も適当なのは，ア～エのうちではどれですか。一つ答えなさい。

ア

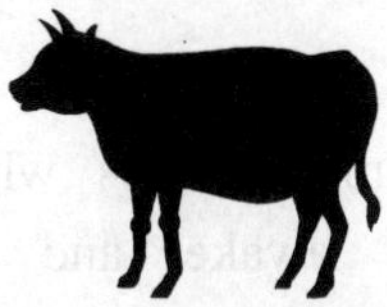

イ

beef

ウ

エ

chicken

2 次の英文は，中学生の Taku が，調べたことについて **Slide**（スライド）1 ～ 3 を用いて授業で発表する原稿の一部である。①～④に答えなさい。

Slide 1

Average Sleeping Time of Animals in a Day

animal	average sleeping time in a day
(あ)	15.8 h
lion	13.5 h
(い)	2.9 h
African elephant	2.0 h
(う)	1.9 h

h: hours

How long do animals usually sleep in a day? **Slide 1** shows the answer to this question, about five kinds of animals. Tigers and lions usually sleep for more than half of the day. Giraffes, horses, and African elephants don't sleep for a long time. The sleeping time of giraffes is the shortest of the five.

Slide 2

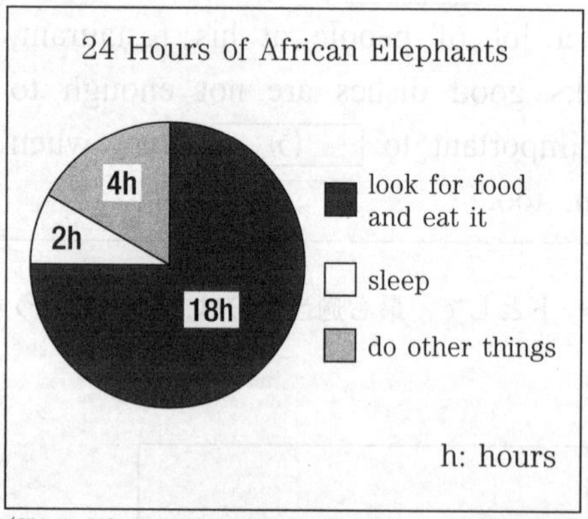

(**Slide 1**, **2**は，University of Washington Web ページなどから作成)

Now you understand that some animals which eat plants sleep for only a few hours each day. Why? Some scientists have found two reasons.

(え), these animals need a lot of time to look for food and eat it. Look at **Slide 2**. For example, African elephants use about (お) % of the day to do so.

Slide 3

(か)

Second, some animals which eat plants need to be awake and careful about dangerous things. Other animals like lions may try to eat them. Look at **Slide 3**. In this slide, you can see a group of African elephants. One is awake and the other elephants are sleeping. Baby elephants are lying down. Adult elephants stay standing and take turns sleeping.

［注］ average 平均の　African アフリカの　giraffe キリン　awake 眠らずに
be lying down 横になっている　adult 成長した　stay ～ ～のままでいる
take turns ～ 交替で～する

① (あ) ～ (う) に入る英語の組み合わせとして最も適当なのは，ア～エのうちではどれです

か。一つ答えなさい。

ア　(あ) tiger　(い) horse　(う) giraffe

イ　(あ) tiger　(い) giraffe　(う) horse

ウ　(あ) horse　(い) tiger　(う) giraffe

エ　(あ) giraffe　(い) horse　(う) tiger

② [(え)] に入れるのに最も適当な英語１語を書きなさい。

③ [(お)] に入れるのに最も適当なのは，ア～エのうちではどれですか。一つ答えなさい。

ア　6　イ　18　ウ　25　エ　75

④ Slide 3 の標題として，[(か)] に入れるのに最も適当なのは，ア～エのうちではどれですか。一つ答えなさい。

ア　African Elephants and Their Friends, Lions

イ　Sleeping Styles of African Elephants in a Group

ウ　Sleeping Places African Elephants Love

エ　Good Food and Rest for African Elephants in a Group

[3] 調理部員の Mako，Yuta，Kumi は，どら焼きを作り，アメリカ出身の ALT（外国語指導助手）の Green 先生に食べてもらうことにした。会話の内容に合うように，書き出しに続けて，[①]，[②] にそれぞれ４語以上の英語を書き，どら焼きと一緒に渡すメッセージカードの英文を完成させなさい。ただし，どら焼きは（*Dorayaki*）と書くこと。

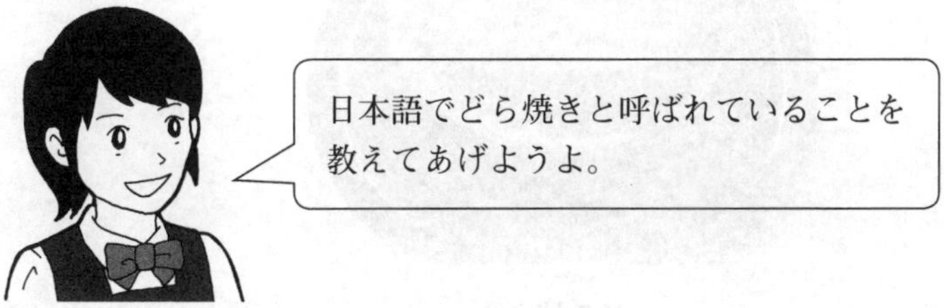
日本語でどら焼きと呼ばれていることを
教えてあげようよ。

［Mako］

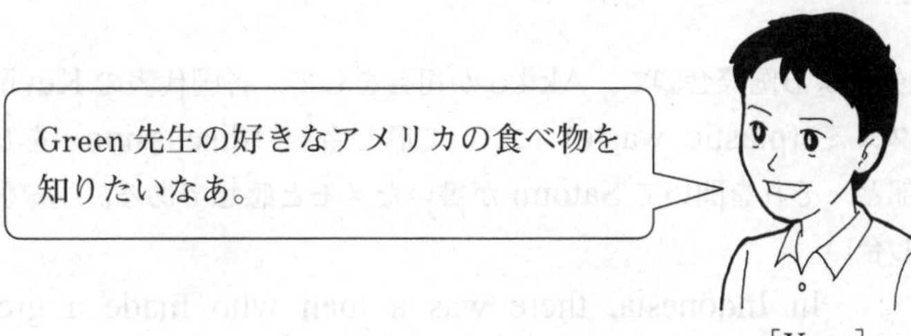
Green 先生の好きなアメリカの食べ物を
知りたいなあ。

［Yuta］

その作り方も教えてほしいね。

［Kumi］

メッセージカード

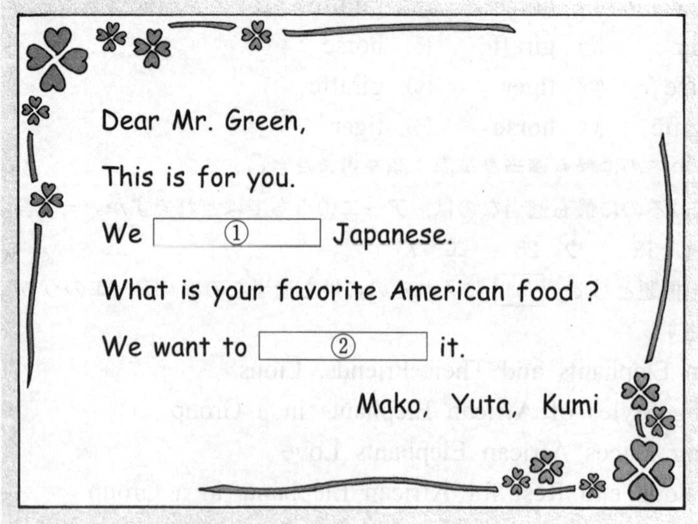

Dear Mr. Green,
This is for you.
We ① Japanese.
What is your favorite American food ?
We want to ② it.
Mako, Yuta, Kumi

どら焼き

4 高校生による国際会議で，Akiko が司会をして，各国代表の Kevin, Cathy, Ben が，プラスチックゴミ（plastic waste）について話し合い（discussion）をした。次の英文は，話し合いの一部と，それを聞いて Satomi が書いたメモと感想である。①～⑥に答えなさい。

■ 話し合い

Kevin : In Indonesia, there was a man who made a great machine. It burns plastic waste and produces energy. A few years ago, he (あ)go on a trip by motorbike with that machine. While he was traveling, he collected plastic waste on the streets to get energy for his motorbike. In this way, he traveled about 1,200 kilometers. He said he was going to try that machine on a bus the next year. Today the same kinds of machines are used by other people.

Akiko : That's interesting! Plastic waste is used in a good way, but we should not have more waste. What can we do about that?

Cathy : I know a good example from our country. In Australia, some coffee shops ((い)to / and use / their customers / ask / bring) their own cups. If the customers do so, their coffee will be cheaper. A lot of customers like this idea, and my mother is one of them. Every morning, she visits her favorite coffee shop with her own cup before she goes to her office.

Akiko : Good idea. People usually use plastic cups only once and throw them away. It is a problem. We must stop doing that.

Ben : [(う)]. Most of the plastic waste doesn't biodegrade easily, and it may remain on the earth for many years. We are worried about that, so a company in our country has made "water balls." Look at this picture. The water is in balls which are made from plants. People put the water balls in their mouths, bite the balls, and drink the water. After that, they can eat the balls. Last year, I joined a marathon race held in London as a volunteer and gave the runners water balls. The runners didn't have to hold the cups and throw them away. Then we didn't have to worry about cleaning the streets so much. The balls were [(え)] by the runners after they finished drinking the water.

[water ball]

Akiko : That's nice. I hope that people will use those balls in more races around the world. Thank you for your good ideas, everyone. The efforts in all these countries are useful to protect our earth.

■ Satomiのメモ

[(お)]

■ Satomiの感想

Plastic waste is a problem all over the world. The three countries in the discussion have already [(か)]. These efforts are important for our earth.

[注] Indonesia　インドネシア（国名）　burn ～　～を燃やす　produce ～　～を生み出す
motorbike　オートバイ　cup　カップ　throw ～ away　～を捨てる
biodegrade　微生物の作用で分解される　remain　残る　make ～ from…　～を…から作る
bite ～　～をかんで穴をあける　marathon race　マラソン大会　runner　ランナー（走者）

① 下線部(あ)の単語を，最も適当な形に変えて書きなさい。

② 下線部(い)の語句をすべて用いて，意味が通るように並べ替えなさい。

③ (う) に入れるのに最も適当なのは，ア～エのうちではどれですか。一つ答えなさい。

ア I understand your point, but I don't think plastic is bad for the earth
イ I don't agree with Cathy because I don't like expensive coffee
ウ We have another problem about plastic waste
エ Using cups with good design is also important

④ (え) に入れるのに適当な英語１語を書きなさい。

⑤ 話し合いで紹介された内容として，(お) に入れるのに適当でないものは，ア～エのうちではどれですか。一つ答えなさい。

ア To collect and use plastic waste to get energy
イ To clean the streets as volunteers and then carry the waste by bus
ウ To choose something we can use many times in everyday life
エ To use things that don't remain as waste for a long time

⑥ あなたがSatomiになったつもりで，(か) に３語以上の英語を書きなさい。

5 次の英文を読んで，①～⑥に答えなさい。

Do you often use your smartphone when you don't have anything to do? When you ride a train in Japan, you find that many people are using their smartphones. In the past, however, Japanese people often read books when they had time. When Perry came to Japan from America in the Edo period, he was (あ) to find that so many Japanese people were interested in reading books. Later, in his book, he said that Japanese people enjoyed learning from books and that was amazing.

Today, there are some Japanese people who don't often use libraries, so some libraries are trying to start (い)new things. For example, some libraries have volunteers who visit people's houses with books for them. This is good for people who live a long distance from the library and cannot go there easily. Some libraries feature books no one has borrowed yet. Some people want to read those books. In other libraries, music is played softly, so many people feel good while they are reading books or studying there.

There is another interesting event, "Human Library." It is held in several places, like libraries and schools, or even outside. Usually, when you visit a library, you borrow books and read them, but in this event, you borrow humans. You can choose a person, sit together, and listen to ideas and experiences from the person. You can also ask the person some questions. In this special "library," you have one important thing to remember. You must respect the person. When you borrow books, you treat them carefully. Just like (う)that, you must treat the humans well.

Human Library is becoming popular around the world. Now, this event is held in over ninety countries. (え)Why is it popular? Some people think that this event gives them a chance to tell other people about their ideas and experiences, so they want to be "books" in Human Library. Other people think that learning new things from listening to someone's story is very interesting. People have different reasons to enjoy Human Library, but they all can enjoy communication in this event.

Some people may think that listening to someone's story in Human Library is better than reading books borrowed from libraries. However, there is not much difference between them. Why? Writers often record their ideas and experiences and share them with the readers, both now and in the future. Readers often learn what the writers are thinking and what is important in the writers' lives. When they have questions while they are reading, they usually continue reading and try to find the answers. When you think about these things, you can find that [(お)] as listening to someone's story. Which do you want to choose for communication?

［注］ smartphone スマートフォン　past 過去　Perry ペリー（人名）　Edo 江戸
feature ～ ～を特集する　no one ～ だれも～ない　softly 静かに　human 人間
treat ～ ～を扱う　record ～ ～を記録する　reader 読者

① [(あ)] に入れるのに最も適当なのは，ア～エのうちではどれですか。一つ答えなさい。

ア worried　イ surprised　ウ angry　エ sad

② 下線部(い)について，紹介されている内容として，当てはまらないものは，ア～エのうちではどれですか。一つ答えなさい。

ア スマートフォンでの蔵書検索　イ ボランティアが本を配達すること
ウ 貸し出されたことがない本の特集　エ 館内で静かな音楽を流すこと

③ 下線部(う)の具体的内容を説明する次の文の [(1)]，[(2)] にそれぞれ適当な日本語を入れなさい。

人々が [(1)] とき，それらを [(2)] こと。

④ 下線部(え)について，次の [　] に適当な英語1語を入れて，本文で挙げられている最初の理由を説明する英文を完成させなさい。

Some people want to share their ideas and experiences with others by [　　] to them in Human Library.

⑤ 文脈に合うように，[(お)] に5語以上の英語を書きなさい。

⑥ 本文の内容と合っているのは，ア～オのうちではどれですか。当てはまるものをすべて答えなさい。

ア Perry's book said that Japanese people had fun when they read books.
イ Human Library started in America and then came to Japan in the Edo period.
ウ People have Human Library only in high schools.
エ People must not ask any questions in Human Library.
オ Human Library is held in more than ninety countries.

解 答 用 紙

受検番号	（算用数字）	志願校	

※

注意 1 英語で書くところは，活字体，筆記体のどちらで書いてもかまいません。
2 語数が指定されている設問では，「,」や「.」などの符号は語数に含めません。
また，「don't」などの短縮形は，1語とします。

1

A(1)	
A(2)	
B(あ)	
B(い)	
C(1)	
C(2)	
D(1)(あ)	
D(1)(い)	
D(1)(う)	
D(2)	

2

①	
②	
③	
④	

3

①	
②	

4

①	
②	
③	
④	
⑤	
⑥	

5

①	
②	
③(1)	
③(2)	
④	
⑤	
⑥	

※この解答用紙は182％に拡大していただきますと，実物大になります。

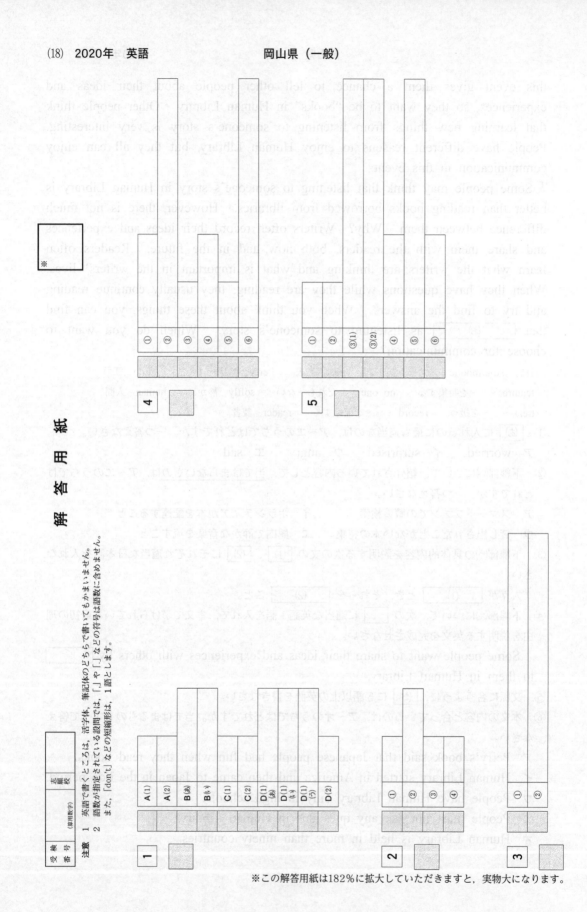

＜理科＞

時間　45分　満点　70点

1　陽子さんと光一さんが，「東京2020オリンピック・パラリンピック競技大会」について会話をしている。次は，そのときの会話の一部である。①～⑥に答えなさい。

陽子：今年は日本でオリンピックが開催されるね。
光一：(a)日本の夏は高温・多湿なので，選手も観客も熱中症にならないように(b)水分や塩分の補給をしないとね。陽子さんは，どの競技に興味があるの。
陽子：私は(c)スポーツクライミングに興味があるわ（図１）。道具を使わずに，人工の壁を登るなんてすごいよね。光一さんは，どの競技に興味があるの。
光一：(d)スケートボードの選手はかっこいいね（図２）。
陽子：表彰式ではメダルと一緒に，宮城県で育てられた(e)ヒマワリなどを使った花束も渡す予定みたいだよ。
光一：(f)使い捨てプラスチックを再生利用して表彰台を製作したり，使用済みの小型家電などから集めたリサイクル金属でメダルを作ったりもするみたいだね。限りある資源を有効に使うのは大切だね。

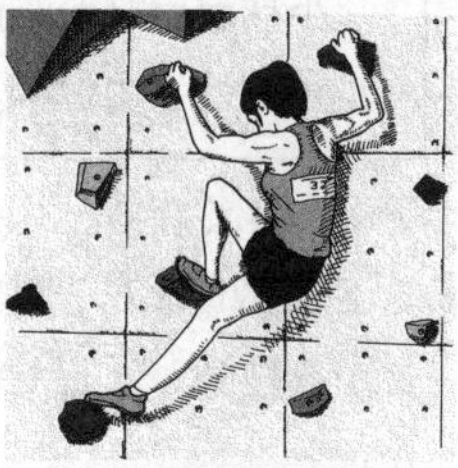
図１

図２

① 下線部(a)となるのは，日本の南の太平洋上で発達する暖かく湿った気団の影響が大きい。この気団を何といいますか。

② 下線部(b)には，塩化ナトリウムを含む経口補水液などを飲むことが有効である。塩化ナトリウムが水に溶けるときの電離の様子を，化学式とイオン式を使って書きなさい。

③ 下線部(c)について，図３はヒトの骨格と筋肉を模式的に表している。腕を矢印の向きに曲げたとき，筋肉X，Yの様子の組み合わせとして正しいものは，**ア**～**エ**のうちではどれですか。一つ答えなさい。

	筋肉X	筋肉Y
ア	縮んでいる	ゆるんでいる
イ	縮んでいる	縮んでいる
ウ	ゆるんでいる	縮んでいる
エ	ゆるんでいる	ゆるんでいる

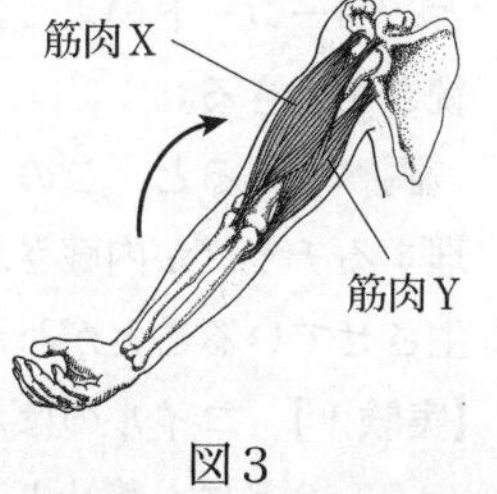

図３

④ 下線部(d)について，光一さんはスケートボードの動きを小球で考えた。(1)，(2)に答えなさい。ただし，空気抵抗や摩擦は考えないものとする。

(1) 図４は，静止した小球を表した模式図であり，小球には矢印のような，床が小球を押す力がはたらいている。この力と作用・反作用の関係にある力を解答用紙に，作用点を「・」で示して矢印でかきなさい。

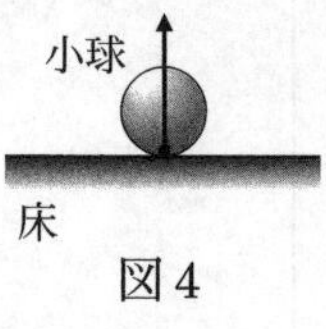

図４

⑵　図５の模式図のように斜面上の点Ｐに小球をおき，手を離した。小球が点Ｐから点Ｑまで移動するときのエネルギーの変化について述べた次の文章の［(A)］，［(B)］に当てはまることばとして最も適当なのは，**ア**～**ウ**のうちではどれですか。それぞれ一つ答えなさい。ただし，同じ記号を選んでもよい。

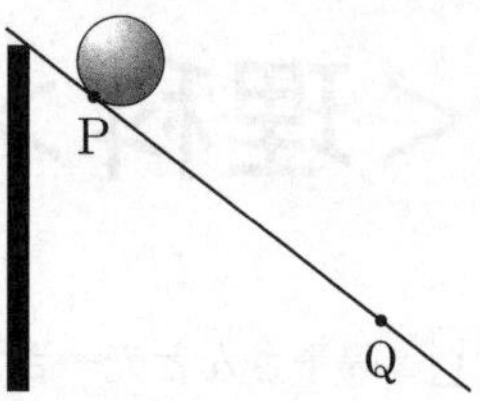

図５

> 小球が点Ｐから点Ｑまで移動するとき，運動エネルギーは［(A)］。また，力学的エネルギーは［(B)］。

ア　大きくなる　　**イ**　小さくなる　　**ウ**　一定に保たれる

⑤　下線部(e)は双子葉類である。一般的に，双子葉類は単子葉類とは違い，中心に太い根と，そこから枝分かれした細い根をもつという特徴がある。この枝分かれした細い根を何といいますか。

⑥　下線部(f)について，プラスチックを再生利用するとき，種類を区別するために密度の違いを利用する。表は代表的なプラスチックの種類とその密度をそれぞれ表したものである。質量5.6ｇ，体積４cm^3のプラスチックと考えられるのは，**ア**～**エ**のうちではどれですか。一つ答えなさい。

ア　ポリプロピレン　　**イ**　ポリエチレン
ウ　ポリスチレン　　**エ**　ポリエチレンテレフタラート

表

種　類	密　度〔g/cm^3〕
ポリプロピレン	0.90 ～ 0.91
ポリエチレン	0.92 ～ 0.97
ポリスチレン	1.05 ～ 1.07
ポリエチレンテレフタラート	1.38 ～ 1.40

2　中学生の花子さんは，家庭学習として身近な電気の技術について調べた。次は，そのときのノートの一部である。①～③に答えなさい。

１　電気を使った新しい技術

近所の図書館では，図１のような新しい貸出機が導入された。台上にＩＣタグのついた本を同時に複数冊置くと，バーコードのように１冊ずつではなく，まとめて手続きができる。

図１

調べてみると，このＩＣタグにはコイルと，情報を管理するチップが内蔵されていて，貸出機の台が磁界を発生させていることがわかった。

【実験１】　コイルのはたらきを確認するため，図２のように，静止したコイルの上で棒磁石を動かして，電流が発生するかを調べた。

〈結果１〉

・棒磁石をａからｂの位置に動かすと，検流計の針は右に振れた。

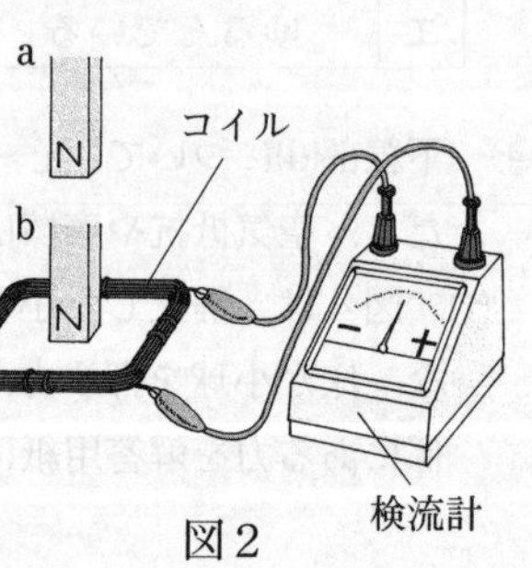

図２

・棒磁石をｂからａの位置に動かすと，検流計の針は　(X)　。

・棒磁石のＳ極を下に向けてａからｂの位置に動かすと，検流計の針は　(Y)　。

電源がなくても，コイルには電流が流れることがわかった。この現象は家庭の電磁調理器（ＩＨ調理器）などにも利用されているようだ。

2　家庭の電化製品調べ

電化製品には，電圧や電力の表示があるが，電流の表示がないものが多かった。

【実験２】　電圧と電流の関係を確認するために，図３のような回路をつくって電圧と電流の関係を調べた。

〈結果２〉

電圧〔V〕	0	2	4	6	8
電流〔mA〕	0	41	80	122	160

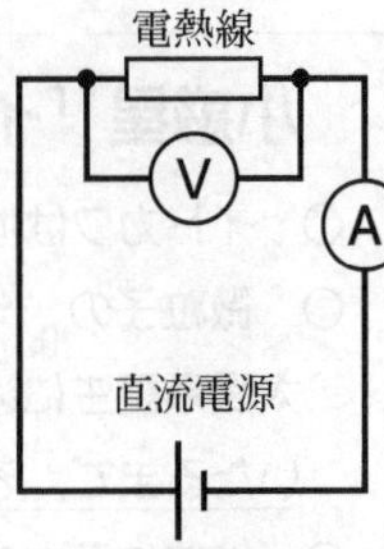

図３

ほとんどの家庭用の電化製品は100Ｖで使うので，消費電力は，抵抗の値に関係があると考えた。電気スタンドに取り付けられていた消費電力５ＷのLED電球の箱には，明るさは消費電力36Ｗの白熱電球に相当すると書いてあり，省電力化が進んでいるとわかった。

①　**【実験１】**について，⑴～⑷に答えなさい。

⑴　コイルの中の磁界が変化することで電圧が生じ，コイルに電流が流れる現象を何といいますか。

⑵　コイルの中の磁界が変化することで電圧が生じ，コイルに電流が流れる現象を利用したものとして最も適当なのは，**ア**～**エ**のうちではどれですか。一つ答えなさい。

ア　モーター　　**イ**　電熱線　　**ウ**　電磁石　　**エ**　手回し発電機

⑶　(X)，(Y)に当てはまることばとして最も適当なのは，**ア**～**ウ**のうちではどれですか。それぞれ一つ答えなさい。ただし，同じ記号を選んでもよい。

ア　右に振れた　　**イ**　左に振れた　　**ウ**　振れなかった

⑷　コイルや棒磁石を変えずに，Ｎ極を下に向けた棒磁石をａからｂの位置に動かすとき，流れる電流を大きくするためには，どのような方法があるか書きなさい。

②　**【実験２】**について，⑴，⑵に答えなさい。

⑴　〈結果２〉をもとに電圧と電流の関係を表すグラフをかきなさい。

⑵　下線部について，**【実験２】**と同じ電熱線を用いて，**ア**～**ウ**の回路をつくった。直流電源の電圧が同じとき，**ア**～**ウ**を回路全体での消費電力の大きい方から順に並べ，記号で答えなさい。

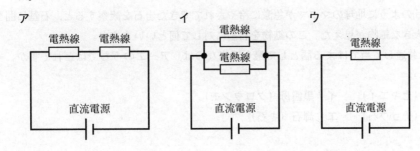

ア

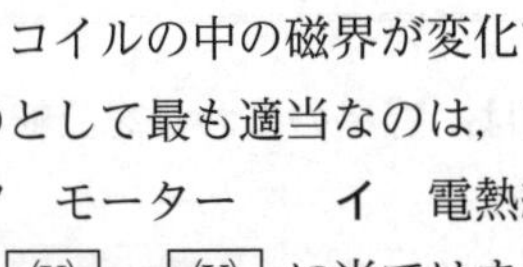

イ

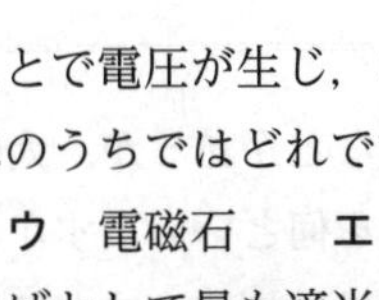

ウ

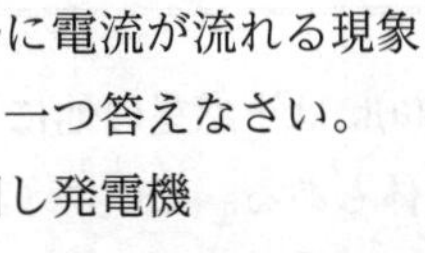

③　消費電力36Wの白熱電球と消費電力５WのLED電球をそれぞれ５分間点灯したとき，それぞれの消費する電力量の差は何Ｊですか。

3　探査機はやぶさ２のニュースを聞いた純子さんは，過去に探査機はやぶさが持ち帰った小惑星「イトカワ」の微粒子の分析結果について資料を調べた。次は，そのときのメモである。①～⑦に答えなさい。

小惑星「イトカワ」について　～地球の岩石と比べてわかること～

○　イトカワは他の小惑星と同様に(a)太陽のまわりを公転している。

○　微粒子の(b)年代分析により，イトカワのもととなった岩石は，約46億年前の太陽系誕生に近い時期にできたと推測された。(c)イトカワには，誕生から現在にいたるまで，その岩石が残っている。

○　地球に落ちてくるコンドライトいん石とイトカワの微粒子の成分が一致した。このいん石は岩石質で，(d)一度とけた岩石が急激に冷え固まって粒状になったものを含んでいる。このことから，いん石の一部は小惑星からきているとわかった。

○　微粒子に含まれていた［　　　］の中から水が検出された。［　　　］は柱状，緑褐色や黒緑色の有色鉱物で，地球の(e)火成岩にも含まれる。

○　イトカワは(f)太陽などの影響で起こる宇宙風化の影響を受けていて，約10億年後には消滅する可能性がある。

①　下線部(a)には小惑星の他にも惑星などがあるが，太陽系には，惑星のまわりを公転する月のような天体もある。このような天体を何といいますか。

②　下線部(b)の方法について，地球では地層に含まれる特定の生物の化石によっても，その地層の年代を知ることができる。ある地層から，図１のような示準化石となる生物の化石が見つかった。この示準化石から推定される地質年代として最も適当なのは，ア～エのうちではどれですか。一つ答えなさい。

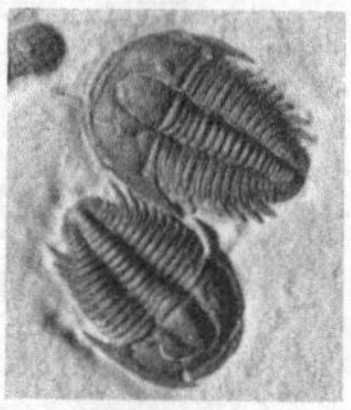

図１

ア　古生代より前　　イ　古生代　　ウ　中生代　　エ　新生代

③　下線部(c)である一方，地球では，表面をおおう複数のプレートの活動によって絶えず地形変化や地震が起こり，大地が変化している。日本列島付近の大陸プレートと海洋プレートの境界で地震が起こるしくみを「大陸プレート」「海洋プレート」という語を使って，プレートの動きがわかるように説明しなさい。

④　下線部(d)のように地球のマグマが急激に冷やされてできた岩石を観察すると，石基に囲まれた比較的大きな鉱物が見えた。この鉱物を石基に対して何といいますか。

⑤　［　　　］に共通して当てはまる語として最も適当なのは，ア～エのうちではどれですか。一つ答えなさい。

ア　石英（セキエイ）　　イ　黒雲母（クロウンモ）

ウ　長石（チョウ石）　　エ　輝石（キ石）

⑥　下線部(e)について，地球上では，含まれる鉱物の割合とつくり（組織）によって図2のように大きく分類される。

ある岩石Xは，ほぼ同じ大きさの鉱物が組み合わさったつくりをもっていた。純子さんは，岩石Xの表面のスケッチをもとに，図3のように，それぞれ無色鉱物は「□」，有色鉱物は「■」で模式的に表した。表面の鉱物の様子が岩石全体と同じであると考えると，この岩石Xとして最も適当なのは，**ア**～**カ**のうちではどれですか。一つ答えなさい。

ア　流紋岩　　**イ**　安山岩　　**ウ**　玄武岩
エ　花こう岩　　**オ**　せん緑岩　　**カ**　斑れい岩

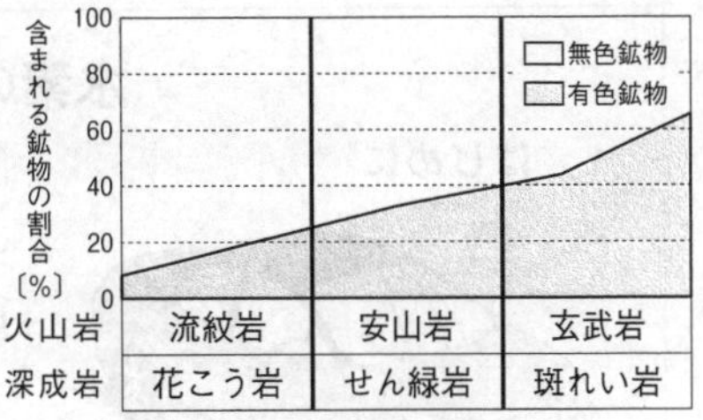

図2

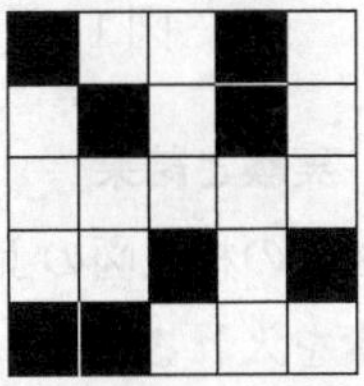
図3

⑦　下線部(f)に対して，地球の表面では，水などの影響による風化の後，土砂が運搬されて堆積し，地層を形成する。図4はボーリング調査が行われたA～C地点の位置を示した略地図であり，曲線は等高線を，数値は標高を表している。図5はボーリング調査から作成された柱状図である。これらの地点で見られた火山灰の層は同一のものであり，地層の上下の逆転や断層は起こっていない。図5の層**ア**～**ウ**を堆積した年代の古いものから順に並べ，記号で答えなさい。

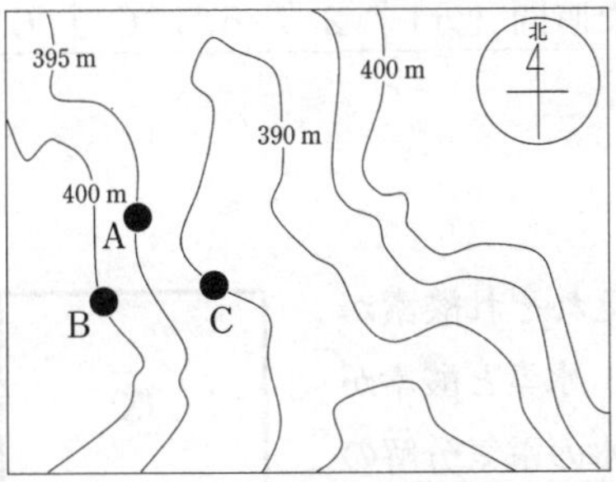

図4

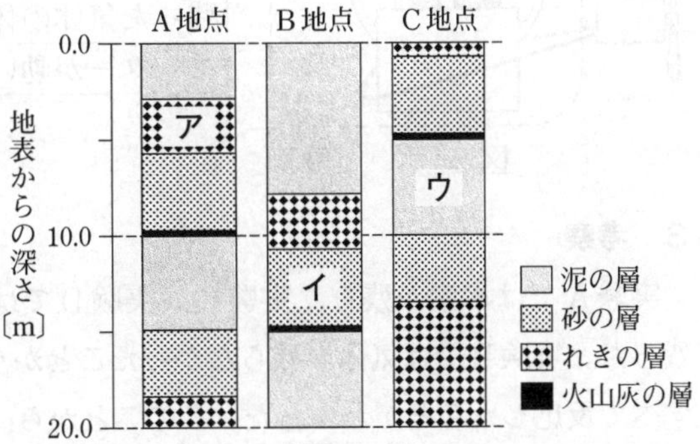

図5

4　中学生の洋平さんは，近所にできた水素ステーションとそれを利用する自動車を見て，興味をもち，放課後に先生と実験を行った。次は，そのときのレポートの一部である。①～④に答えなさい。

①　水素の発生について述べた次の文の　(あ)　，　(い)　に当てはまる語として最も適当なのは，**ア**～**ク**のうちではどれですか。それぞれ一つ答えなさい。

水素は　(あ)　に　(い)　を加えることによって発生する。

ア　銅　　**イ**　石灰石　　**ウ**　亜鉛　　**エ**　二酸化マンガン
オ　うすい塩酸　　**カ**　過酸化水素水　　**キ**　食塩水　　**ク**　水

水素の反応 ～燃料電池～

1 はじめに

図1

図1は，燃料電池によってモーターを回転させて動く自動車である。水素ステーションで供給された水素と空気中の酸素が反応し，水ができるときに電気を生み出す。水素と酸素がどのような比で反応するかについて，燃料電池を用いて調べた。

2 実験と結果

図2の模式図のような燃料電池で，水を満たした容器の一方に水素，もう一方に酸素を入れるとモーターが動き，容器内の気体が減少した。6 cm^3 の水素に対して入れる酸素の量を変え，モーターが動いた時間と反応後に残った気体の体積を測定した。表はこのとき行った実験A～Dをまとめたものである。

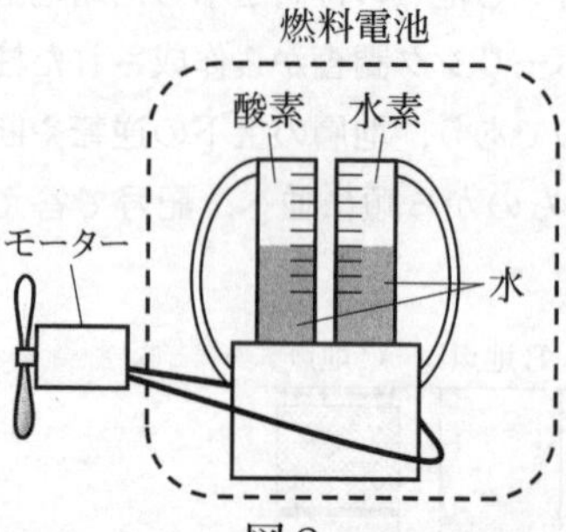

図2

表

実験	A	B	C	D
水素の体積〔cm^3〕	6	6	6	6
酸素の体積〔cm^3〕	1	3	5	7
残った気体の体積〔cm^3〕	4	0	2	4
モーターが動いた時間〔分〕	2	6	6	6

3 考察

実験Aでは水素が残り，実験C，実験Dではそれぞれ酸素が残った。実験Bでは気体が残らなかったことから，水素と酸素がすべて反応したことがわかった。このことから，水の電気分解のときに発生する水素と酸素の体積の比と同様に，反応する水素と酸素の体積比は2：1であることがわかった。また，実験結果から考えると，実験A～Dで反応によってできる水の量は図3のようになると予想できる。

(X)

図3

② 水素の貯蔵方法の一つに，水素を液体にする方法がある。⑴，⑵に答えなさい。

⑴ 次のア～ウは固体，液体，気体のいずれかにおける粒子の集まりを表したモデルである。液体と気体のモデルとして最も適当なのは，ア～ウのうちではどれですか。それぞれ一つ答えなさい。

ア

イ

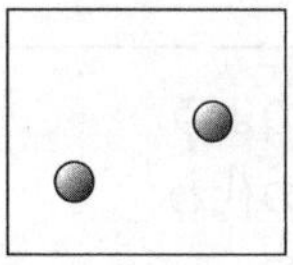

ウ

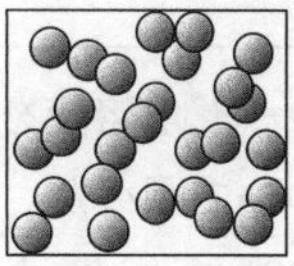

⑵　気体の水素を液体にして貯蔵する利点を「質量」「体積」という語を使って説明しなさい。

③　下線部について，蒸留水に少量の水酸化ナトリウムなどを加える場合がある。⑴，⑵に答えなさい。

⑴　水の電気分解で，水酸化ナトリウムを加える理由を説明した次の文の (う) に当てはまる適当なことばを書きなさい。

水に (う) するため。

⑵　質量パーセント濃度５％の水酸化ナトリウム水溶液200ｇに水を加えて，質量パーセント濃度２％の水溶液をつくるとき，加える水の質量は何ｇですか。

④　図３の(X)に当てはまる，洋平さんが正しく予想して作成したグラフとして最も適当なのは，ア～エのうちではどれですか。一つ答えなさい。

ア

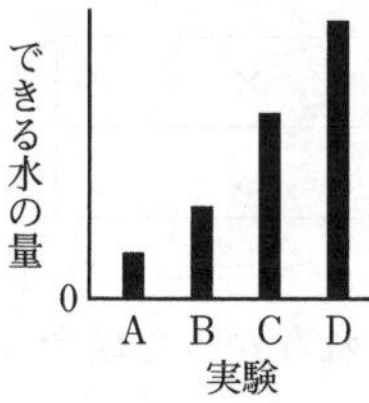

イ

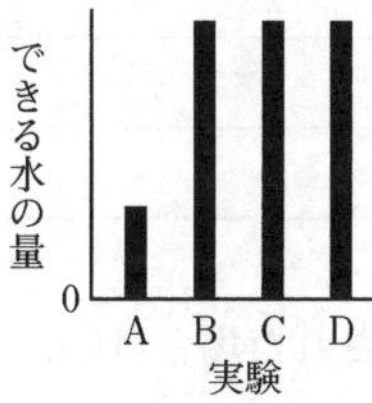

ウ

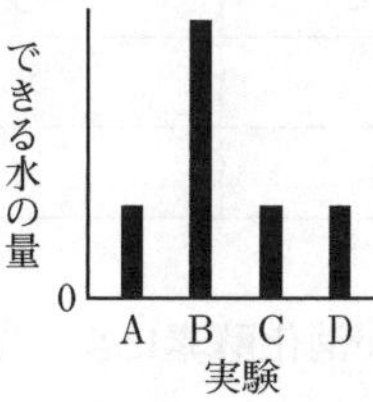

エ

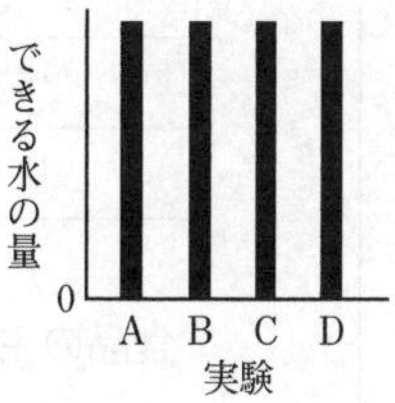

5　中学生の健太さんは理科の授業でヒトが栄養分をとり入れるしくみについて学習した。次は，**実験１**（健太さんが授業で行った実験），次のページの**実験２**（探究活動として科学部で行った実験）とその後の先生との**会話**である。①～⑥に答えなさい。

実験１

だ液のはたらきを確かめるため，図１のように，試験管ａ～ｄにデンプンのりを入れ，だ液または水を加えて40℃で10分間あたためた。その後，試験管ａ，ｃにはヨウ素液を少量加えた。試験管ｂ，ｄにはベネジクト液を少量加えて加熱した。このときの試験管ａ～ｄそれぞれの色の変化を観察し，表１にまとめた。

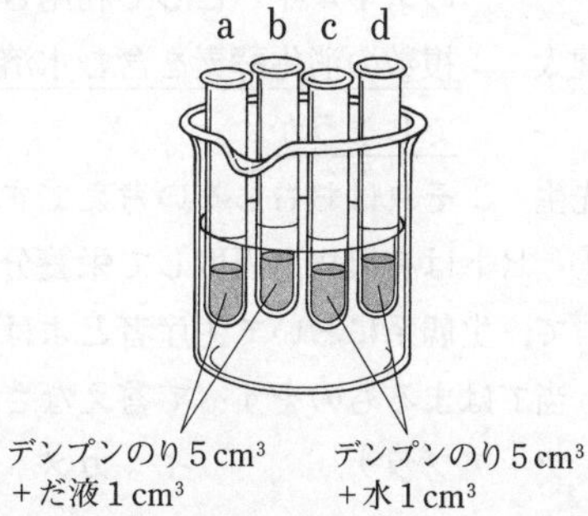

図１

表１

	試験管ａ	試験管ｂ	試験管ｃ	試験管ｄ
色の変化	Ⅰ	Ⅱ	Ⅲ	Ⅳ

実験２

試験管にアミラーゼ水溶液を入れ，図２のように食品の分解について調べた。アミラーゼの代わりに，ペプシンとリパーゼでもこの実験を行い，結果を表２にまとめた。なお，実験はそれぞれの消化酵素がはたらきやすい環境に整えて行った。

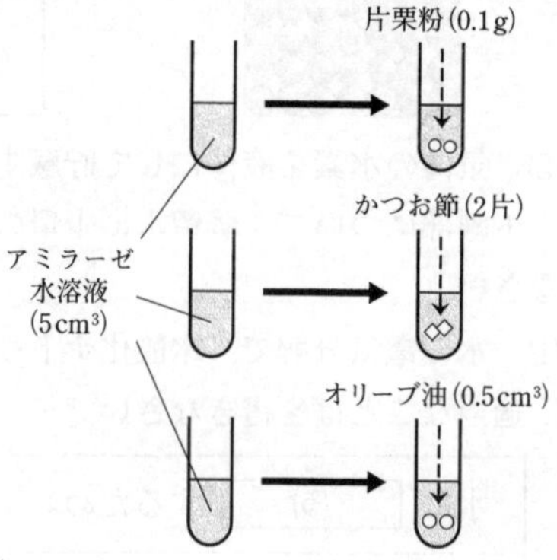

図２

表２

食品の主成分（食品）／消化酵素	デンプン（片栗粉）	タンパク質（かつお節）	脂肪（オリーブ油）
アミラーゼ	○	×	×
ペプシン	×	○	×
リパーゼ	×	×	○

食品の主成分が消化酵素によって分解された場合は○，分解されなかった場合は×とする。

【会話】

健太　：表２から，消化酵素のはたらきの特徴について，それぞれの消化酵素は，［　　　　］ということが確認できました。

先生　：その通りです。消化酵素によって分解された栄養分は，主に小腸で吸収され，生命活動のエネルギーとして利用されます。

健太　：複数の消化酵素を含む水溶液をつくると，食品の主成分を同時に分解できるのではないでしょうか。

先生　：それはおもしろい考えですね。実際にやってみましょう。

① ヒトは有機物を摂取して栄養分とするため，生態系では消費者とよばれている。これに対して，生態系において生産者とよばれるものとして適当なのは，**ア**～**オ**のうちではどれですか。当てはまるものをすべて答えなさい。

ア　アブラナ　　**イ**　カメ
ウ　シイタケ　　**エ**　ウサギ
オ　オオカナダモ

② 表１のⅠ～Ⅳに当てはまる組み合わせとして最も適当なのは，**ア**～**エ**のうちではどれですか。一つ答えなさい。

	Ⅰ	Ⅱ	Ⅲ	Ⅳ
ア	変化なし	変化なし	青紫色になった	赤褐色になった
イ	青紫色になった	赤褐色になった	変化なし	変化なし
ウ	変化なし	赤褐色になった	青紫色になった	変化なし
エ	青紫色になった	変化なし	変化なし	赤褐色になった

③　だ液やすい液などの消化液は消化酵素を含んでいる。すい液に含まれる，タンパク質を分解する消化酵素を何といいますか。

④　□ に当てはまる適当なことばを書きなさい。

⑤　小腸内部の表面は柔毛でおおわれている。このつくりによって栄養分を効率よく吸収することができる理由を書きなさい。

【会話】の下線部について調べるために，さらに実験を行った。次はそのときの**実験3**である。

実験3

ペプシンがはたらきやすい環境でペプシン，アミラーゼが同量入った混合溶液を充分においた。
この混合溶液を図3のように，試験管A，Bに分け，試験管Bはアミラーゼがはたらきやすい環境に整えた。
その後，試験管Aにはかつお節を，試験管Bには片栗粉を入れ，食品の分解について調べた結果を表3にまとめた。

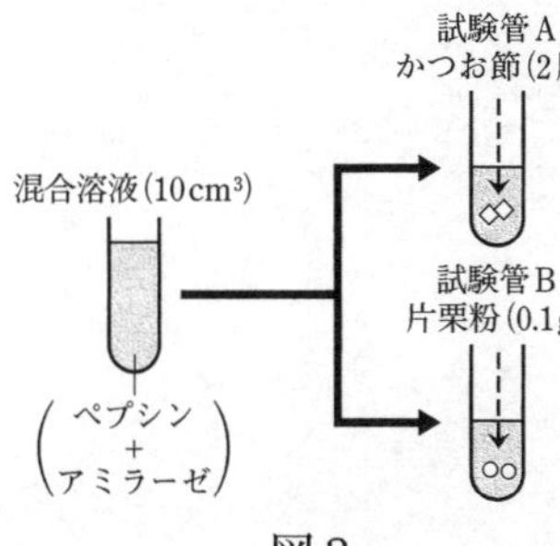

図3

表3

試験管 ＼ 混合溶液	A	B
ペプシン＋アミラーゼ	○	×

食品の主成分が消化酵素によって分解された場合は○，分解されなかった場合は×とする。

・混合溶液では，同時に食品を分解することができなかった。

⑥　健太さんは**実験1**～**3**の結果をもとに考察した。このとき正しく考察したものとして最も適当なのは，**ア**～**エ**のうちではどれですか。一つ答えなさい。

ア　**実験1**と**実験2**から，だ液にはペプシンが含まれていることが確認でき，**実験3**からアミラーゼはタンパク質でできていると考えられる。

イ　**実験1**と**実験2**から，だ液にはペプシンが含まれていることが確認でき，**実験3**からアミラーゼはデンプンでできていると考えられる。

ウ 実験１と実験２から，だ液にはアミラーゼが含まれていることが確認でき，実験３からアミラーゼはタンパク質でできていると考えられる。

エ 実験１と実験２から，だ液にはアミラーゼが含まれていることが確認でき，実験３からアミラーゼはデンプンでできていると考えられる。

解答用紙

受検番号	（算用数字）	志願校	

※

1

①	気団
②	
③	
④(1)	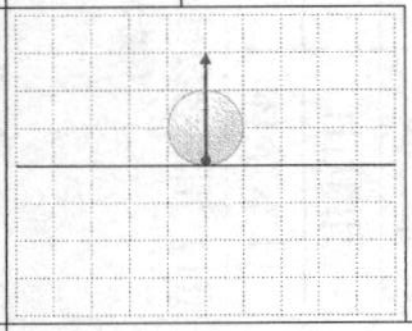
④(2)	(A)　(B)
⑤	
⑥	

2

①(1)	
①(2)	
①(3)	(X)　(Y)
①(4)	
②(1)	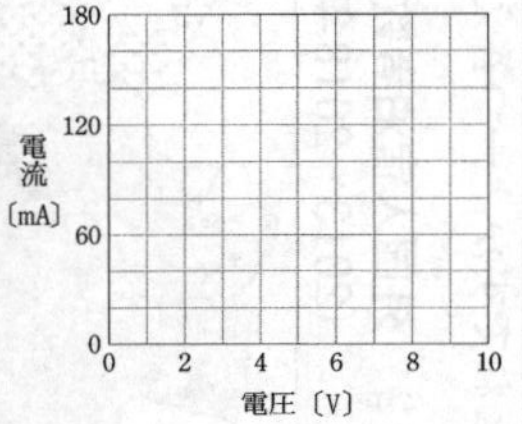
②(2)	
③	(J)

3

①	
②	
③	
④	
⑤	
⑥	
⑦	→　→

4

①	(あ)　(い)
②(1)	液体　気体
②(2)	
③(1)	
③(2)	(g)
④	

5

①	
②	
③	
④	
⑤	
⑥	

※この解答用紙は189％に拡大していただきますと，実物大になります。

＜社会＞　時間　45分　満点　70点

1　奈良県に暮らす真一さんは，家族旅行で近隣の府県を訪れたことをきっかけに近畿地方に関心をもち，地域的特色を調べた。①～④に答えなさい。

① 右の図1は，真一さんが作成した近畿地方の略地図である。図1について述べた文として，内容が適当でないのは，**ア**～**エ**のうちではどれですか。一つ答えなさい。

ア　A県とB県のどちらも，県名と県庁所在地の都市名が異なる。

イ　地点Cにある大仙古墳は，我が国最大の古墳である。

ウ　Dの範囲には，リアス海岸がみられる。

エ　地点Eでは，季節風の影響により，夏に比べて冬の降水量が多い。

図1

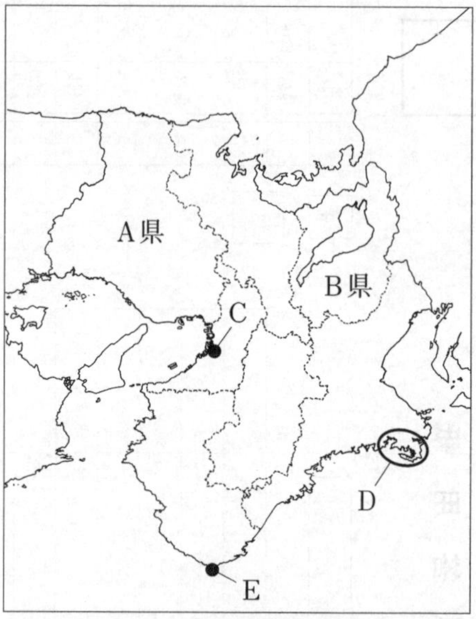

② 旅行先で見かけた外国人の多さに関心をもった真一さんは，右の資料1を見つけた。図2は，資料1をもとに，次の計算の方法と表記の方法にしたがって，外国人宿泊者数の増加率を表そうと作成中の主題図である。X県を塗るのは，次のページの**ア**～**エ**のうちではどれですか。一つ答えなさい。

資料1　外国人宿泊者数（千人）

府　県	2013年	2018年
三　重	131	341
滋　賀	132	413
京　都	2 626	6 268
大　阪	4 315	15 124
兵　庫	507	1 260
奈　良	165	439
和歌山	187	584
日本全体	33 496	94 275

(注)　宿泊者数は延べ人数である。

（観光庁Webページから作成）

図2　外国人宿泊者数の増加率（2013 - 2018年）

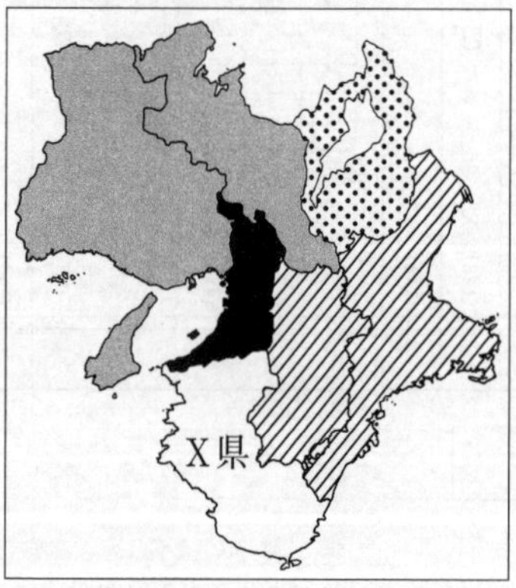

計算の方法

例えば，日本全体の増加率は，

$\frac{94275}{33496}-1=1.814\cdots$

よって，181%となる。

表記の方法

ア　イ　ウ　エ

③　真一さんは，奈良県と近畿地方の他府県とを比べて，資料２と資料３を作成した。二つの資料の**ア**～**エ**は，滋賀県，京都府，奈良県，和歌山県のいずれかである。奈良県に当てはまるのは，**ア**～**エ**のうちのどれですか。一つ答えなさい。なお，資料２，資料３の**ア**～**エ**は，それぞれ同じ府県を示している。

資料２　**近畿地方４府県の各種統計**

府県	人口 （万人）	人口密度 （人/km²）	農業産出額 （億円）	漁業生産量 （万トン）
ア	96.4	203.9	1 011	2.7
イ	261.0	566.0	719	1.2
ウ	136.4	369.6	408	0.002
エ	141.3	351.7	586	0.1

（注）統計年次は2015年。

（「データでみる県勢2018」などから作成）

資料３　**国宝の指定件数（2019年）**

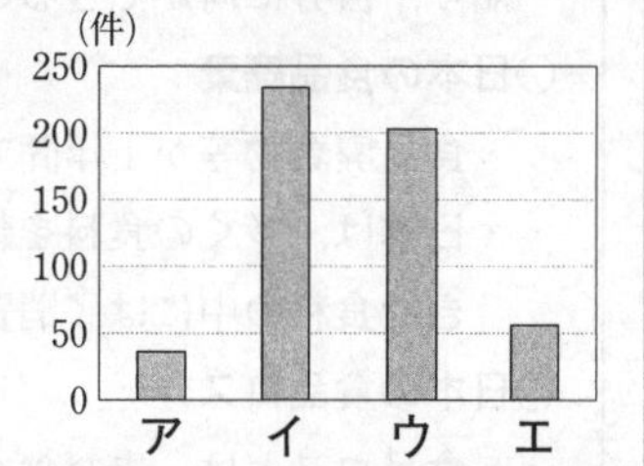

（文化庁Webページから作成）

④　次は，真一さんが作成した，阪神工業地帯と他の二つの工業地帯における製造品出荷額等とその構成のグラフである。⑴，⑵に答えなさい。

グラフ

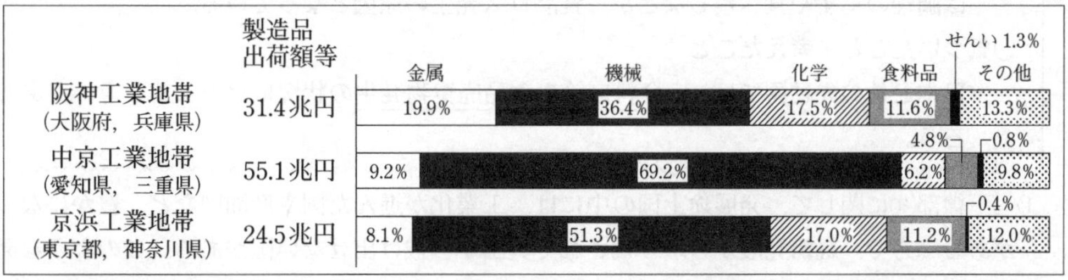

（注）統計年次は2016年。

（経済産業省　平成29年「工業統計」から作成）

⑴　グラフから読み取れる内容を述べた次のXとYの文について，内容の正誤を表したものとして最も適当なのは，**ア**～**エ**のうちではどれですか。一つ答えなさい。

X　食料品の製造品出荷額等は，グラフ中の三つの工業地帯の中で，阪神工業地帯が最も額が大きい。

Y　グラフ中の三つの工業地帯すべてで，製造品出荷額等に占《し》める重化学工業の割合は，製造品出荷額等に占める軽工業の割合より大きい。

ア　X，Yのどちらも正しい。　**イ**　Xのみ正しい。

ウ　Yのみ正しい。　**エ**　X，Yのどちらも誤っている。

⑵　日本の工業に関して真一さんがまとめた次の文の［　　］に当てはまる適当な内容を，「工場」「製品」という二つのことばを用いて書きなさい。

> 日本の工業は，グラフで取り上げた工業地帯を中心として，主に加工貿易を通して発展してきました。しかし，1980年代以降の，他国との貿易上の対立や円高の急激な進行，不況の長期化などに対応するため，［　　　　］ようになった企業が増えました。こうして，産業の空洞化が進むことになりました。

2 中学生の夏子さんは，社会科の授業のまとめとして食品廃棄の問題について調べて，レポートを作成することにした。次は，夏子さんのレポートの構想メモの一部である。①～⑤に答えなさい。

> ***食品廃棄を減らすために***
>
> **○テーマ設定の理由**
>
> (a)発展途上国では，飢餓で苦しむ人がいるのに，日本では大量に食品が廃棄されていると知り，自分に何かできることがないか，考えたいと思ったから。
>
> **○日本の食品廃棄**
>
> ・食品廃棄物等が１年間で2,759万トン出ている（2016年）。
>
> ・日本は，多くの食料を輸入しており，輸送によって(b)環境に負荷をかけている。運んできた食料の中には，消費しきれず無駄になっているものもあると考えられる。
>
> **○日本の食品ロス**
>
> ・食品ロスとは，まだ食べられるのに捨てられてしまう食品のこと。
>
> ・食品廃棄物等2,759万トンのうち，食品ロスは643万トン（2016年）。毎日，国民一人当たりお茶碗《わん》一杯分の食品ロスが発生している。
>
> ・スーパーマーケットやコンビニエンスストアでは(c)売れ残りなど，飲食店や一般家庭では調理のくずや食べ残しなどが，食品ロス発生の原因となっている。
>
> **○気づいたこと・考えたこと**
>
> ・日本と他の先進国では，(d)食料自給や食品廃棄物発生の状況にどのような違いがあるだろう。

① 下線部(a)に関して，発展途上国の中には，工業化が進んだ国や産油国など，豊かになった国がある一方で，経済発展から取り残されて貧困から抜け出せない国がある。このような発展途上国間の経済格差の問題を何といいますか。

② 下線部(b)に関して，夏子さんは，輸送による二酸化炭素の排出に着目した。二酸化炭素排出量増加の原因として，大量消費が問題と考えられている石油や石炭，天然ガスなどの燃料を総称して何といいますか。

③ 下線部(c)について，夏子さんは，需要と供給の量と価格との関係を示すグラフを用いて説明することにした。夏子さんが作成した下のグラフで，需要曲線を表すのはA，Bのどちらですか。また，売れ残りが生じる価格を表すのはC，Dのどちらですか。それぞれ一つずつ答えなさい。

グラフ

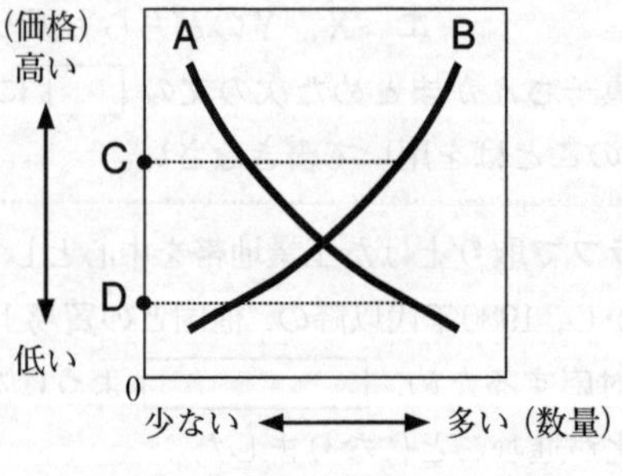

④　下線部(d)に関して，夏子さんは，次の資料１と資料２を作成した。二つの資料から読み取れる内容として最も適当なのは，ア～エのうちではどれですか。一つ答えなさい。

資料１　各国の農産物自給率

国名	穀類（%）	肉類（%）
日　本	24	51
ドイツ	113	114
イギリス	87	69
アメリカ	126	116
韓　国	22	72

（注）統計年次は2013年。
（「世界国勢図会 2018/19」から作成）

資料２　一人当たりの年間食品廃棄物発生量

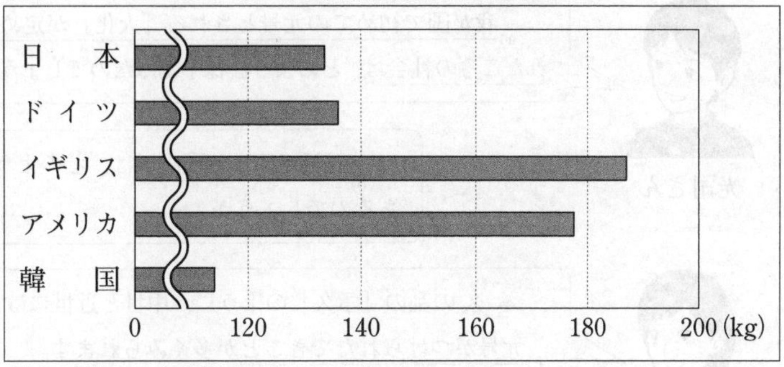

（注）波線は，省略部分があることを示している。
各国の数値は各種統計・調査等の推計。2011～2015年のいずれかの年に公表の資料による。
（農林水産省 平成28年「海外における食品廃棄物等の発生及び再生利用等の状況」から作成）

ア　肉類の自給率が最も高いのはアメリカであり，一人当たりの年間食品廃棄物発生量も最も多い。

イ　穀類の自給率では，日本はイギリスの半分以下であり，一人当たりの年間食品廃棄物発生量でも，日本はイギリスの半分以下である。

ウ　ドイツは，イギリスと韓国と比べて，穀類と肉類の自給率がどちらも高いが，一人当たりの年間食品廃棄物発生量は両国よりも少ない。

エ　穀類，肉類の自給率がどちらも日本より高い国は，一人当たりの年間食品廃棄物発生量も日本より多い。

⑤　次は，構想メモをもとにレポートを作成した夏子さんがまとめとして書いた文章の一部である。あなたが夏子さんになったつもりで，□に共通して当てはまる適当な内容を書きなさい。

　賞味期限は，食品をおいしく食べられる期限を表しており，期限を過ぎればすぐに食べられなくなるということではありません。そこで，小売店の中には，売れ残りになりそうな，□を商品棚の手前に置いて取りやすくしたり，値引きをしたりしているところがあります。一方で，賞味期限を気にする傾向にある消費者への配慮から，そうした商品を，早めに店頭から回収してしまう小売店もあり，食品ロスの増加につながっていると考えられます。

　こうしたことから，私は今後，買い物の際には□を積極的に買い，使い切るように心がけたいです。

3　社会科の授業で，班ごとにテーマを設定して主題学習を行うことになった。光司さんの班は元号（年号）をテーマに選び，班員それぞれが疑問点や気付いたことを出し合って調査を進めた。①～④に答えなさい。

光司さん

(a)我が国で初めての元号とされる「大化」が定められたころの社会は，どのような様子だったのでしょうか。

敬子さん

(b)元号が改まる理由には，どのようなものがあるのでしょうか。

真弓さん

承久《じょうきゅう》の乱の「承久」のように，中世と近世には，(c)元号がつけられたできごとが多くみられます。

勇輝さん

(d)新しい元号である「令和」と昔の元号との共通点，相違点は何でしょうか。

①　学習を進めた光司さんは，下線部(a)の様子を次のように説明した。□に当てはまる国名（王朝名）を書きなさい。

「大化」が定められたとされるころ，中大兄皇子《なかのおおえのおうじ》を中心に政治改革が進められました。これは，大陸で隋《ずい》にかわって成立した□が周辺の国を攻撃するなどし，緊張が高まった東アジアの国際情勢に対応するためでした。

②　敬子さんは，下線部(b)について調べたことを表にまとめた。次は，その表の一部である。表の下線の天皇について述べた文として，内容が適当でないのは，ア～エのうちではどれですか。一つ答えなさい。

表

元号が改まる主な理由	例	新しい元号
新しい天皇が即位した。	光仁《こうにん》天皇にかわり桓武《かんむ》天皇が即位した。	延暦《えんりゃく》
縁起のよいできごとがあった。	珍しい亀が聖武《しょうむ》天皇に献上された。	天平《てんぴょう》

ア　朝廷の支配を広げるため，東北地方へと軍を送った。
イ　地方政治の立て直しのため，国司に対する監督を強めた。
ウ　都を平安京へと移し，新しく政治の拠点とした。
エ　天皇の位を幼少の皇子にゆずり，院政を行った。

③　真弓さんは，下線部(c)について調べた。(1)，(2)に答えなさい。

(1)　真弓さんが見つけた次のページの資料は，「文永」の元号のときにおこった「文永の役」で戦う御家人の姿を描いたものである。鎌倉幕府における将軍（幕府）と御家人の主従関係について，解答用紙の書き出しに続けて説明しなさい。

資料

⑵　真弓さんが調べた次のア～エのできごとを，年代の古いものから順に並ぶように記号で答えなさい。

ア　幕府の政策に反対する武士らが弾圧された安政の大獄がおこった。

イ　後醍醐《ごだいご》天皇が，天皇を中心とした政治を目指した建武の新政を始めた。

ウ　松平定信《まつだいらさだのぶ》が，幕府政治を立て直すため，寛政の改革を始めた。

エ　将軍のあとつぎ問題に守護大名の対立が結びつき，応仁《おうにん》の乱が始まった。

④　下線部(d)について調べた勇輝さんは，元号に使われた漢字に注目して，次のようなモをつくった。メモの (X) ， (Y) に当てはまることばの組み合わせとして最も適当なのは，**ア**～**エ**のうちではどれですか。一つ答えなさい。

＜調べてわかったこと＞

○共通点：「令和」の「和」という漢字が我が国の元号に使われるのは20回目。他には「永」「天」「元」「治」などが繰り返し使われてきた。

○相違点：「令和」の「令」という漢字は，我が国の元号に初めて使われた。

＜感想＞

同じ漢字が繰り返し使われていることに驚いた。例えば，「天」の場合， (X) がローマ教皇のもとに少年使節を送ったときの「天正」や，水野忠邦《みずのただくに》が改革を行ったときの「天保《てんぽう》」など，授業で学んだ元号もある。

「令和」の出典となった『万葉集』は (Y) であるが，我が国の書籍が元号の出典になったのは初めてだそうだ。

今回調べた元号の他に，授業で学習した時代区分や西暦などについても，次は調べてみたい。

ア　(X)：キリシタン大名　(Y)：奈良時代にまとめられた歌集

イ　(X)：キリシタン大名　(Y)：平安時代に書かれた随筆

ウ　(X)：江戸幕府　(Y)：奈良時代にまとめられた歌集

エ　(X)：江戸幕府　(Y)：平安時代に書かれた随筆

4　次の図１，図２は，世界の一部地域を表した略地図である。①～④に答えなさい。なお，略地図中の経線と緯線はいずれも20度間隔であり，海上部のみ描かれている。

図１

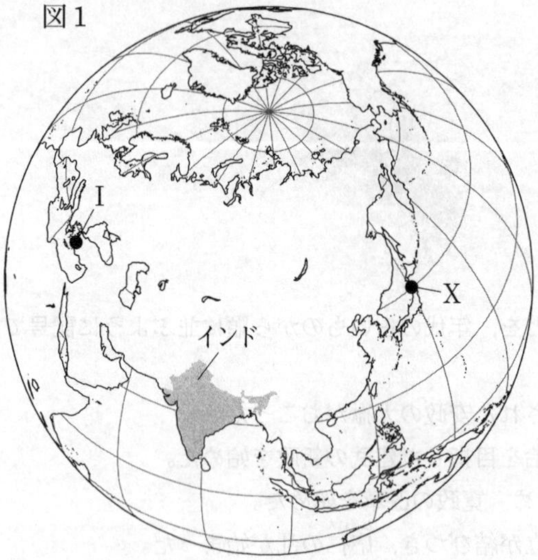

（注） は，インドの主な領域を示す。

図２

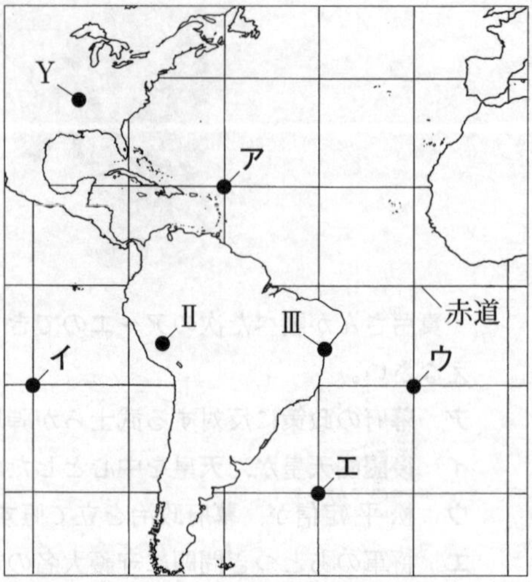

①　図１の地点Xに対する地球の中心を通った反対側の地点として最も適当なのは，図２の地点ア～エのうちではどれですか。一つ答えなさい。

②　東京で開催されるオリンピックの開会式は，日本の標準時で７月24日の午後８時から始まる。図２の都市Y（西経90度）にいる人が，開会式を衛星中継による生放送で見る場合，式の開始を見る現地の日時として最も適当なのは，ア～エのうちではどれですか。一つ答えなさい。ただし，サマータイムは考えないものとする。

ア　７月23日午前５時　　イ　７月23日午後５時

ウ　７月24日午前５時　　エ　７月24日午後５時

③　次のグラフのア～エは，図１，図２の地点Ⅰ～Ⅲと東京の月別平均気温を表したものである。また，表は，それぞれの地点の標高を表している。Ⅱに当てはまる気温のグラフは，ア～エのうちのどれですか。一つ答えなさい。

グラフ

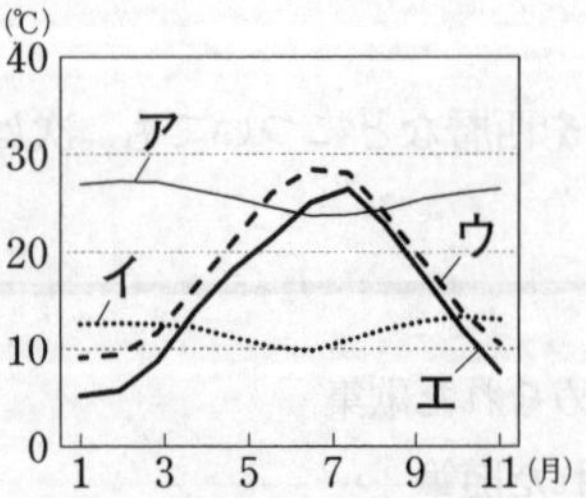

（注）平年値による。

表

地点	標高(m)
東京	25
Ⅰ	25
Ⅱ	3 248
Ⅲ	52

（グラフ及び表は気象庁Webページから作成）

④　図１のインドについて，⑴，⑵に答えなさい。

⑴　インドで，最も多くの人に信仰されている宗教名を書きなさい。

⑵　次の図３は，インド，ロシア，南アフリカ共和国，カナダ，日本について，ＡとＢの期間における出生率と死亡率のそれぞれの平均の数値を示しており，Ａの期間は1975～1980年，Ｂの期間は2010～2015年である。〈情報〉は，図３の内容について述べたものである。図３で，インドに当てはまるのは，**ア**～**エ**のうちではどれですか。一つ答えなさい。

図３

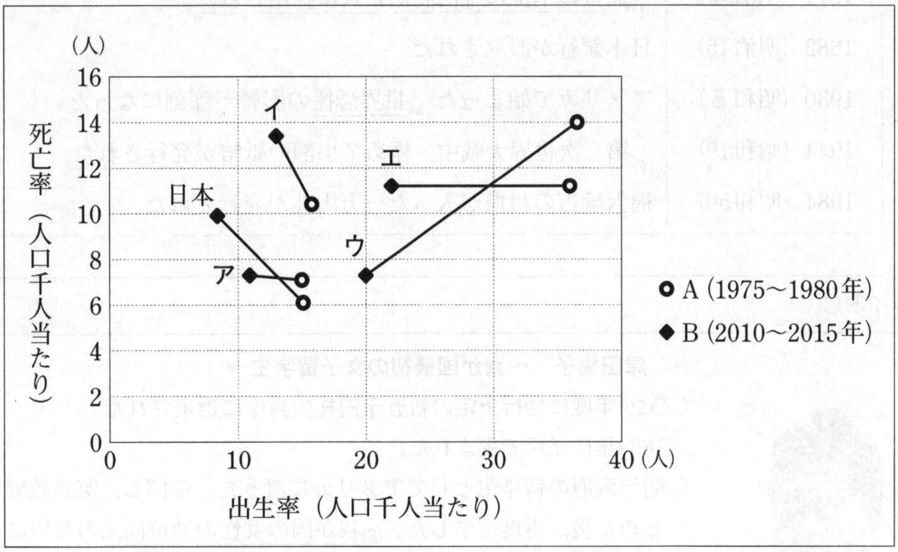

(注) 日本の1975 ～ 1980年の出生率は15.1(人)，死亡率は6.1(人) である。

(総務省統計局「世界の統計2019」から作成)

〈情報〉

・Ａの期間と比べてＢの期間の死亡率が高いのは，日本，ロシア，カナダである。
・Ｂの期間において，５か国の中で，出生率が最も高いのは南アフリカ共和国であり，死亡率が最も高いのはロシアである。

5　中学生の健次さんは，博物館で開催されていた「貨幣と我が国の近代化」展に行き，学んだことを授業で発表するためにスライドＡ～スライドＣを作成した。①～⑧に答えなさい。

スライドＡ

貨幣とは

○商品などと交換できる価値があり，社会に流通しているもの。通貨ともいう。一般には，(a)紙幣や硬貨などが用いられる。

○我が国の紙幣は，正式には日本銀行券といい，国立印刷局で製造されている。日本銀行に納入されたのち，金融機関を通して，(b)世の中に出回る。硬貨は，国の造幣局で製造されている。

○紙幣には(c)我が国の歴史上の人物，硬貨には産業，文化などを表すデザインがそれぞれ盛り込まれている。

スライドB

貨幣に関するおもなできごと

年	できごと
1871（明治 4）	(d)通貨の単位に「円」が正式に採用された。
1882（明治15）	日本銀行が設立された。
1930（昭和 5）	アメリカで始まった(e)世界恐慌《こう》の影響が深刻になった。
1944（昭和19）	(f)第二次世界大戦中，極めて小額の紙幣が発行された。
1984（昭和59）	福沢諭吉の肖像が入った一万円札が発行された。

スライドC

津田梅子　～我が国最初の女子留学生～

○2024年度に発行予定の新五千円札の肖像に選定された。

○1864年に江戸で生まれた。

○明治政府の留学生としてアメリカに渡った。帰国し，英語教師をつとめた後，再度留学した。(g)我が国の女性の地位向上のために女子教育の充実が必要と考え，学校を設立するなどした。

① 現在，我が国で下線部(a)を発行しているのは日本銀行である。日本銀行のように紙幣を発行したり，政府の預金を管理したりする特別な銀行のことを何といいますか。

② 下線部(b)に関して，企業などが資金を調達する際，直接金融とよばれる方法をとることがある。この直接金融について，解答用紙の書き出しに続けて，「発行」ということばを用いて説明しなさい。

③ 下線部(c)に関して，健次さんは千円札の肖像に注目し，これまでに肖像となった人物と，2024年度に発行予定の新千円札の肖像に選定された北里柴三郎《きたさとしばさぶろう》の業績を調べた。健次さんが調べた四人について述べたア～エを，年代の古いものから順に並べたとき，三番目となるのはどれですか。一つ答えなさい。

ア　夏目漱石《なつめそうせき》は，ポーツマス条約が結ばれた年に，『吾輩《わがはい》は猫である』を発表した。

イ　野口英世《のぐちひでよ》は，国際連盟が設立された年に，ノーベル賞候補となった。

ウ　北里柴三郎は，日清《しん》戦争がおこった年に，ペスト菌を発見した。

エ　伊藤博文《いとうひろぶみ》は，内閣制度が創設された年に，初代内閣総理大臣に就任した。

④ 下線部(d)に関して，健次さんは貨幣制度が整えられた背景について次のようにまとめた。□に当てはまる適当なことばを漢字四字で書きなさい。

> 明治政府は，欧米諸国に対抗する近代国家の建設を目指し，□を目標として，殖産興業政策や徴兵令の制定などを進めました。この動きの中で，貨幣制度や銀行制度なども整えられました。

⑤　下線部(e)に対する各国の対策やその後の動きとして適当でないのは，**ア**～**エ**のうちではどれですか。一つ答えなさい。

ア　アメリカでは，ニューディール政策のもと，大規模な公共事業が行われた。

イ　ドイツでは，ファシスト党が政権を握り，独裁体制が築かれた。

ウ　ソ連では，計画経済のもと，工業化と農業の集団化が進められた。

エ　イギリスでは，外国の商品に対して高い関税をかけるブロック経済が行われた。

⑥　下線部(f)に関して，博物館には，次のような解説があった。□に当てはまる適当な内容を，「不足」ということばを用いて書きなさい。

> 戦争中には，鍋や釜，さらに鉄くずや寺の鐘などまで回収されることがありました。こうしたことが行われたのは，□からです。このような状況の中，硬貨の製造も困難になり，「五銭」や「十銭」といった小額の紙幣が発行されることになりました。

（注）　一銭は，一円の百分の一に当たる。

⑦　下線部(g)について述べた次のXとYの文について，内容の正誤を表したものとして最も適当なのは，**ア**～**エ**のうちではどれですか。一つ答えなさい。

X　樋口一葉《ひぐちいちよう》は，女性差別の解消を目指して青鞜《とう》社を結成した。

Y　第二次世界大戦後最初の衆議院議員総選挙で，我が国で初めて女性国会議員が誕生した。

ア　X，Yのどちらも正しい。

イ　Xのみ正しい。

ウ　Yのみ正しい。

エ　X，Yのどちらも誤っている。

⑧　健次さんは，我が国の貨幣がこれからどうなっていくのかということに関心をもち，資料を収集して，発表のまとめを作成している。次の資料と健次さんのまとめの□に共通して当てはまることばを書きなさい。

資料　この１年間に店舗で利用したことがある支払い方法

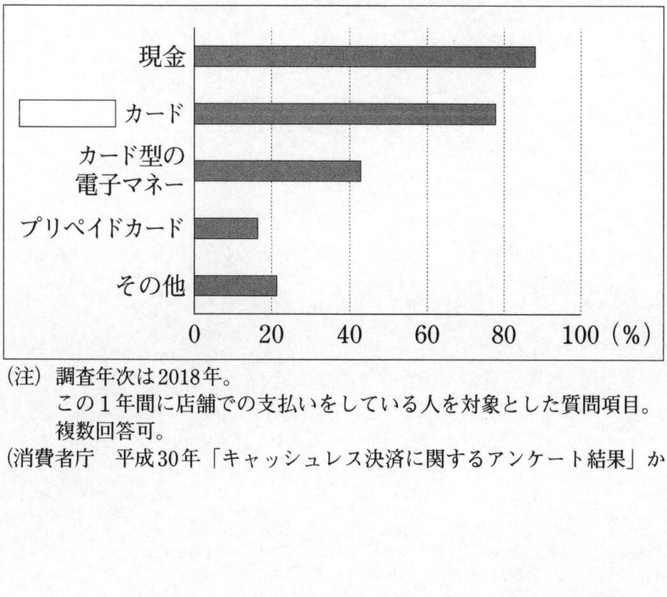

（注）　調査年次は2018年。
この１年間に店舗での支払いをしている人を対象とした質問項目。
複数回答可。

（消費者庁　平成30年「キャッシュレス決済に関するアンケート結果」から作成）

店舗で利用したことのある支払い方法は，□カードが，現金に次いで多くなっています。この支払い方法では，商品代金は後払いであり，手元に現金がなくても商品を購入することができるので，計画的に利用する必要があります。

□カードや電子マネーなどの利用が増えていくと，将来は，紙幣や硬貨などの現金が使われる機会は減っていき，経済のしくみにも大きな影響をあたえるのではないでしょうか。

解答用紙

※

受検番号	(算用数字)	志願校	

1

①	
②	
③	
④(1)	
④(2)	

2

①	問題
②	燃料
③	需要曲線　価格
④	
⑤	

3

①	
②	
③(1)	将軍（幕府）は
③(2)	→ → →
④	

4

①	
②	
③	
④(1)	
④(2)	

5

①	
②	企業などが
③	
④	
⑤	
⑥	
⑦	
⑧	

※この解答用紙は182％に拡大していただきますと，実物大になります。

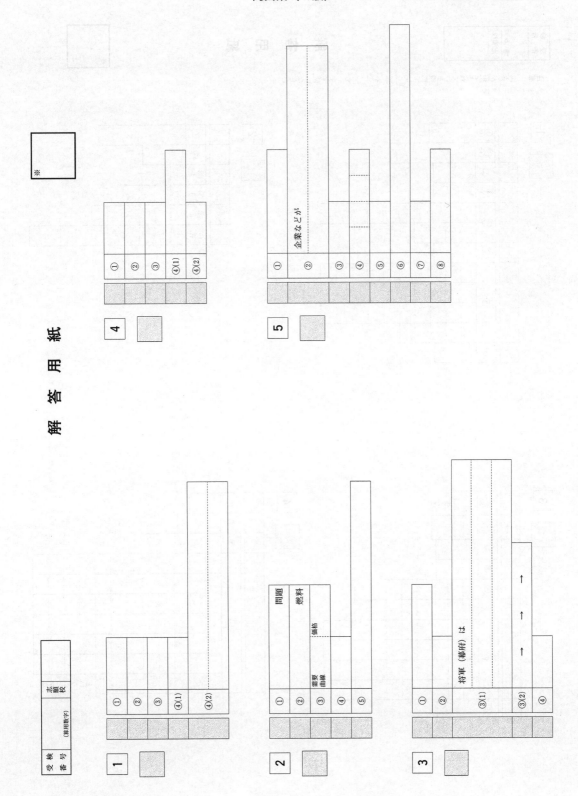

解答用紙

受検番号	（算用数字）	志願校	

※

注意　字数が指定されている設問では、「、」や「。」も一ます使いなさい。

1

①ⓒ　げて
①ⓕ
②
③X
③Y
④
⑤
⑥

2

①
②
③Ⅰ
③Ⅱ
③Ⅲ
③Ⅳ

3

①ⓓ　生える
①ⓕ
②
③
④
⑤X
⑤Y
⑥

4

①
②
③
④　60　ということかな。

※この解答用紙は189％に拡大していただきますと、実物大になります。

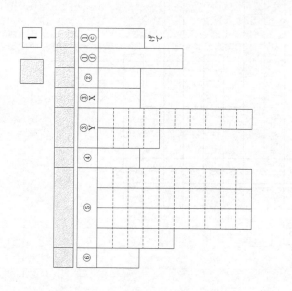

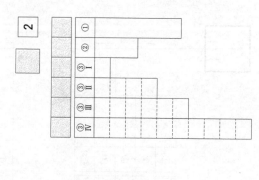

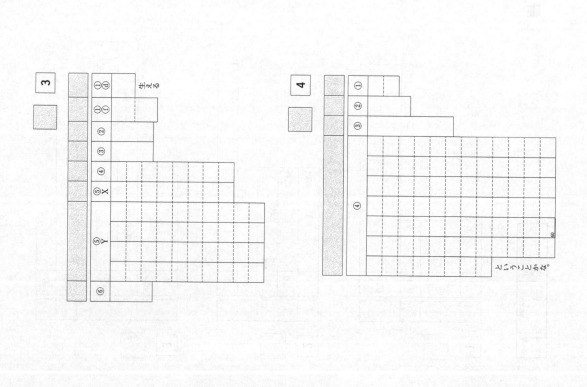

【資料Ⅲ】

(A)芸術家,(B)アーティストのどちらのことばを主に使うか(年齢別)

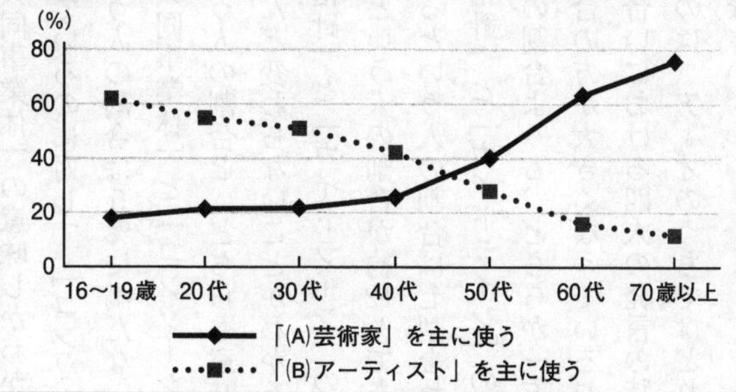

(文化庁　平成27年度「国語に関する世論調査」から作成)

るかな。

奈緒　【資料Ⅱ】のなかでは、「芸術家」を主に使う人の割合と「アーティスト」を主に使う人の割合とは、あまり差が大きくないように見えるけれど、【資料Ⅲ】を見ると、［Y］ということかな。

① 「外来語」とあるが、これに対して、もともと日本で使われていたことばのことを何というか。漢字二字で書きなさい。

② 奈緒さんの意見が論理的なものとなるために、［X］に入れるのに最も適当なのは、**ア**～**エ**のうちではどれですか。一つ答えなさい。

ア 「共同事業体」の意味しかわからないという人の割合が五割を超えているのに対して、「コンソーシアム」の意味しかわからないという人の割合は5％に満たないね

イ 「共同事業体」と「コンソーシアム」のどちらの意味もわかるという人の割合と、どちらも意味がわからないという人の割合はほとんど変わらないことがわかるね

ウ 「指針」と「ガイドライン」のどちらか一方の意味しかわからないという人の割合が約12％であるのに対して、どちらの意味もわかるという人の割合は七割を超えているね

エ 「指針」と「ガイドライン」のどちらも意味がわからないという人の割合よりも、どちらか一方の意味しかわからないという人の割合の方が大きくなっているね

③ 話し合いにおける四人の発言の特徴について説明したものとして適当なのは、**ア**～**オ**のうちではどれですか。当てはまるものをすべて答えなさい。

ア 奈緒はことばの定義を確認することで、孝一が提示した話題のわかりづらさを暗に批判している。

イ 優太は自らの経験を具体例として示すことによって、話し合いの方向性を変える発言をしている。

ウ 絵理は資料から読み取った情報をもとに、それまで出ていたものとは異なる見方を提示している。

エ 絵理と優太は質問をすることで、他の人の発言の中でよく理解できなかった部分を確認している。

オ 孝一は絵理の考えを言い換えることによって、優太の考えとの違いがわかるようにまとめている。

④ 奈緒さんの発言の［Y］に入れるのに適当な内容を、**条件**に従って六十字以上八十字以内で書きなさい。

条件
1　二文に分けて書き、一文目に、【資料Ⅲ】からわかることを書くこと。
2　二文目に、カタカナ語の使用について注意すべきことを、「だから」に続けて書くこと。

※資料の数値は使わなくてもよいが、数値を使う場合は左の例を参考にして表記すること。

（例）

35.0
％

4　四人の中学生が、日本語に関する問題をテーマとするグループ学習で、【資料Ⅰ】～【資料Ⅲ】をもとに話し合いをした。次の【四人の中学生の話し合い】を読んで、①～④に答えなさい。

【四人の中学生の話し合い】

孝一　昨日の新聞記事によると、カタカナ語を使用することについて、16歳以上の人の35％が「どちらかと言うと好ましくないと感じる」と答えているようだね。これはどうしてだろう。

奈緒　カタカナ語というのは、主に外国語、外来語のことだよね。【資料Ⅰ】を見ると、［X］。そこから考えると、カタカナ語だと意味がよくわからないので、カタカナ語の使用を好ましくないと感じる人がいるということなのではないかな。

優太　うちのおじいちゃんも、この間テレビを見ながら、「最近はカタカナ語が多くてさっぱりわからない」と言っていたよ。確かにニュースでも、何のことを言っているのかわからないものが多いよね。

絵理　でも、【資料Ⅱ】を見ると、「リベンジ」を主に使う人の割合は、「雪辱」を主に使う人の割合より40％も多いよね。私も「リベンジ」の方がなじみがあるし、よく使うかな。

孝一　つまり、単純に「カタカナ語だからわかりづらい」ということではないのではないか、ということだね。

絵理　あまり身近でない、わかりにくいカタカナ語もあれば、逆にカタカナ語の方が伝わりやすいこともあるよね。カタカナ語の使用について、私たちが注意すべきことは何かあ

【資料Ⅰ】

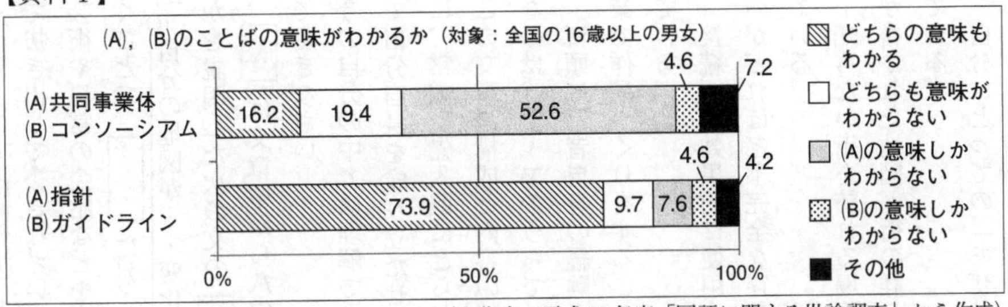

（文化庁　平成29年度「国語に関する世論調査」から作成）

【資料Ⅱ】

(A)，(B)のどちらのことばを主に使うか（対象：全国の16歳以上の男女）

	(A)を主に使う	(B)を主に使う	どちらも同じくらい使う	どちらも使わない	その他
(A)脚本 (B)シナリオ	54.5	22.3	18.7	4.3	0.2
(A)芸術家 (B)アーティスト	45.3	30.9	21.5	2.1	0.1
(A)雪辱 (B)リベンジ	21.4	61.4	11.6	5.0	0.6

（数字は％）

（文化庁　平成27年度「国語に関する世論調査」から作成）

ドローイング――ここでは、「建築物の構想を描いた絵」のこと。
ストック――蓄えておくこと。また、蓄えてあるもの。
咀嚼――ここでは、「物事の意味をよく考え、自分なりに理解する」こと。
マッピング――地図を作成すること。
モザイク――様々な色の石やガラスなどの小片を組み合わせてつくった模様や絵。壁や床の装飾に使われる。

① ――の部分ⓓ、ⓕを漢字に直して楷書で書きなさい。

② 「ⓑ表れる」の品詞について説明した次の文の［Ⅰ］、［Ⅱ］にそれぞれ入れることばの組み合わせとして最も適当なのは、ア～エのうちではどれですか。一つ答えなさい。

「表れる」は動詞であり、動作の対象を必要と［Ⅰ］ので、［Ⅱ］である。

ア　Ⅰ　しない　Ⅱ　自動詞　　**イ**　Ⅰ　しない　Ⅱ　他動詞
ウ　Ⅰ　する　Ⅱ　自動詞　　**エ**　Ⅰ　する　Ⅱ　他動詞

③ 「ⓐまったくの……ありえない」とあるが、このように筆者が考える理由を説明したものとして最も適当なのは、ア～エのうちではどれですか。一つ答えなさい。

ア　真の創作と呼べるものは、自己との対話を通して、はじめから心の奥底に存在しているものによって着想を得た作品だけだから。
イ　何かを生み出すということは、先人たちから得てきた情報の蓄積が、無意識のうちに自分の中で再構成され表出することだから。
ウ　自分意識せずつくり上げたものでも、世の中に多くの作品が存在することで、結果的に似通ったものにならざるを得ないから。
エ　創造という営みは、人生で影響を受けてきたものを記憶の中から意図的に選択して、孤独な作業で形にしていくことであるから。

④ 「ⓒ自分の中に……つくる」とあるが、これがどういうことかを説明した次の文の［　］に入れるのに適当なことばを、文章中から八字で抜き出して書きなさい。

芸術や日常の会話などを通して得たさまざまな体験がつながっていくことで、［　］に対する理解が深まっていくということ。

⑤ 「ⓔ自分の地図が……変化し続ける」とあるが、これがどういうことかを説明した次の文の［X］、［Y］に入れるのに適当なことばを、［X］は文章中から八字で抜き出して書き、［Y］は四十字以内で書きなさい。

今の自分の中では理解できないものや矛盾しているものでも、すべて自分自身を成り立たせているものとして、［X］ていくとともに、常識や先入観にとらわれることなく、［Y］ということ。

⑥ この文章の構成と内容の特徴について説明したものとして最も適当なのは、ア～エのうちではどれですか。一つ答えなさい。

ア　冒頭に筆者自身の経験を述べることにより、常に他者と共同作業で作品づくりをすることが重要だという主張に説得力をもたせている。
イ　接続詞を効果的に使用することにより、若い時の自分というものがどれほど不完全な存在であるかという事実を筋道立てて述べている。
ウ　知らない街を訪れる場面を読者に想像させた上で、様々な情報が書かれた地図が街の詳しい把握には役立つという主張を展開している。
エ　自分にとっての「モザイク状の地図」の意義を述べた上で、それは他者や建築を理解する場合にも重要なものであると結論づけている。

しかし、本を読んで感銘を受けた思想や、美術館で心を鷲掴《わしづか》みにされた美しい絵画との出会い、時間を忘れるようにして聴き込んだ音楽、あるいは友達とのちょっとした会話から得た着想や、日常の何気ない風景など、日々体験したものがぎっしりとこの地図に描かれていくのです。すると、いかに多くの他人によって今の自分があるか、ということに気付かされます。

要するに、ⓒ自分の中に緻密な地図をつくるということは、多くの他人からバトンを受け取っていることの自覚がⓓメ生えるということだと思うのです。必要な情報が必要な情報とリンクして、総体としての自分が見えてくるようになります。

はじめて訪れる街のことを想像してみてください。きっと知らないことばかりでしょう。しかし、地図を持って、その街を歩きながら建物の情報や街の雰囲気を収集していくと、その地図を介して街への理解がグンと深まります。そのとき、地図に書いてあるどの情報が自分にとって大切な情報であるかを嗅ぎ分ける必要があります。地図がその存在意義をもっとも発揮するのは、ある目的をもってその地図を利用するときなのです。

だから、自分の知らない世界に手を伸ばし、新しい扉を開いて、新しい自分を発見し続けるためにも、自分の地図を上書きし続ける必要があります。明確な意志をもって描いていくのです。

いま、僕が建築家としての自分の地図をマッピングしていく中で、大事にしていることのひとつに、「モザイク状である」ということがあります。できる限り客観的な視点から、自分自身を成り立たせているものを、バラバラのモザイク状であることに目を背けないで、そのまま受け入れたいと思っています。

そのまま、ということが大事だと思うのです。自分の中にあるバラバラなものを、自分の理解する範囲だけで整理整頓してしまわないこと。今の自分では意味が回収できないものであっても、ときに矛盾することであっても、自分の地図に描かれていることを総体としてちゃんと自覚して、受け入れる。

人間だれもがそれぞれの生きた時間の分だけ、それぞれの体験が濃縮されたモザイクからできている。そのバラバラのモザイクに秘められた輝きは、唯一無二なもの。個性と言ってもいいでしょう。他人と比較することに意味などまったくありません。

ただ、そのモザイク状のものがいろんな人と接することで、変化していくことが重要だと思うのです。いろんな他者との交流で、多様な光に照らされるからです。コミュニケーションを通して自分が持っているモザイク状の地図が変わっていく。常識や先入観にとらわれていたら、地図はすぐに古くなってしまいます。自分の地図を批判的に疑いながら、更新し続けることです。

ⓔ自分の地図がモザイク状に変化し続けると、相手のモザイクに対しても多様な読み取り方があることを学びます。ものを観察する力と一緒で、それをしないで、自分が絶対だとか、この本にはこう書いてあったと、思い込んでいたらすごく限られた小さいモザイクだけになってしまい、うまくいかなくなってしまいます。

これと同様に、建築をⓕヒョウカする時もできるかぎりモザイク状でありたいと考えています。建築を成り立たせている要素を単純化しないで、総体としての存在であると理解したい。建築を単純化してしまうと、極端な結論に陥りがちです。多くの要素が同居していることこそ、健全な建築のあり方だと思うのです。

（出典　光嶋裕介「建築という対話　僕はこうして家をつくる」）

(注)　スタンス――物事に対する立場、態度、姿勢。

のようなレポートにまとめた。[Ⅰ]～[Ⅳ]に入れるのに適当なことばを、[Ⅰ]は一字、[Ⅱ]は四字、[Ⅲ]は六字で、それぞれ解説文から抜き出して書き、[Ⅳ]は解説文のことばを使って十字以内で書きなさい。

【健助さんのレポート】

［在原業平の和歌に用いられている掛詞と縁語］

からころも　きつつ　なれにし　つましあれば　はるばる
きぬる　たびをしぞおもふ

※＝のことばは「唐衣」と[Ⅱ]によってつながっている語群（縁語）

掛詞	馴れ	妻	遥々	[Ⅰ]ぬる
	萎れ	褄	張る	着ぬる

［和歌の解釈と鑑賞］

「糊気がとれ、柔らかくなって[Ⅲ]唐衣のように慣れ親しんだ妻を、都に残してきたので、はるばるとやってきたこの旅がいっそう感慨深く思われることだ」というこの和歌は、たくさんの掛詞と縁語を組み合わせた技巧的な歌です。しかし、これらの表現技法は単なることば遊びではありません。掛詞によって歌に詠《よ》み込まれた「萎れ」「褄」「張る」「着ぬる」はすべて「唐衣」の縁語であり、その「唐衣」を着た詠み手が、旅先で[Ⅳ]ことにつながっていて、和歌に込められた思いに、より深みを与えていると思います。

3　次の文章は、建築家の光嶋裕介《こうしまゆうすけ》が書いた文章である。これを読んで、①～⑥に答えなさい。

何かを生み出す時のスタンスは、なにも建築を設計する時だけのことではなく、ドローイングを描いている時も、同じように思います。僕が今までの人生で見てきたありとあらゆるビジュアル情報が自分の中にストックされていて、そこから無意識的に、選択しながら描かされているように思うことがあるのです。

文章を書いている時も、そう。自分自身で書いているのに、僕が今まで読んできたいろいろな本の影響が入ってきているように感じます。先人たちによって心を揺さぶられた言葉が、自分の中の記憶の奥底に染《し》み込んでいて、それらが変容しながら再度生み出されていくような感覚。逆に言ったら、ⓐまったくのゼロからの創造などありえない、と言っても過言ではありません。

文章や絵は一人で行う孤独な作業。ただ、一人でやる行為であったとしても、それは、自分と対話しているのです。

そこから多くの着想が立ち上がり、ドローイングとなって、あるいは文章となって、表れます。一人だからこそ生まれ得るのです。自分の中にあったものが、熟成し、咀嚼《そしゃく》されて形を変えてゆっくりⓑ表れるのです。

さまざまな経験を通して、私たちは「自分の地図」を描き続けていると思うのです。

知識として手に入れたものも、体験として感動したことも含めて、自分という人間をつくりあげているありとあらゆるものが、この地図に描き込まれていく。若い時は、自我や人格が不透明で地図の情報量が少なかったこともあり、ものごとの的確な判断ができなかったり、ことの本質を見抜くことが困難だったりします。

うとしており、小田は、自分のことばを灰島が覚えていたことに動揺しながらもそれを隠そうとしている。

エ　灰島は、全国大会を目指すために自分のことが必要だと言う小田の覚悟を確かめようとしており、小田は、それに対して一歩もひくことなく強い思いで向き合っている。

2　次の文章は、『古今《こきん》和歌集』（『古今集』）の和歌のレトリック（表現技法）について書かれた解説文である。これを読んで、①～③に答えなさい。

「掛詞《かけことば》」と「縁語《えんご》」は、いずれも『古今集』において発達したレトリックである。

「掛詞」は、「同音異義を利用して、一つのことばに複数（通常は二つ）の語を重ねるレトリックである」と定義することができる。具体例を見てみよう。在原業平《ありわらのなりひら》の歌である。

　唐衣《からころも》着つつなれにしつましあればはるばるきぬる旅をしぞ思ふ

「唐衣」は本来中国風の衣装の意であるが、転じて衣一般の美称となった語で、和歌の中にしばしば用いられる。「なれ」には身になじんだ衣の糊気《のりけ》がとれて柔らかくなる意の「萎《な》れ」と、人と慣れ親しむ意の「馴《な》れ」が掛かる。「つま」には「褄《つま》（着物の端の部分）」と「妻」、「はる」には「張る（衣を洗い張りする）」と「遥々《はるばる》」、「きぬる」には「着ぬる」と「来ぬる」が、それぞれ掛かっている。そして掛けられた二語のうち、一方は「唐衣」にまつわる物象のことば――萎れ・褄・張る・着ぬる――もう一方は妻を思う心情表現のことば――馴れ・妻・遥々・来ぬる――であることも見えてくる。

業平の歌の中には、「唐衣・萎れ・褄・張る・着ぬる」という「唐衣」に縁のある語群が、掛詞を介してちりばめられていた。このようなレトリックを縁語という。縁語とは、「一首の歌の中の複数のことばが、文脈上のつながりとは別に、何らかの連想関係によって結びついていること、あるいは、そのような関係にある語群のこと」である。

一首の歌の中に掛詞・縁語によって持ち込まれる「 X 」は、必ずしも「 Y 」の比喩や象徴であるとはかぎらない。けれども、この歌の場合は、「唐衣」語群から、都に残してきた妻を思い浮かべてもよいのだろうと思われる。布を染め、裁断し縫い合わせて、季節ごとの衣装を整えるのは、妻の役目であった。業平の旅装も、妻が用意してくれたのであろう。糊気のとれた衣の柔らかさは、妻のやさしさ、懐《なつ》かしさともつながっていよう。

（出典　鈴木宏子《すずきひろこ》「『古今和歌集』の創造力」）

(注)　美称――物を美化していう言い方。
糊気――着物のしわを伸ばすために使う洗濯用の糊を含んでいる様子。
洗い張り――着物をいったんほどいて水洗いした後、板などに張って糊付けしてしわを伸ばすこと。
物象――物の姿、形。

①　「思ふ」とあるが、「おもふ」の読みを、現代かなづかいを用いてひらがなで書きなさい。

②　 X 、 Y にそれぞれ入れることばの組み合わせとして最も適当なのは、**ア**～**エ**のうちではどれですか。一つ答えなさい。

ア　X　物象　Y　同音異義
イ　X　物象　Y　心情表現
ウ　X　文脈　Y　同音異義
エ　X　文脈　Y　心情表現

③　解説文を授業で学習した中学生の健助さんは、学習したことを次

嵌まってもたんやろなあ――「嵌まってしまったのだろうかなあ」という意味の方言。
スパイク――味方がネットぎわに打ち上げたボールを、ジャンプして相手方に強く打ち込む攻撃法。
ラリー――相手方との打ち合いが続く状態。
ストイック――欲望に流されず、厳しく身を律する様子。
春高――全日本バレーボール高等学校選手権大会の愛称。「春高バレー」とも呼ばれる。
二・四三――バレーボール競技のネットの高さ。高等学校男子の全国大会では、二・四三メートルの高さのネットが使用される。地方大会や練習等では、二・四〇メートルが使用される場合もあるが、清陰高校は普段の練習でも二・四三メートルを使用している。

① ――の部分ⓒ、ⓕの漢字の読みを書きなさい。

② ［A］に入れることばとして最も適当なのは、ア～エのうちではどれですか。一つ答えなさい。

ア 公明正大　イ 優柔不断　ウ 傍若無人　エ 温厚篤実

③ 「ⓐまるで……かのように」とあるが、この部分の表現について説明した次の文の［X］に入れる表現技法として最も適当なのは、ア～エのうちではどれですか。一つ答えなさい。また、［Y］に入れるのに適当なことばを、文章中から十四字で抜き出して書きなさい。

　この部分には［X］が用いられており、体育館に残されたネットと、その前に立つ灰島の姿が重ねられることによって、灰島の［Y］という気持ちが強調されている。

ア 隠喩法　イ 擬人法　ウ 倒置法　エ 対句法

④ 「ⓑああ……やっぱり」とあるが、ここからわかる「小田」の心情を説明したものとして最も適当なのは、ア～エのうちではどれですか。一つ答えなさい。

ア 灰島の小首をかしげるしぐさにより、自分の気持ちが少しも伝わっていないという事実を突きつけられたことへの怒りと落胆。

イ 灰島が見事に言い当てた世の中の真理により、身長の低い自分がバレーを続けてきた理由に気づかされたことへの驚きと感謝。

ウ 灰島の迷いのないことばにより、バレーが好きですべてをかけて打ち込んできた自分を肯定してもらえたことへの安堵《あんど》と喜び。

エ 灰島が自分と同じ思いを抱いていると知ったことにより、自分の後を託すに足る人物だという確信を得たことへの感動と満足。

⑤ 「ⓓ本当に……感触があった」とあるが、「小田」がこのように思った理由を説明した次の文の［　］に入れるのに適当なことばを、三十五字以内で書きなさい。

　バレーのことになると自分自身にも他人にも厳しい灰島に対してだからこそ、［　］という手ごたえを感じているから。

⑥ 「ⓔ目の前の……向けられる」、「ⓖ小田も……答えた」とあるが、このときの「灰島」と「小田」の様子について説明したものとして最も適当なのは、ア～エのうちではどれですか。一つ答えなさい。

ア 灰島は、小田のバレーボールに対する熱意を確認しようとしており、小田は、灰島の生意気な態度に怒りを感じながらもチームのために我慢して説得しようとしている。

イ 灰島は、弱小チームなのに全国大会を目指すと言う小田の考えの甘さに疑問を投げかけ、小田は、自分が本気だということを示そうとして同じことばを繰り返している。

ウ 灰島は、小田に本気で全国を目指す気があるのかを問いただそリーをもぎ取ったときの達成感を。集中力が極まって、チームの心が一つになったとき、ボールの軌跡が途切れない一本の線として鮮明に見える、あの、最高の陶酔を――。

喉もとに熱いものがこみあげてきて、ふと泣きたくなる。だが、泣くのは早い。まだなにも成しⓒ遂げていない。

だからかわりに歯を見せて笑った。

「おれなあ、バレーが死ぬほど好きなんや。これだけは誰にも負けん自信あるぞ」

灰島がくそ真面目な顔で、

「おれも負けません」

と対抗してきたのがおかしかった。

「……灰島。おまえに入って欲しいんはおれの都合や。おれはもう三年や。一試合でも多くコートでプレーしたい。一日でも長く……一分でも、一秒でも長く、バレーをしていたいんや。そのためにおまえの力を借りることはできんか？　おまえの、全力を……」

こんな言い方では逆効果だろうか？　いや、大丈夫だ。この言葉は灰島に壁を作らせるものではないはずだ。こいつはどうやら自分に対しても他人に対しても恐ろしくストイックだが、本気でバレーと向きあっている者を拒絶することはない。バレーに本気か本気じゃないか――灰島の線引きはたったそれだけなのだ。

だから踏み込むのをためらう理由はない。ドアの鍵をおれは持っている。

ⓓ本当に右手の中に小さな鍵を握り込んでいるような感触があった。手のひらを開くともちろん実際には鍵は載っていない。けれどそれを見せるように灰島に向かって差しだした。

「おれを信じてくれんか、灰島」

伏し目がちに小田の手を見つめたまま、灰島はしばらく黙っていた。引き結ばれていた唇がほどけ、

「……春高《はるこう》」

と、ぼそっとした声が漏れた。

「……本気で行く気なんですよね。県内でまともに勝ったこともない弱小チームが、本気で行けると思って目指してるんですよね。二・四三のネットは、そのためなんですよね」

ⓔ目の前のもの全てを刺し貫くような鋭さをもった瞳が、ひたと小田の顔に向けられる。一週間前に小田がちらっとしただけの話が灰島の中にずっと残っていたらしいことに驚いた。が、それだけ強い思いがあることに納得もした。

バカにしているような言い方ではなかった。逆にこっちがほんのちょっとでも茶化《ちゃか》したり、答えをⓕ曖昧にしたら間違いなく即座に手をはたき落とす気だ。

こいつの前ではごまかしも、なまぬるい本気も許されない。

「ああ。これで役者は揃《そろ》った。今年の清陰は必ず全国に行けるチームになるって、おれは本気で思ってる」

ⓖ小田もまた射ぬくような目で灰島の目を見つめ返して答えた。

この手を取ってくれるなら、おれもまた全力で応えねばならないだろう。その覚悟が伝わるようにもう一度力強く繰り返す。難しい理屈は必要ない。きっとこいつの心には、まっすぐな言葉だけが届く。

「おれを信じて欲しい。おまえの全力を、貸してくれ」

（出典　壁井ユカコ「2．43　清陰高校男子バレー部」）

(注)　テーピング――けがの予防や治療のために、関節、筋肉などにテープを巻くこと。

努力したかって――「努力したとしても」という意味の方言。

〈国語〉

時間 四五分 満点 七〇点

1 次の文章は、清陰《せいいん》高校バレーボール部主将の「小田」が、校内球技大会の終了後、一年生の「灰島《はいじま》」と会話をする場面である。「小田」は、能力の高い「灰島」をぜひ入部させたいと考えていたが、「灰島」は、中学生のとき他の部員たちとの関係が上手《うま》くいかなかった経験から、「小田」の誘いを拒否していた。これを読んで、①～⑥に答えなさい。

体育館はがらんとしていたが、試合が行われていたステージ側コートにだけネットとポールがまだ残っていた。ⓐまるでネットだけがまだ試合が終わったことを認めるまいとしているかのように。コートを包んでいた決勝の熱気も今はもう夕方の空気に冷やされて、急に物寂しく感じられた。

ネットの前に立っている人影があった。目の前のネットと同じくまだ試合を続けたがっているみたいに、身体《からだ》の横におろした両手のテーピングはまだ解いていない。

灰島は顎を持ちあげてまっすぐな眼差《まなざ》しをネットの白帯に向けていた。窓から射《さ》す陽《ひ》も弱まって屋内はだいぶ薄暗くなっていたが、瞳の中には光が見えた。物足りなさを抑えきれないような、灰島自身の内に滾《たぎ》るぎらぎらした光が。

「部の打ちあげ行くで、六時半に校門に集合な。三年の奢《おご》りやで安心しろ」

「おれを数に入れないでください」

迷惑そうに言い返された。小田は溜《た》め息をつく。こんなにもわかりやすくバレーがやりたくてたまらないっていう渇望《かつぼう》を放出してるくせに、いったいなにがこいつの中のブレーキになっているのか。基本的に A で人の気持ちなど意にも介さなそうな奴《やつ》が、なにかが起こることをあきらかに怖がっている。

「なあ……バレーっちゅうんはほんと人を選ぶスポーツやな。一人じゃボールを運べん競技やで、一人が上手かっても勝てん。体格差に露骨に泣かされるっちゅうんもある。残酷な話やろ、おれみたいな奴がどんなに努力したかって……身長っていう、その一つの要素で、やっぱりでかい奴には勝てん。よりにもよってなんでバレーに嵌《は》まってもたんやろなあ、おれ」

嫌というほど人から浴びせられた言葉を自分で口にした。人に説明したところで今ひとつ共感してもらえず微妙な顔をされるので、最近ではもうその手の話は聞き流すようになっていた。

灰島は答えを悩まなかった。変なことを訊《き》くなこの人はとでもいうように小首をかしげて、言い切った。

「バレーより面白いものなんて、他にないじゃないですか」

ⓑああ……やっぱり。

こいつなら言ってくれるような気がしたんだ。おれたちにとってのごくシンプルな、世の中の真理を。

自分以外の誰かの言葉が欲しかった。おれなんかでも夢中になっていいものなんだって、誰かに肯定してもらいたかった。おれよりもずっと才能があって、そしてもしかしたらおれ以上にバレーが好きなこの男に、そう言ってもらえたら、おれがバレーに捧《ささ》げてきた時間は決して無駄ではなかったと信じられる。

世の中にこれほど面白いものが、熱くなれるものがあるだろうか。スパイクを豪快に放ったときの爽快感を。仲間全員で粘り抜いてラ

2020年度

解　答　と　解　説

《2020年度の配点は解答用紙集に掲載してあります。》

＜数学解答＞

1　① -4　② 6　③ $11a-5b$　④ $-9a^2b$　⑤ $6-2\sqrt{5}$　⑥ $x=\dfrac{1\pm\sqrt{13}}{2}$

⑦ 100(°)　⑧ $\dfrac{7}{8}$　⑨ ア　⑩ (1) 0.20　(2) 66(点)

2　① イ　② (1) $\begin{cases} x+y=500 \\ 7x+3y=2000 \end{cases}$

(2) 模様入りボール125個／単色ボール375個

3　① ア，エ　② (1) $16a$　(2) 解説参照

③ -4　④ (1) $\dfrac{56}{3}\pi$(cm³)

(2) $(20+12\sqrt{2})\pi$(cm²)

4　① 右図　② 15(m)　③ (1) $\dfrac{3}{2}x$　(2) $\dfrac{45}{2}$　(3) 解説参照　④ $\dfrac{9}{2}$(m)

5　① ウ　② (1) 解説参照　(2) $\dfrac{1}{2}$　③ (1) $4\sqrt{6}$(cm)　(2) 22(cm)

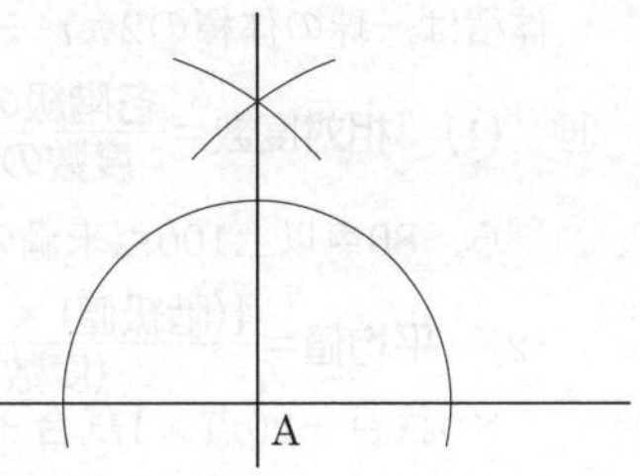

＜数学解説＞

1　(数・式の計算，平方根，二次方程式，角度，確率，円柱と球の体積，資料の散らばり・代表値)

① 異符号の2数の和の符号は絶対値の大きい方の符号で，絶対値は2数の絶対値の大きい方から小さい方をひいた差だから，$4+(-8)=(+4)+(-8)=-(8-4)=-4$

② 同符号の2数の商の符号は正で，絶対値は2数の絶対値の商だから，$(-18)\div(-3)=+(18\div3)=6$

③ 分配法則を使って，$4(2a-b)=4\times2a+4\times(-b)=8a-4b$　だから，$4(2a-b)-(-3a+b)=(8a-4b)-(-3a+b)=8a-4b+3a-b=8a+3a-4b-b=(8+3)a+(-4-1)b=11a-5b$

④ 積の符号は，負の数が奇数個あれば−，負の数が偶数個あれば＋となる。$6ab\times\left(-\dfrac{3}{2}a\right)=-\left(6ab\times\dfrac{3a}{2}\right)=-\dfrac{6ab\times3a}{2}=-9a^2b$

⑤ 乗法公式$\boldsymbol{(a-b)^2=a^2-2ab+b^2}$より，$(1-\sqrt{5})^2=1^2-2\times1\times\sqrt{5}+(\sqrt{5})^2=1-2\sqrt{5}+5=6-2\sqrt{5}$

⑥ **2次方程式**$\boldsymbol{ax^2+bx+c=0}$**の解は，**$\boldsymbol{x=\dfrac{-b\pm\sqrt{b^2-4ac}}{2a}}$で求められる。問題の2次方程式は，$a=1$，$b=-1$，$c=-3$の場合だから，$x=\dfrac{-(-1)\pm\sqrt{(-1)^2-4\times1\times(-3)}}{2\times1}=\dfrac{1\pm\sqrt{1+12}}{2}=\dfrac{1\pm\sqrt{13}}{2}$

⑦ △OBCはOB＝OCの二等辺三角形だから，∠BOC＝180°−2∠OBC＝180°−2×65°＝50°　△OACはOA＝OCの二等辺三角形だから，∠OAC＝(180°−∠AOC)÷2＝{180°−(∠AOB＋∠BOC)}÷2＝{180°−(70°＋50°)}÷2＝30°　△OAPの内角と外角の関係から，∠APB＝∠AOP

＋∠OAP＝70°＋30°＝100°

⑧ 「少なくとも1枚は表となる」とは，表が1枚か2枚か3枚出る場合のことであり，「3枚とも裏とならない」場合と同じことだから，(少なくとも1枚は表となる確率)＋(3枚とも裏となる確率)＝1より，(少なくとも1枚は表となる確率)＝1－(3枚とも裏となる確率)の関係が成り立つ。3枚の硬貨を同時に投げるとき，表を㋔，裏を㋒と表すと，表と裏の出方は全部で右の樹形図に示す8通り。このうち，3枚とも裏となるのは☆印を付けた1通りだから，求める確率は，$1-\frac{1}{8}=\frac{7}{8}$

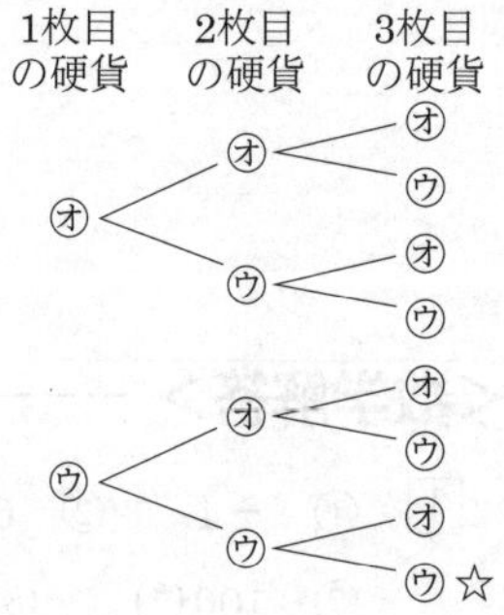

⑨ (底面の半径が$r$cmで高さが$2r$cmの円柱の体積)＝底面積×高さ＝$\pi r^2\times 2r=2\pi r^3$　(半径が$r$cmの球の体積)＝$\frac{4}{3}\pi r^3$　よって，円柱の体積は，球の体積の$2\pi r^3\div\frac{4}{3}\pi r^3=\frac{3}{2}$倍

⑩ (1)　**相対度数＝$\frac{\text{各階級の度数}}{\text{度数の合計}}$**　**度数**の合計は15，80点以上100点未満の**階級**の度数は3だから，80点以上100点未満の階級の相対度数は，$\frac{3}{15}=0.2$

(2)　**平均値＝$\frac{\{(\text{階級値})\times(\text{度数})\}\text{の合計}}{(\text{度数の合計})}$**　より，**度数分布表**からわかる得点の平均値は，(10点×0試合＋30点×1試合＋50点×6試合＋70点×4試合＋90点×3試合＋110点×1試合)÷15試合＝990点÷15試合＝66点

2 (標本調査，連立方程式の応用)

① **標本**における模様入りボールの比率は，$\frac{6}{25}$。よって，**母集団**における模様入りボールの比率も$\frac{6}{25}$と推測すると，はじめに袋の中に入っていた模様入りボールは，$500\times\frac{6}{25}=120$より，およそ120個と推測できる。

② (1)　模様入りと単色の2種類のボールが合計500個入っている袋を1つ受け取ったことから，$x+y=500$…㋐　ボール500個の消費税込みの価格が2000円であることから，$7x+3y=2000$…㋑

(2)　㋑－㋐×3より，$4x=500$　$x=125$　これを㋐に代入して，$125+y=500$　$y=375$　よって，模様入りボールが125個，単色ボールが375個ある。

3 (図形と関数・グラフ)

① **一次関数$y=ax+b$では，変化の割合は一定で，xの係数aに等しい。**よって，関数$y=2x$で，xの値が0から4まで増加するときの変化の割合は2…ア　関数$y=-3x+4$で，xの値が1から3まで増加するときの変化の割合は－3…イ　$y=\frac{6}{x}$について，$x=3$のとき$y=\frac{6}{3}=2$，$x=6$のとき$y=\frac{6}{6}=1$　よって，xの値が3から6まで増加するときの変化の割合は，$\frac{1-2}{6-3}=-\frac{1}{3}$…ウ　$y=-x^2$について，$x=-3$のとき$y=-(-3)^2=-9$，$x=1$のとき$y=-1^2=-1$　よって，xの値が－3から1まで増加するときの変化の割合は，$\frac{-1-(-9)}{1-(-3)}=2$…エ　以上より，変化の割合が正になるのは，アとエ。

② (1)　関数$y=ax^2$について，$x=4$のとき，$y=a\times 4^2=16a$である。

(2)　(例)$\frac{16a-4a}{4-(-2)}=1$　が成り立つ。$\frac{12a}{6}=1$　$2a=1$　よって，$a=\frac{1}{2}$　である

③ 直線ABの傾きは，xの値が点Aのx座標－2から点Bのx座標4まで増加するときの変化の割合に等しく，これは点A，Bが$y=\frac{1}{2}x^2$上にあることから，$y=\frac{1}{2}x^2$で，xの値が－2から4まで増加する

ときの変化の割合1に等しい。これより，直線ABの式を$y=x+b$とおくと，点$A\left(-2,\ \frac{1}{2}\times(-2)^2\right)=A(-2,\ 2)$を通るから，$2=-2+b$　$b=4$　よって，直線ABの式は　$y=x+4$…㋐　点Cのx座標は㋐に$y=0$を代入して，$0=x+4$　$x=-4$

④　(1)　直線ABとy軸との交点をDとすると，直線ABの切片が4であることからD(0, 4)　台形OHACを，直線OHを回転の軸として1回転させてできる立体は，底面の半径がCO，高さがDOの円錐から，底面の半径がAH，高さがDHの円錐を除いたものだから，求める体積は，$\frac{1}{3}\times\pi\times CO^2\times DO-\frac{1}{3}\times\pi\times AH^2\times DH=\frac{1}{3}\times\pi\times4^2\times4-\frac{1}{3}\times\pi\times2^2\times(4-2)=\frac{56}{3}\pi\,cm^3$

(2)　直線ABの傾きが1であることより，∠DCO=45°だから，△CODと△AHDは**直角二等辺三角形で，3辺の比は1：1：$\sqrt{2}$**　これより，$CD=CO\times\sqrt{2}=4\sqrt{2}$ cm，$AD=AH\times\sqrt{2}=2\sqrt{2}$ cm　前問(1)と同様に考えると，求める表面積は，底面の半径がCO，高さがDOの円錐の側面積から，底面の半径がAH，高さがDHの円錐の側面積を除いたものに，半径AHの円の面積と，半径COの円の面積を加えたものだから，**半径r，弧の長さℓのおうぎ形の面積が$\frac{1}{2}\ell r$で求められる**ことを考慮すると，$\frac{1}{2}\times2\pi\times CO\times CD-\frac{1}{2}\times2\pi\times AH\times AD+\pi\times AH^2+\pi\times CO^2=\frac{1}{2}\times2\pi\times4\times4\sqrt{2}-\frac{1}{2}\times2\pi\times2\times2\sqrt{2}+\pi\times2^2+\pi\times4^2=(20+12\sqrt{2})\pi\,cm^2$

4　**(作図，線分の長さ，一次関数の利用)**

①　(着眼点)**点Aを通り，直線lに垂直な直線は，180°の角の二等分線**と考えることができる。　(作図手順)次の㋐～㋑の手順で作図する。　㋐　点Aを中心とした円を描き，直線ℓ上に交点を作る。　㋑　㋐で作ったそれぞれの交点を中心として，交わるように半径の等しい円を描き，その交点と点Aを通る直線(点Aを通り，直線ℓに垂直な直線)を引く。

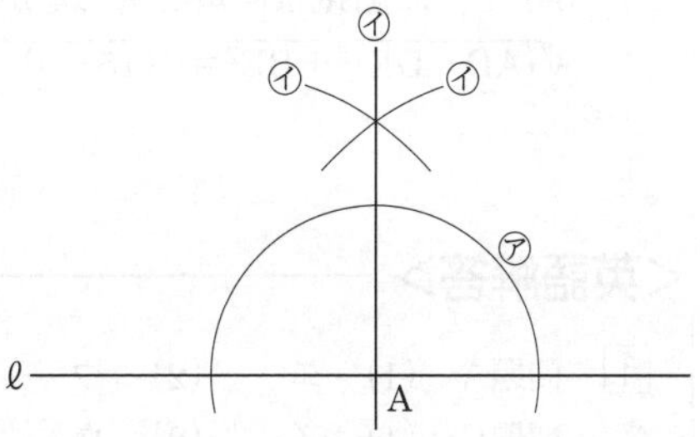

②　OA：AB=4：5より，12m：AB=4：5　4AB=12m×5　AB=15m

③　(1)　OC：CD=2：3より，CD：OC=3：2だから，直線ODの傾きは，$\frac{CD}{OC}=\frac{3}{2}$　直線ODの式は，$y=\frac{3}{2}x$

(2)　DE//x軸より，点D，Eのy座標はともに等しく，点Dは$y=\frac{3}{2}x$上にあるから，点D，Eのy座標はともに，$y=\frac{3}{2}\times15=\frac{45}{2}$

(3)　(例)点Eは，直線$y=\frac{5}{4}x$上の点であることから，$\frac{45}{2}=\frac{5}{4}x$が成り立つ。よって，$x=18$であるから，点Eの$x$座標は，18

④　点Fのx座標は点Aのx座標と等しく12。点Fのy座標は点Dのy座標と等しく$\frac{45}{2}$　よって，$F\left(12,\ \frac{45}{2}\right)$　OD//PFより，直線PFの傾きは，直線ODの傾き$\frac{3}{2}$に等しいから，直線PFの式を$y=\frac{3}{2}x+b$とおいて，点Fの座標を代入すると，$\frac{45}{2}=\frac{3}{2}\times12+b$　$b=\frac{9}{2}$　よって，直線PFの式は$y=\frac{3}{2}x+\frac{9}{2}$　これより，切片が$\frac{9}{2}$であることから，線分OPの長さが$\frac{9}{2}$mである。

5　**(平行四辺形になる条件，図形の証明，線分の長さ)**

①　四角形が平行四辺形になる条件は，「2組の向かいあう辺がそれぞれ平行」…(i)，「2組の向かい

あう辺がそれぞれ等しい」…(ii),「2組の向かいあう角がそれぞれ等しい」…(iii),「対角線がそれぞれの中点で交わる」…(iv),「1組の向かいあう辺が等しくて平行」…(v)の5つである。アは(v)に該当し，イは(iv)に該当し，エは(iii)に該当するから，ア，イ，エの場合は，四角形は平行四辺形になる。しかし，ウの場合は，2本の対角線が，長さが等しくて垂直に交わっていても，それぞれの中点で交わらない場合は，平行四辺形にならない。

② (1)　(例)AE//BGから，**平行線の同位角は等しい**ので，∠EAF＝∠GBF…(i)　∠Fは共通な角なので，∠AFE＝∠BFG…(ii)　(i)，(ii)から，2組の角がそれぞれ等しいので

(2)　△AFEと△BFGの**相似比**はAF：BF＝2：1より，BG＝$\frac{1}{2}$AE

③ (1)　四角形DEBGで，BG＝ED，BG//EDより，1組の向かいあう辺が等しくて平行だから，四角形DEBGは平行四辺形　また，DH＝EHより，BD＝2DH＝2EH＝EGで，対角線の長さが等しいから，平行四辺形DEBGは長方形　AE//BGで，**平行線と線分の比についての定理**より，EG：GF＝AB：BF＝1：1　**高さが等しい三角形の面積比は，底辺の長さの比に等しい**ことを考慮すると，$\triangle DEH=\triangle BGH=\frac{1}{2}\triangle BEG=\frac{1}{2}\triangle BFG=\frac{1}{2}\times 20\sqrt{6}=10\sqrt{6}\text{ cm}^2$　$DE=\frac{1}{3}AD=\frac{1}{3}\times 15=5$cmだから，$\triangle DEH=10\sqrt{6}=\frac{1}{2}\times DE\times HP=\frac{1}{2}\times 5\times HP=\frac{5}{2}HP$　よって，$HP=10\sqrt{6}\times\frac{2}{5}=4\sqrt{6}$ cm

(2)　∠DPH＝∠DEB＝90°より，HP//BEで，平行線と線分の比についての定理より，HP：BE＝DH：BD＝1：2　$BE=2HP=2\times 4\sqrt{6}=8\sqrt{6}$ cm　∠AEB＝180°−∠DEB＝180°−90°＝90°で，△ABEは直角三角形だから，三平方の定理を用いて，$AB=\sqrt{AE^2+BE^2}=\sqrt{(AD-DE)^2+BE^2}=\sqrt{(15-5)^2+(8\sqrt{6})^2}=22$cm

＜英語解答＞

1　問題A　(1)　エ　(2)　ウ　問題B　(あ)　garden　(い)　dance
問題C　(1)　イ　(2)　ウ　問題D　(1)　(あ)　brother　(い)　foreign
(う)　help　(2)　ア

2　①　ア　②　First　③　エ　④　イ

3　(例)①　call it Dorayaki in　②　learn how to cook

4　①　went　②　ask their customers to bring and use　③　ウ
④　eaten　⑤　イ　⑥　done useful things

5　①　イ　②　ア　③　(1)　本を借りる　(2)　注意深く扱う　④　talking
⑤　reading books is as good　⑥　ア，オ

＜英語解説＞

1　(リスニング)

放送台本の和訳は，59ページに掲載。

2　(読解問題・資料読解：絵・図・表・グラフなどを用いた問題，語句補充・選択，内容理解)

(全訳)　スライド1

動物たちは普通1日どのくらい眠るでしょう？　スライド1は，5種類の動物たちについて，この

質問の答えを表しています。(あ)トラとライオンは普通1日の半分以上を眠ります。キリン，(い)ウマ，そしてアフリカゾウは長い時間は眠りません。(う)キリンの睡眠時間は5種類の中で最も短いです。

スライド2

今度は，草食動物は1日につきほんの数時間しか眠らないということが分かります。なぜでしょう？ 何人かの科学者たちは2つの理由を見つけました。

(え)第一に，これらの動物たちは食べ物を探してそれを食べる時間がたくさん必要なのです。スライド2を見てください。例えば，アフリカゾウは1日のおよそ(お)75%の時間をそうしています。

スライド3

第二に，草食動物は目を覚ましていて危険なものに気をつける必要があります。ライオンのような他の動物たちが彼らを食べようとするかもしれないのです。スライド3を見てください。このスライドには，アフリカゾウの群れがいます。1頭は目を覚ましていて，もう1頭は眠っているところです。赤ちゃんゾウは横になっています。大人のゾウは立ったままで順番に眠るのです。

① 全訳内の下線部(あ)(い)(う)の部分を参照。

② 全訳参照。スライド3の英文が **Second** で始まっていることに注目。**First** ＝(文頭に来て)第一に，はじめに

③ 全訳及びスライド2のグラフ参照。18時間ということは1日24時間の約75%。

④ ア アフリカゾウとその友だち，ライオン　イ 群れのアフリカゾウの睡眠スタイル(○)
ウ アフリカゾウが大好きな睡眠の場所　エ 群れのアフリカゾウにとっての良い餌と休息

3 **(会話文問題：語句補充，自由・条件英作文)**

(全訳) 大好きなグリーン先生へ

これを先生に差し上げます。私たちは，①これを日本語でどら焼きと呼びます。先生のお好きなアメリカの食べ物は何ですか？ 私たちは②その作り方を覚えたいです。

① **call A B** ＝AをBと呼ぶ　**in Japanese** ＝日本語で

② ＜ **how to** ＋動詞の原形～＞で「～するやり方，～をどうすればよいか」を表す。

4 **(会話文問題：メモ，手紙，要約文などを用いた問題，語句の問題，語句の並べ換え，文の挿入，内容真偽，自由・条件英作文)**

(全訳) ■話し合い

ケビン：インドネシアには，素晴らしい機械を作った人がいました。その機械はプラスティックゴミを燃やしエネルギーを生み出すのです。数年前，彼はその機械をつけたオートバイで旅行に(あ)行きました。彼は旅行している間，道に落ちているプラスティックゴミを集め彼のオートバイのエネルギーを得ていました。このようにして，彼は約1200キロメートルを旅しました。彼は，その次の年にはその機械をバスに載せて試してみるつもりだと言いました。現在ではそれと同種の機械が他の人たちに使われています。

アキコ：面白いですね！プラスティックゴミを有効に利用していますね，でも私たちはゴミを増やさない方が良いです。それについては何ができますか？

キャシー：私は，私たちの国の良い例を知っています。オーストラリアでは，いくつかのコーヒーショップは(い)お客さんに自分のカップを持ってきて使うよう求めています。お客さんはそうすると，コーヒーが安くなります。多くのお客さんはこのアイディアを気に入っていて、私の母もそのうちの1人です。毎朝，彼女は会社に行く前に自分のカップを持

ってお気に入りのコーヒーショップに行きます。

アキコ　：いいアイディアですね。みんなたいていプラスティックカップを一度使って捨ててしまいます。これは問題です。私たちはそれをやめなくてはいけません。

ベン　　：(う)プラスティックゴミについては他の問題もあります。プラスティックゴミの多くは簡単に微生物の作用で分解されないので，何年もの間地球上に残るかもしれません。私たちはそのことを不安視し，私たちの国のある会社が“ウオーターボール”を作りました。この写真を見てください。植物から作られたボールの中に水が入っています。(人々は)ウオーターボールを口に入れて，ボールを噛んで，水を飲みます。その後は，ボールを食べることができるのです。去年，私はロンドンで行われたマラソン大会にボランティアとして参加し，ランナーたちにウオーターボールを渡しました。ランナーたちはカップを持ってそれを投げ捨てる必要がありませんでした。それで，私たちは道路の掃除をそれほど心配する必要がありませんでした。ボールはランナーが水を飲み終わった後(え)食べられたのです。

アキコ　：それは良いですね。私は，人々がもっと多くの世界中のレースでそのボールを使うようになるといいと思います。良い意見をありがとうございました，皆さん。これらすべての国での努力は私たちの地球を守るために役立ちます。

■サトミのメモ

(お)　ア　エネルギーを得るためにプラスティックゴミを集めて使うこと　ウ　日常生活で何度も使えるものを選ぶこと　エ　長い間ゴミとして残らないものを使うこと

■サトミの感想

プラスティックゴミは世界中の問題です。話し合いの中の3つの国はすでに(か)役に立つことをやってきています。それらの努力は私たちの地球にとって大切なことです。

① 過去のこと言っているのでwent(過去形)にすればよい。

② (In Australia, some coffee shops)ask their customers to bring and use (their own cups.)　＜ **ask** ＋人＋ **to** ＋動詞の原形～＞で「(人)に～してくれるよう頼む」

③ 下線部(う)以下のベンの発表に注目。全訳参照。

④ 全訳参照。ベンの発言の7文目に注目。＜ **be** 動詞＋過去分詞～＋ **by** …＞で「…によって～される」という意味。(受け身)

⑤ イ　ボランティアとして道路を掃除して，それからバスでゴミを運ぶこと(×)だけは誰も発言していない。

⑥ 全訳参照。＜ **have** ＋過去分詞＞である過去の時点から現在までのことを表す。(現在完了)　already ＝すでに

5 (長文読解問題・論説文：語句補充・選択，日本語で答える問題，自由・条件英作文，内容真偽)

(全訳)　何もすることがない時にスマートフォンを頻繁に使っていますか？　日本で電車に乗ると，多くの人たちがスマートフォンを使っていることが分かります。過去には，しかし，日本の人たちは時間がある時にはよく本を読みました。江戸時代にペリーがアメリカから日本にやって来た時，彼はとてもたくさんの日本の人たちが読書に興味をもっていることを知って(あ)驚きました。のちに，彼の本の中で，日本の人たちは本から学ぶことを楽しんでおり，それは素晴らしいことだと言っています。

今日では，頻繁には図書館を使わない日本の人たちもいます，だからいくつかの図書館は(い)新しいことを始めようとしています。例えば，いくつかの図書館にはその人のために本をもって家をた

ずねるボランティアの人たちがいます。これは図書館から遠く離れたところに住んでいて簡単には来られない人たちにとって良いことです。誰も借りていない本を特集する図書館もあります。それらの本を読みたい人たちもいるのです。また他の図書館では，音楽が静かに流れており，たくさんの人たちがそこで本を読んだり勉強したりする間，心地よく感じるのです。

他にも興味深いイベントがあります，“人間図書館”です。それは，図書館，学校，あるいは屋外といったさまざまな場所で行われています。普通は，図書館を訪れると，本を借りてそれを読みます，しかしこのイベントでは，人間を借りるのです。1人の人を選び，一緒に座って，その人から考えや経験を聞きます。その人にいくつか質問することもできます。この特別な“図書館”では，覚えておかなければいけない大切なことがひとつあります。その人に尊敬の気持ちをもたなければいけません。本を借りる時は，その本を気をつけて扱います。(う)それと同じように，人もよく(手厚く，丁寧に)扱わなければなりません。

人間図書館は世界中でよく知られるようになってきています。今では，このイベントは90か国以上で行われています。(え)なぜそれは人気があるのでしょう？　このイベントは自分の考えや経験を他の人に話す機会を与えてくれると思う人たちがいるのです，だから彼らは人間図書館で“本”になりたいと思うのです。また，だれかの話を聞いて新しいことを学ぶことは面白いと思う人たちもいます。人には人間図書館を楽しむいろいろな理由がありますが，このイベントでみんなコミュニケーションを楽しむことができます。

人間図書館で誰かの話を聞くことは図書館から借りた本を読むよりもいいと思う人たちもいるかもしれません。それでも，それらの間に大した違いはありません。なぜでしょう？　作家はよく彼らの考えや経験を記録して，現在と未来の両方で読者と共有します。読者はしばしば作家が何を考えているのかということや，作家の人生で何が大切なのかを読み取ります。読んでいる時に疑問をもったら，普通は読み続けてその答えを見つけようとします。これらのことを考えると，(お)本を読むことは誰かの話を聞くことと同じくらい良いことだと分かります。コミュニケーションのためにどちらを選びたいですか？

① 全訳参照。 ア worried ＝心配する イ surprised ＝驚く ウ angry ＝怒る エ sad ＝悲しい

② 全訳参照。下線部(い)以降の第2段落の内容に注目。

③ 全訳参照。下線部(う)の直前の一文に注目。

④ 全訳参照。(問題文訳)人間図書館で，自身の考えや経験を人に話すことで他の人たちと共有したいと思っている人たちがいる。

⑤ 全訳参照。＜ **A is as** ＋形容詞＋ **as B** ＞＝A は B と同じくらい～だ。

⑥ ア ペリーの本には，日本の人たちは読書をしている時が楽しいのだと書いてある。(○) 第1段落最後の一文参照。 イ 人間図書館はアメリカで始まり，それから江戸時代に日本にやって来た。 ウ 高校でのみ人間図書館は行われている。 エ 人間図書館では何も質問をしてはいけない。 オ 人間図書館は90か国以上で行われている。(○) 第4段落2文目参照。

2020年度英語　聞き取り検査

〔放送台本〕

問題A　次の英文が2回読まれるのを聞いて，問題用紙の指示に従って答えなさい。

(1) Today it will be sunny in the morning. Then it will be cloudy in the afternoon.
(2) It's Wednesday today. I came to Spain two days ago. I'm going to stay in this country until Friday.

〔英文の訳〕
(1) 今日は午前中は晴れるでしょう。その後，午後は曇りでしょう。
(2) 今日は水曜日です。私はスペインに2日前に来ました。私はこの国に金曜日まで滞在する予定です

〔放送台本〕
問題B　次の英文が2回読まれるのを聞いて，問題用紙の指示に従って答えなさい。

Today, we will go to a garden to see some beautiful flowers. After that, we will visit an elementary school. Some children will show us a traditional dance at the school. It will be exciting.

〔英文の訳〕
今日は，庭園に行ききれいな花を見ます。その後，小学校を訪れます。学校で子どもたちが私たちに伝統的な踊りを見せてくれます。それはとてもわくわくするでしょう。

〔放送台本〕
問題C　次の会話と質問が2回読まれるのを聞いて，問題用紙の指示に従って答えなさい。

(1) A: Aunt Emily will visit us this evening, John.
B: I see, Mom. What should I do?
A: Please clean this room after lunch. I'll go shopping for dinner.
B: OK. I will.
Question: What will John do after lunch?
(2) A: Hello, Jim? This is Becky speaking.
B: Hi. I'm at the museum now. We will meet here at three, right?
A: I'm sorry. I'm coming, but I will get there at about three ten.
B: OK. Thank you for calling. See you soon.
Question: What is Becky's problem?

〔英文の訳〕
(1) A：エミリーおばさんが今晩来るわよ，ジョン。
B：分かったよ，お母さん。僕は何をすればいい？
A：お昼ご飯の後で，この部屋を掃除して。私は夕食の買い物に行くの。
B：いいよ。僕がやるよ。
質問：お昼ご飯の後，ジョンは何をしますか？

イ　彼は部屋を掃除します。

(2)　A：もしもし，ジム？　ベッキーよ。

B：やあ。今博物館にいるんだ。ここで3時に待ち合わせだよね？

A：ごめんなさい。今向かっているの，でもそこに着くのが3時10分くらいになってしまうの。

B：いいよ。電話をくれてありがとう。ではまたあとで。

質問：ベッキーの問題は何ですか？

ウ　彼女は遅刻してしまうでしょう。

〔放送台本〕

問題D　次の英文が2回読まれるのを聞いて，問題用紙の指示に従って答えなさい。

My brother works at a restaurant. It is popular, especially among people from other countries. Those people often have something they cannot eat. Which dishes can they eat? To know that, they sometimes need help. Then how does my brother help them? He uses cards. Look at this. It's one of the cards from his restaurant. You can see a picture on it. When my brother wants to say beef is used in a dish, he shows this card, and the people can understand it easily. In his restaurant, these kinds of cards are used for communication. I believe more people will come to Japan in the future. Like my brother, I want to be nice to them.

〔英文の訳〕

僕の兄はレストランで働いています。そこは，特に他の国から来る人たちの間で人気があります。そのような人たちは食べられないものがあることがよくあります。どの料理を彼らは食べることができるでしょう？　それを知るために，手助けが必要な時があります。さて，私の兄はどのように彼らを手助けするでしょう？　彼はカードを使います。これを見てください。これは彼のレストランのカードのうちの1枚です。カードには絵が描いてあります。兄は，料理に牛肉が使われていることを言いたい時には，このカードを見せます，するとその人たちはそれを簡単に理解することができます。彼のレストランでは，コミュニケーションのためにこの種のカードが使われています。僕は，将来より多くの人たちが日本にきっと来ると思っています。僕の兄のように，僕は彼らに親切にしたいです。

(クラスメイトのメッセージ)

ありがとう，ケンタ。あなたはあなたの(あ)お兄さんと彼のレストランについて話しました。良い話だと思います。(私はあなたの話が好きです。)彼は彼のレストランでたくさんの人たち，特に(い)外国の人たちにとって良いことをしていますね。彼はおいしい料理だけではその人たちに嬉しく思ってもらえないと思っています。彼らが必要としている時に(う)手助けをすることも大切です。私も彼らに親切にするようにしたいと思います。

＜理科解答＞

1　①　小笠原気団　　②　$NaCl \rightarrow Na^{+}+Cl^{-}$　　③　ア
④　(1)　右図1　　(2)　(A)　ア　　(B)　ウ　　⑤　側根
⑥　エ

2　①　(1)　電磁誘導　　(2)　エ　　(3)　(X)　イ　　(Y)　イ
(4)　棒磁石をより速く動かす。　②　(1)　右図2
(2)　イ，ウ，ア　　③　9300(J)

3　①　衛星　　②　イ　　③　大陸プレートの下に海洋プレートがもぐりこむ。その後，引きずり込まれた大陸プレートの先端が，急激に隆起してもとに戻ることで地震が起こる。
④　斑晶　　⑤　エ　　⑥　オ　　⑦　ウ→イ→ア

4　①　(あ)　ウ　　(い)　オ　　②　(1)　(液体)　ウ
(気体)　イ　　(2)　同じ質量の場合，液体にすると気体よりも体積が小さくなるので，より多くの量を貯蔵できる。
③　(1)　電流を流しやすく　　(2)　300(g)　　④　イ

5　①　ア　オ　　②　ウ　　③　トリプシン　　④　分解できる食品の主成分が決まっている
⑤　表面積が大きくなるから。　　⑥　ウ

図1

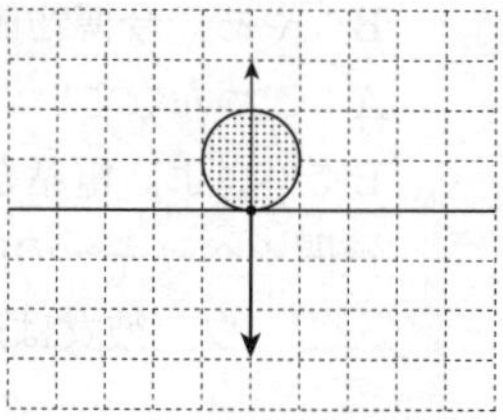

図2

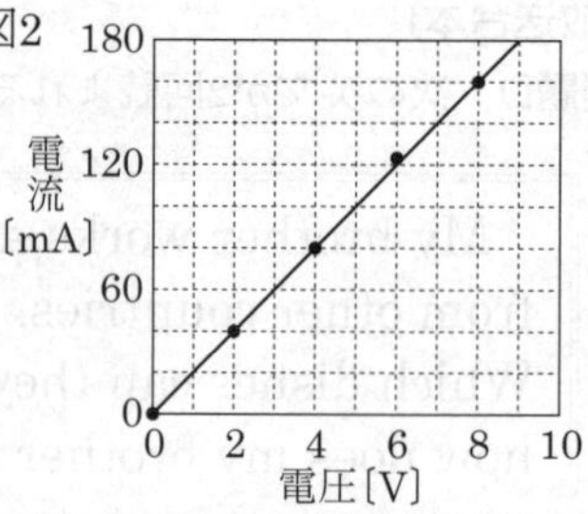

＜理科解説＞

1　(日本の気象，水溶液とイオン，動物の体のつくりとそのはたらき：骨格と筋肉，力と物体の運動：作用・反作用の法則，力学的エネルギー，植物の分類，身のまわりの物質とその性質：密度)

①　日本の南の太平洋上で発達する暖かく湿った気団は，小笠原気団である。

②　塩化ナトリウムが水に溶けて水溶液になったときの電離の様子を化学式とイオン式で表すと，$NaCl \rightarrow Na^{+}+Cl^{-}$，である。

③　うでを曲げる筋肉Xは縮んでいる。うでをのばす筋肉Yはゆるんでいる。

④　(1)　床が小球を押す力(垂直抗力)は，床から小球にはたらくのに対して,この力と作用・反作用の関係にある力は，小球から床にはたらく，小球が床を押す力である。作用と反作用は2つの物体間で同時にはたらくため作用点は，この場合は小球と床が接する点であり，大きさは等しく，一直線上で向きは反対の力として作図する。

(2)　小球が点Pから点Qまで移動するとき，位置エネルギーが運動エネルギーに変わり，運動エネルギーは大きくなる。位置エネルギーと運動エネルギーの和である力学的エネルギーは一定に保たれている。

⑤　双子葉類は，中心に太い根である主根とそこから枝分かれした細い根である側根をもつ。

⑥　質量5.6g，体積$4cm^3$のプラスチックの密度[g/cm^3]＝5.6[g]÷4[cm^3]＝1.4[g/cm^3]，である。よって，表より，ポリエチレンテレフタラートである。

2　(電流と磁界：電磁誘導，電流：回路の電流と電圧と抵抗・電力・電力量)

①　(1)　コイルの中の磁界が変化することで電圧が生じ，コイルに電流が流れる現象を電磁誘導という。

(2)　手回し発電機は，モーターの中心部のコイルを回転させると，まわりの磁石によってコイルに誘導電流が流れるしくみになっており，電磁誘導を利用している。

(3) **レンツの法則により，コイルに棒磁石を入れるときと出すときでは，流れる電流の向きは逆になる。**棒磁石をaからbの位置に動かしてコイルに入れるとき，検流計の針は右に振れたので，棒磁石をb からaの位置に動かしてコイルから出すとき，検流計の針は左に振れる。レンツの法則により，出し入れする磁石の極を変えても，流れる電流の向きは逆になる。棒磁石のN極を下に向けてaからbの位置に動かすとき，検流計の針は右に振れたので，棒磁石のS極を下に向けてaからbの位置に動かすとき，検流計の針は左に振れる。

(4) コイルや棒磁石を変えずに，N極を下に向けた棒磁石をaからbの位置に動かすとき，流れる電流を大きくするためには，棒磁石をより速く動かす。

② (1) （電圧〔V〕，電流〔mA〕）の値，(0, 0)，(2, 41)，(4, 80)，(6, 122)，(8, 160)の各点をグラフに記入する。原点を通り，全ての測定点のなるべく近くを通るように，直線を引く。

(2) **電力〔W〕＝電圧〔V〕×電流〔A〕であり，電圧が同じとき，電流が大きい方が消費電力は大きくなる**ため，電圧が4〔V〕のときの，ア，イ，ウ，の各回路を流れる電流の大きさをもとめる。結果2の表から，4Vのとき，ウの回路を流れる電流は0.08Aである。よって，電熱線の抵抗〔Ω〕$=\frac{4〔V〕}{80〔mA〕}=\frac{4〔V〕}{0.08〔A〕}=$50〔Ω〕である。アの直列回路を流れる電流〔A〕$=\frac{4〔V〕}{50〔\Omega〕\times 2}=$0.04〔A〕である。イの**並列回路の合成抵抗**をR_Tとすると，$\frac{1}{R_T〔\Omega〕}=\frac{1}{50〔\Omega〕}+\frac{1}{50〔\Omega〕}=\frac{2}{50〔\Omega〕}$であるから，$R_T$〔Ω〕＝25〔Ω〕である。よって，イの回路を流れる電流〔A〕$=\frac{4〔V〕}{25〔\Omega〕}=$0.16〔A〕である。以上から，電流の大きさは，イ＞ウ＞ア，であり，消費電力はイ，ウ，アの順に大きくなる。

③ 白熱電球の電力量〔J〕＝電力〔W〕×時間〔s〕＝36〔W〕×300〔s〕＝10800〔J〕である。LED電球の電力量〔J〕＝5〔W〕×300〔s〕＝1500〔J〕である。それぞれの消費する電力量の差は，10800〔J〕－1500〔J〕＝9300〔J〕である。

3 **（火山活動と火成岩，地層の重なりと過去の様子，地震と地球内部のはたらき，太陽系と恒星）**

① 惑星のまわりを公転する月のような天体を衛星という。

② 図1はサンヨウチュウの化石であり，サンヨウチュウは古生代に広い地域に生息していた生物である。

③ **大陸プレートの下に海洋プレートがもぐり込み，その後，引きずり込まれた大陸プレートの先端が，急激に隆起してもとに戻ることで地震が起こる。**

④ 一度とけた岩石が急激に冷え固まって粒状になったものを含む岩石のつくりを斑状組織といい，比較的大きな鉱物を斑晶，そのまわりの細かい粒などでできた部分を石基という。

⑤ イトカワの微粒子に含まれていた鉱物は，地球の火成岩にも含まれることから，火成岩をつくるおもな鉱物のうち，形が柱状であり緑褐色や黒緑色の有色鉱物は，輝石（キ石）である。

⑥ 岩石Xは，ほぼ同じ大きさの鉱物が組み合わさったつくりである**等粒状組織の岩石であることから，火成岩のなかの深成岩**である。また，図3は観察結果を模式図で表したものであり，無色鉱物の面積：有色鉱物の面積＝17：8，であることから，図2より，岩石Xは，**せん緑岩**である。

⑦ かぎ層である火山灰の層を基準に考察すると，古いものから順に並べると，ウ → イ → ア，である。

4 **（化学変化と物質の質量，化学変化と電池：水の合成，物質の成り立ち：水の電気分解，水溶液とイオン，気体の発生とその性質，状態変化，水溶液：濃度）**

① 水素は亜鉛にうすい塩酸を加えることによって発生する。

② (1) 状態変化を粒子のモデルで表すと，液体では，粒子の間隔は固体よりも広く，固体のように規則正しく並ばず，粒子は比較的自由に動くことができる。気体では，粒子と粒子の間隔は広く自由に飛び回っている。よって，液体のモデルはウであり，気体のモデルはイである。

(2) **同じ質量の場合，液体にすると気体よりも体積が小さくなる**ので，より多くの量を貯蔵できる。

③ (1) 水の電気分解で，水酸化ナトリウムを加える理由は，蒸留水は電流が流れないので，**電解質である水酸化ナトリウムを少量加えることにより，電流を流しやすくするため**である。

(2) 質量パーセント濃度5％の水酸化ナトリウム水溶液200gに含まれる水酸化ナトリウムの質量は，200g×0.05＝10(g)である。よって，質量パーセント濃度2％の水酸化ナトリウム水溶液をつくるとき，加える水の質量をxgとすると，$2[\%]=\frac{10[g]}{200[g]+x[g]}\times 100$，$x[g]=300[g]$，である。

④ 水素と酸素が反応し水ができるときの気体の体積比は，表から，Bの場合は，水素の体積$[cm^3]$：酸素の体積$[cm^3]=6[cm^3]:3[cm^3]=2:1$，であり，水素と酸素は過不足なく反応し，気体は残らなかった。Aの場合は，酸素の1cm^3と反応する水素は2cm^3であり，4cm^3が気体として残り，できる水の質量は酸素が3cm^3の場合の$\frac{1}{3}$である。CとDの場合は，**水素の体積がBと同じであるため，酸素の体積がBより大きくてもできる水の質量はBと等しく，**それぞれの場合で残る酸素の体積が異なる。よって，洋平さんが正しく予想して作成したグラフは，イである。

5 (動物の体のつくりとそのはたらき：対照実験・発展実験・課題研究の検証実験による消化酵素のはたらき，自然界のつり合い)

① 光のエネルギーを使って光合成を行い，無機物から有機物をつくり出す植物や水中の植物プランクトンを生産者とよぶ。よって，アブラナとオオカナダモが生産者である。

② デンプンのりにだ液を加えて40℃で10分間あたためたaとbではだ液のはたらきにより，デンプンの分解が起こるが，デンプンのかわりに水を加えて行った対照実験cとdではデンプンの分解は起こらない。よって，ヨウ素液に反応して青紫色になるのはcであり，ベネジクト液を加えて加熱した結果赤褐色になるのはbである。

③ すい液に含まれるタンパク質を分解する消化酵素は，**トリプシン**である。

④ 表2から，消化酵素のはたらきの特徴は，消化酵素の種類により，片栗粉のデンプン，かつお節のタンパク質，オリーブ油の脂肪など，分解できる食品の主成分が決まっている

⑤ 小腸のかべにはたくさんのひだがあり，その表面はたくさんの柔毛でおおわれている。**ひだや柔毛があることで，小腸の表面積は非常に大きくなっている。**このつくりによって栄養分を効率よく吸収することができる。

⑥ 実験1からだ液はデンプンを分解し，糖に変えることがわかった。また，実験2でアミラーゼがデンプンを分解したことから，だ液にはアミラーゼが含まれていることを確認できた。実験3でデンプンの消化酵素であるアミラーゼとタンパク質の消化酵素であるペプシンの混合液をつくり，タンパク質が主成分のかつお節に加えたところ，ペプシンのはたらきでタンパク質は分解された。しかし，アミラーゼとペプシンの混合液をデンプンが主成分の片栗粉に加えた場合は，デンプンは分解されなかった。よって，**混合液にした場合，アミラーゼのはたらきはなくなったと考えられる。その原因は，ペプシンによりアミラーゼが化学変化したと考えられ，ペプシンはタンパク質の消化酵素であることから，アミラーゼはタンパク質でできていてペプシンに消化されてしまったと考えられる。**

＜社会解答＞

1　①　エ　②　イ　③　ウ　④　(1)　ア　(2)　工場を海外にもつくって，製品の現地生産をすすめる

2　①　南南問題　②　化石燃料　③　(需要曲線)　A　(価格)　C　④　エ
⑤　賞味期限が近い商品

3　①　唐　②　エ　③　(1)　(将軍[幕府]は)御家人に新たな領地をあたえるなどの御恩をほどこし，御家人は戦いのときに軍役を果たすなどの奉公にはげんだ。
(2)　イ→エ→ウ→ア　④　ア

4　①　エ　②　ウ　③　イ　④　(1)　ヒンドゥー教　(2)　ウ

5　①　中央銀行　②　(企業などが)株式や債券を発行して，出資者から直接資金を調達すること。　③　ア　④　富国強兵　⑤　イ　⑥　武器をつくるための金属が不足した
⑦　ウ　⑧　クレジット

＜社会解説＞

1　(地理的分野―日本地理－都市・地形・気候・交通・人口・農林水産業・工業)

①　ア　A県は兵庫県で，県庁所在地は神戸市である。B県は滋賀県であり，**県庁所在地**は大津市である。どちらも県名と県庁所在地の都市名が異なる。　イ　Cの地点は，大阪府堺市である。ここには，**百舌鳥・古市古墳群**があり，その中の**大仙古墳**は日本最大の古墳である。**大和政権**の**大王**の陵墓であり，**仁徳天皇陵**として，宮内庁によって管理されている。長さが約480mの**前方後円墳**であり，クフ王のピラミッド，始皇帝陵と並んで，世界三大陵墓の一つである。2019年に**ユネスコ**によって**世界文化遺産**に登録された。　ウ　Dの範囲は，三重県志摩半島である。起伏の多い山地が，海面上昇や地盤沈下によって海に沈み形成された，海岸線が複雑に入り組んで，多数の島が見られる地形を**リアス海岸**という。日本では，東北地方の三陸海岸や三重県の志摩半島，福井県の若狭湾などに見られる。ア・イ・ウのどれも正しい。適当でないのは，エである。地点Eは太平洋に面した，和歌山県の**潮岬**である。降水量は年間を通じて多く，梅雨時期と台風の来る9月頃に特に多い。問題文の，**季節風**の影響によって夏より冬に降水量(降雪量)が多くなるのは，日本海側の都市の特徴である。

②　Xの県は和歌山県である。資料1によれば，和歌山県の外国人宿泊者数は，2013年の187,000人から2018年には584,000人に増えている。例にならって計算すれば，584,000÷187,000－1＝2.122…となり，イのマークで塗るのが正しい。

③　奈良県には海がなく，**漁業生産量**の最も少ないのが奈良県である。4県のうち，人口が最も少ないのは和歌山県，次に少ないのが奈良県である。また奈良県は，京都府と並んで**国宝**の指定件数が非常に多い県である。奈良県は，ウである。

④　(1)　X　**阪神工業地帯**の食料品の製造品出荷額は，31.4兆円の11.6%で，約3兆6千万となり，三つの工業地帯の中で最も額が大きい。　Y　**重化学工業**とは，化学・金属・機械などを指す。**軽工業**とは，食品・繊維・雑貨等を指す。三つの工業地帯のどれも，重化学工業の占める割合が軽工業の割合よりも大きい。X・Yとも正しい説明であり，アが正答である。　(2)　**円高**が進み，円の価値が高くなると，日本国内で製品を生産し輸出することが難しくなるため，**海外に工場**をつくり，**人件費**の安い現地で製品の生産・販売をするようになり，**海外生産比率**を高めた。なお，そのことによって，国内の生産や雇用が減少することが起こることは，**産業の空洞化**と言

われる。

2　(公民的分野―国際社会との関わり・経済一般・消費生活，地理的分野―世界地理－資源・エネルギー)

①　**先進工業国**と**発展途上国**の間の経済格差のいわゆる**南北問題**に加えて，現代では,発展途上国間の経済格差が問題となっており，**南南問題**といわれている。

②　過去の植物や動物の遺骸が，何億年もかけて変化して生成した石炭・石油・天然ガスなどの燃料を**化石燃料**という。その燃焼によって，**二酸化炭素**を排出するため，**地球温暖化**の原因となりやすい。

③　(需要曲線)　**自由市場**では，価格が高いほど，需要が減少し，供給が増加する。Aの曲線が需要曲線である。　(価格)　Cまた，Cの価格では，**供給量**が**需要量**を上回り，売れ残りが生じる。なお，需要量と供給量が一致するところを均衡点といい，そのときの価格を**均衡価格**という。

④　ア　アメリカよりもイギリスの方が．一人当たりの**年間食品廃棄物発生量**が多い。　イ　一人当たりの年間食品廃棄物発生量で比べると，日本はイギリスの約3分の2である。　ウ　ドイツの一人当たりの年間食品廃棄物発生量は，イギリスよりも少ないが，韓国よりは多い。ア・イ・ウのどれも誤りであり，エが正しい。穀物・肉類の**自給率**が日本よりも高いドイツ・イギリス・アメリカは，一人当たりの年間食品廃棄物発生量が日本よりも多い。

⑤　販売店が，**賞味期限**が近い商品を商品棚の手前に置いたり，消費者が賞味期限の近いものを積極的に購入することで，**食品ロス**を少なくすることができる。なお，**食品衛生法**により，食品には「**消費期限**」または「**賞味期限**」が記載され，品質の劣化が早いものは「消費期限」，品質の劣化が比較的緩やかなものは「賞味期限」が製品に記載されている。

3　(歴史的分野―日本史時代別－古墳時代から平安時代・鎌倉時代から室町時代・安土桃山時代から江戸時代，―日本史テーマ別－政治史・文化史・社会史・外交史，―世界史－政治史)

①　**大化**の年号が定められた7世紀半ばの中国の王朝は，**唐**である。唐は618年に建国され，907年に滅亡した。日本は，**遣唐使**を通じて唐の政治制度や文化を積極的に吸収した。遣唐使は630年に第1回が派遣され，894年に**菅原道真**の建言によって停止されるまで，2世紀半にわたって続いた。

②　ア　**桓武天皇**の時代には，東北地方の**蝦夷**を制圧するため，**征夷大将軍**が置かれた。征夷大将軍に任ぜられた**坂上田村麻呂**は，東北地方の制圧地を広げ，802年には**胆沢城**を築いた。
イ　桓武天皇の時代には，**国司**の監督を強化するために，**令外官**として**勘解由使**が置かれた。
ウ　桓武天皇は，仏教勢力の政治への影響の強い**平城京**から遷都することを決意した。784年に**山背国**の**長岡京**へ遷都がなされ，さらに，怨霊の祟りを恐れるために，794年に**平安京**に都が移された。ア・イ・ウのどれも正しい。誤っているのは，エである。11世紀末に，天皇の位を幼少の皇子に譲位し，**院政**を始めたのは**白河上皇**である。

③　(1)　**将軍**が**御家人**の以前からの領地を保護したり，新しい領地や役職を与えたりする**御恩**をほどこし，御家人が平時は京都や鎌倉を警備し，戦時は将軍のために戦い**軍役**を果たす。これが鎌倉時代の**御恩と奉公**の関係である。　(2)　ア　**江戸幕府**の**大老**である**井伊直弼**が，幕府に反対する大名・武士・公家などを処罰した**安政の大獄**は，1858年から1859年のできごとである。イ　**後醍醐天皇**は，鎌倉幕府**討幕**を計画して失敗し，幕府に**隠岐**に流され，隠岐を脱出して，幕府滅亡後の1333年に**建武の新政**を始めた天皇である。　ウ　**寛政の改革**は，白河藩主の**松平定信**が，**老中**として，1787年から1793年にかけて行った幕政改革である。　エ　**室町幕府**の**8代将軍足利義政**の後継問題をめぐって，**管領**の**細川勝元**と**侍所**の**所司山名宗全**の対立が激化し，各地の守護大名も加わって争われたのが，**応仁の乱**である。1467年から1477年まで争いが続いた。

したがって，年代の古い順に並べると，イ→エ→ウ→アとなる。

④ **天正遣欧使節**は，1582年に，九州の**キリシタン大名**である大友宗麟・大村純忠・有馬晴信が**ローマ教皇**のもとに**少年4人**を派遣したものである。**万葉集**は，奈良時代の中期に，**大伴家持**らが編纂したものである。漢字の音を借りて国語の音を表記する**万葉仮名**を用いているのが特徴である。

4 **(地理的分野―世界地理－地形・気候・人々のくらし・人口)**

① 地球上の1点と地球の中心を結ぶ直線の延長が，反対側で地球の表面と交わる点を**対せき点**という。いわば，地球の裏側である。Xの地点は，東経140度・北緯40度なので，対せき点は180度－140度＝40度となり，西経40度・南緯40度のエの地点になる。

② 地球は24時間で360度自転するので，**経度差15度で1時間**の時差となる。日本の標準時子午線は，東経135度であるから，日本と都市Yの経度差は135度＋90度＝225度となるので，時差が15時間になる。日本の7月24日午後8時は，都市Yでは，7月24日の午前5時となる。

③ **標高が100m高くなると，気温が0.6℃下がる**ので，標高3200mのⅡ地点は，標高25mの東京とは，標高にして3223mの差があり，気温は19℃以上の差があることになる。正答は，イである。なお，Ⅱ地点はペルーの首都リマである。

④ (1) **インド**の国民の80％が信仰しているのが，**ヒンドゥー教**である。残りは**イスラム教**や**キリスト教**などで，インドで成立した**仏教**の信者は，極めて少ないことに注意したい。なお，ヒンドゥ一教では牛を神聖視するため，牛肉を食することは少ないが，搾乳用や輸出用に飼育されている。 (2) Aの期間と比べて，Bの期間が**死亡率**の高いのは，日本・ロシア・カナダであり，ア・イはロシアまたはカナダである。Bの期間において，**出生率**が最も高いのは南アフリカ共和国であり，エが南アフリカ共和国である。残るウがインドである。

5 **(公民的分野―経済一般・消費生活，歴史的分野―日本史時代別－明治時代から現代，―日本史テーマ別－文化史・政治史・経済史・社会史，―世界史－経済史)**

① 国家の金融機構の中核となる機関を**中央銀行**という。**銀行券**を発行し，**市中銀行**を相手に資金を貸し出し，**国債**を売買し，国へも資金の提供を行うのが**中央銀行**である。日本の場合は，**日本銀行**が中央銀行である。日本銀行には「**政府の銀行**」「**銀行の銀行**」「**発券銀行**」の3つの側面がある。

② 企業が，**株式**を発行して資金を調達するのは，**直接金融**である。**銀行**などの**金融機関**や保険会社などをなかだちとして，資金を調達するのが，**間接金融**である。

③ ア **夏目漱石**が『吾輩は猫である』を発表したのは，**ポーツマス条約**が結ばれた年なので，1905年である。 イ **野口英世**がノーベル賞候補となったのは，**国際連盟**の設立された年なので，1920年である。 ウ **北里柴三郎**がペスト菌を発見したのは，**日清戦争**の起こった年なので，1894年である。 エ **伊藤博文**が，**内閣制度**の創設された年に，**初代総理大臣**となったのは，1885年である。したがって，年代の古い順に並べると3番目になるのは，アである。

④ 欧米列強に追いつき対抗するために，国家の経済を発展させて軍事力の増強を目指す政策を，**富国強兵**といった。富国強兵のために行われたのが，新しい産業を発展させる**殖産興業政策**である。

⑤ ア **世界恐慌**に対する政策として，**アメリカ**の**ルーズベルト大統領**が行ったのが，**ニューディール政策**である。ニューディール政策では，テネシー川流域においてダム建設などの公共事業を行い，失業者を大量に雇用するなど，政府が積極的に経済に関わった。ニューディールとは，新

規まき直しの意味である。 ウ **ソ連**では**スターリン**の指導下に，急激な重工業化と農村集団化を柱とした，**社会主義国家建設**の**五か年計画**が実施され，世界恐慌の影響を受けずに，大きな成果を上げた。 エ 世界恐慌に際して，**イギリス**は自国と自国の植民地を，一つの**ブロック**として世界経済から隔離し，独自の経済圏とした。これが**ブロック経済**である。他国からの輸入品には高い関税をかけて輸入を阻止し，自国の製品を植民地間で輸出することで，ブロック内の利益を守るものだった。ア・ウ・エのどれも世界恐慌に対する対策として正しい。イが，世界恐慌に対する政策やその後の動きとしては適当でない。**アドルフ・ヒトラー**は，1933年にドイツの首相となった後，またたく間にドイツを**一党独裁国家**にして，**政権**を握った。なお，ファシスト党はイタリアの政党であり，ドイツの政党はナチ党である。

⑥ 1937年からの**日中戦争**が長期化し，アメリカ・イギリス等を敵国とする**太平洋戦争**も開戦するに至って，大砲の砲弾等として利用される金属が不足するなか，1941年に**国家総動員法**にもとづく**金属回収令**が発せられ，あらゆる金属類が回収された。寺の鐘が供出させられたのも，金属が不足するなかで，大砲の砲弾など**軍需品**の生産が優先されたためである。

⑦ X 明治末期に**青鞜社**を結成して，**女性解放活動**をした人物は，樋口一葉ではなく，**平塚らいてう**である。青鞜社の機関誌『**青鞜**』の巻頭言「**元始女性は太陽であった**」が有名である。

Y **第二次世界大戦**直後の1945年に選挙法が改正され，新しい選挙法では，選挙権年齢が満20歳以上に引き下げられ，**女性にも初めて選挙権が認められた**。翌年，第二次世界大戦後初の**衆議院議員総選挙**が行われ，**女性の国会議員**が39人誕生した。

⑧ 商品を購入するときには現金が不要だが，後でカード会社から代金を請求されるのが**クレジットカード**である。いわば**代金が後払い**になるものであるため，自分の**支払い能力**を考えて，その範囲内で利用することが必要である。引き落とし時に，銀行にその分だけの預金がないことが生じる可能性があり，最悪の事態としてはカードの使い過ぎによる**自己破産**ということも考えられる。

＜国語解答＞

1 ① ⓒ と(げて) ⓕ あいまい ② ウ ③ X イ Y バレーがやりたくてたまらない ④ ウ ⑤ (例)本気でバレーと向き合っている自分のまっすぐな言葉は灰島の心に届くはずだ ⑥ エ

2 ① おもう ② イ ③ Ⅰ 来 Ⅱ 連想関係 Ⅲ 身になじんだ
Ⅳ (例)都の妻を思い浮かべる

3 ① ⓓ 芽(生える) ⓕ 評価 ② ア ③ イ ④ 総体としての自分
⑤ X そのまま受け入れ Y (例)いろんな他者との交流によって，自分自身を常に多様な視点からとらえ直そうとしていく ⑥ エ

4 ① 和語 ② ア ③ ウ オ ④ (例)どちらのことばを主に使うかの割合は年代によって異なる。だから，カタカナ語を使うときは，それが相手の年代にとってなじみのあることばなのかどうかに留意する必要がある(ということかな。)

＜国語解説＞

1 (小説―情景・心情，内容吟味，文脈把握，脱文・脱語補充，漢字の読み書き，表現技法・形式)

① ⓒ「成し遂げる」は,「な(し)と(げる)」と読み,物事を最後までやるという意味。
ⓕ「曖昧」は,はっきりしない様子を表す。

② それぞれの四字熟語の意味は,ア「公明正大」＝公平で私心がなく正しい様子,イ「優柔不断」＝物事を決められずにぐずぐず迷う様子,ウ「傍若無人」＝周囲に人がいないかのように勝手気ままにふるまう様子,エ「温厚篤実」＝性質が穏やかでまじめであり親切な様子,である。このうち,後の「人の気持ちなど意にも介さなそう」につながるものはウである。

③ X 傍線部ⓐは人でないネットを人にたとえた表現なので,イ「擬人法」が正解。「まるで～ように」を用いているので,直喩法でもある。ア「隠喩法」は,「ように」などを用いない比喩のことなので誤り。 Y 灰島については,傍線部ⓐの次の段落に「目の前のネットと同じくまだ試合を続けたがっているみたい」という表現があるが,14字で後の「という気持ち」につながる部分を抜き出すことはできないので,同じく灰島のことを描写している「こんなにもわかりやすくバレーがやりたくてたまらないっていう渇望を放出してるくせに」から抜き出す。

④「やっぱり」は予想が当たったことを示す表現。小田は,バレーに夢中になっている自分を「誰かに肯定してもらいたかった」が,他の人には共感してもらえなかった。しかし,灰島ならわかってくれると思って説明し,明快な答えを聞いて,期待が裏切られなかったことに安堵と喜びを感じたのである。このことを説明したウが正解。アの「自分の気持ちが少しも伝わっていない」は誤り。「バレーがおもしろい」というのは小田や灰島にとっては「世の中の真理」かもしれないが,他の人たちにとってはそうとは限らないし,小田は灰島の言葉で気づかされたのではないから,イは不適当。エは「自分の後を託す」が不適当。小田は,灰島と一緒にプレーしたいと考えている。

⑤ 小田は,灰島のことを「本気でバレーと向き合っている者を拒絶することはない」「だから踏み込むのをためらう必要はない」「きっとこいつの心には,まっすぐな言葉だけが届く」と見ている。この場合の「ドアの鍵」は,灰島の心を開かせるものということである。前後の表現と字数に注意して,小田が「本気でバレーと向き合っている」自分の言葉を,灰島が拒絶しないと確信しているという内容を書く。

⑥ ア 灰島に関する説明は正しいが,小田に「怒り」やチームのための「我慢」はないので誤りである。イ 灰島の小田に対する質問は「考えの甘さ」に疑問を投げかけるものではなく,小田の本気度を確認するものである。また,小田は同じことばを繰り返しているとは言えない。不適当な説明である。 ウ 灰島に関する説明は正しい。ただし,小田に「驚き」はあるが「動揺」はないし,「隠そうとしている」様子もないので誤り。 エ 傍線部ⓔ「目の前のもの全てを刺し貫くような鋭さをもった瞳」と傍線部ⓕ「射ぬくような目」は,灰島の真剣な問いと小田の強い思いを表現している。これが適当な説明である。

2 (和歌と解説文―内容吟味,文脈把握,脱文・脱語補充,仮名遣い)

① 語頭にない「ふ」を「う」に直し,ひらがなで「おもう」と書く。

② 和歌の直後の段落で,「『唐衣』にまつわる物象のことば」と「妻を思う心情表現のことば」が掛詞になっていることが説明されているので,イが正解。ア・ウは,「同音異義の比喩や象徴」では意味が通らない。ウ・エは,「文脈」が「比喩や象徴」ということになり,不適当である。

③ Ⅰ 本文に「『きぬる』には『着ぬる』と『来ぬる』が,～掛かっている。」とある。 Ⅱ「縁語とは,『一首の歌の中の複数のことばが,～何らかの連想関係によって結びついていること,あるいはそのような関係にある語群のこと』」と定義されている。 Ⅲ「なれ」の説明部分に「身になじんだ衣の糊気がとれて柔らかくなる意の『萎れ』」とあるので,ここから抜き出す。

Ⅳ 「都に残してきた妻を思い浮かべてもよいのだろう」をもとに，字数制限と前後の表現に注意して書く。

3 (論説文－内容吟味，文脈把握，漢字の読み書き，品詞・用法)

① ⓓ 「芽生える」で「めば(える)」と読む。 ⓕ 「評価」の「価」の右側は「西」としない。

② 「表れる」は「～を」などの動作の対象を必要としないので，自動詞である。動作の対象を必要とする「表す」などは他動詞である。

③ 筆者にとっての創作は，自分の中にストックされている「今までの人生で見てきたありとあらゆるビジュアル情報」や「先人たちによって心を揺さぶられた言葉」を無意識のうちに選択し，形を変えて再度生み出すことである。この内容と合致するイが正解。「はじめから心の奥底に存在しているもの」はないので，アは誤り。他の作品との類似は問題になっていないので，ウは不適当。エは「意図的に選択」が本文と合わないので，誤りである。

④ 傍線部ⓒを含む文の次の文に「必要な情報が必要な情報とリンクして，総体としての自分が見えてくるようになります。」とある。情報のリンクは空欄の前の「さまざまな体験がつながっていく」ことによって生じるものであり，本文の「見えてくる」は「わかるようになる」という意味である。

⑤ X 筆者は「自分自身を成り立たせているものを，バラバラのモザイク状であることに目を背けないで，そのまま受け入れたい」と思っている。「バラバラのモザイク状」は，自分の中に理解できないことや矛盾することを含めたさまざまなものが整理されないまま存在していることを，比喩的に表現したものである。 Y 「いろんな他者との交流で，多様な光に照らされる」をもとに説明する。「多様な光に照らされる」は，自分自身を多様な視点からとらえ直すということなので，「いろんな他者との交流によって，自分自身を常に多様な視点からとらえ直そうとしていく」などと書けばよい。

⑥ ア 筆者は「一人で行う孤独な作業」について説明しており，「他者と共同作業」については書いていないので誤り。 イ 「若い時の自分」が「不完全」という「事実」は書いていないので誤り。 ウ 本文の「地図」は比喩として取り上げられたものであり，筆者の主張の中心ではない。 エ 傍線部ⓔの前後に，「モザイク状の地図」の意義や，それが「相手のモザイクに対しても多様な読み取り方があること」や建築の理解において重要であることを説明している。これが適当な説明である。

4 (会話・議論・発表－内容吟味，脱文・脱語補充，語句の意味，作文)

① 外国語から取り入れられたことばを外来語，音読みの漢字で書き表すことばを漢語と言うのに対し，もともと日本で使われていたことばのことを和語という。

② アは，「共同事業体」の意味はわかるが「コンソーシアム」の意味はわからない人が多いという内容である。これが後の「カタカナ語だと意味がよくわからない」という内容につながるので正解である。他の選択肢は，カタカナ語の意味がわからないことの根拠になっていないので，不適当である。

③ ア 奈緒は孝一を「批判」していないので，誤り。 イ 優太の発言は「話し合いの方向性」を変えていないので誤り。 ウ 絵理は，それまでの「カタカナ語はわからない」という見方とは異なる「カタカナ語の方がなじみがあるし，よく使う場合もある」という見方を示している。正しい。 エ 優太は質問していないし，絵理の質問は他の人の発言の確認ではないので，誤り。 オ 孝一は「つまり～」という形で絵理の発言の内容を言い換え，優太の考えとの違いを

わかりやすくしているので，正しい。

④　前の絵理の発言中の「**カタカナ語の使用について，私たちが注意すべきこと**」について書く。一文目は，**【資料Ⅲ】**をもとに，カタカナ語を使う人の割合が**年代によって異なる**ことを書く。二文目は，「だから」に続けて，**カタカナ語を使うときは，相手の年代に注意すべきだ**という内容を，後の「ということかな。」に続くように書く。書き終わったら必ず読み返して，誤字・脱字や表現のおかしなところは改める。

MEMO

大切なことはメモしておこうネ！

岡山県公立高等学校（特別）

2019年度

入　試　問　題

2019年度

●くわしい解説……25ページ

＜数学＞

時間　45分　　満点　70点

1　次の①～⑤の計算をしなさい。⑥，⑦は指示に従って答えなさい。

①　$5-(-9)$

②　$\left(-\frac{3}{4}\right)\div\frac{15}{2}$

③　-4^2+20

④　$18a^2b^3\div 2ab^2\times ab$

⑤　$\sqrt{27}-\sqrt{3}$

⑥　$(x-7)(x+8)$ を展開しなさい。

⑦　方程式　$2x^2+5x+1=0$　を解きなさい。

2　次の①～③の □ に適当な数または式を書き入れなさい。④，⑤は指示に従って答えなさい。

①　右の図のような長方形ABCDがあり，点Eは線分AB上の点，点Fは線分BC上の点，点Gは線分AD上の点である。∠AGE＝22°，∠BFE＝31°のとき，∠FEG＝ □ °である。

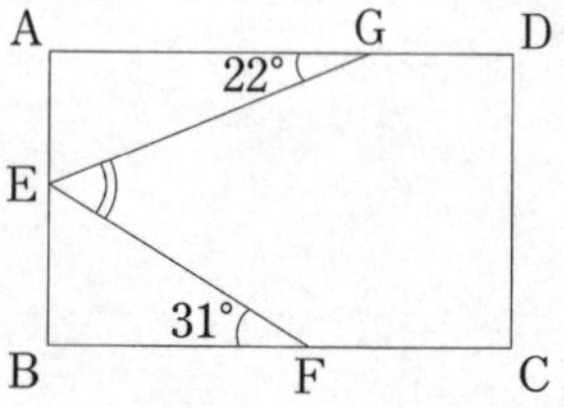

②　関数　$y=2x+3$　について，x の変域が　$0\leqq x\leqq 4$ のとき，y の変域は □ である。

③　A，B，Cの３人が，くじで順番を決めて１列に並ぶとき，AとBがとなり合って並ぶ確率は □ である。

④　数量を表す式が $3a$ であるのは，**ア**～**エ**のうちではどれですか。当てはまるものをすべて答えなさい。

ア　１辺の長さが a cmの正三角形の周の長さ（cm）

イ　１辺の長さが a cmの立方体の体積（cm^3）

ウ　時速 $a$km で３時間歩いたときの道のり（km）

エ　３％の食塩水 a g に含まれる食塩の量（g）

⑤　右の図のような△ABCの線分AC上に点Dがあり，∠DBC＝90°である。線分AB上に点Eをとり，∠DEC＝90°となるようにしたい。点Eを，定規とコンパスを使って作図しなさい。作図に使った線は残しておきなさい。ただし，点Eは点Bと異なる点とする。

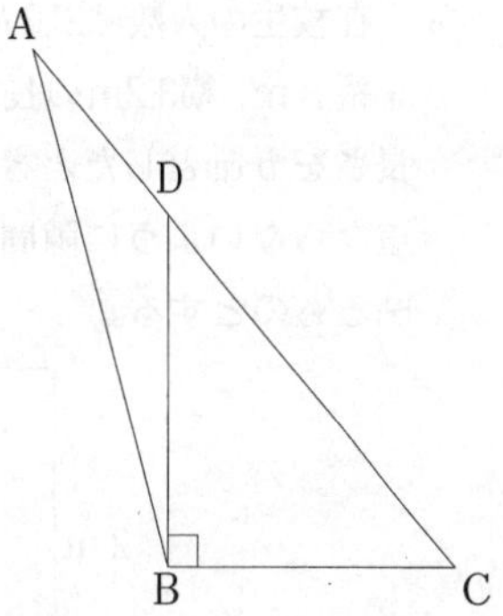

3　生徒会役員の桜子さんは，在校生から卒業生に贈るメッセージボードをつくることにした。在校生全員がそれぞれ１枚のカードにメッセージを書き，それらをボードに，上から１段目に１枚，２段目に２枚，３段目に３枚，…と規則的に並べて貼ることにした。次の**＜桜子さんの考え＞**を読んで，①～③に答えなさい。

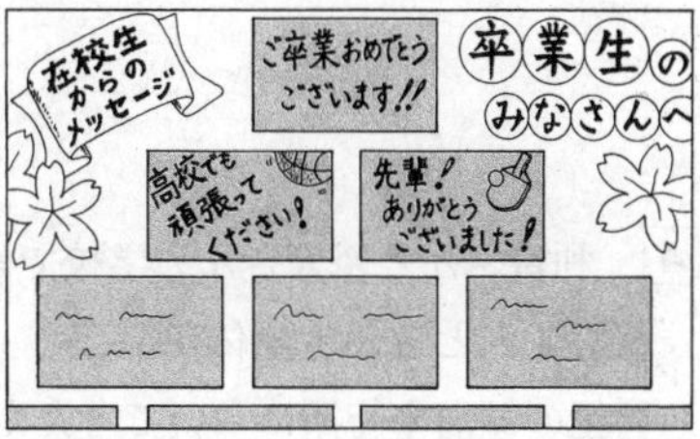

＜桜子さんの考え＞

カードの段数と合計枚数の関係を調べると，表のようになる。

段　数	1	2	3	4	5	…
並 べ 方			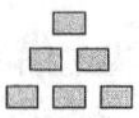	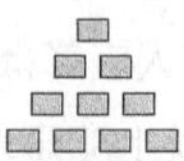	…	…
合計枚数	1	3	6	10	⑴	…

nを自然数とする。段数がnのときのカードの合計枚数は，nを使って次のように表すことができる。

図１において，それぞれの段のカードの枚数は，上から１段目が１枚，２段目が２枚，３段目が３枚，…だから，n段目は ⑵ 枚である。

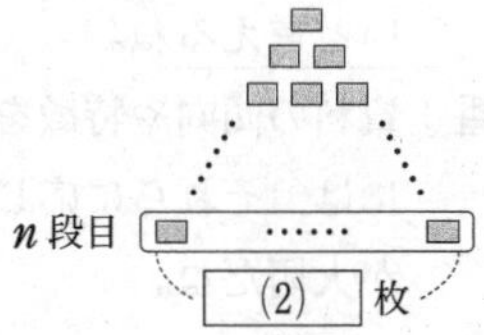

図１

図２のように，段数がnのときのものを２つ合わせる。このとき，１段目からn段目までのいずれの段も，カードの枚数は ⑶ 枚となる。**図２**におけるカードの総数の半分が，求める合計枚数なので，段数がnのときのカードの合計枚数は， ⑷ 枚と表すことができる。

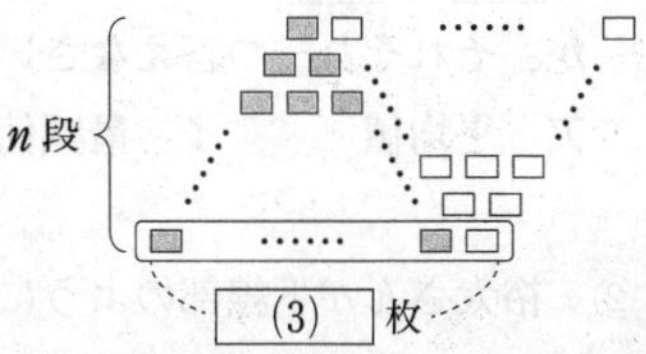

図２

①　⑴ に適当な数を書き入れなさい。

②　⑵ ～ ⑷ に適当な式を書き入れなさい。

③　在校生の人数は210人である。桜子さんは**図３**のように，同じ大きさの長方形のカード210枚を縦２m，横3.2mの長方形のボードに貼りたいと考えた。カード１枚の縦の長さを a cm，横の長さを b cmとしたとき，a，b の値を求めなさい。ただし，カードどうしはすべて同じ向きで重ならないように隙間なく貼り，規則的に並べたカード210枚はボードにちょうど入るように貼るものとする。

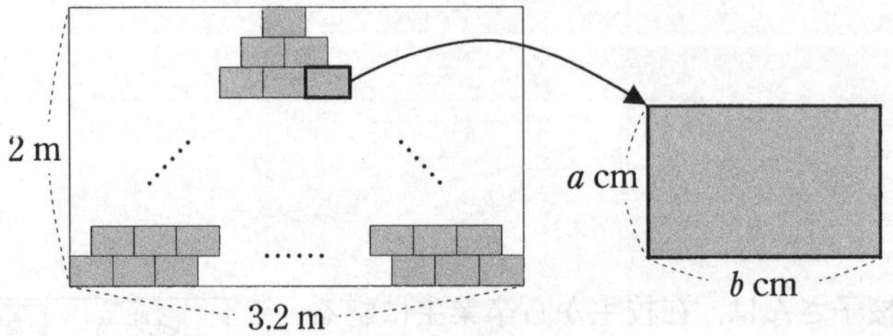

図３

4　利香さんと裕太さんの学校で読書コンテストが行われた。２人は，自分たちのクラス（３年１組）40人と３年生全体160人が，それぞれ図書室から借りた本の冊数を度数分布表にまとめ，読書量の傾向や特徴について考えた。次の＜２人の会話＞を読んで，①，②に答えなさい。

＜２人の会話＞

利香：度数が最も多い階級に着目して，［⑴］を比較して考えると，３年１組は３年生全体よりも，読書量が少ないと言えるね。

裕太：このコンテストの個人表彰は30冊以上借りた人が対象だから，30冊以上35冊未満の階級に着目して，［⑵］を比較して考えると，３年１組は３年生全体よりも，30冊以上読んだ人の割合が大きいと言えるね。

利香：資料の傾向や特徴を様々な視点から読み取るためには，それらに応じた代表値などに着目することが大切だね。

冊数（冊）	３年１組	３年生全体
	度数（人）	度数（人）
以上　未満		
0 ～ 5	2	18
5 ～ 10	4	21
10 ～ 15	12	27
15 ～ 20	7	36
20 ～ 25	5	20
25 ～ 30	4	22
30 ～ 35	6	16
計	40	160

①　［⑴］，［⑵］に当てはまることばとして最も適当なのは，次の**ア**～**エ**のうちではどれですか。それぞれ一つ答えなさい。

ア　平均値　　**イ**　最頻値　　**ウ**　中央値　　**エ**　相対度数

②　裕太さんが下線部のように考えた理由を，［⑵］の値を用いて説明しなさい。

5　次のページの図のように，関数 $y = x^2$ のグラフ上に２点A，Bが，関数 $y = ax^2$ のグラフ上に２点C，Dがあり，点Aと点Dの x 座標は３，点Bと点Cの x 座標は -2 である。点Aと点B，点Bと点C，点Cと点D，点Dと点Aをそれぞれ結ぶ。①，②の［　］に適当な数または式を書き入れなさい。③は指示に従って答えなさい。ただし，$a < 0$ とする。

① 点Aの座標は（３，[　　]）である。

② ２点A，Bを通る直線の式は y＝[　　] である。

③ 四角形ABCDの面積が50であるような a の値は，次のように求めることができる。[⑴]，[⑵] には適当な式を書き入れなさい。また，[⑶] には a の値を求めなさい。ただし，[⑶] は答えを求めるまでの過程も書きなさい。

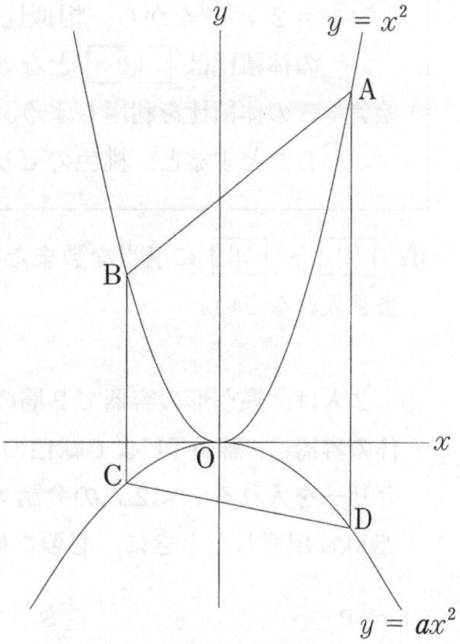

> 点Cの y 座標は a を使って [⑴] と表すことができる。また，点Bと点Cの x 座標は等しいので，線分BCの長さは a を使って [⑵] と表すことができる。同様に，線分ADの長さも a を使って表すことができる。
>
> このとき，[⑶]

6 絵美さんと洋一さんは，地域のイベントで配る２層のゼリーをつくることになり，各層のゼリーがそれぞれどのくらい必要なのかを考えた。次の＜**容器について**＞と＜**２人の会話**＞を読んで，①，②に答えなさい。ただし，ゼリーを入れる容器の厚さは考えないものとし，ゼリーは固まらせても体積は変わらないものとする。

＜容器について＞

容器の形は円錐《すい》である。容器を正面から見た模式図で表すと**図１**のようになり，AB＝８cm，AO＝６cmである。このとき，OB＝[⑴] cmであり，容器の容積は [⑵] cm^3である。

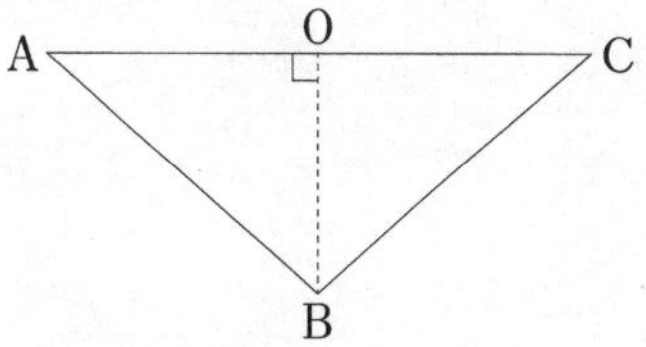

図１

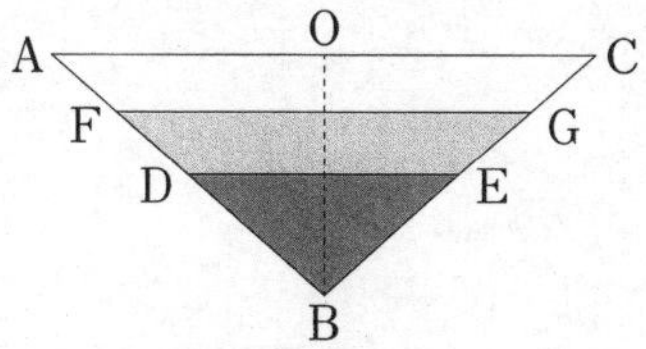

図２

【図１，２の説明】
- △ＡＢＣは容器
- ＢＡ＝ＢＣ
- 点Ｏは線分ＡＣの中点
- 点Ｄ，Ｆは線分ＢＡ上の点，点Ｅ，Ｇは線分ＢＣ上の点
- ＡＣ//ＤＥ，ＡＣ//ＦＧ
- ＢＥ：ＥＧ＝２：１

＜２人の会話＞

絵美：**図２**のように，線分DEまで緑色のゼリーを入れ，固まったら，線分DEから線分FGまで桃色のゼリーを入れよう。各層のゼリーを，それぞれどのくらい用意したらいいのかな。

洋一：各層のゼリーの体積比で考えてみよう。**図２**において，△DBE∽△FBGで，BE：EG

＝2：1 だから，相似比は 2：3 だね。このとき，緑色のゼリーと桃色のゼリーの体積比は ⑶ となるね。

絵美：この体積比を利用しよう。例えば，たくさんつくるために緑色のゼリーを2000cm^3用意したとすると，桃色のゼリーは ⑷ cm^3用意すればよいことがわかるね。

① ⑴ ～ ⑷ に適当な数または比を書き入れなさい。ただし，⑶ は最も簡単な整数比で書き入れなさい。

② 2人は，違う形の容器で2層のゼリーをつくる場合を考えた。**図3**の投影図で表される回転体の容器に，線分TUまで緑色のゼリーを入れ，固まったら，線分TUから線分VWまで桃色のゼリーを入れる。**＜2人の会話＞**と同様に各層のゼリーの体積比を利用して，緑色のゼリーを2800cm^3用意したときに，必要な桃色のゼリーの体積を求めなさい。

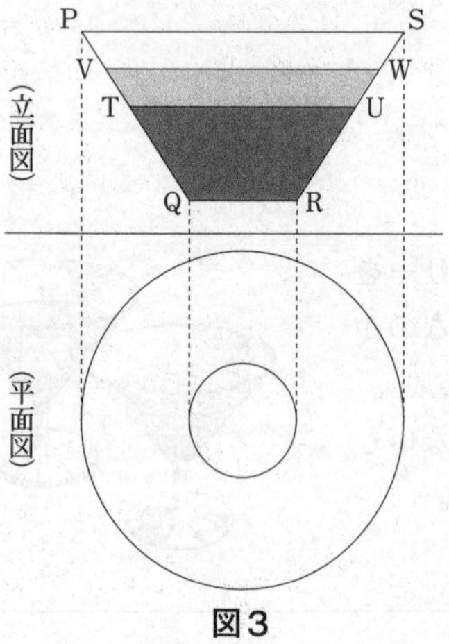

図3

【図3の説明】
- 四角形ＰＱＲＳは台形
- 点Ｔ，Ｖは線分ＱＰ上の点，点Ｕ，Ｗは線分ＲＳ上の点
- ＰＳ//ＴＵ，ＰＳ//ＶＷ
- ＰＳ＝9 cm，ＱＲ＝3 cm，ＱＰ＝ＲＳ＝6 cm
- ＲＳ：ＲＵ：ＵＷ＝4：2：1

特数 (1)

受検番号	(算用数字)	志願校	

解 答 用 紙

※

注意　1　答えに$\sqrt{}$が含まれるときは，$\sqrt{}$をつけたままで答えなさい。また，$\sqrt{}$の中の数は，できるだけ小さい自然数にしなさい。
　　　2　円周率はπを用いなさい。

1

①	
②	
③	
④	
⑤	
⑥	
⑦	$x =$

2

①	(°)
②	
③	
④	
⑤	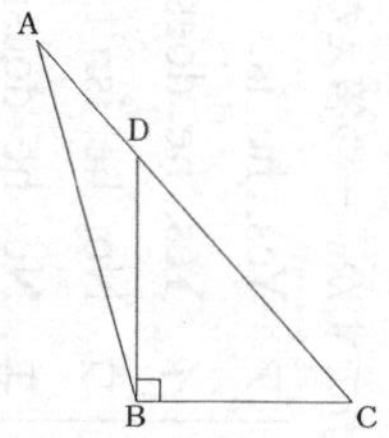

3

①	
②(2)	(枚)
②(3)	(枚)
②(4)	(枚)
③	$a =$ (cm) $b =$ (cm)

4

①(1)	
①(2)	
②	

5

①	
②	
③(1)	
③(2)	
③(3)	

6

①(1)	(cm)
①(2)	(cm^3)
①(3)	:
①(4)	(cm^3)
②	(cm^3)

※この解答用紙は172%に拡大していただきますと，実物大になります。

＜英語＞

時間　45分　　満点　70点

1　この問題は聞き取り検査です。**問題A**～**問題C**に答えなさい。すべての問題で英語は2回ずつ放送されます。途中でメモをとってもかまいません。

問題A　次のイラストについての質問⑴～⑶の答えとして最も適当なのは，**ア**～**エ**のうちではどれですか。一つ答えなさい。

⑴
- **ア**　Hideki.
- **イ**　Kenta.
- **ウ**　Seiji.
- **エ**　Toshi.

⑵
- **ア**　A bag.
- **イ**　A clock.
- **ウ**　A camera.
- **エ**　A cap.

⑶
- **ア**　Two.
- **イ**　Four.
- **ウ**　Five.
- **エ**　Six.

問題B　⑴，⑵のそれぞれの会話に対する質問の答えとして最も適当なのは，**ア**～**エ**のうちではどれですか。一つ答えなさい。

⑴
- **ア**　Yes, he is.
- **イ**　Yes, he does.
- **ウ**　No, he isn't.
- **エ**　No, he doesn't.

⑵
- **ア**　He will go to the library.
- **イ**　He will read the book in his room.
- **ウ**　He will find the book at school.
- **エ**　He will clean his room.

問題C　アニマルパークでYunaとホストファーザーが聞いた開園前のアナウンスが英語で読まれます。次はYunaがアナウンスを聞いた時に書いたメモの一部です。⑴，⑵に答えなさい。

10:00 a.m.	開園
11:00 a.m.	パンダと［　(あ)　］ことができる
2:00 p.m.	ゾウのえさやりイベント
	＊開始［　(い)　］分前集合
5:00 p.m.	閉園

⑴　［(あ)］，［(い)］にそれぞれ適当な日本語や数字を入れなさい。

(2) 次の英文は，アナウンスを聞いた後のホストファーザーとYunaとの会話の一部である。[　　] に適当な英語２語を入れなさい。

Host father : Yuna, do you remember the important thing about the animals in the park?

Yuna : Yes. We must not [　　] we have brought to them.

2 英語の授業で，家族を紹介する活動をしている。①～③に答えなさい。

① 授業の始めに，英語を種類ごとに分けたビンゴ（BINGO）カードを使って，ゲームを行った。次の２枚のビンゴカードはHayateに配られたものである。(あ)，(い) に入れるのに最も適当なのは，ア～エのうちではどれですか。それぞれ一つ答えなさい。

ビンゴカード

interesting	cute	cheerful
(あ)		famous
careful	strong	beautiful

visit	read	go
eat		make
(い)	cook	listen

Hayate

(あ)　ア laugh　イ tooth　ウ car　エ friendly

(い)　ア sing　イ wonderful　ウ hard　エ science

② Hayateは，ビンゴカードの英語を使って，次のように，自分の家族のことを１文で紹介する練習を行った。(う)，(え) に入る英語を，①のビンゴカードの中から選び，適当な形に変えて，１語でそれぞれ答えなさい。

My brother always wins judo matches because he is the (う) player in his class.

My mother likes traveling and she has (え) many countries.

③ Hayateは，祖母を紹介する発表原稿をグループで読み合ったときに，友人から次のようなコメントをもらった。友人からのコメントに従って，下線部(お)～(き)の誤りを正しく書き直しなさい。

発表原稿

> Today I am going to tell you about my cheerful grandmother. Her job is to make cakes and sell them in my town. (お)She makes the cakes are beautiful and good for health. They are (か)eat by many people. I (き)begin to learn cooking one year ago and have learned so much from her. I respect her very much.

友人からのコメント

Chiharu : (お)She makes the cakesは，語の順序が間違っているね。

Satoshi : (か)eatは，主語と動詞の関係を考えないといけないよ。

Honoka : (き)beginは，one year agoとあるから，beginの過去形にしないとね。

3 中学生のYukoは，放課後，授業で自分たちが描いた絵について，廊下でALT（外国語指導助手）のPete先生と話をしている。次は，会話の英文と，会話の内容に関係する３枚の絵である。①，②に答えなさい。

Pete : Hi, Yuko. How was your day?

Yuko : Great. We finished painting pictures in our art class. Now our pictures are in the art room. Please come. I will （あ） you some pictures.

Pete and Yuko are talking in the art room.

Pete : Oh, they look nice! （い） ?

Yuko : Mine is the picture of a mountain covered with snow.

Pete : How about the picture of boys （う） soccer?

Yuko : That's Koji's. Atsushi's is the picture of a girl holding a dog.

① （あ），（う） にそれぞれ適当な英語１語を入れなさい。

② あなたがPete先生になったつもりで，（い） に３語以上の英語を入れなさい。

4 中学生のRyotaは，英語の授業で小学生の弟Keitaとの出来事を日記に書いている。次の英文は，その日記の一部である。①～③に答えなさい。

November 23 (Fri.)

It was a sunny day. My brother Keita and I went to see our uncle in Kyoto. When we arrived at the station, Keita was very excited to see a lot of foreign people there. Suddenly one of them said to us, "Excuse me, could you tell me 1 to Kiyomizu-dera Temple?" I couldn't say anything, but Keita was 2 . He said to the woman, "Oh, hi! You want to go to Kiyomizu-dera? You can go there by bus. （あ） " She said, " （い） " They talked about many things while we were walking to the bus station. Her name was Asha. She came to Japan from India. She was interested in old temples in Kyoto. Keita said, " （う） Goodbye!" Keita talked with Asha in English, but I was too afraid of making mistakes to say anything. I thought, " （え） "

① 1 に適当な英語を２語以上で入れなさい。

② 2 に入れるのに最も適当なのは，ア～エのうちではどれですか。一つ答えなさい。

ア dangerous　イ different　ウ quiet　エ difficult

③ (あ) ～ (え) に入れるのに最も適当なのは，ア～カのうちではどれですか。それぞれ一つ答えなさい。

ア I should be brave next time.　イ I'm sorry, but I don't know him.

ウ You are very kind.　エ Let's go to the bus station together.

オ Take the 10 o'clock train.　カ Have a nice trip!

5 中学生の Taichi，Miki，Jin の３人は，今度学校に来る交換留学生（exchange student）の Nick と Kate のため，事前の希望調査をもとに，それぞれ１日旅行の計画を提案している。次は，希望調査の一部，勧めたい場所の一覧，ALT の Ross 先生と３人との会話の英文である。①～④に答えなさい。

希望調査の一部

Question : What do you want to do during the field trip ?

I love Japanese dishes and want to cook them. Nick

I am interested in kimonos and want to see traditional Japanese art. Kate

勧めたい場所の一覧

Place	Opening Hours		Fee (yen) / person
	Open (a.m.)	Close (p.m.)	
Sun Farm	9:00	2:00	1,200
Ninja Village	9:00	3:00	2,000
Oishi Soba	11:00	4:00	1,500
Museum	10:00	5:00	700
Nagomi	7:00	1:30	1,000

Ross : Will you tell us about your plans for the two exchange students? Can you start first, Taichi?

Taichi : OK. Now it is the best season to eat some fruits at Sun Farm. I want Nick and Kate to try them. They will like the sweet fruits. Then they can go to *Nagomi*, a Japanese restaurant, for lunch. In the afternoon, they can visit the museum to learn about traditional Japanese art.

Ross : I see. Thank you, Taichi. I really like your plan. Miki, what's your plan?

Miki : In my plan, I want to take them to Ninja Village. Wearing ninja clothes and taking photos is popular among foreign students. They can try kimonos if they want. They can also take some time to see ukiyo-e there.

Ross : That sounds interesting, Miki. Miki's idea is perfect for Kate. How about you, Jin?

Jin : First, I want Nick to enjoy *Oishi* Soba. In this place, they can make a Japanese dish, soba, and eat it for lunch. After that, they can go to the museum. Taichi said that they can experience traditional Japanese art there. I also heard that there are many kinds of kimonos to see at the same museum. Kate will love that place!

Ross　: Everyone, thank you! We have just heard great ideas, but we have to choose only one plan. Now, please think about the two exchange students' answers carefully again. (あ) Whose plan will be the best? Why?

〔注〕 dish 料理　　fee 料金　　ninja 忍者　　ukiyo-e 浮世絵

① 次の英語の質問に対する答えとして最も適当なのは，ア～エのうちではどれですか。一つ答えなさい。

What place has longer opening hours than *Nagomi*?

ア Sun Farm.　　イ Ninja Village.　　ウ *Oishi* Soba.　　エ Museum.

② Taichi の提案を選ぶと，1日旅行で必要な一人あたりの費用として，最も適当なのは，ア～エのうちではどれですか。一つ答えなさい。

ア 4,700円　　イ 2,900円　　ウ 2,200円　　エ 2,000円

③ Miki の提案の中で触れられていないことは，ア～エのうちではどれですか。一つ答えなさい。

ア To take photos.　　イ To try kimonos.

ウ To enjoy soba.　　エ To see ukiyo-e.

④ Taichi, Miki, Jin は，下線部(あ)の Ross 先生の質問に対する答えを次のように考えた。［⑴］には1語，［⑵］には6語以内で英語を入れて，文を完成させなさい。

［　⑴　］ plan will be the best because ［　　⑵　　］ the field trip.

6　中学生の Ayaka は，登校中，外国人の Ms. Cruz を見かけた。学校の英語クラブで，そのときの出来事について話をしたことがきっかけで，ちらし（leaflet）を作成することになった。次は，英語クラブの顧問の Jason 先生と部員の Tomoko との会話と，作成したちらしである。（ちらしは14ページにあります。）①～⑤に答えなさい。

Ayaka　: Do you remember the woman who just started to live in this community?

Tomoko : Yes, I remember her. You told me about Ms. Cruz before.

Ayaka　: This morning she was putting out garbage on the street. It's Wednesday today, right? Garbage is not collected on Wednesdays. I wanted to tell her about the right place and days.

Jason　: So, did you tell her?

Ayaka　: (あ) I tried, but I wasn't able to speak English very well. She didn't understand me. I was sad. Is there anything I can do for her?

Tomoko : Why don't you make a leaflet with me about life in this community?

Ayaka　: That's a good idea. It will be good for foreign people living around here.

数日後，英語クラブの活動で Ayaka と Tomoko はちらしを作成している。

Ayaka　: Some foreign people don't know how they can put out garbage. For example, they don't know when and where to put out garbage.

Tomoko : Also, I think it is too difficult for them to understand our city's rules for separating garbage.

Jason : Right. In some countries, people have no rules for putting out garbage, so they don't have to worry about rules.

Ayaka : Is that true? I didn't know that. How can foreign people understand our rules easily?

Tomoko : How about putting pictures and a map on the leaflet?

Ayaka : That's amazing! What do you call "*Moyasu-gomi*" and "*Shigen-gomi*"?

Tomoko : They are called "garbage for burning" and "garbage for recycling". We can put out garbage for burning [(い)] a week.

Ayaka : That's right. We have to write where to put out garbage.

Tomoko : (う) We should put a star (★) here. It is in front of our park and between the supermarket and the library. We have two hours in the [(え)] to put out garbage on the days for garbage.

Ayaka : Good. Let me see. How about writing some information about our summer festival? It will be better if foreign people can get along with other people in our community.

Tomoko : Cool! We should write the date, time and place of the festival here.

Ayaka : What will foreign people enjoy in the festival?

Tomoko : They will enjoy *Bon Odori*. How should we say *Bon Odori* in English?

Jason : It is a traditional Japanese dance.

Tomoko : Finally, we have finished it!

AyakaとTomokoは完成したちらしをMs. Cruzや地域に暮らす外国人に渡した。その1ヵ月後，二人は夏祭りでMs. Cruzと彼女の家族に出会った。

Tomoko : Oh, look! Ms. Cruz and her family! Let's talk with them.

Ayaka : Hello, Ms. Cruz. You are here today. Thank you for coming.

Ms. Cruz : Oh, hello, Ayaka and Tomoko. Thank you for inviting us. This is such a nice event. Because of your leaflet, we got the necessary information.

Ayaka : We are really happy to hear that.

Ms. Cruz : I was glad that you worried about foreign people like us. I think this leaflet gave us a big chance to be members of this community. When people feel they are supported by others, they will want to do something for others. Next time, I would like to make a leaflet with you and share my culture with people in this community.

［注］ community 地域社会，コミュニティ　put out garbage ゴミを出す　rule ルール，マナー　separate ～ ～を分別する　burn ～ ～を燃やす　get along with ～ ～とうまくやっていく

① 下線部(あ)について，AyakaがMs. Cruzに伝えようとしたことを，10字以上15字以内の日本語で書きなさい。

ちらし

This is a leaflet about information of our life in this community.

(1) Rules for putting out garbage

	For burning	For recycling
Garbage	Moyasu-gomi 	Shigen-gomi 
Bag	Yellow	Blue
Day	Tuesday Friday	Thursday

Map ★: We must put out garbage here from 6:00 a.m. to 8:00 a.m.

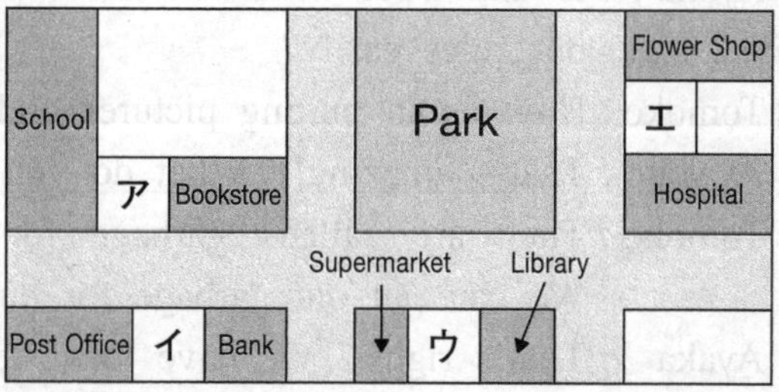

(2) Summer Festival

Date : Monday, August 13
Time : From 5:00 p.m. to 9:00 p.m.
Place : Park
Join us for a traditional Japanese dance !

We hope this leaflet will be the first step for you.
You will [(お)].

② [(い)], [(え)] に入る英語の組み合わせとして最も適当なのは，ア～エのうちではどれですか。一つ答えなさい。

ア (い) twice (え) morning
イ (い) three times (え) morning
ウ (い) twice (え) evening
エ (い) three times (え) evening

③ 下線部(う)について，★をちらしの **Map** 上に入れるのに最も適当なのは，ア～エのうちではどれですか。一つ答えなさい。

④ ちらしの中の [(お)] に入れるのに最も適当なのは，ア～エのうちではどれですか。一つ答えなさい。

ア understand what to do when you get sick and want to go to the hospital
イ take part in our summer festival to teach *Bon Odori*
ウ decide when you should collect garbage
エ learn about rules and events in our community

⑤ 英文の内容と合っているのは，ア～オのうちではどれですか。当てはまるものをすべて答えなさい。

ア One day the woman Ayaka saw told Ayaka to put out her garbage.
イ Jason asked Ayaka and Tomoko to make a leaflet.
ウ People do not have to worry about the rules for garbage in some countries.
エ Jason taught Ayaka and Tomoko how to dance *Bon Odori*.
オ Ms. Cruz wants people in her community to learn about her culture.

特英 (1)

受検番号	(算用数字)	志願校	

解　答　用　紙

※

注意　1　英語で書くところは，どの書体で書いてもよろしい。
　　　2　語数が指定されている設問では，「,」や「.」などの符号は語数に含めません。また，「don't」などの短縮形は，1語とします。

1

A(1)	
A(2)	
A(3)	
B(1)	
B(2)	
C(1)(あ)	
C(1)(い)	
C(2)	

2

①(あ)	
①(い)	
②(う)	
②(え)	
③(お)	
③(か)	
③(き)	

3

①(あ)	
①(う)	
②	

4

①	
②	
③(あ)	
③(い)	
③(う)	
③(え)	

5

①	
②	
③	
④(1)	
④(2)	

6

①	
②	
③	
④	
⑤	

※この解答用紙は164%に拡大していただきますと，実物大になります。

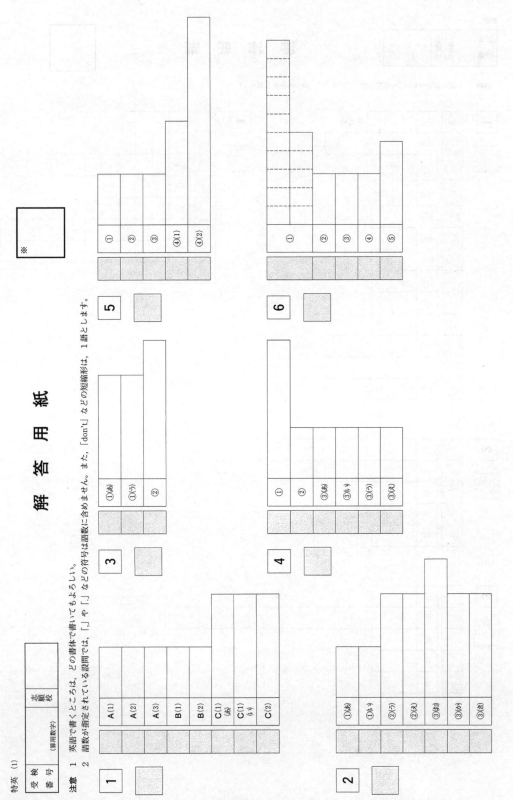

特国 (1)

受検番号	(算用数字)	志願校	

解答用紙

※

注意　字数が指定されている設問では、「、」や「。」も一ます使いなさい。

1

①(1) がれる
①(2)
①(3)
①(4) げる
②(1)
②(2)
②(3)
②(4)
③
④(1)
④(2)
④(3)
④(4)

2

①
②
③
④
⑤

3

①
②
③
④
⑤

4

①
②X
②Y
③
④
⑤
⑥

※この解答用紙は175％に拡大していただきますと、実物大になります。

適当なのは、ア～エのうちではどれですか。一つ答えなさい。

ア　環境問題やエネルギー不足が深刻化する中で、人々が自然と共存することで育んできた高度成長以前の食文化に回帰すること。

イ　好みの食の維持のために、石油の供給が不安定な中でも遠方から安定して食材を入手する新たな流通システムを開発すること。

ウ　食の好みを追求するだけではなく、有限であるエネルギーの消費をできる限り抑えるような食料生産の仕組みを構築すること。

エ　グローバル化により異国の食文化への関心が高まり、海外から安価な食料を輸入する中で食の安全を保つ制度を整備すること。

る。ⓔ文明の食といってもよいだろう。

　文明の食の何が悪いという意見もあるだろう。しかしゆきすぎたそれに異を唱える人も大勢いる。文明の食の評価をめぐって意見は分かれる。人の好みには、軽々に口を出すべきではない、という意見もまたあろう。しかし「好み」が主張できるのは、使うことができるエネルギーが、好みという選択の自由を許せるほどに潤沢であるからだ。それは、限られた幸運な時代を生きた人びとにだけ与えられた自由なのだということを忘れてはならない。

　これからの時代の文明の食はどうなるのだろうか。エネルギーが無限でないことは、[ⓕ]だれの目にも明らかだ。これからの社会、石油の供給やその価格が不安定さを増すことは確実である。マグロの寿司のために、食材を千キロ、万キロの単位で運ぶことなど、やがてはとてつもない贅沢《ぜいたく》だと認識される時代がやってくるに相違ない。新たな技術革新に期待することはもちろん必要だが、同時に、ⓖ新たな「文明の食」を模索することもまた求められているように思う。

　人間は雑食動物である。昔の人びとの食料生産システムはとても合理的である。

（出典　佐藤洋一郎「食の多様性」）

(注) モンスーンアジア――アジアで季節風の影響を受ける地域。
漁撈――水産物をとること。
ナレズシ――発酵させて作るすし。
フィッシュ・アンド・チップス――魚のフライに、棒状のポテトフライを添えた料理。
寿司バー――すし店のこと。

① [ⓐ]、[ⓕ]にそれぞれ入れることばの組み合わせとして最も適当なのは、**ア**～**エ**のうちではどれですか。一つ答えなさい。

ア　ⓐましてや　ⓕもはや　　**イ**　ⓐさらには　ⓕあたかも

ウ　ⓐまたもや　ⓕきっと　　**エ**　ⓐおそらく　ⓕなおさら

② 「ⓑ動物性タンパク質……異なる」とあるが、このことの背景について具体的に説明した次の文の[X]、[Y]に入れるのに適当なことばを、[X]は二字、[Y]は七字で、それぞれ文章中から抜き出して書きなさい。

　動物性タンパク質の供給源が、西洋では[X]であったのに対し、東洋では[Y]である魚が中心であった。

③ 「ⓒそれが……なのである」とあるが、田は、本来どのような場だと筆者は述べているか。それを説明したものとして最も適当なのは、**ア**～**エ**のうちではどれですか。一つ答えなさい。

ア　田は、人々がイネだけではなく食の対象として魚を育てるために利用した場である。

イ　田は、植物や魚や昆虫などのすみかとして周辺環境の生態系を支えている場である。

ウ　田は、人間や魚などの動物が生存していくために必要な水を蓄えるための場である。

エ　田は、人々の食の対象となった魚をはじめとする数多くの生物が存在する場である。

④ [ⓓ]に入れるのに適当なことばを、文章中から三字で抜き出して書きなさい。

⑤ 「ⓔ文明の食……よいだろう」とあるが、その理由を説明した次の文の[　]に入れるのに適当なことばを、二十字以内で書きなさい。

　技術の革新によって、[　]が提供されるようになったから。

⑥ 「ⓖ新たな……求められている」とあるが、筆者はどのようなことが求められていると考えているか。それを説明したものとして最も

か。

タンパク供給源の中心にいたのは魚である。魚というと「海の幸」を考える人が多いが、海産魚のウェイトが高まったのは比較的最近のことで、それまでは淡水魚が主だった。今でこそ「魚」といえば海の魚を連想するが、それは過去の姿ではない。動力船を操らなければならないような近代漁業が昔からあったわけではない。ⓐ、回遊魚を獲《と》る遠洋漁業など、ごく新しい産業なのである。

魚は、天然資源である。最近でこそ養殖漁業が注目を集めたりもするが、それでもまだ、完全養殖できる魚は限られている。家畜を「飼う」西洋とは違い、モンスーンアジアでは動物性タンパク質の主要部分はいまだに自然のたまものなのだ。一方、欧州の人びとは、キリスト教がおこったすでにそのころには、エネルギーは穀類から、そして動物性タンパク質は家畜から得る暮らしをしていた。「天然もの」は未開のもの、つまり文明にあらざるものであった。ⓑ動物性タンパク質に対する思想は洋の東西で大きく異なる。

モンスーンアジアでは、淡水魚たちの多くは、田やその周辺の湿地に住んでいた。日本列島でも、西日本ではいわゆる水田漁撈《ぎょろう》が淡水魚の中核をなしていた。今の日本では、田は農業生産の場である。貯水池の機能があるとか都市熱を吸収して気温の上昇を防ぐ働きをするなどともいわれるが、それらはあくまで二次的な効果である。田には本来、もっと別な機能が備わっていた。ⓒそれが「魚」を提供する場なのである。

高度成長の前まで、田にはイネ以外にもさまざまな生き物が生きていた。むろん様々な植物がいる。昆虫も、鳥も、そしてさまざまな種類の動物たちもいる。そして、人びとにとって、それらの多くが食の対象であった。

田んぼの生き物たちは、互いに助け合って生きてきた。イネは、動物たちから栄養分をもらっている。その代《かわ》りに動物たちに住む場を提供している。共存は、単なる共存ではなく共生なのだ。そしてこの共生は、食物連鎖などを通じて複雑に絡《から》み合う「連鎖の環《わ》」を形作っている。

イネはさまざまな動植物と共生してきたが、イネと魚の関係はそれだけにとどまらない。そこに人間の文化が介在している。人間の文化が介在することで、米と魚を一緒に調理してそれを食べるという新たな関係ができあがる。田んぼの産物である米とそこに住む魚たちは、例えばナレズシに代表されるような、その土地固有の食文化を形成してきた。私は、こうした関係を、「米と魚の同所性」という考えで説明しようとした。

両者が生態系の中で共生しているからこそ、生存にかかるエネルギーは最小にとどまる。そしてそこでとれたそれらを一緒に料理するからこそ、人間の消費にかかるエネルギーもまた最小限にとどめられるのである。

文明以後の人類は、このⓓを積極的に崩してきた。本来は異なる風土に育まれた二つの食材を組み合わせたさまざまなメニューが登場した。今や和食としての不動の地位を固めたかにみえる「牛丼」にせよ代表的な英国料理である「フィッシュ・アンド・チップス」にせよ、素材はもともとは遠く離れた地に成立した食材を組み合わせたものである。

そればかりか、地球のあちこちでとれた食材を組み合わせた一品を楽しむ習慣はいまや世界に広がっている。同じ「米と魚」でも、最近では世界の各地に寿司《すし》バーがあり、そこでは地上を数千キロも運ばれた食材が組み合わされて提供されている。それは新たな食の文化であ

り。

ウ　玲於奈をしのぐ演奏で、ソロを獲得できるようにという基の祈り。

エ　上達した演奏で、瑛太郎を感動させられるようにという基の祈り。

②「ⓑだから僕は、全力で玲於奈に勝つ」とあるが、「基」がそのように考える理由を説明した次の文の[　　]に入れるのに適当なことばを、十五字以内で書きなさい。

互いに実力を高め合ってきた玲於奈と[　　]が残りわずかであることを意識し、玲於奈との勝負に真剣に向き合おうと考えたから。

③「ⓒ擦れた声で、ガラスを噛み砕くような苦しそうな言い方で」とあるが、このときの「瑛太郎」の心情を説明したものとして最も適当なのは、ア～エのうちではどれですか。一つ答えなさい。

ア　玲於奈が持ち前の実力を発揮できなかったことを惜しんでいる。

イ　玲於奈と基の演奏のどちらが優れているかを決めかねている。

ウ　二人をともにはソロに選ぶことができない状況に憤《いきどお》っている。

エ　どちらか一方を選ぶという決断を下すことをつらく感じている。

④「ⓓ平坦な声で」、「ⓔふっと表情を和らげて」、「ⓕ笑みまでこぼしながら」とあるが、これらからわかる「玲於奈」の心情について説明したものとして最も適当なのは、ア～エのうちではどれですか。一つ答えなさい。

ア　すぐには結果を受け止めきれなかったが、基や瑛太郎のさりげない優しさにふれ、少しずつつらい気持ちも薄らいできている。

イ　選考の結果を聞いて一時は茫然《ぼうぜん》自失の状態に陥ったが、緊張感から解放され、次第に安堵《あんど》の気持ちが湧きはじめている。

ウ　心は晴れないままであったが、結果を素直に受け入れて基を応援することにより、何とか気持ちを切り替えようとしている。

エ　厳しい結果に悔しさが募ってきたが、それを押し殺して基や瑛太郎に悟られないよう、努めて明るく振る舞おうとしている。

⑤「ⓖひたすら、自分に言い聞かせた」とあるが、このときの「基」の心情を説明したものとして最も適当なのは、ア～エのうちではどれですか。一つ答えなさい。

ア　玲於奈の泣き声を聞くことに耐えられず、自らの音楽への向き合い方を振り返り、玲於奈と本気で勝負をしたことを後悔している。

イ　玲於奈の気持ちを考えると申し訳ないが、互いに切磋琢磨《せっさたくま》してきた彼女に勝ったことで、全国大会での自らの活躍を確信している。

ウ　玲於奈の気持ちを考えるとやりきれないが、ぶつかり合うことで音楽が磨かれていくと信じ、弱い自分を押さえ込もうとしている。

エ　玲於奈の泣き声を聞き続けることに疲れ、競い合いを振り返って、実力を発揮できた満足感で自分自身の気持ちを紛らわせている。

4　次の文章を読んで、①～⑥に答えなさい。

日本を含む東南アジアには、大型の家畜を飼う文化が、ごく最近まで育たなかった。豚や鶏はいたし、また大豆のようなすぐれた植物性タンパク質をもってはいたが、タンパク質の供給源としてはそれだけでは不十分である。人びとはどこからタンパク質を得ていたのだろう

「ありがとうございました」

玲於奈が瑛太郎に頭を下げる。ⓓ平坦《へいたん》な声で、何の感情も見えてこない。

「もうみんな帰っちゃいましたよね？　私たち、電車で帰るんですか？」

ⓔふっと表情を和らげて、玲於奈が聞く。

「天気も悪いし、タクシーで帰ろうかなと思ってた」

「ちょっと一人になりたいんで、私だけ電車で帰っちゃ駄目ですか？」

ホテルの場所、頭に入ってますから。ⓕ笑みまでこぼしながら、玲於奈はそう続けた。瑛太郎が何か言いたそうに口を開きかけ、閉じる。だいぶ間を置いてから、首を横に振った。

「悪いな、一人じゃ帰せない」

そう言って、瑛太郎は基の腕を摑《つか》んだ。強く強く、引かれる。

「ちょっとトイレに行って来るから、戻ったらタクシーを呼んで帰るぞ」

玲於奈を一人残し、基と瑛太郎は体育館を出た。

瑛太郎に肩を摑まれた。

「お前は泣いちゃ駄目だ」

低い声で、そう言われる。

「わかってます」

瞬《まばた》きを繰り返して、込み上げて来たものを体の奥へ戻す。肩にのった瑛太郎の手に、一際《ひときわ》力がこもった。痛い。指が肩にめり込みそうだ。

「二人で吹かせてやりたかった」

ぽつりと、彼がそんなことを言う。臆病で幼くて優しいことを言う。

「ソロを前半と後半で分けるとか、掛け合いにするとか、そんなことばかり、ここ数日、ずっと考えてた」

「駄目ですよ」

即答して、唇を嚙んだ。そうしないと、涙があふれてきそうだった。

「ぶつかり合うから、音楽は輝くんだ。仲良しこよしじゃなくて、戦って、たくさんの敗者が出て、そうやって、磨かれていくんだ」

そう思わないとやっていられない。吹奏楽なんて、やっていられない。コンクールなんて、やっていられるか。

「そうだな」

瑛太郎の掌《てのひら》は強《こわ》ばったままだった。伝わってくる震えに、基は目を伏せた。ずっと一緒に練習してきたアルトサックスをもう一度抱きしめて、金色のボディに額を擦りつけた。

ずっと、聞こえる。玲於奈の泣き声が、体育館から聞こえてくる。稲妻のようだった。体育館の扉も、雨音をも突き破って、基と瑛太郎の体を切り刻むように、ずっと聞こえていた。ずっとずっと、何分、何十分待っても、消えなかった。

ぶつかり合うから、僕たちは昨日までの自分になかったものを手に入れる。

ⓖひたすら、自分に言い聞かせた。

（出典　額《ぬか》賀《が》澪《みお》「風に恋う」）

① 「ⓐ祈り」を説明したものとして最も適当なのは、**ア**～**エ**のうちではどれですか。一つ答えなさい。

ア　瑛太郎の指導を、卒業後も受けられるようにという玲於奈の祈り。

イ　基に勝ち、最後の大会でソロを吹けるようにという玲於奈の祈

④ ⓔ に入れるのに適当な孔子のことばを、文章Ⅰの中から漢字三字で抜き出して書きなさい。

⑤ 文章Ⅰ、文章Ⅱからわかる、孔子の発言の意図について説明したものとして最も適当なのは、ア～エのうちではどれですか。一つ答えなさい。

ア 小さな失敗にいつまでもこだわらず、次の成功に向けて努力を積み重ねることの大切さに気付かせようとしている。

イ 何事にも物怖《ものお》じせず、積極的に挑戦して最後までやり遂げることの尊さについて説明し、自立させようとしている。

ウ 中途半端《はんぱ》にやめてしまうことで信頼を失うことのないよう忠告するとともに、常に誠実に行動させようとしている。

エ 自らの実力を過小評価して、最初から何もせぬままあきらめてしまうことを戒め、果敢に挑戦させようとしている。

3 次の文章は、「基《もとい》」とその幼なじみで二歳年上の「玲於奈《れおな》」が、高校の吹奏楽部で指導を受けている「不破瑛太郎《ふわえいたろう》」にそれぞれの演奏を披露する場面である。二人は、翌日に出場する吹奏楽コンクールの全国大会でどちらがソロを担当するかを、「瑛太郎」に決めてもらうことにしていた。これを読んで、①～⑤に答えなさい。

「私が先に吹きます」

玲於奈がそう宣言し、オーボエのリードを口に咥《くわ》える。息を吸う音に、天井から響いていた雨音が掻《か》き消された。じっとりと湿った体育館に木漏れ日が差すみたいに、オーボエが歌う。同じソロなのに、同じ音符を追っているのに、自分が吹くのとは全然違う。

やっぱり、ⓐ祈りだ。最後のコンクールでソロを吹き切って終わりたいと願う音。新しい場所へ行くから、自分の過ごした場所を名残惜しく撫《な》でる。そんな演奏だった。

でも、それでも、ソロは僕が吹きたい。玲於奈の演奏を聞き届け、基は楽器を構えた。

「見てて」

自分がそう言えば、玲於奈は、絶対に見ていてくれる。オーボエを両手で抱えて、玲於奈は基の方へ体を向けた。正面から、基を見た。

マウスピースを口に含んで、息を吹き込んだ。胸の中に滞留する精一杯の祈りを、音にのせる。自分は不破瑛太郎と音楽を続けるために全日本のステージに立つ。ソロを吹く。お前にはあと二年ある。玲於奈に譲ってやればいいのに。耳の奥で、そんな声がする。西関東大会が終わってからずっと、そう思う自分がいた。弱い自分。優しい自分。でも、やっぱり弱い自分。

最後だとか、来年もあるとか、そんなんじゃない。この時間は、いつ終わるかわからない貴重でいとしいものなのだ。玲於奈と一緒のコンクールは、明日が最後だ。ⓑだから僕は、全力で玲於奈に勝つ。

最後の音の残響が、いつもより長く聞こえた。がらんとした体育館のフロアに響き、遠くから雨音が忍び寄ってくる。

「ありがとう」

瑛太郎の声に、基ははっと我に返った。彼は静かな目をしていた。でも、歯を食いしばっているのがわかった。その目が、玲於奈へ向く。

「すまない」

間髪入れず瑛太郎は言った。ⓒ擦《かす》れた声で、ガラスを噛《か》み砕くような苦しそうな言い方で。

そしてすぐに基へと視線を移し、言った。ソロはお前だ、と。

大きく息を吸って、吐き出して、基は「はい」と返事をした。

当なのは、ア～エのうちではどれですか。一つ答えなさい。

ア 資料送付のお礼と新たな取材の依頼について連絡するため。

イ 見学して調査したい具体的内容や質問事項を通知するため。

ウ 訪問可能日と送付された資料の疑問点について検討するため。

エ インタビュー承諾のお礼とその日程調整の方法を確認するため。

2 次の文章Ⅰは『論語』の一節とその【私訳】であり、文章Ⅱは文章Ⅰについて解説したものである。これらを読んで、①～⑤に答えなさい。

Ⅰ　冉求曰　ⓐ非不説子之道　力不足也　子曰　力不足者　中道而廃　今女画

冉求《ぜんきゅう》曰《いわ》く、ⓑ子の道を説《よろこ》ばざるには非《あら》ず、力足らざるなり。子曰く、力足らざる者は、中道にして廃す。今、女《なんじ》はⓒ画《かぎ》れり。

【私訳】　冉求が言った、「［ⓓ］の説かれる道を好まないわけではないのです、わたしの力が足りないのです」孔子さまが言った、「求よ、力が足りない者というのは、とにかくやってみて、中途で挫折してやめることをいうのだ。ところがおまえのは、初めから自分に見切りをつけているのだよ」

Ⅱ　冉求は、姓が冉、名が求、字《あざな》が子有《しゆう》。性格はおとなしくうやうやしかったらしいが、引っこみ思案であったことは孔子が積極果敢な子路《しろ》と反対に「求や退く」と言っていることでもわかる。

この場合も冉求は、孔子の教えに対し、それを説ばないのではないのですが、わたしの力不足でできないのです、とはなから断念したのを、「今、女は画れり」お前はやる前から自分に見切りをつけているのだ、と叱ったのである。

しかし、何事によらず世の中には、そのことをやる以前にもう自分にはできないと見切りをつけてしまう人の方が多いもので、そういう人に対してこの「［ⓔ］」は何よりのはげましになるであろう。

（出典　中野孝次「論語の読み方」）

㊟　冉求、子路――いずれも人名。

字――昔の中国で本名以外に用いた名。

① 「ⓐ非不説」の現代語訳に当たる部分を、文章Ⅱの中から抜き出して書きなさい。

② 【私訳】を完成させるために、「ⓑ子」の意味を漢和辞典で調べた。次の【漢和辞典の一部】に書かれた「子」の意味の中から、［ⓓ］に入れるのに最も適当なことばを、抜き出して書きなさい。

【漢和辞典の一部】

> 【子】シ・ス　コ
>
> 意味
>
> ❶こども。例童子。むすこ、また、むすめ。例子息。子女。
>
> ❷尊称。学徳・地位などのある者に用いる。先生。
>
> ❸み。果実。たね。例種子。
>
> ❹分かれ出たもの。利息。例利子。
>
> ❺ね。十二支の第一位。時刻では夜の十二時ごろ、また、その前後二時間。方位では北。動物ではねずみ。

③ 「ⓒ画れり」とあるが、ここで用いられている「画」と同じ意味の「画」を含む熟語として最も適当なのは、ア～エのうちではどれですか。一つ答えなさい。

ア 図画　**イ** 区画　**ウ** 計画　**エ** 録画

＜国語＞

時間　四五分　満点　七〇点

1 次①～④に答えなさい。

① (1)～(4)の――の部分について、(1)、(2)は漢字の読みを書きなさい。また、(3)、(4)は漢字に直して楷書で書きなさい。

(1) 級友との再会を待ち焦がれる。

(2) 流行に便乗した商品を売る。

(3) 万国ハクラン会の開催が決定した。

(4) 子供を保育園にアズける。

② (1)～(4)の文について、――の文節どうしの関係を表しているのは、ア～エのうちではどれですか。それぞれ一つ答えなさい。

(1) 歩いて　街外れの　公園まで　行って　みる。

(2) 子供たちの　明るい　笑い声が　校庭に　あふれる。

(3) とても　感動的な　映画の　結末に　彼も　私も　涙した。

(4) 寒いので　温かい　お茶を　飲みたい。

ア 並立の関係　イ 主・述の関係

ウ 補助の関係　エ 修飾・被修飾の関係

③ 次の行書で書かれた漢字を楷書で書いたとき、総画数が最も多いのは、ア～エのうちではどれですか。一つ答えなさい。

ア 起　イ 税　ウ 推　エ 馬

④ 下段の手紙は、地域の図書館について調べ学習をしている優子さんが書いたものである。これを読んで、(1)～(4)に答えなさい。

X

立春の候、中央図書館の皆様には、いかがお過ごしでしょうか。

さて、先日は貴館の利用者数に関する資料を送って Y 、ありがとうございました。調べていくうちに、実際の図書館業務についてより詳しく知りたいと思いました。つきましては、司書の方にインタビューをさせていただけないでしょうか。後日こちらから電話をいたしますので、ご都合をお聞かせ願います。

お忙しいところ恐れ入りますが、ご検討のほどよろしくお願いいたします。

敬具

二月六日

第六中学校　二年二組　木村　優子

中央図書館　Z

(1) X 、 Z にそれぞれ入れることばの組み合わせとして最も適当なのは、ア～エのうちではどれですか。一つ答えなさい。

ア X 前略　Z 御中　イ X 拝復　Z 様

ウ X 拝啓　Z 御中　エ X 謹啓　Z 様

(2) 「立春の候」と同じ時期に用いる時候の挨拶として適当なのは、ア～エのうちではどれですか。すべて答えなさい。

ア 梅のつぼみも膨らむ頃となりましたが

イ 春とはいえ厳しい寒さが続きますが

ウ 一雨ごとに涼しくなってまいりましたが

エ うららかな心地よい季節となりましたが

(3) Y に「くれる」の尊敬語を、後に続くように適当な形に直して書きなさい。

(4) 優子さんがこの手紙を書いた目的を説明したものとして最も適

2019年度

解 答 と 解 説

《2019年度の配点は解答用紙集に掲載してあります。》

＜数学解答＞

1　① 14　② $-\frac{1}{10}$　③ 4　④ $9a^2b^2$　⑤ $2\sqrt{3}$　⑥ x^2+x-56

⑦ $x=\frac{-5\pm\sqrt{17}}{4}$

2　① 53(°)　② $3\leqq y\leqq 11$　③ $\frac{2}{3}$　④ ア，ウ

⑤ 右図

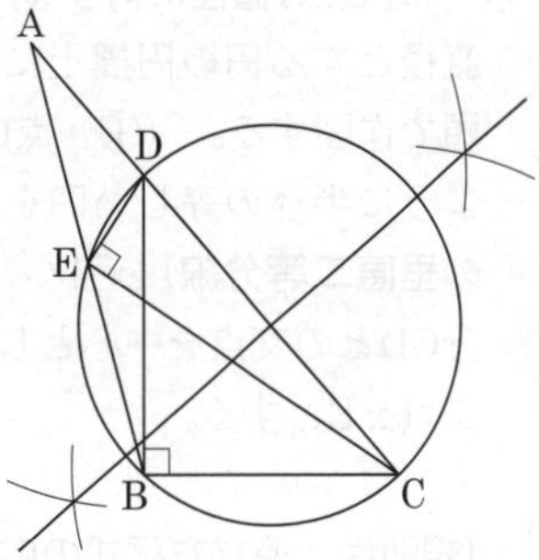

3　① 15　② (2) n(枚)　(3) $n+1$(枚)

(4) $\frac{1}{2}n(n+1)$(枚)　③ $a=10$(cm)　$b=16$(cm)

4　① (1) イ　(2) エ　② 解説参照

5　① 9　② $x+6$　③ (1) $4a$　(2) $4-4a$

(3) 解説参照

6　① (1) $2\sqrt{7}$(cm)　(2) $24\sqrt{7}\pi$(cm^3)　(3) 8：19　(4) 4750(cm^3)

② 3050(cm^3)

＜数学解説＞

1　(数・式の計算，平方根，式の展開，二次方程式)

① **正の数・負の数をひくには，符号を変えた数をたせばよい。** $5-(-9)=5+(+9)=5+9=14$

② **異符号の2数の商の符号は負で，絶対値は2数の絶対値の商**だから，$\left(-\frac{3}{4}\right)\div\frac{15}{2}=-\left(\frac{3}{4}\div\frac{15}{2}\right)=-\left(\frac{3}{4}\times\frac{2}{15}\right)=-\frac{1}{10}$

③ $-4^2+20=-(4\times4)+20=-16+20=20-16=4$

④ $18a^2b^3\div2ab^2\times ab=18a^2b^3\times\frac{1}{2ab^2}\times ab=\frac{18a^2b^3\times ab}{2ab^2}=9a^2b^2$

⑤ $\sqrt{27}=\sqrt{3^3}=\sqrt{3^2\times3}=3\sqrt{3}$ だから，$\sqrt{27}-\sqrt{3}=3\sqrt{3}-\sqrt{3}=(3-1)\sqrt{3}=2\sqrt{3}$

⑥ **乗法公式$(x+a)(x+b)=x^2+(a+b)x+ab$**より，$(x-7)(x+8)=\{x+(-7)\}(x+8)=x^2+\{(-7)+8\}x+(-7)\times8=x^2+x-56$

⑦ **2次方程式$ax^2+bx+c=0$の解は，$x=\frac{-b\pm\sqrt{b^2-4ac}}{2a}$**で求められる。問題の2次方程式は，$a=2$，$b=5$，$c=1$の場合だから，$x=\frac{-5\pm\sqrt{5^2-4\times1\times2}}{2\times2}=\frac{-5\pm\sqrt{25+8}}{4}=\frac{-5\pm\sqrt{17}}{4}$

2　(角度，一次関数，確率，文字を使った式，作図)

① 辺CD上にAD//EHとなるように点Hをとる。平行線の錯角は等しいから　∠FEG＝∠FEH＋∠GEH＝∠EFB＋∠EGA＝31°＋22°＝53°

② 一次関数　$y=2x+3$　は右上がりの直線で，xの値が増加するときyの値も増加するから，yの最小値は$x=0$のとき，$y=2\times0+3=3$，yの最大値は$x=4$のとき，$y=2\times4+3=11$。よって，y

の変域は　$3 \leqq y \leqq 11$

③　A，B，Cの3人が1列に並ぶときの，すべての並び方は，ABC，ACB，BAC，BCA，CAB，CBAの6通り。このうち，AとBがとなり合って並ぶ並び方は～～を付けた4通りだから，求める確率は　$\frac{4}{6}=\frac{2}{3}$

④　1辺の長さが$a$cmの正三角形の周の長さは，$a$cm×3辺＝$3a$(cm)　1辺の長さが$a$cmの立方体の体積は，1辺×1辺×1辺＝$a$cm×$a$cm×$a$cm＝a^3(cm^3)　時速$a$kmで3時間歩いたときの道のりは，(道のり)＝(速さ)×(時間)より，時速$a$km×3時間＝$3a$(km)　3％の食塩水agに含まれる食塩の量は，(食塩の量)＝(食塩水の量)×$\frac{(濃度\%)}{100}$より，ag×$\frac{3}{100}=\frac{3}{100}a$(g)

⑤　(着眼点)直径に対する円周角は90°だから，点Eは線分CDを直径とする円の円周上にある。　(作図手順)次の①～②の手順で作図する。　①　点C，Dをそれぞれ中心として，交わるように半径の等しい円を描き，その交点を通る直線(線分CDの垂直二等分線)を引く。　②　線分CDの垂直二等分線と線分CDとの交点を中心として，点Bを通る円を描き，辺ABとの交点をEとする。

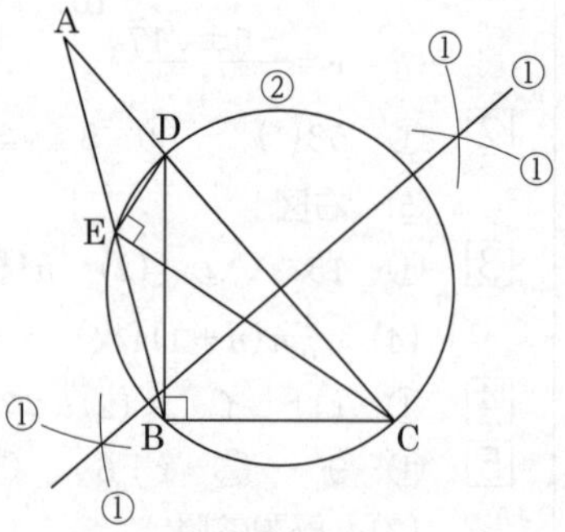

3　(規則性，連立方程式の応用)

①　段数が5のときのカードの合計枚数は，1＋2＋3＋4＋5＝15より，15枚である。

②　段数がnのときのカードの合計枚数をAとすると，A＝1＋2＋3＋…＋$(n-1)+n$…①　また，①の右辺の各項を大きい順に並びかえてもAに等しいから，A＝$n+(n-1)+(n-2)+\cdots+2+$1…②　右図のように，①と②の辺々を足すと，A＋A＝2A＝$(n+1)+(n+1)+(n+1)+\cdots+(n+1)+(n+1)=(n+1)\times n$　となるから，段数がnのときのカードの合計枚数Aは　A＝$(n+1)\times n\div 2=\frac{1}{2}n(n+1)$(枚)である。

$$\begin{array}{rcccccccccc} & 1 & + & 2 & + & 3 & +\cdots+ & (n-1) & + & n \\ +) & n & + & (n-1) & + & (n-2) & +\cdots+ & 2 & + & 1 \\ \hline & (n+1) & + & (n+1) & + & (n+1) & +\cdots+ & (n+1) & + & (n+1) \end{array}$$

③　カードの合計枚数が210枚になるような段数nは　$\frac{1}{2}n(n+1)=210$　より，$n(n+1)=420$　$n^2+n-420=0$　$(n-20)(n+21)=0$　nは自然数だから$n=20$　よって，カードの合計枚数が210枚になるのは，段数が20のときであり，このとき，長方形のボードとカードの縦の長さの関係から　$a$cm×20段＝2m＝200cm　より　$a=10$　長方形のボードとカードの横の長さの関係から　$b$cm×20枚＝3.2m＝320cm　より　$b=16$

4　(資料の散らばり・代表値)

①　(1)　度数が最も多い階級に着目するのは最頻値。3年1組で度数が最も多いのは，10冊以上15冊未満の階級だから，最頻値＝$\frac{10+15}{2}$＝12.5冊。3年生全体で度数が最も多いのは，15冊以上20冊未満の階級だから，最頻値＝$\frac{15+20}{2}$＝17.5冊。最頻値を比較して考えると，3年1組は3年生全体よりも，読書量が少ないと言える。

(2)　特定の階級に着目して，3年1組と3年生全体の30冊以上読んだ人の割合を比較しているから，相対度数を用いて比較している。

②　(例)30冊以上35冊未満の階級のそれぞれの相対度数は，3年1組は　$\frac{6}{40}$＝0.15　3年生全体は$\frac{16}{160}$＝0.1　となり，3年1組の値の方が大きいから。

5　(図形と関数・グラフ)

① 点A，Bは$y=x^2$上にあるから，そのy座標はそれぞれ　$y=3^2=9$　$y=(-2)^2=4$　よって，A(3，9)　B(−2，4)

② 2点A(3，9)，B(−2，4)を通る直線の式は，傾きが　$\frac{9-4}{3-(-2)}=1$　なので，$y=x+b$とおいて点Aの座標を代入すると，$9=3+b$　$b=6$　よって，直線ABの式は，$y=x+6$

③ (1)　点Cのx座標は，点Bのx座標と等しく−2。点Cは$y=ax^2$上にあるから，そのy座標は$y=a\times(-2)^2=4a$　よって，C(−2，4a)　同様にして，点Dも$y=ax^2$上にあるから，そのy座標は　$y=a\times3^2=9a$　よって，D(3，9a)

(2)　BC＝(点Bのy座標)−(点Cのy座標)＝$4-4a$　同様にして，AD＝(点Aのy座標)−(点Dのy座標)＝$9-9a$

(3)　(例)四角形ABCDはAD//BCの台形であり，その面積は50であるから，$\frac{1}{2}\{(4-4a)+(9-9a)\}\times5=50$　$13-13a=20$　$-13a=7$　$a=-\frac{7}{13}$　これは$a<0$を満たす。

6　(相似な円錐，線分の長さ，体積，体積比)

① (1)　△ABOで**三平方の定理**を用いると，$OB=\sqrt{AB^2-AO^2}=\sqrt{8^2-6^2}=2\sqrt{7}$ cm

(2)　容器は，底面の半径が6cm，高さが$2\sqrt{7}$ cmの円錐だから，その容積は　$\frac{1}{3}$×底面積×高さ$=\frac{1}{3}\times(\pi\times6^2)\times2\sqrt{7}=24\sqrt{7}\pi$(cm^3)

(3)　頂点がB，底面の直径がDEの円錐を円錐Ⅰ，頂点がB，底面の直径がFGの円錐を円錐Ⅱとする。また，円錐Ⅰと円錐Ⅱの体積をそれぞれV_1，V_2とする。円錐Ⅰ∽円錐Ⅱで，**相似比**はBE：BG＝2：(2＋1)＝2：3　**相似な立体では，体積比は相似比の3乗に等しい**から，$V_1:V_2=2^3:3^3=8:27$　以上より，緑色のゼリーと桃色のゼリーの体積比は　$V_1:(V_2-V_1)=8:(27-8)=8:19$

(4)　用意する桃色のゼリーを$x$cm^{3}とすると，2000cm^3：$x$cm^3＝8：19　より，$8x=2000\times19$　$x=\frac{2000\times19}{8}=4750$cm^3

② 直線PQと直線SRの交点をXとする。**平行線と線分の比についての定理**より，XR：XS＝QR：PS＝3：9＝1：3　よって，XR：RS＝1：(3−1)＝1：2＝2：4　また，RS：RU：UW＝4：2：1だから，XR：RU：UW＝2：2：1　これより，XR：XU：XW＝2：(2＋2)：(2＋2＋1)＝2：4：5　頂点がX，底面の直径がQRの円錐を円錐Ⅲ，頂点がX，底面の直径がTUの円錐を円錐Ⅳ，頂点がX，底面の直径がVWの円錐を円錐Ⅴとする。また，円錐Ⅲと円錐Ⅳと円錐Ⅴの体積をそれぞれV_3，V_4，V_5とする。円錐Ⅲ∽円錐Ⅳ∽円錐Ⅴで，相似比はXR：XU：XW＝2：4：5　相似な立体では，体積比は相似比の3乗に等しいから，$V_3:V_4:V_5=23:43:53=8:64:125$　以上より，緑色のゼリーと桃色のゼリーの体積比は　$(V_4-V_3):(V_5-V_4)=(64-8):(125-64)=56:61$　必要な桃色のゼリーの体積を$y$cm^{3}とすると，2800cm^3：$y$cm^3＝56：61　より，$56y=2800\times61$　$y=\frac{2800\times61}{56}=3050$cm^3

＜英語解答＞

1　A　(1)　ア　(2)　ウ　(3)　イ　B　(1)　ウ　(2)　エ
C　(1)　(あ)　写真を撮る　(い)　10　(2)　give food

2　①　(あ)　エ　(い)　ア　②　(う)　strongest　(え)　visited
③　(お)　The cakes she makes　(か)　eaten　(き)　began
3　①　(あ)　show　(う)　playing　②　Which is yours
4　①　(例)the way　②　イ　③　(あ)　エ　(い)　ウ　(う)　カ　(え)　ア
5　①　エ　②　イ　③　ウ　④　(1)　Jin's
(2)　(例)both Nick and Kate will enjoy
6　①　(例)ゴミを出す正しい場所と曜日　②　ア　③　ウ　④　エ　⑤　ウ，オ

<英語解説>

1　(リスニング)

放送台本の和訳は，32ページに掲載。

2　(絵・図・表・グラフなどを用いた問題：語句補充・選択，語形変化)

①　(あ)　interesting ＝興味深い・面白い　cute ＝かわいらしい　cheerful ＝明るい・元気のいい　famous ＝有名な　careful ＝注意深い　strong ＝強い　beautiful ＝美しい　すべて形容詞なので(あ)はfriendly が適当。　ア　笑う　イ　歯　ウ　車　エ　親しい・親しみのある　(い)visit ＝訪れる　read ＝読む　go ＝行く　eat ＝食べる　make ＝作る　cook ＝料理する　listen ＝聞く　すべて動詞なので(い)は sing が適当。　ア　歌う　イ　素晴らしい　ウ　かたい・難しい　エ　科学

②　[ハヤテのビンゴカード]　僕の兄はいつも柔道の試合で勝ちます。なぜなら彼は彼のクラスで(う)一番強いからです。僕の母は旅行をするのが好きです。そして彼女はたくさんの国々を(え)訪れたことがあります。　(う)　strong の最上級 strongest にすればよい。**< A is the 形容詞-est …＋in 場所・集団〜など>**で「A は〜の中で最も…だ」　(え)　visit の過去分詞 visited にすればよい。**< have ＋過去分詞>**で「〜したことがある」を表す現在完了。

③　[発表原稿]　今日は，僕は皆さんに私の元気な祖母についてお話します。彼女の仕事はケーキを作りそれを僕の町で売ることです。(お)彼女が作るケーキはきれいで健康に良いのです。それらはたくさんの人たちに(か)食べられています。僕は1年前に料理を学び(き)始め，彼女からとてもたくさんのことを学びました。僕は彼女をとても尊敬しています。　(お)　全訳参照。「彼女が作るケーキ」を表現するには，The cakes を関係代名詞 **that**(省略)で修飾すればよい。　(か)　**< be 動詞＋過去分詞>**で「〜される」の意味を表す。(受け身)。eat の過去分詞 eaten にすればよい。　(き)　begin の過去形 began にすればよい。

3　(絵・図・表・グラフなどを用いた問題，会話文問題：語句補充，自由・条件英作文)

(問題文・解答例訳)

ピート：やあ，ユウコ。どんな日だったかな？

ユウコ：楽しかったです。私たちは美術の授業で絵を描き終えました。今私たちの絵は美術室にあります。来てください。いくつかの絵を先生に(あ)お見せします。

ピートとユウコは美術室で話しています。

ピート：わあ，いいですね！　(い)どれがあなたの絵ですか？

ユウコ：私のは雪で覆われた山の絵です。

ピート：サッカーを(う)している男の子たちの絵は誰のですか？

ユウコ：あれはコウジのです。アツシのは犬を抱いている女の子の絵です。

① (あ) <show ＋人＋物>で「(人)に(物)を見せる」。(う) the boys を後ろから修飾するために「～している」の意味を表すplaying (現在分詞)の形にすればよい。全訳参照。

② 全訳参照。空所(い)直後のユウコの発言に注目。自分の絵はどれかを説明している。

4 (読解問題・エッセイ：語句補充，文の挿入，内容真偽)

(全訳) 11月23日(金)

晴れた日だった。僕の弟のケイタと僕は京都にいる僕たちのおじさんに会いに行った。僕たちが駅に着いた時，ケイタはそこにたくさんの外国人の人たちがいるのを見てとても興奮していた。突然，そのうちの1人が僕たちにこう言った，「すみません，清水寺への$_1$道を教えてくれませんか？」

僕は何も言えなかった，でもケイタは$_2$違った。彼はその女性に言った，「おお，こんにちは。清水寺へ行きたいのですね？　バスで行かれますよ。(あ)一緒にバス乗り場に行きましょう」。彼女は言いました，「(い)あなたはとても親切ですね」。彼らはバス乗り場へ行く間，たくさんのことについて話しをした。彼女の名前はアーシャといった。彼女はインドから日本に来たのだ。彼女は京都の古いお寺に興味をもっていた。ケイタは言った，「(う)良い旅を！さようなら」。ケイタはアーシャと英語で話した，でも僕は間違えることが不安で何も言えなかった。僕は思った，「(え)次の時は勇気を出さなくては」。

① the way to ～＝～への道，～する方法

② 全訳参照。 dangerous ＝危険な　different ＝異なる，違う　quiet ＝静かな　difficult ＝難しい

③ 全訳参照。

5 (会話文問題：メモ・表を用いた問題，英問英答，日本語で答える問題，内容真偽)

(全訳)

[希望調査の一部]質問：1日旅行の間に何をしたいですか？

僕は日本の料理が大好きです。だからそれを料理してみたいです。ニック／私は着物に興味があります，だから伝統的な日本の芸術を見てみたいです。ケイト

ロス　：2人の交換留学生のための君たちの計画を教えてもらえますか？　タイチ，君から始めてくれますか？

タイチ：分かりました。今はサンファームでは果物を食べるのに一番良い季節です。僕はニックとケイトに食べてみてもらいたいです。彼らは甘い果物を気に入るでしょう。それからお昼ご飯にナゴミという和食レストランに行くことができます。午後には，博物館を訪れて伝統的な日本の芸術について学ぶことができます。

ロス　：分かりました。ありがとう，タイチ。私は君の計画をとても気に入りました。ミキ，君の計画はどうですか？

ミキ　：私の計画では，彼らを忍者村に連れていきたいと思います。忍者の着物を着て写真を撮ることは外国の生徒たちに人気があります。彼らがもし望めば着物を着てみることもできます。また，そこで浮世絵を見る時間もとれます。

ロス　：面白そうですね，ミキ。ミキの計画はケイトのためには完璧です。君はどうですか，ジン？

ジン　：まず，僕はニックにおおいしそばをを楽しんでほしいです。この場所では，お昼ご飯に日本の料理，そばを作って食べることができます。その後，博物館へ行けます。タイチはそ

こで伝統的な日本の芸術を経験できると言いました。僕も同じ博物館でたくさんの種類の着物が展示されていると聞きました。ケイトはその場所が大好きでしょう！

ロス　：皆さん，ありがとう！素晴らしい計画を聞いたところですが，1つだけ選ばなくてはなりません。さあ，2人の交換留学生の返事をもう一度注意深く考えてください。(あ)誰の計画が1番良いですか？　なぜですか？

① (問題文訳)ナゴミよりも開店時間が長いのはどの場所ですか？　[勧めたい場所の一覧]参照。

② 全訳及び[勧めたい場所の一覧]参照。タイチの計画で必要な費用は，サンファーム(1,200円)とナゴミ(1,000円)と博物館(700円)なので合計で2,900円。

③ 全訳参照。ミキの発言に注目。

④ (1) Jin's (plan will be the best because) (2) both Nick and Kate will enjoy (the field trip.)

全訳参照。ジンの計画にはニックとケイトの両方の希望が入っている。

6 (会話文・読解問題・エッセイ：日本語で答える問題，語句補充・選択，絵を用いた問題，文の挿入，内容真偽)

(全訳)

アヤカ　：この地域に住み始めたばかりの女の人を覚えてる？

トモコ　：ええ，覚えているわ。あなたは前にクルーズさんについて私に話してくれたわ。

アヤカ　：今朝，彼女は道路にゴミを出していたの。今日は水曜日でしょう？　ゴミは水曜日には収集されないのよ。私は彼女に正しい場所と曜日を教えてあげたかったの。

ジェイソン：それで，あなたは彼女に教えたのですか？

アヤカ　：(あ)しようとしました，でも私は英語をあまり上手には話せませんでした。彼女は私が言ったことを理解しませんでした。私は悲しかったです。何か彼女のために私ができることはありますか？

トモコ　：この地域の生活についてのちらしを私と一緒に作るのはどうかしら？

アヤカ　：それはいい考えね。それはこのあたりに住んでいる外国の人たちにとって良いことだわ。

(数日後，英語クラブの活動でアヤカとトモコはちらしを作成している。)

アヤカ　：どのようにゴミを出すのかを知らない外国の人たちもいるわ。例えば，彼らはいつどこにゴミを出すのかを知らないの。

トモコ　：それに，彼らにとってはゴミを分別する時の私たちの市のルールを理解するのは難しいと思うわ。

ジェイソン：その通りです。いくつかの国では，ゴミを出すことに関してのルールがありません。だから彼らはルールについて心配する必要がないのです。

アヤカ　：それは本当ですか？　私はそのことは知りませんでした。外国の人たちはどのように私たちのルールを簡単に理解できるでしょうか？

トモコ　：ちらしに絵と地図を付けるのはどうかしら？

アヤカ　：すごいわ！「燃やすゴミ」と「資源ゴミ」は何て言う？

トモコ　："garbage for burning"と"garbage for recycling"と呼ばれているわ。私たちは1週間に(い)2回燃やすゴミを出すことができるわね。

アヤカ　：その通りね。どこにゴミを出せばいいのか書かないといけないわね。

トモコ　：(う)ここに星★を付けた方がいいわ。公園の前でスーパーマーケットと図書館の間よ。ゴミを出す日には(え)朝2時間ゴミを出していい時間帯があるわね。

アヤカ　：いいわね。ええと。夏祭りについての情報も何か書いておくのはどう？　外国の人たちがこの地域の他の人たちと仲良くできたらもっといいわよね。

トモコ　：素晴らしいわ！日にち，時間とお祭りの場所を書いた方がいいわね。

アヤカ　：外国の人たちはお祭りで何が楽しいかしら？

トモコ　：きっと*盆踊り*を楽しんでくれるわ。*盆踊り*は英語で何て言ったらいいのかしら？

ジェイソン：それはa traditional Japanese dance (伝統的な日本の踊り)ですよ。

トモコ　：やっと出来上がったわ！

(アヤカとトモコは完成したちらしをクルーズさんや地域に暮らす外国人に渡した。その1か月後，二人は夏祭りでクルーズさんと彼女の家族に会った。)

トモコ　：まあ，見て！クルーズさんと彼女のご家族よ！彼らとお話ししましょう。

アヤカ　：こんにちは，クルーズさん。来てくれたのですね。来てくれてありがとうございます。

クルーズ　：まあ，こんにちは，アヤカとトモコ。私たちを招待してくれてありがとう。これはとても良い行事ね。あなたたちのちらしのおかげで，必要な情報を手に入れることができたわ。

アヤカ　：それを聞いてとても嬉しいです。

クルーズ　：私たちのような外国人をあなたたちが心配してくれて嬉しかったわ。このちらしは私たちにこの地域の一員になる大きなチャンスをくれたのよ。人は他の人に支えられていると感じると，他の人のために何かしたいと思うようになるの。次の機会には，私はあなたたちと一緒にちらしを作ってこの地域の人たちと私の文化を共有したいわ。

これはこの地域の生活についての情報のちらしです。

(1) ゴミ出しのルール

ゴミ	燃やすもの	リサイクルするもの
	燃やすごみ	資源ごみ
袋	黄色	青色
曜日	火曜日 金曜日	木曜日

(2) 夏祭り
期日：8月13日　月曜日
時間：午後5時から午後9時まで
場所：公園
伝統的な日本の踊りに参加してください

地図★：ここに午前6時から午前8時に
ゴミを出さなければいけません。

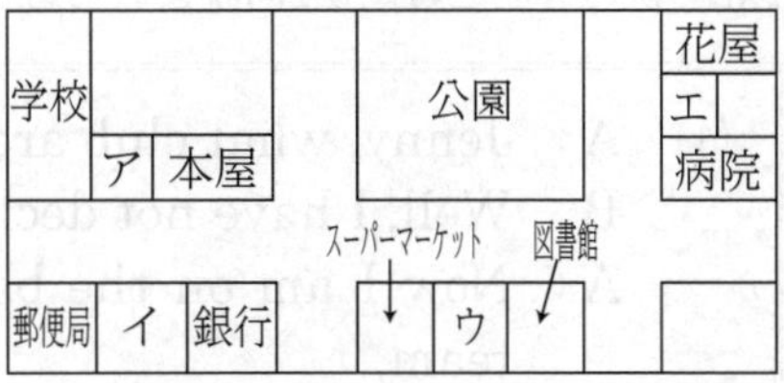

このちらしがあなたの
第一歩になるといいと思います。
(お) みなさんは私たちの地域のルールと
行事について覚えるでしょう。

① 全訳参照。アヤカの2番目の発言に注目。

② 全訳，及びちらしの内容参照。

③ 全訳，及びちらしの内容参照。下線部(う)直後のトモコの発言に注目。

④ 全訳，及びちらしの内容参照。本文からアヤカとトモコがちらしを作った目的を正しく読み取ろう。

⑤ ア　ある日，アヤカが見た女性はアヤカにゴミを捨てるように言った。　イ　ジェイソンはアヤカとトモコにちらしを作るように頼んだ。　ウ　いくつかの国々では人々はゴミのルールについて心配する必要がない。(○)　ジェイソン先生の2番目の発言に注目。　エ　ジェイソン先生

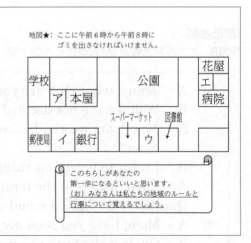

はアヤカとトモコに盆踊りの踊り方を教えた。 オ　クルーズさんは地域の人たちに彼女の文化について学んでほしいと思っている。(○)　クルーズさんの2番目の発言に注目。

2019年度英語　聞き取り検査

〔放送台本〕

問題A　次の質問が2回読まれるのを聞いて，問題用紙の指示に従って答えなさい。

(1) Who is having lunch?
(2) What can you see by Maho?
(3) How many people are sitting?

〔英文の訳〕

(1)　誰がお昼ごはんを食べていますか？
答え：　ア　ヒデキ。
(2)　マホのそばに何が見えますか？
答え：　ウ　カメラ。
(3)　何人の人が座っていますか？
答え：　イ　4人。

〔放送台本〕

問題B　次の会話と質問が2回読まれるのを聞いて，問題用紙の指示に従って答えなさい。

(1)　A： Jenny, what club are you going to join at high school?
B： Well, I have not decided yet. How about you, Taku?
A： Now I am on the basketball team, but I want to join the tennis team.
B： I want to try a new thing, too.
A： Then, let' s join the tennis team.
Question： Is Taku a member of the tennis team now?
(2)　A： Mom, have you seen my book?
B： Oh, is it the book you were reading in your room last night, Bob?
A： Yes, but I can' t find it.
B： Well, if you clean your room, you will find it.
A： You are right. I will do it right away.
Question： What will Bob do first?

〔英文の訳〕

(1)　A：ジェニー，高校では何部に入るつもり？

B：そうねえ，まだ決めていないわ。あなたはどう，タク？
A：今はバスケットボール部なんだ，でも僕はテニス部に入りたいと思っているんだ。
B：私も新しいことをやってみたいわ。
A：それじゃあ，テニス部に入ろうよ。
質問：タクは今テニス部の部員ですか？
答え：ウ　いいえ，彼は違います。

(2)　A：ママ，僕の本を見かけたかな？
B：まあ，昨日の夜にあなたの部屋で読んでいた本のことなの，ボブ？
A：うん，見つからないんだ。
B：うーん，あなたの部屋を掃除すれば見つかるわよ。
A：そうだね。すぐにやるよ。
質問：ボブは最初に何をするつもりですか？
答え：エ　彼は彼の部屋を掃除するつもりです。

〔放送台本〕

問題C　次の英文が2回読まれるのを聞いて，問題用紙の指示に従って答えなさい。

> Welcome to our animal park. Before the park opens at 10:00, we would like to give you useful information about it. First, you should take pictures with pandas at 11:00. If you want to give some food to our elephants, please come to the elephants' place. That event will start at 2:00, but it is very popular, so please come to the place at 1:50. Our park will close at 5:00.
>
> Please remember one thing. Don't give food you have brought to our animals. Now have a great time here.

〔英文の訳〕

私たちのアニマルパークへようこそ。10時の開園前に，皆さまにパークについての役立つ情報をお伝えしたいと思います。まず，11時にパンダと(あ)写真を撮るとよいです。ゾウにえさを与えたい場合は，ゾウの場所にお越しください。(い)そのイベントは2時に始まりますが，とても人気があるのでその場所に1時50分にお越しください。パークは5時に閉園します。

1つ覚えておいてください。皆さんがお持ちになった食べ物をパークの動物に与えないでください。それでは，素敵な時間をお過ごしください。

(1)　全訳参照。

(2)　(問題文・解答訳)　ホストファーザー：ユナ，パークの動物について大切なことを覚えてるかい？／ユナ：はい。持ってきた食べ物を動物たちに与えてはいけません。

＜国語解答＞

1　①　(1)　こ(がれる)　(2)　びんじょう　(3)　博覧　(4)　預(ける)

② (1) ウ　(2) イ　(3) ア　(4) エ　③ イ　④ (1) ウ
(2) ア，イ　(3) くださり　(4) ア

2 ① 説ばないのではない　② 先生　③ イ　④ 今女画　⑤ エ

3 ① イ　② (例)演奏できる，貴重でいとしい時間　③ エ　④ エ　⑤ ウ

4 ① ア　② X 家畜　Y 自然のたまもの　③ エ　④ 同所性
⑤ (例)世界各地でとれた食材を組み合わせた料理　⑥ ウ

＜国語解説＞

1 (知識―漢字の読み書き，筆順・画数・部首，文と文節／手紙―内容吟味，敬語，その他)

① (1) **「待ち焦がれる」**は，早くそうなってほしいと落ち着かない気持ちで待つという意味。 (2) **「便乗」**は，機会をとらえてうまく利用すること。 (3) **「博覧」**は「博」の右上の点を忘れないように注意する。 (4) **「預」**の音読みは「ヨ」で，「預金」などの熟語を作る。

② (1) 「行ってみる」の「みる」は，「ためしに～する」という意味を表す**補助動詞**。 (2) 「笑い声が」が**主語**，「あふれる」が**述語**。 (3) 「彼も－涙した」「私も－涙した」ということなので，「彼も」と「私も」は**並立の関係**にある。 (4) 「温かい」は「お茶を」を修飾する**連体修飾語**である。

③ 楷書で書くと，ア「起」は10画，イ**「税」は12画**，ウ「推」は11画，エ「馬」は10画になる。

④ (1) X 手紙の最初の挨拶の言葉。アはすぐに用件を書くとき，イは返信に使う言葉である。ウ**「拝啓」**またはエ「謹啓」が入るが，「拝啓」のほうが一般的である。 Y あて名が個人ではなく団体の時は「様」ではなく**「御中」**を用いる。したがって，両方を満たすウが正解となる。 (2) 適当なものを**「すべて答えなさい」**とあることに注意する。冒頭に書いてある**「立春」は2月4日ごろ**なので，時候の挨拶としてはアの**「梅のつぼみ」**やイの**「春とはいえ厳しい寒さ」**が適当である。ウは初秋，エは春の暖かくなってきた時期の挨拶なので不適切。 (3) 「くれる」の尊敬語は**「くださる」**である。「くださって」と答えても正解である。 (4) 手紙の内容の中心は「資料を送って～**ありがとうございました**」というお礼と「司書の方に**インタビューをさせていただけないでしょうか**」という新たな取材の依頼なので，アが正解である。他の選択肢はいずれも手紙の内容と対応していないので不適当。

2 (漢文と解説文―内容吟味，文脈把握，語句の意味，古文の口語訳)

① 「非不説」は書き下し文の「説ばざるには非ず」に対応する。これは文章Ⅱでは**「説ばないのではない**のです」と現代語訳されている。「のです」まで含めて答えても正解とする。

② 文章Ⅰの「子」は，冉求が孔子に対して言った二人称の言葉である。冉求は孔子の弟子であるから，漢和辞典の意味❷から**「先生」**を抜き出して書く。

③ 「画」はア「図画」では絵，イ**「区画」**ではくぎること，ウ「計画」ではよく考えること，エ「録画」ではテレビなどの映像という意味で使われている。「画れり」は「かぎれり」という読みからわかるように，**くぎる，限定する**という意味なので，正解はイとなる。

④ 孔子は「そのことをやる以前にもう自分にはできないと見切りをつけてしまう人」である冉求に対して**「今女画」**と言っている。

⑤ 「今女画」は，引っ込み思案で最初からあきらめてしまう冉求を**叱る**言葉であると同時に，力不足かどうかはやってみないとわからないからとにかくやってみなさいという**はげまし**の言葉でもある。したがって正解はエ。アは「失敗」にあたる内容が本文から読み取れない。孔子は挑戦

しないことを戒めているのであり，挑戦したことについてイ「最後までやり遂げること」を勧め
たりウ「中途半端にやめてしまう」ことを戒めたりしているのではない。

3 (小説―情景・心情，内容吟味)

① 「やっぱり，祈りだ」は，基が**玲於奈**のオーボエの演奏を聞いて感じたことである。コンクー
ルで**どちらがソロを担当するかを決めるための演奏**であり，玲於奈はぜひ自分が演奏したいと願
っている。正解はイである。この場面では玲於奈は卒業後のことまで考えていないので，アは不
適当。ウとエは「基の祈り」としているので誤りである。

② 基は1年生，玲於奈は3年生である。高校の吹奏楽コンクールでソロを演奏するチャンスは，
玲於奈にとっては最後だが基には来年以降もある。しかし，基は玲於奈と一緒に演奏する最後の
コンクールでソロを演奏することに意義があると考えている。傍線部?直前の「この時間は，い
つ終わるかわからない**貴重でいとしい**ものなのだ。玲於奈と一緒のコンクールは，明日が最後
だ。」をもとに，「この時間」が**演奏の時間**であることを明らかにして制限字数内にまとめる。

③ 「すまない」は，玲於奈をソロに選ばなかったことに対する謝罪の言葉である。瑛太郎は後で
「二人で吹かせてやりたかった」と言っているように，**どちらかに決断することをつらく感じて
いた**。正解はエである。玲於奈が「実力を発揮できなかった」とは読み取れないのでアは不適
当。「静かな目」をしていた瑛太郎に迷いはなかったので，イは誤り。ウの「憤り」も瑛太郎の
心情として不適切である。

④ 玲於奈は，ソロに選ばれなかったことは悔しいが，取り乱した姿を瑛太郎や基に見られて同情
されるのは絶対に嫌だと思っている。「平坦な声」「表情を和らげて」「笑み」と，時が経つにした
がって玲於奈の**感情がより強く抑えられていく**様子を読み取る。このことを説明したエが正解。
後で号泣していることからも，アの「つらい気持ちも薄らいできている」やイの「安堵」は誤
り。気持ちを抑え込むのに精いっぱいで切り替える余裕はないので，ウは不適当である。

⑤ 基は，「玲於奈に譲ってやればいいのに」と思う自分を「**弱い自分**」と捉えている。そして，
「**ぶつかり合うから，音楽は輝く**」と思わなければ，吹奏楽もコンクールも「やっていられない」
と考えていた。ウが正解である。「後悔」はないのでアは誤り。この場面では「全国大会での自
らの活躍」のことは考えていないのでイは不適当。玲於奈の泣き声が「基と瑛太郎の体を切り刻
むように」聞こえる基に「満足感」はないので，エは誤りである。

4 (論説文―内容吟味，文脈把握，脱文・脱語補充)

① ⓐ「近代漁業」を示して「遠洋漁業」はなおさらそうだということを示すので「**ましてや**」
が入る。　ⓕ「これからの時代はどうなるのだろうか」という問題提起に続いて現在明らかな
ことを示しているので「**もはや**」が入る。したがって，アが正解となる。

② X「欧州の人びとは～動物性タンパク質は**家畜**から得る暮らしをしていた」とある。
Y「モンスーンアジアでは動物性タンパク質の主要部分はいまだに**自然のたまもの**なのだ」か
ら抜き出す。

③ 傍線部ⓒの後の段落に，田は「**さまざまな生き物**」が生きている場所であり「人びとにとっ
て，それらの多くが**食の対象**だった」とが書かれている。したがって「食の対象」に注目したエ
が正解となる。アは生物の多様性を説明していないので不適当。イは「周辺環境の生態系」の説
明にとどまり，人間の文化との関わりに触れていないので不適当。ウは「水」に焦点を絞ってお
り，「田んぼの生き物たち」の「共生」につながらないので不十分である。

④ [ⓓ]を崩すことで「本来は異なる風土に育まれた」食材を組み合わせるようになったという

ことから，[ⓓ]には「異なる風土」と反対の内容のことばが入ることがわかる。二つ前の段落に「米と魚の**同所性**」とあるので，ここから抜き出す。

⑤　「文明の食」は文明以後に新たに登場したメニューであり，**「地球のあちこちでとれた食材を組み合わせた一品」**，つまり**「地上を数千キロも運ばれた食材が組み合わされて」作られた料理**のことである。この内容を後のことばに続くように制限字数内にまとめる。同じ趣旨の解答であれば正解とする。

⑥　筆者は，**消費にかかるエネルギー**に注目している。住んでいるところに近い場所でとれた食材を調理すれば輸送にかかるエネルギー消費は少なくてすむが，遠く離れた場所から食材を運ぶには莫大なエネルギーが必要になる。筆者は，エネルギーが有限であることを指摘し，**エネルギー消費の少ない食糧生産システムの必要性**を訴えているので，ウが正解となる。筆者は「高度成長以前の食文化」への関心を示しているが，アの「回帰」が求められているとは言っていない。また，イのような「流通システム」やエの「食の安全」は，本文にない内容である。

岡山県公立高等学校（一般）

2019年度

★★★★★★★★★★★★★★★★★★★★★★

入　試　問　題

2019年度

●くわしい解説……43ページ

＜数学＞

時間　45分　　満点　70点

1　次の①～⑤の計算をしなさい。⑥～⑩は指示に従って答えなさい。

①　$-3-(-5)$

②　$(-2)\times 6$

③　$2(a-2b)-(a+b)$

④　$9a^2b\div 3a$

⑤　$(\sqrt{3}+2)(\sqrt{3}-2)$

⑥　方程式 $x^2+3x-1=0$ を解きなさい。

⑦　2点（1，1），(3，－3）を通る直線の式を求めなさい。

⑧　右の図のような，AB＝4㎝，BC＝3㎝の長方形ABCDがある。この長方形を，辺DCを軸として1回転させてできる立体の体積を求めなさい。

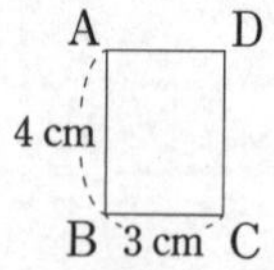

⑨　右の図のような立方体がある。面ABCD上の線分ACと面BFGC上の線分BGの長さについて，正しく述べられている文は，ア～エのうちではどれですか。一つ答えなさい。

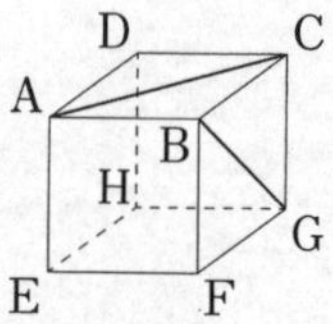

ア　線分ACの方が長い。
イ　線分BGの方が長い。
ウ　線分ACと線分BGの長さは等しい。
エ　どちらが長いかは，問題の条件だけでは決まらない。

⑩　同じ大きさの玉がたくさん入っている袋がある。この袋の中から30個の玉を取り出し，その全部に印をつけて戻した。その後，袋の中をよくかき混ぜ，50個の玉を無作為に抽出すると，印をつけた玉が5個含まれていた。はじめに袋の中に入っていた玉のおよその個数として最も適当なのは，ア～エのうちではどれですか。一つ答えなさい。

ア　およそ250個　　**イ**　およそ300個
ウ　およそ350個　　**エ**　およそ400個

2 花子さんは，子供会で次のような〔ルール〕のさいころゲームを企画した。①～③に答えなさい。ただし，さいころの1から6までの目の出方は，同様に確からしいものとする。

〔ルール〕
- 右の図のような正方形ABCDの頂点Aにおはじきを置く。
- 大小2つのさいころを同時に1回投げて，出た目の数の和と同じ数だけ，おはじきを頂点AからB，C，D，A，…の順に1つずつ矢印の方向に移動させる。例えば，出た目の数の和が3のとき，おはじきを頂点Dに移動させる。

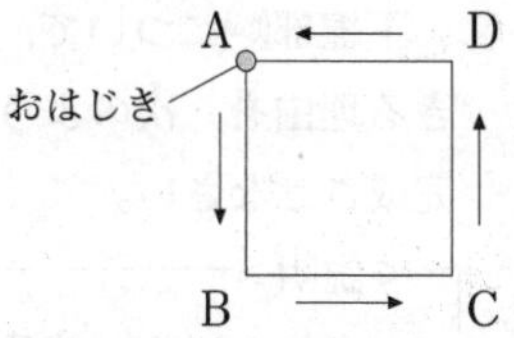

① 大小2つのさいころを同時に1回投げるとき，出た目の数の和が5となるのは何通りあるかを求めなさい。

② 花子さんは，おはじきが頂点Bにちょうど止まる確率を，次のように求めた。(1)，(2)に適当な数を書き入れなさい。

> おはじきが頂点Bにちょうど止まるのは，出た目の数の和が，5または (1) のときだから，求める確率は (2) である。

③ 花子さんは，おはじきが最も止まりやすい頂点を「あたり」と決め，おはじきがその頂点にちょうど止まれば，景品を渡すことにした。「あたり」としたのは，頂点A～Dのうちのどれですか。一つ答えなさい。また，おはじきがその頂点にちょうど止まる確率を求めなさい。

3 社会の授業で検地について学習した太郎さんは，昔の土地の<測量方法>に興味をもち，江戸時代の土地の測量の様子を表した図1をもとに，台形の土地を図2のように模式化して考えた。①～③に答えなさい。

<測量方法>

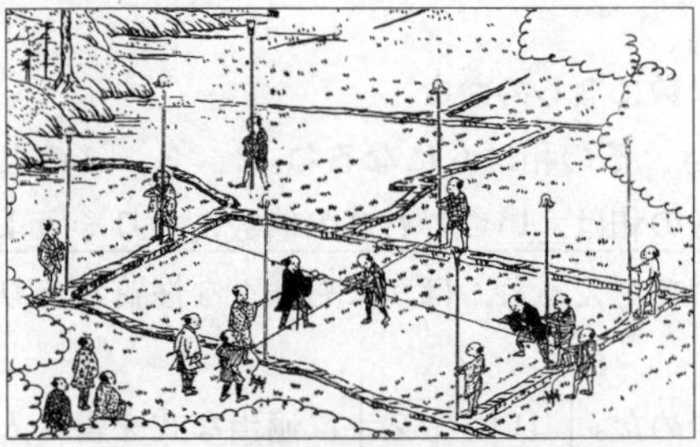

図1（「徳川《とくがわ》幕府《ばくふ》県治《けんち》要略」から）

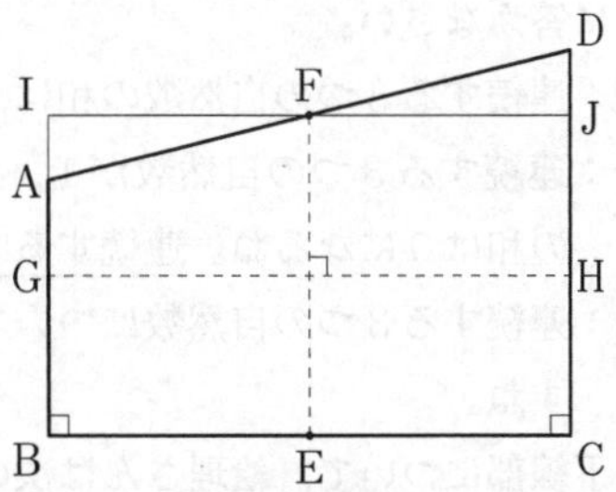

図2

- AB＜CD，∠ABC＝∠DCB＝90° である台形ABCDについて，(あ)線分BCの中点Eと線分ADの中点Fをとり，線分EFの位置に縄を張る。
- 線分AB，CD上にそれぞれ点G，Hを，EF⊥GHとなるようにとり，線分GHの位置に縄を張る。
- (い)張った2本の縄の長さの積（EF × GH）が，その土地（台形ABCD）の面積となる。

① 下線部㋐の点Eを，定規とコンパスを使って作図しなさい。作図に使った線は残しておきなさい。

② 下線部㋑について，太郎さんは＜**測量方法**＞で図2の台形ABCDの面積を求めることができる理由を，次のように説明した。［　　］に△AFI≡△DFJの証明の過程を書き，＜**説明**＞を完成させなさい。

＜**説明**＞

点Fを通り，線分BCに平行な直線と直線AB，CDとの交点をそれぞれI，Jとする。

△AFIと△DFJにおいて，

［　　　　　　　　　　　　　　　　　　　　］

△AFI≡△DFJである。したがって，△AFI＝△DFJであり，台形ABCDの面積は長方形IBCJの面積と等しくなるから，張った2本の縄の長さの積（EF × GH）が，その土地（台形ABCD）の面積となる。

③ 図3のような五角形PQRSTがある。線分RSの中点をU，線分PUと線分QTとの交点をV，線分PV，VUの中点をそれぞれW，Xとする。PV＜VU，QV＝VT，∠PVT＝∠STV＝90°であるとき，線分の長さや面積の関係について，正しくないものは，**ア**～**エ**のうちではどれですか。一つ答えなさい。

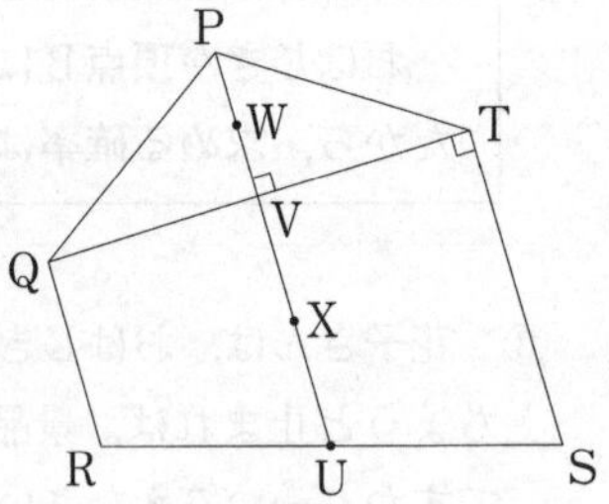

図3

ア　QR＋TS＝2VU

イ　（四角形QRSTの面積）＝QT × VU

ウ　（五角形PQRSTの面積）＝QT × PX

エ　（五角形PQRSTの面積）＝QT × WU

4　絵理さんと桃子さんは，連続する3つの自然数の性質について考えた。次の会話を読んで，①～④に答えなさい。

絵理：連続する3つの自然数の和は，どのような数になるのかな。

桃子：連続する3つの自然数が1，2，3のとき，その和は6になるね。2，3，4のとき，その和は9になるね。連続する3つの自然数の和は，いつでも3の倍数になりそうよ。

先生：連続する3つの自然数について，積も含めて考えると，ほかにも様々な性質がありそうですね。

① 下線部について，絵理さんは次のように確かめた。［⑴］，［⑵］に適当な式を書き入れなさい。

連続する3つの自然数のうち，最も小さい自然数をnとすると，中央の自然数は$n+1$，最も大きい自然数は［⑴］と表される。このとき，連続する3つの自然数の和は，

$n+n+1+$［⑴］$=3$（［⑵］）

となり，［⑵］は自然数だから，3（［⑵］）は3の倍数である。

したがって，連続する３つの自然数の和は，いつでも３の倍数になる。

② 連続する３つの自然数の性質について，正しく述べられている文は，**ア**～**エ**のうちではどれですか。当てはまるものをすべて答えなさい。

ア 連続する３つの自然数の和は，いつでも奇数になる。

イ 連続する３つの自然数の和は，いつでも偶数になる。

ウ 連続する３つの自然数の和は，いつでも中央の自然数の３倍になる。

エ 最も小さい自然数と最も大きい自然数の和は，いつでも中央の自然数の２倍になる。

③ 先生の話を聞いた２人は，次のメモのように考え，連続する３つの自然数の性質を予想した。

	最も小さい自然数	中央の自然数	最も大きい自然数						
連続する3つの自然数	1	2	3	2	3	4	3	4	5
2数の積		3			8			15	
		↓			↓			↓	
2数の積に1をたした数		4			9			16	

【予想】 連続する3つの自然数について，最も小さい自然数と最も大きい自然数の積に1をたした数は，いつでも中央の自然数の2乗になる。

メモの**【予想】**は次のように証明できる。［　　　］に n を使った式を用いて**【予想】**が正しいことを示し，＜**証明**＞を完成させなさい。

＜**証明**＞

連続する３つの自然数のうち，最も小さい自然数を n とすると，最も小さい自然数と最も大きい自然数の積に１をたした数は，

［　　　　　　　　　　　　　　　　　　　　　］

したがって，**【予想】**が正しいことが示された。

④ 連続する３つの自然数について，最も小さい自然数と最も大きい自然数の積に１をたした数が324となるとき，連続する３つの自然数を求めなさい。

5 大輝さんと真衣さんは，次のように動く図形が重なった部分の面積について考えた。①～③に答えなさい。

図１のように，AB＝BC＝８㎝，∠ＡＢＣ＝90°の直角二等辺三角形ABCと，DE＝８㎝，EF＝４㎝の長方形DEFGが直線 ℓ 上にあり，点Cと点Eは重なっている。図２のように，長方形DEFGを固定し，△ABCが直線 ℓ にそって矢印の方向に毎秒１㎝の速さで動く。図３のように，点Bが点Fと重なったとき，△ABCは止まる。△ABCが動き始めてから t 秒後の△ABCと長方形DEFGが重なった部分をPとする。（図１～図３は次のページにあります。）

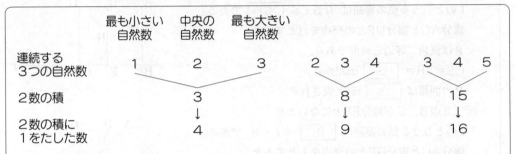

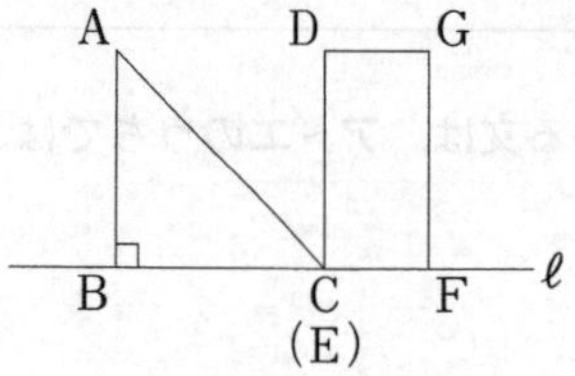

図1

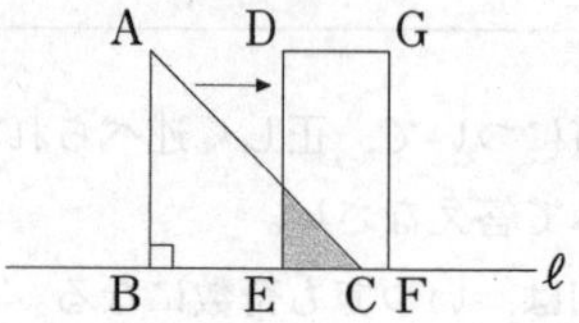

図2

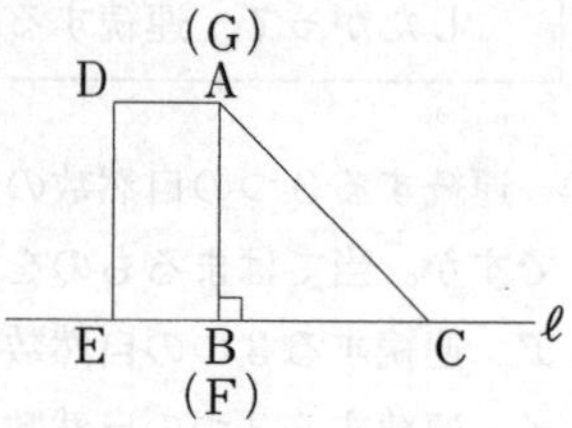

図3

＜大輝さんの考え＞

【△ABCが動き始めてから t 秒後のPの面積】

(i)　点Cが線分EF上にあるとき

t のとりうる値の範囲は　$0 \leqq t \leqq$ ［⑴］ である。

線分ACと線分DEとの交点をHとすると，

Pは直角二等辺三角形であり，

CE＝EH＝ ［⑵］ ㎝だから，

Pの面積は ［⑶］ ㎝^{2}と表される。

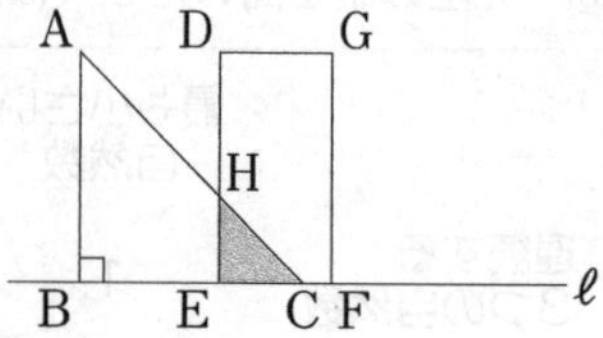

(ii)　2点B，Cが線分EF上にないとき

t のとりうる値の範囲は ［⑴］ $< t < 8$　である。

線分ACと線分GFとの交点をIとすると，

Pは台形であり，

EH＝ ［⑵］ ㎝，FI＝ ［⑷］ ㎝，

EF＝4㎝だから，

Pの面積は ［⑸］ ㎝^{2}と表される。

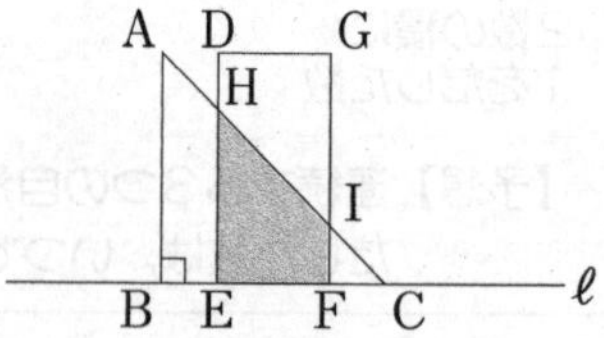

(あ)(iii)　点Bが線分EF上にあるとき

①　［⑴］ ～ ［⑸］ に適当な数または t を使った式を書き入れなさい。

②　下線部(あ)について，真衣さんは次のように考えた。［⑹］ には t を使った式を書き入れなさい。また，［⑺］ には下線部(い)の考えに従ってPの面積を求め，**＜真衣さんの考え＞**を完成させなさい。ただし，［⑺］ は答えを求めるまでの過程も書きなさい。

＜真衣さんの考え＞

(iii)　点Bが線分EF上にあるとき

t のとりうる値の範囲は　$8 \leqq t \leqq 12$　である。

Pの面積は，(い)△ABCの面積から△IFCの面積をひいて求めることができる。

CF＝ ［⑹］ ㎝だから，Pの面積は，

［⑺］

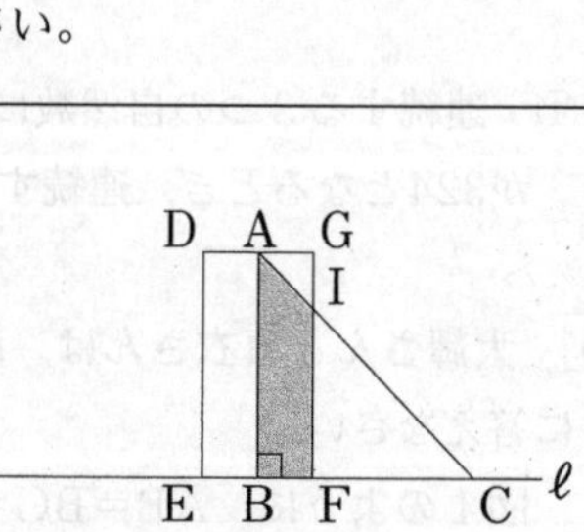

③　Pの面積が14㎝^{2}となるとき，t の値をすべて求めなさい。

I数 (1)

受検番号	(算用数字)	志願校	

解 答 用 紙

※

注意　1　答えに$\sqrt{\ }$が含まれるときは，$\sqrt{\ }$をつけたままで答えなさい。また，$\sqrt{\ }$の中の数は，できるだけ小さい自然数にしなさい。
　　　2　円周率はπを用いなさい。

1

①	
②	
③	
④	
⑤	
⑥	$x=$
⑦	
⑧	(cm³)
⑨	
⑩	

2

①	(通り)
②(1)	
②(2)	
③(頂点)	
③(確率)	

3

①	B―――C
②	
③	

4

①(1)	
①(2)	
②	
③	
④	

5

①(1)	
①(2)	(cm)
①(3)	(cm²)
①(4)	(cm)
①(5)	(cm²)
②(6)	(cm)
②(7)	
③	$t=$

※この解答用紙は172%に拡大していただきますと，実物大になります。

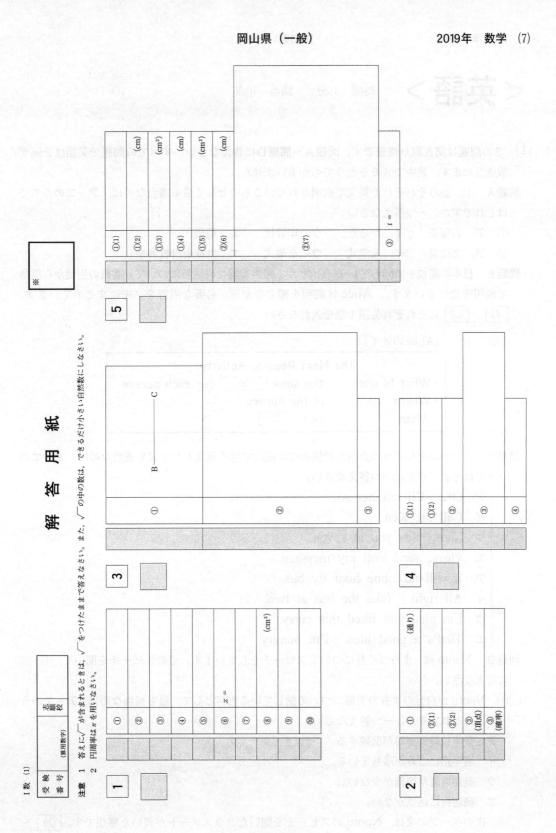

＜英語＞

時間　45分　　満点　70点

1　この問題は聞き取り検査です。問題A～問題Dに答えなさい。すべての問題で英語は2回ずつ放送されます。途中でメモをとってもかまいません。

問題A　⑴，⑵のそれぞれの英文で説明されているものとして最も適当なのは，ア～エのうちではどれですか。一つ答えなさい。

⑴　ア　お年玉　　イ　かるた　　ウ　年賀状　　エ　福袋

⑵　ア　文化祭　　イ　入学式　　ウ　卒業式　　エ　生徒会役員選挙

問題B　日本の高校を訪問しているAliceが，図書委員会の活動について，委員の生徒から英語で説明を受けています。Aliceは説明を聞きながら，必要な内容をメモにまとめています。（あ），（い）にそれぞれ英語1語を入れなさい。

［Aliceのメモ］

The Next Reading Activity

・What to use　：　the same （あ） for each person

・Where　：　in the library

・When　：　on （い）

問題C　⑴，⑵のそれぞれの会話の最後の文に続けて言う英文として最も適当なのは，ア～エのうちではどれですか。一つ答えなさい。

⑴
- ア　OK.　I'll tell her so.
- イ　Call me Ken.
- ウ　Sure.　See you at seven.
- エ　Please send Emi my message.

⑵
- ア　It will take one hour by bus.
- イ　All right.　Take the bus at two.
- ウ　I'm glad you liked this curry.
- エ　That's a good idea.　I'm hungry.

問題D　Naotoは，まちづくりについてスピーチをしています。そのスピーチを聞いて，⑴，⑵に答えなさい。

⑴　Naotoが自分のまちの実態について話している内容として，最も適当なのは，ア～エのうちではどれですか。一つ答えなさい。

ア　登下校時に道路が混雑する。

イ　通学路にごみが落ちている。

ウ　英語の道路標識が少ない。

エ　商店街に活気がない。

⑵　次のページの文は，Naotoのスピーチを聞いたクラスメートが書いた感想です。（あ）～（う）にそれぞれ適当な英語1語を入れなさい。

> I like Naoto's idea. He has been to [(あ)]. His idea came from a city in that country. I want to work with him. If our street has a lot of [(い)], we will enjoy them and walking there will be fun. I also hope they will [(う)] communication for people in our city. I believe we can make our city better.

2 次は，Mayu，John，Fei の３人がマラソン大会（marathon race）について交わした会話の英文と会話の内容に関係する Website の一部（次のページ）である。①～③に答えなさい。

Mayu，John，Fei の会話

Mayu : I'm going to run in a marathon race held in [(あ)].

John : Really? I've never run in a race. I like watching better.

Fei : There is another way to enjoy the race. When I joined it as a runner before, a lot of volunteers helped me. This year I'm going to do volunteer work.

John : Oh, I want to do that, too.

Mayu : Then, look at the website. Well, there are five kinds of volunteer work.

Fei : I've signed up for Work [(い)].

Mayu : Good choice! You speak Japanese, English, and Chinese. If you do that work, it will be a big help for foreign runners.

John : I'm interested in it, but there are enough volunteers for it.

Mayu : Why don't you do Work [(う)]? If you do that, I can see you at the goal. I want to share my happy feelings with you after I finish the race.

John : Sorry, I must get home at about 4 p.m. on that day. I can't do that work.

Mayu : I see.

Fei : Now you have three choices. One of them still needs more than ten volunteers. How about that one? Its work is to [(え)] and food. From my experience, I know the runners will be happy to get those things.

John : That sounds nice. I'll try it.

〔注〕 runner ランナー（走者）　sign up for ～ ～への参加登録をする

① [(あ)] に入れるのに最も適当なのは，ア～エのうちではどれですか。一つ答えなさい。

ア August　イ September　ウ October　エ November

Websiteの一部

マラソン大会ボランティア募集

大会開催日（活動日）：2018年11月17日（土）

活動	活動内容	活動場所	活動時間	残り募集人数
A	受　付	スタート地点	6:00 ～ 10:30	2
B	通　訳	総合案内	6:00 ～ 12:00	受付終了
C	沿道整備	沿　道	7:00 ～ 10:30	4
D	給水・給食	沿　道	8:00 ～ 14:00	12
E	完走メダル贈呈	ゴール地点	9:00 ～ 17:00	11

募集期間：2018年　8月　6日（月）～ 2018年　9月21日（金）＊定員に達し次第，受付を終了します。

申込条件：2018年10月14日（日）実施の説明会に参加可能であること。

②　[い]，[う] に入れるのに最も適当な活動は，Websiteの表中A～Eのうちではどれですか。それぞれ一つ答えなさい。

③　あなたがFeiになったつもりで，[え] に2語以上の英語を書きなさい。

3　Hiroと留学生のAmyが，黒板を見て話をしている。板書の内容に合うように，書き出しに続けて，[　　] にそれぞれ3語以上の英語を書き，英文を完成させなさい。なお，会話は①，②の順に行われています。

13:00 ～ バレーボール練習開始
※体育館集合前に，更衣をすませておくこと！
① Look at the blackboard. It says [　　] volleyball in the gym at one.
② Oh!　We must [　　] before we go to the gym. We should hurry.

[Hiro]　　[Amy]

4　英語の授業で，Hinako，Tomomi，Shinjiの3人は，日本では毎年，多くの学校が廃校（closed school）になっていることを知り，その校舎（school building）の活用例について調べて，発表（presentation）をした。次の英文は，３人の発表とALT（外国語指導助手）のHill先生のまとめである。①～⑥に答えなさい。

■ 発表

Hinako： I've been to a restaurant which was once a school. I ate "school lunch" with my grandmother in the "classroom." Then she (あ)talk to me about her school day. The lunch was great, and I liked the vegetables very much. The chef said the vegetables are grown in the "school garden." It's a nice restaurant. I ((い)it / you / visit / want / to), too.

Tomomi： Some schools have become hotels. I'll talk about a good one near a mountain. It is one of the most famous places in the town. We can try (う)some activities there. In the morning, we can read books in the library. After lunch, we can make cakes in the cooking room. Before we sleep, we can watch beautiful stars outside. I'll go there with my family and stay for two days.

Shinji： I read about a closed school in a city near the sea. It is now a popular aquarium. A lot of people, from children to old people, come a long distance. People in the city support it. For example, the fishermen catch fish, and the aquarium gets the fish from them. It has a swimming pool with a lot of history. School children once swam in it and had fun. Today some fish are swimming there, and people enjoy watching them. (え)Its new history has begun.

■ まとめ

Mr. Hill： You did great presentations about three places. Those places share some good points. People in those places have begun to use the closed schools again. Their ways are [(お)], but they all use the school buildings and nature very well. Today some closed schools have more roles, and more people come from different places. They are people of [(お)] ages. They have a good time there. Well, how did you like today's lesson? What did you learn? Please write about these things in your notebooks.

［注］ vegetable 野菜　hotel ホテル　aquarium 水族館
fishermen *fisherman*（漁師）の複数形　nature 自然　role 役割

① 下線部(あ)の単語を，最も適当な形に変えて書きなさい。

② 下線部(い)の語をすべて用いて，意味が通るように並べ替えなさい。

③ 下線部(う)について，Tomomiが紹介した内容として，当てはまらないものは，ア～エのうちではどれですか。一つ答えなさい。

ア 朝の山登り　　イ 図書室での読書
ウ 調理室でのケーキ作り　　エ 就寝前の天体観測

④ 次の［　　］に最も適当な英語1語を入れて，下線部(え)の具体的内容を説明する英文を完成させなさい。ただし，［　　］内に示されている文字で書き始め，その文字も含めて答えなさい。

Now the pool is used as a place which ［s　　］ people some fish swimming in it.

⑤ ［(お)］に共通して入れるのに最も適当な英語1語を，Hill 先生のまとめから抜き出して書きなさい。

⑥ 次は，発表を聞いたTakeshiが，授業の終わりにノートに書いた感想の一部である。あなたがTakeshiになったつもりで，［　　］にthe fishermenを含む4語以上の英語を書きなさい。

> I enjoyed today's presentations. I'm especially interested in one of the places because it is supported by people in the city. I want to go there and watch fish ［　　　　］. I also want to meet the fishermen to ask them some questions. I will do something for closed schools in my town.

5 中学生のKentoがGrandfatherと自分の部屋で話をしている。次の英文は，その会話である。①～⑥に答えなさい。

Grandfather : Did you enjoy English Camp last week?

Kento : Yes, I did. I was surprised that students from other countries knew so much about Japanese anime. We became ［(あ)］ by talking about it. Love for anime became a "bridge" between us. Japanese anime is amazing. I respect people who make it.

Grandfather : Me too. By the way, what job do you want to have in the future?

Kento : I've not decided, but in my future job I want to help others.

Grandfather : Then, how about going on a trip on this map? Let's see how people work in the world.

Kento : A trip on this map?

Grandfather : That's right. Imagine we're birds now. Let's start our trip!

Grandfather : Look! Here is Argentina. Some children are enjoying baseball! They have a coach sent from Japan in a support program. When they began baseball, they thought getting better skills is important.
But that is not enough.

Kento : It's also important to work together in a ［(い)］.

Grandfather : You're right. Their coach thought in the same way. He told the children to be one as a ［(い)］. They followed his words.

Today they can think about other members.

Kento : Good. I hope this program will spread to other countries.

Grandfather : It is spreading, and more good players are growing up. Now we will fly to another country to see another job. A Japanese doctor is working in Vietnam.

Kento : I've read about him. He comes and goes between the two countries. For half of the month, he works at some hospitals in Japan. He gets money there and then goes to Vietnam with the money. For the other half of the month, he cures people there by using it. He has continued (う) <u>this life-style</u> for more than ten years.

Grandfather : He says he feels happy when his patients smile. Today more doctors and nurses agree with him and help.

Kento : That's nice.

Grandfather : There is another long support program by Japanese scientists in Guinea. Let's go there to see the program called the Green Corridor Project.

Kento : What's the Green Corridor?

Grandfather : It's like a long green "bridge" between the forests. Chimpanzees come and go through it. Look carefully. Can you see them? About twenty years ago, the scientists began making the corridor by growing trees. Since then, they have tried to protect chimpanzees living in the forests.

Kento : Why is the corridor necessary for chimpanzees?

Grandfather : Many trees were cut down to make fields. Then the forests were divided, and the chimpanzees had to live in a small forest only with their family. They lost their chance to [(え)] chimpanzees in other forests. They [(お)] the corridor to move and then make a new family.

Kento : What do the local people think about this project?

Grandfather : Today some of them know it's a wonderful project for all living things in Guinea and help the project. Well, we have visited three countries. Did you enjoy our trip?

Kento : It was very useful for me because I have a [(か)].

Grandfather : I remember you said so before our trip. There are many ways to help. If we work hard for someone, that will influence others and they will help us. Even small support is good because it can be bigger.

Kento : For my future job, I'll experience a lot of things and meet many people. This kind of trip was very exciting. It was nice to be a bird. I looked at things in a new way. I want to travel with you again soon.

［注］ anime アニメ imagine ～ ～と想像する Argentina アルゼンチン（国名）
coach コーチ skill 技術 Vietnam ベトナム（国名） cure ～ ～を治療する
Guinea ギニア（国名） the Green Corridor Project 緑の回廊プロジェクト（プロジェクト名）
forest 森林 chimpanzee チンパンジー cut *cut* の過去分詞形 field 畑
divide ～ ～を分断する local 地元の

① (あ) に入れるのに最も適当なのは，ア～エのうちではどれですか。一つ答えなさい。

ア friends イ farmers ウ carpenters エ students

② (い) に共通して入れるのに，適当な英語１語を書きなさい。

③ 次の (1) ，(2) にそれぞれ適当な日本語を入れて，下線部(う)の具体的内容を説明しなさい。

日本の (1) ことと，日本で (2) を使ってベトナム国内の人々の治療をすることを，半月ごとに行うこと。

④ (え) ，(お) に入る英語の組み合わせとして最も適当なのは，ア～エのうちではどれですか。一つ答えなさい。

ア (え) meet (お) lose イ (え) study (お) lose
ア (え) study (お) need エ (え) meet (お) need

⑤ あなたがKentoになったつもりで，(か) に５語以上の英語を書きなさい。

⑥ 本文の内容と合っているのは，ア～オのうちではどれですか。当てはまるものをすべて答えなさい。

ア Argentina has a support program to send a baseball coach to Japan.
イ There is a Japanese doctor who built some hospitals with his patients in Vietnam.
ウ The Green Corridor Project has continued for about twenty years in Guinea.
エ Kento's grandfather thinks Kento must join a big project to protect animals.
オ Kento hopes that he will go on the next trip with his grandfather soon.

I 英 (1)

受検番号	(算用数字)	志願校	

※

解答用紙

注意　1　英語で書くところは，どの書体で書いてもよろしい。
　　　2　語数が指定されている設問では，「,」や「.」などの符号は語数に含めません。また，「don't」などの短縮形は，1語とします。

1

A(1)	
A(2)	
B(あ)	
B(い)	
C(1)	
C(2)	
D(1)	
D(2)(あ)	
D(2)(い)	
D(2)(う)	

2

①	
②(い)	
②(う)	
③	

3

①	
②	

4

①	
②	
③	
④	
⑤	
⑥	

5

①	
②	
③(1)	
③(2)	
④	
⑤	
⑥	

※この解答用紙は172%に拡大していただきますと，実物大になります。

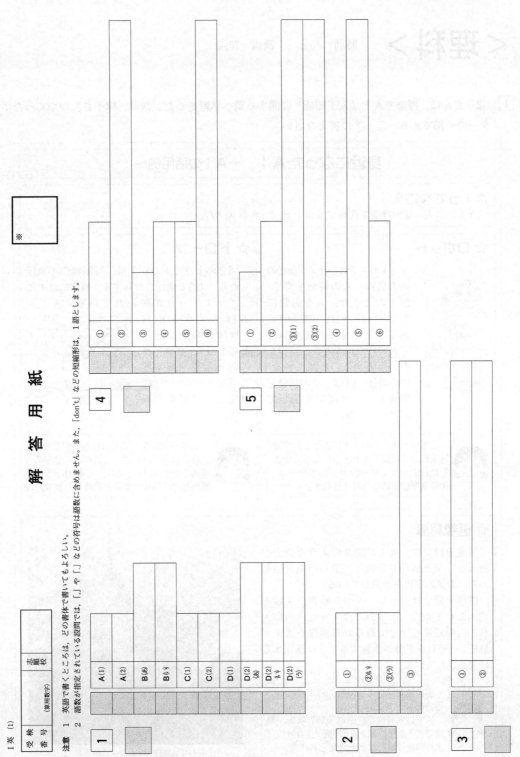

＜理科＞

時間　45分　　満点　70点

1　律子さんは，授業でＡＩ（人工知能）に関する調べ学習をした。次は，律子さんがつくったポスターの一部である。①～⑦に答えなさい。

身近になったＡＩ　～ＡＩの活用例～

ＡＩってなに？

ＡＩとは人の知的機能を代行するコンピュータシステム。

☆ ロボット

図１

ＡＩがマイクやカメラなどの入力装置からの情報を得て，図１のような，人や動物に似せたロボットは，声や動きに対して反応する。それは，(a)人が耳や目などから情報を得て反応するのと似ている。声の場合，ＡＩは(b)音の振動を解析し，ことばに変換して認識している。

ロボットはＡＩの進歩によって声や動きを細かく認識できるようになってきました。コミュニケーションロボットは，より高機能になると考えられます。

☆ ドローン

図２のようなドローンは，遠隔操作で飛行したり，自動で飛行したりする。機体には主に(c)プラスチックが使われている。ＡＩが各種センサーから(d)機体の傾きなどの情報を得て，プロペラの回転数を制御することで，ドローンは，安定した飛行を実現している。

図２

ドローンがＡＩによる自動制御で飛行できるようになれば，山間部への物品の運搬などが容易になり，労働力不足の解消などに効果があると考えられます。

☆ 画像認識

気象分野では，ＡＩが図３のような過去の膨大な(e)気象情報を学習し，最新の気象情報から，天気の変化を予測している。

医療分野では，(f)レントゲン検査やＸ線を使ったＣＴ検査，(g)小型のカメラを体内に入れる内視鏡検査などで得られる画像をＡＩが解析し，それを医師が診断するときに活用する研究が進んでいる。

画像認識は様々な分野に応用されている技術の一つです。

ＡＩは短時間で正確な予測や解析が期待できるため，人による判断と合わせて，より精度が高くなると考えられます。

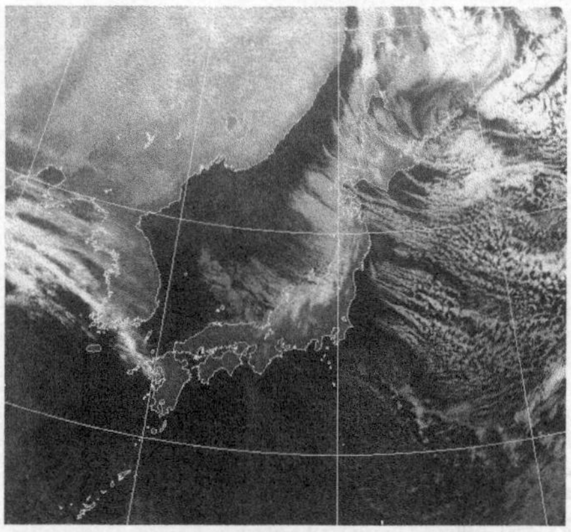

図３（気象庁 Web ページから作成）

まとめ

① 下線部(a)について，(1)，(2)に答えなさい。

(1) 耳で音の刺激を受け取るとき，振動が鼓膜から耳小骨に伝わった後，この振動が耳小骨の次に伝わる部分を何といいますか。

(2) 人が感覚器官で刺激を受け取り，反応するときの経路となるように，ア～エを感覚器官に続いて信号が伝わる順に並べ，記号で答えなさい。

ア 運動神経　　イ 感覚神経　　ウ 運動器官　　エ 中枢神経

② 下線部(b)について，図４はオシロスコープに表示させた，ある音の振動の様子を表している。この音よりも，音の大きさが大きく，音の高さが低い音の振動の様子はア～エのうちではどれですか。一つ答えなさい。ただし，図の縦軸の方向は振幅を，横軸の方向は時間を表しており，ア～エの横軸と縦軸の目盛りの間隔は，図４と同じである。

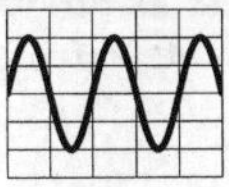

図４

ア

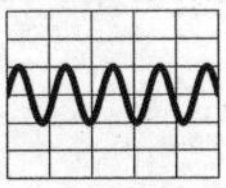

イ

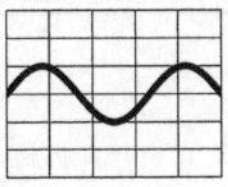

ウ

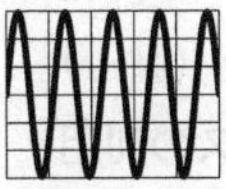

エ

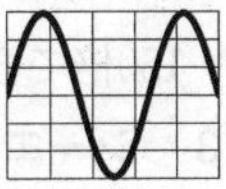

③ 下線部(c)について，(1)，(2)に答えなさい。

(1) プラスチックは，ロウや砂糖などと同じように，燃焼させると二酸化炭素と水を生じる。このような物質を何といいますか。

(2) 質量0.54 g，体積0.45cm^3のプラスチックの密度は何g/cm^3ですか。

④ 下線部(d)について，図５はドローンが水平に対して機体を傾けて飛行している瞬間を表した模式図であり，矢印はドローンにはたらく重力の大きさと向きを表している。この重力をAの方向とBの方向に分解したとき，Aの方向の分力の大きさは何Nですか。ただし，図５の方眼の１目盛りは0.1Nとする。

A

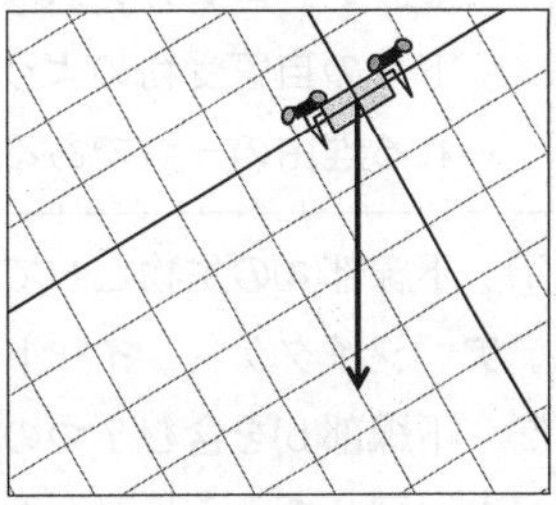

B

図５

⑤ 下線部(e)について，前のページの図３は，気象衛星による雲画像である。この画像で確認できる日本の冬の雲画像の特徴について説明した，次の文の［(あ)］に当てはまるのは，ア～エのうちではどれですか。一つ答えなさい。また，［(い)］に当てはまる適当なことばを書きなさい。

> 日本海の海上に［　(あ)　］からの季節風に沿った［　(い)　］の雲が見られる。

ア 北東　　イ 北西　　ウ 南東　　エ 南西

⑥ 下線部(f)について，これらの検査で利用されているＸ線などの放射線の性質（能力）を述べた次の文章の［　］に当てはまる適当なことばを書きなさい。

> 放射線には，物質を［　　　］性質（能力）がある。検査ではこの性質を利用している。

⑦ 下線部(g)について，内視鏡では消化管などを見ることができ，小腸内部の表面は柔毛でおおわれている様子がわかる。柔毛の表面で吸収されやすい物質として適当なのは，ア～オのうちではどれですか。当てはまるものをすべて答えなさい。

ア アミノ酸　　イ 脂肪　　ウ モノグリセリド　　エ ブドウ糖　　オ タンパク質

2　生物部の健太さんは，土壌センチュウのなかまのシーエレガンス（*C.elegans*）という動物が生命科学や医療の分野で重要な役割を果たしていることに興味をもった。次は健太さんがセンチュウについて調べたメモの一部である。①～④に答えなさい。

> **1　センチュウとは**
>
> 多細胞生物で無脊椎《せきつい》動物の一種である。土中で(a)細菌類などを食べて生活する土壌センチュウのなかまは体長約１㎜である。
>
> **2　センチュウの観察**
>
> 土壌センチュウのなかまを採集するため，採取した(b)ゼニゴケを，水を入れたシャーレの中でピンセットを用いてバラバラにした。双眼実体顕微鏡で観察すると，体をくねらせて運動するセンチュウが数匹見つかったので，(c)ステージ上下式顕微鏡を用いて150倍で観察した（図１）。
>
> 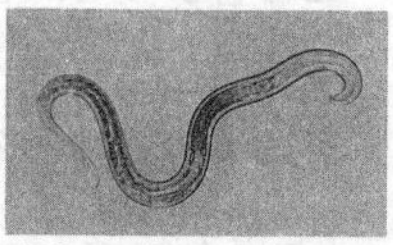
>
> 図１　センチュウ
>
> **3　シーエレガンスの利用**
>
> シーエレガンスは，優れた嗅覚《きゅうかく》をもちガン患者特有の尿のにおいを嗅《か》ぎ分け寄ってくることから，精度の高い検査や早期発見が可能になると期待されている。
>
> **4　シーエレガンスのふえ方**
>
> シーエレガンスは，卵と精子が受精してふえ，１匹の成虫から約300個の受精卵ができる。シーエレガンスは基本的に雌雄同体（体内で卵と精子の両方ができる個体）で，エンドウの自家受粉のように同じ個体で(d)有性生殖ができることも，シーエレガンスが利用される理由の一つである。

①　下線部(a)の生物として適当なのは，**ア**～**エ**のうちではどれですか。一つ答えなさい。

ア　シイタケ　　**イ**　トビムシ　　**ウ**　アオカビ　　**エ**　大腸菌

②　下線部(b)を含む７つの植物を，２つの異なる観点で分類すると，図２のようになった。観点Ⅰ，観点Ⅱとして最も適当なのは，**ア**～**オ**のうちではどれですか。それぞれ一つ答えなさい。

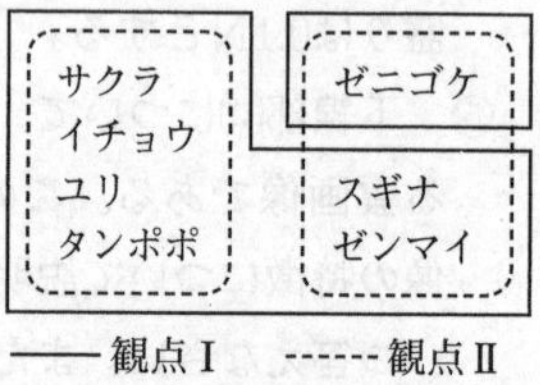

図２

ア　子房があるものとないもの

イ　光合成を行うものと行わないもの

ウ　体全体で水を吸収するものとしないもの

エ　子葉が１枚のものと２枚のもの

オ　胚珠《はいしゅ》があるものとないもの

③　下線部(c)について，健太さんは150倍でピントを合わせた後，センチュウの体の構造がはっきり見えるように明るさを調節した。このとき調節した部分の名称を答えなさい。また，その部分として最も適当なのは，図３の**ア**～**オ**のうちではどれですか。一つ答えなさい。

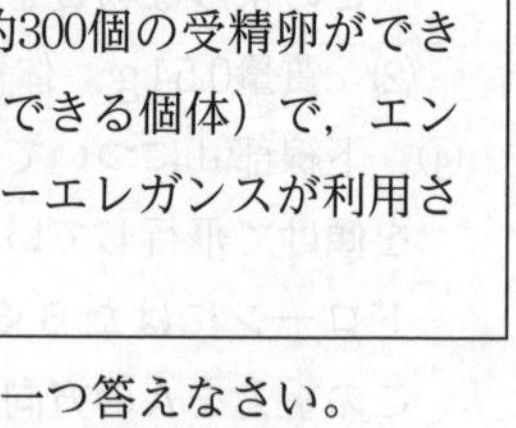

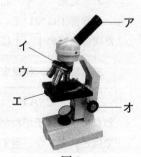

図３

④　下線部(d)について，⑴，⑵に答えなさい。

⑴　受精卵の核に，大きさと形が同じ染色体が２本ずつ，計12本あるとした場合，次の(あ)，(い)の細胞に含まれる染色体数は，

それぞれ何本になりますか。

㋐　卵

㋑　受精卵が１回分裂してできた２個のうちの一つの細胞

⑵　有性生殖と無性生殖による形質の伝わり方の違いについて述べた次の文の［　　］に，「親」「子」「形質」という語を使って，当てはまる適当なことばを書きなさい。

有性生殖では，無性生殖と違い，［　　　　］。

3　将太さんは太陽の１日の動きを調べるために，次のような【観察】を行った。①～③に答えなさい。

【観察】　図１は，将太さんが住む日本で，日の出から日の入りまでの太陽の動きを天球上に矢印で表した模式図である。この日，将太さんは図１の点Oの位置で，地平線から上の天球全体が円形に写るカメラを天頂に向け，一定時間ごとの太陽の連続写真を撮影した。図２は，この連続写真の太陽の位置をなめらかな曲線で結び，太陽の動きを矢印で表した模式図である。

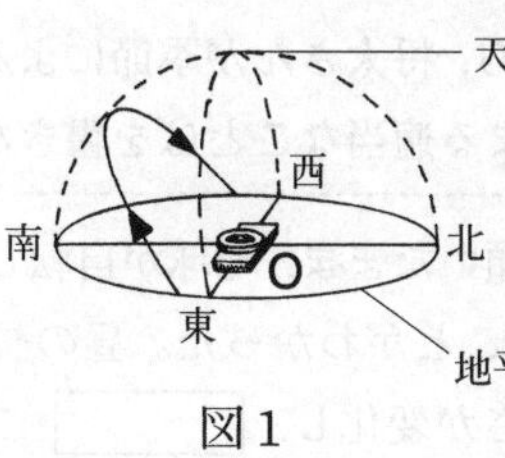

図１

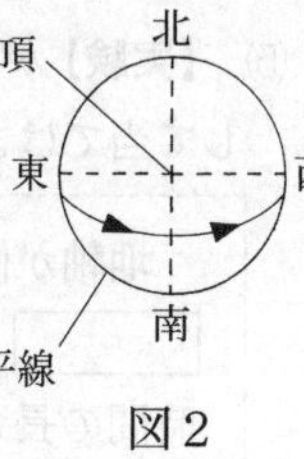

図２

①　図１で表されるような，太陽の１日の見かけ上の運動を何といいますか。

②　下線部について，天球上のある時刻の太陽の位置を点A，その２時間後の太陽の位置を点Bとすると，∠AOBの大きさとして最も適当なのは，ア～オのうちではどれですか。一つ答えなさい。

ア　15°　　イ　24°　　ウ　30°　　エ　36°　　オ　48°

③　将太さんは季節による太陽と地球の関係を調べるために【実験】を行った。⑴～⑸に答えなさい。

【実験】　図３のように，地球に見立てたボールに地軸となる棒を取り付け，日本の北緯35°の地点を〔観測点〕とし，そこに【観察】で使ったカメラを固定した。図４のように，太陽に見立てた電球の周囲に，棒を公転面に対して垂直な方向から23.4°傾けた図３のボールを置き，地球の公転をモデル化した。P～Sは〔観測点〕が春分，夏至，秋分，冬至のいずれかとなる位置であり，それぞれの位置でボールを自転させて〔観測点〕での天球の連続写真を撮った。また，黄道付近にある星座Xの絵を図４のように置き，地球から見える星座Xの見え方について考えた。

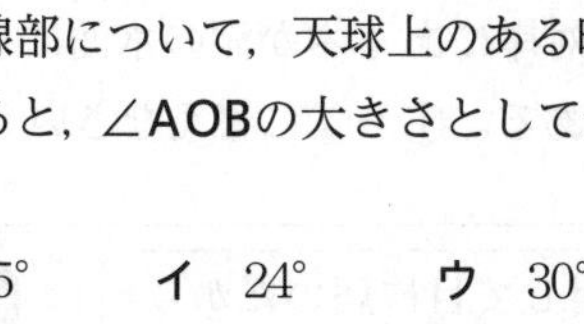

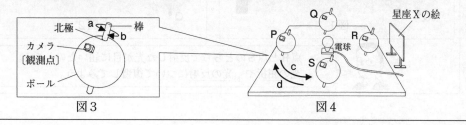

図３

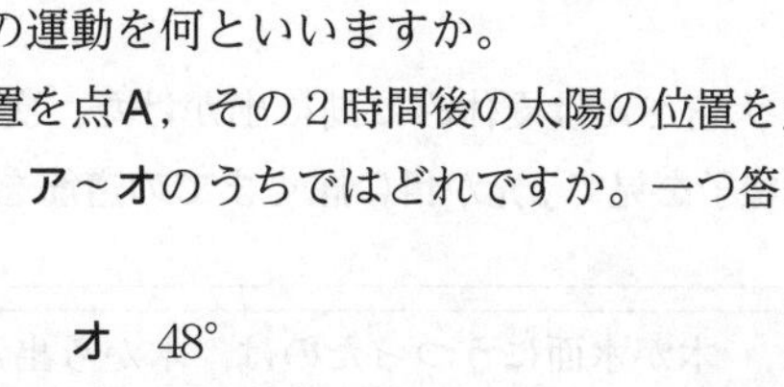

図４

⑴　前のページの図３と図４の a ～ d について，地球の自転と公転の向きを正しく表した組み合わせとして最も適当なのは，ア～エのうちではどれですか。一つ答えなさい。

ア　自転：a　　公転：c　　　イ　自転：a　　公転：d
ウ　自転：b　　公転：c　　　エ　自転：b　　公転：d

⑵　図４で〔観測点〕が夏至となるのはＰ～Ｓのうちではどれですか。一つ答えなさい。

⑶　図５は，Ｐ～Ｓのいずれかで撮影した連続写真の電球の位置を，なめらかな曲線で結び，矢印で表した模式図である。この矢印が図５のようになるのは，Ｐ～Ｓのうちではどれですか。一つ答えなさい。

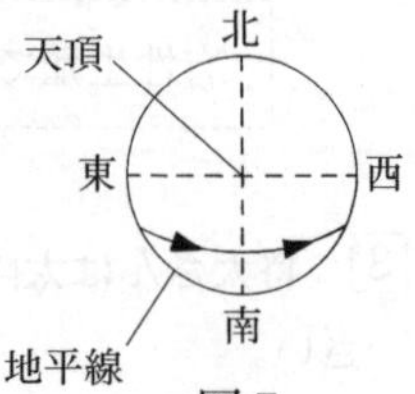

図５

⑷　実際に，日本で真夜中の東の空の低い位置に，星座Ｘが見える地球の位置として最も適当なのは，Ｐ～Ｓのうちではどれですか。一つ答えなさい。

⑸　【実験】から，将太さんが季節による太陽と地球の関係をまとめた次の文章の［　　］に共通して当てはまる適当なことばを書きなさい。

> 地軸が傾いたまま，地球が自転しながら公転すると，昼の長さが変化するだけでなく，［　　］ことがわかった。昼の長さが変化することで太陽からエネルギーを受け取る時間の長さが変化し，［　　］ことで同じ時間に同じ面積で太陽から受け取るエネルギー量が変化する。その結果，季節の変化が生じると考えられる。次回は，地軸を傾けずに実験を行い，地球に与える影響を比較したい。

4　大吉さんは夏休みに湖に出かけた。次は大吉さんが，対岸にある木が湖の水面にうつっている様子を見て，光が目に届くまでの道筋を考察した内容である。①～④に答えなさい

木が水面にうつったのは，木から出た光が水面で反射して目に届いたからだと思う。水面のどの位置で反射して目に届いたのかな。水面に波は立っていなかったとして，木の一番高いところを点Ｐとし，水面に対して点Ｐと対称な点を点Ｑ，自分の目の位置を点Ｏとして考えてみよう。

大吉さん

【考え方１】
図１の模式図のように，点Ｑ→点Ｒ→点Ｏが「光の屈折」になるような水面上の点Ｒで反射するのではないかな。点Ｐから出た光の道筋は，点Ｐ→点Ｒ→点Ｏだと考えられます。

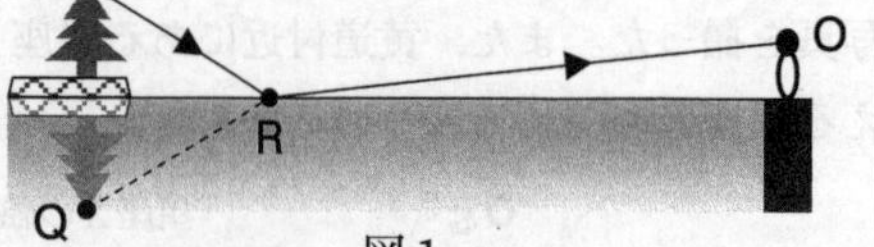

図１

【考え方２】
図２の模式図のように，点Ｑ→点Ｓ→点Ｏが「光の直進」になるような水面上の点Ｓで反射するのではないかな。点Ｐから出た光の道筋は，点Ｐ→点Ｓ→点Ｏだと考えられます。

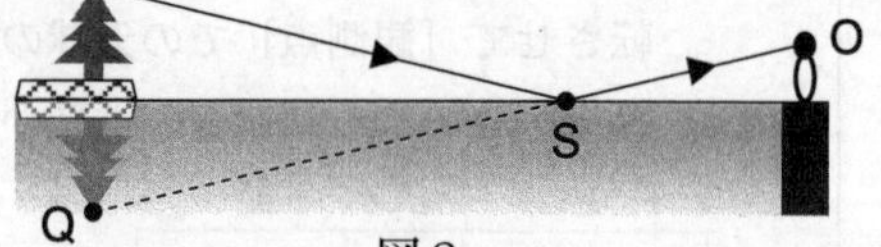

図２

点Ｒと点Ｓのどちらで反射した光が目に届いたのだろう。
(a)光の屈折や(b)光の反射について復習してみよう。

① 木の葉に光が当たると，葉の表面の細かい凹凸によってさまざまな方向に反射する。このような反射を何といいますか。

② 下線部(a)について，図３の模式図のように，容器の底にコインを置き，Xの位置から観察しながら容器に水を注ぐと，水を注ぐ前には容器のふちに隠れて見えなかったコインが，見えるようになった。なお，実線の矢印はXに届いた光の道筋を示している。⑴，⑵に答えなさい。

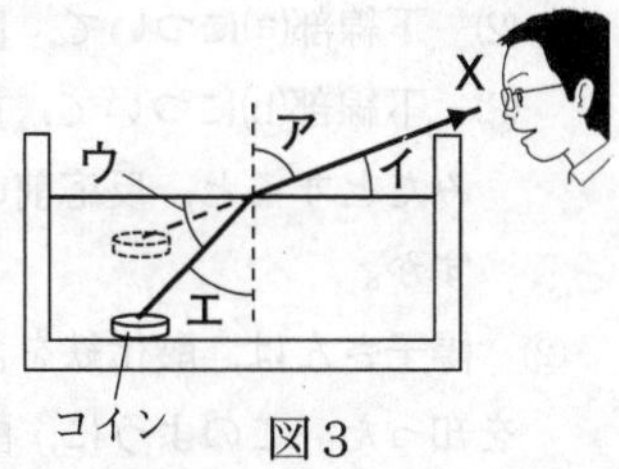

図３

⑴ コインから出た光が水中から空気中に進むとき，屈折角はア～エのうちのどれですか。一つ答えなさい。

⑵ コインが浮き上がって見えることについて説明した次の文の □ に「入射角」という語を使って，当てはまる適当なことばを書きなさい。

> 光が水中から空気中に進むとき，光は □ ように屈折する。図３では，コインから出た光は実線の矢印のように進み，コインは浮き上がって見えるようになった。

③ 下線部(b)について，図４の模式図のように，鏡Aと鏡Bを組み合わせて，光を矢印の向きに入射させた．入射した光が鏡Aと鏡Bで反射するときに光が進む道筋を，解答用紙の図に矢印をつけた線でかきなさい。

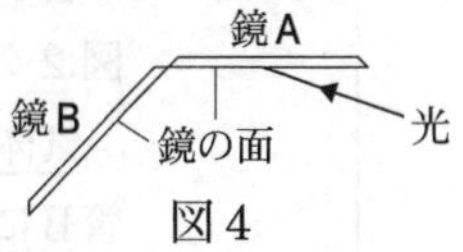

図４

④ 大吉さんは関係する法則を使って，正しい考え方を導き出した。正しい考え方とその理由を説明した次の文章について，[あ] に【考え方１】と【考え方２】のうち，正しい考え方の番号を答えなさい。また，[い] に「入射角」という語を使って，当てはまる適当なことばを書きなさい。

> 【考え方 [あ] 】が正しい。これは，関係する法則を使って説明することができます。つまり，光は [い] ように反射するからです。

5 陽子さんは，理科の授業で銅と酸素を反応させる実験を行った。次は，そのときの【実験１】のレポートの一部である。①，②に答えなさい。

【実験１】 図１のように，銅粉末をはかりとって強火でしっかりと加熱し，加熱後の物質の質量を測定した。これを銅粉末の質量を変えてくり返した。

図１

<目的> 銅と酸素が反応するときの質量の関係を確かめる。

<結果>

反応前の銅粉末の質量〔g〕	0.50	1.00	1.50	2.00
加熱後の物質の質量〔g〕	0.59	1.18	1.77	2.37

○グラフ

<考察> 実験結果のグラフから，(a)反応前の銅粉末の質量と反応した酸素の質量の間には比例関係があることがわかった。銅粉末がすべて酸化銅（CuO）に変化すると，反応前の銅粉末の質量と加熱後の物質の質量との比は４：５になるが，(b)実験で得られた加熱後の物質の質量は，この比から予想されるものと比べて小さかった。この理由には，銅粉末が完全に反応しきっていないことが考えられる。

① 【実験１】について，⑴～⑶に答えなさい。

⑴ ２種類以上の物質が結びついて，別の物質ができる化学変化を何といいますか。

⑵ 下線部(a)について，【実験１】の結果から得られるグラフを，解答用紙にかきなさい。

⑶ 下線部(b)について，加熱後の物質が，生じた酸化銅（CuO）と未反応の銅粉末（Cu）のみだとすると，反応前の銅粉末の質量が2.00 g のときでは，未反応の銅粉末の質量は何 g ですか。

② 陽子さんは，酸化鉄を含む鉄鉱石を，コークス（炭素）とともに加熱し，鉄を得ていることを知った。このように，酸素と結びつきが強く，加熱しただけでは酸素をとり除くことが難しい物質については，より酸素と結びつきやすい物質と反応させることで，酸素をとり除くことができる。そこで，銀，銅，マグネシウム，炭素について，酸素との結びつきやすさを比較するため，【実験２】～【実験５】を行った。⑴～⑶に答えなさい。

【実験２】 酸化銀（Ag_2O）と酸化銅（CuO）を，それぞれ試験管の中で加熱した。

＜結果＞ 酸化銀からは気体が発生し，銀を生じた。酸化銅は反応しなかった。

【実験３】 【実験２】では反応しなかった酸化銅を，図２のように炭素粉末とともに加熱し，(c)気体が発生してしばらくしてから，試験管Bに気体を集めた。

＜結果＞ 試験管Aの中に銅を生じた。また，試験管Bの中の気体は二酸化炭素であった。

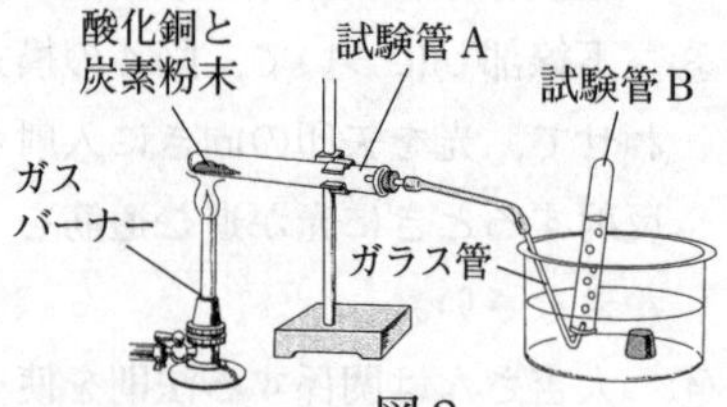

図２

【実験４】 マグネシウムリボンを二酸化炭素中で燃焼させた。

＜結果＞ マグネシウムリボンは激しく反応し，酸化マグネシウム（MgO）と炭素を生じた。

【実験５】 マグネシウム粉末と銀粉末を，それぞれ空気中で加熱した。

＜結果＞ マグネシウム粉末は激しく反応し，酸化マグネシウムを生じた。銀粉末は反応しなかった。

⑴ 【実験２】について，酸化銀を加熱したときの反応を表した右の化学反応式を完成させなさい。

$2Ag_2O \rightarrow \quad + \quad$

⑵ 下線部(c)について，ガラス管からはじめに出てくる気体を集めない理由を説明しなさい。

⑶ 【実験１】～【実験５】の結果から，次のア～エを酸素と結びつきやすい順に並べ，記号で答えなさい。

ア 銀　　イ 銅　　ウ マグネシウム　　エ 炭素

I理 (1)

受検番号	(算用数字)	志願校	

解 答 用 紙

※

1

①(1)	
①(2)	→ → →
②	
③(1)	
③(2)	(g/cm³)
④	(N)
⑤(あ)	
⑤(い)	
⑥	
⑦	

2

①	
② 観点Ⅰ	
② 観点Ⅱ	
③	名称　　記号
④(1)(あ)	(本)
④(1)(い)	(本)
④(2)	

3

①	
②	
③(1)	
③(2)	
③(3)	
③(4)	
③(5)	

4

①	
②(1)	
②(2)	
③	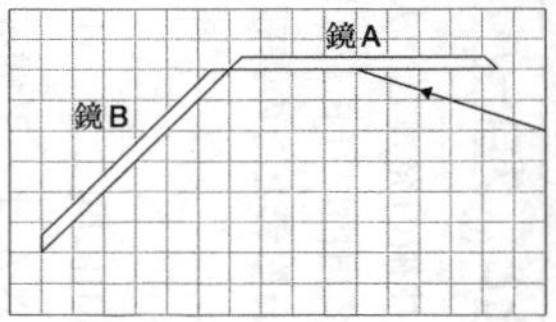
④	(あ) (い)

5

①(1)	
①(2)	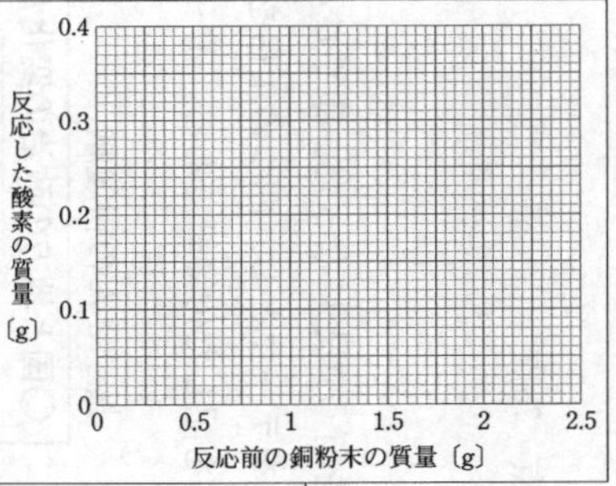
①(3)	(g)
②(1)	$2Ag_2O$ → ＋
②(2)	
②(3)	→ → →

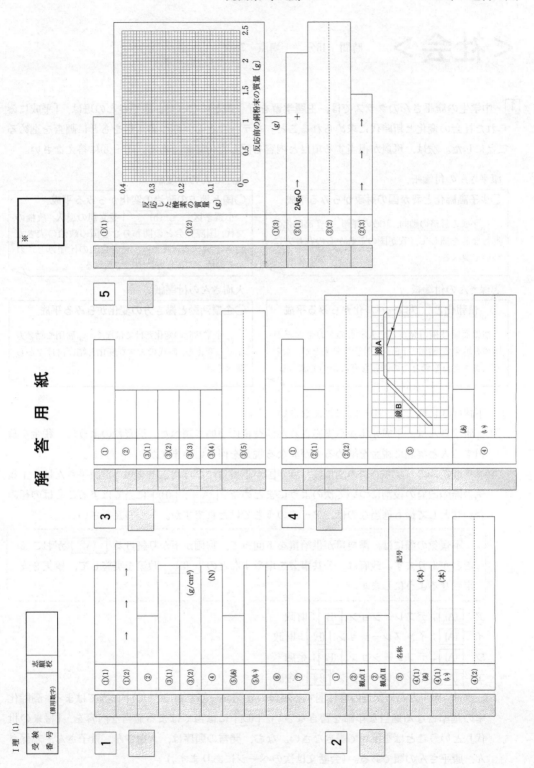

＜社会＞

時間　45分　　満点　70点

1　中学生の康平さんのクラスでは，主題学習を行うことになった。康平さんの班は，「平成にみられた社会の変化と新時代に求められること」をテーマとし，四つの項目をもとに調査を進めることにした。次は，班員が担当する項目と内容を記した付箋《ふせん》紙である。①～⑧に答えなさい。

康平さんの付箋紙

○少子高齢化と我が国の財政からみる平成

(a)平成の経済の動向，財政の課題，少子高齢化の進行などを通して，我が国のこれからの在り方について調べる。

景子さんの付箋紙

○国と地方の政治の変化からみる平成

小選挙区 (b) 並立制の導入，政権の交代，国際社会との関わりなど国の政治の大きな動きを調べる。また，(c)地方自治の仕組みとこれからの地方の在り方について調べる。

志保さんの付箋紙

○(d)情報化と(e)グローバル化からみる平成

情報通信技術の発達と，人・もの・お金などが国境を越えて自由に行きかう社会の到来とが，くらしにあたえた影響とその課題などについて調べる。

大樹さんの付箋紙

○企業活動と働き方の変化からみる平成

(f)企業活動の変化だけではなく，(g)雇用や働き方などの変化を，時代の大きな変化と結び付けながら調べる。

①　下線部(a)に関して，(1)～(3)に答えなさい。

(1)　康平さんは，平成元年から実施された消費税について調べた。消費税のように，税金を負担する人と実際に税金を納める人が異なる税金を何といいますか。

(2)　平成初期のバブル経済の崩壊後，我が国が不景気になったことを知った康平さんは，不景気の際の政府の役割について次のようにまとめた。 (A) ， (B) に当てはまることばの組み合わせとして最も適当なのは，ア～エのうちではどれですか。一つ答えなさい。

> 不景気の際には，需要量が供給量を下回って，物価が下がり続ける (A) がおこることがあります。政府は，公共事業を増やすなどの (B) 政策を実施して，景気を安定させるようにします。

ア　(A)：デフレーション，(B)：財政
イ　(A)：インフレーション，(B)：財政
ウ　(A)：デフレーション，(B)：金融
エ　(A)：インフレーション，(B)：金融

(3)　次は，康平さんの調査内容に関する班員の会話の一部である。 (C) に当てはまる，高齢化率の基準となる適当な年齢を書きなさい。 (D) には当てはまる適当な内容を，「将来の世代」ということばを用いて書きなさい。なお，発言の順序は，大樹さん，景子さん，志保さん，康平さんの順である。（会話文は次のページにあります。）

大樹さん

国の予算は，原則として税収を財源として編成するものですが，景気の動向などもあり，税収だけで予算を編成することが難しくなっています。

景子さん

また，平成に入った頃から，総人口に占める　(C)　以上の高齢者の割合は急増しています。このことなどにより国の社会保障関係費は増加し続けています。

志保さん

大樹さんと景子さんのいう状況などに対応するために，平成に入った頃からしだいに発行額が増えてきた　(D)　という問題があります。そのため，発行には，慎重な判断が必要です。

康平さん

社会保障は，国民一人一人が健康で文化的な生活を送るために大切なものです。少子高齢化が進むなか，社会保障と財政の在り方をみんなで考えていく必要があると思います。

② 現在の衆議院議員選挙に採用されている選挙制度名となるように，(b) に当てはまる適当なことばを書きなさい。

③ 下線部(c)や平成における地方の動向などについて述べた文として，内容が適当でないのは，ア～エのうちではどれですか。一つ答えなさい。

ア 地方自治は，住民の身近な政治参加の場であることから，「民主主義の学校」ともよばれる。

イ 地方分権一括《いっかつ》法の成立により，地方公共団体が独自の活動を行える範囲が拡大するなどした。

ウ 現在，地方公共団体の首長は，その地域の20歳以上の住民による選挙で選ばれる。

エ 地域の重要課題について，住民の意思をはかるために，住民による投票が行われることがある。

④ 下線部(d)に関して，志保さんは，収集した次の資料1と資料2をもとに平成における情報化の進展について考えた。**志保さんの考察の** □ に当てはまる適当な内容を，「情報」ということばを用いて書きなさい。

資料1　新聞発行部数と雑誌出版点数の推移

	新聞発行部数(千部)	雑誌出版点数(点)
1992年	51 938	3 851
2000年	53 709	4 533
2008年	51 491	4 353
2016年	43 276	3 589

(注) 点数は出版された数のこと。
(日本新聞協会Webページなどから作成)

資料2　インターネットの人口普及率の推移

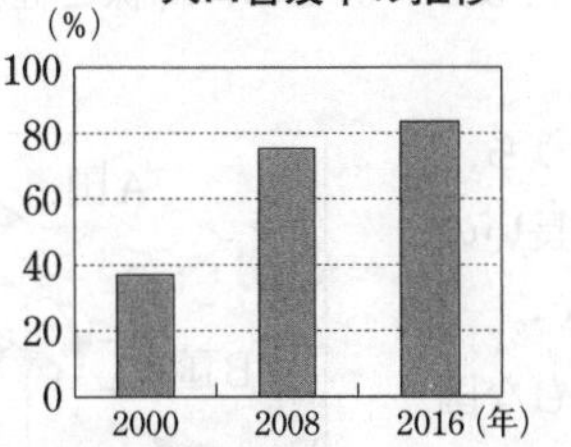

(総務省 Webページから作成)

志保さんの考察

平成の半ばである2000年以降，新聞発行部数と雑誌出版点数が　□　ことがおもな原因だと考えられます。平成の情報化には，インターネットが大きく影響していると思います。

⑤ 下線部(e)に関する現在の我が国の状況を述べた次のXとYの文について，内容の正誤をあらわしたものとして最も適当なのは，ア～エのうちではどれですか。一つ答えなさい。

X 昭和と比べて，日本でくらす外国人の数と海外でくらす日本人の数は，ともに増加した。

Y 産業の空洞化への対策として，フェアトレードの仕組みが注目されるようになった。

ア X，Yのどちらも正しい。

イ Xのみ正しい。

ウ Yのみ正しい。

エ X，Yのどちらも誤っている。

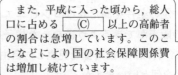

⑥　下線部(f)に関して，大樹さんが収集した右の写真は，法律の改正により一定の条件を満たせばコンビニエンスストアでも一部を除いた薬の販売ができるようになった様子を示している。この事例のように，行政が許認可権を見直し，自由な経済活動をうながす動きや考えを何といいますか。

⑦　下線部(g)に関する現在の我が国の状況について述べた文として，内容が適当なのは，ア～エのうちではどれですか。当てはまるものをすべて答えなさい。

ア　非正規雇用の生涯賃金は，一般に正規雇用に比べて低いことが指摘されている。

イ　能力主義や成果主義による賃金にかえて，年功序列賃金を導入する企業が増加している。

ウ　育児や介護のために，労働者が一定期間休みをとることができる法律は制定されていない。

エ　公的機関や企業などにおいて，女性の管理職や専門職の割合を高めることが求められている。

⑧　次は，康平さんたちが平成という時代を通して考えた，新時代に求められることについて発表する原稿の一部である。□ に当てはまる適当な内容を書きなさい。

> 平成という時代には，少子高齢化，情報化，グローバル化などを背景に社会が大きく変化するとともに，多くの課題にも直面してきたことがわかりました。それぞれの課題に対しては，さまざまな人の利益や考えに配慮するという視点から考えていくことが大切になると感じました。その際，私たちに求められることは，一人一人の □ ことだと思います。これは，日本国憲法の基本原理（原則）の一つを踏まえたものですが，人が生まれながらにもつ自由や平等の権利こそが，新しい時代でも課題の解決に向けて最も大切な指針になると考えたからです。

2　次の図1を見て，①～⑤に答えなさい。なお，緯線と経線はいずれも15度間隔であり，海上部のみ描かれている。

①　図1のア～エで示す緯線のうち，地球上での実際の長さが最も長いのはどれですか。一つ答えなさい。

②　図1の●は，アジア州のおもな国際空港の位置を示している。近年，これらの国際空港間の競争が激しくなっているが，航空路が放射状にのび，乗り換えの拠点となる空港を何といいますか。

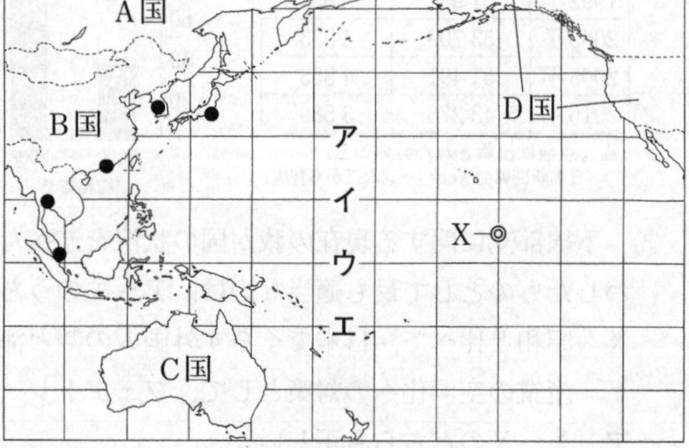

(注) 国境は，A国～D国のおもな国境を示している。

図1

③　図1のA国東部のシベリア地方の建物には，高床の工夫がみられる。その理由を述べた次のページの文の □ に当てはまる適当なことばを書きなさい。

高床の工夫がみられるのは，特有の土壌である □ が生活の熱などでとけ，建物が傾いたり，ゆがんだりすることを防ぐためである。

④ 図１の点Xを通る経線に沿って地球上を一周するとき，通過する経線として最も適当なのは，図２のP～Sのうちではどれですか。一つ答えなさい。なお，図２の経線は15度間隔であり，縮尺と表し方は図１と異なる。

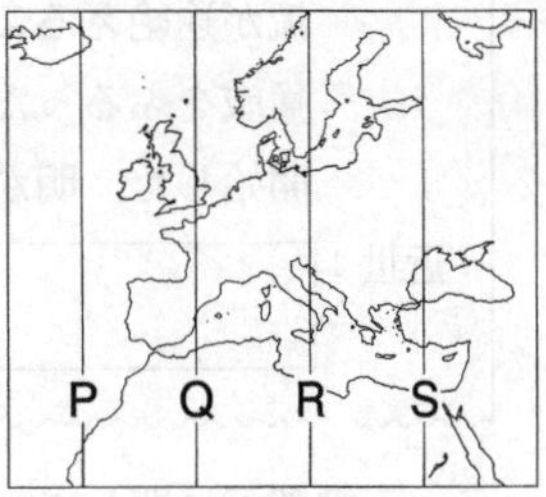

図２

⑤ 次は，図１のA国～D国と日本の５か国について，それぞれの輸出総額と輸入総額を表したグラフと各種統計をまとめた表であり，いずれも2016年の統計である。このグラフと表から読み取れる内容として最も適当なのは，ア～エのうちではどれですか。一つ答えなさい。

グラフ

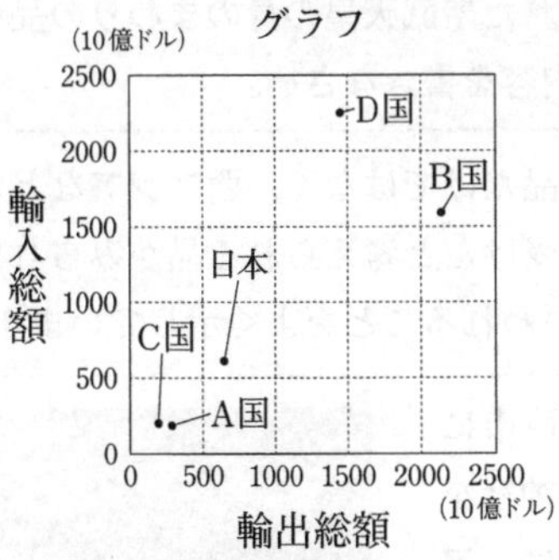

(注) 日本の輸出総額は645（10億ドル），輸入総額は608（10億ドル）。

表

	人口（万人）	農林水産業就業人口（万人）	GDP(＊)（10億ドル）	日本への輸出額（億ドル）	日本からの輸入額（億ドル）
A国	14 344	482	1 246	94	67
B国	138 232	14 024	11 218	1 296	1 455
C国	2 431	32	1 304	237	149
D国	32 412	256	18 624	633	1 322
日本	12 700	228	4 936		

(＊)国内総生産の略称で，国内で１年間に生み出された財やサービスの計。

（グラフ，表は「日本国勢図会 2017/18」，「世界国勢図会 2018/19」などから作成）

ア　日本と比べて，輸入総額が小さい国のうち，日本より人口が多い国は，GDPが日本より大きい。

イ　日本への輸出額が最も大きい国は，日本との貿易は赤字であるが，輸出総額は日本の輸出総額の５倍以上ある。

ウ　B国とD国は，それぞれの国の輸出総額と輸入総額の合計が，それぞれの国のGDPの50％以上を占めている。

エ　GDPが最も大きい国は，人口に占める農林水産業就業人口の割合が日本より低く，総額でみると貿易は赤字である。

3　中学生の良太さんは，我が国の歴史には中国の影響が大きいと考えて，その交流の展開を時代区分ごとにノートにまとめている。次はそのうちの一部である。①～⑤に答えなさい。

我が国と中国との交流～海でつながる隣国～

古代：中国の歴史書には，１世紀に奴《な》国の王が漢（後漢）に，３世紀に邪馬《やま》台国の女王卑弥《ひみ》呼《こ》が魏《ぎ》に，それぞれ使者を派遣していたことが記されている。古墳時代には，倭《わ》王が中国の南朝に使者を派遣する一方，(a)渡来人により中国や朝鮮半島から新技術や文化が伝えられた。遣隋《ずい》使や遣唐《とう》使の派遣は，国家の仕組みの成立だけではなく，(b)天平《てんぴょう》文化など特色ある文化の形成に大きな影響をあたえたが，９世紀に遣唐使は停止された。

中世：(c)宋《そう》との貿易がさかんに行われた。13世紀に２回にわたる元《げん》の襲来があったものの，交流が途絶えることはなく，商人らが両国を往来した。14世紀には，東シナ海で倭寇《わこう》が猛威をふるったが，足利義満《あしかがよしみつ》はこれを取りしまり，明《みん》に朝貢《ちょうこう》する形式をとって貿易を開始した。明から輸入された銅銭は我が国の経済に大きな影響をあたえた。

近世：［　　(d)　　］

① 下線部(a)に関して，古墳時代に伝えられたと考えられているものとして最も適当なのは，ア～エのうちではどれですか。一つ答えなさい。

ア 青銅器　**イ** 鉄砲　**ウ** 稲作　**エ** 漢字

② 下線部(b)の特色について，良太さんは，正倉院に納められた聖武《しょうむ》天皇の身のまわりの品に注目して，次のようにまとめた。［　　］に当てはまる適当な内容を書きなさい。

> 聖武天皇の身のまわりの品などには，唐や朝鮮半島の品だけではなく，西アジアなどから唐に伝わったと考えられる品や西アジアなどの影響を受けたと考えられる品がみられます。このことは，天平文化がはなやかで，［　　］といわれることをよく示しています。

③ 下線部(c)を推進するために瀬戸内海の航路や現在の神戸市にあった港を整えた人物は，広島県にある右の写真にみえる神社を信仰した。この人物について述べた文として最も適当なのは，ア～エのうちではどれですか。一つ答えなさい。

ア 二度の内乱をへて政治の実権を握り，太政大臣《だいじょうだいじん》に就任した。
イ 自由に商工業ができるように楽市・楽座の政策を進めた。
ウ 武家政治のよりどころとなる御成敗式目を制定した。
エ 天皇を退位後に，上皇として政治を動かす院政を開始した。

④ 良太さんは，古代や中世に困難を乗り越えて海を渡った四人の人物に注目した。良太さんが注目した四人について述べたア～エを，年代の古いものから順に並べたとき，三番目となるのはどれですか。一つ答えなさい。

ア 道元《どうげん》が中国から禅宗を伝えた。
イ 最澄《さいちょう》が中国から帰国後，天台宗をひらいた。
ウ 雪舟《せっしゅう》が中国で水墨画の技法を高めた。
エ 鑑真《がんじん》が中国から新しい仏教の教えを伝えた。

⑤ 良太さんは，［(d)］に書き込む内容を調べている。(1)，(2)に答えなさい。

(1) 良太さんは，我が国で蘭《らん》学が発展したきっかけの一つに，享保《きょうほう》の改革期に漢文に訳された洋書の輸入制限をゆるめた政策があることに気づいた。この政策を進めた将軍はだれですか。

(2) 良太さんは，江戸時代に我が国から中国へ輸出された，いりこ（なまこ）やふかひれなどが，中国の人々の貴重な食材になったことを知った。田沼意次《おきつぐ》が長崎から積極的に輸出をはかったことでも知られる，これら海産物を総称して何といいますか。

4 中学生の太郎さんは，北海道地方を取りあげて地理的特色を調べた。①～③に答えなさい。

① 右の図は，太郎さんが作成した略地図である。⑴～⑶に答えなさい。

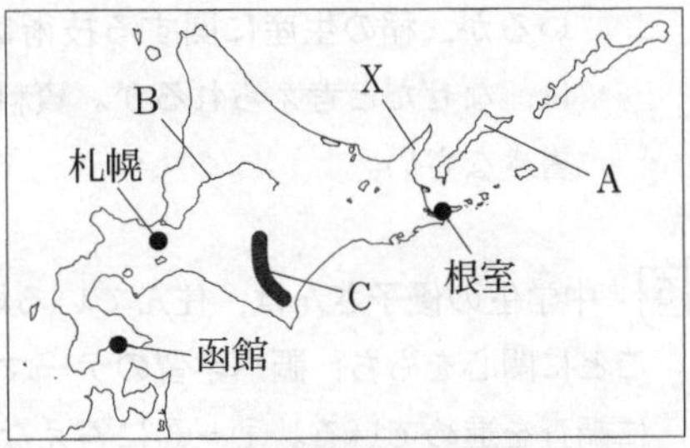

図

⑴ 図に関する文として，内容が適当でないのは，ア～エのうちではどれですか。一つ答えなさい。

ア Aは，国後《くなしり》島である。

イ Bは，石狩川である。

ウ Cの地域には，飛驒《ひだ》山脈が連なっている。

エ 函館《はこだて》は，戊辰《ぼしん》戦争の最後の戦場となった。

⑵ 太郎さんは，世界遺産に登録されたXの半島について調べて，右の資料1を収集し，資料1にみえる取組について次のようにまとめた。□に当てはまる適当な内容を書きなさい。

資料1

> 資料1には，この半島の中で，多くの人が訪れる場所に設置された高さ約2ｍの歩道がみえます。この歩道の設置は，エコツーリズムの取組の一つで，□の両立をめざしたものといえると思います。こうした取組は，他の地域にも参考になると考えます。

⑶ 右の資料2は，図中の根室《ねむろ》と札幌《さっぽろ》，さらに福井と高知の月別降水量を表している。根室に当てはまるのは，ア～エのうちのどれですか。一つ答えなさい。

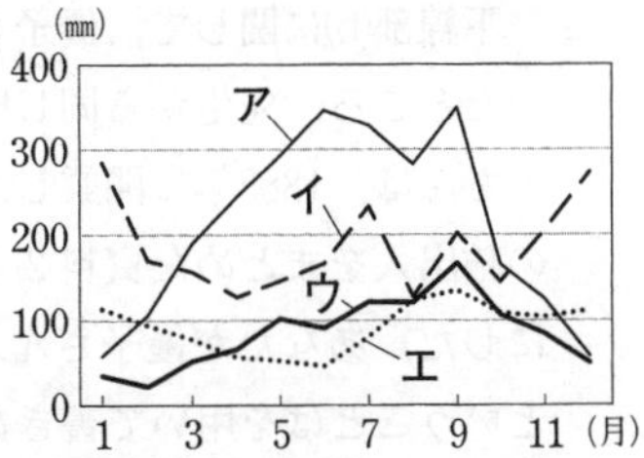

(注) 平年値による。
(気象庁 Web ページから作成)

資料2

② 北海道地方では，さけを人工的に卵からかえして川に放流する漁業が行われているが，このように稚魚などを卵からかえしてある程度まで育てた後，自然の海や川に放す漁業を何といいますか。

③ 太郎さんは，北海道地方の農業に関する次の資料3と資料4を作成した。⑴，⑵に答えなさい。

北海道地方と三つの地域の農業産出額の内訳（2015年）

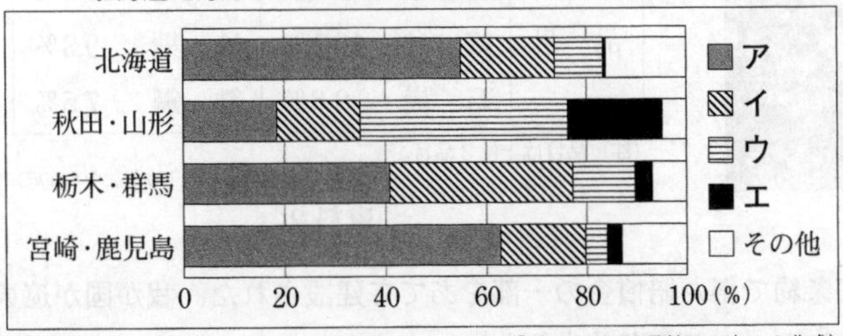

（「データでみる県勢 2018」から作成）

資料3

北海道地方の稲の作付面積と収穫量の推移

	作付面積 (ha)	収穫量 (t)
1977年度	196 300	990 200
1997年度	154 300	801 600
2017年度	103 900	581 800

（北海道庁 Web ページなどから作成）

資料4

⑴ 資料3は，北海道地方と，他の3地方から隣接した2県を取りあげて，それぞれの農業産出額に占める農作物などの割合をまとめたものである。米，野菜，果実，畜産のいずれかを示しているア～エのうち，野菜と畜産に当てはまるものを，それぞれ一つずつ答えなさい。

(2)　太郎さんは，前のページの資料４から，北海道地方では稲の作付面積と収穫量は減少しているが，稲の生産に関する技術は向上していると考えた。太郎さんがこのように考えたのは，なぜだと考えられるか。資料４から読み取れることをもとに「ha」という単位を用いて書きなさい。

5　中学生の優子さんは，住んでいる地域の明治時代の鉄道施設が近代化遺産に登録されていることに関心をもち，調べ学習のテーマを「近代化遺産と我が国の歴史」として，次のメモをもとに調査を進めている。①～⑥に答えなさい。

> **○近代化遺産とは**
> 江戸時代末期以降に建設され，我が国の近代化に貢献した産業・交通・土木関係の建造物や施設のこと。
> **○私が関心をもった近代化遺産**
> ［　(a)　］（群馬県）：1872年操業開始。殖産興業政策を進める明治政府が設置した官営模範工場で，(b)我が国の軽工業の発展を支えた。2014年に世界遺産に登録された。
> (c)八幡《やはた》製鉄所（福岡県）：1901年操業開始。筑豊《ちくほう》地域（地方）で産出する石炭を利用して生産を拡大し，(d)我が国の重化学工業の発展を支えた。2015年に世界遺産に登録された。
> 東　京　駅（東京都）：1914年完成。洋式建築の代表的駅舎。駅では内閣総理大臣(e)原敬《たかし》がおそわれる事件などがおこった。空襲の被害を受けたが，現在は復元されている。

①　［(a)］に当てはまる製糸場名を書きなさい。

②　下線部(b)に関して，優子さんが生糸をつくる製糸業について明治時代の発展の過程を調べていたところ，先生から同じ時期の紡績《ぼうせき》業についても調べるよう助言を受けた。調査を進めた優子さんは，1883年に開業した大阪の紡績会社の工場内部を撮影した資料１と，1900年の我が国の輸出入をまとめた資料２を収集し，明治時代の紡績業の発展についての説明を作成することにした。あなたが優子さんになったつもりで，この二つの資料をもとにした説明を，「加工」ということばを用いて書きなさい。

紡績会社の生産の様子

資料１

輸出入の総額と品目の割合（1900年）

	輸　出		輸　入	
総　額	20 443万円		28 726万円	
品　目	生　糸	21.8％	綿　花	20.7％
	綿　糸	10.1％	砂　糖	9.3％
	石　炭	9.8％	鉄　鋼	7.5％

（注）品目は上位３品目。

（「数字でみる日本の100年」から作成）

資料２

③　下線部(c)は，日清戦争の講和条約で得た賠償《ばいしょう》金の一部をあてて建設された。我が国が遼東《りょうとう》半島や台湾などもゆずられることになったこの条約を何といいますか。

④　下線部(d)に関して，1910年代に我が国で重化学工業が発展した要因の一つに，この時期に外国から船舶などの注文が増えたことがあげられる。このことのきっかけとなったヨーロッパをおもな戦場とする大規模な戦争を何といいますか。

⑤　下線部(e)に関して，優子さんは，原が内閣総理大臣であった大正時代に関心をもった。大正

時代のできごととして適当なのは，**ア**～**エ**のうちではどれですか。一つ答えなさい。

ア　米騒動がおこり，軍隊が出動した。

イ　東海道新幹線が開通した。

ウ　関税自主権を完全に回復した。

エ　世界恐慌の影響が我が国にもおよんだ。

⑥　次は，調査を進めた優子さんが，気づいたことをまとめたものの一部である。［　　］に共通して当てはまることばを漢字二字で書きなさい。

> 私は，我が国の近代化にとって重要な時期は，日清戦争後の時期だと考えます。なぜなら，この時期には産業革命が進行して，イギリスなどですでに成立していた［　　］主義が，我が国でも成立したと考えるからです。労働問題などの発生とともに，［　　］主義を批判する動きがみられるようになったことも重要です。近代化遺産は，このような歴史の展開を知るきっかけにもなると思います。

I社 (1)

受検番号	（算用数字）	志願校	

解 答 用 紙

※

1

①(1)	
①(2)	
①(3)(C)	歳
①(3)(D)	
②	小選挙区　　並立制
③	
④	
⑤	
⑥	
⑦	
⑧	

2

①	
②	空港
③	
④	
⑤	

3

①	
②	
③	
④	
⑤(1)	
⑤(2)	

4

①(1)	
①(2)	
①(3)	
②	漁業
③(1)	野菜　　畜産
③(2)	

5

①	製糸場
②	
③	条約
④	
⑤	
⑥	

※この解答用紙は161％に拡大していただきますと，実物大になります。

※

国 I (1)

受検番号	(算用数字)
志願校	

解答用紙

注意　字数が指定されている設問では、「、」や「。」も一ます使いなさい。

1

①ⓐ い
①ⓓ
②
③X
③Y
④
⑤
⑥

2

①ⓒ く
①ⓔ
②
③
④
⑤X
⑤Y
⑥
⑦

3

①
②
③
④X
④Y

4

①
②
③
④ 「和」というのは、　80

※この解答用紙は175%に拡大していただきますと、実物大になります。

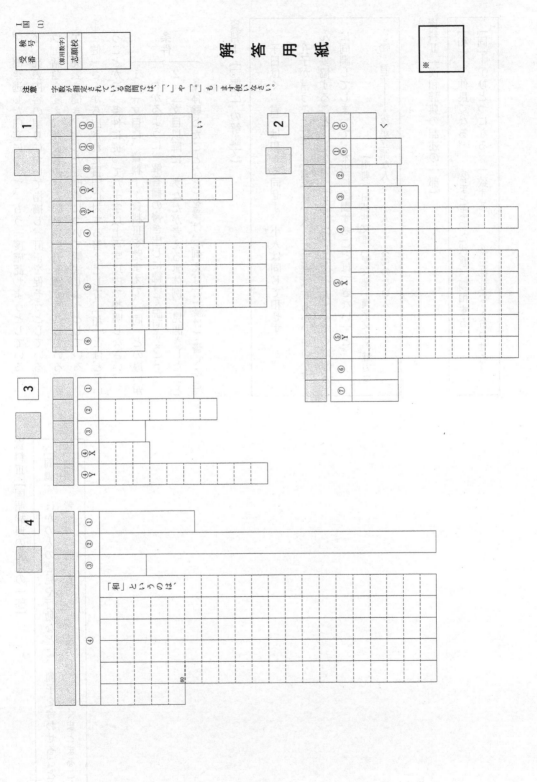

ア　聞き逃した内容について、もう一度確認しようとしている。
イ　発表内容の誤りについて指摘し、訂正を促そうとしている。
ウ　話題を変え、発表者の個人的意見を引き出そうとしている。
エ　発表を聞き、生じた疑問点について解決しようとしている。

④　健一さんから出された質問に対する答えとして、「和」とはどういうことかを、**条件**に従って八十字以上百字以内で説明しなさい。

条件
1　一文目に、資料Ⅰ～資料Ⅲを踏まえて、「同」との違いがわかるように、解答欄の書き出しに続けて説明すること。
2　二文目以降に、あなたが考える具体例（見聞きしたことや体験したことなど）を挙げ、「例えば」に続けて書くこと。

資料Ⅰ【「論語」の解説文】

子曰《い》はく、君子は和して同ぜず。小人《しょうじん》は同じて和せず、と。
孔子が言うことには、「君子は、人々と協調はするが、いいかげんに妥協することはしない。（それに反して）小人は、すぐに他人に同調してしまって、本当に協調することはできない」と。

（出典　田部井文雄《たべいふみお》「漢文塾―漢字文化の魅力」）

(注)　君子――人格が立派な人　小人――人徳のない人

資料Ⅱ「漢和辞典の記述の一部」

「和」―①仲良くなる。　②まとまった状態。調和する。
「同」―①ひとつになる。一致する。　②主体性なく合わせる。

資料Ⅲ【国語辞典の記述の一部】

「同調」　ほかの人の意見や行動などに、調子を合わせること。
「協調」　考え方の違う者どうしが協力し、うまくまとまること。

イ　完成度の低い庭だが、主人に遠慮して写実的な歌を詠んだ。
ウ　贋物の庭のつまらなさを隠すように、大げさな歌を詠んだ。
エ　主人の意図を理解して、庭の風景を本物として歌を詠んだ。

④　「庭園と和歌は同一方向を指向している」とあるが、これについて素性法師《そせいほうし》の和歌を例に挙げながら説明した次の文の X 、 Y に入れるのに適当なことばを、 X は解説文から三字で抜き出して書き、 Y は解説文のことばを使って十字以内で書きなさい。

> 見渡せば柳桜をこきまぜて都ぞ春の錦なりける　　素性法師
>
> この和歌は、見わたす限り、柳や桜に満ちた、色鮮やかな春の都の風景を、まるで豪華な錦（金や銀の糸で織った美しい模様の高価な絹織物）のようだという X を用いて表現している。これと同様に庭園は、自然を、そのままの写実ではなく Y として再現するものであり、この点で庭園と和歌は同一方向を指向している。

4　佳歩さんは、「身近にある文字やことばを調べよう」という課題について、地域の公民館にかかっている額の文字とことばに関心をもち、調べて発表した。下段の【佳歩さんの発表】と、発表に対する【健一さんの質問】を読んで、①～④に答えなさい。

①　「ⓐ行書で書かれています」とあるが、漢字を行書で書いたときの特徴を、楷書で書いたときと比較して説明したものとして適当なのは、ア～エのうちではどれですか。当てはまるものをすべて答えなさい。
ア　文字によっては、筆脈が点画の連続として表れることがある。
イ　全体的に丸みがなく、直線的な点画で構成される傾向がある。
ウ　速く整えて文字を書くため、点画の省略が生じる場合がある。
エ　点画が変化することがあっても、筆順が変化することはない。

【佳歩さんの発表】

公民館には、このような額がかかっています。「和《わ》を以《もっ》て貴《とうと》しと為《な》す」とⓐ行書で書かれています。このことばはⓑ有名な聖徳太子《しょうとくたいし》の十七条の憲法の一節で、「他人と仲良くすることは何よりも大切なことだ」という意味です。公民館の館長さんにお話をうかがうと、この「和」というのは、「和して同ぜず」という「論語」のことばにもあるように、単に他人の意見に同調することではないそうです。違う意見の人どうしが仲良くしていくことが大切だということを教えていることばだと思います。

佳歩さん

【健一さんの質問】

「和」は「仲良くする」という意味で、しかも、「同調する」とは違う、と佳歩さんは説明していましたが、それはどういうことですか。「和」は「同」と、どう違うのですか。

健一さん

②　「ⓑ有名な聖徳太子の十七条の憲法の一節」とあるが、佳歩さんはこの部分で、「以和為貴」ということば自体が有名だということを伝えようとしている。佳歩さんの伝えたいことが正確に伝わるように、「有名な」の位置を入れ替えてこの部分全体を書きなさい。

③　健一さんが質問をした意図として最も適当なのは、ア～エのうちではどれですか。一つ答えなさい。

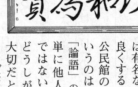

⑦　この文章の構成と内容の特徴について説明したものとして最も適当なのは、**ア**～**エ**のうちではどれですか。一つ答えなさい。

ア　[Ⅰ]は、[Ⅳ]の結論に向け、ヒトが自分たちの主観的な世界のなかでしか生きられないという問題提起をしている。

イ　[Ⅱ]は、[Ⅰ]とは対照的な内容を述べることで、ヒトが他の生き物を捉える視点が多様であることを指摘している。

ウ　[Ⅲ]は、[Ⅱ]までの内容を受け、ヒトが他の生き物を理解しようとする際に用いる手段について話題を広げている。

エ　[Ⅳ]は、[Ⅲ]までで述べてきた事例を否定することによって、人間が本来果たすべき使命について結論づけている。

3　次の文章は、庭の作り方を記した『作庭記《さくていき》』について、その一節を引用しつつ書かれた解説文である。これを読んで、①～④に答えなさい。

作者とされる橘俊綱《たちばなのとしつな》は、すばらしい山荘を持ち、頻繁に歌会などを催していました。冒頭「石を立てん事」の一部を引用しましょう。

> 国々の名所を思ひめぐらして、面白き所々をⓐ我がものになして、大姿をその所になずらへて、ⓑやはらげ立つべきなり。
>
> （広く諸国の名所に思いを馳《は》せ、その土地の特徴や美点を十分理解したうえで、かつ、ありのままの自然をそのまま写すのではなく、その土地に似せて、庭園にふさわしいように、和らげて、石立てすべきである。）

庭園の石立ては、自然をそのまま写すのではなく、土地の特性をよく理解し、まず自分なりに解釈しなさいと教えています。ここで注目すべきは、「やはらげ立つ」ということばです。「やはらぐ」とは、荒削りの自然を人間社会にあてはめること、「自然」を「文化」へと変容させる作用を意味します。自然を人間社会になじむような文化へと変容させるという点で、和歌の見立てと共通しています。それぞれの土地の最も趣向ある風景を定め、しかもそれをそのまま写すのではなく、人間社会に調和するように再現するという意味で、庭園と和歌は同一方向を指向しているのではないでしょうか。自然そのものの写実ではなく、人間社会の枠組みに合う「文化」へと変質した「自然」が求められているのです。

多くの歌人たちが寄り集って歌を詠《よ》んだという俊綱の山荘には、意図的に作られた風景、自然が存在していました。いかにも本物に見せかけた、趣向を凝らした主人の意図を受けて、居合わせた人々は、歌を詠むという行為によって応じようとしたでしょう。贋物《にせもの》とわかっていながら、ⓒ一種の演技でもって歌を詠んだのです。日本の古典和歌における自然は、このように人間社会に同化された自然、作られた自然であったのです。

（出典　谷知子《たにともこ》「古典のすすめ」）

①　「ⓑやはらげ」の読みを、現代かなづかいを用いてひらがなで書きなさい。

②　「ⓐ我がものになして」とあるが、これがどういうことかを説明した次の文の[　]に入れるのに適当なことばを、解説文から七字で抜き出して書きなさい。

諸国の名所の特徴や美点を[　]するということ。

③　「ⓒ一種の演技でもって歌を詠んだ」とあるが、これを説明したものとして最も適当なのは、**ア**～**エ**のうちではどれですか。一つ答えなさい。

ア　庭の風景を、自分の好みに合うように想像して歌を詠んだ。

られること。つまりは、他者への理解、そして尊重ができるのがヒトの強みです。

多様な世界の存在を知り、感動を重ねられることが、他の生き物と共存する素晴らしさではないでしょうか。

私たちの身近にそんな別世界を持つ生き物たちが、今も暮らしているのです。

生き物たちに教えてもらわなければならないことは、まだまだたくさんあります。多様な生き物たちの一つひとつの世界を尊重することは、私たちⓕヒトに課せられた大事な使命といえるでしょう。

生き物たちがそれぞれに自分の世界を描き、ヒトと共に暮らしているということ。それを知るだけで、何だか世界が彩《いろど》り豊かになったように思いませんか。

（出典　野島智司《のじまさとし》「ヒトの見ている世界　蝶《ちょう》の見ている世界」）

(注) 齟齬——くいちがい。　カテゴライズ——分類する。
ボキャブラリー——ことば。語彙。
フリッシュ——オーストリアの動物行動学者。

① ——の部分ⓒ、ⓔを漢字に直して楷書で書きなさい。

② ＝＝の部分A～Dの「ない」のうち、他の三つと品詞が異なるものはどれですか。一つ答えなさい。

③ 「ⓐ言葉という道具」とあるが、言葉によってヒトはどのようなことが可能になると筆者は考えているか。これについて説明した次の文の［　］に入れるのに適当なことばを、文章中から四字で抜き出して書きなさい。

ある概念について一定の理解が得られ、他者との［　］をもつことが可能になる。

④ 「ⓑ一つひとつ……こともできました」とあるが、これがどのようなことの具体例として用いられているかについて説明した次の文の［　］に入れるのに適当なことばを、文章中から十五字で抜き出して書きなさい。

ヒトと他の生き物との間に［　］が成立するということ。

⑤ 「ⓓしばしばヒトは……理解しようとします」とあるが、生き物を擬人化して理解することに対する筆者の考えを説明した次の文の［X］、［Y］に入れるのに適当なことばを、［X］は三十字以内、［Y］は二十字以内で、それぞれ書きなさい。

他の生き物を擬人化することには、［X］という危険があるが、それを意識しながらも、擬人化によって［Y］して理解しようとすることが大切だと考えている。

⑥ 「ⓕヒトに課せられた大事な使命」とあるが、これについて説明したものとして最も適当なのは、ア～エのうちではどれですか。一つ答えなさい。

ア　ヒトは、豊かな想像力を生かし、他の生き物の現状を考慮して貴重な生き物の絶滅に歯止めをかけ、その多様性を保つ必要がある。

イ　ヒトは、他者を理解する能力を生かし、他の生き物の多様な世界の存在を知り、それらを価値あるものとして重んじる必要がある。

ウ　ヒトは、道具を使う能力を生かし、生き物それぞれの暮らし方を理解して、生き物にとって住みやすい世界を構築する必要がある。

エ　ヒトは、他者を客観視する能力を生かし、描く世界が互いに異なっている生き物が争うことのないよう、調整していく必要がある。

[Ⅱ]

もしこれが、他の生き物に拡張されたらどうなるでしょうか。

アレックスと名付けられたヨウム（オウムの一種）は、ヒトと言葉を介したコミュニケーションができた鳥として有名です。普通のオウムは言葉としてではなく、音としてヒトのしゃべる言葉を真似《まね》るのですが、アレックスは違います。ⓑ一つひとつの言葉の意味を理解した上で、豊富な語彙を持ち、物の数や色や素材を区別し、あるいはカテゴライズし、自分の気持ちを言葉で伝えたりすることもできました。アレックスとヒトは、互いの主観的に描いている世界を相互に交流することができたのです。アレックスはヒトの言葉を使うことができる、ヒト以外では数少Cない生き物でした。

反対に、ヒトのほうが動物の側に寄り添って、彼らのボキャブラリーを共有することもできるのかもしれません。

フリッシュはミツバチの「8の字ダンス」と呼ばれる独特な行動を通して、彼らが仲間に花の咲いている場所などの位置情報を伝達しているということを発見しました。それは、ミツバチの「言葉」をヒトが理解した数少ない事例の一つです。

私たちはきっと、すでに他の生き物たちの描く世界を、少しずつ共有し始めています。

[Ⅲ]

どんなに他の生き物と共有できる世界を広げることができたとしても、ヒトはやはり他の生き物にはなれません。

ヒトにできるのは、彼らと世界を共有し、イメージすることです。ただし、それは常に誤解する危険を伴うものでもあります。

誤解しながらも生き物の暮らす世界に丁寧に接近しようと試みることで、その生き物の持つ能力は、次第にⓒフカく理解することができるようになります。

大切なことは、その生き物の暮らす世界の内側から、その生き物を理解しようと試みることではないでしょうか。

ⓓしばしばヒトは他の生き物を擬人化して理解しようとしますが、擬人化には様々な危険があります。本来はヒトとはまったく異なる原理で行動する生き物を擬人化してしまうことは、やはりその生き物の暮らしてきた文脈を無視するものです。

一方で、少しも擬人化することなく、他の生き物の世界を共有することもまたⓔコンナンです。どんな生き物の心も見ることができません。ですが、確かに存在するものでもあります。擬人化をすべて否定することは、そんな心の存在を無視することにつながります。

私たちが一般に「他人の立場になって物を考える」ように、わからDない部分については、差し当たり擬人化して、相手を理解していくことも大切です。

そこに誤りがあるかもしれないことを自覚しながら、それでもイメージし続けていくこと。それが、他者の描く世界を共有する唯一の手段なのかもしれません。

[Ⅳ]

私たちヒトは、他の生き物の描く世界を知りません。他の生き物もまた、ヒトの描く世界を知りません。でも、ヒトの描いている世界は、知らず知らずのうちに、他の生き物の描く世界とつながっています。

ヒトは自分の描く世界がすべてだと考えがちです。でも、すべての生き物はそれぞれに独自の世界を描いています。

人間の強みは、そんな異世界の存在を他の生き物を通して知ることができること。道具を使ってそこに迫れること。イメージを膨らませ舞衣子は、[X]と感じており、そのきっかけとなった過去の落馬のことを忘れたいが、それはララへの[Y]であるような気がして、せめてほかの馬には乗るまいと決めていたから。

④「ⓔそうだね。運命かもしれないね」とあるが、「彩子さん」がこのように言った理由を説明したものとして最も適当なのは、**ア**〜**エ**のうちではどれですか。一つ答えなさい。

ア ナナがララと同じ母馬から生まれたことに気づかない舞衣子にもどかしさを感じ、事実をすべて打ち明けようとしたから。

イ すべては運命だと言ってくれる美鶴の優しい気遣いに対して、まだ煮え切らないでいる舞衣子をたしなめようとしたから。

ウ ナナがララの姉妹であると伝え、舞衣子と同じくナナにも過去につらい経験があることに意識を向けさせようとしたから。

エ 過去の落馬事故があったから、ララの姉妹であるナナにここで出会えたのだということを舞衣子に教え諭そうとしたから。

⑤「ⓕけれどいまは、気持ちが揺れている」とあるが、このときの「舞衣子」の心情について説明した次の文の[　]に入れるのに適当なことばを、三十五字以内で書きなさい。

馬にはもう乗らないと決めていたが、美鶴や彩子さんと会話したこと、そして、ナナの[　]姿に触れたことによって、自分も過去を乗り越えて、もう一度流鏑馬をやってみようと思い始めている。

⑥この文章の表現の特徴とそのねらいについて説明したものとして最も適当なのは、**ア**〜**エ**のうちではどれですか。一つ答えなさい。

ア 舞衣子と美鶴との会話の場面では、枝の揺れや流れる雲などの情景描写により、変化しつつある舞衣子の心情を暗示している。

イ 彩子さんがナナのことを語る場面では、ララの回想を挿入することにより、過去にとらわれ続ける舞衣子の様子を描いている。

ウ ナナに乗るよう舞衣子が促される場面では、複数の人物の視点から語ることにより、舞衣子の頑なな姿を浮き彫りにしている。

エ 舞衣子がナナに乗る場面では、馬の様子や感触を描写することにより、ララとの思い出をかみしめていることを印象づけている。

2 次の文章を読んで、①〜⑦に答えなさい。なお、本文を大きく四つに分け、それぞれを［Ⅰ］〜［Ⅳ］としている。

［Ⅰ］

私たちヒトは、主観的な世界を共有することができます。道端に黄色いタンポポが咲いている時、そこに黄色いタンポポが咲いているのを見るのはあなただけではありません。同じ道を歩く誰かもまた、そこに黄色いタンポポを見ることができます。

黄色いタンポポはあなたの主観的な世界に描かれていると同時に、誰かの主観的な世界にも描かれています。黄色いタンポポを介して、あなたはその誰かと主観的な世界を共有することができます。そのような共有することのできる主観のことを、共同主観という言葉で表します。

ヒトは他者と世界を共有する動物です。ですが、他の生き物とヒトとは、どこまで世界を共有できるものなのでしょうか。確かにそれぞれの生き物は個々バラバラに世界を描いていて、それらを完全に理解し合うことは不可能です。けれど、何も共有し合えAないかというと、そんなことはないはずです。

私たちヒトには、ⓐ言葉という道具があります。「黄色」という言葉が多くの人の間で通じ、大きな齟齬《そご》も生じBないのは、「黄色」という概念について一定の理解があるからです。それが「黄色いタンポポ」であるということは、誰もが共有できることです。

すると彩子さんが、「ⓔそうだね。運命かもしれないね」と美鶴の言葉を補足するように言った。

「ナナはね、まえに舞衣子ちゃんが乗っていたララの姉妹なんだよ」

「ララの姉妹？」

舞衣子が驚いて問い返すと、彩子さんは「うん、ララとナナは、母馬が同じなんだ」と答えた。

「しばらく北海道の牧場にいたんだけど、戻ってこさせたの。ナナにとってもこっちで過ごすのがいいと思って」

彩子さんが、ナナがこっちで過ごすほうがいいと思った理由。それは舞衣子にも心当たりがあった。

あたたかな筋肉。脈動する肌。やさしい瞳。人間に甘える素直さ。でもよく見ると、ナナの右の太腿《ふともも》には、うっすらとしか毛が生えていない箇所があった。ブラッシングするときも、ナナはその部分を触られるのを嫌がった。ずっと昔、ひどいケガを負ったのだろう。

舞衣子はハッとした。これは鞭《むち》の痕だ。

馬を飼育している牧場は限られている。だから祭りや神事、流鏑馬競技や体験乗馬のときは、牧場の馬を貸すことも少なくない。ただ、乗り手が馬の扱いに慣れているとは限らないから、故意にではなくても傷つけられてしまうことがある。

舞衣子の曇った顔を見て、彩子さんは微笑《ほほえ》んだ。

「でも、ナナは頭がいいし頑張り屋だからね。怖い目にあっても、こうして人を信頼してくれる、とってもいい子だよ。だから私は、この子に人間との絆《きずな》を取り戻させたい。流鏑馬用の馬にしようと思ったのも、そのためなんだ。自分は特別だ。そう信じることが、馬にとっても人にとっても大切なことだから」

彩子さんは舞衣子の肩とナナの肩を順番に叩《たた》き、「とりあえず、腹減ったからさっさと山を下りるよ」と言った。

彩子さんと美鶴から背中を押され、外乗の復路で舞衣子はナナに乗ることにした。

大きな体。歩を進めるたびに感じる振動。久しぶりに馬に乗ったけれど、舞衣子の脚は鞍《くら》にしっくり馴染《なじ》んだ。

広場からの帰りは、ずっと下り坂が続いていた。きちんと整地されていない林道であったが、馬たちは安定した足取りで歩いてくれる。はじめてクラブに来たときの興奮した様子から想像できないほど、ナナは落ち着いて堂々としていた。

馬にはもう乗らない。流鏑馬なんて絶対に無理だ。そう頑なに思っていた。

ⓕけれどいまは、気持ちが揺れている。

自分ができること。それがなにか、舞衣子にはわかりかけていた。

（出典　相戸《あいと》結衣《ゆい》「流鏑馬ガール！　青森県立一本杉高校、一射必中！」）

(注)　ララ、ナナ、ムサシ――いずれも馬の名前。
澱――液体にしずんだかす。ここでは心の底にたまったもののたとえ。
隼人――「美鶴」の弟。　鞍――馬の背に置いて人を乗せる道具。

①　――の部分ⓐ、ⓓの漢字の読みを書きなさい。

②　「ⓒそっくりなんだ」とあるが、これと同じような意味で使うことができることばとして適当なのは、ア～オのうちではどれですか。当てはまるものをすべて答えなさい。

ア　名を連ねている　　**イ**　瓜《うり》二つである　　**ウ**　馬が合っている
エ　生き写しだ　　**オ**　匹敵する

③　「ⓑだから今回の……頑なに拒否した」とあるが、この理由を説明した次の文の X 、 Y に入れるのに適当なことばを、 X は八字、 Y は三字で、それぞれ文章中から抜き出して書きなさい。

＜国語＞

時間　四五分　満点　七〇点

1　次の文章は、高校一年生の「倉田舞衣子《くらたまいこ》」と同級生の「美鶴《みつる》」が会話をしている場面である。二人は乗馬クラブの指導員である「彩《あや》子《こ》さん」に連れられ、外乗《がいじょう》（山や森の中を馬と散策すること）に出かけている。「舞衣子」は小学生の時に流鏑馬《やぶさめ》（馬に乗って走りながら的を射る競技）の大会で優勝した経験があり、「彩子さん」はその当時、「舞衣子」のコーチであった。これを読んで、①～⑥に答えなさい。

「……私、馬に乗るのが怖いんだ」

そんな言葉が口をついて出た。

「小学生のころ落馬したって話は学校でしたよね。あのとき、私が乗っていた馬もケガをしたんだ」

「うん」

「人間だったら、脚の骨を折ったって、手術して、リハビリすれば治るでしょ？　私も大ケガしたけど、いまは普通に運動できるし。でも馬はそうじゃないんだ。脚のケガは、イコール命に関わる。それから炎症を起こしたときの痛みや苦しさも相当なんだって」

落馬したときのことを、舞衣子は無理に忘れようとしていた。半面、それはララに対する裏切りのような気もしていた。せめてものⓐ償いは、ほかの馬に乗らないこと。舞衣子にとって、ララが唯一無二のパートナーだ。それを証明するための、誓いみたいなものだった。ⓑだから今回の外乗も、馬に乗ることだけは頑《かたく》なに拒否した。

「さっきナナっていう馬がいたでしょ？　あの子、前に私が乗ってたララにⓒそっくりなんだ。大きさは少し違うけど、顔とか脚の模様が同じで、見るたびに懐《なつ》かしくて、それから苦しくて。ほかの馬には心が動かなかったけど、ナナはどうしても気になってしまう。でも、心の中にいるララが、『その馬は私じゃないよ』って訴えてくるんだ」

ふたりのあいだに、ⓓ沈黙が流れた。ひとすじの風が吹き、草を舞いあがらせた。木の枝が、ざわざわと揺れる。

「ごめんね。学校で、事情も知らないで『流鏑馬やろう』なんて気軽に言っちゃって」

神妙な顔で言う美鶴に、舞衣子は笑ってみせた。

心の中に溜《た》まっていた澱《おり》が、ゆっくりと溶けていく。

流れていく雲を見ながら、舞衣子は思った。ララのことも、過去の栄光も、いまの自分を作っている歴史のひとつなのかもしれない。

しばらくすると、どこかの放送塔から昼の十二時を知らせるメロディが流れてきた。ムサシから降りた隼人《はやと》が、彩子さんと一緒にこっちにやってくる。

「舞衣子ちゃん、ナナに乗っていってくれる？」

「え、ナナですか？」

舞衣子はドキリとする。

「引いていってくれてもいいんだけど、歩くより乗ったほうが楽でしょ。私も隼人くんと一緒にムサシに乗るから」

すると美鶴が「乗せてもらえばいいじゃん」と舞衣子の背中を押した。

「きっとララは、倉田さんに『ナナになら乗ってもいいよ』って言ってくれてる気がする。私がこうして流鏑馬を始めたのも、乗馬クラブで倉田さんがアルバイトを始めたのも、タイミングよくララに似たナナがここにいたのも、すべて運命のめぐりあわせなんだよ」

MEMO

大切なことはメモしておこうネ！

2019年度

解 答 と 解 説

《2019年度の配点は解答用紙集に掲載してあります。》

＜数学解答＞

1 ① 2　② -12　③ $a-5b$　④ $3ab$　⑤ -1　⑥ $x=\dfrac{-3\pm\sqrt{13}}{2}$

⑦ $y=-2x+3$　⑧ $36\pi(\mathrm{cm}^3)$　⑨ ウ　⑩ イ

2 ① 4(通り)　② (1) 9　(2) $\dfrac{2}{9}$

③ (頂点) D　(確率) $\dfrac{5}{18}$

3 ① 右図　② 解説参照　③ ウ

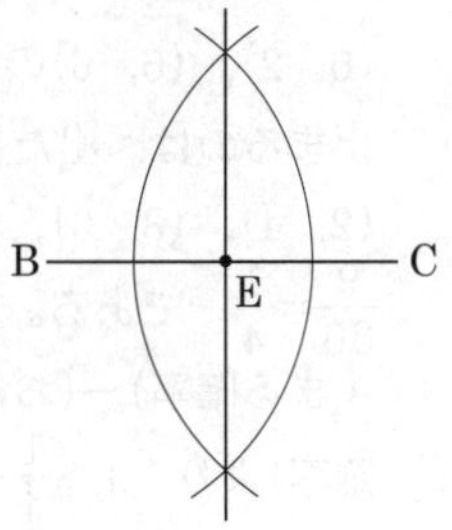

4 ① (1) $n+2$　(2) $n+1$　② ウ，エ　③ 解説参照

④ 17，18，19

5 ① (1) 4　(2) $t(\mathrm{cm})$　(3) $\dfrac{1}{2}t^2(\mathrm{cm}^2)$　(4) $t-4(\mathrm{cm})$

(5) $4t-8(\mathrm{cm}^2)$　② (6) $t-4(\mathrm{cm})$　(7) 解説参照　③ $t=\dfrac{11}{2}$，10

＜数学解説＞

1 (数・式の計算，平方根，二次方程式，一次関数，回転体の体積，線分の長さ，標本調査)

① 正の数・負の数をひくには，符号を変えた数をたせばよい。$-3-(-5)=-3+(+5)=-3+5=5-3=2$

② 異符号の2数の積の符号は負で，絶対値は2数の絶対値の積だから，$(-2)\times6=-(2\times6)=-12$

③ $2(a-2b)-(a+b)=2a-4b-a-b=2a-a-4b-b=(2-1)a+(-4-1)b=a-5b$

④ $9a^2b\div3a=\dfrac{9a^2b}{3a}=3ab$

⑤ **乗法公式$(a+b)(a-b)=a^2-b^2$より**，$(\sqrt{3}+2)(\sqrt{3}-2)=(\sqrt{3})^2-2^2=3-4=-1$

⑥ **2次方程式$ax^2+bx+c=0$の解は，$x=\dfrac{-b\pm\sqrt{b^2-4ac}}{2a}$**で求められる。問題の2次方程式は，$a=1$，$b=3$，$c=-1$の場合だから，$x=\dfrac{-3\pm\sqrt{3^2-4\times1\times(-1)}}{2\times1}=\dfrac{-3\pm\sqrt{9+4}}{2}=\dfrac{-3\pm\sqrt{13}}{2}$

⑦ 2点$(1,\ 1)$，$(3,\ -3)$を通る直線の式は，傾きが　$\dfrac{-3-1}{3-1}=-2$　なので，$y=-2x+b$とおいて$(1,\ 1)$を代入すると，$1=-2\times1+b$　$b=3$　よって，求める直線の式は，$y=-2x+3$

⑧ できる立体は，底面の半径が3cm，高さが4cmの円柱だから，その体積は　底面積×高さ＝$(\pi\times3^2)\times4=36\pi\,\mathrm{cm}^3$

⑨ 立方体の6つの面はすべて合同な正方形であり，正方形の2本の対角線の長さは等しいから，線分AC＝線分BG

⑩ 標本における抽出した玉と印をつけた玉の比率は50：5＝10：1　よって，母集団における袋の中に入っている玉と印をつけた玉の比率も10：1と推測できる。はじめに袋の中に入っていた玉の個数をx個とすると，x：30＝10：1　$x=30\times10=300$　よって，およそ300個と推測できる。

2　(場合の数，確率)

①　大小2つのさいころを同時に1回投げるとき，出た目の数の和が5となるのは，(大，小)＝(1，4)，(2，3)，(3，2)，(4，1)の4通りある。

②　大小2つのさいころを同時に1回投げるとき，全ての目の出方は　6×6＝36通り。このうち，おはじきが頂点Bにちょうど止まるのは，出た目の数の和が，5または9…(1)　のときであり，出た目の数の和が9となるのは，(大，小)＝(3，6)，(4，5)，(5，4)，(6，3)の4通りある。よって，前問①の結果も考慮すると，求める確率は　$\frac{4+4}{36}=\frac{2}{9}$…(2)　である。

③　前問②と同様に考える。おはじきが頂点Aにちょうど止まるのは，出た目の数の和が，4または8または12のときであり，(大，小)＝(1，3)，(2，2)，(3，1)，(2，6)，(3，5)，(4，4)，(5，3)，(6，2)，(6，6)の9通りあるから，その確率は　$\frac{9}{36}=\frac{1}{4}$　である。おはじきが頂点Cにちょうど止まるのは，出た目の数の和が，2または6または10のときであり，(大，小)＝(1，1)，(1，5)，(2，4)，(3，3)，(4，2)，(5，1)，(4，6)，(5，5)，(6，4)の9通りあるから，その確率は　$\frac{9}{36}=\frac{1}{4}$　である。おはじきが頂点Dにちょうど止まる確率は，1－(おはじきが頂点Aにちょうど止まる確率)－(おはじきが頂点Bにちょうど止まる確率)－(おはじきが頂点Cにちょうど止まる確率)より　$1-\frac{1}{4}-\frac{2}{9}-\frac{1}{4}=\frac{5}{18}$　である。以上より，「あたり」としたのは，頂点Dである。

3　(作図，合同の証明，線分の長さ，面積)

①　(着眼点)**線分の垂直二等分線は，その線分の中点を通る。**　(作図手順)次の(1)の手順で作図する。　(1)　点B，Cをそれぞれ中心として，交わるように半径の等しい円を描き，その交点を通る直線(線分BCの**垂直二等分線**)を引き，線分BCとの交点をEとする。

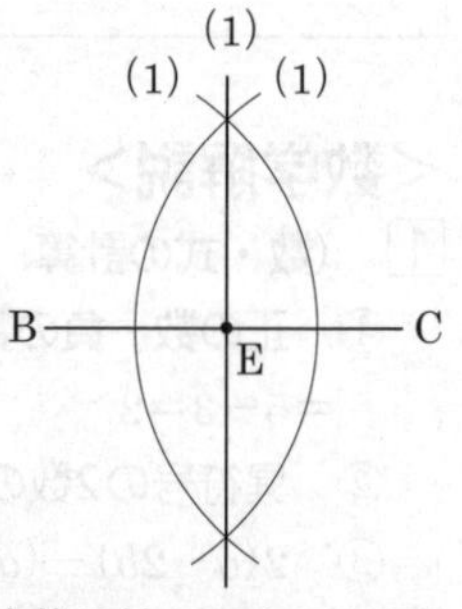

②　(例)∠IBC＝∠DCB＝90°，BC//IJだから，BI⊥IJ，CD⊥IJ　よって，∠AIF＝∠DJF＝90°…(i)　点Fは線分ADの中点だから，AF＝DF…(ii)　**対頂角は等しいから**，∠AFI＝∠DFJ…(iii)　(i)，(ii)，(iii)から，直角三角形の斜辺と1つの鋭角がそれぞれ等しいので，

③　線分QSを引き，線分PUとの交点をOとする。PU//TSだから，**平行線と線分の比についての定理**より，QO：OS＝QV：VT＝1：1　よって，点Oは線分QSの中点である。**中点連結定理**より，VO＝$\frac{1}{2}$TS，OU＝$\frac{1}{2}$QR　よって，QR＋TS＝2OU＋2VO＝2(OU＋VO)＝2VU　アは正しい。中点連結定理より，OU//QR　よって，PU//TS//QRだから，四角形QRSTは台形。(四角形QRSTの面積)＝$\frac{1}{2}$×(QR＋TS)×QT＝$\frac{1}{2}$×2VU×QT＝VU×QT　イは正しい。(五角形PQRSTの面積)＝(△PQTの面積)＋(四角形QRSTの面積)＝$\frac{1}{2}$×PV×QT＋VU×QT＝QT×$\left(\frac{1}{2}\text{PV}+\text{VU}\right)$＝QT×(WV＋VU)＝QT×WU　エは正しい。これより，ウは正しくない。

4　(数の性質，式による証明)

①　別解として，中央の自然数をnとしたときの証明を以下に示す。　(証明)連続する3つの自然数のうち，中央の自然数をnとすると，最も小さい自然数は$n-1$，最も大きい自然数は$n+1$と表される。このとき，連続する3つの自然数の和は，$(n-1)+n+(n+1)=3n$…(i)　となり，nは自然数だから，$3n$は3の倍数である。したがって，連続する3つの自然数の和は，いつでも3の倍数である。

②　前問①(i)式より，nが偶数のとき，連続する3つの自然数の和は偶数となり，nが奇数のとき，

連続する3つの自然数の和は奇数となるから，アとイは正しくない。前問①(i)式は，$3n=3\times$(中央の自然数)と読みかえられるから，ウは正しい。連続する3つの自然数のうち，中央の自然数をnとすると，最も小さい自然数と最も大きい自然数の和は，$(n-1)+(n+1)=2n=2\times$(中央の自然数)だから，いつでも中央の自然数の2倍になる。エは正しい。

③　(例)$n(n+2)+1=n^2+2n+1=(n+1)^2$

④　前問③より，連続する3つの自然数のうち，最も小さい自然数をnとすると，最も小さい自然数と最も大きい自然数の積に1をたした数は$(n+1)^2$　これが324となるから　$(n+1)^2=324$　ここでnは自然数より$n+1\geqq 2$だから　$n+1=\sqrt{324}=18$　$n=17$　よって，求める連続する3つの自然数は，17，18，19

5　**(動く図形の重なった部分の面積)**

①　(1)　EF＝4cmより，点Cが点Eから点Fまで動くのにかかる時間は　4cm÷毎秒1cm＝4秒だから，点Cが線分EF上にあるときのtのとりうる値の範囲は$0\leqq t\leqq 4$である。

(2)　CE＝毎秒1cm×t秒＝$t$cmより，点Cが線分EF上にあるとき，Pは直角二等辺三角形だから，CE＝EH＝$t$cm

(3)　Pの面積は　$\frac{1}{2}\times \mathrm{CE}\times \mathrm{EH}=\frac{1}{2}\times t\times t=\frac{1}{2}t^2\mathrm{cm}^2$　と表される。

(4)　$\mathrm{FI}=\mathrm{CF}=\mathrm{CE}-\mathrm{EF}=t-4$cm

(5)　台形Pの面積は　$\frac{1}{2}\times(\mathrm{FI}+\mathrm{EH})\times \mathrm{EF}=\frac{1}{2}\times\{(t-4)+t\}\times 4=4t-8\mathrm{cm}^2$　と表される。

②　(6)　$\mathrm{CF}=\mathrm{CE}-\mathrm{EF}=t-4$cm

(7)　(例)$\frac{1}{2}\times \mathrm{CB}\times \mathrm{BA}-\frac{1}{2}\times \mathrm{CF}\times \mathrm{FI}=\frac{1}{2}\times 8^2-\frac{1}{2}\times(t-4)^2=\frac{1}{2}\times 64-\frac{1}{2}\times(t^2-8t+16)=32-\frac{1}{2}t^2+4t-8=-\frac{1}{2}t^2+4t+24$　したがって，Pの面積は　$-\frac{1}{2}t^2+4t+24(\mathrm{cm}^2)$と表される。

③　Pの面積についてまとめると，$0\leqq t\leqq 4$のとき，$\frac{1}{2}t^2\mathrm{cm}^2$　$4<t<8$のとき，$4t-8\mathrm{cm}^2$　$8\leqq t\leqq 12$のとき，$-\frac{1}{2}t^2+4t+24\mathrm{cm}^2$　$0\leqq t\leqq 4$のとき，Pの面積が$14\mathrm{cm}^2$となるとすると，$\frac{1}{2}t^2=14$　より$t^2=28$　$0\leqq t\leqq 4$だから，$t=\sqrt{28}>\sqrt{16}=4$　これは$0\leqq t\leqq 4$の範囲にないので，問題の条件に合わない。$4<t<8$のとき，Pの面積が$14\mathrm{cm}^2$となるとすると，$4t-8=14$　より　$t=\frac{11}{2}=5.5$　これは$4<t<8$の範囲にあり，問題の条件に合う。$8\leqq t\leqq 12$のとき，Pの面積が$14\mathrm{cm}^2$となるとすると，$-\frac{1}{2}t^2+4t+24=14$　整理して　$t^2-8t-20=0$　$(t+2)(t-10)=0$　$8\leqq t\leqq 12$だから，$t=10$　これは，問題の条件に合う。

<英語解答>

1　問題A　(1)　ウ　(2)　イ　問題B　(あ)　newspaper　(い)　Friday
問題C　(1)　ア　(2)　エ　問題D　(1)　イ　(2)　(あ)　Australia
(い)　flowers　(う)　improve

2　①　エ　②　(い)　B　(う)　E　③　give water

3　①　we'll start practicing　②　finish changing clothes

4　①　talked　②　want you to visit it　③　ア　④　shows
⑤　different　⑥　caught by the fishermen

5　①　ア　②　team　③　(1)　病院で働く　(2)　得たお金　④　エ

⑤ dream to help other people　⑥ ウ，オ

＜英語解説＞

1　(リスニング)

放送台本の和訳は，49ページに掲載。

2　(会話文問題：絵・図・表・グラフなどを用いた問題，語句補充・選択，自由・条件英作文)

(全訳)

マユ　：私は(あ)11月に開催されるマラソン大会で走るつもりなの。

ジョン：本当に？　僕は大会で走ったことはないよ。僕は見る方が好きだな。

フェイ：大会を楽しむのにはもう1つ方法があるわよ。私が以前にランナーとして大会に参加した時，たくさんのボランティアの人たちが私を助けてくれたわ。今年はボランティアの仕事をするつもりなの。

ジョン：おお，僕もそれをやりたいな。

マユ　：それじゃあ，ウェブサイトを見てみましょう。ええと，5種類のボランティアの仕事があるわよ。

フェイ：私は(い)Bの仕事(通訳)への参加登録をしたのよ。

マユ　：いい選択ね。あなたは日本語，英語，それに中国語が話せるわ。あなたがその仕事をすれば，外国のランナーにとって大きな助けになるでしょうね。

ジョン：僕はそれに興味があるけど，そのボランティアはもう足りているね。

マユ　：(う)Eの仕事(完走メダル贈呈)をするのはどうかしら？　それをすれば，私はあなたにゴールで会えるわね。大会を終えた後，あなたと一緒に喜びたいわ(嬉しい気持ちを分かち合いたい)。

ジョン：ごめん，僕はその日は午後4時頃に家に着かなければいけないんだ。その仕事はできないな。

マユ　：分かったわ。

フェイ：それじゃあ3つの選択があるわね。そのうちの1つはまだ10人以上のボランティアを必要としているわ。それはどう？　その仕事は(え)給水と給食をする仕事よ。私の経験から言うと，ランナーは水や食べ物をもらったら喜ぶわよ。

ジョン：良さそうだね。それをやってみるよ。

① ウェブサイトの一部参照。　August ＝8月　September ＝9月　October ＝10月　November ＝11月

② 全訳参照。　(い)空所(い)直後のマユとジョンの発言に注目。　(う)空所(う)直後のマユの発言に注目。

③ 全訳及びウェブサイトの一部参照。

3　(会話文問題：語句補充，自由・条件英作文)

(全訳)　①　黒板を見て。1時に体育館でバレーボールの練習を始めると書いてあるよ。**start ＋～ ing** ＝～を始める　②　まあ！体育館に行く前に着替えを済ませないといけないわね。急がなくちゃ。　**finish ＋～ ing** ＝～することを終える

4　(長文読解問題・資料読解：メモ，手紙，要約文などを用いた問題，語句の問題，語句の並べ換え，内容真偽，自由・条件英作文)

(全訳)

■発表

ヒナコ：私はかつては学校だったレストランへ行ったことがあります。私は，祖母と一緒に「教室」で「給食」を食べました。その時彼女は私に彼女の学校時代について(あ)話してくれました。そのお昼ご飯はとても美味しく，私は野菜がとても気に入りました。料理長は，その野菜は「学校の庭」で育てられていると言いました。良いレストランです。私は(い)皆さんにも行ってみてほしいです。

トモミ：いくつかの学校はホテルになっています。私は山の近くの良いホテルについてお話するつもりです。そのホテルはその町で最も有名な場所のうちのひとつです。そこでは(う)いくつかの活動を試してみることができます。朝には，図書室で読書をすることができます。お昼ご飯の後には，調理室でケーキを作ることができます。寝る前には，外できれいな星を観察することができます。私は家族とそこへ行って2日間滞在するつもりです。

シンジ：僕は海の近くの町にある廃校になった学校について読みました。それは今は人気のある水族館です。たくさんの人たち，子どもからお年寄りまでが遠くからやって来ます。その町の人たちが水族館を支えています。例えば，漁師たちが魚を獲って，水族館は彼らから魚を手に入れます。そこにはたくさんの歴史があるプールがあります。かつて学校の子どもたちがそこで泳ぎ，楽しみました。現在では魚たちがそこで泳ぎ，人々が魚を見て楽しんでいます。(え)その新しい歴史が始まっています。

■まとめ

ヒル先生：皆さん3つの場所について素晴らしい発表をしました。それらの場所はいくつかの良い点を共有しています。それらの場所の人たちは廃校になった学校を再び使い始めました。彼らの方法は(お)さまざまです，しかし彼らは皆学校の校舎と自然をとてもうまく使っています。現在，いくつかの廃校になった学校はよりたくさんの役割をもち，よりたくさんの人たちがさまざまな場所から来ています。彼らは年齢も(お)さまざまな人たちです。彼らはそこで素敵な時間を過ごします。それでは，今日の授業をどう思いますか？　何を学びましたか？　それらのことについてノートに書いてください。

① 過去のこと言っているので talked(過去形)にすればよい。

② (I)want you to visit it (, too.) **〈 want +人+ to +動詞の原形〜〉で「(人)に〜してほしい」**

③ 下線部(う)以下のトモミの発表に注目。全訳参照。

④ (問題文訳)現在そのプールは，人々にそこで泳いでいる魚を見せる場所として使われている。**〈 show +人+物〉で「(人)に(物)を見せる」**

⑤ 全訳参照。ヒル先生の発言，最後から6文目に注目。

⑥ (問題文訳)僕は今日の発表を楽しみました。特にそのうちのひとつの場所に興味を持ちました，なぜならそこはその町の人たちに支えられているからです。僕はそこへ行って漁師たちによって獲られた魚を見たいです。僕はまた漁師たちに会って，彼らにいくつか質問をしてみたいです。僕は僕の町の廃校になった学校のために何かするつもりです。　caught は catch の過去分詞形で「〜獲られる」(受け身)の意味を表す。caught by the fishermen が直前のfish を修飾している。**(分詞の形容詞的用法)**

5 **(会話文問題：語句補充・選択，日本語で答える問題，自由・条件英作文，内容真偽)**

(全訳)

祖父　：先週の英語キャンプは楽しんだかい？

ケント：うん，楽しかったよ。他の国々から来ている生徒たちが日本のアニメについてよく知っていて驚いたよ。僕たちはアニメについて話すことで(あ)友だちになれたんだ。アニメへの愛は僕たちの間の「懸け橋」になったよ。日本のアニメは素晴らしいね。僕はそれを作る人たちを尊敬するよ。

祖父　：私もだよ。ところで，将来どんな仕事をしたいんだい？

ケント：まだ決めていないよ，でも将来の仕事で他の人たちを助けたいと思っているんだ。

祖父　：それじゃあ，この地図上で旅に出るのはどうかな？　世界で人々がどのように働いているか見てみよう。

ケント：この地図の上で旅をするの？

祖父　：その通り。我々は今鳥だと想像して。さあ旅を始めよう。

祖父　：見て！ここはアルゼンチンだよ。何人かの子どもたちが野球を楽しんでいるよ！彼らには支援計画で日本から送られたコーチがいるんだ。彼らが野球を始めた時は，より良い技術を得ることが大切だと考えたんだ。しかしそれでは十分ではないのだよ。

ケント：(い)チームで一緒に働くことも大切だね。

祖父　：その通り。彼らのコーチは同じように考えたんだ。彼は子どもたちに(い)チームとしてひとつになるように言ったんだよ。彼らは彼の言葉に従った。今では彼らは他のメンバーのことを考えられるようになったんだよ。

ケント：良かった。この計画が他の国々に広がるといいなあ。

祖父　：広がってきているよ，そしてより多くの良い選手たちが育っているところだよ。さあ，他の国に飛んで他の仕事を見てみよう。ある日本人の医師がベトナムで働いているよ。

ケント：彼について読んだことがあるよ。彼は2つの国を行ったり来たりしているんだよね。月の半分は日本のいくつかの病院で働いているんだ。彼はそこでお金を得て，そのお金をもってベトナムへ行く。月のもう半分は，そのお金を使って人々を治療するんだ。彼は(う)このライフスタイルを10年以上続けているんだ。

祖父　：彼は，患者さんが笑顔になる時に幸せを感じると言っているね。現在ではより多くの医師と看護師たちが彼に賛同して手伝っているんだよ。

ケント：それはいいね。

祖父　：日本人の科学者たちによる別の長い支援計画がギニアにあるよ。そこへ行って緑の回廊プロジェクトと呼ばれるその計画を見てみよう。

ケント：緑の回廊って何？

祖父　：それは森の間の長い緑の「橋」のようなものだよ。チンパンジーがそれを通って行き来するんだ。注意深く見て。彼らが見えるかい？　およそ20年前，科学者たちが木を育てることで回廊を作り始めたんだ。その時から，彼らは森に住むチンパンジーを守ろうとしてきたんだよ。

ケント：なぜチンパンジーに回廊が必要なの？

祖父　：多くの木々が畑を作るために伐採されたんだ。そして森は分断され，チンパンジーは自分たちの家族だけで小さな森に住まなくてはならなかったんだよ。彼らは他の森で他のチンパンジーに(え)会う機会を失った。彼らは移動して新しい家族を作るために回廊が(お)必要なんだ。

ケント：地元の人たちはこの計画についてどう思っているの？
祖父　：今は，ギニアに住むすべての生物にとってそれは素晴らしい計画だと知って，計画を手伝う人たちもいるよ。ええと，我々は3つの国を訪れたね。旅を楽しんだかい？
ケント：僕にとってとても役に立ったよ，僕は(か)他の人たちを助けるという夢があるからね。
祖父　：旅の前に君がそう言ったのを覚えているよ。助けるにはたくさんの方法がある。誰かのために一生懸命働けば，他の人に影響を与え，彼らは我々を助けてくれるだろう。小さな支援でもいいんだ，それは大きくなり得るのだから。
ケント：将来の仕事のために，僕は多くのことを経験してたくさんの人たちに会うつもりだよ。こんな旅はとてもワクワクするね。鳥になるのは良かったな。新しい方法で物事を見たよ。またすぐにおじいちゃんと一緒に旅をしたいな。

① 全訳参照。 become friends ＝友だちになる，仲良しになる
② 全訳参照。祖父の5番目から6番目の発言に注目。
③ 全訳参照。ケントの6番目の発言に注目。
④ 全訳参照。
⑤ 全訳参照。ケントの2番目の発言に注目。
⑥ ア アルゼンチンには日本に野球のコーチを送る支援計画がある。 イ ベトナムで患者たちと一緒にいくつかの病院を建てた日本人の医師がいる。 ウ 緑の回廊プロジェクトはギニアで20年以上続いている。(○) 祖父の10番目の発言に注目。 エ ケントの祖父は，ケントは動物たちを守るために大きなプロジェクトに参加しなければならないと思っている。 オ ケントが望んでいるのは，すぐに祖父と一緒に次の旅に出るということだ。(○) ケントの最後の発言に注目。

2019年度英語　聞き取り検査

〔放送台本〕
問題A　次の英文が2回読まれるのを聞いて，問題用紙の指示に従って答えなさい。

(1) It's a kind of card. Some Japanese people send it to each other. It's used to celebrate the new year.
(2) It's a ceremony. In Japan, you usually have it at school in April. It's for students who will enter school.

〔英文の訳〕
(1) それは一種のカード(はがき)です。お互いにそれを送り合う日本の人たちがいます。それは新年を祝うために使われます。
(2) それは儀式です。日本では，普通4月に学校で行います。それは学校に入学する生徒たちのためのものです。

〔放送台本〕
問題B　次の英文が2回読まれるのを聞いて，問題用紙の指示に従って答えなさい。

We do a reading activity after school. In the next activity, each of us will read the same newspaper and choose the story each person likes. Then, we will talk about it and share our ideas in groups. Please come to the library on Friday.

〔英文の訳〕

私たちは放課後読書の活動をします。次の活動では，私たちはそれぞれ同じ新聞を読み，それぞれの人が好きな話を選びます。それから，私たちはそれについて話し，グループで考えを共有します。金曜日に図書室に来てください。

〔放送台本〕

問題C　次の会話が2回読まれるのを聞いて，問題用紙の指示に従って答えなさい。

(1) A： Hello?
B： Hello. This is Emi. May I speak to Cathy, please?
A： Sorry, she is out now. She will be back at about seven.
B： Then I'll call her again after seven.

(2) A： What time will the next bus come?
B： It will come at twelve thirty.
A： Oh, we have to wait for about one hour.
B： So, shall we eat lunch around here before that?

〔英文の訳〕

(1) A： もしもし？
B： もしもし。エミです。キャシーはいますか？
A： ごめんなさい，彼女はで今出かけています。彼女は7時頃に戻ります。
B： それでは，7時以降にまた電話します。
A： ア　分かりました。彼女にそう伝えます。

(2) A： 次のバスは何時に来ますか？
B： 12時30分に来ます。
A： わあ，私たちは1時間くらい待たなければいけませんね。
B： それでは，この辺でその前にお昼ご飯を食べるのはどうですか？
A： エ　それはいい考えですね。私はお腹が空きました。

〔放送台本〕

問題D　次の英文が2回読まれるのを聞いて，問題用紙の指示に従って答えなさい。

How can we make people in our city happy? I have a good idea. Let's grow flowers on the street. When I walk to school, I see paper, plastic bags, and bottles on the street. People don't look happy about that. If the street is clean and beautiful, people will feel good and try to keep it in that way. I got this idea from a city in Australia. I've stayed there before. In that city, there are a lot of flowers on the street, and people are happy to see them. There is one more good thing about that. After they enjoy seeing the flowers, they often start talking about many things. Communication is improved by flowers, and people become happier. I hope our city will be like the nice one in Australia.

〔英文の訳〕

私たちはどのように私たちの町の人たちを幸せにできるでしょう？　私には良い考えがあります。道路に花を育てましょう。私は学校まで歩くと，紙，プラスティック袋，そしてビンを道路で目にします。人々はそれに関して喜んでいるようには見えません。もし道路が清潔できれいなら，人々は良い気分になり，道路をきれいに保とうとするでしょう。私はオーストラリアのある街からこのアイディアを得ました。私はそこに以前滞在しました。その町では，道路にたくさんの花があり，人々はそれを喜んで見ています。それに関してもう1つ良いことがあります。花を見て楽しんでから，人々はたくさんのことについて話し始めることがよくあるのです。コミュニケーションが花によってより良くなり，人々はより幸せになるのです。私は私たちの町がオーストラリアのこの良い町のようになるといいと思います。

(クラスメイトの感想)

私はナオトの考えが気に入りました。彼は(あ)オーストラリアに行ったことがあります。彼の考えはその国のある町から得たものでした。私は彼と一緒に活動したいと思います。もし私たちの道路にたくさんの(い)花があれば，私たちはそれを楽しみ，そこを歩くことが楽しくなるでしょう。私はまた私たちの町の人たちのコミュニケーションが(う)より良くなるといいと思います。私は私たちの町をより良くすることができると信じています。

＜理科解答＞

1　①　(1)　うずまき管　(2)　イ→エ→ア→ウ　②　エ　③　(1)　有機物　(2)　1.2(g/cm³)　④　0.2(N)　⑤　(あ)　イ　(い)　すじ状　⑥　透過する　⑦　ア，ウ，エ

2　①　エ　②　観点Ⅰ　ウ　観点Ⅱ　オ

③　(名称)　しぼり　(記号)　エ

④　(1)　(あ)　6(本)　(い)　12(本)

(2)　(例)子の形質は親と同じとは限らない

図1

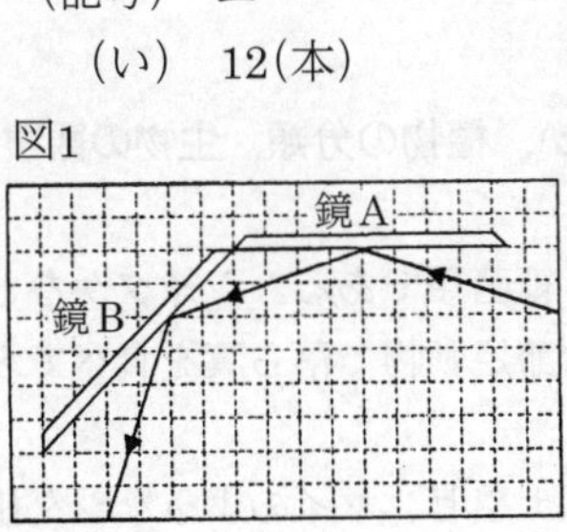

図2

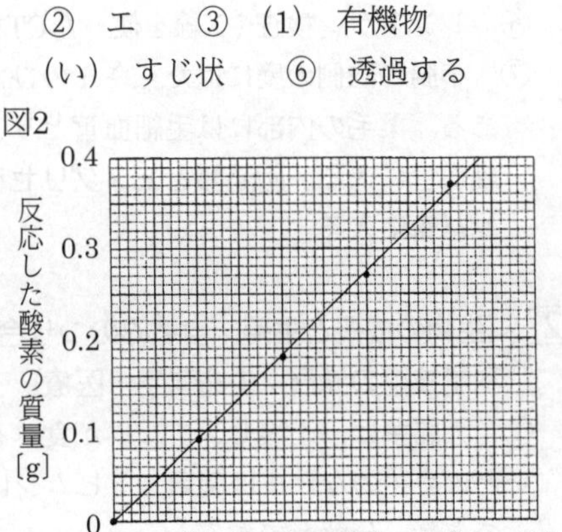

3　①　日周運動

②　ウ

③　(1)　ア

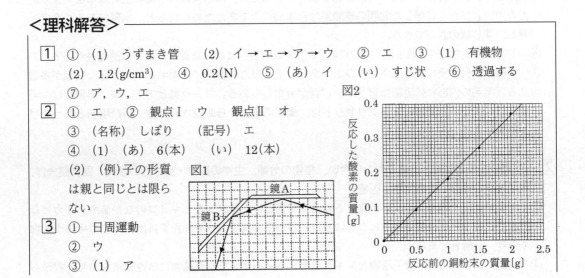

(2)　P　(3)　R　(4)　S　(5)　(例)太陽の南中高度が変化する

4　①　乱反射　②　(1)　ア　(2)　(例)入射角より屈折角の方が大きくなる

③　図1(前ページ)　④　(あ)　2　(い)　(例)入射角と反射角が等しくなる

5　①　(1)　化合　(2)　図2(前ページ)　(3)　0.52(g)　②　(1)　$2Ag_2O \rightarrow 4Ag + O_2$

(2)　(例)最初に出てくる気体は，試験管Aの中にあった空気を多く含むため。

(3)　ウ→エ→イ→ア

＜理科解説＞

1　(人工知能AIの調べ学習－動物の体のつくりとはたらき：刺激と反応・消化と吸収，光と音：音の振動，身のまわりの物質とその性質，力の規則性，日本の気象，いろいろなエネルギー：放射線)

①　(1)　耳で音の刺激を受け取るときは，空気の振動を鼓膜でとらえ，耳小骨を通してうずまき管内の液体に振動を伝える。**うずまき管の感覚細胞**は，振動の刺激を信号に変えて，聴神経を通して脳に送る。そして，脳で，「聞こえる」という聴覚が生じる。

(2)　感覚器官で受け取られた刺激は信号に変えられて，イの感覚神経を通り，エの中枢神経である脳や脊髄に伝えられる。脳では，触覚などの感覚が生じ，どう反応するかという命令が出される。この命令の信号は，アの運動神経を通り，手や足などのウの運動器官や内臓の筋肉に伝えられて，刺激に対する反応が起こる。

②　振幅が大きいほど大きい音が出て，振動数が少なくなるほど低い音が出るため，このときのオシロスコープに表示させた振動の様子はエである。

③　(1)　プラスチックは，ロウや砂糖などと同じように，燃焼させると二酸化炭素と水を生じる。このような炭素をふくむ物質を**有機物**という。

(2)　質量0.54g，体積$0.45cm^3$のプラスチックの密度$[g/cm^3] = 0.54[g] \div 0.45[cm^3] = 1.2[g/cm^3]$，である。

④　重力のAの方向の分力の大きさは図5の2目盛りであるため，0.2Nである。

⑤　冬は「西高東低の気圧配置」となり，シベリア気団からふき出した冷たく乾燥した北西の季節風がふく。日本海には暖流の対馬海流が流れているため，海水面は日本海の上を通る空気よりあたたかい。冷たく乾燥した**北西の季節風**は日本海の上であたためられると，水蒸気をふくんで上昇し，**すじ状の雲**ができる。

⑥　レントゲン検査やX線を使ったCT検査で用いる放射線には，物質を透過する**透過性**がある。

⑦　小腸の内側の壁にはたくさんのひだがあり，そのひだの表面には柔毛という小さな突起が多数ある。柔毛の内部には毛細血管とリンパ管が分布している。ブドウ糖とアミノ酸，無機物は，毛細血管に入る。**脂肪酸とモノグリセリドは，柔毛の表面から吸収された後，再び脂肪となってリンパ管に入る。**

2　(生物の成長と生殖，自然界のつり合い，植物の分類，生物の観察・調べ方の基礎：顕微鏡操作，科学技術の発展：生命科学・医療)

①　大腸菌は，土壌センチュウが食べる細菌類である。シイタケなどキノコのなかまやアオカビなどのカビのなかまは菌類，トビムシは節足動物で落ち葉を食べてふんを排出する土の中の小動物であり，分解者である。

②　観点Ⅰについては，種子植物とスギナやゼンマイのようなシダ植物には維管束があり，根から

水を吸収する。ゼニゴケのようなコケ植物には維管束がなく，葉，茎，根の区別がないので，体全体で水を吸収する。観点Ⅱについては，サクラ，イチョウ，ユリ，タンポポは**種子植物なので，胚珠がある**。スギナ，ゼンマイ，ゼニゴケは**胞子植物なので**，種子となる**胚珠はなく**胞子で殖える。

③ センチュウの体の構造がはっきり見えるように明るさを調節するために操作したのは，エ．のしぼりである。

④ (1) (あ) 受精卵は，卵と精子が受精したもので，体細胞の始めの1個なので，卵の染色体は体細胞の染色体の半分なので，6本である。(い) 受精卵の分裂は，体細胞分裂なので，できた2個のどちらも染色体は12本である。

(2) 無性生殖では，親の体の一部が分かれてそれがそのまま子になるので，子は親とまったく同じ遺伝子を受けつぎ，親とまったく同じ形質が現れる。有性生殖では，減数分裂をしてできた2つの生殖細胞が受精することで，両親の遺伝子を半分ずつもつ受精卵ができる。よって，子に現れる形質は，親と同じであったり，異なっていたりする。

3 (天体の動きと地球の自転・公転：太陽の日周運動の観察・地球の公転モデルの実験)

① 地上から太陽の1日の動きを観察すると，太陽が東から西へ動いているように見えるが，これは，地球が地軸を中心として西から東へ自転しているために起こる見かけの動きである。この地球の自転による太陽の1日の見かけの動きを太陽の日周運動という。

② **地球の自転は，1日(24時間)で1回転(360°)である。1時間あたり15°の割合で自転する**ため，2時間後の∠AOBの大きさは30°である。

③ (1) 地球は西から東へ自転しているため，自転の向きはaである。地球は，北極方向から見て，太陽を中心にして，反時計回りに公転しているため，公転の向きはcである。

(2) 北緯35°の地点の観測点で太陽の南中高度が高くなるのはPであるため，Pが夏至の位置である。

(3) 図5は，日の出と日の入りの位置が南寄りになっているので，冬至であり，北緯35°の地点の観測点で太陽の南中高度が低くなるのはRであるため，R が冬至の位置である。よって，矢印が図5のようになるのはRである。

(4) **西から東へと自転する地球上の観測点が太陽の反対側の真夜中の位置で，東の空の低い位置に星座Xが見える位置はSである。**

(5) 地軸が傾いたまま，地球が自転しながら公転すると，昼の長さが変化するだけでなく，太陽の南中高度が変化することがわかった。昼の長さが変化することで太陽からエネルギーを受け取る時間の長さが変化し，太陽の南中高度が変化することで同じ時間に同じ面積で太陽から受け取るエネルギー量が変化する。その結果，季節の変化が生じる。

4 (光と音：光の反射と屈折)

① 葉の表面のように，物体の表面に細かい凹凸がある場合，光はさまざまな方向に反射する。これを乱反射という。

② (1) 光が水中から空気中に入射するとき，入射した点で境界面に垂直な線と屈折した光のつくる角アを屈折角という。

(2) 光が水中から空気中に進むとき，光は入射角より屈折角の方が大きくなるように屈折する。

③ 光が鏡Aと鏡Bで反射するとき，入射角と反射角が等しくなるように光が進む道筋をかく。

④ 考え方2により，光は入射角と反射角が等しくなるように反射するため，点Q→点S→点Oが

「光の直進」になるような水面上の点Sで反射する。これは，木の点Pと水面に対して対称の位置Qから光が届くように見えるためである。

5　(化学変化と物質の質量，化学変化・物質の成り立ち：酸化・還元・熱分解の5つの実験から酸化しやすい物質の考察)

①　(1)　2種類以上の物質が結びついて，別の物質ができる化学変化を化合という。

(2)　グラフの縦軸で表す銅粉末と反応した酸素の質量＝加熱後の物質の質量〔g〕－反応前の銅粉末の質量〔g〕＝0.59〔g〕－0.50〔g〕＝0.09〔g〕である。同様に計算して，グラフ上に，(反応した酸素の質量〔g〕，反応前の銅粉末の質量〔g〕)の各点(0.50，0.09)，(1.00，0.18)，(1.50，0.27)，(2.00，0.37)を書き入れる。そして，原点を通り各点・の近くを通る直線を引くと比例のグラフになる。

(3)　銅粉末(Cu)がすべて酸化銅(CuO)に変化すると，反応前の銅粉末の質量と加熱後の物質の質量との比は4：5になるので，【実験1】の実験結果の表の加熱後の物質の質量には，未反応の銅粉末が含まれている。反応前の銅粉末の質量が2.00gのとき，全てが酸素と化合すると，加熱後の物質の質量は，2.50gになるが，【実験1】では2.37gであった。銅粉末2.00gのうち，酸素と化合できなかった銅が化合できる酸素の質量は，2.50g－2.37g＝0.13g，である。0.13gの酸素が化合できる未反応の銅粉末の質量をxgとすると，2.00g：0.50g＝x：0.13g，xg＝0.52g，である。

②　(1)　酸化銀を熱分解したときの化学反応式は，$2Ag_2O \rightarrow 4Ag + O_2$，である。

(2)　実験3では酸化銅の還元，$2CuO + C \rightarrow 2Cu + CO_2$，により，二酸化炭素が発生するが，気体が発生してしばらくは，加熱前に試験管Aに入っていた空気が多くふくまれるので集めない。

(3)　【実験1】は，銅の酸化実験，$2Cu + O_2 \rightarrow 2CuO$，であり，銅の原子が酸素と化合しやすいことが分かる。【実験2】は，酸化銀の熱分解と酸化銅の熱分解を試みた結果，酸化銀は熱分解したが，酸化銅は熱分解しなかったことから，酸素との結びつきは銀原子より銅原子のほうが強いことが分かる。【実験3】は，酸化銅は(2)の化学反応式のように，炭素によって還元されるので，酸素との結びつきは銅原子より炭素原子のほうが強いことが分かる。【実験4】は，マグネシウムリボンを二酸化炭素中で燃焼させたときの化学反応式は，$2Mg + CO_2 \rightarrow 2MgO + C$，であり，酸素との結びつきは炭素原子よりマグネシウム原子のほうが強いことが分かる。【実験5】は，マグネシウム粉末を空気中で加熱したときは，$2Mg + O_2 \rightarrow 2MgO$，の激しい反応が起きたが，銀粉末は反応しなかったことから，酸素との結びつきは銀原子よりマグネシウム原子のほうが強いことが分かる。以上から，酸素と結びつきやすい順に並べると，マグネシウムMg，炭素C，銅Cu，銀Ag，である。

＜社会解答＞

1　①　(1)　間接税　(2)　ア　(3)　(C)　65歳　(D)　(例)国債は，税金で返済していく必要があるため将来の世代に負担を先送りしている　②　小選挙区　比例代表(並立制)　③　ウ　④　(例)減少しているのは，普及の進んできたインターネットから情報を入手する人の割合が増えた　⑤　イ　⑥　規制緩和　⑦　ア，エ　⑧　(例)基本的人権を尊重する

2 ① ウ　② ハブ空港　③ 永久凍土　④ S　⑤ エ
3 ① エ　② (例)国際色豊かな文化　③ ア　④ ア　⑤ (1) 徳川吉宗　(2) 俵物
4 ① (1) ウ　(2) (例)自然保護と観光業　(3) ウ　② 栽培漁業
③ (1) (野菜) イ　(畜産) ア　(2) (例)1ha当たりの収穫量がしだいに増加しているから。
5 ① 富岡(製糸場)　② (例)最新式の機械を設置した工場で，輸入した綿花を加工して綿糸を大量に生産し，輸出するようになった。　③ 下関条約　④ 第一次世界大戦
⑤ ア　⑥ 資本

＜社会解説＞

1 (公民的分野―財政・経済一般・国民生活と社会保障・政治の仕組み・地方自治・消費生活・国際社会との関わり・基本的人権)

① (1) **納税者と税負担者とが，別人**であることを想定している租税を**間接税**という。**納税義務者と税負担者とが，同一人**であることを想定している租税を**直接税**という。消費税・酒税などは，前者に属し，所得税・法人税・相続税などは，後者に属する。 (2) **不景気**で需要量よりも供給量が多く，物が売れず物価が下がり続ける現象を**デフレーション**という。反対がインフレーションである。デフレーションの際には，政府は**公共事業**を増やす，**減税**を行うなどの**財政政策**を行って，景気が回復するようにする。なお，**金融政策**は**日本銀行**が行うものである。
(3) (C) 国連の世界保健機関 (WHO) の定義では，**65歳以上の人のことを高齢者**としている。日本では一般的に，0～19歳が未成年者，20～64歳が現役世代，65～74歳が前期高齢者，75歳以上が後期高齢者とされる。 (D) **国債**は，**税金で償還**していく必要があるため，**少子高齢化**が進む中，**将来の世代に負担を先送り**しているというべきである。

② 衆議院議員の総議員定数は465名である。**小選挙区制**は，**全国を289の選挙区に分け**，選挙区ごとに**最多得票の者を当選者**とし，289名を選出するものである。**比例代表制**は，**全国を11**のブロックに分け，ブロックごとに**政党の得票数に比例して176名を選出**するものである。この2つを並立して選挙を行うのが，**小選挙区比例代表並立制**である。

③ **地方公共団体の首長**は，その地域の**18歳以上の住民が選挙権**を持つ選挙で選ばれる。被選挙権は30歳以上である。

④ 資料1に見られるように，2000年以降，**新聞発行部数・雑誌出版点数が減少**している。それは資料2に見られるように，40％から80％まで普及の進んできた**インターネットから情報を得る人の割合が増えた**からだと考えられる。以上を簡潔にまとめて解答する。

⑤ 日本に**職を求めてやって来て，日本でくらす外国人が増え，日本企業が外国に進出すること**で，**海外でくらす日本人が増えた**。Xは正しい。海外に工場を移転させることが相次ぎ，国内の生産や雇用が減少することが起こるのが，**産業の空洞化**である。**フェアトレード**とは，発展途上国の原料や製品を適正な価格で継続的に購入して，先進国市場で販売し，消費することをいう。産業の空洞化とフェアトレードは関係がない。Yは誤りである。

⑥ **自由な経済活動を活性化**するために，政府や自治体などが民間の経済活動に定めている許可・確認・検査・届け出などの規制を緩和ないし廃止することが**規制緩和**である。規制緩和は，外国から求められているものもある。

⑦ イ　**年功序列賃金**をやめ，**能力主義や成果主義**による賃金を導入する企業が増加している。

ウ　育児・介護休業法は1992年に施行され，2017年に改正された。イ・ウは誤りであり，ア・エが正しい。

⑧　「日本国憲法の基本原理の一つを踏まえたもの」「人が生まれながらに持つ，自由や平等の権利」の2文から，ここで言われているのが「基本的人権を尊重する」ことだとわかる。

2　(地理的分野―世界地理－地形・交通・人々のくらし・貿易)

①　メルカトル図法では，緯度が高くなるほど，実際の長さよりも長く描かれるため，赤道が実際には1番長い。赤道は，インドネシアを通るウである。

②　さまざまな地域からの航空路が1ヵ所に集まり，人や物がそれぞれの目的地に向かって乗り換えや積み替えできるような拠点空港を，ハブ空港という。

③　シベリアに特有の土壌は永久凍土である。建物の暖房などの熱によって永久凍土がとけ，建物が傾くことのないように，高床式住居を建てて生活している。

④　Xの経線は，西経150度となる。西経150度の経線に沿って地球上を一周するとき，通過するのは東経30度の経線である。イギリスのロンドンが東経0度であるから，東経30度の経線はSとなる。

⑤　ア　日本と比べて輸入総額が小さい国は，A国とC国である。そのうち，日本より人口が多い国は，A国である。A国は日本よりもGDPが小さい。　イ　日本への輸出額が最も大きい国は，B国である。日本との貿易は赤字であり，輸出総額は，日本の輸出総額の3倍程度である。
ウ　B国とD国はそれぞれの国の輸出総額と輸入総額の合計が，それぞれの国のGDPの50%を超えてはいない。ア・イ・ウのどれも誤りがあり，エが正しい。

3　(歴史的分野―日本史時代別－旧石器時代から弥生時代・古墳時代から平安時代・鎌倉時代から室町時代・安土桃山時代から江戸時代，―日本史テーマ別－政治史・文化史・経済史・社会史・外交史)

①　ア　青銅器は弥生時代に伝わった。　イ　鉄砲は安土桃山時代に伝わった。　ウ　稲作は弥生時代に伝わった。ア・イ・ウのどれも時期が異なる。エの漢字が，古墳時代に伝わったものとして正しい。漢字は，5世紀に百済の王仁により「千字文」がもたらされることによって伝来した。

②　聖武天皇の時代の唐には，シルクロードを通じて，西アジアの文化の影響が及び，日本は遣唐使を通じて，唐の文化を吸収した。その結果，この時代には国際色豊かな文化が花開いた。

③　イ　楽市・楽座の政策を進めたのは，織田信長である。　ウ　御成敗式目を制定したのは，北条泰時である。　エ　院政を開始したのは，白河上皇である。アが，平清盛である。保元・平治の乱を経て太政大臣の位につき，平氏政権を築きあげた平清盛は，日宋貿易を推進するために，大輪田泊を整備し，厳島神社を信仰した。

④　ア　道元が宋に渡り，禅宗を伝えたのは，13世紀前期のことである。イ　最澄が唐から帰国後，天台宗をひらいたのは，9世紀初期のことである。　ウ　雪舟が入明し，水墨画の技法を高めたのは，15世紀後期のことである。　エ　鑑真が唐から新しい仏教の教えや，戒律を伝えたのは，8世紀半ばのことである。年代の古い順に並べると，3番目になるのはアである。

⑤　(1)　享保の改革期に，漢文に訳された洋書の輸入制限を緩めたのは，8代将軍徳川吉宗である。これを契機に学術書が大量に輸入され，西洋の知識や技術が急速に入るようになった。

(2)　江戸中期に田沼意次によって，長崎貿易において清国に輸出された「いりなまこ」「乾あわび」「ふかのひれ」を総称して俵物という。対清貿易は大きな赤字であり，銀の流出が顕著だったが，俵物の輸出により大幅に改善された。

4 (地理的分野—日本地理－地形・気候・農林水産業)

① (1) Cの地域に連なっているのは，日高山脈であり，飛騨山脈は誤りである。飛騨山脈は，本州の北アルプスである。 (2) 知床は，2005年に世界自然遺産に登録され，自然を保護しつつ観光客を迎える取り組みを進め，自然保護と観光業を両立させることに力を入れてきた。

(3) 夏の梅雨と台風により，6月から9月に降水量が多いアが，高知である。豪雪地帯で，降雪による冬の降水量が多いイが，福井である。日本海側に位置するため，降雪により11月から1月に降水量が多いエが，札幌である。太平洋側に位置する根室は，台風や秋雨前線の影響などで9月が降水量が最も多い月となっている。正解は，ウである。

② 卵から稚魚や稚貝になるまでの期間を人間が守り育て，無事に外敵から身を守ることができるようになったら，その魚介類が成長するのに適した川や海に放流して，成長したものを漁獲する漁業を，栽培漁業という。

③ (1) 北海道と，鹿児島県・宮崎県で50%を超えている，アが畜産である。秋田県・山形県で多いのは米である。ウが米である。また，さくらんぼ・洋梨などを多く産出するのは，秋田県・山形県であり，エが果実である。栃木県・群馬県など，近郊農業を行っている県で多いのは，野菜である。イが野菜である。 (2) 資料4から，作付面積1ha当たりの収穫量が，しだいに増加していることが読み取れ，米の生産に関する技術は向上していると考えられる。

5 (歴史的分野—日本史時代別－明治時代から現代，—日本史テーマ別－社会史・経済史・政治史・外交史，—世界史－政治史)

① 1872年，明治政府の殖産興業政策による，日本初の官営模範工場として，群馬県に設立された器械製糸工場が，富岡製糸場である。フランス人技師を招き，各地から工女を集めて開業された。

② 最新式の機械を設置した工場で，中国・インド・アメリカから輸入した綿花を加工して，綿糸を大量に生産し，日清戦争後には，輸出産業へと成長したことを簡潔に記せばよい。

③ 日清戦争後の講和条約は，下関条約である。下関条約では，賠償金2億両の他，台湾・遼東半島などを譲渡されることになっていた。

④ 三国同盟と三国協商との対立を背景として起こった，ヨーロッパを主戦場とする戦争が，第一次世界大戦である。日本では外国からの船舶などの注文が増え，重化学工業が発展した。

⑤ イ 東海道新幹線が開通したのは，昭和中期の出来事である。 ウ 関税自主権を完全に回復したのは，明治末期のことである。 エ 世界恐慌の影響が我が国にも及んだのは，昭和初期のことである。イ・ウ・エのどれも時期が異なる。大正期に起こったのは，米騒動が全国各地に波及し，軍隊が出動したことである。なお,これを機に藩閥の寺内内閣が退陣し，本格的政党内閣の政友会の原敬内閣が成立した。

⑥ 一般に生産手段を所有する資本家が，労働者を雇用して商品を生産し，利潤を追求する経済体制を，資本主義という。

＜国語解答＞

1 ① ⓐ つぐな(い) ⓓ ちんもく ② イ，エ ③ X 馬に乗るのが怖い Y 裏切り ④ ウ ⑤ (例)人に傷つけられた過去があるのに，再び人間を信頼して乗せ，堂々としている ⑥ ア

2　① ⓒ　深(く)　ⓔ　困難　② C　③ 共同主観　④ 言葉を介したコミュニケーション　⑤ X　(例)ヒトとはまったく異なる生き物の文脈を無視するため，誤解を生む　Y　(例)他の生き物の描く世界をイメージし，共有　⑥ イ　⑦ ウ

3　① やわらげ　② 自分なりに解釈　③ エ　④ X　見立て　Y　(例)人間社会になじむ文化

4　① ア，ウ　② 聖徳太子の十七条の憲法の有名な一節　③ エ

④ (例)(「和」というのは，)主体性なく人に合わせる「同」に対して，考え方の違う人が互いに協力してうまくまとまることです。例えば，クラスのみんなが意見を出し，議論して，良いクラスにするための目標を一つに決めていくようなことです。

＜国語解説＞

1　(小説―情景・心情，内容吟味，文脈把握，漢字の読み書き，語句の意味)

① ⓐ 「償」の音読みは「ショウ」で，「弁償」「賠償」などの熟語を作る。 ⓓ 「沈黙」は，だまっていることという意味である。

② 当てはまるものをすべて答える。ア「名を連ねる」＝一員として加わる，イ「瓜二つ」＝よく似ている，ウ「馬が合う」＝気が合う，エ「生き写し」＝よく似ている，オ「匹敵する」＝同じ程度である，という意味なので，「そっくり」と同じような意味で用いることばはイとエである。

③ X　本文の冒頭に「……私，馬に乗るのが怖いんだ」とある。これは小学生のころの落馬がきっかけであった。 Y「落馬したときのことを～忘れようとしていた。半面，それはララに対する裏切りのような気もしていた」から抜き出す。

④ 美鶴は舞衣子とナナとの出会いを舞衣子にとっての「運命のめぐりあわせ」としてナナに乗るように勧めたが，彩子さんはナナの立場から「運命」を捉え，ナナの過去について語っている。自分のことでいっぱいになっている舞衣子に，ナナのことにも意識を向けさせようとしたのである。正解はウである。アの「もどかしさ」は本文にない内容。イは美鶴に意識を向けさせるという内容になっており，不適当。エの因果関係は明らかに誤りである。

⑤ ナナは「ずっと昔，ひどいケガを負った」ことがあり，それが人のせいであったにもかかわらず「人を信頼してくれ」て舞衣子を乗せ，「落ち着いて堂々としていた」のである。この内容を「姿」ということばにつながるように制限字数内にまとめる。

⑥ 「ひとすじの風が吹き～木の枝が，ざわざわと揺れる」「流れていく雲」などの情景描写は，舞衣子の「心の中に溜まっていた澱が，ゆっくりと溶けていく」こと，つまり頑なだった舞衣子の気持ちが動きはじめたことを示しているので，アが正解である。イの「ララの回想」は挿入されていない。この文章は一貫して舞衣子の視点から描かれており，ウの「複数の人物の視点」という説明は誤り。ナナに乗った舞衣子はナナに意識を向けており，エの「ララとの思い出をかみしめている」は不適当な説明である。

2　(論説文－内容吟味，文脈把握，段落・文章構成，漢字の読み書き，品詞・用法)

① ⓒ　この場合の「深い」は「程度や量が多い」という意味である。 ⓔ 「困」の訓読みは「こま(る)」，「難」の訓読みは「むずか(しい)」。

② A「共有し合えない」は助動詞，B「生じない」は助動詞，C「数少ない」は形容詞の一部，D「わからない」は助動詞。

③ 言葉は概念についての一定の理解を可能にするため，同じ言葉を使う人の間で主観的な世界を

共有することを可能にする。[Ⅰ]の二つめの段落に「共有することのできる主観のことを，**共同主観**という言葉で表します」とあるので，ここから抜き出す。

④ 傍線ⓑの段落の前半に「アレックス～ヒトと**言葉を介したコミュニケーション**ができた鳥として有名です」とある。傍線部ⓑは，言葉を介したコミュニケーションの内容を具体的に説明している。

⑤ X「本来は**ヒトとはまったく異なる原理で行動する**生き物を擬人化してしまうことは，やはりその生き物の暮らしてきた**文脈を無視する**ものです」とある。生き物の行動を人間の考え方で解釈すると，**誤解が生じる**おそれがあるということである。 Y「擬人化をすべて否定することは，そんな心の存在を無視することにつながります」とある。擬人化は誤解を生む可能性もあるが，擬人化によって**イメージ**することが「**他の生き物の描く世界**」を**共有する**唯一の手段なのである。

⑥ 傍線部ⓕの直前の「**多様な生き物たちの一つひとつの世界を尊重する**」と同じ内容をもつイが正解である。アの「貴重な生き物の絶滅に歯止めをかけ」，ウの「道具を使う能力」，エの生き物どうしの「調整」はいずれも本文の趣旨から外れている。

⑦ アは[Ⅰ]の「他の生き物とヒトとは～何も共有し合えないかというと，そんなことはないはずです」と矛盾するので誤り。イの「ヒトが他の生き物を捉える視点が多様である」は，本文にない内容。**[Ⅲ]はヒトが他の生き物を理解しようとする手段として「擬人化」に話題を広げている**ので，ウが正解となる。[Ⅳ]は[Ⅲ]までの事例を「否定」していないので，エは誤りである。

3 (古文と解説文―内容吟味，文脈把握，仮名遣い)

① 語頭にない「**は**」を「**わ**」に書き換えて「**やわらげ**」とする。

② 解説文の最初の文の後半「まず**自分なりに解釈**しなさいと教えています」から抜き出す。

③ 「演技」は舞台の上で自分ではない人間としてふるまうことである。この場合は，山荘の風景が「**贋物とわかっていながら」それが本物であるかのようにふるまう**ことを言っているので，エが正解となる。アの「自分の好み」とは本文に書かれていない。イの「写実的」では「演技」にならない。「贋物」であっても主人の趣向を凝らした庭であり，つまらないものではなかったのでウは不適当である。

④ X 解説文の前半に「庭園の石立ては～和歌の**見立て**と共通しています」とある。「見立て」とは，和歌の手法で目の前の情景を他のものになぞらえて表現する手法で，この和歌では春の都の情景を錦になぞらえている。 Y 解説文に「石立て」のあり方を示す「やはらぐ」の説明として「自然を人間社会にあてはめる」とあるが，後の表現に続かないので同じ内容を表す「自然を**人間社会になじむような文化**に変容させる」をもとに字数を整えて書く。

4 (会話・議論・発表―内容吟味，作文，その他，書写)

① 行書は楷書を少し崩した字体で，文字によっては**筆脈が点画の連続**として表れたり**点画が省略**されたりするので，アとウが正解である。ただし，行書は楷書に比べて曲線的であり，筆順が変化することもあるので，イとエは誤りである。

② 傍線部ⓑのままでは「聖徳太子」が有名だということを表す。「以和為貴」ということば自体が有名だということを示すためには，**「一節」の前**に「有名な」を入れればよい。

③ 健一さんは，佳歩さんが発表で「和と同は違う」と言ったことで「どう違うのか」という**新たな疑問が生じて質問している**ので，正解はエである。「聞き逃した内容」についての質問ではないのでアは誤り。「訂正」は求めていないのでイは不適当。「話題を変え」たり「個人的意見」を

求めたりしていないのでウは誤りである。

④　資料を読み込み，条件にしたがって書くこと。一文目は，「『和』というのは」に続けて**「和」と「同」の違い**が明らかになるように説明する。資料Ⅱから「和」と「同」の適切な意味を選んで書く。また資料Ⅰから「和」が「協調」，「同」が「同調」に対応することがわかるので，資料Ⅲの内容も参考にする。二文目は，「例えば」に続けて「和」の説明にふさわしい**具体例**を書く。解答例では，クラスの議論を例として挙げている。書き終わったら必ず読み返して，誤字・脱字や表現のおかしなところは改める。

解答用紙集

〇月×日　△曜日　天気(合格日和)

◆ご利用のみなさまへ

＊解答用紙の公表を行っていない学校につきましては、弊社の責任において、解答用紙を制作いたしました。

＊編集上の理由により一部縮小掲載した解答用紙がございます。

＊編集上の理由により一部実物と異なる形式の解答用紙がございます。

人間の最も偉大な力とは、その一番の弱点を克服したところから生まれてくるものである。 ——カール・ヒルティ——

※データのダウンロードは 2024 年 3 月末日まで。

東京学参株式会社

※ 123％に拡大していただくと，解答欄は実物大になります。

受検番号	(算用数字)	志願校	

注意　1　答えに$\sqrt{}$が含まれるときは，$\sqrt{}$をつけたままで答えなさい。
また，$\sqrt{}$の中の数は，できるだけ小さい自然数にしなさい。
2　円周率はπを用いなさい。

1

	(1)	
	(2)	
	(3)	
	(4)	
	(5)	
	(6)	$x =$

2

	(1)	
	(2)	
	(3)	
	(4)	
	(5)	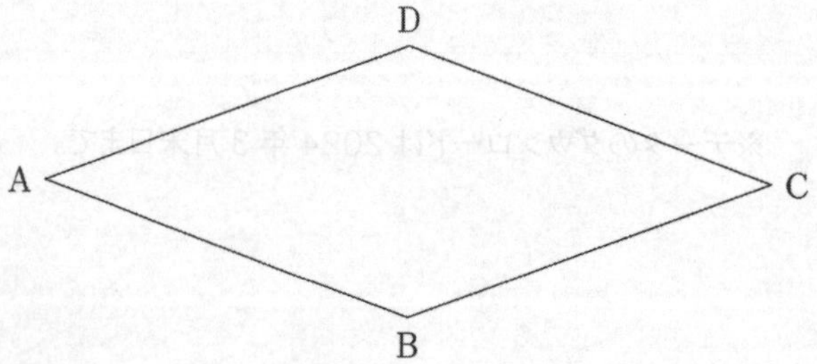

※ 143％に拡大していただくと，解答欄は実物大になります。

※

3

	Ⅰ(1)	
	Ⅰ(2)	
	Ⅱ(1)	
	Ⅱ(2)	(　　　,　　　)
	Ⅱ(3)①	
	Ⅱ(3)②	(cm^3)

4

	(1)(あ)	(人)
	(1)(い)	(秒)
	(2)①	
	(2)②	

5

	(1)	
	(2)	
	(3)	

6

	(1)(あ)	
	(1)(い)	
	(2)①	(°　)
	(2)②	(cm)
	(2)③	(cm)
	(2)④	:

※ 123%に拡大していただくと，解答欄は実物大になります。

受検番号	(算用数字)	志願校	

注意　1　英語で書くところは，活字体，筆記体のどちらで書いてもかまいません。
2　語数が指定されている設問では，「,」や「.」などの符号は語数に含めません。
また，「don't」などの短縮形は，1語とします。

1

	A(1)	
	A(2)	
	A(3)	
	B(1)	
	B(2)	
	C(1)	
	C(2)	
	C(3)	

2

	(1)(あ)	
	(1)(い)	
	(2)(う)	＿ ＿ ＿ ＿ ＿ ＿
	(2)(え)	＿ ＿ ＿ ＿ ＿
	(3)①	You can learn how ( ) them there.
	(3)②	The bridge ( ) about 100 years ago.
	(4)(お)	
	(4)(か)	
	(5)	
	(6)	

※

3

A(1)	
A(2)	
B(1)	
B(2)	
B(3)	

4

(1)	
(2)	
(3)	
(4)	

5

(1)	
(2)	
(3)	
(4)	
(5)	
(6)	

◇国語◇

※ 118％に拡大していただくと，解答欄は実物大になります。

受検番号
(算用数字)
志願校

注意　字数が指定されている設問では、「、」や「。」も一ます使いなさい。

1

(1)①	(1)②	(1)③	(1)④	(2)	(3)	(4)	(5)①	(5)②	(5)③	(5)④

2

(1)	(2)	(3)①	(3)②	(4)

※

3

(1) X	(1) Y	(2)	(3)	(4)	(5) A	(5) B	(6)

4

(1)	(2)	(3)	(4)	(5)

※ 116％に拡大していただくと，解答欄は実物大になります。

受検番号	（算用数字）	志願校	

注意　1　答えに$\sqrt{\ }$が含まれるときは，$\sqrt{\ }$をつけたままで答えなさい。
また，$\sqrt{\ }$の中の数は，できるだけ小さい自然数にしなさい。
2　円周率はπを用いなさい。

1

	(1)	
	(2)	
	(3)	
	(4)	
	(5)	
	(6)	ある正の整数をxとすると，
	(7)	
	(8)	
	(9)	
	(10)	(cm^2)

※ 152％に拡大していただくと，解答欄は実物大になります。

※

2

(1)①	
(1)②	
(2)	
(3)	2010年 2015年 2020年

3

(1)①	
(1)②	プリン (個) シュークリーム (個)
(2)①	
(2)②	シュークリーム (個) ドーナツ (個)

4

(1)①	$a =$
(1)②	
(2)	
(3)	

5

(1)(あ)	
(1)(い)	
(2)	
(3)①	
(3)②	

※ 125％に拡大していただくと，解答欄は実物大になります。

受検番号	(算用数字)	志願校	

注意　1　英語で書くところは，活字体，筆記体のどちらで書いてもかまいません。
　　　2　語数が指定されている設問では，「,」や「.」，「?」などの符号は語数に含めません。
　　　　また，「don't」などの短縮形は，1語とします。

1

	A(1)	
	A(2)	
	B(あ)	
	B(い)	
	B(う)	
	C(1)	
	C(2)	
	D(1)	→ →
	D(2)	

2

	(1)	
	(2)	
	(3)	
	(4)	
	(5)	

※

3

(1)	
(2)	

4

(1)	
(2)	
(3)	
(4)	
(5)	

5

(1)	
(2)①	
(2)②	
(3)	
(4)	→ →
(5)	
(6)	

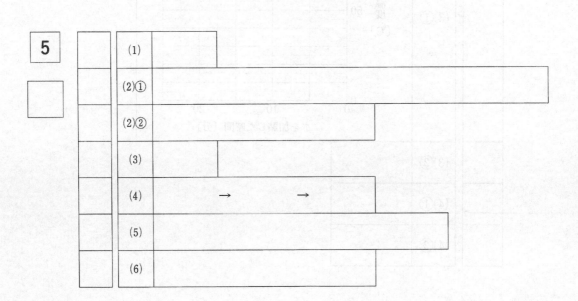

岡山県公立高校(一般)　　2023年度　　　　◇理科◇

※解答欄は実物大です。

受検番号	(算用数字)	志願校	

1

(1)①	
(1)②	
(2)①	
(2)②	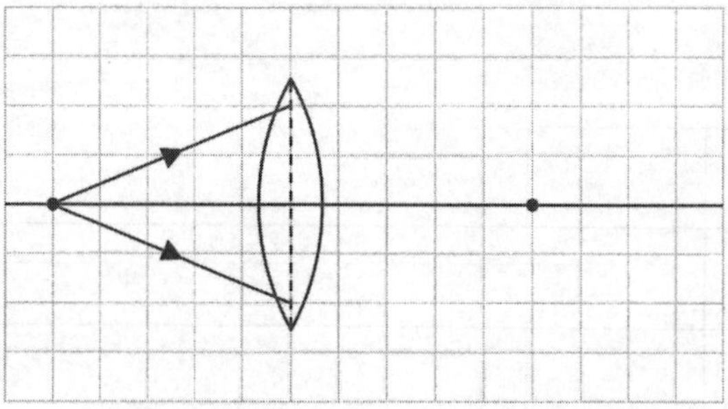
(3)①	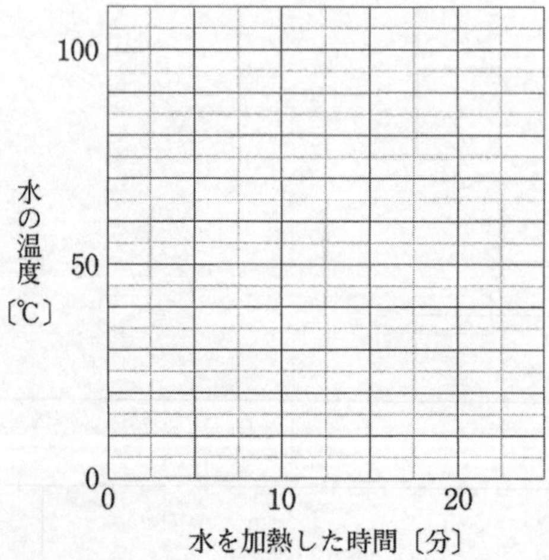
(3)②	
(4)①	
(4)②	

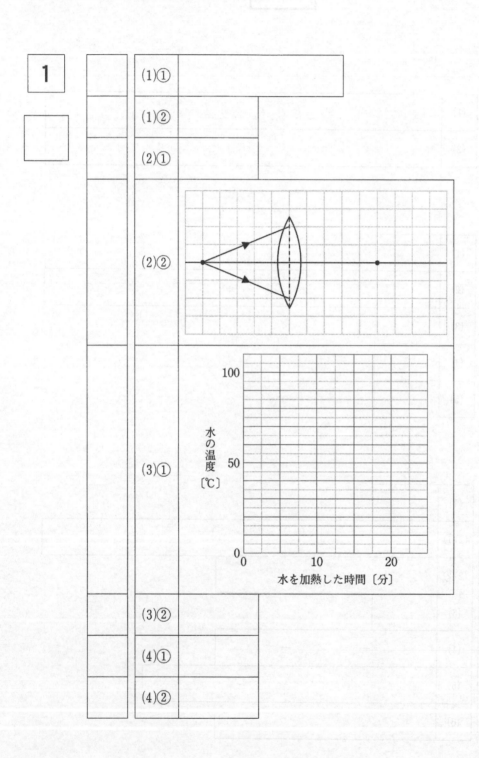

※ 152％に拡大していただくと，解答欄は実物大になります。

※

2

(1)	
(2)	(W)
(3)	(%)
(4)	
(5)	の法則
(6)①	(J)
(6)②	

3

(1)	
(2)	
(3)	$CaCO_3$ + [　　] → $CaCl_2$ + H_2O + [　　]
(4)	
(5)	
(6)	
(7)	

4

(1)			
(2)			
(3)			
(4)①	(a)	(b)	(c)
(4)②			

5

(1)			
(2)	極		
(3)			
(4)			
(5)			
(6)	(a)	(b)	(c)

岡山県公立高校(一般)　2023年度　◇社会◇

※ 127%に拡大していただくと，解答欄は実物大になります。

受検番号	(算用数字)	志願校	

1

(1)	
(2)	
(3)	
(4)	
(5)	
(6)P	
(6)Q	

2

(1)	
(2)	
(3)	
(4)	
(5)	アメリカ合衆国は，

3

(1)	
(2)①	
(2)②	
(3)	
(4)	→ → →
(5)	

※

4

(1)	
(2)	
(3)	都市名　　市
(4)	
(5)	

5

(1)	
(2)	
(3)	
(4)	
(5)①	
(5)②	
(6)	
(7)	

岡山県公立高校（一般）　2023年度

◇国語◇

※ 118％に拡大していただくと，解答欄は実物大になります。

受検番号（算用数字）

志願校

注意　字数が指定されている設問では、「、」や「。」も一ます使いなさい。

1

(1) ⓑ	(1) ⓖ	(1) ⓔ	(1) ⓕ	(2)	(3)	(4)	(5)	(6)
	いた		てて					

2

(1)	(2)	(3) X	(3) Y	(4)

※

※ 127％に拡大していただくと，解答欄は実物大になります。

3

(1)	(2)	(3) X	(3) Y	(4)	(5)	(6)

4

(1)	(2)	(3)
		図書室が無償で本を貸し出せば、

80

2023年度入試推定配点表（岡山県・特別）

	1	2	3	4	5	6	計
数学	各2点×6	(5)　3点 他　各2点×4 ((3)完答)	各2点×6	(1)　各2点×2 (2)①　3点 (2)②　4点	(2)　4点 他　各2点×2	(1)　各2点×2 (2)　各3点×4	70点

	1	2	3	4	5	計
英語	各2点×8	(1),(2),(4) 各2点×6 他　各3点×4 ((5)完答)	各2点×5	各2点×4	各2点×6 ((6)完答)	70点

	1	2	3	4	計
国語	(1),(2)　各1点×5 他　各2点×6	(2)　2点 他　各3点×4	(1)　各2点×2 (4)　4点 他　各3点×5	(5)　4点 他　各3点×4	70点

2023年度入試推定配点表（岡山県・一般）

	1	2	3	4	5	計
数学	(6),(10)　各3点×2 他　各2点×8	(3)　4点(完答) 各2点×3	(1)①,(2)① 各2点×2 他　各3点×2 ((1)②,(2)②各完答)	各3点×4	(3)①　4点 他　各3点×4	70点

	1	2	3	4	5	計
英語	D(1)・(2) 各3点×2(D(1)完答) 他　各2点×7	(2),(5)　各2点×2 他　各3点×3	各4点×2	(2)　3点 他　各2点×4	(1),(3),(5) 各2点×3 他　各3点×4 ((4),(6)各完答)	70点

	1	2	3	4	5	計
理科	(1)②,(4)② 各1点×2 他　各2点×6	各2点×7 ((4)完答)	各2点×7	各2点×7	(6)(a)・(b) 各1点×2 他　各2点×6	70点

	1	2	3	4	5	計
社会	(3),(6)Q 各3点×2 他　各2点×5	(5)　3点 他　各2点×4	(2)②,(5) 各3点×2 他　各2点×4 ((4)完答)	(5)　3点 他　各2点×4 ((3)完答)	(5)①,(7) 各3点×2 他　各2点×6	70点

	1	2	3	4	計
国語	(1)　各1点×4 (5)　4点 他　各3点×4	各3点×5	(3)　各2点×2 (5)　4点 他　各3点×4	(3)　9点 他　各3点×2	70点

岡山県公立高校(特別)　2022年度

◇数学◇

※ 123％に拡大していただくと，解答欄は実物大になります。

受検番号	(算用数字)	志願校	

注意　1　答えに$\sqrt{\ }$が含まれるときは，$\sqrt{\ }$をつけたままで答えなさい。
また，$\sqrt{\ }$の中の数は，できるだけ小さい自然数にしなさい。
2　円周率はπを用いなさい。

1

①	
②	
③	
④	
⑤	
⑥	
⑦	$x=$

2

①	
②	(cm³)
③	
④	$a=$
⑤	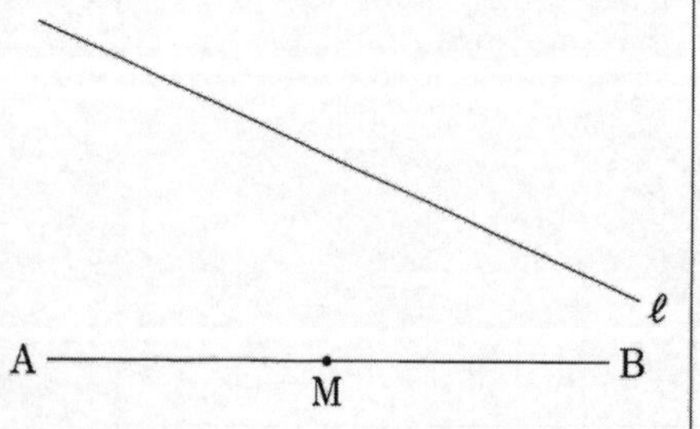

3

①	
②	
③	(　　，　　)
④(1)	(cm)
④(2)	(cm)

4

①(あ)		
①(い)(う)	(い)	
	(う)	
②(え)	(個)	
②(お)		
③	(本)	

※

5

	①(1)	回以上　　回未満
	①(2)	
	②(1)	
	②(2)	

6

	①	
	②(い)	よって，∠ＰＯＣ＝∠ＱＯＤが成り立つ。
	②(う)	
	③(1)	(°)
	③(2)	(cm^2)

※ 122%に拡大していただくと，解答欄は実物大になります。

受検番号	(算用数字)	志願校	

注意　1　英語で書くところは，活字体，筆記体のどちらで書いてもかまいません。
2　語数が指定されている設問では，「,」や「.」などの符号は語数に含めません。
また，「don't」などの短縮形は，1語とします。

1

A(1)	
A(2)	
A(3)	
B(1)	
B(2)	
C(1)	
C(2)	
C(3)	

2

①(あ)	
①(い)	
②(う)	
②(え)	
③(お)	
③(か)	
④(1)	I like (　　　　) there.
④(2)	I (　　　　) for you for one hour.
⑤	

※

3

①	
②	
③	
④	

4

①	
②(1)	
②(2)	
③	
④	
⑤	

5

①	
②	
③	
④	
⑤	→ → →
⑥	

※ 128％に拡大していただくと，解答欄は実物大になります。

受検番号
（算用数字）
志願校

注意　字数が指定されている設問では、「、」や「。」も一ます使いなさい。

1

①(1)	①(2)	①(3)	①(4)	②(1)	②(2)	③	④	⑤(1)	⑤(2)	⑤(3)	⑤(4)
			く						～		

2

①	②	③X	③Y	④	⑤

※

3

① X	① Y	② (1)	② (2)	③	④	⑤

4

①	②	③	④	⑤

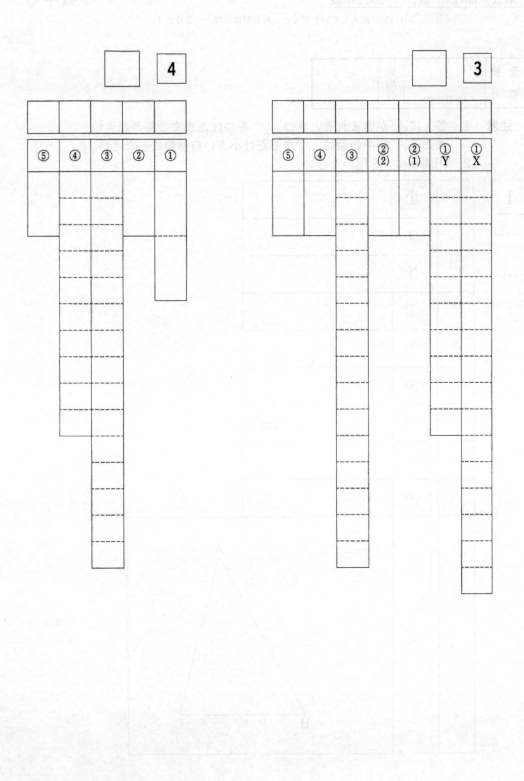

※ 111％に拡大していただくと，解答欄は実物大になります。

受検番号	(算用数字)	志願校	

注意　1　答えに$\sqrt{}$が含まれるときは，$\sqrt{}$をつけたままで答えなさい。
また，$\sqrt{}$の中の数は，できるだけ小さい自然数にしなさい。

2　円周率はπを用いなさい。

1

	①	
	②	
	③	
	④	
	⑤	
	⑥	
	⑦	(cm^2)
	⑧	
	⑨	
	⑩	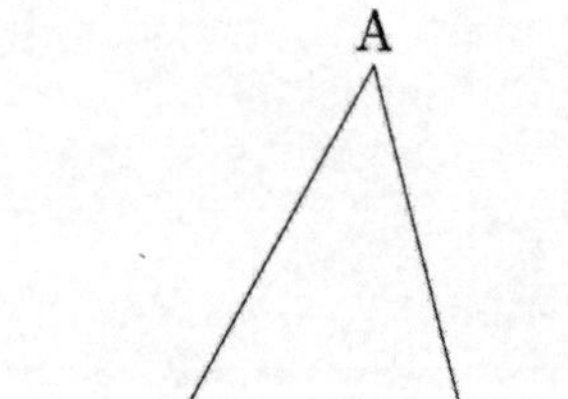

※ 156％に拡大していただくと，解答欄は実物大になります。

※

2

①	
②(1)	{
②(2)	アルミ缶 (kg) スチール缶 (kg)

3

①(1)	a =
①(2)	
①(3)	
②(1)	
②(2)	(　　,　　)

4

①(1)	(個)
①(2)	
②	
③	(式) (答) およそ　　回
④	

5

①	
②	(cm)
③	(cm^3)
④(1)(あ)	
④(1)(い)	
④(1)(う)	
④(1)(え)	△ＯＡＢ∽△ＡＥＢである。
④(2)	(cm)

岡山県公立高校（一般）　2022年度　◇英語◇

※ 119％に拡大していただくと，解答欄は実物大になります。

受検番号	（算用数字）	志願校	

注意　1　英語で書くところは，活字体，筆記体のどちらで書いてもかまいません。
2　語数が指定されている設問では，「,」や「.」などの符号は語数に含めません。
また，「don't」などの短縮形は，１語とします。

1

A(1)	
A(2)	
B(あ)	
B(い)	
B(う)	
C(1)	
C(2)	
D(1)	
D(2)	

2

①	
②	
③	
④	
⑤	

※

3		
	①	
	②	

4		
	①	
	②	
	③	
	④	
	⑤	
	⑥	

5		
	①	
	②	
	③	
	④	
	⑤(1)	
	⑤(2)	
	⑥	

※ 122%に拡大していただくと，解答欄は実物大になります。

受検番号	（算用数字）	志願校	

1

①	(あ)　　(い)
②	
③	
④	
⑤	
⑥	(秒)
⑦(1)	
⑦(2)	

2

①	の法則
②	(N)
③	
④	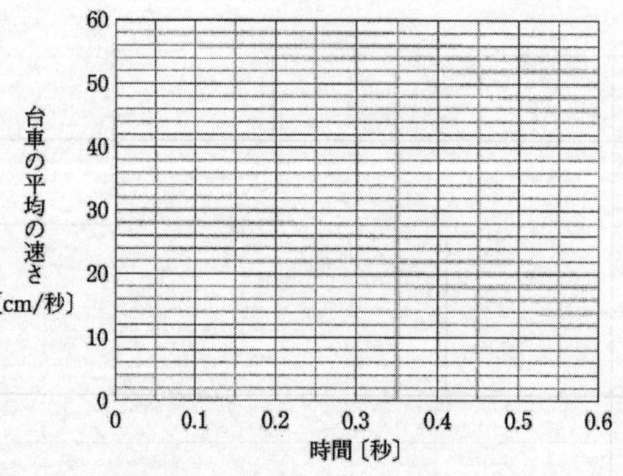
⑤	(J)
⑥	

※ 154％に拡大していただくと，解答欄は実物大になります。

※

3

①	
②	
③	（％）
④	
⑤	
⑥	

4

①	
②P	
②Q	
③	
④	
⑤(1)	
⑤(2)	惑星 理由

5

①	
②	
③	
④	
⑤	
⑥	試験管 理由

※ 127%に拡大していただくと，解答欄は実物大になります。

受検番号	(算用数字)	志願校	

1

	①	
	②	
	③	
	④	
	⑤(1)	
	⑤(2)	→ →

2

	①	山脈
	②	
	③	
	④(1)	
	④(2)	選択
		理由 フィリピンは，

3

	①	
	②	
	③	
	④	
	⑤	→ → →
	⑥	

※

4

	①	
	②	
	③(1)	
	③(2)	
	④	

5

	①(1)	
	①(2)	
	②	X
		Y
	③	選挙
	④(1)	
	④(2)	
	⑤(1)	
	⑤(2)	

◇国語◇

※ 128％に拡大していただくと，解答欄は実物大になります。

受検番号

（算用数字）

志願校

注意　字数が指定されている設問では、「、」や「。」も一ます使いなさい。

1

①ⓑ　んじまった

①ⓓ

②

③

④

⑤X

⑤Y

⑥

2

①

②

③

④X

④Y

※

3

①ⓒ	①ⓓ	②	③X	③Y	④	⑤	⑥
	んだ						

4

①	②	③
		80

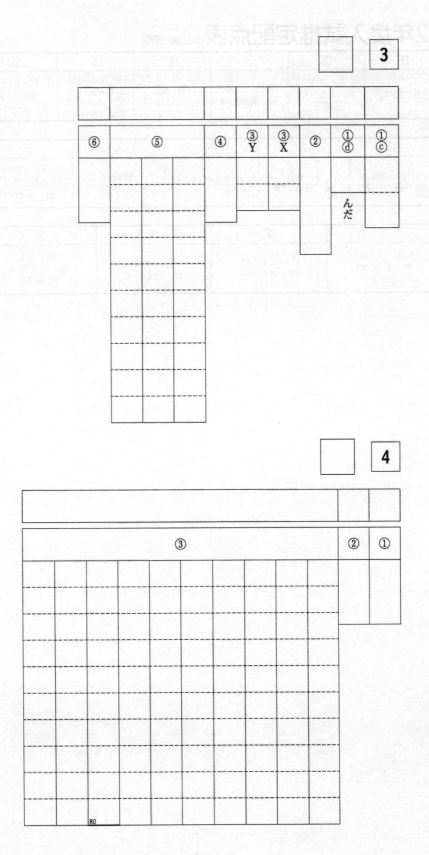

2022年度入試推定配点表(岡山県・特別)

	1	2	3	4	5	6	計
数学	各2点×7	⑤　3点 他　各2点×4 (④完答)	④(2)　3点 他　各2点×4	③　3点 他　各2点×4	①(1), ②(1) 各2点×2 他　各3点×2 (①(1)・(2)各完答)	①, ②(う) 各2点×2 他　各3点×3	70点

	1	2	3	4	5	計
英語	C(3)　3点 他　各2点×7	⑤　3点 他　各2点×8	各2点×4	各2点×6 (②(1)完答)	⑤, ⑥　各3点×2 (各完答) 他　各2点×4	70点

	1	2	3	4	計
国語	①, ②　各1点×6 他　各2点×6 (④完答)	③　各3点×2 他　各2点×4	③　4点 他　各3点×6	④　4点 他　各3点×4 (①完答)	70点

2022年度入試推定配点表(岡山県・一般)

	1	2	3	4	5	計
数学	⑨, ⑩ 各3点×2 他 各2点×8 (⑧,⑨各完答)	各2点×3	①(3),②(2) 各3点×2(①(3)完答) 他 各2点×3	② 3点 他 各2点×4	④(1)(え) 4点 ④(2) 3点 他 各2点×6	70点

	1	2	3	4	5	計
英語	B 各3点×3 D(2) 4点 他 各2点×5	各2点×5	各3点×2	各2点×6	②, ⑤ 各3点×3 ⑥ 4点(完答) 他 各2点×3	70点

	1	2	3	4	5	計
理科	各2点×7 (①, ⑦各完答)	④ 4点 他 各2点×5	⑥ 4点(完答) 他 各2点×5	各2点×7 (⑤(2)完答)	⑥ 4点 他 各2点×5 (③, ⑥各完答)	70点

	1	2	3	4	5	計
社会	④, ⑤(1) 各3点×2 他 各2点×4 (⑤(2)完答)	④(2) 4点 他 各2点×4 (③,④(2)各完答)	⑥ 3点 他 各2点×5 (⑤完答)	④ 3点 他 各2点×4	②Y, ④(2) 各3点×2 他 各2点×7	70点

	1	2	3	4	計
国語	① 各1点×2 ③, ⑤X 各4点×2 他 各3点×4	①, ② 各2点×2 他 各3点×3	① 各1点×2 ⑤ 4点 他 各3点×5(②完答)	③ 8点 他 各3点×2	70点

岡山県公立高校(特別)　2021年度

◇数学◇

※ 147％に拡大していただくと，解答欄は実物大になります。

受検番号	(算用数字)	志願校	

注意　1　答えに$\sqrt{\ }$が含まれるときは，$\sqrt{\ }$をつけたままで答えなさい。
また，$\sqrt{\ }$の中の数は，できるだけ小さい自然数にしなさい。
2　円周率はπを用いなさい。

1

①	
②	
③	
④	
⑤	
⑥	

2

①	(個)
②	
③	(°)
④	(cm³)
⑤	
⑥	

3

①(1)	(°)
①(2)	
①(3)	(°)
②	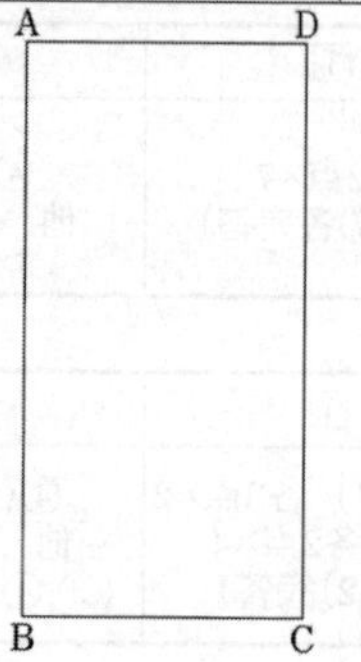
③	(°)
④	(cm²)

4

①	
②	$a =$
③	$y =$
④(1)	$y =$
④(2)	

※

5

①	
②	(cm)
③	

6

①	(点)
②	
③	欠席者を含めた 26 人の得点を大きさの順に並べたとき，小さい方から数えて 14 番目の得点は ［　　］ 点である。 理由は，欠席者を除く 25 人の得点の中央値が 13 点だから，

※ 130％に拡大していただくと，解答欄は実物大になります。

受検番号	（算用数字）	志願校	

注意　1　英語で書くところは，活字体，筆記体のどちらで書いてもかまいません。
2　語数が指定されている設問では，「,」や「.」，「?」などの符号は語数に含めません。
また，「don't」などの短縮形は，１語とします。

1

A(1)		
A(2)		
A(3)		
B(1)		
B(2)		
C(1)		
C(2)		
C(3)	記号	
	英文	

2

①(あ)	
①(い)	
②(う)	_ _ _ _ _
②(え)	_ _ _ _ _ _
③(お)	
③(か)	
③(き)	
④(1)	I will study Chinese because it (　　　　　) by a lot of people today.
④(2)	Summer is as (　　　　　) fall in our class.
④(3)	We need one more soccer player, so we will ask Ken (　　　　　) us.

※

3

①	
②	
③	
④	

4

①	
②	
③	
④	

5

①	
②	
③	
④	
⑤(お)	
⑤(か)	
⑥	

※ 132％に拡大していただくと，解答欄は実物大になります。

受検番号
(算用数字)
志願校

注意　字数が指定されている設問では、「、」や「。」も一ます使いなさい。

1

①(1)	①(2)	①(3)	①(4)	②	③	④(1)	④(2)	④(3)	④(4)
	わず		えた						

2

①	②A	②B	③(1)	③(2)	④X	④Y

※

3

① X	① Y	②	③	④	⑤

4

①	② A	② B	③	④	⑤ X	⑤ Y

※ 128％に拡大していただくと，解答欄は実物大になります。

受検番号	(算用数字)	志願校	

注意　1　答えに$\sqrt{\ }$が含まれるときは，$\sqrt{\ }$をつけたままで答えなさい。
また，$\sqrt{\ }$の中の数は，できるだけ小さい自然数にしなさい。
2　円周率はπを用いなさい。

1

	①	
	②	
	③	
	④	
	⑤	
	⑥	$x =$
	⑦	
	⑧	
	⑨	
	⑩	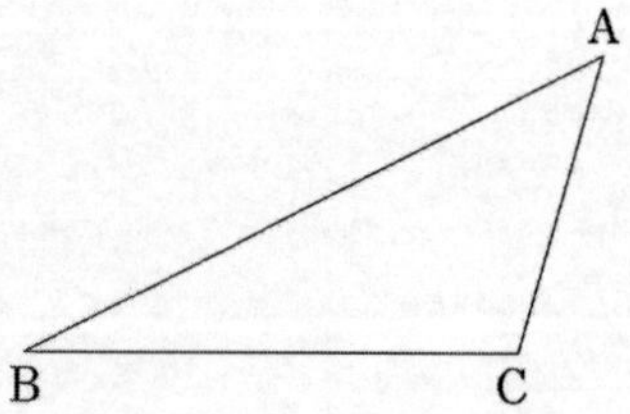

※ 154％に拡大していただくと，解答欄は実物大になります。

※

2

①(1)	
①(2)	
②(3)	
②(4)	
③	桃　(個) メロン　(個)

3

①	
②(1)	a =
②(2)	
③	a =

4

①(1)	(回)
①(2)	個以上　個未満
①(3)	(個)
②(1)	y =
②(2)	(個)
②(3)	

5

①	
②(1)	(cm)
②(2)	:
②(3)	(cm)

※122%に拡大していただくと，解答欄は実物大になります。

受検番号	(算用数字)	志願校	

注意　1　英語で書くところは，活字体，筆記体のどちらで書いてもかまいません。
　　　　2　語数が指定されている設問では，「,」や「.」などの符号は語数に含めません。
　　　　　また，「don't」などの短縮形は，１語とします。

1

	A(1)	
	A(2)	
	B(あ)	
	B(い)	
	B(う)	
	C(1)	
	C(2)	
	D(1)	
	D(2)	

2

	①	
	②	
	③	
	④	
	⑤	

※

3

①	
②	

4

①(1)	
①(2)	
②	→ →
③	
④	
⑤	

5

①	
②	
③(1)	
③(2)	
④	
⑤	

※ 128％に拡大していただくと，解答欄は実物大になります。

受検番号	（算用数字）	志願校	

1

①(1)	
①(2)	
②	X 〇　Y 〇
③(1)	（A）
③(2)	倍
④(1)	
④(2)	
⑤	
⑥	（g）
⑦	

2

①	の法則
②	(a)　(b)
③(1)	
③(2)	
④	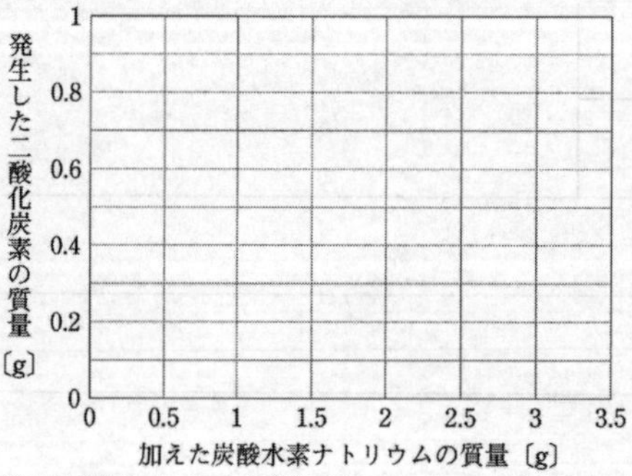
⑤	

※ 159%に拡大していただくと，解答欄は実物大になります。

※

3

①	プレート
②	
③(1)	
③(2)	
③(3)	
④	(秒)

4

①	
②	(あ) (い)
③	記号 内容
④(1)	
④(2)	
④(3)	記号 理由

5

①	
②	
③	
④	重力 (N) 浮力 (N)
⑤	おもりの
⑥	(あ) (い) (う)

岡山県公立高校(一般)　2021年度

◇社会◇

※ 130%に拡大していただくと，解答欄は実物大になります。

受検番号	(算用数字)	志願校	

1

①	
②	
③	→ → →
④	
⑤	
⑥	

2

①	
②	
③	
④(1)	
④(2)	記号
	理由

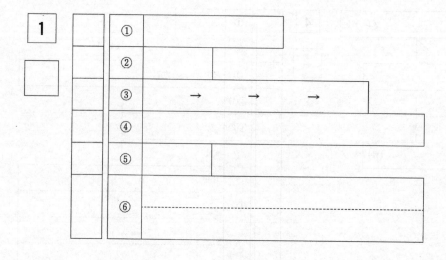

※

3

①	
②	
③	
④(1)	
④(2)	→ → →
⑤	
⑥	

4

①	
②	
③(1)	県
③(2)	
③(3)	
④	

5

①	
②	
③(1)	
③(2)	
④	
⑤	

※128%に拡大していただくと，解答欄は実物大になります。

受検番号
(算用数字)
志願校

注意　字数が指定されている設問では、「、」や「。」も一ます使いなさい。

1

①ⓑ　①ⓕ　う　②　③　④　⑤　⑥　⑦

2

①(1)　①(2)　②　③X　③Y

※

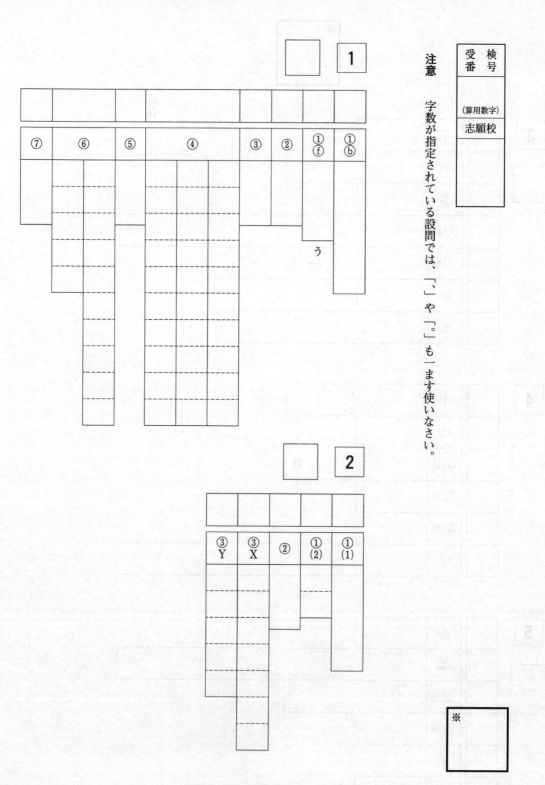

3

①ⓐ	①ⓓ	②	③	④	⑤	⑥X	⑥Y	⑥Z
びつける								

4

①	②	③
		文字で情報を伝えるときには、

80

100

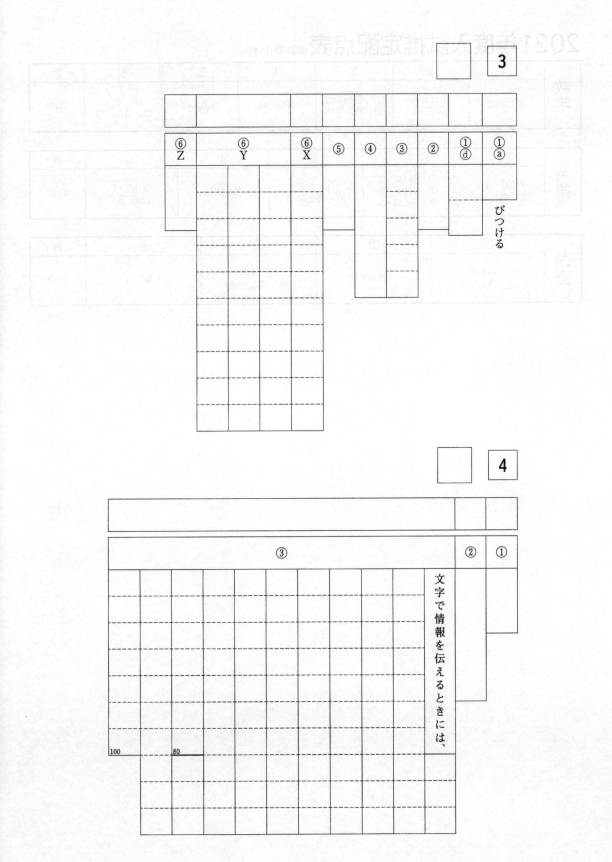

2021年度入試推定配点表（岡山県・特別）

数学	1	2	3	4	5	6	計
	各2点×6	各2点×6 （②完答）	①　各1点×3 他　各3点×3	各3点×5	各3点×3	③　4点 他　各3点×2	70点

英語	1	2	3	4	5	計
	C(3)　4点 他　各2点×7	①　各1点×2 ④　各3点×3 他　各2点×5	③　3点 他　各2点×3	各2点×4	各2点×7 （⑥完答）	70点

国語	1	2	3	4	計
	①　各1点×4 他　各2点×6	各2点×7	③　4点 他　各3点×5	各3点×7	70点

2021年度入試推定配点表(岡山県・一般)

	[1]	[2]	[3]	[4]	[5]	計
数学	①~⑥　各2点×6 他　各3点×4	③　3点(完答) 他　各2点×4	③　3点(完答) 他　各2点×3 (①完答)	②(3)　3点 他　各2点×5	①　4点 他　各3点×3	70点

	[1]	[2]	[3]	[4]	[5]	計
英語	B　各3点×3 D(2)　4点 他　各2点×5	④　3点 他　各2点×4	各4点×2	②　3点 他　各2点×5	④　3点 ⑤　4点(完答) 他　各2点×4	70点

	[1]	[2]	[3]	[4]	[5]	計
理科	各2点×7 (①~④各完答)	④　4点 他　各2点×5 (②完答)	④　4点 他　各2点×5	各2点×7 (②・③各完答)	⑤　4点 他　各2点×5 (④・⑥各完答)	70点

	[1]	[2]	[3]	[4]	[5]	計
社会	④,⑥　各3点×2 他　各2点×4 (③完答)	④(2)理由　5点 他　各2点×5	④(1)　3点 他　各2点×6 (④(2)完答)	④　3点 他　各2点×5	②　3点 他　各2点×5	70点

	[1]	[2]	[3]	[4]	計
国語	①　各1点×2 ④,⑥　各4点×2 他　各3点×4	①(1)　1点 他　各2点×4	①　各1点×2 ⑥X・Y　各4点×2 他　各3点×5 (④完答)	③　8点 他　各3点×2 (②完答)	70点

解　答　用　紙

受検番号	（算用数字）	志願校	

※

注意　1　答えに$\sqrt{\ }$が含まれるときは，$\sqrt{\ }$をつけたままで答えなさい。
　　　　また，$\sqrt{\ }$の中の数は，できるだけ小さい自然数にしなさい。
　　　2　円周率はπを用いなさい。

1

①	
②	
③	
④	
⑤	
⑥	
⑦	$x =$

2

①	（°）
②	
③	
④	連続する２つの自然数のうち，小さい方をnとすると，大きい方は$n+1$と表される。このとき，
⑤	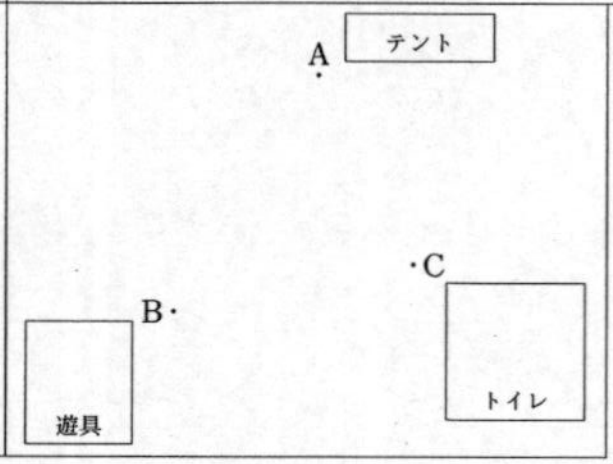

3

①(1)	$y =$
①(2)	$y =$
②	
③	$b =$ $c =$ $d =$

4

①	
②	（通り）
③	

5

①	(cm)
②	(cm²)
③(1)	(cm)
③(2)	
③(3)	：
④	ＦＧ＝　(cm) ＦＩ＝　(cm)

6

①	(cm)
②(1)	(か所)
②(2)	＝2700
②(3)	(cm)
③(1)	$b =$　(cm)
③(2)	(cm)

※この解答用紙は196％に拡大していただきますと，実物大になります。

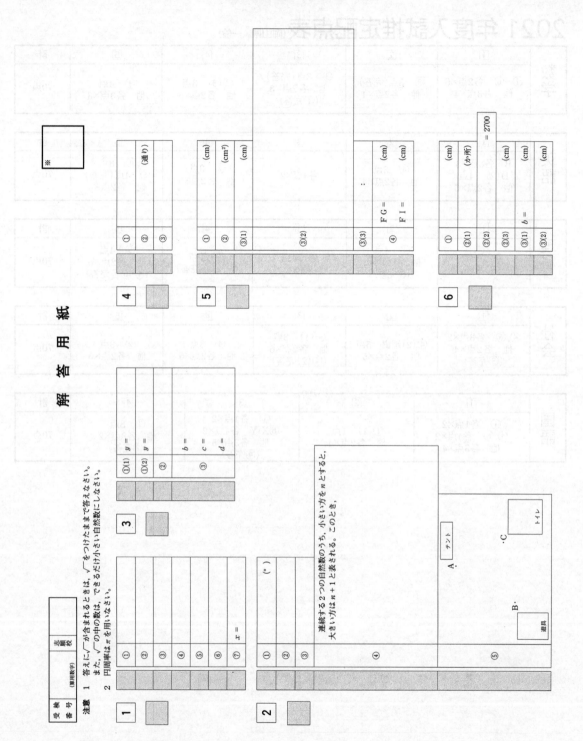

受検番号	(算用数字)	志願校	

解答用紙

※

注意　1　英語で書くところは，活字体，筆記体のどちらで書いてもかまいません。
　　　2　語数が指定されている設問では，「,」や「.」などの符号は語数に含めません。
　　　　また，「don't」などの短縮形は，1語とします。

1

A(1)	
A(2)	
A(3)	
B(1)	
B(2)	
C(1)(あ)	
C(1)(い)	
C(2)	

2

①(1)(あ)	
①(1)(い)	
①(2)(う)	
①(2)(え)	
②(お)	
②(か)	
②(き)	
③(1)(く)	
③(2)(け)	They (　　　) a bridge now.
③(2)(こ)	This castle (　　　) about 100 years ago.

3

①(あ)	
①(い)	
①(う)	

4

①	
②(い)	
②(え)	
③	
④	

5

①	→ →
②(あ)	
②(い)	
③	
④	
⑤	
⑥	

※この解答用紙は182%に拡大していただきますと，実物大になります。

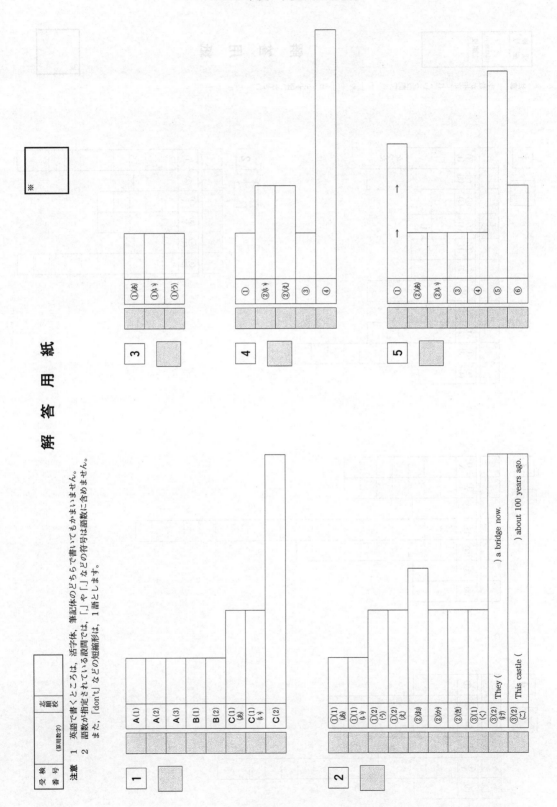

解答用紙

受検番号	(算用数字)
志願校	

※

注意　字数が指定されている設問では、「、」や「。」も一ます使いなさい。

1

①(1)

①(2)　なった

①(3)

①(4)　しい

②(1)

②(2)

③

④(1)

④(2)

④(3)

④(4)

2

①

②

③X

③Y

④(1)

④(2)

3

①X

①Y

②

③

④

⑤

⑥

4

①

②

③

④X

④Y

⑤

※この解答用紙は182%に拡大していただきますと、実物大になります。

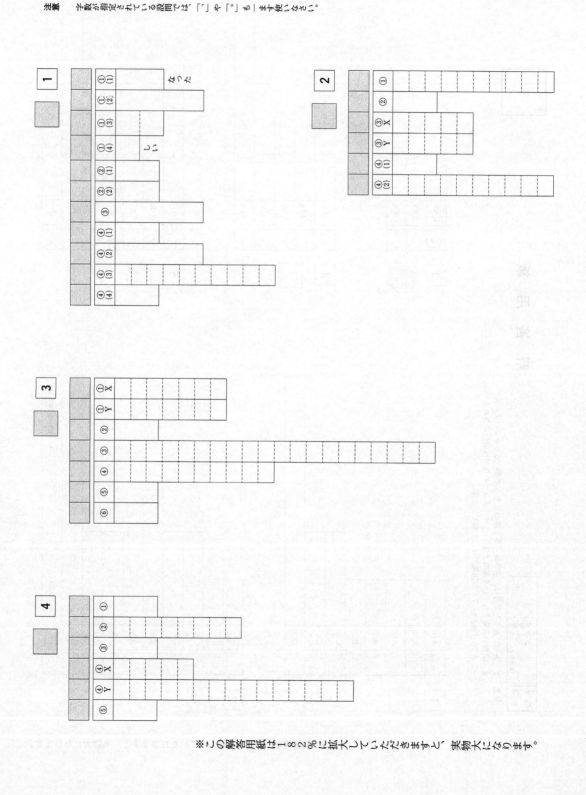

2020 年度入試推定配点表(岡山県・特別)

	1	2	3	4	5	6	計
数学	各2点×7	④,⑤　各3点×2 他　各2点×3	①　各2点×2 他　各3点×2 (②,③各完答)	③　3点 他　各2点×2	③(2),④　各3点×2 (④完答) 他　各2点×4	③(2)　3点 他　各2点×5	70点

	1	2	3	4	5	計
英語	C(2)　4点 他　各2点×7	各2点×10	各2点×3	④　4点 他　各2点×4	各2点×7 (①,⑥各完答)	70点

	1	2	3	4	計
国語	①,②　各1点×6 他　各2点×5(③完答)	各3点×5 (③完答)	各3点×7	各3点×6	70点

解　答　用　紙

受検番号	(算用数字)	志願校	

※

注意　1　答えに√ が含まれるときは，√ をつけたままで答えなさい。
　　　　また，√ の中の数は，できるだけ小さい自然数にしなさい。
　　　2　円周率は π を用いなさい。

1

①	
②	
③	
④	
⑤	
⑥	$x=$
⑦	(°)
⑧	
⑨	
⑩(1)	
⑩(2)	(点)

2

①	
②(1)	
②(2)	模様入りボール　個 単色ボール　個

3

①	
②(1)	
②(2)	
③	
④(1)	(cm³)
④(2)	(cm²)

4

①	
②	(m)
③(1)	
③(2)	
③(3)	
④	(m)

5

①	
②(1)	
②(2)	
③(1)	(cm)
③(2)	(cm)

※この解答用紙は196％に拡大していただきますと，実物大になります。

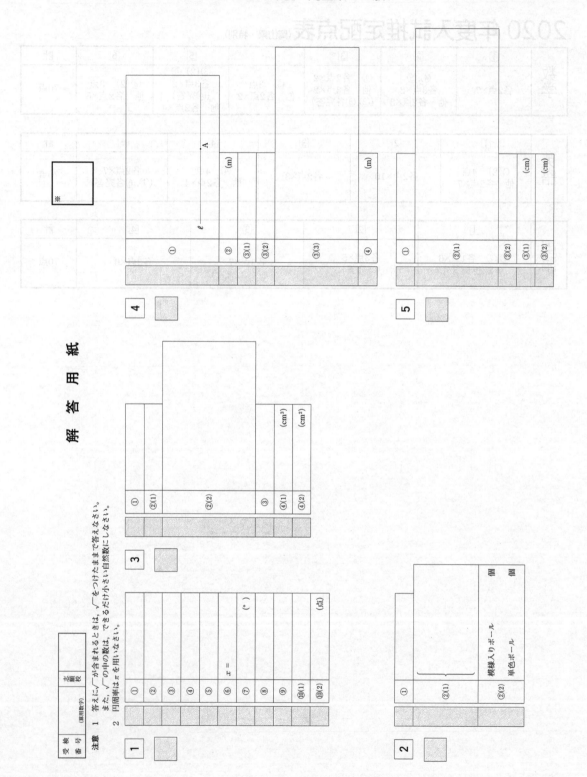

解　答　用　紙

受検番号	(算用数字)	志願校	

※

注意　1　英語で書くところは，活字体，筆記体のどちらで書いてもかまいません。
　　　2　語数が指定されている設問では，「,」や「.」などの符号は語数に含めません。
　　　　また，「don't」などの短縮形は，１語とします。

1

A(1)	
A(2)	
B(あ)	
B(い)	
C(1)	
C(2)	
D(1)(あ)	
D(1)(い)	
D(1)(う)	
D(2)	

2

①	
②	
③	
④	

3

①	
②	

4

①	
②	
③	
④	
⑤	
⑥	

5

①	
②	
③(1)	
③(2)	
④	
⑤	
⑥	

※この解答用紙は182%に拡大していただきますと，実物大になります。

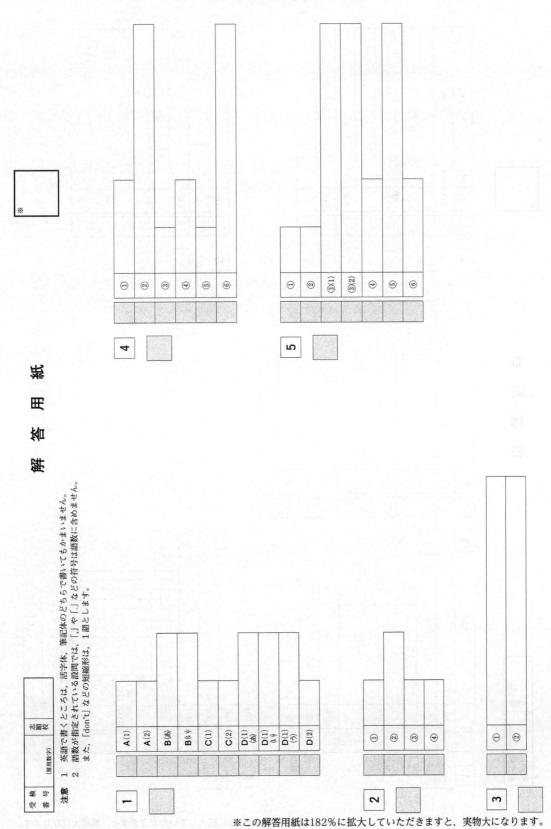

解　答　用　紙

受検番号	（算用数字）	志願校	

※

1

①	気団	
②		
③		
④(1)	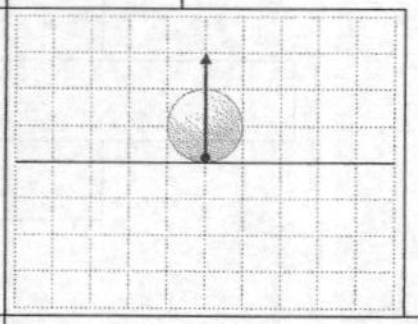	
④(2)	(A)	(B)
⑤		
⑥		

2

①(1)		
①(2)		
①(3)	(X)	(Y)
①(4)		
②(1)	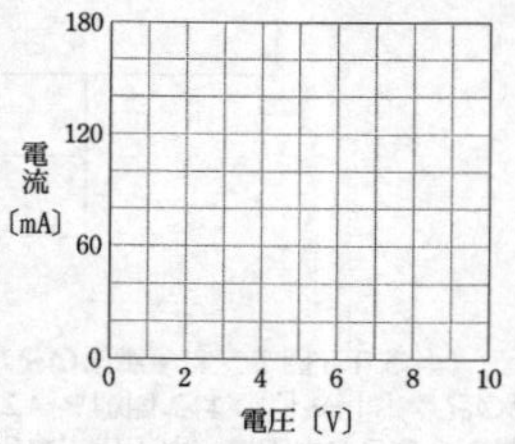	
②(2)		
③	(J)	

3

①			
②			
③			
④			
⑤			
⑥			
⑦	→	→	

4

①	(あ)	(い)
②(1)	液体	気体
②(2)		
③(1)		
③(2)	(g)	
④		

5

①	
②	
③	
④	
⑤	
⑥	

※この解答用紙は189％に拡大していただきますと，実物大になります。

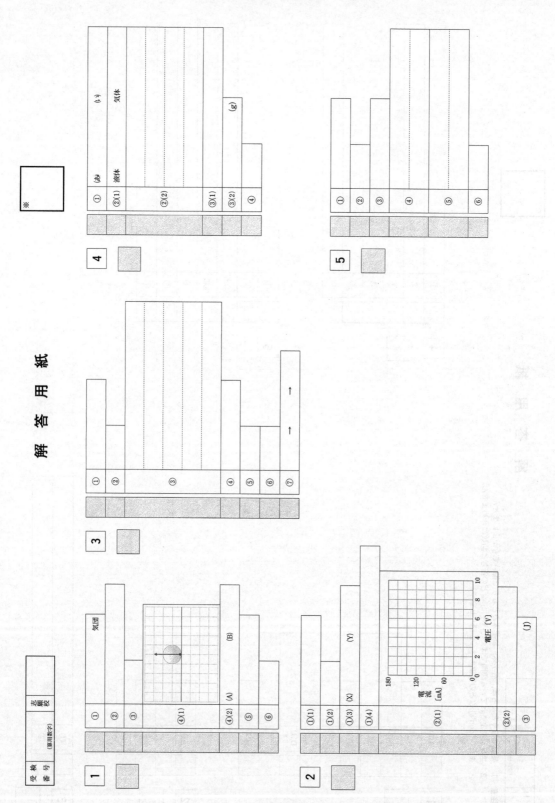

2020年度　岡山県　一般

解答用紙

受検番号　（算用数字）　志願校

※

1
①
②
③
④(1)
④(2)

2
① 問題
② 燃料
③ 需要曲線　価格
④
⑤

3
①
②
③(1) 将軍（幕府）は
③(2) → → →
④

4
①
②
③
④(1)
④(2)

5
①
② 企業などが
③
④
⑤
⑥
⑦
⑧

※この解答用紙は182％に拡大していただきますと，実物大になります。

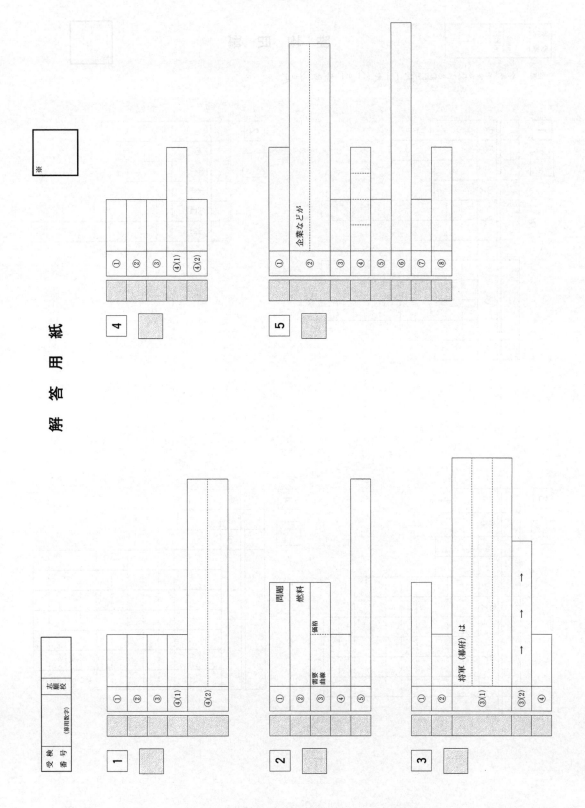

受検番号	(算用数字)
志願校	

解答用紙

※

注意　字数が指定されている設問では、「、」や「。」も一ます使いなさい。

1

①ⓒ　げて

①ⓕ

②

③X

③Y

④

⑤

⑥

2

①

②

③Ⅰ

③Ⅱ

③Ⅲ

③Ⅳ

3

①ⓓ　生える

①ⓕ

②

③

④

⑤X

⑤Y

⑥

4

①

②

③

④　60　ということかな。

※この解答用紙は189%に拡大していただきますと、実物大になります。

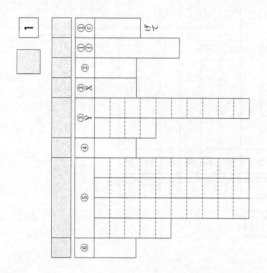

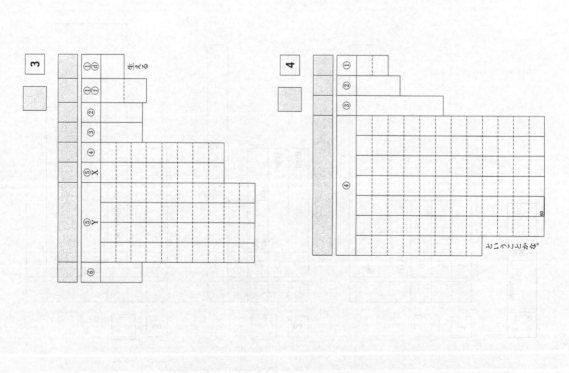

2020年度入試推定配点表(岡山県・一般)

	1	2	3	4	5	計
数学	各2点×11	各2点×3	②(2),④　各3点×3 他　各2点×3 (①完答)	①,③(3) 各3点×2 他　各2点×4	①,②(2) 各2点×2 他　各3点×3	70点

	1	2	3	4	5	計
英語	各2点×10	各2点×4	各4点×2	②,⑥　各4点×2 他　各2点×4	⑤,⑥　各4点×2 (⑥完答) 他　各2点×5	70点

	1	2	3	4	5	計
理科	各2点×7 (④(2)完答)	各2点×7 (①(3),②(2)各完答)	各2点×7	②(2)　4点 他　各2点×5 (①,②(1)各完答)	④,⑤　各3点×2 他　各2点×4 (①完答)	70点

	1	2	3	4	5	計
社会	④(2)　3点 他　各2点×4	③,④　各2点×2 (③完答) 他　各3点×3	①　3点 ③(1)　4点 他　各2点×3 (③(2)完答)	④(1)　3点 他　各2点×4	②　4点 ③,⑤,⑦　各2点×3 他　各3点×4	70点

	1	2	3	4	計
国語	①　各1点×2 他　各3点×6	①　1点 他　各3点×5	①　各1点×2 他　各3点×6	③　8点(完答) 他　各2点×3	70点

特数 (1)

受検番号	(算用数字)	志願校	

解　答　用　紙

※

注意　1　答えに√ が含まれるときは，√ をつけたままで答えなさい。また，√ の中の数は，できるだけ小さい自然数にしなさい。
2　円周率はπを用いなさい。

1

①	
②	
③	
④	
⑤	
⑥	
⑦	$x =$

2

①	(°)
②	
③	
④	
⑤	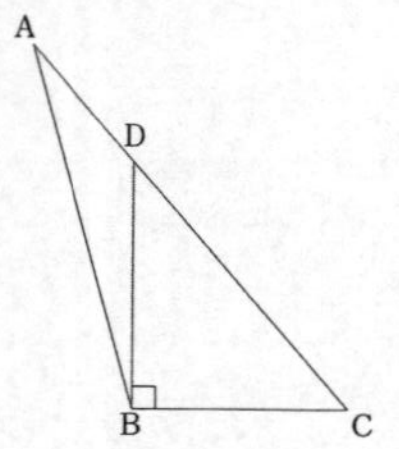

3

①	
②(2)	(枚)
②(3)	(枚)
②(4)	(枚)
③	$a =$ (cm) $b =$ (cm)

4

①(1)	
①(2)	
②	

5

①	
②	
③(1)	
③(2)	
③(3)	

6

①(1)	(cm)
①(2)	(cm^3)
①(3)	:
①(4)	(cm^3)
②	(cm^3)

※この解答用紙は172%に拡大していただきますと，実物大になります。

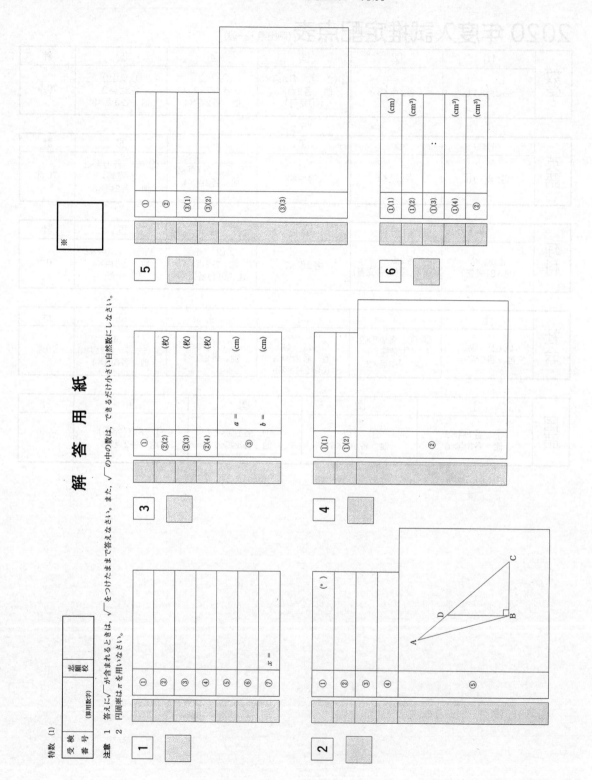

特英 (1)

受検番号	(算用数字)	志願校	

解　答　用　紙

※

注意　1　英語で書くところは，どの書体で書いてもよろしい。
　　　2　語数が指定されている設問では，「,」や「.」などの符号は語数に含めません。また，「don't」などの短縮形は，1語とします。

1

A(1)	
A(2)	
A(3)	
B(1)	
B(2)	
C(1)(あ)	
C(1)(い)	
C(2)	

2

①(あ)	
①(い)	
②(う)	
②(え)	
③(お)	
③(か)	
③(き)	

3

①(あ)	
①(う)	
②	

4

①	
②	
③(あ)	
③(い)	
③(う)	
③(え)	

5

①	
②	
③	
④(1)	
④(2)	

6

①	
②	
③	
④	
⑤	

※この解答用紙は164%に拡大していただきますと，実物大になります。

特国　(1)

受検番号 (算用数字)	
志願校	

解答用紙

※

注意　字数が指定されている設問では、「、」や「。」も一ますに使いなさい。

1

①(1)　がれる

①(2)

①(3)

①(4)　ける

②(1)

②(2)

②(3)

②(4)

③

④(1)

④(2)

④(3)

④(4)

2

①

②

③

④

⑤

3

①

②

③

④

⑤

4

①

②X

②Y

③

④

⑤

⑥

※この解答用紙は175%に拡大していただきますと、実物大になります。

2019年度入試推定配点表（岡山県・特別）

数学	1	2	3	4	5	6	計
	各2点×7	⑤　3点 他　各2点×4 (④完答)	③　3点(完答) 他　各2点×4	②　4点 他　各2点×2	③(3)　4点 他　各2点×4	①(1)・(2) 各2点×2 ②　4点 他　各3点×2	70点

英語	1	2	3	4	5	6	計
	各2点×8	①　各1点×2 他　各2点×5	②　3点 他　各2点×2	各2点×6	④(2)　3点 他　各2点×4	①,⑤　各3点×2 (⑤完答) 他　各2点×3	70点

国語	1	2	3	4	計
	①, ②　各1点×8 他　各2点×5 (④(2)完答	各3点×5	②　5点 他　各3点×4	⑤　5点 他　各3点×5 (②完答)	70点

I数 (1)

受検番号	(算用数字)	志願校	

解　答　用　紙

※

注意　1　答えに$\sqrt{}$が含まれるときは，$\sqrt{}$をつけたままで答えなさい。また，$\sqrt{}$の中の数は，できるだけ小さい自然数にしなさい。
　　　2　円周率はπを用いなさい。

1

①	
②	
③	
④	
⑤	
⑥	x =
⑦	
⑧	(cm³)
⑨	
⑩	

2

①	(通り)
②(1)	
②(2)	
③(頂点)	
③(確率)	

3

①	B ———— C
②	
③	

4

①(1)	
①(2)	
②	
③	
④	

5

①(1)	
①(2)	(cm)
①(3)	(cm²)
①(4)	(cm)
①(5)	(cm²)
②(6)	(cm)
②(7)	
③	t =

※この解答用紙は172%に拡大していただきますと，実物大になります。

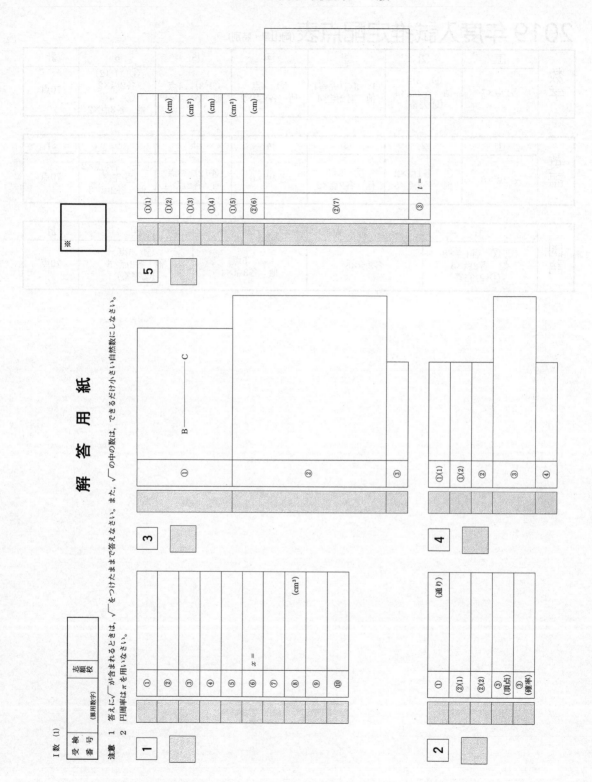

I英 (1)

受検番号	(算用数字)	志願校	

解 答 用 紙

※

注意 1 英語で書くところは，どの書体で書いてもよろしい。
2 語数が指定されている設問では，「,」や「.」などの符号は語数に含めません。また，「don't」などの短縮形は，１語とします。

1

A(1)	
A(2)	
B(あ)	
B(い)	
C(1)	
C(2)	
D(1)	
D(2)(あ)	
D(2)(い)	
D(2)(う)	

2

①	
②(い)	
②(う)	
③	

3

①	
②	

4

①	
②	
③	
④	
⑤	
⑥	

5

①	
②	
③(1)	
③(2)	
④	
⑤	
⑥	

※この解答用紙は172%に拡大していただきますと，実物大になります。

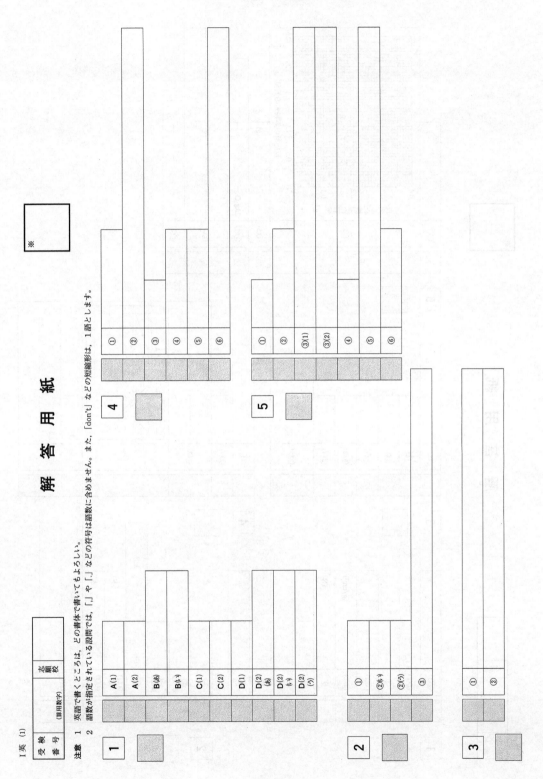

I 理　(1)

受検番号	(算用数字)	志願校	

解 答 用 紙

※

1

①(1)	
①(2)	→ → →
②	
③(1)	
③(2)	(g/cm³)
④	(N)
⑤(あ)	
⑤(い)	
⑥	
⑦	

2

①	
② 観点Ⅰ	
② 観点Ⅱ	
③	名称　記号
④(1)(あ)	(本)
④(1)(い)	(本)
④(2)	

3

①	
②	
③(1)	
③(2)	
③(3)	
③(4)	
③(5)	

4

①	
②(1)	
②(2)	

③

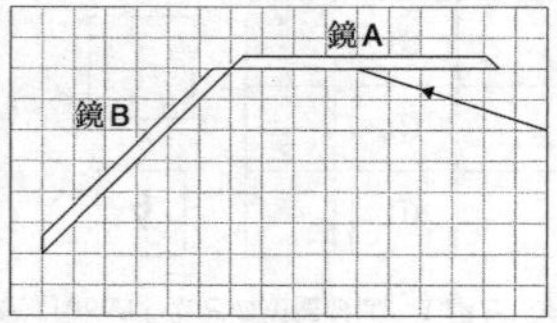

④ (あ)

(い)

5

①(1)

①(2)

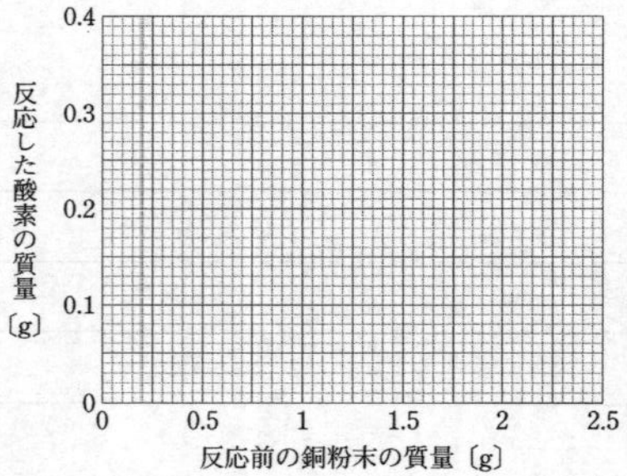

①(3)	(g)
②(1)	$2Ag_2O$ → +
②(2)	
②(3)	→ → →

※この解答用紙は172%に拡大していただきますと，実物大になります。

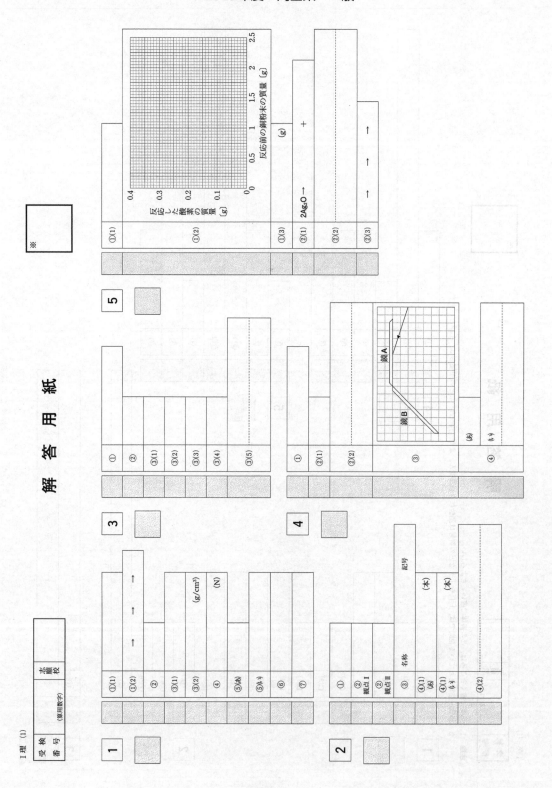

I社　(1)

受検番号	(算用数字)	志願校	

解　答　用　紙

※

1

①(1)	
①(2)	
①(3)(C)	歳
①(3)(D)	
②	小選挙区　並立制
③	
④	
⑤	
⑥	
⑦	
⑧	

2

①	
②	空港
③	
④	
⑤	

3

①	
②	
③	
④	
⑤(1)	
⑤(2)	

4

①(1)	
①(2)	
①(3)	
②	漁業
③(1)	野菜　畜産
③(2)	

5

①	製糸場
②	
③	条約
④	
⑤	
⑥	

※この解答用紙は161%に拡大していただきますと，実物大になります。

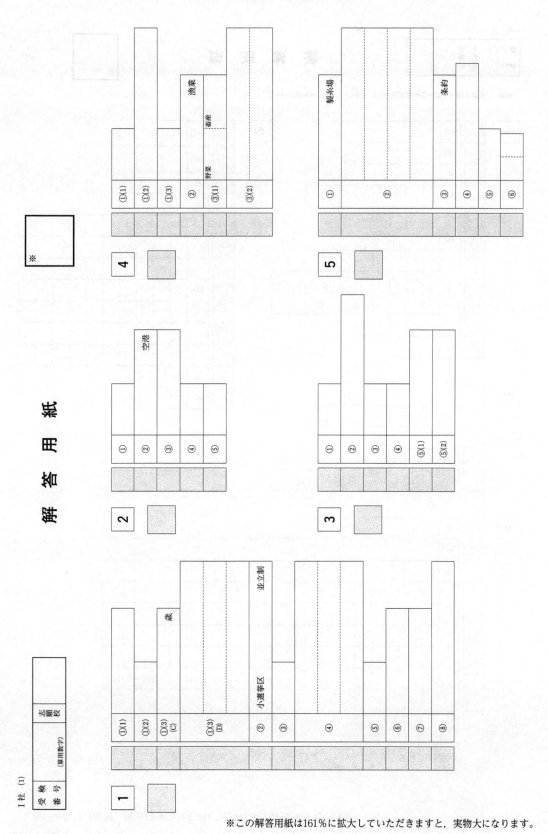

2019年度　岡山県　一般

I 国 (1)

受検番号		(算用数字)
志願校		

解答用紙

※

注意　字数が指定されている設問では、「、」や「。」も一ます使いなさい。

1

①ⓐ　い

①ⓓ

②

③X

③Y

④

⑤

⑥

2

①ⓒ　く

①ⓔ

②

③

④

⑤X

⑤Y

⑥

⑦

3

①

②

③

④X

④Y

4

①

②

③

④　「和」というのは、

80

※この解答用紙は175%に拡大していただきますと、実物大になります。

2019年度入試推定配点表(岡山県・一般)

	1	2	3	4	5	計
数学	各2点×10	各2点×5	②　4点 他　各3点×2	各2点×5 (②,④各完答)	②(7),③　各4点×2 (③完答) 他　各2点×6	70点

	1	2	3	4	5	計
英語	各2点×10	③　3点 他　各2点×3	各5点×2	②,⑥　各3点×2 他　各2点×4	⑤　5点 他　各2点×6 (⑥完答)	70点

	1	2	3	4	5	計
理科	②,④,⑥,⑦ 各2点×4 他　各1点×6	各2点×7 (③完答)	各2点×7	③　4点 他　各2点×5	①(2)　4点 他　各2点×5	70点

	1	2	3	4	5	計
社会	①(3)(D)　3点 他　各2点×10 (⑦完答)	各2点×5	各2点×6	各2点×6 (③(1)完答)	②　3点 他　各2点×5	70点

	1	2	3	4	計
国語	①　各1点×2 ③　各2点×2　⑤　5点 他　各3点×3(②完答)	①　各1点×2 ⑤　各4点×2 他　各2点×5	各3点×5	④　9点 他　各2点×3	70点

公立高校入試シリーズ

NEW

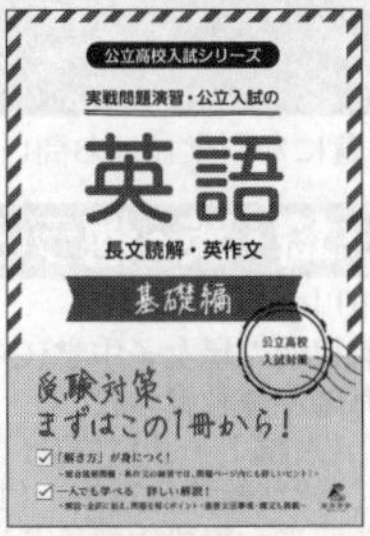

長文読解・英作文　公立高校入試対策

実戦問題演習・公立入試の英語　基礎編

- ヒント入りの問題文で「解き方」がわかるように
- 総合読解・英作文問題へのアプローチ手法を出題ジャンル形式別に丁寧に解説
- 全国の公立高校入試から問題を厳選
- 文法・構文・表現の最重要基本事項もしっかりチェック

定価：1,100 円（本体 1,000 円 + 税 10%）／ ISBN：978-4-8141-2123-6　C6300

NEW

旧版『公立入試の英語』をリニューアル！

長文読解・英作文　公立難関・上位校入試対策

実戦問題演習・公立入試の英語　実力錬成編

- 総合読解・英作文問題へのアプローチ手法を出題ジャンル形式別に徹底解説
- 全国の公立高校入試、学校別独自入試から問題を厳選
- 出題形式に合わせた英作文問題の攻略方法で「あと１点」を手にする
- 文法・構文・表現の最重要基本事項もしっかりチェック

定価：1,320 円（本体 1,200 円 + 税 10%）／ ISBN：978-4-8141-2169-4　C6300

脱０点から満点ねらいまでステップアップ構成

目標得点別・公立入試の数学

- 全国の都道府県から選び抜かれた入試問題と詳しくわかりやすい解説
- ステージ問題で実力判定⇒リカバリーコースでテーマごとに復習⇒コースクリア問題で確認⇒ 次のステージへ
- ステージをクリアして確実な得点アップを目指そう
- 実力判定　公立入試対策模擬テスト付き

定価：1,045 円（本体 950 円 + 税 10%）／ ISBN：978-4-8080-6118-0　C6300

解き方がわかる・得点力を上げる分野別トレーニング

実戦問題演習・公立入試の理科

- 全国の公立高校入試過去問からよく出る問題を厳選
- 基本問題から思考・表現を問う問題まで重要項目を実戦学習
- 豊富なヒントで解き方のコツがつかめる
- 弱点補強、総仕上げ……短期間で効果を上げる

定価：1,045 円（本体 950 円 + 税 10%）／ ISBN：978-4-8141-0454-3　C6300

弱点を補強し総合力をつける分野別トレーニング

実戦問題演習・公立入試の社会

- 都道府県公立高校入試から重要問題を精選
- 分野別総合問題、分野複合の融合問題・横断型問題など
- 幅広い出題形式を実戦演習
- 豊富なヒントを手がかりに弱点を確実に補強

定価：1,045 円（本体 950 円 + 税 10%）／ ISBN：978-4-8141-0455-0　C6300

解法＋得点力が身につく出題形式別トレーニング

形式別演習・公立入試の国語

- 全国の都道府県入試から頻出の問題形式を集約
- 基本～標準レベルの問題が中心⇒基礎力の充実により得点力をアップ
- 問題のあとに解法のポイントや考え方を掲載しわかりやすさ、取り組みやすさを重視
- 巻末には総合テスト、基本事項のポイント集を収録

定価：1,045 円（本体 950 円 + 税 10%）／ ISBN：978-4-8141-0453-6　C6300

〈リスニング問題の音声について〉

本問題集掲載のリスニング問題の音声は、弊社ホームページでデータ配信しております。
現在お聞きいただけるのは「2024年度受験用」に対応した音声で、2024年3月末日までダウンロード可能です。弊社ホームページにアクセスの上、ご利用ください。
※本問題集を中古品として購入された場合など、配信期間の終了によりお聞きいただけない年度がございますのでご了承ください。

岡山県公立高校　2024年度

ISBN978-4-8141-2875-4

発行所　東京学参株式会社
〒153-0043　東京都目黒区東山2-6-4
URL　https://www.gakusan.co.jp

編集部　E-mail　hensyu@gakusan.co.jp
※本書の編集責任はすべて弊社にあります。内容に関するお問い合わせ等は、編集部まで、メールにてお願い致します。なお、回答にはしばらくお時間をいただく場合がございます。何卒ご了承くださいませ。

営業部　TEL　03 (3794) 3154
FAX　03 (3794) 3164
E-mail　shoten@gakusan.co.jp
※ご注文・出版予定のお問い合わせ等は営業部までお願い致します。

2023年8月25日　初版